牟宗三著

修訂重版

認識心之批判

上

臺灣學生書局印行

「認識心之批判」重印誌言

此書經釀于艱苦抗戰之時，完稿于魔道披靡之日。三十八年來臺，本擬束諸高閣矣，乃當時香港友聯出版社欲于忙裏偸閑，承印此書。此書出版後，幾無人能讀；即有能讀之者，亦無暇過問；即吾個人亦因時代巨變而移其心力于文化問題之疏通，不再耗精費神于純粹思辨哲學之領域。如以擬人詞語說此書，則此書亦可謂「生不逢時」矣。今時過境遷，社會上漸有需要此書者。如是于久已停版之後，乃付諸重印。

此書要爲吾四十以前純哲學學思之重要結集。自今觀之，當然有許多不滿意處，亦可謂並非吾之成熟之作，至多是前半期粗略之成熟。三十餘年來，吾于中國各期哲學有詳細之解釋，如「才性與玄理」乃解釋魏晉期者，「佛性與般若」乃解釋隋唐佛敎者，「心體與性體」以及「從陸象山到劉蕺山」乃解釋宋明儒學者，此足使我于中國哲學有較明確之了解。此外，吾於康德哲學亦有較透徹之了解。吾將其「純粹理性之批判」，以及其「道德底形上學之基礎」與「實踐理性之批判」，皆譯成中文。了解中國哲學固不易，了解西方哲學更不易，決非浮光掠影，望文生義，遊談無根者所可契入。學力不及，解悟程度不足者，鮮能有相應而諦當之理解。

吾經過近三十餘年來中西兩方面之積學與苦思，返觀「認識心之批判」，自不免有爽然若失之感。最大的失誤乃在吾那時只能了解知性之邏輯性格，並不能了解康德之「知性之存有論的性格」之系統。吾是想把羅素與維特根什坦等人所理解之邏輯與數學予以扭轉使其落實於知性，而以先驗主義與理性主義解釋之，一方面堵絕形式主義與約定主義之無根之談，一方面復亦堵絕將邏輯與數學基於邏輯原子論之形上學之歧出之見，此則特彰顯知性之邏輯性格，將其全體大用予以全部展示與系統陳述：此可謂以康德之思路融攝近世邏輯、數學之成就于純粹知性者也。此一思路，乃英美人所不走，亦非德國新康德學派所能至者。然所謂以康德之思路融攝近世邏輯與數學之成就于純粹知性，此所謂康德思路只是初步一半之康德思路，並非完整正式之康德思路，蓋吾不能了解其知性之存有論的性格之主張，故吾當時於知識論尚只是一般之實在論之態度，而非康德之「經驗的實在論」與「超越的觀念論」之系統也。

但知性之邏輯性格之充分展現于認知心之本性與限度之把握極其重要，因而于訓練西方哲學之訓練發展中亦爲極重要之一步訓練。學西方哲學不是學一些空洞字眼與雜博之觀念也。對於認知心有充分認識矣，自能進而正視道德心。欲想由知性之邏輯性格進而契悟康德之「知性之存有論的性格」以及其現象與物自身之超越的區分兼及其將一切對象分爲感觸物與智思物之兩界之分，則須精讀康德之書。若再讀吾之「現象與物自身」一書，則可以知吾之學思之前後期之差異，而「智的直覺與中國哲學」一書則是一過渡之思想（此書校印不佳亦不成熟）。若再進讀「圓善論」，則可以知「消化康德並使之百尺竿頭進一步」之道，並可以知中西哲學會通之道。如此前進，則返觀「認識心之批判」固有不足，然亦有其必要。

今茲重印，只改正其涉及羅素原文處之錯誤，其餘粗略不審不諦處，則保持原文不變，無暇一一詳改，一在保存初期學思之程度，一在所以誌吾過也。然初期原創氣氛不可掩，亦自有其感發力也。

吾之寫此書實以羅素學與維特根什坦學爲背景，故讀此書者必須有讀數學原理（羅素與懷悌海合著者）之訓練。至若維特根什坦之名理論，則吾於最近已重新譯出（新者對張申府先生之最早舊譯而言），讀之亦可以窺維氏學。然吾之以彼等爲背景，並非走彼等之路，乃正開始走康德之路，欲以康德之思路扭轉彼等而融攝之也。

民國七十六年元月　牟宗三

認識心之批判目錄

上册

重印誌言……一
序言……九
第一卷　心覺總論
第一章　認識論之前提……五
第二章　生理感中心中之現起事之客觀化……四五
第三章　心覺之主觀性與客觀性……九五
第二卷　對於理解（知性）之超越的分解

第一部　論純理

第一章　邏輯與純理……一五三
第二章　純理與數學……一八四
第二章附錄：維特根什坦的數學論……二五七
第三章　純理與幾何……二七三

第二部　論格度與範疇

第一章　時空格度由超越的想像而直覺地被建立……二九九
第二章　理解三格度由理解中之純理之外在化而發見……三三二
第二章附錄：傳統邏輯與康德的範疇……三四九
第三章　思解三格度之說明……四〇九

第四章　範疇之設立……四三五

下冊

第三卷　超越的決定與超越的運用

第一部　順時空格度而來之超越的決定

第一章　有向量與無向量……九
第二章　時空與數學……三二

第二部　順思解三格度而來之超越的運用

第一章　因故格度之所函攝……八三
第二章　曲全格度之所函攝……一一二

第三章 二用格度之所函攝……一九二

第四卷 認識心向超越方面之邏輯構造

第一章 本體論的構造……二五一

第二章 宇宙論的構造……二九二

序言

當吾「邏輯典範」出版之時，吾即開始蘊釀此書。至今已十餘載，中間屢經易稿。於三十八年來台時，大體俱已寫成。遭逢時代劇變，五六年來，乃多從事歷史文化方面之疏導。此稿藏之筐篋，初不意此時能印此書也。

邏輯典範，從邏輯方面說，實非一好書，然從促成此書方面說，則有極大之作用。故該書，只於我個人方面有過渡之價值，實無客觀之價值。蓋吾治邏輯，首先注意者，乃在對於純形式推演之邏輯系統，追問其是否有先驗之基礎。吾初無「先驗」一觀念，亦不解其爲何義。然當吾讀各種邏輯系統時，步步審識，步步追問，乃逼迫我不得不承認邏輯實有其先驗之基礎。如是，我不能贊同時下一般人所主張之形式主義與約定主義。我亦不能贊同潛存世界說，以及羅素的邏輯原子論。理路如此清楚，步步追去，乃知吾所形成者是一種「超越的解析」。對形式主義與約定主義言，吾所形成者，乃是理性主義與先驗主義；對歧出外陳之潛存世界說以及邏輯原子論言，吾所形成者，乃是攝邏輯於「知性主體」之「主體主義」。凡此俱在吾邏輯書中困思以至，奮勉以得，雖粗而不精，而輪廓俱在。而吾同時亦恍然洞曉康德哲學之精義。

邏輯上之先驗主義與主體主義既經成立，則吾可直接了解一「客觀的心」，或「邏輯的我」，乃至進一步康德所說之「超越的統覺」，或「超越的我」。如是，此書之規模即大體已成。此皆為吾邏輯書所開啓，故云於促成此書有極大作用也。然步步展開，枝葉相當，系統整然，辨解以成，則寂天寞地，煞費苦思。蓋對於邏輯數學之認識，雖已至先驗主義與主體主義，而對於康德哲學各部門之內容，則有重新調整之必要，此所以名曰「認識心之批判」，亦卽等於重寫一部「純理批判」也。是故所契者乃康德之精神與路向，而非其哲學之內容。吾以為如此卽可以復活康德，重開哲學之門。蓋十九廿世紀以來，物理，數學，邏輯之發展，表面觀之，在在皆與康德精神相違反。順時以趨者，以為康德死矣。然就此各方學術之發展，順成而趨，則哲學亦死矣。故吾此書之作，一方所以復活康德，一方扭轉時風，亦所以復活哲學。

人之心思發展，了解過程，常是易於向「所」，而難於歸「能」。向所，則從客體方面說；歸能，則從主體方面說。向所則順，歸能則逆。古賢有云：順之則生天生地，逆之則成聖成賢。吾可藉此順逆兩向以明科學與哲學之不同。向所而趨，是謂順。「順之」之積極成果惟科學。若哲學而再順，則必錦上添花，徒為廢辭。故哲學必逆。由逆之之方向以確定其方法與領域：其方法必皆為反顯法與先驗法，其領域必為先驗原則、原理、或實體之領域，而非事實之世界或命題之世界。維特根什坦曾說：哲學只是一種釐淸活動，科學則是一組命題。哲學不與科學並列，或在其下，或在其上。此意甚善。然所謂釐淸活動，有消極與積極之別。向所而趣，順既成事實而釐淸之，則爲消極意義。逆而反之，其釐淸爲積極的，蓋能顯示一先驗原則之系統也，故能獨闢一領域。而消極意義之釐淸，則或只是吾人名言之釐淸，或只是科學事實經驗事實之釐淸，或只是各種命題性質之釐淸，要皆浮於既成事實之表，無所開闢，無所增益。釐淸以後，還只是此事實。今之所謂邏輯分析，大抵皆此類也。故彼等反對先驗原則，取消形上學，以爲形上學只是概念之詩歌，空洞言詞之遊戲，毫無實義。其結果便只有科學一標準。然若科學，則只科學而已耳，何必再來此一絡索？此種釐淸，在吾人主觀之學習過程上，自有其意義與價值，然若從學問上，客觀上，如此割截局限，則從學問上客觀上言之，亦可說此種釐淸徒爲廢辭，其爲玩弄字眼，名言之遊戲，殆尤甚焉。蓋於科學哲學兩無助益也。

向所而趣，亦可由所而逆，此則古希臘之傳統，以及康德前之理性主義，皆然。然由所而逆，則正康德所謂獨斷的，非批判的。順所而逆，而不知反，則必有羅素所謂推不如構，以構代推。而至以構代推，則由所而逆之形上學即不能立，上段所述之取消，正其自然之結果也。則今人之以科學爲唯一標準者，亦不足怪矣。故吾常云：今人言學只有事法界，而無理法界：無體，無理，無力。此是休謨之精神，而亦爲消極釐淸之所必至者。

吾初極喜懷悌海。彼由現代物理數學邏輯之發展，上承柏拉圖之精神，建立其宇宙論之偉構。此確爲當代英美哲人中之不可多得者。然自吾邏輯書寫成後，吾卽覺其不行。蓋彼亦正是由所而逆也，而其所使用之方法又爲描述法。此雖豐富可觀，實非入道之門。蓋其「平面」的泛客觀主義之宇宙論實未達「立體」之境，故未能盡「逆之以顯先驗原則」之奧蘊也。彼於此平面的泛客觀主義之宇宙論上渲染一層價值觀念之顏色，而不知價值何從出，價值之源何所在，此則尙不如羅素等人之「事實一層論」，「道德中立論」之爲乾淨也。價值之源在主體。如不能逆而反之，則只見價值之放射，而不知其源頭之何所在。此則「超越的分解」缺如故也。卽道德中立矣，亦必有其根源之所在。於經驗事實，科學命題上爲中立，而彼總是一「實有」。劃清界線可，忽而抹殺之則不可。正視此實有，由主體方面逆而反之，以反顯其先驗之原則，是則「超越的分解」之職責也。吾薰習於羅素，維特根什坦，等人之釐清活動有年矣，吾固極稱賞其乾淨而洒然。然由其釐清之活動，亦必然澄清出一界線，由此界線之浮現，亦必然湧現出一主體。屬「所」者是何事，屬「主體」者是何事。沙水顯然，何可泯沒？若於此肯虛心以正視，則世之紛呶者亦可以止息矣。

主體有二：一曰知性主體，一曰道德主體。玆所言之「認識心」卽知性主體也。邏輯數學俱回歸於知性主體而得其先驗性與夫超越之安立，而知性主體亦正因邏輯數學之回歸而得成爲「客觀的心」，「邏輯的我」。此「我」施設形式網以控御經驗，則科學知識成。故科學亦必繫屬於知性主體而明之，此所謂逆明也，由主而逆也。由主而逆，則彰超越之分解。順所而趣，則只邏輯分析，所謂消極意義之釐淸也。

當吾由對於邏輯之解析而至知性主體，深契於康德之精神路向時，吾正朝夕過從於熊師十力先生處。時先生正從事於「新唯識論」之重寫。辨章華梵，弘揚儒道。聲光四溢，學究天人。吾遊息於先生之門十餘年，薰習沾溉，得知華族文化生命之圓融通透，與夫聖學之大中至正，其蘊藏之富，造理之實，蓋有非任何歧出者之所能企及也。吾由此而漸浸潤於「道德主體」之全體大用矣。時友人唐君毅先生正抒發其「道德自我之建立」以及「人生之體驗」。精誠惻怛，仁智雙彰。一是皆實理之流露，卓然絕虛浮之玄談。蓋並世無兩者也。吾由此對於道德主體之認識乃漸確定，不可搖動。如是，上窺易、孟，下通宋明儒，確知聖教之不同於佛老者，乃在直承主體而開出，而華族文化生命之主流確有其獨特之意義與夫照體獨立之實理。不可謗也。良師益友，助我實多。撫今追昔，永懷難忘。而遭逢時變，熊師以年老不得出，尤增感念。

乘近代學術之發展，會觀聖學之精蘊，則康德之工作實有重作之必要。吾玆於認識心之全體大用，全幅予以展現。窮盡其全幅歷程而見其窮，則道德主體朗然而現矣。友人勞思光君所謂「窮智見德」者是也。認識心，智也，道德主體卽道德的天心，仁也。學問之事，仁與智盡之矣。中土聖學爲明「德」之學，玆書之作卽所以遙契而啣接之者也。至於明德之學，卽道德主體之全體大用，則將別見他書，此不能及。惟開出道德主體，而後道德宗教，歷史文化，乃至全部人文世界，始可得而言。數年來於此多有論列，其純哲學之根據卽在此書。

夫以如此枯燥繁重之書，實當今不急之務，而胡永祥先生毅然介之於友聯，其識量不可及也。而友聯同人於經費艱困之際，坦然承受而無難，如非有精誠服務學術文化之熱忱，何克臻此？勞思光先生精研康德，以爲表面雖不急，而實爲最急。謬予推許，贊助良多。感何可言，並此識謝。

民國四十四年五月　牟宗三序于台北

第一卷　心覺總論

第一卷 心學總論

第一卷目錄

第一章　認識論之前提……五
第一節　生理自我中心之特體……五
第二節　心之統覺與生理感中心中之現起事既爲異質之對偶性，亦爲超越與被超越之上下之兩層。……一一
第三節　變者與不變者……二三
第二章　生理感中心中之現起事之客觀化……四五
第一節　問題的釐定……四五
第二節　存在的關係命題與非存在的關係命題……六〇
第三節　從非存在的關係命題到先驗綜和命題……七七

第三章　心覺之主觀性與客觀性……九五
第一節　認識心之等流及其客觀化……九五
第二節　客觀的心對於存在之超越的決定與超越的運用……一一六

第一章　認識論之前提

第一節　生理自我中心之特體

一　知識必起於經驗，一切知識中的經驗之基本對象是生理自我中心中之特體事。

每一自我中心中之特體事，是生理感之所引起。感之關係，對特體事言，爲一形下的呈現原則。形下的，言其非形上的實現原則。生理器官是一件事。生理自我卽是一聚生理事。此一聚生理事，名曰主體事。假名自我，實無所謂我也。此一聚生理事與外物（虛說）接觸，卽呈現或引起一件特體事。每一件特體事是一生起或緣起，是一現實之呈現。此現實之呈現卽爲一切經驗知識之基本對象。

二　每一現實之呈現與生理事（或主體事）發生內在關係。

主體事接觸外物所引起之特體事必受主體事之制約，必在主體事之如此制約中而現爲如是之生起，是以必與主體事爲內在關係。然雖爲內在關係，而在此關係中所現之生起事，如其爲一事，卽爲一呈現在彼處之生起事。旣呈現在彼處，卽有其爲一事之獨自性，故曰特體事。譬如聽一聲，縱與主體事爲內在關係，然總是彼處之一聲。是卽呈現事之獨立性或各自性。

三　每一現實之呈現與主體事外之物理事亦發生內在關係。

生理事從自我方面說，故曰主體事。外物（虛說），譬如桌子（實說），以對我而言，曰物理事。桌子爲一聚物理事，亦猶自我爲一聚生理事。實無所謂桌子一常物，亦猶無所謂自我也。（此自是自經驗知識範圍言）此一聚物理事與我這裏一聚生理事發生交感關係，因而引起一呈現。此呈現與此生理事爲內在關係，與彼物理事亦爲內在關係。凡自事言，事與事之關係皆內在關係。內在關係亦曰動的物理關係。

四　直接呈現為一討論之焦點，此是自當下而立言。

吾人永遠須自當下之現實呈現作起點。自經驗認識言，將生理自我說爲一聚生理事，將彼桌子說爲一聚物理事，乃爲對此當下呈現而虛說。實說者，此兩聚，總持言之，皆當下也，不過自眼前之當下言，以往之當下卽爲虛說。虛說者，卽當下之呈現所預設以爲說當下之根據。實指在當下，而根據則只爲連及而非實指之所在，故曰虛說。非此聚彼聚之實事爲虛無也。然旣說爲此聚彼聚，卽明其皆是現實之當下。此是一般言之，非特定言之也。

五　主體事與物理事以及特定之當下呈現皆是所與。

眼前自我爲一聚生理事，自有其以往之歷史跡，然亦只是跡。蓋以往者已變滅矣，實無以往者之可言。而現實所有之一切，皆在當下呈現。物理事亦然。兩聚當下之呈現，互相感觸，因而引起一特殊之呈現。此特殊之呈現卽爲吾人所說之永遠自當下說起之當下，此爲特定之當下，目光所注之實指之當下。此實指之當下之根據卽爲非實指卽只被連及之當下。依實指之當下說直接呈現，依非實指之當下說條件制約，此卽因果實效。條件制約，對直接呈現言，固爲虛說者，然直接呈現亦足反而彰著條件制約，因而虛說者亦爲實說矣。當其爲實說，則亦爲當下呈現矣。直接呈現中之實指的當下，固爲吾人之起點，然法不孤起，則彼亦因條件制約而彰著。是以自經驗知識言，一事起處，卽全體與之俱起也。一現一切現，固皆爲當下，固皆爲所與。譬如聽一聲，聲音固爲實指之當下呈現，然聽者吾耳也，聲音者某物之聲音也。耳與某物皆屬條件制約，因聲音而彰著，卽與聲音同時俱起也。此同時俱起者卽爲一全體之呈現，此卽吾人經驗知識之全幅對象。此與聲音同時俱起者，無論牽連至如何廣如何深，然皆屬此全體呈現之範圍。吾人經驗知識永不能跨越此範圍。故此全體呈現之範圍卽爲經驗知識之所與。

六　凡是此全體呈現中之存在皆是現實的，呈現的，皆在一感之交攝中。

旣在全體呈現中，自不能不現實。此所謂之現實，從認識範圍言，與「被知」爲同意語。說其爲現實，等於說其爲被知。在全體呈現之範圍內，等於說在被知之範圍內。在此，吾人吸收柏克萊「存在卽被知」之主斷。被知者亦含有可被知義。在此範圍內，無有旣是一存在而又在理論上不可被知者。惟被知只是爲心所攝，並非爲心所造，卽此時認識的心只是攝及之，而不能創生地實現之，故認識的心不是實現原則。存在之被知並不爲心所實現。存在之爲現實的，只因其在生理感中心之交攝中而爲現實。然生理感中心之交攝亦只是形下的呈現原則，而非形上的實現原則。在形上的實現原則未能建立以前，認識範圍內之存在之所以成其爲實現之問題無法得解答。其爲實現旣不能說明，則只能說如此如此之呈現。其爲呈現也，成一全體呈現之範圍，而此範圍只爲生理感中心之交攝所釐定，並無一客觀而超越之理性的理由以釐定之，卽只認識論地事實上如此置定之，而並非本體論地依據一客觀之理由而理性地圓滿之。依是，「存在卽被知」一主斷，此時，只有認識論的證明，而無本體論的證明。所謂認識論的證明，依以下二義而成：

（A）吾人認識之對象不能越過生理感中心之交攝，吾人亦不能越過此中心而認識一對象。卽吾人不能認識那認識範圍以外者。依此而言，凡知識對象皆內在於此生理感之中心。吾所知者卽是吾生理感所交攝者。

（B）「有一存在而永不被知」，此在邏輯上是可能者，卽「存在卽被知」並非分析命題，故存在而不被知亦非自相矛盾。此現實世界之爲實現既無客觀的實現原則以說明之，則邏輯上很可以有一存在而不被知。吾人認識心並不能在原則上或先驗根據上將此不被知之存在否決之或消滅之。但此可能之存在，亦只因該命題不矛盾而決定，此只爲形式之決定，亦並無一原則足以決定其爲眞實可能者，卽確定地決定此對象以爲永不被知之領域。以此之故，該命題，從其不矛盾方面言，是可能者，但從其眞實可能方面言，則「有一存在……」中之「存在」卽無眞實根據可資提出者。依此，在認識範圍內，吾人卽說：凡是存在都是現實者，凡是現實者都是可被知者。

此A、B兩義，A義之證明，說存在是從生理感中心向外說，此只是繫屬於主體之一面而如此置斷，而自外向內，卽客觀方面，則並無決定的限制以回應之。故此正面之證明亦弱而不强。B義之證明，說存在是從外面泛說，雖是邏輯上可能有一不被知之存在，但無眞實原則足以決定此存在，同時亦無客觀理由足以排除此存在。依此，此負面（卽消極）之證明亦是弱而不强者。無論正面負面，客觀方面皆無決定之限制。依此，此認識論之證明，只能由生理感中心向外說，而外之所至則是敞開者，並無客觀原則足以決定該主斷之極成。〔關此，尙有三義可說：一、柏克萊所謂「知所不知是矛盾」，此尙過急。蓋「知所不知」中之兩知，意義不一致。前知不是感觸的覺知，而後知是感觸的覺知。吾人不能感觸的覺知之，但可以理論的推想之。故不矛盾也。二、假若不被知之存在，此存在視爲知識之對象，卽它是一知識義之對象，但吾人認識心不能知之，則應問此對象有何函義。若只是泛泛的知識對象，則吾人決定此對象，只有依照矛盾律而爲形式之決定，此則如B義所說。若不只是泛泛之知識對象，且意謂其是一形上之實體，此實體吾人不能以認識心認識之，因而亦不爲吾人之知識對象，依此而謂其不被知，則吾人對此可如此說，卽此不被認識心所知之形上實體有可能否？如有一眞實原則足以決定其眞實之可能，則雖不爲知識之對象，而仍可爲吾人心思之所及。吾人將以此「不爲知識對象之實體」來保證知識對象之必繫屬於生理感之中心，卽保證所有現實存在皆爲可被認識心所知者。如無一眞實原則足以決定其眞實之可能，則彼縱不矛盾，而有形式之可能，則亦同B義所論，而無實義。依此而言，「存在卽被知」無有必然之證明，終極之極成，而形上實體亦無眞實之可能。此形上實體之可能否卽形而上學之可能否。三、康德所說之限制概念之物自身，如只是泛泛之知識對象，則如B義所論，而由此限制概念義亦不能說一切對象畫爲現象與非現象。現象是決定者，非現象之可能則爲不決定者。如隱指形上之實體，則可以如此分，而問題端在如何能決定此形上實體之可能。】

第二節　心之統覺與生理感中心中之現起事既爲異質之對偶性，亦爲超越與被超越之上下之兩層。

一　認識心之直覺的統覺作用是直而無曲之直接攝取。

本書言認識心。認識心以以下二義定：一、以了別對象爲性，不以創生或實現對象爲性，依是，與對象之關係是對立而旁處之觀論（廣義的）關係，不是主宰而貫澈之體用關係。二、其了別之用必以對象爲所知，必限於對象而彰其實。假若無對象，則其用不顯；假若無實對象，則其用爲虛幻。認識心之了別作用，大體分三級：知覺、想像及理解。綜言之，俱可曰統覺。其基礎形態爲直覺的統覺。直覺的統覺隨生理感之現起而呈用，其用爲直而無曲之直接攝取。本章以直覺的統覺爲主。下言統覺，皆指直覺的統覺言。普通言感覺，印象或知覺，多注重物理一面，而不注重心用一面。實則一感卽覺，而感爲生理感，覺卽心覺。感覺者才感卽覺也。印象則言此心覺之被動性，純接收性，言對象作用於吾心，猶如銘刻而印之。自物理方面言，雖銘刻而印之，而自吾之接受言，亦必心覺而受之，受之即攝取之。由感而成之覺曰知覺，則知覺自亦屬於心覺也。此三者異名而同實。細微分別，無關大體。即以感覺一詞而論，感爲生理感，覺爲心覺。吾人即就此心覺之用而言直覺的統覺。此則單取心一面而言之。心隨生理感之現起而表現爲攝取之統覺，其覺也爲直而無曲者。直者如生理感之現起之所是而如如地攝取之，或曰接受之。譬如聽一聲，即如其爲一聲而覺之；見一色，即如其爲一色而見之。無曲者，無思想之辨解歷程之謂也。辨解歷程乃屬於理解者，此處則單言直覺的統覺。自直而無曲言，亦可言統覺之被動性接受性。然既直而無曲，何言此覺亦爲統覺耶？曰生理感之現起爲一忽之歷程，心覺即如其爲一忽之歷程而綜攝之。現起事爲一歷程，則心覺之綜攝亦爲一歷程。惟彼歷程爲一忽之歷程，故此心覺之綜攝亦爲一忽之歷程，此一忽之歷程，名曰同質之歷程。現起事之內容雖不必爲同質，然其隨感而起也，則爲一忽之現起，才感即起，才起即逝。依是，吾心之覺之也，亦不容有異質之曲折。是以即就其爲一忽之現起而言，認識心如其爲一忽之現起而綜攝之，則雖彼之內容爲異質，而吾心之綜攝則不能有異質（有曲屈），是以必爲同質歷程也。此歷程以爲同質故，儼若不是一歷程，遂以原子式之碎瑣視之矣。實則雖同質，亦歷程也。一則心覺以動用爲性，凡動用皆有歷程；二則現起事既爲現起，則凡現起必有歷程。惟其覺也爲直而無曲，故其動用之歷程爲同質。現起爲一歷程，即如其爲一歷程而一直地綜攝之。此一直地綜攝之，其本身爲同質之歷程，卽依此義而名隨感而起之心覺亦曰統覺。此直覺的統覺與想像及理解之爲統覺不同也。

二　生理感之現起是統覺之所對，此兩者間之關係爲一一相應之關係。

現起事爲一忽卽過，心覺如其所如而綜攝之。其綜攝也，自事方面言，爲無漏。（無漏者，自事之現起之全體歷程言，不自其複雜之內容言，而此時亦不能自內容言。）自心覺方面言，爲如其所如。如其所如者，無過，亦無不及。無過者，直覺的統覺直而無曲，故不能過乎事；無不及者，如其所如自不能有所不及。依「無漏」與「如其所如」兩義而說現起事與直覺的統覺之關係爲一一相應之關係。現起事隨感而起，一起卽去，未嘗留也。而心覺隨感而應，應而覺之，事不留，而覺亦卽「一覺卽止」。事常新，而覺亦無故。兩者當機而應，故曰一一相應關係也。事不留，心覺亦不能留也。心覺雖不能留之，然可記之於心中而不忘。自此以論，已進於想像與理解，非直覺的統覺之名所能賅。此處暫不涉及。自直覺的統覺而言，每一直覺統覺自身皆是獨一無二，當下卽是者。以其如此，故與現起事一一相應。【此言相應，不函能所圓融或物我不分等義。當其聽一聲而覺其爲一聲，已不是能所圓融矣。我雖對我之覺（覺一聲之覺）不必有自覺，然亦不是物我不分也。】

三　生理感之現起與心覺間亦復具有外在關係。

現起事與生理感爲內在關係，但與心覺爲外在關係。內在關係者，關係項進入此關係與不進入此關係，有性質之不同。一切現實事皆在條件制約中而有現起，故如言其與其他事之關係，必皆爲內在關係。聲音之爲一聲音由耳官爲其條件之制約，亦由發此聲音之某物爲其條件之制約。然不管其條件之制約爲如何，當其呈現爲一聲，吾人即如其爲一聲而了解之。如其爲一聲而了解之，即函說：此聲有其獨立之各自性，因而成其爲特體。並不如說者言：一說內在關係，知識即不可能也。【說者意：如是內在關係，則欲知一物，必須知全宇宙，然全宇宙實不能知，是以此一物亦不能知矣。須知，凡經驗知識只是如其所是而知之，亦皆是相對的暫時的，而且發展的。其眼前呈現之「是」有其來源，吾人未嘗不欲追溯其最後之來源。然此種追溯實即形上實體之追求，並非「不能知全宇宙即不能知某物」之謂也。】凡事之關係皆內在關係。理與理間之關係爲外在者，數量之關係爲外在者，時間關係空間關係亦外在者。總之，凡形式關係是外在者，實際關係爲內在者。事的關係是實際的。理，數量，時間、空間皆形式者。心覺與現起事之關係爲外在關係：即一聲音受耳器官之制約，因此制約而現起，而成其爲一現實之聲，但不受心覺之制約，亦不因心覺之覺之而始爲現起，而始爲如此之聲音。依此而言，心覺之覺與不覺，彼之爲聲音固自若也，認識心爲了別作用，了別之達於物與火之達於物不同，前者對於物無影響，後者對於物有影響。依其不影響，而言外在關係。然適言，凡理，數量等之關係爲外在關係者，凡事之關係爲內在關係者。而心覺爲一動用，彼固非理，亦非數量。何以言其爲外在關係耶？彼既爲動用，凡爲動用亦必爲現起，凡爲現起亦可名之曰現起事。何以又言其不爲內在關係耶？然則心覺之「知之關係」，誠爲一特殊之關係乎？曰：關此問題，誠不易答。心覺之現起，雖爲無形，不同物理事，然既爲動用，總可說爲無形事或心事。亦猶古人言氣，既可說物氣，亦可說心氣也。物氣有形，而心氣無形。雖無形，亦得曰氣。既曰心氣，卽可爲一事，而與理或數量不同也。既可言心氣，故亦非形式的，而爲實際的也。既爲實際的，何以不言內在關係，而言外在關係？關此，吾如此說：一、須知認識心之了別對象是如其所呈現之是而了別之，心覺之覺一現起事亦是如其所呈現之是而覺之。此心覺既只爲一動用之覺，只爲一直而無曲之統覺，則其本身卽爲無所湧現者，直覺的統覺本身不湧現任何物事如概念以達於現起事而着於其上以影響或制約之，依是，統覺之與現起事乃直接照面者。其中既無媒介，而統覺本身復無所湧現，只如其所如而覺之，則此覺自爲無所輸送者。卽依此義而言外在關係。心覺雖爲一動用之現起，而此動用乃純爲一片虛靈，而其現起亦復不如物理事之在條件制約中而爲現起，如水之滅火，如火之傳熱，如熱之燃燒。心覺爲一虛靈之單一，只有隱現，無有生滅，只有同質相續，無有消息起伏，無有與之爲異質之一現起事使之現起，亦無有與之爲異質之一現起事使之消滅。

依是，心覺乃實是一種自足之呈現，而且永爲如是之呈現，此是一平置於此之所與，天造地設之所與。而此所與，以其爲虛靈之單一，爲永遠呈現之單一，故只以覺照了別爲性，不生起任何事，亦不消滅任何事，故與其所覺照所了別之對象爲外在關係。【此言直覺的統覺不涌現任何物事。然吾人將見縱使涌現物事，由此易明其爲外在關係。然當進入想像與理解，此則可以涌現任何物事。然吾人將見縱使涌現物事，吾人亦說其爲外在關係。此所涌現之物事只爲認識心自身之架子，而對現起事仍無所生無所滅。其或有影響亦只爲對認識心之認識上有影響，而對於所認識無影響。此義，此處不能詳論。本書將隨時表明之。】二、認識心之靜處而與物對，因而具有外在關係，吾人將溯其根源於形上的心之坎陷。吾在此預定：形上的心乃實現萬有者，主宰貫澈萬有者，此與其所實現之萬有爲內在關係，以彼影響萬有故，萬有離之便爲非有故。然形上的心坎陷其自己轉化而爲識心，則即退處而與物對，只以覺照了別爲性，不復如形上的心之爲實現原則。以其不爲實現原則，故與其所覺了者爲外在關係。依以上兩義，吾人將謂認識心之與其對象爲外在關係，不同於理數量或時間空間之爲外在關係。蓋此等純爲形式者。而認識心之爲外在關係，則爲實際者。以其爲虛靈而永遠呈現之單一，一現永現，一定永定之單一，有類於純爲形式者之爲定項，故亦名曰外在關係。此種外在關係乃形上心自己坎陷轉化爲如此。轉化其自己而退處以與物對。卽在此與物爲對中，退處其自己，而置定現起事於外以爲其所。在此退處與置定中卽必然函蘊其關係爲外在關係。故此外在關係乃一特殊之一類。形上心之與其所實現者之爲內在關係亦爲特殊之一類。其意不與物理事間之關係之爲內在同。蓋彼與其所實現者之爲內在關係，乃一能實現與被實現之關係。被實現者爲物理事，乃爲條件與被條件之一串，其爲內在關係乃交互者。而能實現與被實現則爲片面者。蓋能實現爲絕對爲首出，無有爲之前者，無有制約之者。是以物理事之爲內在關係成功物理世界之結構，成功物理事之生起與消滅，因而成功變化之歷程。理或數量或時空之爲外在關係成功邏輯之系統，數學之系統，以及只是形式之時空系統。而認識心之爲外在關係，則成功知識論，形上心之爲內在關係則成功形上學。是以凡理或數量皆爲外在關係，而有外在關係者不盡皆理或數量。凡物理事皆爲內在關係，（前言凡事皆爲內在關係，此所謂事即指生理感中心中之物理事言。）而有內在關係者不盡爲物理事。

四　直覺的統覺與現起事為異質之兩層，而且可以獨立地給吾以意義。

現起事屬於生理感中心之物理系統，而心覺爲一同質歷程之單一。前者爲異質有分有合，有生有滅。後者無分無合，無生無滅。一爲同質，一爲異質，是以兩者卽爲異質。此異質之兩層一爲超越，一爲被超越。而在直覺的統覺，超越義不顯。進至想像與理解，則彰著而特顯。在直覺的統覺雖是不顯，然自認識言，吾人特重心覺之照攝。卽此照攝，卽有涵蓋義。雖爲一一相應，而可有上下之重叠，涵蓋與被涵蓋之等量，依此亦有超越與被超越之一致。心覺如其所如而覺之，由事之來也，自外而至，則謂接受；由心之覺也，自內而出，則謂涵蓋（照攝）。吾人以自外至者爲底層，以自內出者爲上層。上層越乎下層而涵蓋之，此即「能」之置定「所」，心覺之投置現起事，剌出而外之。剌出而外之，以爲其所覺攝。覺攝必有所覺攝。所覺攝者，外延地言之，即爲一忽之現起；內容地言之，則爲此一忽之現起中所呈現之意義。玆以此「意義」爲心覺覺攝之眞實所得。直覺的統覺能獨立自足地給吾人以意義，此意義不由內出，決由外呈。何以故？一、以心覺與現起事爲異質故。設若爲圓融而不可分之同質，則吾不知此意義究將屬內抑屬外也。二、直覺的統覺直而無曲，只爲覺照之動用，並不湧現任何物事，即其自身空空如也，故知所得意義不由內出，然定有所得，故知必由外呈。【設若非直覺的統覺之心覺亦湧現某種物事，則所得意義亦或可由內出也。吾將預定：即轉至想像與理解，認識心有所湧現，然亦不能謂所得意義由內出也。詳論見下。】外者單言心覺之外也。心覺以外即生理感之現起事矣。此爲不能化歸者。直覺的統覺有眞實所得，故知此統覺能獨立地給吾以意義。設若視而不見，聽而不聞，則無意義，亦無直覺的統覺矣。有此統覺即有意義。意義與直覺的統覺爲等價關係。即此等價關係，可以作爲知識之基礎。亦惟此等價關係，乃保證「意義之客觀性」之直覺的確定性。此意義，以屬現起事，很可以無必然，亦可以忽然無意義。然當其無意義，則直覺統覺即不可能，即無所給。是以意義與直覺的統覺之等價，對於意義之客觀性，雖無理性之必然性，却有直覺之確定性。此確定性無理性之保證。直覺的統覺自身不能保證之。甚至此統覺自身亦無保證也。吾人惟就此等價關係，逐步前進，以觀認識心與現起事之歸結究如何。

五　直而無曲之統覺為非創發之統覺（此亦得曰經驗統覺），此統覺對於現起事有把住之作用。

隨生理感而起之統覺（心覺）爲直而無曲者，亦爲無所湧現者，只如現起事之爲一現起事而覺攝之。此種直覺的統覺亦得曰經驗統覺。此經驗統覺，雖與現起事一一相應，而事亦一起卽逝，而攝此事之統覺亦一攝卽完，後有來者則爲另一覺，縱然如此，而自認識而言，則此統覺亦並非順應斯須之冥契，亦並非超理智階段之幾應而化，而乃因其爲認識心，則對於現起事必有取着。此種取着吾人卽名爲此統覺之「把住」。此統覺如現起事之爲一忽之歷程而把住之。現起事爲一忽之歷程，此統覺爲一同質之單一歷程。此單一歷程就現起事之外延卽其一忽之歷程而把住之。因其一把住，彼一忽之歷程遂可平鋪而爲一段之歷程。現起事之平鋪本爲一忽卽過，無所謂平鋪之一段。然只因直覺的統覺之把住，遂可將彼一忽卽過者平鋪而爲一廣延之一段，現起事旣爲廣延之一段，則此統覺亦因而凝着而成其爲有取，因而成其爲一靜態之一覺。此一覺旣停住，則事之一忽卽過者，亦得留下一影子。事之現起爲呈現，留下影子爲表象。此種表象名曰直覺的統覺之表象。此表象因此種統覺之把住而成功。即在此把住上，認識心遂得據之以直建時間與空間。時間空間之建立，其根源必在由直覺的統覺向裏轉進一層，即進至認識心不只限於直覺的統覺，而復跳出此統覺而歸於此統覺外之認識心。此統覺外之認識心名曰想像。想像根據直覺的統覺之把住，而湧現時間與空間。既湧現之，即隨由直覺的統覺之把住而成之廣延之一段而予以時間化，空間化，因而予以時間性，空間性，因而將現起事排列之於時間關係中，空間關係中，因而成功直覺的統覺之把住或表象之形式。時空爲直覺的統覺把住之先驗形式無疑也。然此統覺自身不能湧現此形式。亦非此統覺把住時其自身所自具。此統覺之把住只是其停住。彼對於現起事之攝取既不過亦無不及，因而亦不能湧現時空也。復次，假若只是直覺的統覺，則此種統覺雖連綿而起，或若干統覺同時並在，亦只是散立而不相謀，因而亦無時空之可言。時空之建立，必在認識心之跳出直覺的統覺而根據此統覺之把住而爲此統覺外之心覺（即認識心之由直覺的統覺提起之心覺），所湧現所建立。此一心覺乃創生之心覺或超越之心覺。予以專名，得隨康德名曰創生或超越之想像。其所以爲創生的或超越的，乃因其湧現時空故，湧現時空以排列直覺的統覺之所把住者。每一把住爲一段，段段相對相連相較相際，由直覺的統覺而提起之心覺即得就之而建立時空。此提起之心覺建立時空，以用於直覺的統覺之把住，因而遂得爲此統覺把住之形式。時空爲先驗形式，此爲時空之形上的解析；由提起之心覺所謂創生之想像而湧現，則爲時空之根源的或心理的解析；由如此而湧現之時空用於直覺的統覺之把住而對於所把住者有超越的決定，則曰時空之超越的解析。【關此超越的解析詳論見下第三卷。】【復次，凡有湧現皆自提起之心覺言。直覺的統覺停住無所湧現，而由「由直覺的統覺提起之心覺卽超越之想像」湧現時空以爲直覺的統覺把住之形式。但只湧現時空以爲此種統覺把住之形式並不能成功對於自然之知識，於是認識心復表現爲理解。理解爲曲而能達，其曲其達端賴格度與概念。然此格度與概念（卽本書所謂範疇）之根源必在創生之理解，不在辨解之理解。而創生之理解亦爲提起之心覺，此得隨康德名曰「超越之統覺」以與直覺的統覺相對。關此，總論見下第三章，詳論見下第二卷。】

六　超越的感性與生理的感性（亦曰經驗的感性）。

普通只有生理的感性，至康德始言超越的感性。感性之所以爲超越的，以有先驗的時空形式故。依康德，感覺在此先驗形式下所成之表象，雖是主觀的表象，却有先驗而客觀之決定。除此時空形式外，再無有其他主觀表象，涉及外物時，既可名曰客觀的，又可名曰先驗的。譬如生理感性中之表象卽是如此。生理感覺之表象之只有主觀意義，早爲希臘哲人所認識。生理感覺自身並無先驗之形式，它只有在某種感性樣式之主觀的構造下有所表象，譬如在視覺聽覺觸覺之主體的特殊構造下表象顏色聲音或臭味，而其所表象之色聲臭味，嚴格言之，並不足爲外物之特性，而只是感覺器官之變形（Modification），在一定樣式下爲外物所影響之器官之變形。以只是感覺器官之變形，故只有主觀之意義而無客觀之意義。故此種主觀表象不能是先驗的，且亦不能有客觀之決定。聲色臭味並非在其下可以決定對象之爲吾人之對象之必然的條件，惟有在時空形式下，對象始能成爲吾人之對象，始能決定其爲一客觀而公共之對象（認識對象），而此種決定，雖是主觀的，却是先驗的，且是屬於對象者，有客觀之意義。此卽所謂超越的決定。吾人可承認此種超越的決定。但因直覺的統覺只是把住，並無所涌現，其自身並不能有此種決定。此種決定之根據在時空，而時空爲提起之心覺所建立，並非直覺的統覺自身所建立。提起之心覺建立時空落足於直覺的統覺之把住，因而成功此種超越的決定，因而可說是直覺的統覺把住中之表象之形式。此種決定可以就直覺的統覺說，但非其自身所自具。因此，超越感性一名不甚恰，亦有誤會。本書不援用。所以不恰而有誤會之故，卽在康德只有形上的解析與超越的解析，而無根源的解析。今旣釐淸，則此籠統之名自可不用，而其密義可吸取也。又康德之超越感性論，復期其担任先驗綜和命題（卽幾何命題）之說明及歐氏空間之確定，此亦不恰。本書不如此論，故此名亦復因而不欲引用。【關此詳論見下第三卷。】

第三節　變者與不變者

一　事是變者，型是不變者。

生理感引起一件事，然而有感即有覺。此覺名曰直覺的統覺。此種統覺，可以獨立地給吾以意義。彼之覺此事，即於此事中覺一意義。如不能覺一意義，則不能成其爲直覺的統覺。此「意義」即曰「型」，亦名所覺之對象。單自事言，生起即逝，不足以爲對象。是以事服從變之原則，而意義服從不變即「有」之原則。如果只是事，而無其他，則事惟是變，而且是一虛無之流。是以徒有事，不足以成直覺的統覺也。然所起者必是事，直覺的統覺覺此事，即於此事中覺一意義。覺之眞實對象爲「意義」，而事則因意義而成其爲對象。然事不可留，而意義可留也。可留者爲型，故不變；不可留者爲事，故變。

二　型即意義屬於緣起事，不屬於心覺。

吾聽一聲，吾覺其爲一聲，而且覺其爲一特殊之聲；吾見一色，吾覺其爲一色，而且覺其爲一特殊之色。如果只是事，何以區別聲與色？何以區別此聲與彼聲，此色與彼色？此事吾覺其爲一聲，此事必有其爲一聲之意義；彼事吾覺其爲一色，必有其爲一色之意義。爲一聲，爲一色之意義，屬於事，不屬於心覺。因此時之覺爲直接之攝取。事既不能爲對象，則所攝取者必爲意義。此意義必爲「所」。因其爲所攝而爲所。以其爲所，故屬事。因屬事，故爲客觀的。復次，又因直覺的統覺爲直而無曲者，直而無曲者無所立，故此意義不內出。既不內出，而又有此一意義，故知其必外陳而屬事也。意義隨緣起事而呈現。其呈現也，爲如是如是之呈現。彼爲如是如是之呈現，故心覺即爲如是如是之攝取。

三　型式意義在生理感之因果關係所制約之事中呈現，即在「生理感之引起」之為呈現原則中呈現。

生理感之引起一件事是事之呈現原則（非實現原則）。生理感之引起是一種因果關係。彼之如此而呈現者由於生理感之因果關係之制約。制約而成爲如此之呈現，即有其爲如此呈現之形式，此即此呈現之事之意義。吾因此意義而得覺其爲某某之殊事。聲音吾覺其爲一聲音，顏色吾覺其爲一顏色。乃至石爲一石，花爲一花。事是一生起之歷程，而形式或意義則是彌綸於此歷程中之脈絡，而與事一起呈現。設抽去此脈絡，或忽此脈絡而不顧，則事即不成其爲一事。或不管此脈絡，而單自其爲一事而言之，則凡生起者皆事，同同而一色，吾不能區別此事與彼事，因而不能有殊事，而只爲赤裸裸之一事。然而凡生起皆殊事，凡所覺皆覺一殊事。殊事之爲殊事皆因成此殊事之脈絡而始然。（彌綸於此殊事中之脈絡或意義，容或無窮無盡，吾之直覺的統覺或不能一時盡攝，然不得其因此而成其爲殊事。）復次，每一如此呈現之殊事皆在生理感之因果關係之制約中而然。吾聽一聲，吾之聽也以耳。耳官卽是此聲之制約者；吾視一色，吾之視也以目。眼官卽是此色之制約者。所視之色，所聽之聲，與視之聽之之生理器官，亦在一因果關係中而爲如是之生起如是之呈現。此一呈現或生起歷程亦有脈絡或意義彌綸於其中。吾因此而得覺其爲如此之一聲，如此之一色。復次，假定耳目並用，吾聽一聲，吾復知其爲鐘聲或歌聲，復進而知其爲撞鐘之聲，爲口腔之聲。此一複雜之生起歷程亦有脈絡彌綸於其中，吾因此而得覺其爲如此之一聲。是以每一事之呈現，皆有其形式。縱使是一粒孤立之沙，吾見之，吾亦如其爲一沙而見之。如其爲一沙，卽有如此沙之形狀。此形狀卽形式或意義也。是以凡有覺，皆必有所覺，而所覺在意義。此卽爲直覺的統覺之眞實對象，直覺的統覺不是覺材料，而是覺意義。卽使對成系統言是雜多，亦是意義之雜多，而不是材料之雜多。是以直覺的統覺單獨給吾以意義，因而「凡有直覺的統覺卽有意義」。此爲一普遍之命題，此命題有直覺之確定性。蓋若無意義，卽不成其爲直覺的統覺，則亦不必說矣。是以意義與直覺的統覺有等價關係，卽因此關係而說該普遍命題有直覺確定性。再進一步，此意義之根據在因果之倫繫。依是，因果關係與直覺的統覺有等價關係，因此關係，保證事之生起之因果性亦有直覺確定性，雖無理性的必然性。其所以無理性必然性，卽因其只爲平鋪之如此呈現，至所以有如此呈現之理由，則在直覺的統覺中不能知也。是以吾人說生理感之引起爲呈現原則，而非實現原則。因果關係亦在此呈現原則中而只爲如此之呈現。假定吾人獲得其所以呈現之理由，則卽獲得其理性的必然性。而彼理由亦卽吾人所說之實現原則。然彼理由非直覺的統覺所能發見，亦卽非由經驗所能獲得。是以彼理由必爲超越者。依是，在直覺的統覺中，只能言因果關係有直覺確定性，而不能言其理性必然性。

四　垂直因果與橫面因果。

生理感之引起爲垂直因果。爲耳所聽之聲爲目所見之色，此聲此色卽在生理器官之制約中，吾人卽在此制約中而覺聲色。聲色與生理器官之垂直因果容易說明，然而撞鐘與鐘聲之生起間之因果關係不易說明。推之，水起與火滅間之因果關係，吃砒霜與死間之因果關係，打彈與彈間之衝擊之因果關係，等等，亦不易說明。此種因果名曰橫面因果。此種因果之不易表明，不在「撞鐘是否必有鐘聲隨之起」。亦不必說「鐘聲很可不隨之起」。今假定縱使鐘聲隨之起，則亦可問曰：「鐘聲之起」與「撞鐘」間何以必有因果關係耶？吾因目而見撞鐘，吾因耳而聽鐘聲，此兩串因果關係乃顯然者。然所見之撞鐘與所聽之鐘聲間之因果關係則並不如此之顯然。普通以爲因果不可能者，大都自此而言之。吾有何理由相信彼兩事間亦有因果關係耶？在此，吾認無理由可言。假定吾獲得一超越而客觀之根據，吾可相信其有。在此根據未獲得前，吾無理由可以相信也。然在直覺的統覺中正是不能獲得此根據。【康德以爲在理解中可以獲得之，吾以爲不能。本書卽在步步闡明此事。】橫面因果乃屬於吾生理主體以外者。假定吾撞鐘，吾吃砒霜，吾打彈，吾傾水於火上，則吾可以因吾之生理機體之實踐而證實之，雖無邏輯之必然，却有工作上之實然。然而非吾撞，非吾吃，非吾打，非吾傾，而呈現於吾機體以外者，則吾無此工作上之證實。吾何以能覺其有因果關係耶？或曰：吾見有吃砒霜者，隨之復見該吃砒霜者卽死亡。吾此兩見連貫而生，故吾覺其有因果關係。然此兩見，只見兩件事耳。每一事與吾之見有因果關係，然而所見之兩事間不必有因果關係。吾亦不能因該兩垂直因果而推斷該兩事之橫面因果。然則此橫面因果究如何說明耶？豈眞只爲常相繼而爲吾之習慣之聯想乎？此不惟「經驗只能告我常如此而不能告我必如此」，且爲「是否有因果」也。乃有無之問題，非必不必之問題也。【此處凡言必，皆通於理性之根據而言。若無理性之根據，縱事實上有矣，亦不得說必。事實上有而不必，此「不必」單指無理性根據言，不指某結果在此時此地出現在某時某地亦可不出現而言。假若有理性的根據，則某結果亦有時可以出現，有時可以不出現。然無論出現或不出現，皆有必然之理由。】彼若有矣，吾可以進而言其理性之根據；彼若竟無，則根據亦無從說。然則究有究無？關此，吾在直覺的統覺範圍內如此說：直覺的統覺獨立給吾以意義，覺一件事卽覺一意義。假若兩件事相連生，除非其無意義可給。如有之，則此相連而生之兩件事卽有一意義或脈絡彌綸於其中，因而形成一如此呈現之有結構的整體。擂鐘與鐘聲是一結構之整體，吃砒霜與死亦然。直覺的統覺只問當下，不問未來。在當下中，有意義可給，（因而成一當下之統覺）卽說該相連而生之事有脈絡或倫繫。否則無意義可言，因而亦無統覺可言。或曰：此結構的整體，卽所謂脈絡或倫繫，不必卽是因果關係，如對比，相反，同異等等亦可說爲結構之整體，亦可以給吾人以意義。曰：此誠然。夫說因果關係者，非謂一切關係皆因果關係也。亦儘有無所謂關係之時，如一棵草與一粒沙並處，雖可云有並處之關係，然客觀事實上，亦可謂無所謂關係。雖可有其他之關係，然若從物理之動態的變化方面言，如可說因果關係，則吾人在直覺的統覺範圍內，卽以結構之整體或倫繫之意義說明此因果關係之實有。依此而言，「意義」比「因果」範圍廣。然若自物理世界之實際變化言，因果亦可謂最廣泛最普遍，因而亦可與「意義」相一致。至對比，同異，相反，大小，左右，上下，等等關係，吾人可謂之爲非物理關係，關係不必是因果，意義亦不必盡於因果，然而因果關係如是最根本之物理關係，則吾人在直覺的統覺內，卽以「意義」之呈現說明其爲實有。依是，吾人說：因果關係與直覺的統覺有等價關係，因此關係，吾人說因果關係有直覺確定性，雖無理性必然性。因此直覺確定性，吾人卽說：「凡直覺的統覺所覺之事皆非無因而起者」。此一普遍命題非一歸納普遍化，乃表示個個當下現實統覺之綜稱。故此普遍命題乃一放得下之定然之全稱命題，故亦有直覺確定性，雖無邏輯必然性。其所以無邏輯必然性，即因此普遍命題並非依據一超越而普遍之原則而作成者。乃只因「因果關係與直覺的統覺之成立間之等價關係而作成。是以此命題既非歸納普遍化，因而亦無概然性，又非以超越原則爲根據，故亦無理性必然性。是以只言其有直覺確定性也。

五　假若生理感所引起之緣起事只視為材料而不視為有意義，或將其外延化而只視之為一件一件之量的事，如一點然，如一時空單位然，而不視之為一動態之物理歷程，則因果關係即脫落。

休謨所以視事象只爲相繼與會合，而無所謂結構或關係者，乃以其感覺論爲前提。彼於單一事之接納，名曰感覺或印像，認其爲至眞而至實，生動活潑而有據。彼甚眷戀於此而不忘。此蓋爲其理論之總前提。以其過重單一事之感覺或印像，故將衆事之相繼與相聚孤立而星散之，視爲個個單一事之感覺或印像。彼似只能認識點之事，而不能認識線之事。每一點之事有一點之感覺或印像與之應；而每一感覺或印像，順休謨之理論，其所接納者，亦只爲點之事而非線之事。彼所察識者只爲點之事，隨而亦只承認點之事，其他如虛線之脈絡而足以連繫各點者，彼皆不能承認之。故彼所反覆堅持者，卽爲無有連結之觀念，以其無有連結之感覺或印像也。彼所偏愛者卽在孤零零之點。以其個個星散，極分明而豁朗也．休謨不認脈絡爲實有，只有點而無線，卽將一切關係脫落而無餘。於事，只爲點事之相繼與會合，於感覺亦只爲點感覺之相繼與會合。推而至於極，事爲刹那事，感覺爲刹那感覺。點點相續而無連絡，點點會合而無交涉。吾之世界卽爲吾點之感覺所納之點事所成之世界。依此而言，吾於事象自無因果關係可言。此種感覺論，卽爲視感覺只給吾以雜料，而不給吾以意義，視生理感所引起之緣起事只爲點之雜料而不視之爲一歷程，復進而外延化之而只視之爲量的事，因而可以孤零而星散之，而全無交涉，不復知其爲一物理歷程也。由此外延化，可以引出兩種論證以破因果：一爲至不至破，一爲三時破。至不至破者，就因果分爲兩事，純自論證以施破。其言曰：因事與果事爲至耶爲不至耶？如因事至於果事，則與果事爲一，何辨因果？如因事不至於果事，則兩不相涉，何有因果？是以無論至與不至皆不能言關係，皆足以脫落因果而無餘。三時破者，就時之前後俱以破因果。其言曰：因在果前，抑在果後，抑俱時耶？如在果前，則果既未生，果卽不立。果既不立，因爲誰因？是以原因不在果前。如在果後，則果旣已成，不待因生。既不待因，何須於因？是以原因不在果後。如與俱時，則兩事合一，不辨因果。因果不辨，何謂因果？是以因果不能同時。此兩論證，皆以事象爲點點相續之密移而不能有關係，爲共前提。而此前提之所以成，卽在將事外延化而成爲量的事，如將物理事外延化而成爲量的事卽數學事，則自無因果關係之可言。蓋因果關係爲物理關係也。如其爲具體之物理事，則一、必爲一變化之歷程，二、必有脈絡彌綸於其中。此則决不能由抽象之量化而減殺者。事旣爲具體之物理事，則隨生理感之引起而來之心覺亦必不爲點之覺或刹那覺，而爲一如其爲一歷程而覺之之統覺。

六　假若吾對於事象處於一種冷觀或不關心之觀照以觀之，則因果關係亦脫落。

屬於事之因果關係，假若自認識心之範圍言，不能予以直覺之確定性，在認識心範圍以外，不能予以超越之理性的保證，則因果關係隨時可脫落，而終不能有極成。而超越之理性保證又爲最後之關鍵。假若此而不可得，則縱在成知識之認識心範圍內，雖可予以暫時之直覺確定性，而在超「成知識的認識心」之認識心上，仍可星散而脫落之。此種超「成知識的認識心」之認識心（此雖超知識，吾亦名曰知識心，蓋以其並非形上的心，或道體的心也。），卽是一種冷觀或不關心之觀照。關此，吾可引王船山莊子解以明之。莊子外篇田子方篇云：「子路曰：『吾子欲見溫伯雪子久矣。見之而不言何耶？』仲尼曰：『若夫人者，目擊而道存矣，亦不可以容聲矣。』」船山解云：「目擊而道存者，方目之擊，道卽存乎所擊。前乎目之已擊已逝矣。後乎目之更擊，則今之所擊者又逝矣。氣無不遷，機無不變。念念相續而常新，則隨目所擊而道卽存。不舍斯須，而通乎萬年。何所執以爲當，而諄諄以諫道人乎？不待忘言而言自忘矣。」（諫道人卽莊子原文「其諫我也似子，其道我也似父」之諫道。）目擊而道存，此中道字，吾且不問。其達此一境，或卽爲道，吾亦不問。吾於此所注意者，爲「目擊」義，爲「不舍斯須」之「斯須」義，以及「氣無不遷，機無不變，念念相續而常新」義。事至變而不居，目擊而應之，是謂循斯須。過乎斯須，執古以爲今，則固蔽而不通。念念相續，吾卽以念念之感應之。斯須念念，亦猶點點也（注意，只是猶點點）。點點密移，亦猶念念相續也。言目擊則與道通，言斯須而與感應。其所示之境自高雅乎點點相續。然吾於此不論此義。而其足以脫落因果關係，則固與點點密移同。何謂斯須？田子篇云：「顏淵問于仲尼曰：『文王其猶未耶？又何以夢爲乎？』仲尼曰：『默，汝無言。夫文王盡之也。而又何論刺焉。彼直以循斯須也。』」船山解云：「夫物豈有可循以治之哉？循吾之所謂當者，是故吾耳。非大常以應變者也。循物之當者，是求之于唐肆也，交臂而已失之者也。故善循者，亦循其斯須而已。斯須者，物方生之機而吾以方生之念動之，足以成其事而已足矣。」循吾乃故吾，循物物已失。循斯須而應之，則無我無物，無古無今。只此斯須，斯須相續。是之謂無爲而成其事。「不馳騁於古今，各性住於一世。」（僧肇語。）不來不去故不遷，無古無今故不動。船山於此盛言遷，而僧肇於此言不遷。遷卽不遷，其義一也。然皆足以脫落關係則無疑。吾自何處言因果哉？是謂順應斯須破。順應斯須不必否認因果關係之存在，但若只此一境，而又偏執此一境，則可以脫落因果關係而不覺其有。道家固不必反對自然之天則，然若立於「順應斯須」上，則可成爲對於因果關係之超然的觀論而尾散之。蓋順應斯須一義只相應於氣機之變，而不能相應於不易之理。假若只是氣機之變，則亦可以成爲虛無之流也。儒家於變易中見不易。而不易之理發於天心之仁，則自然因果即得其超越之理性的根據。而此天心之仁，則道家不言也。佛家亦不能有此一義。佛家趨寂，自亦不能維持因果關係於不墜。佛家作空觀，雖不欲建立本體上之「理」字（天心之仁）。其空觀之所觀只是事，而以因緣生以拆散之。彼不欲亦不能於此中見理也。遁空山，作禪堂，舍棄一切生活，而以靜引靜，遂覺山河大地，連同自心，無有不靜，無有不寂。且亦無有山河大地可言，無有自心可言。只有此寂，只是此寂，寂外無他物可得，而寂者自身即寂亦不可得。所謂「無有一法可得」也。是以道家與佛家，所言之心，雖是超成知識的認識心，而仍爲認識心（般若智只是認識心）。此可曰超理智的認識心，而此只是一覺照。不可曰道體的心也。不能至道體的心，則因果關係終無理性的必然性，而若自「即寂即照」之覺心以觀論，則無有不脫落因果關係者。本書則欲作到兩步：一、在成知識的認識心內，建立因果關係之直覺的確定性；二、將在道體的天心上，建立其理性的必然性。欲作到第一步，則必破刹那感覺破，及至不至破與三時破，即必破除對於感覺及感覺對象之量化。欲作到第二步，則必極成道體的心，而不能一任超然的冷觀無歸宿，亦不能只止於超理智的認識心之覺照。此兩步建立，即函：一、吾人不能將事象置於外，而處於超然之態度以「觀論之論證」橫破之；二、必須將事象既歸於具體物理事，又歸於生物理的實踐生活及道德天心的實踐生活而證實之。假定離開此兩步歸限，而處於超然態度以觀論之，則必可有種種論證以橫破之，而每一論證亦皆無必然性，然而由此自亦不能證實之。

七　自具體物理事及生物理的實踐生活證實因果關係之直覺的確定性。

因果既不能由觀論而證實，而所觀論之事（即生理機體所顯露之事）之自身又不能宣告吾人曰：吾此處有因果。然則吾將何以得因果關係之證實？惟有自其爲機動的物理事及生物理的實踐生活而證實之。機動的物理事所以遮其外延的量化，而生物理的實踐生活則所以實現其爲機動的物理事者。實踐亦曰踐履，或曰行動（工作）。吾此處言實踐不指道德的言，乃指生物生理的言。以吾此時所言之因果爲自然因果，故自生物理的實踐生活言。吾人之生理機體即爲實踐或工作者。（佛家言四智，對前五識言，名曰成所作智，即示耳目鼻舌身爲工作者。）吾於此生物理生活之歷程中所引起與所遭遇之事象皆爲吾實踐生活所踐履之實事。惟於此生活之踐履上，乃能實際地（非理論地）證實因果關係之實有。此自爲最平常之事實，卑之無高論。然離乎此而放言高論，乃不得因果關係之證實。生活之踐履使吾人認識實際之事實。實際云者，機動的物理事之謂也。非只時空接近之散沙也。吾欲知由太陽可以取暖乎？只須將吾身體置於正午之陽光中。吾欲知由太陽光可以取火乎？只須取一凸鏡攝集陽光於一點。鑽木取火，原始人已知之，實踐故也。此即以行動而證實因果也。此固無邏輯之理由，亦非邏輯之必然。然吾於此亦不須有邏輯之理由，亦不須有邏輯之必然。以其本非邏輯也。吾只認其爲機動的物理事實卽足矣。置身於太陽下，不必皆可感覺熱。攝集陽光於一點，吾亦不謂其必可取得火。以吾知其非邏輯連結也，非分析命題也。然吾不能不謂其爲物理事實之連結，吾且不能視其只爲空時之接近與會合。其連結固爲綜和的，然此綜和非數量單位的綜和，乃物理事實之綜和。物理事實帶機動性，帶粘着性，亦復具有連綿性。此可名之曰「强度的」。强度的事實總有物理連綿的終始性。此在完形心理學名曰善續性，亦曰趨極性。卽由此善續或趨極性，而言因果關係。蓋每一强度事之起，不拘其歸結如何，終有一歸結。卽依此「總有一歸結」而言因果關係。依此，因果關係之由强度事而來，不啻爲分析者。蓋若强度事一定，則因果關係卽必然而引出也。由强度性之命題而至因果性之命題乃是必然的連結者。然每一具有强度性之現實的物理事是一特殊事。此特殊事所引起之歸結亦是一特殊之歸結，而不是「總有一歸結」。依是，從一具有强度性之特殊事而至其特殊之結果，却不是分析者，而是綜和者。其爲綜和自不同於純廣度的數量單位之綜和，蓋後者無所謂因果也。惟當將强度事廣度化，因果關係始脫落，始謂其爲心理之彌補，習慣之聯想。今若恢復其强度性，則一條特殊因果關係雖是經驗的綜和，却不是心理之彌補。强度事之「總有一歸結」卽足以保證特殊因果性並非心理之彌補。强度性一概念既衝破先驗的綜和之必然，又衝破經驗聯想之慣例。在知識範圍內，雖無超越的理性根據，而强度性一概念卽足以保證因果之實有。（就康德思路說，惟此强度性之「總有一歸結」，因果範疇始有其客觀的妥實性。然如此，則先驗綜和說即不必要矣。）在未言意志因果前，現實世界很可以不現實，亦可以不連續，即是說很可以無生起。然此本是現象以外者，本是整個現象之理性的根據者。今言知識，以生理感中心中之生起事爲限，則即可說：如其有生起，則每一生起事即爲强度事。如其爲强度事，則必有因果者。此言因果乃是順之而言有生起以後者，非逆之而言生起以前者。此「順之而言」之因果隨同生起之彌漫而彌漫。此即爲普遍因果性。此種普遍因果性有直覺確定性。一言直覺確定性，即函吾人之直覺的統覺可以直接給吾以意義，而此意義之寄託單在普遍因果性，是即言直覺的統覺可以直接給吾以因果之事實也。實踐是作之事，統覺是覺之事。作之而覺之，覺隨作起，以作爲本。覺必在生活行動中。覺非刹那感覺之散屑，乃本生活行動之歷程而全覺。非是點之覺（生起事實非廣度化之點），乃是線之覺。線之覺即並事象之歷程與關係而俱覺。吾覺事象之有關係，非「空頭覺」之或然（甚至脫落之，如前所述者），乃本乎作之實然。由本乎作之覺而信事象之有關係非空頭外置之關係之無根之空信。凡根據必自作言。凡爲作之事，必皆爲自足而無待，爲定然而不能爲假然。彼已爲根據，故不能爲之立根據。惟根據有層次有範圍。即就因果而言之，在認識心範圍內，自然因果即以生物理之實踐生活而明其爲定然，非論證。然若爲共建立理性之根據，則即通於意志因果，而意志因果仍爲作之事，非論之事。是以凡各範圍中之屬於「作之事」者皆必爲定然，可爲論證之根據，而不可以論證之者。如邏輯，如數學，如因果（自然的或意志的），皆然。凡定然而爲論證之根據者，皆不可以假然視。其所以不可以假然視，卽在其服從「作之原則」也。若不以作爲本，則其根據爲假然，最後必歸於循環論證也。循環論證亦曰有假設之論證，而「以作爲本」之定然之根據，旣不可以假設視，則由之而來之論證卽爲無假設之論證。哲學必歸於無假設之哲學，方是到家。凡非假設而爲定然之根據，吾人皆以直覺遇。此順生物理之實踐而得之自然因果之直覺確定性卽此原則之一例。

八　自然因果之理性的根據，以意志因果保證自然因果。

生物理之實踐生活足以證實自然因果，此固然矣。設吾人之生活不只生物理之生活，尙有超越乎此者。如至超越乎此者，而不能保留此生活，或竟至厭棄此生活，或破壞此生活，則自然因果雖於此生物理生活中而證實，然不能於越乎此生活而證實，或於越乎此生活處而全無自然因果之保留而竟至於全脫落，則自然因果卽不能終始其實有，亦卽不能徹頭徹尾而有效。今欲使自然因果終始其實有，則吾亦必不能止於生物理生活爲已足，吾亦須越乎此「生物理生活」之生活，而且須對此越乎此「生物理生活」之生活有特殊之肯定與規定。吾所肯定之越乎此生活之生活，亦必爲生活，而非涅槃生活之非生活，卽亦爲動之實踐之生活。此動之實踐之生活，自其爲越乎生物理之生活而言之，自爲超越之生活。然自其爲動之實踐之生活而言之，則雖超越而又不棄其所越之生物理之生活，此卽言仍含此生物理之生活而爲其主，或云：雖超越而亦仍宿於生物理生活中而主宰之，潤澤之。言超越者「不只」之謂也。此超越之生活，吾規定其爲理性之生活。理性，吾意實踐理性。吾欲保留自然因果，使之徹頭徹尾而有效，始終爲實有而不得脫落，吾且須肯定實踐理性之生活。生物理之生活證實自然因果，理性生活證實意志因果。理性生活宿於生物理生活中而爲其主，卽意志因果宿於自然因果中而爲其主。此爲貫本末而爲一，通體用而爲言。此本此體卽爲形上學所論究。此而建立，則自然因果卽終始爲實有。此爲全體實踐生活之肯定。吾如此肯定，卽隱示對佛家思想之否定。吾必如此肯定，而後可以自實踐而證因果。限於知識而言自然因果，其實有之證實在於生物理生活之實踐。此雖證實其實有，然以其屬於事，又以生物理生活自身亦爲事，其自身所引起所遭遇者亦爲事，故雖證實其實有，而所謂證實仍只證實其屬事之關係，而非屬理之關係。如其爲屬事之關係，則雖以踐履證實之，而仍不能有理性之根據。卽其關係仍不能爲理之必然關係。其關係只有事之連結，由踐履而知其爲實然爲定然，然不能謂之爲必然。以其非屬理故無必。今欲除生物理生活之「實踐事」之證實，尙欲明其是否可以有理之保證，卽是否能通過理性之允許。理性可以從兩方面看：一、純粹或理論的理性，二、道德或實踐的理性。本書不自純理方面而言自然因果之保證，亦不自此言其先驗根據。蓋純理只爲思考中邏輯推演之必然，而其於事之爲事仍無補助也。純理乃爲無色者。其於外事並無責任可負也。兩者道不同不相爲謀。吾爲吾之理，汝爲汝之事。吾既不能助汝，汝亦不能求我。吾所能助而統轄者只思耳，非汝之事也。吾所與汝生關者，只在於經驗前進中，吾所統轄之思考，以吾之統系性貫穿性可以使汝之關聯自生理感之主體中客觀化而趨於較廣大較連貫，而於汝之本性吾不能有所事事也。故亦不能保證也。純理既不能保證之，然則所謂須通過理性之保證，此所謂理性必爲實踐理性矣。實踐理性以意志因果爲中心。是以吾只能以實踐者保證實踐者。通過實踐理性之保證卽通過意志因果之保證。此亦卽謂仍以因果保證因果也。同類者相保證，各親其類也。一爲自然，一爲意志，皆有因果義也。一爲理性生活，一爲生物理生活，而其生活之實踐則一也。兩者爲本末事，爲體用事。舍乎此，無保證之可言。欲至此，須進至形上學。

九　恢復到具體物理事及生物理的實踐生活，且須以心覺攝取其意義。

假若因果關係是一種產生的關係，則平鋪的自然因果必以充足理由式的意志因果保證其必然性。除此，自然因果無先驗的理性根據可言，亦無必然性可言。現在，若不從足以成立產生或致生的因果關係的意志因果處建立自然因果之理性的根據，而只想從思想上建立因果的先驗性及必然性，則必與事實無補。因爲反乎事實的產生性或致生性，必爲非事實的，不產生者，卽對事實之「存在」言，必爲不能產生者。既爲不能產生如此之事實，而經驗上又必呈現如此之事實，則此事實自身自必有其一套呈現出之如是如是之實然，且不必言其所以然。從如是如是之實然方面想，吾人固不能言因果之必然，但思想上之範疇或形式條件亦不能有助於事實而使其爲必然。思想中的因果概念，其本身自爲必然的，亦有普遍性，因其爲邏輯的故。但此邏輯地自足的思想上之必然的因果並不能產生事實上的必然。依此，此思想上必然之因果對於經驗事實之關係，必不外兩可能：一、吾不能不如此着想：假若吾不用此等概念，吾不能思，吾亦不能對對象有所思，即吾不能當作一對象而思之，此是以吾之必如此思來釐定所思之對象之必接受此思之方式；或爲吾必如此應用，而對象亦必接受此應用；以吾思想上之必然的因果，以對象亦必接受故，來先驗地保證事實之有因果而且亦爲必然的因果。此或爲康德之本意。觀其超越之推述，及其屢言客觀妥實性，似乎亦必如此。但如其如此，則只表示吾之如此思中之必然在應用上之必然有效。但此應用上之必然有效，並非爲唯一的可能。因一說到應用就有被應用，而應用與被應用總是異質的兩層。如其爲異質的兩層，則兩者不必爲合一的同一。如其不爲合一的同一，則兩者總可分開而爲兩種不同之事實。如爲兩種不同之事實，而思想上之必然又不能產生之，則思想上必然之因果雖可以總有效或必然地去應用，因而亦爲必然的有效，然此必然亦無與於事實本性之不必然。依此，其爲必然是因「必然的應用」之必然的有效而顯，並非由事實之本性而顯，亦非由事實之有必然而顯。依此而言，其爲必然，雖因其可以應用，並因其可以應用而有客觀妥實性，亦仍是主觀的，或內在地自足者。只因事實未曾佻皮，予以揭穿，儼若事實亦有必然。但若思想與事實總爲異質，而思想亦無與於事實，則事實難保其不佻皮。假若一旦佻皮而不接受其應用，則其必然的有效即不必有效，而事實之儼若有必然亦顯其不儼若矣。無論佻皮不佻皮，兩者如其爲異質，則事實本身之因果總不能因吾必然如此思而亦得以爲必然。康德所以證明其不佻皮，卽必接受思想上必然因果之應用，其唯一論據似在所知之對象爲現象不爲物自身。但此論據實不充分。蓋吾人適所言之「事實」亦卽現象，生理感中心中之特體，非必物自身也。卽使是現象，若只是應用義，或只言其客觀妥實性，則其爲必然亦只是主觀的，或內在地自足者。吾人適所顯示之論證仍不能免。依此，至其所言其爲經驗之條件乃至爲經驗對象之條件，亦是主觀的，內在地自足者。如其爲主觀的，內在地自足者，則吾人必可反而向事實注目，總須落於言自然因果之直覺確定性。而且唯有此直覺確定性，方能建立必然的有效與應用。然在吾人則必須指出：此必然的應用與有效是內在地自足者，必須是爲一不能落下之虛層，卽不能平鋪而與事實爲合一的同一者。吾人如此指正，或是對於康德思想之更淸楚地確定地表白，或能將其烟幕掃淸而更近於事實，更爲合理。若其思想之本義是如此，則此步表白乃必然而顯然也。（蓋康德思想大都爲籠統的大體。大體自有其爲大體之確定，若只大體地陳述之，則亦儼若甚爲確定者。但若仔細案下去，則模稜立見。）非然者，吾人必至另一可能：二、吾不但必如此想，且必須如此的構造之。依此，經驗事實雖與思想爲異質，但事實只爲材料，而形式則盡在思想。如此，且不能說兩者爲合一的同一，乃只是偏面的構造。如是，則思想上之必然因果必落下而卽爲事實（現象）之必然因果，而必然的應用與有效亦卽成就事實之必然。康德言綜和實亦含有構造的綜和義。依是，其思想亦實模糊地可有此傾向。但如其如此，則其普遍的因果與特殊的（經驗的）因果之分卽不能維持。而其龐大系統中之複雜成分則必亦因而更麻煩。康德常模稜含混於此兩可能。吾雖一一搜尋。吾今只願順第一可能而思吾之所應思。

如果思想上之必然因果，其爲必然，是主觀的，內在地自足者，則必須建立事實因果之直覺確定性。有此直覺確定性，其主觀的，內在地自足的必然的應用與必然的有效，方爲可能。而此直覺確定性，從「所」方面說，必繫於具體物理事之恢復，從「能」方面想，必繫於心覺之自生理機體中彰著出。普通論官覺及官覺現象，總自官覺本身之爲氣質的事及官覺現象本身之爲氣質的事（或物質的事）言，而並不縮着心覺言。如自官覺及官覺現象之爲氣質的事言，則凡氣質的事無有不變者（如自官覺現象之對官覺機體言又必爲主觀的），而從此變之事中，感覺器官又不能得到其關係或意義，只能如其爲一事而觸之，因此，或將此變之事廣延化而爲量之點，如前各節所述，或者就其變而觀之，謂其根本不能爲「是」爲「在」，而只成得一個虛無流，甚至官覺本身亦是一虛無流（如柏拉圖論「知覺不是知識」時卽如此），依是官覺現象乃根本爲無有者，吾人於此可一無所得。然型式或關係乃知識所必須者，而此又不能以官覺遇。於是，必須提出心官。然若型式或關係不能內在於流變之事中，隔絕而空掛，則雖提出心官亦無助於經驗知識之成立。提出心官是也。吾人不能不自生理器官中將心覺彰著出。然心覺之彰著，必隨生理器官之接觸氣質的事而顯其用，是卽必隨生理機體之引起而爲對事之攝取。然心之攝取非只攝此流變之事。若只攝此流變之事，而無其他，則對事之攝亦不可能。是以其所攝取者必爲流變之事之歷程中之關係或意義，隨同事之起而一併攝取之。唯一併攝取之，然後始可成其爲對事之攝取。事之攝因意義之攝而可能。是以心覺與意義遇，而意義必卽內在於事中而呈現而爲心覺之所攝。事若外延化，卽無意義之可言。故必恢復其爲具體的物理事。然恢復其爲具體的物理事矣，而不彰著心覺，則事亦只一虛無之流而已。雖有意義，而意義亦不見。吾人就其爲事而觀之，實不知其意義之何在。蓋意義爲虛者，而所引起者皆有質之事也。有質之事只是變，無意義之容足處。故意義終不能見也。是以旣恢復其爲具體事，必顯出心覺隨同其爲一緣起歷程而直接覺攝之。是以心覺之直接覺攝，若爲直而無曲，必有所攝，而此所攝卽是作爲「所」之意義。故「意義」隨心覺之直覺而連同緣起事一起進來。此虛之意義（卽虛的脈絡，事之虛的脈絡），唯有自心覺之彰其用而呈現而爲「所」。故「意義」之爲所，之屬「事」，乃有直覺確定性，而不可以論辨撥無之者。（撥無之，卽無統覺可言。）所以其爲確定，一如直覺的統覺之爲確定。此有直覺確定性之意義，若特殊化之，卽爲因果關係，是以因果關係亦有直覺確定性。此有直覺確定性之因果關係，卽是心覺所直覺之形式或意義。依是，意義雖不能「感」

而可「覺」，然要不與「事」隔絕而空掛。若與事隔，則覺亦不可能矣。吾人如此所論之型式或意義，只是認識論的，自其爲「所」言，只是如此如此之呈現，而並無最後之理由可說者。如追問其最後之理由必進至形上學，必進至足以成就有產生或致生義之意志因果，此即其超越的理性根據。吾人不能徒自思想上之概念的必然而言其先驗根據。康德所言之先驗根據只是吾人使用因果概念之邏輯權利與夫使用此概念之先驗性。吾人不能以此使用之邏輯的必然性及先驗性而證明事的因果之必然及其先驗根據。康德的論據只是如此：吾人必如此思，而且必如此思藉以思對象，依是，對象必遵守此思之方式而亦具有此方式而始可成其爲對象。吾人以爲此種論據實有滑過，以虛的倒映，內在地自足者之投射而爲實（平鋪之而成爲實之實）。假若吾人再自理解上證明吾人所使用者不是因果概念，則此種使用之邏輯必然亦不可得矣。【吾人所使用者非因果概念乃類乎因果之「因故」。吾人藉此可以客觀化事之因果。客觀化義見下章。因故義見下卷】

依是，吾人對於因果有三種態度：

一、直覺的統覺上之直覺的確定性。二、理解上使用概念之邏輯必然性以客觀化之。三、自形上學上尋出其理性的根據以保證之。依一、雖有直覺確定性，然仍隸屬於主體。二、之客觀化是認識論的。三、之理性根據之保證足以極成其最後而眞實之客觀性及普遍性，此是形上學的。【本書以第二問題爲主。】

第二章　生理感中心中之現起事之客觀化

第一節　問題的釐定

生理機體所接觸之生起事名曰氣質的事，而每一氣質的事總是隸屬於生理機體的，亦總是變化的。自其隸屬於生理機體言，是主觀的。此「主觀的」一義可自兩層言：一、爲生理機體所制約，而隸屬於生理之主體；二、爲直覺的統覺所覺，雖不爲想像之遊戲或主觀之幻像，然直覺的統覺是我之覺，我之覺雖有其所覺，可以直接給吾以意義，然此所覺之「意義」總隸屬於吾之當下之覺，而不能爲客觀而公共，因此而爲主觀的。從其隸屬於生理機體言，氣質的事是生理地主觀的；從其隸屬於直覺的統覺言，則是心覺地、或觀點中的主觀的。從此主觀的境況中，吾之生理感接觸一件事，吾之統覺即隨此事之生起而攝取一「意義」。意義不變，而事總是變。意義雖不變，而總隸屬於心覺之主體。吾人如何能客觀化之而使其有客觀而公共之意義？變的事雖可以爲吾統覺攝取一意義，然意義是在事之生起過程中呈現，而事一起即逝，過而不留。若只是變的事，而無恆常持續不變者在，則變化的事之得以爲變化的事即不可理解，而理論上可以推至其爲一虛無流，以是，事不成其爲事。事不成其爲事，則隨事之生起歷程而現之意義亦虛浮而無實，理論上亦不能有可以使其落實處，即不能使其有安頓。依是，吾人固須客觀化一個意義，且須客觀化一件事。

一　自客觀化一件事言，不變者之本體是不可少的。

不變者之本體是變的事之爲變的事之標準。亦是變的事之承載體，而變的事是其情態。依本體而得爲情態，而得爲可能。嚴格言之，如只有變的事，則變的事亦可爲不變。事是變者，然其自身非能變。變者之事是本體之情態，則可說：唯不變之本體能變。依是，變者之事是不變而能變之本體在時空中所呈現之變化。然則，恆常而持續不變之本體，從理式想，抑從材質或氣質想？如從材質想，則根本不可能。蓋材質其自身若爲不變之本體，則雖不變而不爲能變，依是，必爲乾枯之死體；若凡屬材質或氣質皆是變者之事，則彼不能爲本體，而必有不變而能變之本體使之變。依是，不能從材質或氣質方面想。若從理式方面想，則形上的理式根本未在吾人認識之範圍，而認識論之理式是因果之倫繫，此是統覺所覺之事之「意義」之所在。意義本身爲不變爲恆住。然說情態是因果型式之情態，則亦不成話。世固有想以因果律代本體者，然此根本不可能。因果律或在情態與情態中見，或在不變而能變之本體與其情態中而見。無論從何而見，彼皆不能代本體。依是，在認識上，總須有個本體以承載情態。但是，本體如何定？物質的本體既不可能，則如何說某物之情態？最後的或形上的「因」與「體」是一，因果關係只是平列地想，無有最後因，因與體不能是一。而因果律與體亦不能是一。然吾人總須有一個本體以承載情態及情態間之因果關係。

二　不變者之本體暫定為個體之「個性」，或個體之統一，此是情態（謂詞）所隸屬之暫時的主體（主詞）。

不變者之本體暫定爲個體之個性，而個體是一聚。徒事不能聚，喻如散沙。聚必由於因果關係。依是個體是由重重疊疊之因果關係而結聚成。個體不是合和假，以有因果關係故；亦不是最後的單一，以其爲一聚故，單一不可得故。最後的單一雖不可得，然既爲個體，必有其個體之統一，即必有其個性。此個性，即個體之統一，吾人視之爲情態所隸屬之主體。此個性或個體之統一，不從「所以然」處想，而只從「然」處想。情態粘着於如此之個性或個體之統一而爲一個體。譬如杯子是一個體。然其所以爲具體而現實之個體，必帶着情態說。情態隸屬於此而爲一杯子，並不隸屬於彼而爲一只錶，所以此個體必顯示一個性或個體之統一。此個體之統一，吾人即名曰「現象的本體」（意卽表現出的本體，此詞取之康德）。亦名曰暫時的主體。依此主體，吾人可保住主謂命題之暫時的有效。若主謂命題無效，則平列的因果關係命題或泛言之關係命題亦不可能。在存在系統中，主謂命題是不可少的。決不能一切盡化爲關係。而且主謂命題必爲主，必爲首先肯定者。惟在認識中所定之存在系統，主謂與因果（關係）互爲主從。以因果爲平列故，以主爲暫時故。若因與體是一，或主爲最後者，則主謂爲主，因果爲從。今自無最後而單爲一個體之統一說，則因果爲首。但因果又不能不預定暫時之主，故主謂又爲首。假若直下平列地說，則暫時的主仍爲首，平列的因果仍爲從。暫時的主體自其爲暫時言，有類乎邏輯原子論所引出的原子式之個體，亦有類乎科學實驗中所達到之量子或電子。惟其不同於量子或電子者，以量子或電子其本身之存在卽爲非必然須肯定者故，且對之之認識，亦受實驗之限制故。而此暫時之主體則爲認識上之必然者，爲理論上必須肯定者，其不同於邏輯原子論中之原子式的個體者，以原子式的個體乃爲由邏輯分析之運用而平置者，故彼不說宇宙眞實卽是原子，只說是原子式之個體。又彼因分析而平置此個體，復因宇宙可以接受此分析，而分析不妄作，不唐捐，故卽由此邏輯分析之運用而言原子式之個體，彼卽以此個體爲主謂命題與關係命題之根據。然吾此時所說之暫時之主體，則不由邏輯分析而平置，亦不卽以個體爲主體。其不由分析而平置者，則因此暫時之主體乃爲認識上必須者，情態乃至情態間之關係所以可能之理論上必須肯定者。故此爲認識論的，批判的，非彼之爲邏輯分析的，爲試探性的。其不卽以個體爲主體者，以個體必帶情態言，故唯個體之個性或個體之統一性方有持續不變之本體之意義，若只是個體，則無有不變者，然既爲暫時之主體，而此主體又由個體之個性而顯，則卽不同於第孟克里圖斯之物理原子論中之原子，亦不同於來布尼茲之心子。蓋原子與心子皆爲對於宇宙最後眞實有肯定，而此暫時之主體則爲對於最後眞實無肯定。卽此種主體並非最後眞實也。然自認識上，則必須預定之，又只能如此預定也。在必須而且必須如此預定之情形下，吾人對此主體必須有一種超越的決定，藉此足以客觀化生理機體與心覺觀點中之生起事。此種超越的決定卽足使吾人所說之主體，既不同於邏輯原子論中之原子式之個體與科學實驗中所引出之電子或量子，亦不同於物理的原子與形而上的心子。卽此使其爲批判的或認識論的，而非邏輯的，科學的，或形而上的。吾人單要決定此主體。看此種決定如何可能也。

三　此認識論之主體之形上的根據，看吾人須透視至何處而後止。

此認識論之主體既爲暫時的，現象的主體，則由其「個體之統一」之「超越的所以然」方面想，吾人必透至一個「超越的對象」。超越的對象必依據最後的本體卽形上的本體而成立。說明此一串概念之程序如下：吾人就個體之爲個想此恒常之主體。但此主體若是現象的，不能從材質方面說，亦不能從最後單一方面說，亦不能從超越對象方面說。它必須是相應個體而爲主常。但個體是一聚，此聚本身可以散，所以聚本身不是恒常之本體。必是所以聚者。此「所以」是指「內在的所以」言。將許多現象聚於一起的那個型式卽重重叠叠之因果律便是內在之所以聚者。此型式納它們於一起，同時卽顯示出整一的個，而從整一的個將其所統者抽去卽反顯一拆不開之統一，故曰個體之統一，此統一卽形成一單一。此單一卽是吾人所說之認識論之主體，此單一若與其所統之情態合，卽說爲是情態之主，而情態卽是此主之謂。主謂之合名曰個體。主恒常而不變，情態是變者。但情態是主之情態。主有此變者之情態，則主必是不變而能變：不變言其自身之恒常，能變言其有可變之情態，卽它能變其情態。然則此不變而能變之本體必不只是一乾枯而抽象之體。使其變其情態者誰耶？它依何而能變其情態耶？答此問題，必預定「力」。依是，若單一的本體能變，則必有與此單一的本體相合一的單一的力。如此，方可說本體不變而能變。但此本體若是現象的，則與之合一之力亦必是現象的。由此一個能變其情態之單一的體，進而想此單一的體之超越的所以然，如是有「超越對象」之透視。此對象亦是相應個體之爲個而言的。但此對象既是爲超越者，則必是最後的，可以停止的。吾人順認識的直覺洞見（非天心之理智直覺）可以由現象的主體一直向裏看，向裏滲透，但永不能止。不能止，卽不能至超越對象。而個之所以爲個仍是現象的。卽仍是內在的所以然。若透至可以止處，始能成立超越對象，則此超越對象必是依據「最後的體」而成立。最後的體是原則上可以止者。此當是普萬物而爲一的形上實體。依據形上實體而攝聚情態於一起，名曰超越對象。此超越對象既是依據形上實體而成立，則必爲非現象。不獨形上實體非現象，卽超越對象亦非現象也。從認識的對象方面想，有萬萬個對象，卽有萬萬個個體，因而超越對象亦萬萬個。超越對象所依據以成立之形上實體可以是一，普萬物而爲一。（此義吾人在形上學中將證明其爲必然。）而超越對象，既是對象，則必有個，既有個，必是多。此多之超越對象何以必爲超越的？卽因其必依形上實體而成立故也。形上實體在認識中既不可得，則超越對象必爲在認識以外者。依是，認識內之個體之爲個必爲現象。惟此現象的個體，在未獲得形上實體前，始須要客觀化，須另有途徑以決定之。決定其爲客觀的個體卽顯示出現象的本體。

四　決定現象中個體之爲客觀的須靠兩個系統：一爲時空系統，一爲理性運用中之概念系統。

吾人欲使現象中個體之爲個，如果不只是科學實驗中之發見，亦不是邏輯分析之所平置，而又不能是第孟克里圖斯物理原子論之懸空的形上假設與來布尼茲心子論之形上地肯定心子而又不能終於其爲心子，則必須認識論地決定之，批判地肯定之。此種決定是認識論上必須者，此種肯定亦是理論上必須者。爲滿足此種必須，吾人必須能決定出現象的個體之爲個，因而決定出恒常持續之現象的本體，藉此以救住主謂命題之存在根據，因而使關係命題亦可能。若欲滿足此種必須，則吾人所作之決定必須是超越的，必能有必然性，方能有認識上通於理解之先驗根據。此種超越決定，吾人必須溯根於心覺之能上，從此心覺之能向外對於現象施行兩套之措置卽成功超越之決定，一套爲時空系統之超越的決定，一套爲純理系統在理解中復其具體運用時所表現之概念系統之超越的運用。在時空系統方面，吾人說超越決定；在概念系統方面，吾人說超越運用。蓋時空爲心隨直覺的統覺所建立，建立之而直接着於事（現象）以成功現象之時相與空相。此種時相與空相卽是時空系統之對於現象之超越的決定。如此決定後，在其時相方面，卽說其時間之久歷或繼續，在其空相方面，卽說其空間之廣袤或體積。對於一個現象個體，如能決定出其時之久歷與空之廣袤，則其個之爲個卽有形式之輪廓或表徵。因此爲個之爲個之形式的輪廓，故時空系統之超越決定爲對於個之爲個之形式的決定。蓋時空爲純形式故。但純理系統在理解中所表現之概念系統，其對於現象之措施乃運用而非決定者。蓋依本書之說統，純理在理解中所表現之概念系統，對於現象乃爲異質而不能粘着者，卽不能放下而平鋪於現象者。故只能有誘導之運用，而不能有平鋪之決定。然此種概念爲先驗者，故對於現象有超越的運用。雖是運用而非決定，然旣爲概念，故可以透過時空之爲純形式而至於現象之實際。時空爲清一色者，無論杯子桃子乃至萬萬個體，皆不外此時空之形式，而徒有時空形式亦不能使吾人區別杯與桃，故時空爲最普遍之純形式，彼不能接觸個物之實際，故其所決定之個只爲形式的輪廓。然概念系統則可以穿過此形式輪廓而至於個物之實際。故概念系統之超越的運用爲對於現象的個體之爲個之實際的決定。時空系統之超越決定決定個之爲個之形式輪廓，因而如此可名曰生起事之形式的客觀化。概念系統之超越的運用決定個之爲個之實際輪廓，因而如此可名曰生起事之實際的客觀化。個之爲個既能超越地決定出，則其個性或個體之統一卽隨此種決定而顯示出，因而顯示其恒常持續而不變之特性，因而可名之曰恒常之本體，藉以爲主謂命題之存在的根據。依此，此恒常之本體，並非如康德之「視之爲範疇而只謂其如何能有客觀有效性」之簡單而無實。吾不視本體爲範疇。吾自始卽想自個之爲個而明之。自個之爲個而言本體，則在現象中認識論地決定之，便只能由決定出個性或個體之統一而顯示。此統一爲一拆不開之單一。現象之聚可以拆開，而其聚而成一個體之統一，單視此統一卽爲一拆不開之單一。是以此單一並非是一個實際的體如原子或心子，而只是一個由聚而顯之統一之單一。是以此單一是由重重疊疊之因果關係之結構而形成。在認識論中，只說此統一之單一爲本體本已足。只說此統一之單一，則其爲本體只有形式的意義。此在邏輯上本爲足够者。然本體既恒常而又能變，則必不只具此形式之意義，而由統一之單一以言本體，亦本不只此形式之意義。蓋此統一之單一本說由重重疊疊之因果關係之結構而形成。而一涉及因果關係卽爲具體而實際者。依是，其形式的意義同時卽具有實際的意義。此實際的意義卽是力。個體統一之形式的意義是指理型而言，然如其可以爲情態之主體，則只說理型並不足以滿足本體之意義。是以必加之以力而歸於實際。力與理型合一而爲本體。理型爲一統一之單一，則藉此單一，力具於其中而不散，亦爲一單一。力之單一是賴理式之單一而形成。理式之單一能在時空中持續，亦必須賴力之單一具於其中而不散。如是方可爲本體，若力之單一一經散失，則理式之單一卽掛空而不足爲本體，則個體卽消散而歸於毀滅或淘汰。若單自力本身言，則本是可變的，是以力本身並不足以爲本體。故必須力與理式合一方可爲本體。惟理式之單一由統一而顯，故力之單一亦必由重重疊疊之因果關係之輻湊而顯示。並非一心子也。是以吾此處所說之本體實是一種强度量。徒理式並非强度。貫之以力，始成强度，如張弓然。徒力亦不可爲强度，套之以理式，則强度成焉。現象的本體只如此，故必有超越對象之預設，而超越對象則依最後的形上實體而成立。凡此皆非認識心所能把握。若無形上實體及超越對象，則現象的個體及本體無根據無保證。而此種根據或保障則不能由認識心決定之。故吾人對於現象的個體之爲個之超越的決定與超越的運用唯是認識論的，而非形上學的。

五 康德之作爲範疇的本體，他究能否建立其客觀有效性。

康德以本體爲範疇之一，以持續常住爲其規模。此規模可以作爲感覺現象與純理智概念之本體間之媒介。依是，他欲建立本體一概念之客觀妥實性，在「原則之分析」中，他以時間（或空間亦可）作爲論證之關鍵。在此論證中，他欲透視二義：一、現象的種種時間關係如要可能，必須預設一個恒常的本體；二、此持續恒常的本體，他意向其是物質，充滿空間。（此卽從材質的東西方面想常住。）關此問題，康德一套說統，每步皆極困難。第一、若視本體爲一先驗的純粹概念，則在建其客觀妥實性時，實只表示吾之辨解的思考之必須如此思，吾先驗地有使用此概念之邏輯權利，而思考之必須如此思並不函所思方面之必有此常住，而必如此思亦不能於外界投射出一實際存在之常住。吾先驗地有使用此概念之權利，亦有此難。吾能先驗地使用此概念，吾在邏輯上亦必有此要求，但此爲不能着實者，並不能決定出客觀方面實際存在之常住。蓋本體必爲現象之本體，此是實有者，決不只是一個概念，亦不是概念之必然地使用卽可決定出者。此種純爲由內出之要求乃爲內在地自足者。若不說其是現象之實有的本體，則客觀方面之常住實只是內在地自足者之虛映或影子，而不能着實者。但康德自必說其是實有之本體。依是本體一純粹概念在客觀方面必有其足以落實處。他如何建立其足以落實之根據？康德固然不只是由使用此概念之權利卽足決定實有之常住。他尚有「原則之分析」中之論證。依是，第二、他以時間爲論證常住之根據。時間自身是恒常的，但時間自身不可覺。是以如要成就時間中現象的關係卽時間自身之種種時間決定，必須於客觀方面預定一個足以表示時間自身之「恒常體」。依是，吾人之本體一範疇自必有其客觀妥實性。卽由此足以證明使用此概念之權利是合法的。但此仍有困難。那唯一而無限的整個時間自身固是恒常，但此恒常之時間自身是獨一的，同質的。其落在現象中因而成爲種種時間中現象的關係，而此種種關係皆表示變化的，此變化的自須預設一不變者始可能。但此不變者決不能卽是時間自己，蓋因此種種時間關係皆是剋指現象的時間關係而言，時間自己並不能爲變的現象之本體。但時間自身之恒常又必須先於種種時間者。是以時間自身之先於種種時間而爲其底據，在其表象現象之關係中此底據仍不能撤消。但此底據只爲一純形式，不可爲本體，而其自身又不可覺，則在現象方面必須有一持續常住者，一方足以表示時間自身之恒常，一方又可爲變化的現象的本體。否則，現象之變不可理解，而現象之時間關係亦不能有。今時間之表象現象實有種種時間關係矣，亦實有時間中現象之關係矣，是則時間自身已實「實有」而爲底據矣，然則使時間自身落實而不空掛，且足以成就種種時間關係者，必賴一恒常之持續體。此恒常之持續體卽是本體一範疇可以落實之實際根據。此種論據極費匠心，亦似可通。但須知時間自身是獨一而同質，由此而逼出之持續體亦必是獨一而同質。此獨一而同質之持續體，如作本體觀，必是彌漫於全體現象宇宙而爲一不可分之連續體。此則有類於巴門里第（Parmenides）之連續而爲一之大有。故康德亦云：此持續體在自然中之量不增不減。以此爲常住之持續體，可以承載全體現象，但不能說明個體。而凡有之現象皆是屬某物（卽某個體）之現象，吾人說一謂詞紅是某主體之謂詞，而不是說全體宇宙之謂詞。若說紅是那全量體宇宙之紅，必不可通。依是康德只能建立全體現象宇宙之彌漫體，而不能建立個體之持續體。在此康德說現象的本體過多而過高，不能盡現象本體之職責。所謂過多而過高者，乃謂最後的形上實體可如此也。

在認識中現象的本體可不分得此義。蓋一分得此義，本體屬性一範疇即失其知識中之切實義。或云物理學不講個體，只講物理量，對此而言，康德之本體似可適用。曰不然。物理學中之物理量是由個物而抽成，假若能說明個物之本體，則物理學中之物理量即可能。若不能說明個物之本體，而只說總量之彌漫體，其說即有弊。（至云在自然中之量不增不減一義，自我觀之，在現象的本體方面說，爲過分者，無理由可以如此說也。）或云康德既以時間爲論證本體之根據，而本體復充滿空間。因爲空間可分爲許多部份，故本體亦爲多。每一部分空間有一本體與之應。故本體亦可是多也，因而亦可說明個體之本體。曰不可能。蓋空間亦與時間同，亦爲獨一而同質。空間之部分並不能表示萬物之個體。康德只能說一個彌漫而爲一的物質體。空間自身可分而不可分。即使可分，亦不因而有多的本體。因空間之可分爲部分，可有不同段之物質體，而不能有萬萬個體之本體。依此，現象本體如是多的，必須相應個體而言之。如相應個體而言之，即不能自物質體而言本體。復次，第三、康德自時間自身論持續體，似不應再進而說其是什麼。但他又進而必意謂其是物質體，又只限於外感，而內感則無體，靈魂不是一本體。此不應理。何以只許外感有本體，不許內感有本體？內感所覺者豈不亦爲現象乎？豈不亦有變化乎？豈不直接在時間秩序中乎？只許成就外感現象之變化，不許成就內感現象之變化乎？所以單將本體限於外感亦不可通。

六　吾說個體之為個，個體之統一，乃至藉此以客觀化生理感中心中之生起事是何意義？

康德當作「範疇之超越的推述」，以超越的統覺携先驗概念統攝一切表象時，他似乎是自上而下的構造的綜和論。但當論「原則之分析」時，他以時間爲論證諸般先驗原則之根據，他又似乎是自下而上藉以迎接範疇之下貫。自下而上有兩種特性：一、徒時間並不足以爲建立超越規模及諸般先驗原則之根據；二、必於客觀方面先預定一些特性足以使範疇之應用爲有效，而此種預定，在規模方面雖有超越想像以撰成，而單就時間爲根據並不足以撰成之，必溢出於時間外以透至對象方面之肯定。在原則方面雖根據時間以作成其論證，以顯示在理論上必然有此原則所肯定之對象之特性，然徒時間自身仍不能決定之，亦必溢出於時間外而透至對象方面之肯定，而此種肯定是認識論上理論地逼迫出之需要，並不是根據範疇而成的，因有此肯定，範疇始能應用故。依此，自下而上之工作，就原則方面說（規模方面可不論），其論證是邏輯的，非批判的，有實在論之意味，且亦有背於超越推述中之自上而下之精神。此兩頭湊之兩部哲學，構成康德系統中之種種困難。吾現在則不採取以十二範疇之概念系統爲經驗可能之條件之思路，於其兩頭湊之辦法外，別取一途徑。吾之問題單注意於生理機體中心中之生起事及其意義之客觀化。從其爲生理機體的變形中客觀化，從心覺觀點中客觀化。所謂客觀化並非以康德之範疇爲其形式之條件，乃只使其脫離生理感中心及心覺觀點而有客觀而公共之意義。吾人如能作至此步，則對象方面自必實有恒常體及因果關係等特性，而自純概念方面說則此等概念自必可應用。從對象之實有此特性方面說，吾人具備實在論之態度，但不採取康德「原則分析」中之論證。從概念之可用方面說，則不以此套概念爲主幹，爲經驗可能之條件，因而無康德超越推述之工作，亦可避免兩頭湊之困難。從對象之實有此特性方面說，吾雖不能經驗地覺其有客觀性，但可以超越地決定之。此超越地決定之之對象卽是生理感中心中之生起事及直覺的統覺所覺之意義。吾人心中觀念之聯想可以是隨意的，但此生起事及其意義不是隨意的。它雖可以是生理機體之變形，但不是心之變形。它雖可以在心覺觀點中，但它不是想像之遊戲。普通以生理感中之生起事，與心理之聯想或想像之遊戲混而爲一，則未免太過分。生起事雖非理性地必然的，但要非想像之遊戲。是以吾人不能謂其隸屬於生理機體與心覺之觀點中，因而有主觀的意義，卽謂其是想像之遊戲，主觀之幻像。吾心理之聯想固是主觀之繼續，但客觀之繼續不必卽是理性地必然的，因生起事雖非理性地必然的，亦非只心理之聯想也。吾人承認生理感中心中之生起事之實際性及堅强性（亦帶有頑梗性）。吾人單須就此而客觀化之卽足，客觀化之使其脫離生理機體及心覺觀點而有客觀而公共之意義。吾人在此客觀化中，決定出個體之爲個，個體之統一，因而卽決定出生起事之隸屬於此個體而爲其情態，因而情態亦有客觀性。吾人在此步決定中，首先可以決定出實際的主體之實有，因而亦決定出一條因果即直覺的統覺所覺之「意義」之客觀性。吾如何能建立此步工作，即此種超越決定如何可能耶？吾人在此須建立兩個系統，一爲時空系統，一爲純理系統。而此兩系統必迴向於心覺而見之。如果吾人在心覺中能建立起此兩套系統，則生起事之客觀化，所謂超越決定者，即成功。而此步之成功，必靠兩套系統之內在於心覺。心覺而具備此兩套系統，則主觀的心即變爲客觀的心，心理的心覺即轉進而爲邏輯的心覺。依是，超越決定之成功必賴邏輯心覺之轉出。此如何可能耶？此而作成，則康德以範疇爲骨幹之理論即可置而不論矣。吾人欲作此兩套系統之發見，可先從「存在的關係命題」與「非存在的關係命題」作爲討論之線索。

第二節　存在的關係命題與非存在的關係命題

一　存在的關係命題，其為關係或為個體間的關係，或為個體所具有的情態間的關係，而無本體間的關係。本體：或為現象的本體，或為形上的實體。

凡發生實際影響的關係，如物理化學的影響，吾名之曰「存在關係」。存在的關係，就其關係項言之，有兩種：或爲個體，或爲情態。依此，共爲關係，亦必或爲個體間的關係，或爲個體所具有的情態間的關係。此種關係，總持言之，不外因果關係。但是，所謂「個體」，並非即是「本體」。本體有二：一爲現象的本體，一爲形上的實體。現象的本體，如前節所述，是理式與力合一的强度量，是恒常而能變的一個統一體。個體是多的，此種本體也是多的。但因爲它們不是原子或心子，所以亦不能有其自己間之關係。它們間的關係必須通過個體而表現，因而亦就是個體間的關係。它恒常而能變，自足以生關係，但所生之關係必在個體樣式下而形成。蓋恒常而能變之本體並不能離開其所聚之個體而單獨爲一物，爲一孤離之存在，如原子或心子。吾人可由個之所以爲個（內在的或現象的所以）而顯示此現象的本體，但不能孤離地言其關係。依是有個體間之關係，而無現象的本體間之關係。至於形上實體，吾人將預定其是一，自不能有所謂本體之間，因而自亦不能就之言關係，至超越對象一詞，則是個體之形上的最後完成，其所以爲最後，是因其依止於形上之實體。現象的本體是認識論的，由心覺之超越的決定與超越的運用而形成。此是認識論地必然的，而不是形上地必然的。是以，若順現象的本體，從客觀方面，向裏透視，無論如何深入，亦仍只是現象的，而無有止。依是，個體仍無最後的形上根據以完成之。故超越對象是對現象本體所成之現象個體而立。及形上實體一旦成立，個體之所以爲個透體完成，則現實存在者就仍是此個體，超越對象亦可不立也。故超越對象亦是認識論地建立者，而不是本體論地（或存在學地）獨有此一層也。因而亦不能就之而說關係也。依以上之分析，則雖有個體間的關係命題以及個體所具的情態間的關係命題，亦並不能因此卽主形上的多元論。關係命題不能窮盡一切命題之形式。而就存在的關係命題言，關係命題且必預定主謂命題，否則關係自身亦不可能。復次，關係命題必限於現象範圍內。

二　從歷史上畧言多元論的形上學不可能。

多元論可分四型：一、物理的，如希臘原子論者所執持；二、形上學的，如來布尼茲所執持；三、邏輯的，如羅素所執持；四、唯用論的，如詹姆斯所執持。前兩種是積極的，後兩種是消極的。由積極的轉至消極的，即表示多元論的形上學之不可能。何以言前兩種爲積極的？即以其皆客觀地肯定宇宙最後眞實爲物理的原子或形上的心子也。但來布尼茲已謂物理的原子爲「反理性的」，蓋既認其爲最後的單一，不可分，而既爲物理的，則又不能不可分。是則原子一概念即爲自相矛盾者，故爲反理性。依此，來布尼茲不主原子，而主心子。心子只是生機，生力或靈魂。此則單一而不可分，恰如其性。而現象既爲多，故爲之本之心子亦必爲多也。然本體既爲心而非物，而心又名之以子而爲多，此則亦爲背理者。或至少亦爲非充其極之論也。如充其極，當知心子之多亦爲不可執持者，設每一個體皆有一生機或靈魂爲其實現之本，則靈魂因個體之形限而限住，儼若爲多，而其本性實不必爲多也。如月印萬川，月因川之形限而爲多，而實則只有一月，並無多月。月之爲多，實虛映也。靈魂（即心力）之因個體形限而爲多，焉知其非如月印萬川之類也。依是，本體之爲多，可自兩方面看：一、虛；二、實。如爲虛，則實非多。如爲實，則實無必。來布尼茲晚年極困惑於心子之場所或其所在之區域，而至於反對將心子固定於任何區域。如心子之區域（或空間性）不能定，則心子之多卽失其意義。是以其爲多，恐終爲虛的說法也。由來氏之困惑而言之，知其於心子之多之主張並未能透徹也。物理的原子與空間結不解緣，而心子與空間之關係，則很難有說法。是以來氏必主空間爲主觀的也。如心子超脫其與空間之糾結，而在現象背後而爲本，則其多之爲多頗成可疑之問題，而若眞能透徹心之爲心而充其極，則多之可疑卽頓時冰消而趨於一矣。吾在此不欲詳辨，以非本書之論題故。羅素者，精解來氏之哲學者也。消解其中之不一致，剔除其形上之肯定，而下趨之於一貫，以極成其邏輯原子論。然邏輯原子論由邏輯分析而置定，由內出，非由外陳也。彼不客觀地自外肯定宇宙最後眞實卽爲原子之多或爲心子之多，蓋彼以爲無若何根據可以如此置定也。以此，以其奧坎力之運用，必剔除此等形上之肯定，而單由邏輯分析之散開與解剖，而隨其散開乃爲姑爲如此說之多元論。其爲多元，只說原子式的多，並不說宇宙眞實卽「原子」也。故其爲原子，既非物理的，亦非形上的，總之，非哲學的，乃邏輯的也。邏輯的多元，乃由邏輯分析而擺出。而邏輯分析之施行必施行於經驗之對象，而於經驗之對象亦必肯定其可以接受邏輯之分析。由此而言多，則其多只有邏輯意義，而無形上意義，乃甚顯然者。如無形上之意義，則多元論之形上學，發展至此，卽已顯示其爲不可能矣。故邏輯原子論，雖可爲羅素個人之形上學，而實則形上學至此已被消解矣。邏輯原子論，既由邏輯分析而擺出，對於宇宙眞實，並無形上之肯定，則此種原子論卽爲隨時的，其爲隨時的亦如物理學中之原子量子之爲隨時的。夫多元論旣下淪於隨時的，則其不能爲一形上學亦明矣。而以往之積極多元論之不能維持，雖在愛好多元論者亦不能對之有所助益也。詹姆斯之唯用多元論，亦同此弊。皆爲試探的，皆不能透出而於形上眞實有所論謂與肯定也。吾人若眞能透出形上之眞實，使形上學有積極之可能，則不但消極地否定多元論，而且必積極地肯定一元論。正唯此故，始可斷定說：無本體間之關係命題。【邏輯原子論所陳之關係實同吾所說之個體間之關係。如此，吾亦無諍言。】

三　存在的關係命題必預定主謂命題：關係只是關係，不能變爲主謂，但整個的關係可以爲本體之謂詞。

存在的關係命題，其爲關係，不論爲個體間的，或情態間的，此情態與個體要必可以停住，使吾人可說此情態此個體發生如何之關係。情態之可以停住，在其所隸屬之個體。凡情態必是某物之情態。譬如桌子之情態之隸屬於桌子。聲音必是發此聲音者之聲音。顏色必是具此顏色者之顏色。情態如有所隸屬，則吾人卽可說此甲乙兩情態發生如此之關係。關係繫屬於情態（卽關係者），而情態落脚於個體，亦卽停住於個體。至於個體間的關係，關係者爲個體。此個體亦必可以停住，而使吾人說此個體發生此關係。情態隸屬於個體，卽駐於個體。個體如何可以停住而爲個體耶？吾人前言，個體爲一聚，爲一綜和的統一。其停住而爲個體，即在其現象的本體。故在認識範圍內，個體必預定一現象的本體。此則可認識論地決定其爲必然者。依於此本體而成爲一聚之個體即依止於此本體而爲暫時的停住，而不成爲無窮之後退。惟其可以停住，始可以說爲發生關係之關係者，關係者成立，關係始可能。故存在的關係命題必預定主謂命題爲其本。從存在系統方面說，不能只有主謂命題，亦不能只有關係命題。但必承認主謂命題邏輯地先於關係命題：前者爲主，後者爲從。復次，以不能只有主謂命題，故關係命題不能化除。關係只是關係，所以發生此關係之兩項，決不能說此項爲主，彼項爲謂。兩情態間如此，兩個體間亦如此。但關係命題既是從，則情態隸屬於個體，情態間的關係雖不能化爲主謂，而此「關係之整個」却仍可隸屬於具此情態（即具此關係者）之個體而爲其謂詞。依是，不只是情態爲謂，而整個之關係亦爲謂。如果關係命題必預定主謂命題爲本，則此「整個關係」之爲謂詞乃爲必然者。復次，如果無本體間的關係，則個體間的關係，起初似乎只是客觀獨立的關係，而無所隸屬，亦即不能爲「謂」，但若由個體而進至個之所以爲個之超越的原因，即形上之實體，而且此實體必是一，則最後此個體間之關係亦必爲最後本體即形上實體之謂詞。關係不可化除，但整個關係却可以有所隸屬而爲謂詞。情態間者，隸屬於個體；個體間者，隸屬於最後的形上之本體。如果不能只有關係命題（若然，關係本身即不可能），則主謂命題必爲主。如果主謂命題必爲主，則關係必可有所隸屬而爲謂。關係爲謂，非謂發生此關係之兩項可以化爲一主一謂。依是，關係命題不能化爲主謂命題，但可以爲一個體或形上實體之屬性。復次，尚有一論據，可以使關係必爲一個體或形上實體之謂詞，即：凡關係命題必爲綜和命題。關係就是「關係者」之如此這般結於一起之綜和形式。此綜和要必有能綜和之者而使之呈現爲如此這般之綜和形式（即關係）。此能綜和之者，就情態間之關係言，爲個體或現象的本體。就個體間之關係言，則爲形上之實體。此形上實體乃最後之能綜和者。此即形上的心（或道體的心或宇宙心），亦即來布尼玆所謂「最高理性」或「根源的理解」也。存在的關係命題之成立及其客觀實在性，最後必歸於此而可能。此爲「關係之不能脫離主謂而獨立」所必有之結論。

四　存在的關係命題對認識心言與對形上心言皆為實在的。

存在的關係命題既只是個體間的或情態間的，而個體與情態都是經驗或可能經驗的對象，所以整個關係命題之世界就是這個呈現於認識心前之現實世界或現象世界。此世界的現實性及實在性，是以生理主體之感發（感是感受，發是揭發）而證實。生理主體感發之，認識心之心覺即隨而覺知之。心覺不能遊離而莽蕩，其限制與實效惟在生理主體之感發。限制心覺者既只是此生理主體之感發，故心覺之唯一對象世界即是此感發世界，而此感發世界對認識心之心覺言亦即是唯一之實在世界。認識心限於此而攝住其對象，則彼不能否決此對象世界之實在性。彼亦不能離乎此而遊思另一實在之世界。彼無論如何遐思，總須以此世界爲起脚之基石。其所遐思者，無論如何遠，亦必須關聯到此基石上而衡量其實在性。依此推之，對認識心之心覺言，「凡存在卽被知」亦可成立。存在（卽現實的存在或呈現）與心覺之覺攝永遠是合一的。此合一，因兩者間之等價關係而表示。惟因認識心只是隨生理主體之感發而覺攝，故其對於其對象世界只有認識關係，而無創生關係，卽只能如其所如而覺之，並不能產生之。所以「存在卽被知」一主斷，對認識心言，是一敞開之主斷（Open assertion），乃不能圓起者。因不能圓起，故對此現實存在世界乃不能客觀地加以論謂或限制或決定。依此，「存在卽被知」在此亦只有主觀的意義或認識論的意義，而不能有客觀的或本體論的意義。蓋因此主斷，在此，只是繫屬於生理感發與心覺之覺攝而向外敞開地說出去，其外面之邊緣並無一本體論上之決定。我雖不能於此現實存在以外設想一永不被覺之存在，但對於此與心覺合一之現實存在亦不能客觀地於其外面有一本體論上之淸晰的決定。卽依此義，而說「存在卽被知」，在認識心上，只是一敞開之主斷，因而亦只有主觀之意義，而無客觀之意義。此卽是說，此主斷在認識心上，不能有最後之極成，亦不能有客觀之證實。擔負此步極成或證實之責者乃在形上心之建立。如在形上心上能極成或證實此主斷，則此存在的關係命題之世界之實在性，亦於焉獲得其最後之極成與客觀之證實。

五　非存在的關係命題之分類及來布尼茲論此之大義。

非存在的關係命題，可從兩大範圍，暫分爲兩大類：一、屬於純形式系統者，二、屬於形式體性學者。前者包括四目：A.純邏輯命題，B.算數學命題，C.幾何命題，D.關於時空關係的命題。後者，如柏拉圖所論之理型與理型間之關係，以及亞里士多德所說之綱目差間之關係。此後者中之兩種關係皆是「非存在者」，卽只涉及理或共相間之關係，而不涉及時空中特殊存在者。主斷此種理或共相間之關係之陳述亦得曰關係命題。以此種關係命題構成一系統卽曰形式體性學。吾人亦可如此說：從存在之關係命題所呈現之「關係型式」，卽此關係型式間之關係卽曰「非存在關係」。所以，此種「非存在關係命題」，雖不涉及特殊存在，却實有存在學上之地位（Ontological status）。吾人現在所欲說之非存在的關係命題是屬於純形式系統者。此方面之關係命題，不但是「非存在的」，且亦非形式體性學，故亦無存在學上之地位。自符號邏輯興，此方面之關係命題遂爲人所重視。亞氏邏輯只講主謂命題，今則擴大邏輯範圍，復講關係命題矣。其所以重視此種命題，卽爲說明數學。譬如「A大於B」，此「大於」卽一關係也，而不可以主謂論。又如「B居於A與C之間」，此「居間」亦關係也，亦不可以主謂論。而此等關係命題皆爲數學命題。來布尼茲卽已發見此種命題。如：「兩線L及M間的比例可有三種看法：較大的L對於較小的M之比；較小的M對於較大的L之比；從兩者中抽出某種東西，即L及M間之比例，而未考慮何者是先行，何者是後繼，何者是主詞，何者是謂詞。在第一種看法，較大的L是主詞。第二種看法，較小的M是主詞。但在第三種看法，則不知其中何者是主詞。吾人不能說L及M兩者俱爲主詞。因爲如果如此，則必在兩個主詞中有一件『偶然事』（即關係或比例），一腿在這一個，一腿在那一個，此與『偶然事』一觀念相違。依此，在此第三種看法，我們必須說這個關係實在是主詞以外者。但是因爲它既非一本體，又非一偶然事，它必須只是一理想的東西。關於它的考論，亦是有用者。」此即發見一種非存在的關係命題矣。實則，即在第一第二兩種看法中，說L或M是主詞，亦無意義者。故L與M間的比例實爲一種關係也。但是，來布尼茲復進而說：「它只是一理想的東西。」羅素解云：「理想的東西，若再推進一步，我想來氏必說：它是屬於默想比例的心之偶然事。」又云：「在主謂形式以外，他不能承認任何共他判斷形式，雖然他發見出關係判斷之必然性。」「他想將關係判斷歸於主謂形式。」「關於主斷數目的命題，他以爲『集和』只是一種現象，他名之曰『半心理的東西』。它們的統一（此對於任何數的主斷皆是根本的），他說單只爲知覺所增加。依是，一切皆是主詞與謂詞底『個體主斷』，並且也是作爲知覺者的一個謂詞的『同時知覺』之心理的主斷。」「數目有關係底本性，因此也總是些某種樣式的『有』。但是，關係雖然發見之於事物之中，而其『實在性』卻是從超越的『最高理性』中引申出。上帝不只看見個體的心子及其種種情態，也看見它們間的關係，而卽在此，遂得形成關係底實在性。」「位置，如在前在後，不過是一個東西之模式。」「單位是分離的，理解將它們聚於一起。」「關係雖從理解而得，然並非無根據或不眞實。因爲『根源的理解』就是事物的起源，而一切東西的實在性（除去單純的本體如心子），只在單純本體中『現象之知覺』這基礎中而始有。依是，關係與聚合只有心理的眞理性，眞的命題就是一個歸一謂詞給上帝的命題，也就是一個歸一謂詞給一切那些『覺知』一關係的主體之命題。依此，來氏要執持其主謂義，必進而爲康德的理論。卽，關係雖是眞實的，但却是心底工作。」（以上徵引俱見羅素「來布尼茲哲學之批評的解析」一書第二章。）羅素等人，動輒謂古人總想把關係命題還原爲主謂命題。卽以來氏而論，實則彼並非化關係式爲主謂式。關係仍是關係，只是關係所以成立之根源乃在「心覺」之綜和。視關係爲「心覺」之謂詞非卽化關係式爲主謂式，乃化關係爲一本體（卽心）之謂詞。此原屬兩層，不可混論。如關係仍是關係，則關係等於未化除。如問關係所以可能之根據，則屬另一問題，非化關係命題爲主謂命題之問題也。羅素自不喜「關係由於心覺之綜和」之理論。但此一眞理無法否認。來布尼茲以爲考論此種關係亦有用處。但他終未能進而細細考論，亦未能明其用處之何所在。但是他說關係是理想的東西，半心理的東西，却開啓考論「關係」之大門。康德卽順此大門而前進，而未能盡妥貼。本書願順來氏之所開啓重新考論此種「非存在的關係命題」之實義及其在知識中之效用。

六　非存在的關係命題，如其所是而觀之，不預定主謂命題，因為它是無體的。

存在的關係命題屬於存在系統。一個存在系統，如物理學系統或形上學系統，須有主謂命題與關係命題兩者。而且必以主謂命題爲基本形式。因爲一個存在系統是「有體的」。有體的一詞以以下二義定：一、以存在的對象爲首出，此系統中之命題，無論是關係的或主謂的，皆論謂此對象。此卽是說，此中之命題皆有所說，皆有所「意指」而爲其內容。二、此存在之對象皆有其特殊之定義，而此定義必指謂對象之「實在之性相」，決不是隨意賦予的。此等定義卽是此存在系統中首出之基本概念。所有的律則或規律皆由此而推出，亦皆反而論謂此等概念。譬如一物理學系統，必有質量，體積，密度，力，等爲其基本概念，而此等基本概念，雖不指一具體對象，然必從對象中抽撰而成而可用之以論謂具體對象者。故亦可說代表一些論謂存在對象之存在概念也。至運動律及萬有引力律等，則皆由此而推出也。而此等律則亦皆反而論謂此等存在概念也。一個形上學系統亦必有存在之肯定。亦必有其所論謂之基本實在。依此，凡存在系統皆以「實在」爲首出，不以規律爲首出。以實在爲首出，一切命題必皆反而論謂此實在，故必以主謂命題爲基本形式。雖有關係命題，而關係命題不能自足也。【物理學系統，因其表象現實世界，故可說命題。但一形上學系統，因其所論謂之最後實在超乎經驗的現實以外，故不可說命題。命題的應用有其限制。但吾人論形上實在所說的陳述與視形上學爲一客觀的存在系統不同。吾人論形上實在所說的陳述可以不是命題，但一個客觀的形上學表象存在之全體大用，自其爲一全體大用之存在系統言，其中總函有命題世界於其內。又，吾人論形上實在所說的陳述雖可以不是命題，但要非無意義者。吾人顯示之可以爲「命題所以可能」之根據。命題的根據是原則，很可以不是命題。但顯示原則以爲命題世界之根據正是哲學之正面職責。】

非存在的關係命題屬於「非存在系統」，此亦可曰純形式系統。如邏輯，數學，幾何，以及空間關係時間關係，等，皆是。此種「非存在系統」純以關係命題構成。而此中之關係命題，如其所是而觀之，不預定主謂命題爲其基本形式。因爲此種非存在系統是「無體的」。「無體的」一詞以以下二義定：一、以「規律」爲首出，不以「項」爲首出。【非存在的關係命題，其關係者非存在對象，故在此亦不曰對象，而曰「項」。】此中之命題皆是關係命題，而每一關係命題皆直接表現一法則或原則，而此法則或原則皆由根本的法則或規律展轉推演而得，或云皆是根本法則或規律之重複變形，是以徹頭徹尾皆是一「理」之展現，皆只是此理此法則之呈現。此徹頭徹尾唯是一「理」之系統並無所論謂，因而亦無特殊之意指爲其內容。而其中之每一命題亦不是論謂一首出之對象，因首出者自始卽爲規律故。二、此中之「項」卽所謂「關係者」，並非有性有相有用之存在對象。孤離言之，直無意義，只是一符號。而且若不在一命題式子所呈現之關係中，則亦無已成的固定項之可言。卽在命題式子所呈現之關聯中而只表現一律則之命題亦非論謂此命題中之項者，亦不能說此項創生如此之關係。依以上二義，說純形式系統爲「無體的」系統，而卽以此「無體的」規定其爲「非存在的」。以其爲無體，故無主謂命題，而關係命題亦因而卽是自足者。是以凡無體的系統皆以關係命題組成。而「只是關係」之所以可能，正在此系統之形成自始卽只是規律之措施，規律之展現。所以無體的系統皆只是一理之推演，一律則之展現，因而遂可以只爲關係也。存在系統，若只是關係，則關係自身亦不可能。故必預定主謂命題爲基本形式。然非存在系統，因其只是一理之展現，故亦只表現爲關係命題也。而此等關係亦正因其依止於規律或理（純爲邏輯的），故可以停住而可能也。存在系統中之關係依止於「本體」始可能。故不能一往是關係。非存在系統中之關係依止於規律或理，然而那些關係亦卽是該規律或理自身之重叠變形，實亦卽是該規律或理自己也。故可云這些無體的系統皆只是一理之展現，因而亦可云皆只是關係命題也。而此所謂理或關係命題又不是論謂對象者，所以這些系統皆只是理自己也。唯表示理自己之系統，方是只以關係命題組成之系統。世人皆知數學命題爲關係命題。此只是事實之指出，而不知其何以能極成其爲關係命題也。

七　在無體的系統中，非存在的關係命題之「項」，或是無意義的，或是依「即表示該無體的系統自己」之規律而產生。

存在系統中之項是實際存在的對象。然則此種無體系統中的項是如何出現的？前言此種系統中，若離開關係言，並無已成的固定之項。因它不論謂一眞實對象故。眞實對象不能由我隨意變現，而且特性亦不能由我隨意賦予。（此即言，其定義都是眞實定義。）但是，無體系統中並無如此頑梗之項。譬如，在純邏輯系統中，吾人皆知此種系統是以命題間的關係組成的。如是，其中的項是命題。但是命題亦有已分解者與未分解者之別。如只是以P或Q代命題，則命題P或Q是未分解者。如命題爲AEIO，則命題是已分解者。如爲未分解者，則爲關係項者是命題（即PQ）。但此時，命題只是一符號，表示關係或律則之界限點，毫無意義或作用之可言。命題本身固是有特殊意義者。因此，吾人對命題亦自可有一眞實定義。但此定義在一形式系統中，毫不生作用，在形式推演中可全忘記而不顧，而此系統中之式子亦並不是論謂此眞實定義所定的命題。譬如，在羅素眞値函蘊系統中，首出的兩個基本觀念（「非P」及「P或Q」，簡之，即爲「非」與「或」。）與一個基本定義（即函蘊定義），就只是一些關係，而此等關係，吾人亦可名之爲規律。當此三個規律或關係一經形成之時，此系統即算成立。（當然還有其他手續。）而其中之命題如P，QR等，已不關重要矣。即對於此系統之成立及其所以爲此系統，並無本質上的關係。是以此系統，自其爲形式的呈現或形成言，自始即爲規律或關係。而若「開始之規律或關係一定，此系統即算成立」，則可知此整個系統就只是首出之規律或關係之重疊變形，而PQ之爲項即已不生作用矣。故只是一符號，或表示關係之界限點。即使不用它亦可也。復次，如命題爲已分解者，如A或E，I或O，則眞正關係項當在S，P，而非命題也。而形成關係或推理式之關鍵在「凡」與「有」，在「肯定」與「否定」，而不在S，P。SP亦無作用也，亦只是些界限點。而凡，有，肯定，否定，却亦只是些關係或規律，即純邏輯概念也。此等概念一經形成，則全系統即是此等概念之結合所顯示之關係之重疊變形。

一數學系統中之項爲數目或單位。但此單位或數目又不若命題之現成可自系統外而取來。數目之出現或成立，即是依照成就數學系統之規律而成立。數學系統中之數即是在數學系統之形成中而形成。吾人可自任何單位（此時並非數）依照規律而產生數。若無規律的運用，單位自身只是一單位，並不是數，而其自身亦並不能產生繼續而來的單位即數。一谷粒可以生長爲谷，其自身有一生長歷程。但一單位自身不能產生一串單位。是以數之產生及成立惟在依照一概念或規律而成立，譬如依劈分律。復次，吾人尙可不自外面隨意取任何單位。吾人就數學本身言，很可能作到：當單位形成之時即是「數」形成之時。數一經形成，數間之關係即已形成。沒有規律不能有數。亦不能有數之關係式。而形成數及數之關係式之規律是同一的。是以數學系統自始卽以規律爲首出，而此首出之規律卽是數學形成之本質，亦卽是徹頭徹尾是此規律之重疊變形之呈現。

關於時間空間關係尤其顯然。此中之單位亦是依照形成時間關係或空間關係之規律而形成，時間空間自身就只是些關係，甚至並無項或單位。而時空項或單位甚至就是由時空關係之凝結而顯示。因爲時空只是一個形式（Mere form）。譬如時之前後，在前或後者仍是時自己，並非說前時中的「東西」。此中無東西。在數目式中，尙可以標誌出一個「數」，但在時間或空間關係中，吾人不能標誌出一個非時空自己之「項」。是以時空關係之項就是時空自己。如果時空只是關係，則其中之項實只是關係之形成之所顯示，並無一定之項。是則在此系統中，關係爲首出乃尤顯然者，項只是在此關係中而顯示，只是由分解而後起者。卽使吾人順言詮的邏輯次序，先說時空項，再說時空關係，而此中之時空項，亦是依規律之運用而形成。一段時間量，不施以規律之運用，決不能出現種種時間單位。而形成時間單位之規律，卽是表示時間系統自己之規律。一個空間量，亦唯因概念或規律之運用而後始能由其中決定出種種空間項，如點，線，面，體等。此種種空間項固有其特性，但此特性亦由規律之運用（藉以產生此項者）而賦予。而決定出種種空間項之規律就是形成空間系統自己（幾何系統）之規律。是以一幾何系統仍以規律爲首出，不以項爲首出。而「項」亦只是由空間關係之形成而顯示也。

【附註】：本段義理，下卷中詳細說明。

由以上6，7兩段，即可以知非存在系統中的命題何以只是關係命題，何以不須預定主謂命題。但是吾人說：凡是關係命題都是綜和命題。然則，此種非存在的關係命題，其綜和之而成爲如此之關係之「先驗根據」何在？由此吾人即進一步由非存在的關係命題轉至先驗綜和命題，由形式主義轉至先驗主義。若從形式主義之立場觀，雖表面爲帶有綜和性之關係，然而其實只爲重疊變形之分析的（Tautologically analytic）。但若從先驗主義之立場觀，雖表面爲重疊變形之分析的，然而其實皆爲先驗綜和的。如是，非存在系統中之關係命題永是分析與綜和合一的。此兩面永遠合一等流。每一面，須有一種構造以明之。從分析一面說，是邏輯的構造。從綜和一面說，是直覺的構造。後者代表心，前者代表理。此兩種構造永遠合一等流，即表示心理合一。而唯心理合一，先驗主義方能極成。詳論見下節。

第三節　從非存在的關係命題到先驗綜和命題

先驗綜和命題可從兩方面說：一、隨存在的關係命題說；二　隨非存在的關係命題說。存在的關係命題須預定本體，故順此方面所說之先驗綜和命題須從「本體之成用」方面而建立。而如此所建立之先驗綜和，一方面是形上學的，一方面須關聯於現象，而於現象世界有擔負。故此方面之先驗綜和命題不是從認識心上說，而是從形上心上說。所以亦不在本書範圍內。非存在的關係命題，如前所說，首先如其所是而觀之，是不預定主謂命題的，因而亦不預定本體爲其根據。然而他總是一個關係命題。從其爲關係方面言，它總表現一種綜和性。而此種關係自始又是「非存在的」，即自始卽爲純形式的，而與現實存在無關。故如其爲綜和，自必爲先驗的綜和。而因其與現實存在無關，故其爲先驗綜和，亦不於存在有負擔，因而亦不自形上實體而建立。是則，其爲先驗綜和，一、必須自認識心上去建立；二、建立此種先驗綜和命題，其直接之負擔，卽爲說明此種非存在的關係命題自身，因而亦卽非存在的系統自身之形成。說明其自身之形成，卽是說明其先驗的根據。

一　從非存在的關係命題到邏輯的純粹理性。

吾人已說，無體的系統有四：一、純邏輯系統；二、算數學系統；三、純幾何系統；四、時空系統。前三系統有賴於純粹理性之顯示，後一系統則有賴於時空之建立。而時空與純粹理性乃爲不同質者，故其顯示既不同道，而其出生地亦不同處。茲先說純粹理性。吾人已說明純邏輯系統中的命題只是關係命題，復亦說明其所以爲「只是關係」之關鍵乃在以規律爲首出。如吾人之認識止於此，則表面雖爲關係命題，實則只是一「規律之重叠展現」，因而亦只是重叠地分析的。如只是重疊地分析的，則吾人卽停在形式主義上而不能進至先驗主義。如只停於形式主義上，則表示此純邏輯之純形式系統卽只是一種人工的技巧構造，而不是從定然之理性而流出。如只是一種技巧之構造，而不能表明其由定然理性而流出，則此技巧之系統卽不復有絕對性與必然性。因無絕對性，故其系統可多端，可以是此，亦可以不是此而是他，而無論此或他皆是人工之技巧構造，無一能在理性上優越於其他。（雖可以在技術上有優劣）。如是，則邏輯系統爲一無本者，乃漂蕩在外面的一個遊戲的虛構。此卽爲形式主義。復次，因無必然性，則所謂「重疊地分析的」所示之必然，只是系統內部之推演的必然，而此整個系統之基礎處之必然則不復存在者。卽只有系統內部推演的必然，而無此系統外之超越的必然。無此後者之必然，則所謂此系統自始卽以規律爲首出，此首出之規律亦只是隨意約定的，並無必然性。卽在此首出規律之爲約定處，遂得只爲形式主義，而非先驗主義。如不能進至先驗主義，則先驗綜和命題卽無可得而說。而非存在的關係命題，雖其表面帶有綜和性，而實則只爲重疊地分析的。此若只限於非存在的關係命題自身說，此種形式主義亦無甚不可處。惟自整個系統上說，因其不能極成邏輯之絕對性與必然性，因而亦不能表露出吾人理解活動之絕對標準（卽定盤針），始見出其大不可。形式主義不惟在邏輯方面而不能建立其絕對性與必然性，卽在數學系統方面亦復如此，此則其過尤大。至若幾何系統之先驗根據，則尤爲彼所不能言矣。

吾今指出，一個表示邏輯之純形式系統中之關係命題，使其所以能爲「只是關係」之首出之規律卽是「理性」之客觀化。此言理性乃邏輯的，既非句法的，亦非體性學的。乃是理解中之邏輯的純粹理性，該首出之規律，如非與或，如凡與有，如肯定及否定，一方面既不能由經驗對象抽撰而成，一方面亦不能代表對象，卽既非存在之規律，亦非指示對象之對象概念，則其純爲邏輯的，乃無疑者。此純爲「邏輯的」之規律決非無根而只是隨意約定者。其根卽在邏輯的純粹理性，而亦卽此純粹理性之客觀化。設若此等規律之呈現，眞爲剝落一切存在之牽連而呈現，則縱表面觀之，儼若純爲人工隨意約定者，而其由約定而成爲規律，自此約定所湧現之規律言，此規律亦卽是理，亦不復是隨意者。卽，能成就其爲隨意約定者却正是「非隨意的」。蓋因斷絕一切存在牽連，吾人在外卽無所參攷，亦無所簡擇。當此之時，吾人雖若空無把着，亦決不只是一個隨意。蓋徒是一隨意，一無所成故，不成邏輯故。雖若空無把着，却非一無所有，只是一「意」。其所空者乃外面的存在牽連。而所成之毫無存在牽連的「純形式系統」却不是一意。它必有所本，必有客觀的理性基礎。是以空者空存在的牽連，而所顯者却正是「純理」。因只是一純理，無影無形，使人無可把着，故自形式系統之形成言，儼若純無憑據而爲隨意者。須知「隨意」只是主觀活動的起點或姿態。世人將此主觀活動之起點之隨意客觀化，而謂一純形式系統亦爲隨意造成者。不復認知此活動之憑據，與夫此活動所施行於其上者。然若一經認知此活動之憑據與其所施行於其上者，則其隨意亦卽有限制而不復爲隨意。是以該首出之規律，若只內在於主觀活動之自身而不知有他，則此活動儼若漫無定準，而該規律亦隨此無定準而爲隨意約定者。然若跳出主觀活動之自身，則該規律之客觀性卽顯，而亦實有所本，而吾之主觀活動自身亦因而並非漫無定準者。該規律之客觀性卽在其本於純粹理性。而該規律亦卽因此而得其超越之安立。如是，該表示邏輯之純形式系統，亦卽邏輯自己，方得其絕對性與必然性。是以，無體系統中非存在的關係命題，首先如其所是而觀之，以「首出之規律之重疊展現」明其純然是關係，且明其爲「重疊地分析的」，因此而成形式主義。繼則，再明此首出之規律之基於純粹理性，而卽爲此純理之客觀化，因此而成先驗主義。必進至先驗主義，非存在的關係命題方能得其最後之極成。（此卽繫於其超越之安立。）

二　邏輯、數學、幾何，皆爲純粹理性之客觀化或外在化。

言邏輯必知有形無形之分，或可符不可符之分。從有形方面言，邏輯爲一充分形式化之形式系統，而此形式系統卽爲一符號系統。在此符號系統中，起脚落脚只是規律之重疊展現。此唯是一規律之重疊展現之系統，旣毫無存在之牽連，唯有自「純粹理性之呈現」方能明其所以。自充分之形式化方面言，名曰「只是一規律」。而此「只是一規律」之先驗根據，卽在此「只是一純理」。「只是此純理」是無形者，不可符者。其客觀化或外在化而爲規律，卽爲有形者，可符者，如此方可成其爲充分形式化。此步客觀化乃純理之直接顯示其自己。故邏輯自無形言卽爲純理自己也，自有形言，卽爲表示純理自己也。

純理自己，由其客觀化而成爲一形式系統言，是一個重疊地展現其自己之歷程。自有形言，此卽是一個形式的推演系統；自無形言，此推演系統卽表示純理自己之重疊地開展。故重疊地展現其自己之歷程，於有形無形皆可說。此重疊地展現其自己之歷程是一個無窮地連續者。就此無窮地連續之歷程，而忽視其爲純理，單注意其爲一步驟之歷程，吾人卽可於此施以「直覺之構造」而成「步位串」。此「步位串」卽表示數目之產生。依此，數目卽爲由純理之展現歷程所顯示之「步位歷程」之外在化。此步外在化是由直覺之構造而成立。由此外在化而成數，則對於數目之演算所成之數目式（亦卽數目之關係式），亦卽在該外在化中而外在化而爲一可符之形式系統，此卽是數學系統。此數學系統亦徹頭徹尾是規律（卽數目關係式）之重疊展現，但此規律不是純理自己，故數學不同於邏輯。但，雖不是純理自己，却由純理自己之展現所顯示之步位歷程之外在化而成立，此卽數學之先驗基礎。復次，以其由此步外在化而成立，毫不假借純理以外之某事，（唯須建立純理展現歷程所顯示之步位歷程，此爲一關鍵之概念。）故數學系統之徹頭徹尾爲數目關係式之重疊展現，亦純是邏輯的（注意不卽是邏輯自己），因而亦可以純邏輯地建立之。當其由直覺之構造而成數時，成就數目關係式之基本概念（如序，多少，同異等）亦同時客觀化而成立。因此，數目規律亦卽在先驗地直覺構造中而得其超越的安立。

幾何是純理開展之「佈置相」之外在化。此步外在化亦由直覺構造而成立。經由此構造，首先所成者乃一三矢向所成之三度形區，此形區純爲邏輯的，非有體的。由此邏輯的三度形區之構造，遂可純邏輯地構造起種種幾何系統。每一系統皆由就原始形區所分解而推演出的一定概念之重疊展現而形成。而所謂一定概念乃步步相生而必然形成者，無一是隨意安置的。依是，每一幾何系統皆有理性的必然，乃自一根而發出。其決定一特定幾何系統之概念之可能數，無論有窮無窮，因而亦無論幾何系統之有窮無窮，皆可自理性上原則地窮盡之。依是，並不因幾何系統之不一，即不能建立其先驗根據或理性的必然。【吾於下章及下卷第一部將明幾何系統不能無窮多。】

依此，數學與幾何是純理開展之兩面之外在化。

關於時空關係之命題，其成一形式系統，乃純由數學與幾何之應用於時空上所成之超越的決定。時空之建立及其出生地，見下章及下卷第二部。

附註：本段義理詳論見下卷第一部。

三　純粹理性之外在化使無體的形式系統中之關係命題爲重疊地分析的，此即是邏輯構造之先驗基礎。

命題之爲分析的，有是屬於「主謂」的，有是屬於「只是關係」的。屬於主謂的，是基於個體或本體（可限於現象的本體）之具有此屬性，或自吾人認識言，是基於吾人對於一存在對象之眞實定義。屬於「只是關係」的，則因其無體，所以不是自主詞中分析出謂詞，因而亦不是主謂式的分析。此種「分析的」不基於本體或個體，乃基於「規律」。然而「規律」又不是某種東西之規律，如其是某種東西的規律，則有所隸屬而有體。所以此「規律」自始卽爲「規律自己」（Rule as Such）之如此呈現，因此，它只是純理自己之客觀化。自其客觀化而成一形式化之關係式言，則爲綜和的。（就關係式之爲關係式言自必是綜和的）。然此關係式實卽是此系統開始時之首出規律之重疊地展現，因此，此關係式自己卽是一規律。從其爲規律而且其爲規律是首出規律之變形方面言，此無體的形式系統中所有的形式命題（卽關係式）皆是「重疊地分析的」。此言「分析的」，單指規律之重疊展現或變形言。卽每一關係式自己亦單視之爲一規律，而此規律是首出規律之重疊變形。卽依此義而說爲重疊地分析的。是以此詞之意，自形式系統言，單表示此系統只是一規律之流轉。而此形式化的規律系統實卽是純理自己之客觀化。是以其所以能爲「只是一規律之流轉」實因純理自己之顯示其自己而使然。故「只是一規律之流轉」實「只是一理之展現」。此「只是一理之展現」使該形式系統之爲「重疊地分析的」成爲可能。此是形式系統之所以成立之客觀的骨幹，亦卽是理之骨幹。卽依此骨幹而說此形式系統中每一關係式是一邏輯構造，總之，此整個系統自己是一邏輯構造。此邏輯構造是「理之間架」之如是如是呈現之客觀化。並不是自外面依照一外取的或有存在牽連的某種法則而成之構造。每一種邏輯構造皆有一先驗基礎以爲其所以可能之超越的根據。此種非存在的關係式之爲邏輯的構造，其先驗基礎乃在純理自己之顯示其自己。依此，此邏輯構造即表示此形式系統之爲重疊地分析的。構造而有先驗基礎，則構造不是隨意的，而是定然的，有理之必然的。即不只滿足一個隨意的形式條件，而且亦滿足理之必然之眞實的條件。凡構造不能滿足理之必然之眞實條件，皆只是形式主義之邏輯構造。形式主義之構造，一方爲隨意的，一方爲獨斷的。隨意的言其無根，獨斷的言其非批判的。形式主義之邏輯構造，而若不能歸於滿足理之必然之眞實條件，則其所謂「形式的」必一方限於經驗而有存在的牽連，一方超出經驗即落於無根而漭蕩。限於經驗，則其構造爲歸納的，非先驗的；超出經驗，則其構造即隨意而獨斷，如適所說。是以形式主義之構造並未眞了解充分形式化之形式系統之何所是。若眞了解之，則必進至於先驗主義。而若進至此，則形式主義亦可無弊也。惟無體的形式系統之邏輯構造始可自純理建立其先驗基礎。至若存在系統中所有的邏輯構造則必須自形上的先驗綜和命題建立其先驗基礎，因此處之構造必預定主謂命題爲其基本形式，因而亦必預定本體爲其可能之理之必然之眞實條件也。邏輯原子論者，一方是形式主義，一方又有存在的牽連，然而又不能透至形上實在爲其邏輯構造之眞實可能之根據，宜其限於經驗，則爲歸納的，無根的，超出經驗，則又爲隨意的獨斷的也。

四　無體的非存在關係命題，自其一往為規律之展現言，為重疊地分析的，自其為關係言，則又為綜和的。其為先驗綜和如何而可能？

數理邏輯家認知此非存在的關係命題爲重疊地分析的，而不知其爲綜和的。但其認知其爲重疊地分析的，是只限於形式主義之立場。如只限於此立場，則所謂重疊地分析的所顯示之必然只是系統內部之形式的必然，人工技巧的必然，而不知其系統外之超越的必然，理性之必然。因此，亦只能見其爲技巧造成的分析的，而决不能認知其尙可爲綜和的，因此必排斥綜和之理論。同時，彼於非存在的關係命題，注目於其爲項間之關係者，首先認知此項爲赤裸裸之單位，其聚於一起而成關係，乃由於心之綜和，如是，首先認知其爲綜和的，而不知其爲重疊地分析的。其所以不知其爲重疊地分析的，乃由於不知此無體的系統，一往爲關係，是自始卽以規律爲首出，而項反只是形式化而成一關係式時之關係界點。因不知其爲規律之重疊展現，故當言其爲綜和時，亦只成得一個只是心覺之主觀的綜和，而不復知其理之骨幹。依此，此形式系統之超越的客觀性仍不能建立起。來布尼茲卽落於此階段，而不復能進一步。康德可謂進一步。然其說算數學之數目式仍只注意其爲單位之綜和（直覺的綜和），而不措意其爲規律之展現。其說幾何命題，惟藉空間爲直覺之先驗形式以明歐氏幾何之超越的必然性，至論及其爲綜和，則亦只明其爲直覺的先驗綜和，以簡別其非概念分析的，亦非經驗的。而於其爲規律之重叠展現處亦不復措意也。無論數學或幾何，如果重叠展現所示之理之骨幹透不出竪不起，而徒冒之以直覺綜和以爲之先，而概念活動只蜷伏於其下而不能擔負此系統之如是如是之理之必然，則直覺綜和只成一神秘之奇蹟，其擔負必過重。此爲言綜和者之弊也。言綜和者知其爲先驗綜和，而於其爲理之必然處認識不充分。此而不充分，則「先驗綜和」之爲先驗處亦不能充分極成也。言分析者，知其爲重叠地分析的，而毫不知其爲綜和，故只停於形式主義，而不能建立其有理之必然，此而不建立，則先驗綜和亦不可得而言。是則，此形式系統之超越的必然性或理之必然性，惟賴先驗綜和之極成。而此先驗綜和一方表示此形式系統之理之必然，一方復表示其爲直覺之綜和，而此所表示之兩面亦即反而爲構成先驗綜和之兩元素。只知其爲重叠地分析的與只知其爲心覺之綜和，皆不能極成此「先驗綜和」之一義。重叠地分析的，如只停於形式主義，固不能進至先驗綜和，而若進一步知其爲純理之客觀化，固可由此而建立其客觀之理之骨幹，然徒只此，亦不能極成先驗綜和之一義。蓋徒進至純理，以明其爲純理之客觀化，其客觀化之骨幹固建立，然而須知「純理」仍是一孤離的懸空之概念。若終不能落實而有歸宿，則雖有純理，亦不能使此形式系統之爲邏輯構造者復能滿足眞實可能性之條件。雖可說爲有理之必然，而此時之理之必然亦仍只有形式義，而無眞實義。是則其超越的必然性仍不得極成也。故徒指出純理之客觀化，先驗綜和仍不能因此卽達極成之地位。是以「純理」必須使其落實而有歸宿。其落實處卽在心覺，其歸宿處亦在此也。純理由此而發，並非無根。純理歸宿於此，並非漫蕩。純理既有歸宿，則形式系統中之邏輯構造即滿足眞實可能性之條件，而其所示之理之必然亦因而不只有形式義，且亦有眞實義，純理落實，何以即如此耶？蓋理之骨幹發於心覺，即通過心覺之潤澤。心覺潤澤之，即心覺實現之。步步是理，步步亦實。一體平鋪，無一步落空也。此心覺潤澤之，即心覺發之而頓時即成爲一綜和之構造。此綜和之構造即實現的直覺構造也。此實現的直覺構造，一經客觀化而表現爲形式系統，即成功此系統中每一關係式既是規律之重叠展現，又是直覺之先驗綜和。「分析的」，是言「關係式」之爲規律，而且其爲規律乃首出規律之重叠展現之變形；「綜和的」，是言其呈現爲如此之關係形式乃是一直覺之構造。規律乃是實現的直覺構造所發之「理」之客觀化，由是而知「實現的直覺構造」所示之「心」不只是一主觀之用。「綜和」乃是「實現的直覺構造」所發之用所成之關係，由是而知表示規律之關係形式，非是遊離漂蕩而無歸宿。先驗綜和是心理合一所成之「實現的直覺構造」。若分析言之，則理表示邏輯構造，心表示直覺構造。合而言之，即是一個先驗綜和，由此而形式系統之超越的必然性始得極成。故從形式系統自身言，「重叠地分析的」與「關係地綜和的」似不相容而爲一背反，然其實乃是一事之兩面。而此背反之解消，唯在先驗綜和之極成。而先驗綜和一經極成。則此無體的形式系統之超越的必然性即得建立，如是吾人即不復停於形式主義而進至先驗主義矣。

五　無體的形式系統即是一個「先驗綜和命題底系統」因而亦即是一個「原則底系統」，它不是一個「命題底系統」，它只是運用或決定對象使之成為命題系統之形式條件。

吾人已知先驗綜和命題有二方面，一、順非存在系統言，一、順存在系統言。順前者言者，則先驗綜和命題之指出是在成就無體的形式系統之超越的必然性。此方面之先驗綜和不成就「存在」，單成就「只是形式者」。以其單成就只是形式者，故其所成之形式系統，一方既非知識命題之系統，一方共呈現為如此之形式系統與其所以如此呈現之「先驗綜和」亦非一事，乃為不即不離之二事。形式系統為一客觀化之既成系統，而先驗綜和則表示一種超越的活動。自既成系統言，其中之每一關係式，因不離乎先驗綜和之構造，故其為命題名曰先驗綜和命題。依是，一無體的形式系統即為一「先驗綜和命題之系統」，而先驗綜和命題實非知識命題，簡言之，亦即實非命題，故其所成之系統亦非知識之系統，或即曰亦非命題系統也，而乃為一「原則之系統」。凡先驗綜和命題皆是一「原則」。無體的形式系統中每一關係式是一原則，因而即以之組成一「原則之系統」。自「先驗綜和之為超越的活動言，因其不即是客觀化之形式系統，故此超越的活動又不可以「關係式」（即形式命題）言，故只可曰先驗綜和，不可曰「先驗綜和命題」也。此先驗綜和活動是「客觀化而爲先驗綜和命題」之本。本與末皆非知識命題也。順存在系統而言之「先驗綜和命題」是形上實體之超越綜和所成之先驗綜和命題，此亦非知識命題，而乃知識命題所以可能之本或原則也。此原則所成之系統即爲一形上學系統。而與表示知識之科學系統不同，科學系統以命題組成。命題與其所以可能之原則(即形上的先驗綜和命題)爲異質而異層者。原則不即命題，而命題亦不離乎原則。此與「無體的形式系統即爲先驗綜和命題之系統」不同，此後者之兩詞並非表示兩層也。

依是，吾人有兩套先驗綜和命題。此之見到或不見到是哲學在亡之關鍵。吾人必須正面而視之發見而肯定之，然後見出哲學確有其正面之領域與夫決定之對象。假若吾人囿於形式主義，吾人將見無體的形式系統中之命題只爲「重叠地分析的」，而不知其亦爲「關係地綜和的」。依是，此方面之先驗綜和命題必被否認。就客觀化之形式命題言，不知其爲綜和的，尙無大碍，因爲它究竟亦是分析的。但若執持其爲分析的，而必排斥其爲綜和的，則不但爲一孔之見之無知，而且亦必不能建立其所說其爲分析的之形式系統之超越必然性，因此，必流於約定主義，而此等形式系統之必然性與絕對性即不能被證明。是以只說其爲分析的，此義或只爲一描述詞，或爲一哲學。如是前者，則等於無所謂之廢辭。如是後者，則不能極成此無體的形式系統之絕對性與必然性，其爲哲學必至於自己之否定。依此，順此方面而言之，先驗綜和命題必須承認其爲如實而不可否認。然而吾人亦知其只爲一「原則之系統」，而不是一「命題之系統」(說命題是意指知識而言)。復次，假若吾人囿於經驗主義，或科學命題範圍內，則吾人必以「經驗的綜和命題」爲唯一的命題，而且亦必以此爲代表知識之命題。除此而外皆非命題。然若進一步復謂：「除此而外，皆無意義」，則爲無意義者。代表知識之命題，若吾人即以「代表知識」爲「意義」之定義，則不代表知識者，當然無意義。然所謂當然無意義，是指其無此界說中所指定之意義。並非一往無意義。若謂無「此界說中所指定之意義」即爲「無意義」，則眞成爲無意義者。吾人順存在系統中之知識命題，很可以追問其所以可能之根據。此根據縱非命題，但可以是原則。命題有其爲「命題」之意義，原則有其爲「原則」之意義。依此，順存在系統而言「先驗綜和命題」（此代表原則，不代表科學知識之命題），乃決爲合法者。問題只在：如何可能耳。【建立其如何可能之方式必不同於建立科學命題之可能否之方式。】

依此，存在系統方面之先驗綜和命題使經驗綜和命題爲客觀存在之可能之超越根據，其所擔負者爲說明「現實存在」之實現。順非存在系統而言之，先驗綜和命題單在說明無體的形式系統之超越的必然性，而對於存在命題（即經驗綜和命題）則不負其存在或實現之責任，但負經驗現象在認識主體上如何能客觀化之責任。依是，存在方面之先驗綜和命題，對現實存在言，爲構造的，使之實現的；而非存在方面者，對現實存在言，則爲非構造的，或亦可曰軌約的。此非構造的關係，吾將設兩義以明之：一、超越的決定，二、超越的運用。此兩義即爲自理解上解答「知覺現象如何客觀化」一問題之樞紐。此義將在下章中說明之。〔存在方面之先驗綜和命題對現實存在既爲構造的，使之實現的，則亦負擔現象客觀化之說明。惟此客觀化是自形上學方面言，此或即爲懷悌海自宇宙論立場所言之客觀化。本書不涉及此。〕

六　由先驗綜和說明非存在的關係命題之超越的必然性即是將非存在的關係命題統屬於心覺而爲其謂詞。此種爲體之心覺如何可能耶？

存在的關係命題必預定主謂命題，因而亦必預定一本體。或爲現象的本體，或爲形上的實體。假定是形上實體，則所有的存在關係命題即可以是該實體之謂詞。〔即使本體是多，如來布尼茲所想，則所有的存在關係命題亦相應多的本體而成爲多的串，每一串皆附屬於與之相應的本體而爲其謂詞。而多的本體間的關係則存於神心中而爲其謂詞。此系統不能成立，吾所不取。在此不能深論。但既必須預定本體，則關係即有所隸屬，此則爲必然者。〕現在，非存在的關係命題，因其只是關係，故不預定主謂命題，因而亦不直接預定本體。然因其迫切需要「超越必然性」之建立，故必迫至「先驗綜和」之指出。即在此「先驗綜和」之必要上，遂必須肯定一「本體性之心覺」以爲此「先驗綜和」之落足處。假定此「落足處」爲必須肯定者，則非存在的關係命題即必須有所隸屬，因而亦必可爲其所隸屬者之謂詞。此並非將所有命題皆化爲主謂式，而是表示任何事物皆必有根源。卽就關係言，存在的關係，若不預定主謂，其自身卽不可能。而因預定主謂而至本體，則卽是關係所以可能之根源之問題。非存在的關係，若不至先驗綜和，則其所成之形式系統之超越的必然性卽不可能。因此，必至先驗綜和。此而必至，則「本體性的心覺」亦所必立。而此「本體性之心覺」亦卽是「非存在的關係」所以成立之根源。追求根源，乃理論上之逼迫，何所忌諱而必不敢視關係爲一本體之謂詞耶？視之爲謂詞，豈必流於「客觀眞理」之否定耶？羅素動輒以爲若如此，卽是：眞繫於信，所知繫於知。（命題因其被信而獲得其眞理性，是卽無客觀之眞。）因而必不願視關係爲心覺之謂詞。此亦不思之過也。蓋亦不知此「本體性之心覺」是何意義也。又復以爲來布尼茲想化一切命題爲主謂式，如是，則彼推之曰：若無一主一謂之命題卽根本不是命題，必須無意義。但是恰恰在數目或心子間的關係這方面的命題爲上帝所見所信。依是，上帝必信那無意義的眞理。如果他所信的命題眞是一命題，則必有一些命題沒有一主一謂。此種周納，尤爲無理。來氏主關係可爲一本體之謂詞，並非主關係化爲主謂。「關係」爲一本體之謂詞，何以卽根本不是命題耶？何以卽爲無意義耶？彼以爲，若將關係歸於一個「知覺者」（卽本體）之謂詞，必有以下兩缺點之一：或者知覺者在無意義的字之方式中看眞理，或者根本無理由假定：眞理依於「知覺者」對於眞理之覺知。此皆不得共義之疑難。數目間之關係無一主一謂，但既可以依於「知覺者」之覺知，又可以仍是關係而有意義。問題只在：此「本體性的知覺者」之覺知不同於通常認識上能知知所知之覺知。於此不能悟入，了解其何所是，而只以通常之「覺知」視之，則亦無怪其不能正視哲學之堂奧，而徒斤斤於簡陋之實在論，輒以「貞繫於信」斥言本體者。此亦不思之甚也。存在的關係之隸屬於本體，且不論。茲言非存在的關係之隸屬於「本體性之心覺」，此種心覺如何可能耶？本體性的心覺，無論其發爲存在的關係或發爲非存在的關係，皆非能知之認所知之認識關係。此爲必須記取者。發爲存在關係之本體，假若是心，亦不同於發爲「非存在關係」之心。前者名曰形上的心或道體的心，後者名曰認識的或邏輯的心。此本體性之邏輯的心如何可能耶？此爲下章之論題。

第三章　心覺之主觀性與客觀性

第一節　認識心之等流及其客觀化

一　同質的等流之識心與其種種變形。

在經驗對象之限制中，主體方面顯示出一種「覺識之用」。此覺識之用，吾人名曰認識的心，簡名曰「識心」。識心以「覺」爲性，以「及物之了別」爲用。了者明了，別者辨別。有靈覺之性卽有了別之用。性與用非二層也。乃只就識心自己，如此分疏之耳。了別之用，固動用也。而靈覺之性亦動用也。惟了別，是自此靈覺之有向言，而靈覺則納此有向而歸於其自身。實則一事也。「心」者卽就其性與用之爲一事而總名之。此「識心」，有時連其性而言之，亦曰「心覺」。有時連其用而言之，則曰「了心」。了心卽識心也。故識心與「心覺」爲同意語。

此心覺，若卽如是而觀之，則曰「心覺一般」，亦曰「統覺一般」。惟「統覺」，則自其了別對象之「示相」而言之。蓋決無孤離不用之心覺，而在其了別對象之關係上，每一心覺之用皆是一「統覺」。卽最簡單之領取，如聞一聲，亦是一統覺。故統覺與心覺亦爲同意語。

統覺一般，卽，未加任何限制之心覺，而單自其「只是關涉於對象之示相」而言之心覺，只是一個「同質的等流」。在此同質的等流上，有種種變形，如感覺或知覺，想像，理解，皆是其變形。在此，不論其變形如何，總是一個統覺之用，此卽所謂統覺一般。而此亦卽是一個「同質的流」，卽覺識之流。單自此「同質的覺識之流」之自身言，是來無踪，去無迹，此言其過而不留。而且亦是來自無極去至無極，此言其自身無起訖。無踪迹，無起訖，只是一個如是如是之「覺識之流」。

如只作如是觀，則心覺之作用只是主觀的，亦是被動接受或順應的，「主觀的」是言其如是如是覺，而不能客觀化其「所覺」以公之於他人。此卽是說，此時之心覺，旣不能客觀化其自己，亦不能客觀化其所覺。亦卽是說，它不能彰著而卓立其自己。「被動接受或順應的」，是言其只順對象之來而接受之而順應之，如「對象之所如」而覺之，而不見其有創發而越乎對象之上者。是以結果，此「等流之心」與其「對象之流」，縱不說後者淹沒於前者而上之，而前者亦決不能顯示其越乎後者而上之。至多只能說個順應之而已耳。在此順應關係中，兩流皆不能彰著而卓立。只是蜷伏而潛流耳，或只平平而順化耳。然而欲使兩流皆彰著而卓立，却必以心之彰著而卓立爲關鍵。心之只爲順應的與其只爲主觀的，是一會事。假若它能客觀化其自己，則同時亦卽變爲主動的，創發的。心覺卽依此而彰著卓立其自己。心覺能卓立，則對象之流亦而得其彰著而卓立。

心覺之客觀化其自己，必須自「同質之流」之變形言，變形，順康德，只有三級：一曰感性，二曰想像，三曰理解。何以只列三級？此尙不甚重要。何以必終之以理解？此則必須解答者。

二　三態之界說及其有機之轉進。

覺識之流，其自身無踪迹，無起訖，若順其自身而向後追溯之，必無可以停止之處，是卽來自無極之意也。但向後之追溯雖無有止，而向前之流却有一煞住處。此煞住處卽生理感之接觸對象所成之「結」是也。離開此結，向後追溯必無結果。來自無極之覺識流，吾人不能從其後面之深淵起，因於此無可以覓其起處也。吾人但知其向經驗中流注，一直流至「生理感之接觸對象」爲其煞住之歇脚處。此歇脚處卽是吾人向後追溯之起點。亦卽是彰著其後面之深淵之關鍵。認識心之所以爲認識心卽在其受經驗對象之限制，而此限制亦由生理感之接觸對象而形成。所以吾人欲了解認識心如何逐步客觀化其自己，必須自其所停住之生理感爲起點。從此起點而觀其於限制中運用經驗對象，並觀其於此運用中如何逐步彰著其自己，而獲得其向後追溯之所以可止之根據。

隨生理感之接觸對象，流注於此，而如「對象之是其所是」之呈現而覺之，名曰「直覺的統覺」，亦曰「感觸的統覺」。此統覺以直接呈現爲其對象。兩者爲一一相應，無過無不及。但直接呈現之對象才起卽逝，過而不留。如果吾人之心覺一味順其遷化，事之過者不能稍留於心中，則只有當下之覺；而無知識。然事實上，事之過者實可留於心中。譬如現實炸彈之爆炸已不在，而吾知曾有炸彈爆炸之一事。緣起實事實不能留。普通所謂留者乃事之影像。其實亦無所謂影像，只是一不在之事而已。又事不留，而事之爲事之「意義」則永恒而不變。覺一事實覺一事之意義。此見首章。不在之事留於心中，實乃事之「意義」留於心中也。而所謂留於心中，亦非心如篋子而藏於其中，只是心之覺力之通達耳。心之覺力達於生理感之接觸，然不限於此現實之接觸。凡爲生理感所已接觸，無論在與不在，皆爲心之覺力之所達。此達於不在者卽曰「記憶」。由記憶而將起過之事聯於一起而綜之於一統覺中而覺之，名曰「想像」。記憶爲「念舊之統覺」。念舊或指一舊，或若干舊，但只是散地念而覺之。將若干散的「念覺」綜而爲一而作一綜體而覺之，則曰「想像之統覺」。是以想像之統覺乃「綜體之統覺」。記憶與想像之統覺是自「直覺的統覺」中提起之統覺，卽自「陷於生理感中之心覺」躍起之心覺。此步躍起卽是向後追溯所成之第一步，亦卽心覺之第一步的自覺所成之統覺。

想像之綜體的統覺，對其所覺者言，仍只是外部地鬆散地聯之於一起而綜體地覺之。但此聯之於一起而成之綜體並不是內部地緊密地見出所覺者之內在的確定關係而成之綜和的統一。即是說，它尚未有經過分析綜和而概念地確定之，使所覺者成爲確定的概念。所以它尚只是一種靜態地順記憶所及之呈現而外部地聯合之，尚未至於動態地轉出概念之解析以深入所聯者之內部關係。是以尚不能成爲確定的系統知識。依是，必須再由想像之「綜體的統覺」轉至理解之「概念思考之統覺」。理解之概念思考之統覺是自「想像之綜體的統覺」中提起之統覺，亦即自「陷於想像之靜態中之心覺」躍起之心覺。此爲心覺之第二步的自覺所成之統覺。認識心以成知識爲準的，至此而「確定之知識」成，故溯至此級而即止。但說「至此而成知識」，是自效果言。吾人尚可進一步自所以成知識之根據處言。此根據可不在理解外而爲另一層，而即在理解之所以成爲理解處。此根據即理解之概念的解析所運用之概念。概念代表規律或理則，無論先驗的或經驗的皆然。一切追溯，至規律或理則而止。此爲「溯至理解而止」之所以然。心覺至此亦得其客觀化。其所以能客觀化其自己亦即因其運用概念之故也。心覺客觀化，故對象亦因而客觀化。

但概念有經驗的與先驗的之別。吾人若只泛說至概念而止，而不別此概念之爲經驗的抑爲先驗的，則所謂客觀化亦只表示心覺至此可有客觀之意義。而不能表示心覺自身之先驗的客觀化，即「追溯」之先驗的停止。蓋若只說概念，則心覺是夾雜在經驗概念中而運行。在此中運行，雖有客觀之意義，而經驗概念在向後追溯方面是無終極的，故只能表示心覺運用之客觀的意義，而不能表示心覺自身爲一客觀的心或邏輯的心，即不能退回到其絕對的主體性而卓然自立。所以欲達到心覺自身之先驗的客觀化，必須將經驗概念撇開，而單從先驗概念方面以建立之。

三　想像與理解各有其經驗的一面與超越的一面。

想像的統覺，雖自「直覺的統覺」中提起之統覺，然若只爲順念舊之統覺而外部地鬆散地聯之於一起，或只順生過後之事象之浮現於記憶中者而經歷地綜之於一起以成一綜體之統覺，則此想像之統覺即爲「經驗的」。經驗的想像只是被動的順歷，或只是靜態的心理的綜攝。它是無創生或無所湧現者。但順此心理的綜攝而復自動地湧現出一種「形式」以綜括經驗想像之綜體的統覺，則此時之想像即爲「超越的想像」。其自動地湧出之「形式」即爲時間與空間。經驗的想像只是「順歷」。而超越的想像則相應此順歷而予以時空之形式藉以確定之。是以超越的想像之統覺乃爲憑藉時空形式而成之先驗的想像統覺。此先驗的想像統覺固是憑藉時空形式而成者，但一方亦即是時空建立之根源。時空由此超越的想像而湧現出，同時即用之於生理感中之直覺的統覺而爲其形式，藉以限定此統覺中之現實存在，因而即賦予此現實存在以時空之形式或時間空間之特性。時空雖用於此，但「直覺的統覺」自身並不湧現時空。順生理感而起之直覺的統覺只是心覺之一種停住的把握。

若只是一忽一忽之停住的把握之自身，決無時空可言。時空必在自此「直覺統覺」中提起之想像的統覺中建立。因此提起，遂不封於此一忽一忽之「把攝自身」中，而可以順記憶之統覺以返連過去。但若此反連過去，只是被動地心理的綜攝，則亦只是經驗的想像。經驗的想像不能湧現時空。必須此經驗的想像，由其只是順歷，再反回來而歸於其自身之創發性，然後時空才得建立。由其反回來，時空基於其創發性而自內立，由此內立者而成之想像的統覺始爲超越的想像。超越的想像一經成立，則無論直覺統覺中之現實的或已變滅而復現於記憶統覺中之非現實的，皆可攝之於時空形式中而以時空形式限定之。時空雖在自「直覺的統覺」中提起之超越的想像中建立，但其應用卻不限於已變滅的復現於記憶中者，而亦用於眼前之直覺的統覺所覺之現實的事象。而且唯在其用於現實的事象，時空之用始彰著。順生理感而起之直覺的統覺是接觸現實者，整個現實世界由此呈現。而凡「現實存在」之主要特徵就是其時間性與空間性。此康德之所以以時空爲直覺形式之故也。但彼只知爲直覺底先驗形式，而不知此先驗形式由何而建立。彼亦知時空乃屬於心之主觀建構，但不知在心之何層次上而建立起。此其缺乏時空之根源的解析，因而滋生解者之惑也。今將時空之建立歸於超越的想像，由此而湧現，而卻用之於直覺的統覺以爲其形式。此則既不悖於康德，亦具備一根源之解析，而時空之落實的眞實可能性亦得昭著矣。

但是，超越的想像雖湧現時空，而時空對於現實存在以及記憶統覺中之所順歷者只能作一外部地只是時空形式之決定，因而所成者亦只是浮於現象上面的一個括弧式的形式平板，而並不能進入事象之內部的實際關係。（所謂內部只對「形式平板」之爲外部言。）而當超越想像湧現出時空之時，亦即停於此而僵化。它藉時空形式客觀化其自己，同時亦因而呆板其自己，此即所謂停住。因是，心覺必須自此停住中而躍起，以進至於概念之解析。此種解析之活動就是理解之概念思考的統覺。但是，概念的思考中所憑藉的概念有是經驗的，有是先驗的。如憑藉經驗概念而進行其思考，則爲理解之「經驗的一面」。在此經驗的一面，因亦用概念故，理解亦可有客觀的意義，但此客觀的意義是夾雜在經驗中而表現。因此，亦只能說有客觀的意義，而不能表示心覺自身之爲客觀的心或邏輯的心。而其所以有客觀的意義不因心覺自己之爲客觀的心，乃因所藉之經驗概念之有客觀的意義。是以此時之心覺自身仍爲無所湧現者，仍不能表示其創發性，而單爲一種辨別之用。此時之心覺仍爲被動的，順應的。經驗概念都從外面來，心覺藉之以得客觀之意義，而心覺自身並非客觀的。此爲義襲而取者，並非自性上固有的。而且經驗概念，在其向後追溯方面言，是無終極的。此方面是一無終極的流，而心覺自身亦是一個被動順應的流，亦同樣無終極。卽在此兩無終極之流上，心覺自身遂不能成爲一客觀的心邏輯的心。但是，理解之活動，其所憑藉者若爲先驗的純粹概念，則其概念的思考之統覺卽爲「超越的一面」。惟由此超越的一面，始能見出心覺自身之爲客觀的，邏輯的。心覺之如此客觀化其自己是先驗的客觀化其自己。因此客觀化，其在經驗中之客觀意義始可能，其形成經驗概念與夫使用經驗概念之客觀意義始可能。

但是，其所憑藉以先驗地客觀化其自己之純粹先驗概念是從何而起？曰：卽從其自身而起。它自「湧現時空之超越想像」中躍起而爲概念思考之統覺。其自身卽湧現出一些純粹先驗概念以成功其自身爲一超越的概念思考之統覺。其所湧現者卽形成諸「無體的系統」之基本概念。首先，相應於邏輯系統言，它湧現爲純理自己。此時，心覺不只是一了別之用，而且是一純理之體。由純理自己之客觀化卽形成此「非存在的形式系統」之基本規律或概念。此種概念或規律卽是可指目的純粹先驗概念。當其渾融於純理自己中時，它是不可指目的。必須在純理之客觀化中，它始轉爲可以指目之概念。此卽是凡，有，肯定，否定，如果則，等。而此等概念皆不是「對象概念」(Object concept)，亦卽皆不是經驗概念，而是規律或形式概念（Rule or Form concept），因而亦是純粹先驗的概念。其次，它相應於數學系統，它將純理自己之展現歷程所示之步位歷程，經由一種直覺構造，外在化或客觀化之而爲一「單位（卽數目）之系列」，由此遂形成此數學的形式系統之基本概念或規律，此亦是純粹先驗的規律或形式概念。最後，它相應於幾何系統，復由理性展現之布置相而構造一邏輯空間之形區，由此遂形成此幾何的形式系統之純粹先驗的規律或形式概念。依此，它所湧現之純粹先驗概念卽是在先驗綜和中所攜帶之概念，由之以使此等無體系統中之命題成爲先驗綜和命題者，卽成其爲既是重疊地分析的，又是關係地綜和的命題者。心覺，惟在此階段，始成其爲客觀的心，邏輯的心，而且是純粹先驗地客觀化其自己。在其轉爲客觀的心時，它始能透過時空之外部的形式而進入事象之內部的關聯，因而遂使其在經驗的具體環境中所成之判斷始有客觀的意義，而且對象亦在此客觀的心之運用中得其客觀化而成一現實世界中之客體。

心覺，至其終極的客觀化時，始可作爲其客觀運用之起點，由之以層層下貫，直貫至「直覺的統覺」而後止。原來只是一心，唯在其關涉於對象，而顯示其超越的機能時，才顯爲種種階段與形態。而所謂種種，實則從超越的一面看，只有兩種：超越的想像與超越的理解。此兩級形態即是客觀化其自己之兩態，而唯以「時空」與「純理之客觀化所成之規律」爲其所以只爲兩態之標準，而且爲此兩態所以不同之標誌。超越的一面，唯此兩級有。直覺的統覺則無超越的一面。但它必爲一個基礎形態。依此，順此基礎形態，而自超越的一面想，則有三態：一、直覺的統覺，二、超越的想像，三、超越的理解。此爲心覺客觀化其自己之終始歷程中所顯示之三態。此爲必然者。其所以爲必然，以其所涵現者定。若從基礎形態起，順經驗一面走，則形態可無定，因無所涵現，故亦無可以爲標準者，因而亦無必然也。

四　意象與識神，藉王龍溪之說進一解。

王龍溪云：「人心莫不有知，古今聖愚所同具。直心以動，自見天則。德性之知也。泥於意識，始乖始離。夫心本寂然，意則其應感之迹。知本渾然，識則其分別之影。萬欲起於意，萬緣生於識。意勝則心劣，識顯則知隱。故聖學之要，莫先於絕意去識。絕意，非無意也。去識，非無識也。意統於心，心爲之主，則意爲誠意，非意象之紛紜矣。識根於知，知爲之主，則識爲默識，非識神之恍惚矣。」（見「龍溪語錄」）。此中所言與心相對之意，卽意象也。意象無不紛紜者。心則形上之天心也。所言與知相對之識，卽識神也。一落於識，無不恍惚者。而「知」則良知也。亦卽本心也。知與心一也。意與識一也。又曰：「知一也。根於良，則爲本來之眞；依於識，則爲死生之本。不可以不察也。知無起滅，識有能所。知無方體，識有區別。譬之明鏡之照物，鏡體本虛，妍媸黑白自往來於虛體之中，無加減也。若妍媸黑白之跡，滯而不化，鏡體反爲所蔽矣。鏡體之虛，無加減，則無生死，所謂良知也。變識爲知，識乃知之用。認識爲知，識乃知之賊。」（同上）此識與知對言，亦攝意與心對言。識爲生死之本。一落識中，則所謂頭出頭沒，亦卽意象之紛紜也。彼所謂識與意，函攝至廣：心理的意念情緒，以及知識的辨別區分，皆含在內。不只吾所說「認識的心」，而認識的心亦含於其中，卽知識的辨別區分是也。彼所謂識及識神，乃本於佛家八識之說而言。彼言意及意象，非康德之意志，亦非劉宗周所言之意。卽就意象紛紜言，非必休謨洛克等所言之「觀念」，（此爲心理的或經驗的觀念，有內容於其中，卽帶「所」而爲言，自無不紛紜者。）卽頓起頓滅之意念（所謂念頭）情緒（心理情緒），此皆稍偏於「能」而爲言，亦無不屬於意象紛紜者。識與意皆非心與知之純一也。

若只限於「認識心」而言之，則彼識神意象之說，亦可應用於其上。認識心，若只視之爲一順歷的動用之流，或只自經驗一面而觀之，則無不意象之紛紜，識神之恍惚。變滅無常，漫無定準。若自聖學而言之，則必於此以外，見心與知，方有寂然渾然，於穆定常之體。定常者屬於心或知，則識與意自必爲紛紜恍惚之事矣。今言認識心，自不屬於本心與良知。若非本心與良知，則亦必在識神意象之範圍。如是，亦自必爲紛紜恍惚之事，然果眞如此，則認識心卽不能有客觀的意義，亦不能客觀化其自己而爲一客觀的心或邏輯的心。是以，卽在認識心範圍內，吾人亦必區別經驗的一面與超越的一面。經驗的一面，則所謂紛紜恍惚者也。超越的一面，則認識心自身之定常而不流者也。惟此定常而不流者，非指良知本心言。乃卽認識心之客觀化者。由之足以見客觀的邏輯之心，而不足以見形上之天心。能於王龍溪所謂「意」「識」中見出定常而超越之一面者，以康德爲第一人。卽彼所謂「超越的統覺」是也。吾今所言，不必同於彼。然大體是順彼之路而變其說者。

中土聖哲之言心，只有經驗的或心理的心（卽王龍溪所言之意識）與道德的天心（卽良知）之別，而無邏輯的心一義。此義，順西方學術一路走，較易把握，因其重視邏輯數學之訓練故也。此兩門學問皆爲純形式的，而又代表純粹理性者。在其對於知識之關係方面說，則又爲成就知識之形式條件。是以由此觀心，雖不至道德的天心，却亦能於經驗的「意」與「識」中見出客觀的邏輯的心。心覺之先驗地客觀化其自己，只有以此兩門學問爲關鍵始能作得到。心覺之從其經驗的一面而進至其超越的一面，是其從感觸的狀態中，與具體者相混融的境地中，提煉出來而歸於其自己。在此種提煉過程中，首先將具體的事象剌出去而爲外在的對象。既有外在的對象被置定，則心覺自己之主體性卽顯示。所謂提煉出來歸於其自己，卽是「在其自己」，「自己在自己」。若心只在與具體者相混融中顯其動用之相，則只是一個順應的流，雖是具體者可因此而沾染有心的色彩，而其自己亦在感觸狀態中。此時卽無其自己，自然亦不能自己在自己。可是，當歸於其自己，其主體性亦不只是一個純動用。純動用的心不能是客觀而邏輯的心。它的「在自己」之主體性仍在主觀狀態中，而不能客觀化。要使其主體性既是主觀的，又是客觀的，則必於動用中而有「理」。依是，客觀的心亦是心理合一的心。理不從外來，卽在其自身中。邏輯數學之爲純形式的，首先亦是將經驗內容剔去者。經此剔除，乃見邏輯數學之純形式性之所以卽爲純理者。其爲純理不是懸空，必將其收攝而歸於心覺。一個純動用的心，將其經驗內容剌出去，而不爲空洞渀蕩者，卽因其有純理爲內容。此時之心覺不只是純動用，而且是「純思想」。它因純理而客觀化其自己。所以它卓然立得住。它是「在自己而又對自己」，故爲絕對的主體性。只是主觀的主體性非絕對者。若非「既是主觀的又是客觀的」，必不能圓滿其自己。主觀的，自其動用一面言；客觀的，自其純理一面言。在它能所合一，心理合一，故能「在自己而又對自己」。若分拆言之，「在自己」是它的能；對自己，是它的所。凡「在而又對自己」者皆爲絕對的主體，同時亦卽爲客觀的主體。心覺之轉爲如此之客觀的主體亦是經由自覺而成者。吾人前言，由直覺的統覺而步步躍起或提起卽是其自覺之過程。它在躍起之自覺中建立其自己，同時卽在此中客觀化其自己。

五　客觀的心與康德之超越的統覺所顯示的超越的我。

吾說客觀的心是由直覺的統覺起向後追溯，直至湧發純粹先驗的概念或規律之「超越的概念思考之統覺」而後止。此若對「順生理感而起」之直覺的統覺言，亦可曰超越的統覺。依是，一、直覺的統覺，二、超越的想像，三、超越的統覺，三層相屬，此已近於康德之所列矣。但有不同於康德者二點：吾意心覺活動皆是統覺，故於順生理感而起者，亦名直覺的統覺。自此而躍起之記憶與想像（經驗的或超越的），亦名統覺。自想像之統覺而躍起者爲理解之概念的思考，此亦名統覺。自心覺活動言，皆名統覺。惟自其層層躍起之階段上，始加限制而名以別之。如是，不似康德之拘定與呆板。二、康德於順生理感而起之「直覺」，以有先驗形式故，名曰超越感性論。吾則無此名。自順生理感而起之直覺本身言，無超越義。感性而爲超越的，是因自此躍起而成之超越的想像之湧現時空，並將此時空用於直覺，而然。依是，自感性自性言，無超越的，其所以爲超越的，繫於時空，而時空非直覺自身所湧現，乃由自此躍起之超越的想像而湧現，時空之根源卽在此。故吾特將想像一級，因其湧現時空而彰著之，即因此故，名之曰超越的想像。至於直覺的統覺則不可以「超越的」加之矣。〔康德於論規模時，單就時間與超越的想像言，即可知吾如此修正，非甚悖也。〕此兩點之不同，觀吾以上所述，即可知者。

然當康德追溯至其所謂「超越的統覺」時，即由此而預定一「超越的我」。吾人亦可說，此超越的我與超越的統覺乃不即不離，而却爲一體一用者。超越的統覺變形爲「理解」，而理解則表示「在概念中認識之綜和」，亦即表示具着概念去認識。而此種具着概念去認識之綜和活動之根據即在超越的統覺。依是理解與其所伴携之範疇乃統攝之於超越的統覺而得其歸宿或落實處。但超越的統覺即表示，因而亦必預定一個「我」。其義是如此：即一切「表象」皆必伴之以「我」，而且皆屬於「我」，然後始能綜攝之於「我」。綜攝之於我，然後始能成其爲認識之對象。凡表象皆屬於我。亦惟因此，而始可爲我之對象。由前者言，凡現實存在皆在「我」中而爲屬於我之表象；由後者言，所認識之對象世界即由屬於我之表象而確定。依此，「我」，一方發爲超越的統覺（轉形而爲理解），一方復通過超越的統覺而爲統攝一切（自指表象言）無所不包之「體」。此自爲一個超越的「我」。康德預定而透視此「我」之論辨只如此。然此中似顯兩點爲我所以爲不足者：一、其顯示此「我」之必要，着重在「一切表象屬於我」之一義。設吾於「客觀的心」處亦言個邏輯的我，甚至即名此「我」爲超越的我，吾將不着重此義而論辨。此與「存在即被知之認識論的意義」一義有關。此義前已論過，將於下節再詳論之。二、其所透視而預定之「我」不能全幅暴露其形上的意義以及其與其他方面（如道德的我，絕對或神等）之關係，故對於其函義不能有進一步之規定。此尚爲未全幅透出者。此層如透不出，則困惑多端，有許多意義無法確定。以上兩點，吾所認爲不足者。茲不追論，且說吾義。

心覺與心理情態並非一事。我覺痛，覺癢，覺饑渴冷暖，是心理情態，但同時亦是覺。此「覺」並非一情態。此覺本身並無所謂痛癢等等也。此卽「心覺」之所在。此所以心覺爲一不可破裂的同質流也。它永遠在其所覺者之上，永遠必須反而得之。從其所覺之對象中反而歸諸此，卽覺也。從顯「心」言，至此卽止。決不能從其所覺之起伏中而追逐之。當然，不通過覺，亦無所謂痛癢冷暖等擺在那裏爲一現成之對象。但通過覺而成爲痛癢等，亦不卽心覺自己。故通過覺而成爲痛癢等，便是心理情態也。一說情態，便有起伏遷化，亦卽成爲一緣起事件也。因此可以說因果關係，可以表之以時間。但心覺自身只是一覺，非是一緣起事，故亦不可說因果，說時間也。王龍溪云：「心本寂然，意則其應感之迹；知本渾然，識則其分別之影。」此言意識，雖與心知對言，然亦可用之於心理情態之於心覺。心理情態通過心覺而成，亦卽可說是心覺應感之迹，分別之影。王氏於此言紛紜恍惚，亦實卽心理情態之起伏遷化也。不獨饑渴冷暖，通過覺後，是心理情態，卽聲音彥色，大小形狀，一草一木，等所謂外部感覺者，若通過心覺，亦可轉爲心理情態。轉爲心理情態卽所謂內感也。是以內感所給者爲內部情態，外感所給者爲外部情態。但情態始可爲「給」。心覺自己並不可爲情態，故亦不可爲「給予」。此卽是說：它不能作爲內感之對象。我通過心覺，始能感。但所感者爲情態，非心覺也。是以覺是感之超越條件，它永遠逃逸於情態之外，而永捉不着者。依是而說「永遠在上」，依是而說「心覺活動總是統覺」。或曰：吾可覺「覺」，此卽覺之自覺。吾如不自覺，吾如何能反顯此「覺」本身乎？此卽以「覺」爲對象矣。曰此所謂對象，只有名言義，無眞實義。實卽是覺自身之自知自明也。其爲對象，不可作一心理情態看。「自覺」之覺同於覺。覺之覺亦仍是覺。普通所謂自覺，實是覺一「覺所」之覺。例如，我「覺痛」，此是一「取所」之覺。我覺「我覺痛」，此是普通所謂自覺，亦卽覺一「覺所」（或取所）之覺，以「覺痛」爲對象，非以「覺自身」爲對象。而覺本身之「自覺」與覺一「覺所」之自覺不同。前者實卽反顯此覺者。故仍只是此覺也。此可當下認取而不能追溯者，因而亦可卽時放下而不能拉成串系者。依是言之，「覺」是認識關係中一個「最後的能」，而永不能爲「所」者。【當然，此能爲認識的，非形上的主宰之能也。】吾人所以常以此覺爲一心理情態者，是因通過感（卽與外部接觸）而覺，覺與感合一，夾雜於感所引起之緣起事件中，故遂視之爲一所覺之狀態。實則此只是覺所投射之影子，而不可視作覺。因而亦不可混心覺爲心理情態也。

但是，覺雖爲認識關係中最後之能，但若只視之爲一單一的同質流，它仍是一主觀的心。故覺對心理情態言，一方雖爲永遠在上者，一方亦可說與心理情態永爲順歷者。就其永爲順歷言，它不能爲客觀的心。依是，必在與對象的關係上，向後追溯，由其超越的一面而見其湧現時空，湧現純粹先驗概念，由此以見其爲客觀的心，亦卽「心理合一」之心。此如前述。吾人於此，若說一個「我」，則此我卽爲邏輯的我。自其非心理情態言，自其永不可作內感之「所與」言，亦可視爲「超越的我」。但此爲邏輯的超越的我。它亦可以是個「體」。此體以以下二義定：一、自心覺方面言，它是一個單一的同質流，自規律方面言，它是一個客觀的自足的理。二、它既是主觀的又是客觀的一個絕對主體，既在自己而又對自己。依是，此所謂體是以心（認識的）與理（邏輯的）定。從心言，是動用。從理言，是貞定。它之爲體是對它所發之先驗綜和命題之爲其屬性言。不對一切表象（卽現實存在）之屬於它而爲其所統攝言，如康德之所說。【這個體以及其所發之先驗綜和命題之對於存在之關係，下節再說。】

然則，此邏輯的我是否卽形上的超越的眞我？曰：不是。因爲此我只是王龍溪所說的紛紜恍惚的意識自身中之恒常者，尙不是其所說之心與知。如是，吾人必須由此邏輯的我再透視而預定一個形上的超越的眞我，卽王氏所說的心與知之眞我。吾人之透至此，是以孟子象山陽明以及龍溪近溪所說之良知心學爲底子。所以對此眞我之涵義，吾人有一淸晰之規定，而其對於邏輯的我以及整個現實存在世界之關係亦有一透徹之認識。

六　形上的超越的眞我之透視與規定

然則何以必須透至此形上的超越的眞我？此可從兩方面說：一、從「邏輯的我之仍爲認識的」方面說；二、從「邏輯的我與此眞我之對於存在的關係之不同」方面說。從前一方面說是如此：邏輯的我，以其爲認識的，故與物爲對。它雖想超越而籠罩之，然終是認識論地超越而籠罩之。它自「直覺的統覺」中提起其自己，步步轉進，以期客觀化其自己，是爲理解對象以期造成有客觀意義之判斷之故：它由客觀理解以建設其自己之客觀性。它進至超越的想像以湧現時空，是在關涉對象之認識關係上以湧現時空，湧現之之時，亦卽其停住之時，而其停住於此亦卽在與物爲對之認識關係上停住於此。由此而轉至理解之概念思考之統覺以湧現規律，亦是如此：其湧現之之時，卽其停住之時，而其停住於此亦仍是在與物爲對之認識關係上停住於此。其客觀化其自己之轉進，自客觀理解言，轉至此，固已至最後之階段。因其自己之先驗的客觀化至此已完成，而有客觀意義之判斷至此已可能。故自認識言，此邏輯的我是最後的。但雖爲最後的，却亦同時卽停於此而與物爲對。此因在關涉對象之認識關係上而停於此之與物爲對之邏輯的我猶如流動之液體在達成某種目的上凝固其自己因而顯示其客觀性者同。是卽表示：其客觀性成立之前（或背後）必尙有一階段，亦卽表示此與物爲對之邏輯的我並非是絕對終極的。它之爲終極，是在關涉對象上因湧現規律而已客觀化其自己而爲終極，因「自客觀理解言至此卽足」而爲終極。然則，此心之靜於此而與物爲對，亦必是某種爲之前者爲達成某種目的（在此，卽爲達成客觀理解），而故意冷下來，自己否定其自己，而成爲如此之邏輯的我。【注意，吾人言心覺之客觀化是從直覺的統覺向後追溯至其充分客觀化而名曰邏輯的我，現在則說此邏輯的我之形上的根源，由根源處下來而成爲如此之邏輯的我。此爲兩種不同之歷程。】此邏輯的我，自其所湧現之理言，固可爲其客觀化完成之歇足處，然自其爲心覺之停於此而與物爲對言，則必其前尚有不停於此者。停於此，卽限於此，其限於此，亦卽表示其前尚有不限於此者。停於此卽靜於此，其靜於此亦表示尚有越乎此靜者。不停於此者不限於此者，越乎此者，是何意指？自心覺自身言，它雖因湧現理而客觀化其自己，然其自己究是一兩頭敞開之同質的流。現在且向後一端之敞開言，因向前一端有生理感之接觸對象爲其逗住處。若順此向後一端之敞開的同質流而尋其不停於此者，不限於此者，越乎此者，則亦仍此心覺自己而已矣。此並非眞越乎此者。因而亦究爲無根者，其歸宿與其所從出之根源究何在？欲答此問，不能順其敞開之頭緒（向後的一端）而追求，蓋順此而尋，仍是此頭緒。此不必拉長，當下卽是如此也。然則，如眞有越乎此者而爲其根源，此根源必不是順此頭緒而同質地引長卽可獲得者。它必是直下卽與此頭緒爲異質者。此頭緒實由該異質者之當下一曲折而成。如果吾人握住此曲折，則此曲折以下者爲靜於此之邏輯的我，認識上之客觀的心，此曲折以上者卽爲不停於此而爲越乎此者。此卽吾人所欲透視而預定之形上的超越的眞我。停於此者與物爲對而爲認識的，不停於此者不與物爲對而爲形上的踐履的。此卽吾人所欲建立之天心，宇宙的心。

從「邏輯的我與此眞我之對於存在的關係之不同」一方面說，則如此：停於此而與物爲對，則其對於存在之關係爲認識的籠罩，而非形上的籠罩。它對於存在有所決定與軌約，此卽下節所說之超越的決定與超越的運用，但不能形上地實現之。它能軌約存在而使其在認識上有客觀之意義，但不能形上地客觀化之（卽實現之）。它之使其在認識上有客觀之意義，亦卽是將其原來牽屬於其自己之生理主體中者重新再推出之。是卽經由其自己（心覺）之客觀化而客觀化對象也。依是，它對於存在是在其自己所湧現之理之客觀的普及上而籠罩存在。吾人可說：凡是認識對象卽現實存在皆須落在此理之客觀普及之籠罩中而爲對象。依此，在此亦可說「存在卽被知」。（此言被知非專指現實地已被知，可被知亦在內。）惟既不能形上地實現之，則「存在」之外面的範圍（卽那面的邊緣），此邏輯的我並不能決定之。此卽「存在卽被知」一命題之不能在此得其最後極成處。復次，此邏輯的我既與物爲對，則吾人亦不說此「我」統攝一切，無所不包。卽不說：「一切表象皆屬於此我」。（康德主此義，顯得太强。）卽一切表象（現實存在）不是此我之謂詞，此我亦不是其本體。表象儘可不屬於我，但「我」（邏輯的）很可以「以其理之客觀普及」而籠罩之。而且此籠罩爲先驗地可決定者。此見下節。因一、不能實現之；二、「存在卽被知」不能有最後之極成；三、不能以現實存在爲此我之謂詞：所以必須透視而預定一個形上的超越的眞我擔負此責任。

第二節　客觀的心對於存在之超越的決定與超越的運用。

一　純理之呈現與格度及範疇。

純理之呈現關涉於理解，可從兩方面說：一、自其離乎現實具體理解而直接形式化言，則形成純邏輯系統。二、自其歸於現實具體理解中而彰其用以使心覺自身爲客觀的心言，則亦曰純理之直接客觀化。依是，純理之呈現可有離盈二解析。離者離乎現實的理解。在離的解析中，純理之呈現所顯示之先驗純粹概念卽形式化而爲一純形式系統（卽純邏輯系統）之構成之形式規律，如否定，或，及函蘊等。盈者卽歸於現實的理解而不離。在此不離的解析中，純理在理解之具體功能中呈現，因而亦卽在此呈現中而見其具體之作用。其具體之作用，一方使心覺自身爲客觀的心，一方使理解之運行爲可能。所謂使理解運行可能，卽純理在理解之具體功能中呈現，因而見其具體之作用，此種在呈現中所顯示之具體作用是純理之機能運用之全幅展布，因現實理解之具體功能之動用歷程而展布。此則爲一整個而分拆不開者。在此分拆不開中，吾人可說理解是依理而解，亦卽如理而行。理解如理而行，純理亦卽隨此行而爲呈現之脈絡。此言其具體而整全者也。依此具體之脈絡，理解遂能輕車熟路而不泛不濫，因而成其爲現實之理解。然而在此，純理自身雖分拆不開，却可以順理解之爲「辨解的歷程」(Discursive Process)而見出此歷程所以可能之先驗條件。理解活動非「直而無曲」者，它必有分析綜和所顯示之統一（分析的統一與綜和的統一），以及「因此所以」之推斷步驟，此卽顯其非「直而無曲」者，因而亦卽顯其爲「曲而能達」者，卽在此，成就其爲辨解的歷程。此辨解歷程，在理解之現實活動中，常順經驗而且藉經驗概念以顯示。例如，在「因此所以」中，其所藉之概念常是經驗概念，因而在分析綜和中亦常是經驗的。但此經驗的辨解歷程，常途固可就其在經驗中以及其所憑藉之經驗概念而覺其有事實上之可能，因而亦覺其有事實上之客觀意義，而不必再追問其所以成此之先驗的形式條件。實則理解如眞成其爲客觀的理解，而不只爲經驗的順歷之主觀的潛伏者，則必其自身先能客觀化，因而其自身亦必先具有若干純粹先驗的形式架子以爲其經驗的辨解歷程之事實上之可能，乃至其事實上之客觀意義，之先驗的根據。此種先驗根據決不能在別處找，必須卽在理解自身中發見。然理解，如只是一個動用之心覺，則亦無法在此發見之。所以必先見到理解之於先驗的客觀化其自己處而爲邏輯的心，卽心理合一之心。惟在此心理合一之心處始能發見之。是以，邏輯的心相應其活動之必爲辨解的（而非直覺的），必須由其「理」之一面而客觀化爲若干形式條件以成就其爲辨解的。假若其活動爲直覺的，則此種條件卽不必要，因而表現邏輯理性的那個邏輯的我卽隱伏而不彰，或流逝而變質，而亦不復見其爲邏輯理性矣。然其活動（成就客觀知識之活動）必爲辨解的，如是，則一方必表現爲邏輯的我，一方必由此「我」之理的一面而客觀化爲形式條件以成就其爲辨解的。此卽，純理之呈現，其自身雖爲一具體脈絡之整全而拆不開，然而相應辨解歷程，純理亦必限於或靜化於辨解歷程之步驟中而分離地形式地先展示其面相，然後由此以成理解之具體活動，因而亦得在此活動中顯示其具體脈絡之全相。相應辨解歷程而靜化於其中所顯示之面相，卽是先驗的形式條件。此可有三：一曰因故(Ground-Consequence)，二曰曲全（All, Some; Whole-part），三曰肯定否定之二用（Affirmation-Negation, is-is not）。此三種形式條件，吾人名曰理解自身之「格度」(Formal-Scheme）。此種格度卽純理自身在現實理解之辨解歷程中客觀化（亦可曰外在化）而成者。純理在現實理解中表現爲具體之呈現，而其具體之呈現，須知必在其客觀化爲理解格度以成功理解之爲現實的辨解的時，然後始能成此具體之呈現。此爲純理呈現之盈的解析。吾人可以見出，在離的解析中爲形成純形式系統之規律或概念者，卽是盈的解析中由純理之客觀化而爲理解之格度者。

由非存在的形式系統中之命題之一方爲重疊地分析的，一方爲關係地綜和的，向裏收攝，而至純粹理性，而至先驗綜和，是謂引至純理之線索，同時亦卽形成心覺之客觀化，因而爲客觀的心或邏輯的心。由客觀的心之先驗綜和活動而至先驗綜和命題之形成，是謂非存在的形式系統之超越的安立。由純理呈現之離的解析所成之純邏輯系統自己亦可作爲發見理解格度之線索，而在盈的解析中即予理解格度以超越的安立。凡此詳論，俱見下卷第二部。此處所說，但大略也。

又，理解格度雖號爲三，實則以因故爲首而統餘二。但三格度只是理解進行所以可能之架子，彼於存在並無擔負，亦不能於存在有所運用。是以理解在此架子中而透過此架子以接觸於存在，則必有賴乎某種可以指點到「存在」之物事。此物事，吾將名之曰「範疇」。範疇之設立，單在「因故格度」之呈用中出現，即是透過「因故之運用」，必有一種指點到存在之當機運用中之邏輯地先在之「原則」或形式性之概念，依此概念或原則，理解始能接觸於存在。此種原則或概念，數目無定，亦不同於先驗地客觀化心覺自己之純粹先驗的概念，如自純邏輯系統而言者。此惟是在當機運用中所湧現之「當機原則」。關此詳論，亦見下卷第二部。

又，由純理呈現之離的解析中，順其形式化而爲規律之重叠的展現（由此而成爲一推演的形式系統），即可顯示一「步位歷程」，亦可顯示一純邏輯式的「形區」，由此施以直覺構造，即可外在化而爲數學系統與幾何系統。此如前此所略述者。（詳論見下卷第一部）依是，純理第一步直接形式化，即爲純邏輯。第二步外在化爲數學。第三步外在化爲幾何。此皆屬於離的解析也。而在盈的解析中，則純理即外在化而爲格度。吾人將純理之顯爲純邏輯一而吸收進來而盈於現實理解中，同時亦即將其顯爲數學與幾何一面亦吸收進來而歸宿於此客觀的心或邏輯的我。前者在現實理解中外在化而爲格度，後者在現實理解中即外在化而爲決定時空之「型範」（Norm）。所謂外在化，即客觀的心在現實理解中共理的一面之彰用。（此不同於在離的解析中由直覺構造所成之外在化。）

除理解自身所發之三格度外，尚有超越的想像所湧現之時空。由此湧現之時空，一方說其應用於直覺的統覺而爲表象或限定「存在」之形式，但却不由直覺的統覺所湧現，一方亦可說其爲「格度」，由超越的想像所湧現而爲理解所憑藉，理解不能離開時空所定之存在而接觸於存在。即依此義，亦說時空爲一格度。但此格度之出生地與作用俱不同於理解自身所湧現之三格度。康德以時空爲直覺之形式，只說其屬於心之主觀建構，而未明其在何處湧現。吾今指出爲超越的想像所湧現，而應用於直覺的統覺。故既可說爲表象或限定「存在」之形式，亦可說爲理解之格度。（詳論見下卷第二部。）

二　透過理解自身所湧現之三格度，客觀的心對於存在有超越的運用；透過時空一格度，客觀的心對於存在有超越的決定。

透過理解三格度實卽只透過「因故」一格度卽可表示吾所欲說之意義。透過此因故一格度，就當機而立之「範疇」之當機運用處而說客觀的心對於存在有「超越的運用」。透過時空一格度，根據純理之顯爲數學與幾何之一面而說客觀的心對於存在有「超越的決定」。依吾義，時空雖爲超越的想像純直覺地建立之（卽其建立也爲一直的），然此直覺地建立並不擔負此時空之內部的屈曲。

即，例如在空間，並不表示其究屬何種系統，爲歐氏的，抑爲非歐氏的。此種究屬何種系統之決定端賴「概念」，建立之之純直覺並不能擔負此責任。依是，其應用於現實之存在（順直覺的統覺走），亦只表象或限定存在而爲一時空之平板，亦並不能決定出附着於「存在」方面之時空究爲何種系統的（此仍可單就空間言）。如想作至此，亦須賴概念。如是，可問：此種概念究在何處？曰：即在純理之顯爲數學與幾何。當吾自純理之外在化而言數學與幾何時，是純邏輯的，毫不假借純理以外之物事。依是，它可以成爲一個純爲純理外在化所顯示之形式的推演系統，所謂「非存在系統」。即就幾何系統言，此中亦並不預定外在的「空間」一概念。不但牛頓式的形上學空間不須預定（此自可從批判的進路拉掉之），即就幾何本身言，亦不須預定如何如何之空間，如歐氏的或非歐氏的等。吾人可從純邏輯的概念決定中，將幾何系統推演出，即每一系統皆可視爲一些自身一致的概念關係所成之關係命題組。但是，如此決定出之種種幾何系統，既是純邏輯的，則必與存在無關涉。其成立也，無求於存在，自亦可以不用於存在。亦不因不用於存在而失去其爲重疊地必然的之眞理性。依是，如果欲用之於存在，必不能不假借於空間。如果形上空間不可能，而在純邏輯地形成幾何系統時，又不須預定空間，然則在何種情形下，必須有求於空間，因而必保存之而不廢。曰：即在認識論的情形中不能廢去此空間。依是，純幾何系統如用之於存在，不能不通過此認識論的空間。然而此認識論的空間，當其爲超越的想像所湧現時，是無色的，即無內部屈曲者。依是，其附着於存在而限定之，其所成者亦只爲一無色之平板。依是，純幾何系統之經過空間而應用於存在，實卽是順空間之外着於存在而對於存在上之空間作超越之決定。此種決定所依之概念卽爲形成純幾何系統之純粹先驗概念，依是，此等概念卽爲決定「附着於存在上之空間」之型範，因而使此存在上之空間爲有內部屈曲者，因而可知其爲何種系統。此種決定既依純粹先驗概念而成，故爲「超越的決定」。而存在上之空間究呈現爲如何之系統，亦因此而決定而得決。此種決定，就其決定存在所成者言（所成者卽爲存在上之空間關係），爲構造的，故空間與「決定之之型範」能一起平鋪於存在而爲其外部之形式關係。

然此種構造的決定所成之形式關係只是關於存在之數學知識，而不能進於其內部而給吾人以「物理之知識」。同時，吾人對於存在只知其外部的形式關係（卽數學知識），並不能算對於存在眞有知識，必須接觸到物理的一面，方始能有眞正的知識。然此物理的一面之眞正的知識並不能由「以數學與幾何爲型範」所成之超越的決定而給予，它必須自外給。依此，吾人欲透過時空處所成之形式關係而進至存在之內部關係，如其吾主體方而對於存在有所事事，必不是吾人說之爲構造的那種超越的決定，而如其此種事事是超越的，則必爲超越的運用，而不是超越的決定，因而因其既不是構造的，只可說其爲軌約的。依是，此種軌約的超越運用必須在「因故格度」處依據「範疇」之當機運用而形成。此種超越的運用對於存在有誘導作用，而無構造作用。理解自身所湧現之三格度，亦不如時空之可以平鋪於存在。時空着，此乃不着者。此旣不着，如何接觸於存在？曰：卽在當機而立之範疇處接觸於存在。然此種接觸亦不如時空之着於存在上之接觸，而是一個原則之指導之接觸。所以它亦不能直接地平鋪於存在上。此原則（卽當機而立之範疇），有證實與否之跌蕩性，不似決定時空之「型範」之定然而不可移。當其證實也，此原則卽落平。落平矣，卽可說爲此原則之平鋪乎？曰仍不可。此「原則之落平」所顯示者乃一客觀之「理型」之呈現，是以平鋪者爲理型非原則也。因此三格度與範疇俱不能着於存在而平鋪於其上，故於此處說超越的運用，不說超越的決定。因而其「運用」只爲軌約的，不似「決定」之爲構造的。

三　超越的決定對於存在之義用是形成「存在之構造的客觀化」，超越的運用則形成「存在之軌約的客觀化」。

無論超越的決定或超越的運用，對於存在總有一種客觀化的作用，卽使之從生理機體或直覺的統覺之「心之觀點」中客觀化。客觀化卽使之從隸屬於主體中客觀化而爲認識之客觀而獨立之對象。此種客觀化，只有從超越的決定與超越的運用方面想，始能作成功。假若吾人的認識心只是一個被動的順應流，而不能進至客觀的心，又假若只順「被動的順應流之心」而只是經驗地順歷經驗現象，則經驗現象永不能客觀化而爲客觀而獨立之認識對象。此在休謨哲學中已見之矣，在古希臘辯士派之思想中已彰明昭著矣。柏拉圖曾藉辯士普洛塔哥拉斯「人爲萬物之尺度」之感覺論表明「知覺不是知識」。如果知識不過就是知覺，某人知道某種東西即是覺知他所知道的東西，則與「人爲萬物之尺度」一主張相結合，卽與任何事物之爲「是」（在）乃對於我爲是，之爲不是（不在）乃對於我爲不是，之主張相結合。我（生理機體的我）卽是「是」之事物之爲「有」以及「不是」之事物之爲「非有」之尺度。如是，必流入主觀論。但知覺現象是變的，而覺之之生理器官，甚至心理情態，亦是變的。如是，若再與海拉克里圖士之「變之主張」相結合，則知覺必是一變之流，推至其極，必亦卽是一「虛無流」。在主觀論上，「我」尙可爲「是」之尺度，但當從「虛無之流」上說，則是而不是，終無有是，則我之爲尺度卽量不出任何事物矣，終於亦不復成其爲尺度。依是，知覺終不能是知識也。柏拉圖由此卽逼迫吾人必須承認有常而不變客觀而獨存之「有」，此卽是「理型」。但柏拉圖亦只知理型之必要，而因其形而上之高遠靈魂與超越精神，其理型終遠離而爲一獨立之世界，而與知覺現象隔離而爲二。然知覺現象總是科學知識之起點，亦就是其研究之對象。此種知覺現象如不能客觀化之而見出其所以曲成此現象者，簡言之，卽理型不能融於此現象而爲其理則，則雖盛贊乎理型，科學知識終不可能也。理型遠離，則休謨卽可以其感覺論而剔除之。縱使理型不遠離而融於現象中，休謨亦可依其嚴格之感覺論而謂吾人終無一器官以傳達之。如無一器官以傳達之，則卽不能證明其爲實有。如是，吾人所有者只是生理機體所呈現之感官現象。吾人之被動之心順應此感官現象，藉習慣聯想以勾連之。無論如何勾連，總是聯想之拼合，總是習慣之過轉，而並無一客觀之理性上之理由者。如是，現象總不能客觀化而爲認識之對象，而現象亦總不能有客觀之理由以成其爲如此之現象。如是，知識全無客觀之基礎。有誰能證明歸納知識之理性上的根據？哲學家只能投身於形上學，嚮往一形上實體以管轄此現象，但休謨可問：此形上實體是如何可能的？能證明之否？依是，純遊心於形上學，總不免批判之考核。康德以爲「休謨醒我」，誠不虛矣。吾人可暫不從形上實體以解答此問題。可從認識心上，卽康德所謂理解，以解答之。此康德所取之途徑也。由此以成功其批判之哲學。一方擊碎獨斷之經驗論，一方拆穿獨斷之理性論。獨闢蹊徑，別轉方向。救哲學於罔殆，使之成一貫徹本末之系統，而人性之全體大用亦因之而漸趨於彰著。此其功不可謂不偉。雖然，未盡美盡善也。吾今順其途徑，再予斟酌。以爲，知覺現象若能客觀化而爲認識之對象，從認識心方面言，必須由被動的順應心（只停於主觀狀態），轉進至客觀的心，由此而發爲超越的決定與超越的運用。從知覺現象自身言，必須能藉此決定與運用而見出其自身之理則（數學的與物理的）。依是，其客觀化之關鍵，全在客觀的心之成立。超越的決定是客觀的心憑藉純理之外在化所成之數學與幾何以決定附着於存在上之時空。時空爲附着於存在而限定存在者。客觀的心以數學與幾何爲型範而決定附着於存在之時空，由是而見出時間關係與空間關係。時空附着於存在，則存在卽有時空相。存在之時空相通過超越之決定而成爲一定者，而存在亦在此有定之時空關係中而成爲確定者，卽其在時空架格中時空位置之確定。因其確定於時空架格中，故其爲存在亦得客觀化而爲獨立之存在。凡經驗現象皆是現實而具體的，依此皆必在時空架格中。故時空架格對於現實存在必爲遍及之平鋪。卽就此遍及之平鋪言，故超越的決定對於存在是構造的。因而其對於存在所成之客觀化亦爲構造的客觀化。

但構造的客觀化既只就時空關係說，而時空關係爲遍及之平鋪。不拘是何種特殊之存在，皆在此時空關係中；而決定出其時空關係亦不能因此卽知其實際之內蘊。依此，時空關係只爲存在之「外部形式」。依是，超越的決定對於存在所成之構造的客觀化，亦可以說只是形式的客觀化，或亦曰量的客觀化。而於此如果可以說知識，亦只是先驗的數學知識。但一羣散沙，毫無實際的物理關係，亦可排列之於時空秩序中。由此卽可反證時空關係並不卽是物理關係。吾人由超越的決定所成之構造的客觀化只是存在之形式的客觀化。由此形式的客觀化，再透至存在之物理關係，則非超越決定所能擔負。是以必經由「因故格度」處之範疇之運用始能穿過時空形式而接觸於存在之實際的關係。但此當機而立之範疇之運用，對於存在之作用，只是誘導的，因而亦只是軌約的，而不是構造的。因爲因故格度處之範疇只表示客觀的心在概念運用中照射存在。（若不在概念運用中，則只是順應的覺攝，此如直覺的統覺是。此並不能客觀化現象而成系統之知識。）範疇之運用是「指點而貞定」存在之工具，或云觀看存在之「理路或模型」。但此觀看之理路並不能平鋪於存在而爲構造的。因爲雖是客觀的心，却仍是認識的，因此仍是與物爲對。它並不能實現存在，而只能了別存在。此與形上的心或神心之「觀看」不同。在形上的心或神心處，吾人若說觀看，則其觀看之理路或模型卽平鋪於存在而爲其理則，而其觀看存在同時亦卽實現存在。其觀看之動用是實現原則也。但仍爲認識的之客觀的心則與其所觀之存在爲有距離者，亦爲異質之對待者。故其觀看之運用既不能實現之，而其觀看之理路亦不能平鋪於存在而卽爲其構造之理則。此言其對於存在之所以爲「軌約的」之故也。但雖爲軌約的，而其在概念運用中照射存在，確有指點而貞定存在之作用。其指點而貞定之，卽使其脫穎而出，從隱伏中，隸屬中，凸出而爲獨立之存在，此卽是其客觀化。是以範疇之運用卽是耕耘存在之犂耙，藉以使其脈絡豁朗者。存在之脈絡豁朗卽是存在之客觀化。是以此種客觀化不同於形式之客觀化，惟賴存在之脈絡之凸出而成其爲客觀化。故超越之運用，一方既不能平鋪於存在而爲構造的，一方却又能接觸於存在之實際關係而成就其「實際的客觀化」，此亦曰質的客觀化，或軌約的客觀化。此不能與形式的客觀化混而爲一。故於客觀的心對於存在之作用，一方言超越的決定，一方言超越的運用。此兩者亦不能混同而論也。在超越的決定中，吾人可有先驗的形式知識，而在超越的運用中，則無先驗的知識，而唯藉此運用以成就經驗知識也。【有此分別，吾始能融柏拉圖之精神於康德途徑中，而對於康德哲學之指正亦可以見其何以爲必須。】

四　超越的決定與運用對於存在是先驗地必然的。但其於存在方面之成就，超越的決定只能隨經驗現象之呈現而為平面的層層決定，而不能孤總現象於一起本體論地決定現實宇宙之整個為如何如何。而超越的運用所客觀化之存在之為如是如是之存在亦只是認識論的然，而不是形上的然。

依據數學與幾何方面之型範所成之超越的決定，與依據思解三格度及範疇所成之超越的運用，對於現實存在是認識論地必然的，但不是形而上地必然的。決定與運用，既是超越的，則其對於存在之籠罩關係自不能不是「必然的」。所謂必然的，是說：不管現實存在之「生理主體」對面那個敞開的邊緣究是否能有客觀的決定，卽不管「存在卽被知」一命題究是否能有形上的決定以及其最後的客觀極成，只要凡是呈現出來的現實存在而爲或可爲吾人之認識對象，卽必然落在此種籠罩關係中而爲對象，不管是構造的決定方面之籠罩或是軌約的運用方面之籠罩，皆是必然的。如果不在此籠罩中，首先從認識主體方面說，吾不能張施其認識而成系統的知識；其次，再從客體方面說，現實存在亦不可能作爲如此客觀化其自己的「邏輯的心」之對象。對象不是在主體的先驗構造綜和中而成其爲對象，而是在邏輯的我必如此張施其認識中而爲此種認識主體之對象。亦不是離開此種先驗的構造綜和卽不成其爲對象，而是離開如此張施的主體之籠罩卽不可能成爲此種張施的認識之對象。此卽表示說，現實存在之爲對象，總是對象，單看其在何種認識關係中而爲何種主體之對象。在此客觀的心之認識關係中而爲邏輯的我之對象，卽必然接受此範疇，因而決定與運用亦皆是必然的。吾人若記起上節（卽第一節六段）中所說之形上的超越的眞我，則如彼處所說，由眞我（卽形上的心）之一曲而爲認識的邏輯的我，則此邏輯的我對於存在之決定或運用所依據以成其爲超越的決定與超越的運用者當是必然而不可移的。其所以使其爲認識的邏輯的我，爲如此這般而先驗客觀化其自己之客觀的心，是有形上的必然根據的。此種所依據者既是必然的，則其所成之超越的決定與運用不可能不必然。然而此種決定與運用既是發自與物爲對之認識的客觀的心，故其爲「必然」亦只是認識論的，而不是形上學的。因爲此認識的心是了解對象，不是實現對象者。如果它不是形上地必然的，又如果「形上的超越眞我」是實現對象者，則此眞我很可不依據此一套以張施，以成功其對於存在之認識。不但很可不依據此一套以張施，而且如果吾人之形上眞心能透體呈露而爲萬有之基（卽形上學完全成立），則其認識存在（此時當不說認識，而說覺照）卽完全不依據任何形式條件或一套一套之虛架子以張施。此卽客觀的心處所依據之形式條件是認識論地必然的，而不是形上地必然的之故。既不是形上地必然的，故其對於存在只能成功超越的決定與超越的運用，而且在決定方面雖爲構造的，却只限於「時空之量」一方面，在運用方面不爲構造而爲軌約，故其所如此軌約出之「存在之然」是「認識論地必然的」然，而不是「形上學地必然的」然（此後者之「

然」必須依據能實現對象之形上眞心說）。以下分別略說決定與運用兩方面之特性。

首先，關於超越的決定，在以數學爲型範方面而無問題，以其所決定者爲時空之數目量。但在以幾何爲型範方面，便有問題。以其不只決定數目量，而且決定空間形。假若是超越的決定，則在空間方面，其所決定而成者，依常情言，似乎只能是一種空間系統或幾何系統，例如歐氏系統。但吾人依純理之外在化，可以純邏輯地推演出若干種幾何系統，而且每一種皆是先驗地必然的。如果超越決定是從「以純理而客觀化其自己之客觀的心」而發出，則當一成爲「附着於存在之空間」之決定，其所依據以成決定之型範，即各種純幾何系統，必須隨此決定而俱實現於「附着於存在之空間」上。蓋不如此，不得成爲超越決定故。依是，從純理之外在化所純邏輯地推演出之幾何系統有多少，即實現於「附着於存在之空間」上之系統有多少。但附着於存在之空間原是一，雖是無色的，而若既經依歐氏系統而決定其爲歐氏的，如何又能依非歐系統而決定其爲非歐的？同一空間，既決定其爲歐氏的，又爲非歐氏的，似乎是矛盾。然則從純理之外在化而純邏輯地建立起之種種幾何系統，限於超越決定而言之，如何能全部實現於「附着於存在之空間」上？如果不言超越決定，則雖有種種幾何系統，而此時之諸系統亦不攝於「宿於客觀的心之純理」上而言之，因而亦不言其先驗之根據，超越之安立，因此其爲諸系統只是形式主義之說法，而不是先驗主義之說法，如是，則雖爲多，而其與存在之關係，即實現或不實現之問題，亦易解答，即不發生此處所提之問題。此諸系統可純形式主義地構造起，擺在那裏以待用。而究竟用何種，則當全依「經驗」而決之。此其所以不生此處所提之問題之故也。復次，如果言超越決定，而只有一種幾何系統，無論歐氏的，或非歐氏的，則亦不生此處所提之問題。此如在康德系統中即如此。但吾人不但爲歐氏系統立先驗根據，而且爲非歐系統立先驗根據。依是，系統雖多，俱攝於純理。而由純理之外在化，亦實可純邏輯地構造起此許多系統；而順此而言，必爲先驗主義，亦必言超越的決定。惟在此路數上，始有此處所提之問題。順此路而言超越決定，勢必至全部系統俱實現於「附着於存在之空間」上。然而又如何能爲不矛盾？此問題引吾人至較爲深遠之思想，亦較爲新奇之結論。

解答此問題，首先須從先驗主義一詞所含之特殊義而言之。既爲諸系統建立先驗根據，而由先驗的純理上亦實可純邏輯地構造起此諸系統，則由此所發之系統，無論如何多（不能無窮），要必一起皆爲眞實的，而不只爲形式地可能的，如來布尼茲所說之「可能」。如其一起皆爲眞實的，則當無一爲多餘的，爲掛空的。依是，同時是邏輯的，同時亦即是現實的。當其自純理之外在化而純邏輯地建立時，雖與外界無關涉，但因其是先驗的故，即保證其必爲現實的。凡說先驗的根據或超越的安立，決無「可能之範圍大於現實之範圍」一思想。遮撥經驗而反歸於先驗之本，由此所發見者，似必爲「範圍天地之化而不過，曲成萬物而不遺」者。如果「不過」，則即無餘外無空懸；如果「不遺」，則即凡現實存在無不接受此構造的籠罩。此爲從先驗主義之殊特處，原則上即可建立起者。（若只是形式主義，則不函此義。）依是，從現實存在方面言，彼一起皆爲眞實的者，亦必層層皆實現於「附着於存在」之空間上，即皆實現於現實世界中。此如何而可眞實可能耶？所謂層層實現是何意義耶？順超越決定，其直接實現者爲歐氏系統，即決定空間爲歐氏的。但物理世界有動有力有攝引有彎曲，如是，空間亦必隨之而狀其形（仍爲空間形），而空間即因此「狀其形」而變其形，因而以非歐系統爲型範而再進一步決定其爲非歐的。大體順吾人對於物理世界之認識之深入而層層決定之，因而層層實現之。歐氏空間爲一較外部之底據形態（Radical form），此如牛頓之墮性律然。非歐空間則爲較內部之殊變形態。然而每一系統皆是普遍的範罩者，此即表示物理世界在其外部之空間量之形式方面，可呈現爲種種面相者。依是，每一系統皆表示空間量之形式之一面。而面面不同，層層不同，故無矛盾。假若邏輯的我不只發出吾人今日已有之系統，尙可發出更多乎此者，假若眞可實構出（此語吃緊），則亦必順超越的決定而實現於「附着於存在」之空間。若吾之邏輯的我在純理之展現爲幾何方面，眞能含藏無量，則世界之「外部之空間形式」亦必含藏無量之面相。（此決爲原則上可說者。然吾於下卷將指出純理之展現爲幾何系統不能無限多，因而世界之外部空間形式之面相亦不能無限多。）然其面相無論如何多，總是存在之「外部者」，又必爲因空間之限定而顯示，而此限定又總不能逃超越之決定，故每一決定所示之面相亦總不能相應存在之眞實的內部姿態而如如地示出之。甚至在存在方面直無此面相，即，不可即說之爲空間面相，只不過其變動關係所示之虛影，吾人之心綜和之，湧現空間以限定之，復依超越決定以確定之，因而始成爲空間面相。是以一說空間面相，必爲有特殊之幾何特性者，卽必屬於一定之幾何系統者。依是，超越決定只能順現實存在之呈現，由「與物爲對」之客觀的心平面地層層深入決定出種種空間面相，決不能孤總現實於一起本體論地而謂此宇宙之整體爲如何如何，如宇宙爲球形，世界在空間方面爲無限或有限，等等。此則決不能由超越決定以說明之。而且在「邏輯的我」處任何表現亦不能擔負此說明。（在形上眞心處可有決定，但亦不就空間說。）

關於超越的運用方面，稍簡單。透過思解三格度，憑藉當機而立之範疇所成之超越運用是穿過時空限定之外部形式而進至於存在之實際的內蘊。但無論如何進，總必在邏輯的我自身所成之封限中層層前進，而永不能頓然窮盡存在之一切內蘊而使之爲透體呈露者。存在之內蘊，以其爲現實存在故，乃爲無窮複雜者。欲透體盡此無窮複雜之內蘊，必彼足以實現對象之形上眞心之覺照始能之。與物爲對之客觀的心並不能也。是以其所運用而了別之存在只是現象的然，而不能窮盡其透體之形上的所以然。亦因此故，認識的客觀心，在運用方面，雖爲軌約的籠罩，而當其經過超越的運用而落實地了解對象時，事實上總有在其所了之外者。此「在外者」與「已了者」或爲同層，或爲異層。如屬同層，則所謂「在外」只是範圍之擴大。如屬異層，則所謂「在外」卽是層層深入之預備。前者爲廣度的在外，後者爲深度之在外。此皆可概括之以「可能經驗」。依是，無論如何「外」

當其呈現於現實經驗中時，總必在如此張施之主體之認識關係中而爲此認識觀景之對象。是以如賅攝「可能經驗」而言之，則超越的運用必爲普及的範圍者。惟有兩點須注意。

一、超越的運用所軌約出之「存在」之「然」既只是認識論地必然的，而不是形上地必然的，則當其接受此運用始可爲如是如是之然，如不接受，或吾之張施無法施其張施（此時即不能有知識或經驗），則認識的客觀心亦無可如之何。蓋只爲軌約的，不爲構造的故也。既爲軌約的，自不能保證其必接受吾之張施而爲認識論地必然的「然」。即以此故，吾人必有形上眞心之要求以爲此超越運用之最後的客觀的保證。

二、認識的客觀心既只了別對象，而不能實現對象，則所謂「在外者」無論與「已了者」爲同層，或異層，其外邊之邊緣總是敞開的。就同層言，吾人亦只能說「廣度的在外」，而此「在外」却並不能即客觀地指示一個確定的「無限」或「有限」。此則俱不能有客觀的決定者。即上所云「總有在外者」，此語，從客觀存在方面言，亦只是事實地如此說，不能原則地如此說。自在邏輯的我自身所成之封限中層層前進方面說，吾人可原則地決定說「總有在外者」。但因此心與物爲對，而不能實現對象，故從對象方面說，即不能在原則上決定此「在外者」究有限抑無限，因而所謂「總有在外者」亦不能原則上客觀地極成之。就異層言，吾人亦只能說「深度的在外」，而此「在外」究有限抑無限，究有止抑無止，從存在方面說，亦不能原則上客觀地決定之。（從邏輯的我之主體方面說，可原則地決定之。）依是，在此兩層方面俱爲敞開者。其敞開之邊緣乃爲一濛騰之邊緣。猶如自主體方面看去爲雲氣濛騰者，至其濛騰之狀究如何，乃不能客觀地決定者。即以此故，「存在即被知」一命題所指示之存在之範圍，在認識心方面，不能有客觀的決定者，因而此命題亦不能有客觀的極成。柏克萊論證此命題，從消極方面說，是在去掉不可知之物質本體。此即表示本體不是物質，而是神心。但只在去掉物質本體上，尙不能完全證明此命題。其論證此命題之積極方面必從神心說。惟自此說，始有客觀而最後之極成。是以「存在即被知」，在認識心方面之認識論的意義，只指示一個不決定的「可能經驗」之範圍：其消極方面可以防濫（排除那永不爲心所知所覺之存在），而在積極方面，即可知可覺之存在之範圍方面，則不能有客觀的決定。亦因此故，形上眞心之建立乃爲必然而不可避免者。

五　康德的謬誤，一、混超越的決定與超越的運用而爲一；二、理解所不能擔負者必使之擔負。

康德把握問題解答問題之着眼點是在理解與對象間之異質的，不能合一的夾縫處，以理解所不能擔負之責任歸給理解使之必擔負，理解不能彌綸此夾縫而偏使之彌綸之。以理解對於對象之虛的施行作爲實的，遂覺其眞可以彌綸之而天衣無縫矣。此爲「以虛爲實之謬誤」。而所以結成此謬誤，則在混超越的決定與超越的運用而爲一。超越的決定本只限於決定時空者，而對於時空所決定出之種種面相或系統只表示存在之外部的時空形式，並不能透過時空而至於存在之實際的內蘊，如物理關係。但是，康德雖知「直覺公理」與「知覺預測」所說者只是數學的，只就時空言即可決定出，亦知其與「經驗之類比」不同，但當其論「從現象之主觀繼續到客觀繼續」一問題，即「因果範疇之平鋪於現象上而使之成爲客觀的繼續必然的連結」一問題時，卻完全就時間而論證。時間系列之決定固爲必須者，但因果概念之平鋪於現象藉以決定現象之因果關係，純就時間論證乃爲不足者。即就此點言，即見其爲混超越的決定與超越的運用而爲一。其言「規模」亦純就時間言，此亦爲不可能者。但亦能助成此處所指者之顯然。以此種論證爲不足，故其「原則之分析」第二章所說者皆爲獨斷的，非批判的。彼只能表示吾人對於現象有此種種「性相」之要求，以及範疇有實現於對象應用於對象上之要求。但是，如何可能其實現，卻並未在此表示出。而對於現象有此種種性相之要求，如不能明此種種性相如何而可能，則在範疇之應用上說，亦不過如此置定之而已耳。置定之以備範疇之應用，此即所謂獨斷的，非批判的也。其論證則爲邏輯的，亦非批判的也。

在「概念之分析」中，言及「純粹概念之超越推述」時，藉「純粹概念爲經驗可能之條件」一思想，似能說明範疇之必實現必應用。此步工作是自「超越的統覺」（康德中者）之超越的綜和而下貫者。但此步工作中所說者可有兩種看法：

一、純爲一種原則，形式上先總持地或籠罩地如此說。如是，必要求「原則之分析」以盡此「總持的說法如何能實現」之責任。但若如此，則吾已指出「原則之分析」實未能盡好此責任。

二、從超越統覺之下貫言，可視爲自上而下之構造的綜和歷程。但若如此，則「原則之分析」卽成徒然，而超越的統覺亦必須轉爲實踐的，而非認識的（或觀論的）。此則爲尤難。

以上兩種看法，俱可刺出康德系統之弊竇。康德固想藉此兩步工作（概念之分析與原則之分析），以達到其彌綸此夾縫之目的，此卽是「知識可能之條件卽知識對象可能之條件」一原則所示者。然不知此異質的不能合一的夾縫乃不能如此彌綸者。理解，卽認識的客觀的心，並不能擔負此責任。超越的決定與超越的運用亦不能混爲一，藉以證明現象之必服從此條件或規律。現象之規律性之先驗的保證並不能自理解處言。此實爲形上眞心所擔負者，而康德則歸給理解。此爲「錯置擔負之謬誤」。因有此謬誤，故有「以虛爲實之謬誤」。最後，康德所能作成者只是：吾人之邏輯思想對於對象必有其範疇所示之種種性相之要求，而作爲純粹概念之範疇亦必要求能應用於對象。一個以批判形式出現之系統，歸於仍爲純形式或純邏輯之獨斷者。（案此意只表示：其對於知識之可能只盡說明其「形式可能性」之責，未盡說明其「眞實可能性」之責。對於獨斷一辭，不可錯解。卽康德說來布尼茲之爲獨斷主要者亦是此意。）

六　外延性原則與原子性原則何以可能？解答羅素之問題。

一個知覺現象，從其繫屬於生理機體與主觀的心之觀點中解脫出來，而可以客觀地被主斷（此即其客觀化），總屬必要，亦是哲學家所最易接觸之問題。客觀地被主斷，則其所成之命題始有客觀之意義，而其或眞或假之值始能客觀地被決定。依此，始能成有系統的客觀知識。而在一客觀的知識系統中之命題必一方具有普遍性，此即論謂特殊事件而不爲其所限，一方亦必有確定的概念爲其組成之之部分，此即對於現象可施分解而可以明其爲一由部分組成之「複體」。前者爲外延性，後者爲原子性。依此，在客觀知識之成立上，外延性原則與原子性原則，在現象上必須能有效始可。羅素卽盛論此問題。但其討論之路數爲邏輯分析者，與本書及康德所取之路數不同。由本書路數觀之，自超越決定與超越運用所成之客觀化，卽可解答此問題。此爲有本統者。而且唯如此始能原則地明「此兩原則之有效性」如何而可能。否則，若爲零零碎碎之分析，只是事實之指出，不是理論之說明。

依羅素，「句子及某些字可有兩種非語言的使用。一、用以指示對象。二、用以表示心之狀態。字可以經過它們的表意而出現，而沒有作爲指示而出現。這點，當它們只當作表示而出現時卽發生。依是，一個命題P可以在兩種不同的非語言的路數中出現：A、指示與表示兩者俱相干；B、只有表示相干。當句子作爲一個主斷，而自行出現時，我們卽有A條所說。當我們說『A相信P』時，我們卽有B條所說，此因吾人所主斷的生起事，不必涉及P之眞或假，卽可完全被描述。但是當吾人主『P或Q』，或任何其他眞理函值時，吾人卽有A條所述。如果以上之分析是正確的，則外延性原則可以應用于P之指示是相干的那一切情況，但不應用於那些只有表示是相干的情況，此卽是說只應用於A、而不應用於B。此種只應用於A而不應用於B的陳述，吾想，卽是一套套邏輯。外延性原則依其一般形式而言，如果我沒有弄錯，則必須反對。某君曾提示我說：在『A相信：B是熱的』一語中，『B是熱的』這幾個字描述那爲『B是熱的』所表示的。此觀點頗動人。亦可以是對的。依此觀點，『B是熱的』這幾個字並不眞地涉及B，但只描述A之狀態。當我說：『A聞得一玫瑰之味』時，亦可如此講。在此玫瑰只能作爲描述A之狀態而進來。此觀點，使吾人必然於『P』及『屬某之P』之間引出一嚴格之區別。當那出現者眞地是P時，卽能保持外延性原則。但是當那出現者是『屬某之P』時，則此原則失效之理由是因爲『P』事實上並未出現。」（參看羅素：「意義與眞理之研究」一書第十九章。）

依此言之，「A相信P」，「A懷疑P」，「A想P」，「A說P」，等，俱是「屬某之P」。羅素名此曰「命題態度」。維特根什坦名曰心理學中之命題形式。此皆繫屬於心理主體者。「我聞得一味」，「我聽見一聲」，「我覺冷暖軟硬」，等，亦可說是屬某之P。此皆隸屬於生理機體之主體者。味，聲，冷暖等等，在此種「屬某之P」之形式中，俱只能作爲描述A之狀態（卽生理主體之狀態）而進來。我可以不必涉及聲音顏色等之眞或假而可以完全描述發生於此主體上之狀態或生起事。在此，聲音顏色等很可以事實上並未出現。所以如果表之以命題P時，此時並不眞地是P出現。卽此時P並無客觀意義，亦不能客觀地主斷其爲眞或假。所以，外延性原則，在此種只有表示而無指示的句子上，決不能應用。但是，知識的「直接所與」總是糾纏於此種「心理主體」或「生理主體」中而生起的。若不限於純邏輯，則在知識上說，如何能客觀化之而眞成爲知識之對象？若限於純邏輯，吾人只指出此種「屬某之P」不能以外延性原則應用於其上。羅素所作者不過如此而已。但是須知羅素等人論此問題，卽使是論邏輯命題，亦不同於吾所取之途徑。他們大體皆有知識上之意義。此從其所謂「既表示又指示」，卽可知之。如是，羅素只作到事實之指出：區別何種命題，外延性原則可以用，何種命題，不可用。此並不能表示「在知識上，外延性原則之眞實有效性究如何而可能」。（若就純邏輯言，此種區別固足够。但此決不足語於外延性原則之眞假。）

維特根什坦則想以泛客觀論（或泛事實論）泯除此「主體」。（近人大抵喜趨此路。）他說：「顯然，A相信P，A想P，A說P，卽是『P說P』之形式。而此P說P之形式並無事實與對象A（按卽主體A之爲一對象）之間的對列關係，而只有事實間之對列關係，卽藉賴着事實之對象間之對列關係而成之事實間之對列關係。此亦表示說：無現在不相干之心理學所討論之靈魂，主體，等，一類東西。」（參看其「名理論」5.542）。依是，將發爲想、說、信之A亦視爲一件客觀事實，而不視爲主體，故曰：實卽「P說P」之形式。無論所想所說或所信之P，事實上出現否，而「P說P」總是一件「物理事實」。此事實是客觀的，總可被主斷的。但此種泛客觀論實是凌空於一個公而無私的純邏輯立場而刺出的。而其凌空之地，在彼却視之爲一無所有。實則彼於不自覺而凌虛於冷靜之域與夫純公純理地擺布其所刺出之事實，卽於不自覺已將邏輯提出於事實之上，夫而後始能刺出事實而成爲泛客觀論。已將邏輯提出於事實之上，卽須爲此「邏輯域」覓一安頓所。由此必然須肯定一主體。然而維氏不承認此主體，却將邏輯平擺於「事實」上講。故成爲泛事實論也。其所泯除之主體是心理主體或生理機體之主體，此亦並不能頓時卽等於靈魂。心理或生理主體固可泯除，而客觀的主體不因之而泯除。維氏一概泯除之，故其凌空之地而本爲邏輯立場者，亦空無所有而無所立矣。此而無有，故其由凌空而提出於事實之上之邏輯復降而平擺於「事實」上。此實浮光掠影無頭腦之談。近人趨之若鶩，亦淺而無力之象也。

彼因處於凌空之域而成爲泛客觀事實論，故外延性原則及原子性原則皆可有效。羅素於此以爲，在「A想P」中，吾人可分析「A想」一心理的生起事，而不必視P爲一副屬的複體。如眞地是P出現，則P自亦可以視爲一複體而分解之。羅素之結論曰：「一、當藉『A相信P』這類句子之分析而嚴格地被解析時，外延性原則未被表示爲是假的；二、同樣的分析亦未至證明原子性原則是假的，但亦不足證明其是眞的。」實則，在羅素之態度上，外延性原則無所謂眞假。至于原子性原則之所以未證明，亦實因可分解中有不可分解者在，已分解中有無窮之未分解或無法分解者在。是以此兩原則，彼皆未能理論地（或原則地）說明其有效之範圍，以及其如有效則如何而可能。此卽所謂零碎之邏輯分析並不濟事也。

若依本書言之，則凡超越決定與超越運用所至之處，外延性原則與原子性原則皆可有效。外延性原則，在此無問題，可不說。原子性原則與原子論有關。吾早已言之，原子論不足以爲一形上學。此卽是說，無法（客觀地）肯定宇宙最後眞實卽爲原子的。依是，原子性原則並無形上必然性。故必降至邏輯原子論。而在倡邏輯原子論之羅素手中，原子性原則又爲眞假兩未證明者。此足見其對於原子性原則之根據全無能爲也。若依吾書，在超越決定與超越運用所至之範圍，此兩原則必然有效。（但却不是原子論。）此則卽予此兩原則以認識論的必然性也。

第二卷

對於理解(知性)之超越的分解

第二卷目錄

第一部 論純理

第一章 邏輯與純理……一五三
第一節 邏輯系統之形成……一五四
第二節 邏輯系統之意指的解析……一六〇
第三節 邏輯系統之形式的解析與超越的解析……一六六
第二章 純理與數學……一八四
第一節 純理開展之步位……一八四
第二節 純理步位之外在化……一九一
第三節 邏輯的構造與直覺的構造……一九六
第四節 序與連續……二〇二

第五節　連續與無窮……二〇五
第六節　羅素之「以類論數」：實在論的數學論……二一三
第七節　先驗主義的數學論……二三二
第八節　數學命題之綜和性與分解性……二四五
【附錄】：維特根什坦的數學論……二五七
第三章　純理與幾何……二七三
第一節　純邏輯的「位區」之構造……二七三
第二節　對於純理位區之純邏輯的分解與純邏輯的決定……二八〇
第三節　四度之意義與N度之意義……二九二
第二部　論格度與範疇
第一章　時空格度由超越的想像而直覺地被建立……二九九
第一節　來布尼茲之轉客觀空間為屬心的以及轉絕對的為關係的……二九九

第二節　時空與運動：客觀時空之剝落之另一路向……三一七

第二章　理解三格度由理解中之純理之外在化而發見……三三二

第一節　思解之曲屈性與發見格度之線索……三三二

第二節　純理之「自內轉外」保證格度之必然性與窮盡性……三三八

第三節　綜論四格度之大義……三四四

【附錄】：傳統邏輯與康德的範疇……三四九

解證思考與創發思考——發見範疇之線索及原則——邏輯中判斷分類表有必然之保證否——由邏輯中判斷之形式是否能發見出範疇——證成己意

第三章　思解三格度之說明……四〇九

第一節　因故格度……四〇九

第二節　曲全格度……四二〇

第三節　二用格度……四二八

第四章　範疇之設立……四三五
第一節　範疇之基本特性……四二五
第二節　範疇與可能……四四七
第三節　純理智概念之批判：理型之形上的推述及認識論之推述……四六一

前言

分解，有經驗的分解，有超越的分解。經驗的分解是只就經驗現象而釐清之，如其所是而呈列之，並不能超越地及其先驗之原理。（普通所謂邏輯分析亦只是在經驗分解一模式之籠罩下而依邏輯手續，傳統的，或是近代的，以進行其釐清之活動，亦不能超越地及乎所分解之事物之先驗原理。）超越的分解則經由反顯法能超越地及乎先驗之原理。超越的分解有兩方面的使用：一、向客觀方面使用，此如傳統的外在的超越形上學之所作；二、向主體方面使用，此如康德之所作。本卷對於理解（即知性）之超越的分解，即依康德之路數，向「主體」方面使用，因理解或知性即是一「思想主體」，或曰「認識主體」。對此主體，如作經驗的分解，則所把握的只是作一心理現象看之理解，經由知覺、記憶、聯想、想像等所規定之理解，此可曰主觀的理解。如對之作超越的分解，則期經由反顯法以超越地把握其先驗之原理。能透顯出先驗原理，則此理解或知性即曰客觀的理解，或客觀的知性。即由此客觀的知性而見其為「客觀的心」（認識的）或「邏輯的我」，亦曰「超越的我」。（作為認識心看的超越的我，非道德天心之超越的我。）

作此分解，本卷分兩部。第一部論純理。內分章三：一曰邏輯與純理，二曰純理與數學，三曰純理與幾何。第二部論格度與範疇，由此下開第三卷所作之「超越的決定」與「超越的運用」。

第一部 論純理

第一章　邏輯與純理

欲使知性主體成爲客觀的心或邏輯的我，必須見出其中有理，因理使其成爲客觀故。此宿於知性主體自身中之理，因其是先驗的，必須反顯。因反顯而剖解出其中之理，此種剖解即曰超越的分解。而確定地認識此理之實有，其線索與關鍵唯在對於邏輯系統之解析。因吾此處所說之理，即知性中之理，而知性中之理，簡言之，其最根本的意義即是邏輯之理。人心之理解活動，因邏輯之理而成爲客觀的。故此理之即在知性自身中，即使知性主體成爲客觀的心，或邏輯的我，此邏輯之理即是邏輯系統所表達者。故吾人如對於邏輯系統能解析爲只是表現純理者，而此純理又不能外在而空掛，則知此理必是顯於知性而歸於知性。顯於知性，明其並非無來歷。歸於知性，明其並非無安頓。而欲作至此步，其線索與關鍵唯在對於邏輯系統之解析。因空說純理，乃渺無踪影，無把柄者。而言知性中之理，其在吾人意識中最簡單之觀念，不能不謂其是邏輯的。而言「邏輯的」又不只是此一形容詞而已。有邏輯學存焉，此是一大成果。邏輯學中即具備各種邏輯系統。故對於邏輯系統之解析，即是把握知性主體中之理之線索與關鍵。

第一節　邏輯系統之形成

如何能經由對於邏輯系統之解析而把握知性中之純理？此問題之關鍵唯在追問邏輯系統之先驗根據，追問邏輯之先驗性，定然性，必然性，乃至絕對性。但是於作此步以前，須先略解邏輯系統之形成。

邏輯是一，而成文的邏輯系統是多。（亦如數學是一，而可有各種系統，如算術、代數，等。）然雖多，而不能無限多。發展至今日，事實上大體不外以下四系統：一、傳統邏輯，二、邏輯代數（亦曰代値學），三、羅素的眞理値系統，四、路易士的嚴格函蘊系統。（此自就純邏輯自身言，至有特殊內容而額外生枝者，則不在此限。）此雖事實上所已有者，然原則上所以不能無限多，則因形成邏輯系統之基本概念是有定故。此種基本概念，大體可列舉如下：凡（一切、所有），有（有些），肯定，否定，如果則，析取（或），絜和（與），以及眞、假、可能、不可能，必然、不必然。凡此，羅素俱名曰邏輯概念（邏輯字），以與物象概念（物象字）相區別。此皆爲構造邏輯系統之基本概念。如就純邏輯自己言，大體不能外此。此是一個先驗的限制，原則上的限制。

依基本概念以構造邏輯系統，實則是直接地構造邏輯句法，間接地構造系統。系統是根據如此構造起的邏輯句法，再依照若干推理之原則與手續，作形式的推演而成者。是以每一成文的形式系統皆是一有特殊姿態之系統。其特殊姿態卽以邏輯句法之特殊結構而規定。

傳統邏輯是以凡、有、肯定、否定，四基本概念，構造其邏輯句法，所謂AEIO是也。此四基本概念，前兩者爲量概念，後兩者爲質概念。卽以此質量兩組概念構造句法以成推理。故此系統亦曰質量系統，其推理時所依據之原則，則曰存在原則（主詞等於零或不等於零），周延原則，曲全公理。在此成文系統以外，而爲超越之原則者，則曰：肯定否定之對偶性，同一律，矛盾律，排中律。除AEIO邏輯句法所成之推理外，主要地尚有假然推理，此以「如果則」一基本概念所成之句法而成者，又有析取推理，此以「析取」（或）一基本概念所成之句法而成者。羅素所名之「邏輯字」大體俱已含在傳統邏輯中。惟可能，不可能，等程態概念，雖在論命題中已有論及，然尚未以之作成句法以參與成文系統之形成。又傳統邏輯雖已論及各種推理，然大都散列，並未組成一一根而發之縱貫系統。

邏輯代數（代值學）則進一步能形成一一根而發之縱貫系統。吸收AEIO之系統而予以確定化。其基本句法則爲「包含關係」，（a含在b中）。輔之以析取，絜和，與相等，遂成一縱貫之推演系統。所謂包含關係，從邏輯發展之線索上觀之，實卽A命題之關係地寫法，脫離其質量形式，而轉爲以「包含」表示之關係形式，然而其意義實卽A命題也。故下列諸式皆相等，卽

$$a \subset b .=. ab = a .=. a - b = 0 .=. -a + b = 1 .=. a + b = b$$

而其中"$a - b = 0$"卽是傳統邏輯中A命題之表示。而此旣爲A命題，則"$a - b \neq 0$"卽爲傳統邏輯中之O命題。同時，"$ab = 0$"爲E命題，則"$ab \neq 0$"卽爲I命題。此卽表示以「包含」爲基本關係，輔之以析取，絜和，與相等，成一縱貫之推演系統，並吸收AEIO之系統而予以確定化。

在此系統中，有兩點須注意：一、肯定否定之對偶性【$-(-a) = a$】，同一律【$a = a$】，矛盾律【$a . -a = 0$】，排中律【$a + -a = 1$】，此四者旣爲此系統所遵守之超越原則，復內在於系統中而爲一推演出之定理。此在傳統邏輯中所未能至者。自其爲超越原則言，吾人可名之曰「軌約的」；自其爲推演出之定理言，吾人名之曰「構造的」。自其爲軌約的，吾人名之曰「型範」；自其爲構造的，吾人名之曰「定式」。二、此系統以「包含」爲基本關係，然推理根本是「如果則」之「函蘊關係」，而此系統却並未將此函蘊關係透顯出。它只是預設着「如果則」，而却並未將此「如果則」置於符式中。自此而言，此系統尙是歧出者，尙未能達至「反身」之境地。所謂「反身」卽是回歸於「如果則」所表示之推理自己，由其自己以明其自己。由此反身，將更能表示邏輯之自己。此爲此系統尙未能至者。（當然傳統邏輯亦未能至。）

羅素之眞理值系統即能達此反身之境地。蓋此系統乃由以「眞值函蘊」爲基本關係而成。它將「如果則」之函蘊關係透顯出。一切推理都是從前題到結論之過轉，而此過轉即是前題函着結論：此即是「如果則」之函蘊關係。在此系統中，首先將此關係規定出。再輔之以析取，絜和，與等值，便成一反身的縱貫之推演系統。而在此系統之形成中，一切推理上之原則與手續俱是自足而自覺者。此眞值函蘊所勾連而成之系統，其演算之方式以及其中之程式與邏輯代數（代值學）大體相似。不過代值學爲項之演算，而眞值函蘊系統則爲命題之演算。此中命題pq之值只爲眞假二值，故路易士亦名此系統爲「二值代數」。通常則曰「二值系統」。（於眞假二值外，再益之以不定值，便成三值系統。若再一般言之，由概然值之級系而有多值，便成多值系統。然其基本模式同於二值系統，故統謂之眞理值系統。故不別論。）由此眞值函蘊所成之二值系統，再進而講「命題函值」，則質量系統中AEIO之句法即被吸收在內。

在此系統中，亦有兩點須注意：一、肯定否定之對偶性，同一律，矛盾律，排中律，此四者亦既爲此系統所遵守之超越原則，復內在於此系統中而爲一推演出之定式。二、此系統既爲二值系統，故此中命題pq之值，眞即等於必然，眞與必然不分，假即等於不可能，假與不可能不分。遂有「一眞命題爲任何命題所函」以及「一假命題函任何命題」之詭辭。關鍵全繫於眞值函蘊之定義。依路易士，眞值函蘊中並不表示「可推性」：「p眞值地函着q」並不表示「q可自p推出」。依此，在二值系統中，只是眞假二值所劃成之平板，其中眉目界線太少，遂使許多邏輯眞理，邏輯意義，不能確定地釐然劃清。如是，路易士認爲函蘊須有重新界定之必要，命題之值除眞假二值外，有增加界線之必要。

此即是路易士的嚴格函蘊系統之所由成。函蘊不以「或p假或q眞」來規定，而以「p眞而q假是不可能的」來規定。如是，「p嚴格地函着q」，即表示「q可自p推出」。此即所以名爲「嚴格函蘊」之故。在此定義中，既有「不可能」一概念，則程態概念即被引入此成文系統中。如是，此系統中有六個界線：眞，假，可能眞，可能假，不可能，必然。在此，眞與可能與必然有別。假與可能假與不可能亦有別。在此，不能說：「一眞命題爲任何命題所函」，而只能說：「一必然眞之命題爲任何命題所函」，亦不能說：「一假命題函任何命題」，而只能說：「一不可能之命題函任何命題。」在此系統中，有許多邏輯眞理，邏輯意義，可以確定地釐然劃清。而更能反身地回歸於推理之自己以明邏輯之爲「邏輯自己」。故此系統比眞值函蘊系統較爲「軌約的」，而眞值函蘊系統則較爲「構造的」。較爲軌約的，則更接近於邏輯，而較爲構造的，則似較接近於數學。

在此系統中，亦有二點須注意：一、此系統中雖有程態概念，然肯定否定之對偶性，同一律，矛盾律，排中律，此四者仍是既爲此系統所遵守之超越原則，復內在於此系統中而爲一推演出之定式。二、構造邏輯句法之基本概念（所謂邏輯字）到此已大體展轉用盡。如果所構造之成文系統眞是邏輯，尤其眞是邏輯自己，則總不能外乎此等基本概念以造句法，而且除此等基本概念外，亦不能再有其他，或說亦不能再有其他更可使用或更有作用之基本概念。

傳統邏輯中論命題之分類，常分爲質、量、關係、程態，四類。每一類有三目，每目皆顯示一邏輯概念：在質中，顯示肯定，否定，無定；在量中，顯示單稱（一），偏稱（有），全稱（凡）；在關係中，顯示主謂，假然，析取；在程態中，顯示或然，實然，必然。此每一基本概念反而使一命題具有邏輯形式。因此基本概念而使一命題具有邏輯形式，故有邏輯形式之命題亦曰「邏輯句法」也。造成邏輯句法之基本概念不出此十二目之範圍，而自傳統邏輯起，直至路易士的嚴格函蘊系統止，於此十二目範圍中之基本概念，可說已大體展轉用盡，而皆不能外乎此範圍。故以上所述之四系統，謂之爲不同的系統可，謂之爲一個大系統之發展亦無不可，謂之爲發展至路易士之嚴格函蘊系統而盡亦無不可。

此不表示限制住邏輯學之發展，以及邏輯專家之無窮地繼續鑽研，乃只表示就純粹邏輯自己言，其基本概念有定有盡，無論如何轉換，總不出此有定有盡之範圍。而且就純粹邏輯自己言，欲其簡不欲其繁。一個三段推理亦可盡邏輯之全幅意義。捲之爲一式，不見其少；展之爲一系統，不見其多。是以就純粹邏輯自己言，只能就此基本概念之範圍而嚮往其歸約以識邏輯之自性，不能越乎此基本概念之範圍引進特殊內容額外生枝以識邏輯之自性。即依此義，而謂發展至路易士之嚴格函蘊系統而盡，亦無不可。此言之關鍵惟在構造邏輯句法之基本概念有定有盡。（不表示那四個系統已盡美盡善，不須再有補充發展或改正，亦不表示邏輯學家不能別開生面，獨闢新題，以展巧思。）何以基本概念只是那十二目之範圍？此若表面觀之，似無理由。然若深一層觀之，則亦正有其故。

第二節　邏輯系統之意指的解析

邏輯中無物象概念，只有依邏輯概念以成邏輯句法，藉以形成一成文之系統。因無物象概念，所以無所說。因無所說，故邏輯句法亦得曰「無向命題」。（凡有所說之命題皆「有向命題」。知識命題是有向命題。）

無向命題所成之推理亦只是推理自己，而不是有特殊內容之推理，即不是關於什麼之推理。故就純邏輯自己言，每一成文系統皆是表示推理自己。故邏輯學可定爲研究「推理自己之結構」之學。成文系統可多，而「推理自己」則一。因每一成文系統皆是在一特定方式或結構下之系統。而特定方式或結構則因邏輯句法之構造而定。一有構造，則成文系統不能不在一特定方式下，因而不能不多。（當然不能無限多。因形成句法之邏輯概念有定有盡故。）然如果每一成文系統皆是無所說，則必唯顯推理自己。而推理自己則一。故嚴格言之，邏輯與邏輯學不同，亦與成文系統不同。邏輯是推理自己，邏輯學是研究此推理自己，而每一成文系統則是表示此推理自己。吾人常說要遵守邏輯，但這却不是說要遵守某一成文系統。故嚴格言之，成文系統實不是邏輯，而只是顯示邏輯者。在此意義下，吾人能將邏輯，推理自己，透顯而提起，以見其超越性與普遍性。

無所說而唯顯推理自己，此即是邏輯系統之「意指」。吾人以此解析邏輯系統，即名曰「意指的解析」。表面形式地觀之，是一句法系統，而意指地觀之，則是一推理自己。

吾以「顯推理自己」爲邏輯系統之意指的解析，乃所以遮撥其他歧出之意指的解析。吾人不可說邏輯爲研究「結構」或「命題結構」之學，須說爲研究「推理自己之結構」之學。近人常不從「推理自己」處想，而單喜從「命題自身之結構」處想。由「命題自身之結構」處想其意指，遂歧出而有「潛存世界」之說。以爲每一命題結構，雖在形式系統中，只是一個命題形式或架子，然若論其意指，則必表示一潛存之共理。（潛存云者，可能而不必實現之謂。）每一成文系統既是由命題而組成，故每一成文的邏輯系統，皆表示一潛存世界。此實歧出外指之論。直視命題結構所表示之「形式」爲一「存有之形式」。夫一命題結構只是一依邏輯概念而成之邏輯句法，其直接所示之「形式」只依邏輯概念而定，（如凡，有，是，不是，如果則，等），原無存有之意義。而其在唯顯推理自己之成文系統中，又是無向命題，原無所說，原無物象概念塡於其中，何由而得表示一有「

存有意義」之潛存共理？塡上物象概念，變爲有向命題，可意指一潛存之共理，由其命題結構可透顯一「存有之形式」。然唯顯推理自己之邏輯系統，其中之句法原無物象概念，而其爲句法又只是依邏輯概念這些虛字眼而形成，此中只有邏輯概念之作用，而無物象概念之作用，則根本不能涉及存有方面者。是以潛存共理之說實是歧出外指之論，出位非分之思。吾以「唯顯推理自己」爲意指的解析，乃正是針對歧出外指而收回來，使邏輯回歸於推理自己，而與存有方面完全無涉。既言推理自己，此中自亦有「理」，但此理既非知識對象之理，亦非形上之理，總之非「存有之理」也。此只是一個如何從前題過轉到結論之「邏輯之理」。只是推理自己之「邏輯之理」當該有其自身獨立之意義。此而有其自身獨立之意義，則邏輯系統，如其向外指陳一潛存世界爲其意指，實不如收回來而回歸於推理自己以爲其意指。此爲第一步收攝。再進一步，即爲收攝於「知性主體」中。此見下節。

吾以上之意思亦可與維特根什坦之思想相比較。依維氏，邏輯並非一推演系統，只爲推演法則之一部，或只爲如何將推演形式以系統化之指示法。洪謙先生譯韋思曼（Waismann）一文，名曰「邏輯是一種演繹的理論嗎？」（此中理論二字不妥）。刊於「學術」季刊第一期，（抗戰時之「學術」季刊），推明維氏意。原文不得見，譯文大意略可窺。該文大意略謂：邏輯根本不是一種根據邏輯定理而形成之命題系統，僅是屬於邏輯的推論法則之一部。韋思曼以爲羅素視邏輯爲根據「邏輯定理」而成之命題系統，如同幾何與力學。邏輯定理，在邏輯系統中，爲一具有本體性之前題。韋氏以爲此意非是。羅素視邏輯是否如韋氏之所說，亦不得確知。惟其所說邏輯不是一推演系統，此意，依吾前文所說：「邏輯與成文系統不同，邏輯是推理自己，成文系統是表示此推理自己」，亦可贊同。然其所說「僅是屬於邏輯的推論法則之一部」一語，其意不明。而「如何將推演形式以統系化之指示法」一語，則較好。

邏輯之基本物事曰推理。所以推論法則卽從一命題推其他命題所依據之法則。譬如從P推Q，吾人如何能從P推Q耶？其間必有足以使吾人過渡到Q之法則。此法則卽爲推論法則。但須知推論法則是無形者。依推論法則而成之推理式，則爲平鋪而有形。假如「P函Q」爲有效形式，吾人卽可因之從P推Q。但「P函Q」並非一推論法則。從P與「P函Q」而推Q，如平鋪之而爲一符號式，卽一推理式，亦非所謂推論法則。但推論法則實可由此推理式而領悟，而亦與此推理式有相應。是以推論法則爲無形，而推理式爲有形。如吾所解不誤，則韋思曼所謂「推論法則」，實卽一成文系統中首先出現而不可以符式列之「推斷原則」也。此推論法則，韋思曼又名之爲「指示法」S。是以如欲從P推Q，則下列模式卽爲一指示法S之基本形式：

$$Q$$
$$P \supset Q$$
$$P$$

由此指示法觀之，一有形推理式須有兩前題：一爲原命題P，一爲補充品「P函Q」。前一前題於推理無如何關係，雖不可少。後一前題於推理中方是重要。依韋思曼，此後一前題卽爲羅素所謂「邏輯定理」。又云：從P能否推Q，羅素以爲亦須以邏輯定理之眞假爲標準。並謂於形成有形推理中，羅素於指示法S之外，還須假定一定理爲前題。且以爲此是羅素之謬點。而韋氏則以爲定理實非推論法則之前題，僅是推論法則之補充品。吾欲從P推Q，只須根據「P∴Q」一模式，於虛線處，補以定理「P函Q」，卽可形成一指示法S。此指示法S卽爲推論法則，由之而可以成推理式，卽：「如P而且P函Q，則Q」之符式，亦卽從P推Q也。任何其他複雜之推理式，皆可如此作。是以吾人只須根據一模式，卽「P∴Q」，補以相當之定理，卽可形成某推理式之指示法S或推論法則，由此法則卽可形成所欲造之推理式。是以韋氏云：定理在邏輯推理中之作用，只爲將推論法則中所缺少之部分補充之而使之成律則，或云：將某推理形式補充以相當之定理使之形成一指示法。所以定理非如羅素所謂爲一切推理法則之前題，僅是指示吾人如何給推理形式以有效形式之方法。至於定理之爲眞爲假，其於邏輯推理更無關係。

韋思曼所根據維特根什坦之意以聲述者，極爲精到。此說已能不自各種成文系統處說邏輯，而自「指示法」處說邏輯。此足以透顯邏輯之超越性與普遍性，而直自「指示法」處識取邏輯之自性。故極其簡易也。邏輯只是「如何將推演形式以系統化之指示法」，至於系統化之成文系統則是其餘事。成文系統，因句法之結構，可多，而指示法所示之推論法則，則一。於一處說邏輯，不於多處說邏輯。此超然而浮在各種系統上面之指示法，對被成之系統言，固是一「如何」之虛用。此自有對而顯，卽對被成之系統而顯，此確是韋思曼識取邏輯自性之關節。然如何之虛用實亦卽「推理自己」之映現。韋思曼是在有對中方法地識取邏輯之自性，而吾則是在無對中實理地識取邏輯之自性，因此故云：邏輯卽是推理自己，而各種成文系統亦唯是表示此推理自己。在有對中方法地識取邏輯之自性，此好似「承體起用」，卽，邏輯之體轉而爲指示法以成各種系統之用。在無對中實理地識取邏輯之自性，此好似「卽用顯體」，卽，就各種成文系統之用之一無所說而唯顯推理自己，卽以此推理自己爲邏輯之自性，爲邏輯之體。是以作爲「如何」之虛用之指示法實卽「推理自己」之映現。吾今由邏輯系統之意指的解析以明邏輯之何所是，則須先「卽用顯體」以識邏輯之自性，而韋思曼所說者亦不謬也。

卽用顯體以識邏輯之自性卽爲「推理自己」，則此推理自己所示者卽「純理」也。此理不是有「存有」意義之「潛存之共理」，而是「邏輯之理」，故不能歧出而外陳，只能回向而內攝：內攝於「知性之主體」。欲至此步，則須由「意指的解析」進至「超越的解析」。

第三節　邏輯系統之形式的解析與超越的解析

一　形式的解析與形式主義與約定主義

「形式的解析」是就一成文系統之形成而言其如何形成之諸手續，例如原始觀念之選取，基本定義之撰成，形式的原始命題（或設準）之設置，等，此皆是技術方面的事。關於此方面，並無理論上的爭辯，只有構作得當否。得當，則系統成，不得當，則系統不成。而得當與否的問題亦是技術問題，不是理論問題。所應注意者，原始觀念，基本定義，以及原始命題或設準，其選取，撰成是否足够，是否必要，是否一致而不矛盾，是否獨立而不相引。此皆技術問題上所應顧及之條件，不起理論上之爭辯。

但經過如此構作後，人或以爲邏輯系統之構成，其原始觀念之選取是隨意的，其基本定義之撰成是方便約定的，並無必然性與唯一性。此若就成文系統言，是可以如此說的。因成文系統本有多種，而每一成文系統亦本有其特殊之結構。其特殊之結構依邏輯句法之結構而定，而句法之結構則有待於基本邏輯概念之選取。此選取固有相當隨意性，但却不是無限的隨意，因邏輯概念有定有盡故。其基本定義固有相當方便約定性，但却不是純然隨意的方便約定，因邏輯概念有定有盡故。但是解者常不知注意邏輯概念之有定有盡，而過分誇大隨意性與方便約定性。如是，進一步復說：邏輯亦是相對的，多元的，交替的，亦如幾何之有歐氏幾何與非歐幾何。並無絕對唯一之邏輯。此若就成文系統言，亦是可以的。因成文系統本已是多。是故謂成文系統無絕對性唯一性可，謂邏輯無絕對性唯一性，則不可。等同邏輯於邏輯的成文系統亦不可。然隨「形式的解析」，則常只識邏輯系統，不識超然之邏輯：將邏輯下散而爲各種系統，遂只粘着於各種系統而謂邏輯是多。此爲隨「形式的解析」而至形式主義。

形式主義必函「約定主義」。形式主義認識成文系統之多，約定主義則就此多而否認邏輯之絕對性，唯一性，並亦抹去每一成文系統之先天基礎以及其理性上的必然性。（成文系統有先天基礎與理性上的必然性，此不函說只許有一個系統。）只承認系統內部推理之必然，所謂套套邏輯，不承認系統開端之理性上的必然性與定然性，卽，只承認內在的必然，不承認超越而外在之必然。

如是，「形式的解析」無問題，隨形式的解析而至形式主義與約定主義，則有問題。形式主義不能認識邏輯之絕對性與唯一性。約定主義不能認識成文系統之先天基礎與理性上的必然性。然邏輯實有絕對性與唯一性。邏輯與幾何不同。邏輯中之系統可類比於數學中之系統（如算術及代數等），但不可類比於歐氏幾何與非歐幾何。數學中雖有算術代數等各種系統，然不礙只有一個數學，並無兩個數學。邏輯中雖有不同的成文系統，然亦不礙只有一個邏輯，並無兩個邏輯。吾人固不必遵守某一成文系統，然不能不遵守邏輯。亦猶吾人不必使用算術，亦可使用代數，然這只是演算方式不同，不能謂有兩個數學。是以邏輯之絕對性與唯一性似是不可爭辯不可致疑之事實。其絕對性與唯一性既不可疑，則其各種系統亦必有其先天基礎與理性上的必然性，亦猶算術代數雖不同，然俱是必然的。此意即函：雖有不同的成文系統，然亦可說實一根而發之一個系統而有不同之面相。（此顯然不同於歐氏幾何與非歐幾何之差異。）惟如此，方可說邏輯之絕對性與唯一性以及不同的成文系統之俱有理性上的必然性。然則吾人如何能作至此步？此須由形式的解析進至「超越的解析」。超越的解析惟在說明邏輯之絕對性與先天性（先驗性）上始成立。如果邏輯無絕對性與先天性，則超越解析自不能被提出。如果追問邏輯之絕對性與先天性是不合法的，則超越解析之提出自亦無意義，不合法。

吾人於前節「意指的解析」中，已浮現出邏輯的超越性與普遍性。在此解析中，已明邏輯不即是某一成文系統。邏輯只是推理自己，或「只是如何將推演形式以系統化之指示法」。此使吾人首先不粘着於成文系統以解邏輯，而却超脫於成文系統超然地識取邏輯之自性。由浮現出邏輯之超越性與普遍性，再進一步，藉超越的解析，以明其絕對性與先天性，而內攝於「知性主體」。此須作到以下兩步：

1. 肯定否定之對偶性，同一律，矛盾律，排中律，此四者之「理性上的必然性」之說明。

2，有定有盡的邏輯概念之「理性上的必然性」之說明。

玆先作第一步說明。

二　超越的解析與四基本原則之「理性上的必然性」之說明

吾於前第一節已明已有的成文系統俱遵守肯定否定之對偶性原則以及普通所謂思想三律。此四者可名曰四基本原則。惟在傳統邏輯中，此四者是外在於成文系統而爲超越原則，而在其餘三系統中，則既爲超越原則，復內在於系統中而爲推演出之定理。

在傳統邏輯中，普通只講思想三律，並不及肯定否定之對偶性原則。實則此對偶性原則已爲其所使用，如在換質推理中，兩否定等於一肯定（重負原則），即已預伏着此原則。惟未點出而已。實則此必須提出而爲一超越原則，然後方見思想三律實此原則之一根而發。通之爲一，開之爲四。

此對偶性原則，不但在傳統邏輯中，未明白點出，即在其餘三系統中，亦都未十分明白點出，但都已預設着。在邏輯代數中，似已自覺到此原則。故當論及

1. $-(-a)=a$
2. $a=-b$ 等值於 $-a=b$
3. $a=b$ 等值於 $-a=-b$

此三定理時，卽已指出須有一原始觀念爲其根據，卽：-a必須是獨一地爲a所決定，卽，任一類a只能有一個否定。因爲只能有一個否定，所以相等者之否定亦必相等。此一聲明，卽表示「對偶性原則」爲一必須預設之超越原則。此若廣泛言之，卽：任一項a，施以否定，卽得一反項-a，而-a施以否定，卽得a，故：

$$a+-a=1$$

此卽爲「對偶性原則」。

但在羅素的眞値函蘊系統內與路易士的嚴格函蘊系統內，雖已預設此原則，但却無如邏輯代數中所作之聲明。近人加拿普在其「邏輯之充分形式化」一書中，卽以另一方式接觸此問題，謂羅素的眞値函蘊系統只有關於正面（肯定面）之推斷原則，而無反面（否定面）之推斷原則，因此，眞値函蘊系統並未能充分形式化。加氏指出，如無反面之推斷原則，則以「眞理圖表」表示「眞理函値」乃爲無根者，而排中律，矛盾律，亦不能充分極成。加氏所言，顯然是此對偶性原則問題。惟其處理此問題，純是「形式解析」中技術的處理。符繁而極工巧。吾以爲加氏工作，發展至此，極有意義，極其精察。吾茲所言，與加氏之技術處理不同，乃綜起來作超越之解析，以明此「對偶性原則」必須自覺地點出而且提出以爲超越原則。此與加氏之技術處理不悖，而正相補相成。

肯定否定之對偶性原則，爲超越原則，則思想三律亦必隨之而爲超越原則。傳統邏輯雖只言三律，而不及此對偶性原則，然因此三律外在於成文系統，故易見其爲超越原則，因此，古人亦易識邏輯之絕對性與唯一性。近代之發展，雖使成文系統成一縱貫之推演系統，使此三律內在於推演系統中而爲一被推演出之定理，然亦因此而忽略其超越性，故近人亦不易識邏輯之超越性，普遍性，乃至其絕對性與唯一性。吾前言，對偶性原則以及思想三律，在其餘三系統中，旣爲超越原則，復內在於系統中而爲推演出之定理。此自爲吾之說法。在彼之作者及其他之解者，則未見許可此意。對偶性原則旣未能自覺地提出而爲一超越原則，而思想三律又只爲系統中被推演出之定理，故近人常以爲思想三律只是使推理有效之許多原則之一，而並不是唯一的原則：思想三律並無優越性與唯一性。或者說：思想三律只是三條設準，並無理性上之必然性與定然性。似此諸意，只是就成文系統而形式地說，只知其內在於成文系統中而爲「構造的原則」，不復知其尙超越於成文系統而爲超越原則，「軌約的約則」。

吾今將此對偶性原則以及思想三律浮現而上之，在超越的解析中，使其成爲超越的原則，成爲邏輯系統之最高的型範，藉以明此四原則本身之絕對性與先天性，乃至邏輯自己之絕對性與先天性。何以能如此？

首先，肯定否定之對偶性原則，此中所說之肯定與否定乃根本是理性自身起用之兩向：「是」與「不是」之兩向。理性不是一個混沌，乃是一個秩序，一個剖判，它根本要展現其自己。肯定否定之兩向卽是它自己展現之所示。此兩向之展現完全是先驗的，純粹無雜的，無任何限制，無任何條件。要說限制，卽是此兩向本身所成之限制。因爲一說肯定，此肯定本身卽蘊函一限制，此限制一方回定此肯定本身，一方卽透示一否定面，而此否定面，無任何限制，只單純地卽是此肯定面之反項。一說否定，此否定本身亦卽蘊函一限制，此限制一方回定此否定本身，一方卽透示一「非否定面」，而此非否定，亦無任何限制，只單純地卽是此否定面之反項，亦卽肯定面。肯定否定是互相引生者，不是隨意地平置兩向於此；而且是互相規定者，此卽是其本身所成之限制。此兩向只是理性自己展現之形式的意義，並無任何實際內容的意義。故限制只是兩向本身所示之限制，並無任何實際內容方面的限制。如考慮到所肯定者爲何，如何成此肯定，所否定者爲何，如何成此否定，則卽沾染到實際內容，遂形成「此兩向本身所示之限制」以外之限制，而此限制是理性自己展現中之兩向所不應有者。因爲如其不然，則理性自己展現中之兩向便不會完全是先驗的，純粹無雜染的。此純粹無雜染之兩向只是一個「型範」。一考慮到「所」方面，或凝結於所肯定所否定的「什麼」方面，便是此型範之落下，之應用。且不必說到十分具體而複雜方面的應用，卽就邏輯代數中所預設之「-a必須獨一地爲a所決定」一原始觀念而言，此中卽可有岐異之考慮。此原始觀念是說：對每一成分a，只有一個成分有-a所預設之特性。此時，-a卽爲a之「決定函值」（卽非隱晦者）。但有時亦可說：對每一成分a，至少有一個成分-a。此時，-a不必須是決定者（非隱晦者）。卽是說，在一系統中，可有多過一個成分有-a所預設之特性。若是如此，則-a須讀爲a之任何「負類」。此種獨一不獨一的考慮，是因爲落在類與成分上而始然。因爲邏輯代數中之ab原只是「項」，但亦可解爲類或其他。若不解爲類或其他，只作純抽象之項看，則此種考慮可不涉及。如此，便只是正反兩項之對偶。今理性自己展現中之兩向原無任何實際內容，只是一型範，故更無任何考慮中所成之限制。故知-a獨一不獨一的考慮只是落在類上始有之，此是該作爲一型範之對偶性原則之落下或應用。吾人必須透過其應用而直見其爲一「超越之型範」，此則必須自理性自己展現而明之。如是，肯定否定之對偶性原則自然有其絕對性與先天性，有其理性上之必然性與定然性。此即爲此原則之超越的解析。如吾人只就成文系統而外在地形式地觀之，則亦只是兩假然之作用，隨意置定之而已耳，自不知其何以會有絕對性與先天性，乃至理性上之必然性與定然性也。

對偶性原則既經先驗地被建立，則其餘三律自亦很易隨之先驗地被建立。三律是直接根據對偶性原則而開出，此是論三律之爲超越的原則，之爲超越的型範，所必須首先認知者。假若不知有理性自己展現所示之對偶性一超越原則以冒之，而只漫然地外在地附着於對象上或從知識上或認識上以說三律，則同一律矛盾律好像很有其直接顯明性，然而一說排中律，則很不顯明，而且易生疑惑，很有問題。因爲同一律矛盾律是內在於每一「行」自身而言之（或附着於項或附着於命題而言眞假，肯定否定皆各是一「行」），而排中律則兼顧兩行而言之。兼顧兩行，則歧出而漫蕩。例如附着於命題上，何以憑空便說「或是眞或是假」？附着於項上，何以憑空便說「或a或非a」？此甚不顯明，而且很有問題。當吾初學邏輯，初聞三律，一至排中，便覺很不顯明，很不自然久久不得其解。看書，書中無有。問師友，師友道說不明。但這是邏輯中三大法則之一，而且幾千年久成定案，而且又與同一矛盾連在一起，好像簡易自明，決無問題。然而心中總不了然。只能說不得其解，不敢橫生疑惑。磨練既久，乃知普通只是字面作解。此決不可遂事委順以解。遂事委順以解，則同一律矛盾律之有直接顯明性者，實亦只是經驗的顯明，決不是其爲超越原則之理性上的顯明。至於排中律，則不獨吾一人疑惑不解而已。數學上直覺主義者布魯維之疑難排中律實亦只是普通人之疑惑不解之顯明地說出而乾脆去之而已，而羅素之答辯（見其所著「意義與眞理」一書），則亦只是就普通人之疑惑不解處，而繁爲辯說，多予補充而已。布氏之疑難，羅素之答辯，俱不是論排中律之本身，從「邏輯自己」之立場以認識排中律之自性（且不必說其爲超越原則），而是從知識或認識上以論排中律之應用，論其是否普遍有效。彼等之議論，如以爲是排中律本身成立否的問題，則根本謬誤；如只是其應用問題，是否普遍有效問題，則不獨光顧排中律，整個邏輯、數學、乃至幾何，都可發生此問題，此是形上學知識論之問題，非邏輯問題也。（關於羅素之答辯，吾曾詳論之於「評羅素意義與眞理」一文。）是故欲就邏輯自己而明思想律之爲超越原則，則必須先知有理性自己展現所示之對偶性一超越原則以冒之。思想三律直接由此對偶性原則而開出。如是，則不但同一律矛盾律有理性上的顯明性與必然性，排中律亦同樣顯明而必然。

普通說思想律，先從同一律起。今若知由對偶性原則而開出，則先從排中律說起，當更爲顯豁而恰當。

蓋理性自己展現所示之兩向，除此兩向本身所示之限制外，無任何其他限制，是以此兩向即互爲排斥而且窮盡者，故下式：

$$(+)+(-)=1;\quad -(-)=(+)$$

即爲肯定否定之對偶性原則。在此原則下，自然是「或爲肯定或爲否定」，而並無第三者或居中者存在，此即排中律也。如下：

$$(+)\vee(-)$$

此排中律實與「對偶性原則」爲一事。故此表示排中律之式即寫爲前兩式之前者，亦無不可。排中律是照顧兩向而言。若內在於每一向自身而言之，則每一向自身之自肯而不捨自性，即：其自己函其自己，此即爲同一律：

$$(+)=(+),\quad (-)=(-);\quad (+)\cup(+),\quad (-)\cup(-)。$$

其自己函其自己，即表示任一向自身不能「既是其自己而又不是其自己」，此即爲矛盾律：

$$-【(+)\cdot-(+)】;\quad 【(+)\cdot-(+)】=〇$$

一【(一)．一(一)】；【(一)．一(一)】＝○

吾以上之表示，純就此四原則之爲超越原則（超越型範）而言，並不落於「項」（類或概念）或命題，卽表示：無任何粘着，無任何雜染，純就理性自己之展現而示之。故如對偶性原則有理性上之必然與定然，則此三律自亦有理性上之必然與定然。

假若理性自己之展現是一個底子，是第一序，則此四原則可說爲第二序，卽論謂此底子者。亦可以說，此四原則是理性自己展現之自示其相：其自己展現是其自己之爲實理之自性，而此四原則則是其自己展現所示之相，卽其自己展現亦須服從或遵守其所自具之法則，邏輯之理之法則，而此亦卽還而規定其自身之所以爲理性也。此亦表示：此四原則本身同時爲構造的，同時卽爲軌約的。它本身卽規定邏輯之理，此其所以爲構造的，而其所規定的邏輯之理之展現亦永遠遵守它自己，此其所以爲軌約的。在一成文系統中，它是構造的，亦是軌約的。吾人透過其爲軌約的，而認識其爲超越原則。由其爲超越原則而認識邏輯之絕對性與先天性，乃至理性上之必然性與定然性。

惟由此四原則之爲超越原則所認識的邏輯之理，尙是自第二序而言之。吾人尙可進一步，回歸於第一序，就理性自己之展現而認識邏輯之理，此卽所謂：其自己展現是其自己之爲實理之自性。卽就其爲實理之自性而認識邏輯之理。此卽「推理自己」是也。理性自己之展現不但要開爲肯定否定之兩向，而且根本要完成一個推理，此是其展現之究極完成。

三　超越的解析與有定有盡的邏輯概念之「理性上的必然性」之說明

理性自己之展現，發展成爲一個推理，即是其自身之圓滿。而推理則是根據與歸結間的過轉。譬如肯定否定兩向之引生，即有一種推理過程在內。是以亦可以說，展現過程即是推理過程。但是如此說推理，極其籠統含混。吾人說它要完成一個推理，始能完成其自己。如果「推理」不只是如此一說的籠統概念，而要確定地表現出來，則不能不有其表現之資具或憑藉。吾人現在即就此推理之確定表現來明理性自己之展現所要完成的推理。

推理要確定地表現出來，不能不有所憑藉。而如果所表現的推理只是推理自己，不是關於什麼東西的推理，則其所憑藉者，除邏輯概念以及其所成之邏輯句法外，不能有其他。此即迫使吾人接觸到本章開始時所提到之有定有盡之邏輯概念。推理根本是根據與歸結間之過轉。而如果要表現這個過轉，則對於推理之確定表現即不能不首先憑藉「如果則」這一最基本的邏輯概念以及其所成之句法，如果推理要由盡理性展現之全蘊，則不能不相應其肯定否定之兩向而引出肯定否定這一對邏輯概念以及其所成之句法。而「如果則」是領導推理者，而即在「如果則」中即函有「全稱」一概念。有全即有偏。如是，「凡」與「有」這一對邏輯概念以及其所成之句法即必然被引出。如是，「如果則」，肯定與否定，凡與有，此三支（五個）邏輯概念即是最基本而爲綱領者，由之可以籠罩或牽連及邏輯概念之全部（屬於質、量、關係三類者），並曲盡理性展現之全蘊。如其能曲盡理性展現之全蘊，則憑藉之以有確定表現之推理即是理性自己展現所要完成之推理，藉以完成其自己。

該三支邏輯概念表示屬於質、量、關係三類者，吾人可名之曰第一序的邏輯概念，其所成之句法，吾人亦名之曰第一序的句法。至於眞，假，可能眞，可能假，不可能，必然，諸程態概念以及其所成之句法，則是第二序者，相應前四超越原則之爲自第二序上以言之邏輯之理而爲第二序。由此第二序之邏輯概念及其所成之句法亦可確定表現此推理。此即路易士嚴格函蘊系統所表現者。故嚴格函蘊系統爲第二序之系統。至傳統邏輯，邏輯代數，以及羅素的眞値函蘊系統，則是憑藉第一序的邏輯概念而成，故亦爲第一序之系統。第一序之系統是構造的，第二序之系統則旣是構造的，又是軌約的，一如四超越原則之旣爲構造的，又爲軌約的。

以上四類邏輯概念是有定有盡的（故邏輯系統，綱領地言之，亦發展至路易士的嚴格函蘊系統而盡），而且俱可自理性自己之展現上而明其理性上之必然性與定然性。

首先吾可以劃出一條界線以明邏輯概念有定有盡。物象概念無窮無盡，因爲世界無窮無盡，經驗內容無窮無盡。物象概念都是表象經驗內容的實概念。而邏輯概念則是虛概念。此猶如自然語言中的虛字。惟虛字成自然語言的句法，而邏輯概念之爲虛概念（虛字）則成「邏輯句法」。此等虛概念亦曰形式概念（形式字），而其爲「形式」亦不同於柏拉圖所謂「理型」，亞里士多德所謂「

形式」。柏亞二氏所謂理型，形式，乃是體性學上的形式，而此等形式字之形式則只是邏輯的。體性學的形式無窮無盡，因爲它是存在上的，有「存有」意義的。「只是邏輯的」之形式字，其爲形式是非存在上的，無存有的意義，不能無窮無盡。此等形式字之爲形式只是理性展現其自己，在確定表現中，由理性自己所示現的「姿態」或「虛架子」，即相應這些虛架子而有形式字。彼既爲理性自己所示現之姿態或虛架子，故能爲吾之意識所能把握，所能盡：此是吾之意識所能貫注到而控制得住的；又因其非內容概念，無雜多之曲屈於其中：故知其有定有盡。理性在虛架子中表現其自己，此是知性中「邏輯之理」之特質。神理之表現則不須如此，「良知之理」之表現亦不須如此。關此可不深論。

惟知此等形式字是理性自己所示現之虛架子，故能斷其有定有盡，而亦惟因此，始能知其有理性上之必然性與定然性。假若只是外在地形式地觀之，或附着於自然語言之句式上觀之，則但知有此等形式字而已，何以必有定有盡，則無理由。而且此等虛形式字之出現亦只是習慣的約定而已，而不復能知其有理性上之必然性與定然性。然邏輯句法究與自然語言不同。故此等虛概念形式字可直視爲邏輯概念，使其脫離自然語言之糾纒。經此提練，截然劃清，則超越的解析自亦脫穎而出，隨之而成。

吾人既知理性之推理性之「確定的表現」不能不憑藉「如果則」，肯定與否定，凡與有，這三支虛概念，以及由此虛概念所成的邏輯句法。（卽，由虛概念所成的「命題的樣子」，不是命題，注意。）如是吾人進一步卽可說明此三支虛概念都是理性自己，在確定的表現中，所示現的虛架子。

一、「如果則」：推理根本是根據與歸結間的過轉。要示現這個過轉，卽必須示現「如果則」。不管「如果」的是什麼，「則」的是什麼，亦不管世界有沒有「什麼」，理性要確定地表現其推理性，卽須示現「如果則」一形式，而只此形式，不必要內容，卽足表現其自己之推理性。這完全是盡其在我的事。因完全是盡其在我，故「如果則」一形式完全是理性自己之示現。一因這裏並沒有內容，二因外界並無所謂「如果則」。是以「如果則」只由內顯，不由外與。

二、肯定與否定：推理一經確定的表現，便須全幅的展現。如是，便不能不有肯定否定之兩行。因爲有兩行，始能互相限制而成爲確定者。如果推理在確定的表現中，要憑藉邏輯句法而形成，卽在命題的樣子中而形成，則不能不有兩行之參互錯綜而成其爲確定。而落於句法中之兩行，則根本由理性自己展現中所開出之肯定否定之兩向而轉現。亦不管所肯定否定的是什麼，亦不管世界有沒有「什麼」，理性要確定地表現其推理性，卽須示現肯定否定一對虛架子。這裏並無內容，亦無須內容，而且外界亦根本無所謂肯定與否定。是以這一對亦由內顯，不由外與。

三、凡與有：旣要落於句法中確定地表現推理自己，則根本不能就特殊內容一個一個地說。因就特殊內容一個一個地說，根本不成推理故：一個一個地說，只有事，沒有理。而且亦根本不要涉及任何特殊內容。因爲此所確定表現者是推理自己，不是關於什麼東西的推理。是以在「如果則」與肯定否定之兩行所領導的推理之確定表現中，理性自己卽須示現「凡」與「有」這一對虛架子。亦不管「凡」的是什麼，「有」的是什麼，亦不管世界有沒有「什麼」，理性要確定地表現其推理性，卽須示現「凡」與「有」這一對量化或普遍化的虛架子。這也是盡其在我的事。因爲外界根本無所謂「凡」與「有」。是以此對虛架子亦由內顯，不由外與。

假若以上三支虛概念是第一序者，則此第一序之三支概念及其所成之句法卽可由盡第一序的推理自己之全蘊。理性展現其自己而完成一個推理，藉以完成其自己，卽須開爲三支虛概念以爲脈絡。理性示現如此之脈絡，卽是展現其自己；而由之以完成一個推理自己，卽是曲盡推理自己之全蘊。

但是要確定地表現推理自己，不但是自第一序上的虛概念言，而且還可以自第二序上的虛概念言。此卽是眞、假，可能眞，可能假，不可能，必然，六程態概念也。此六程態概念亦可由「理性自己之示現」以明之。因此六概念是估量命題之值，而邏輯系統中之命題，如是分解的，則只是命題的樣子或邏輯句法，而不眞是一命題，如是未分解的，則只以PQ表之，故其值皆無知識上的意義。此無知識上的意義之值皆可純邏輯地決定之，故此六程態概念亦皆可超越地由「理性自己之示現」以明之。

一、眞與假：路易士嚴格函蘊系統中對於眞假無規定。然由其引出可能，不可能，必然，諸界線，則亦可以限制出眞與假皆是一特定之程態概念。而此眞假既無知識上的意義，則卽可以視爲單純的肯定與單純的否定，卽理性自己展現中肯定否定兩向之單純地外在化，外在化而爲命題之值的眞假。【吾初以爲羅素的眞値函蘊系統，只是眞假二値之流衍，而眞假既無知識上的意義，只是肯定否定兩向之外在化，故以爲眞値函蘊系統最能代表理性自己之開展。故此系統最能表示邏輯自己。今知此意非是。蓋肯定否定兩向外在化而爲眞假是一事，此只表示眞假無知識上的意義，而眞値函蘊系統中之眞假二値又是一事，此眞假是眞値函蘊之特定界說中之眞假。在此特定界說中，使眞與「可能」與「必然」不分，使假與「可能假」與「不可能」不分。此卽表示此眞假是一特定成文系統中在一特殊結構模式下之眞假。此系統固亦可顯示推理自己，然不能說最能代表理性自己，邏輯自己。凡成文的邏輯系統皆顯示推理自己，顯示理性自己之展現，亦皆有一特殊結構模式，因皆有其邏輯句法之構造故。合起來是一個大系統之發展，分開來無一有絕對性，優越性。】

二、可能：此函兩個：可能眞與可能假，卽眞是可能的，假是可能的。依此，凡不矛盾的，自身一致的，便是可能的。「P之眞是可能的」等於「P自身一致」，「P之假是可能的」等於「P假自身一致」。是以「可能」只是理性根據矛盾律而示現。

三、不可能：凡邏輯地不可思議的，自身不一致的，便是不可能的。「P不可能」等於P自身不一致。此亦理性根據矛盾律而示現。

四、必然：其假是不可思議的，便爲必然。「P是必然的」等於「假P自身不一致」，亦等於：「P之假卽函其自身之眞」。故P之假是不可能的，便是必然。此亦理性根據矛盾律而示現。

以上可能，不可能，必然，只由邏輯分析卽可決定。因爲它只說及命題對其自身或其否定之關係。故依矛盾律卽可決定。因而卽可超越地解之爲「理性自己之示現」。但此是第二序上的虛概念：與眞假共合爲六。由此六概念所成之界線而顯示推理自己，便是第二序上的成文系統，此卽路易士的嚴格函蘊系統也。

× × × ×

吾人既將四超越原則與邏輯概念俱予以超越的解析，如是，則邏輯之絕對性與先天性乃至其理性上之必然性與定然性俱得而證明。如是，則邏輯唯是「純理自己」，而每一成文系統則是表示此「純理自己」。純理不空掛，必內宿於「知性主體」：此之謂顯於理解（知性）而歸於理解。由此以明知性主體爲一「超越的客觀而邏輯的我」。此爲對於理解之超越的分解之第一步。隨此分解，直接而來者，便是藉「純理之外在化」以明數學與幾何：予數學與幾何以超越的解析，以明非形式主義之「形式的解析」，亦非邏輯派之「實在論的解析」。

第二章 純理與數學

純理見而後數學立。數學依於純理，即依純理而明數。惟本章採取斷言式，以免辭費。又所述只爲一綜括，詳爲鋪陳，非本書範圍所能及。

第一節 純理開展之步位

一、〇一 理性自己展現所開出之肯定否定之二向或二用本身爲不可符者。

一、〇二 作爲超越原則之思想三律本身爲不可符者。

一、〇三 自邏輯言，有成文系統與純理自己之分。依此而言可符與不可符。

一、〇四 自邏輯言，不可符者爲純理自己。

一、一〇　成文系統爲可符者。一可符之成文系統爲不可符之純理自己之外在化。

一、一一　純理自己之外在化必有所寄託或附麗：有所附麗而後外在化而顯示其自己。

一、一二　其所附麗藉以外在化而顯示其自己之資具曰命題：邏輯中之命題依成之之規律或邏輯概念而有意義，無外面之意義。故直曰邏輯句法。

一、一三　邏輯句法非不可符之純理之外在化，但爲其外在化時所必須之資具。於一成文系統中，惟此資具始可言構造。此卽成文系統之所以爲成文。

一、一四　成文系統所顯示者爲純理自己。此則爲不可構造者。其不可構造，以其爲不可符。

一、一五　成文系統惟顯純理，別無所說。故其系統之所以爲系統，吾人說其只因純理而始然。卽以此故，一則說此系統卽爲純理之外在化，一則說此系統所顯示者惟純理。

一、一六　命題爲構造，非可言外在化。但造之之基本邏輯概念皆理性自己之示現。

一、二〇　成文系統推演之步驟表象純理自己開展之步位。

一、二一　純理開展之條件在二用（二向）：二用卽純理展現其自己之自用。

一、二二　不可符之三律由不可符之二用而表示。純理依二用而如此開展，而其開展亦卽如三律而昭示其相。純理不能不依二用而自見，亦卽不能不依三律而開展。二用與三律是純理開展之純理根據。

一、二三　純理開展有步位。不開展無所謂步位。

一、三〇　純理開展可自成文系統之推演而審識，或自思解運行而反顯。

一、三一　由成文系統之推演而審識，是謂由可符而觀不可符。由思解運行而反顯，則必須剝落思解之內容而直觀純理之自己。

一、三二　成文系統爲不可符者之申明，依此申明，可以審識不可符者之開展。成文系統實亦卽將由思解反顯而得之不可符者表而明之於外。

一、三三　由思解運行而觀純理之開展。純理卽因思解運行而展示其相。吾所審識之純理卽此展布之純理。

一、三四　思解運行爲一邏輯過程，卽由此過程透露純理之展布。

一、四〇　純理必須依其展布而觀之。依其展布而識其爲理則。理則爲純理之本質。以屬思之理則定純理。（屬思言其非屬存在者。思是邏輯的意義，非心理的意義。）

一、四一　純理依展布而爲理則，亦依展布而有步位。此謂純理展布之步位。

一、四二　自理則言，爲一整全之條理，不可言終始。而自步位言，則以其有段落（邏輯的），故可言終始。譬如一推理式，前題結論爲步位，有始有終。而其所示之理則則爲一整全，無所謂始終。

一、四三　由思解運行而識純理之展布，固亦由之而識展布之步位。然當脫離思解運行而觀此展布之純理，則其展布之步位即無時間性，以其非事故。故其展布只為邏輯之展布，而非事實之展布。其展布之歷程亦為邏輯歷程，而非事實歷程。故其步位亦為邏輯步位，而非時間段落。譬如一純粹而形式之推演系統中之步位即為邏輯步位，其歷程亦為邏輯歷程。若反觀不可符之純理二用之遞變，其步位亦如是。

一、五〇　每一推理式，其邏輯步位為有限。然純理之展布無底止，故其展布之步位無窮盡。欲止則止，而自理上言之，則可以不止；欲盡則盡，而自理上言之，則可以不盡。

一、五一　純理有其無盡之申展性（邏輯的申展）。依其無盡之申展而有無盡之步位。

一、五二　此無盡之申展或可為循環，然循環即無止。設自不可符之純理自身言，吾不知其開展何以必止於某一處而不能進。肯定否定遞用而轉，轉而至於結成。結成復起肯定否定而至結成：依此前進，無有底止。

一、五三　此無止之前進只明純理申展之無窮盡：並非有所說，亦非有所表，亦非藉之以說明某物事，蓋如此，未必能無窮盡。如謂其無意義，乃誠為無意義。其無止之申展即是其意義。

一、五四　由反顯而透露之純理自己，如欲表達之，不能不外在化。外在化必有所附麗，藉之以表示其自己之開展。如其所附麗者爲命題，則爲一成文之推演系統；如其所附麗者爲一單位，則按照一定之規律，譬如分割律，吾人可形成一分割之推演系統；如其所附麗者爲某事之條件，則按照條件追溯之原則，亦可以形成一追溯之推演系統。凡此俱可顯示其自己開展之無窮盡。

一、六〇　如相應數學而言純理之開展所顯示之步位序列，則吾人可既不附麗於命題而成一推演系統，由之以觀其開展，亦可不附麗於一單位藉分割律以成無底止之連續而觀其申展，尤其不必附麗於某事之條件，藉條件之追溯以觀其無底止之申展。蓋此種種附麗，或是直接成一邏輯系統，或是有外來之假借。吾人可毫無外來之假借，而又不必就成文的邏輯系統，以觀純理之開展。吾人可直承純理開展而構成十位轉進之無窮序列。此爲傅成綸君所作成者。如下：

1. $U \rightarrow V$,
2. $-V \rightarrow -U$,
3. $-U \rightarrow$ “$V \cdot -V$,”
4. “$U \vee -U$”$\rightarrow V$,
5. $-U \vee V$,

6. $\underline{U \rightarrow V \dotplus V \rightarrow U} := \cdot U \neq V$,

7. $\underline{U \rightarrow V \cdot V \rightarrow U} := \cdot U = V$,

8. $\underline{U \neq V \cdot U = V} := :(U \cdot -U) \cdot \vee \cdot (V \cdot -V)$,

9. $\underline{U \neq V \cdot \vee \cdot U = V} := :(U \vee -U) \cdot (V \vee -V)$,

10. $\underline{(U \cdot -U) \cdot \vee \cdot (V \cdot -V) : \vee : (U \vee -U) \cdot (V \vee -V)}$.

以上十式爲第一冪。此十式，如就其整個函義以觀之，又可構成一個新形式，即：從前五式所顯示的推演程序可以推出後五式所顯示的推演程序。其符式爲：

$$U \rightarrow V \cdot \rightarrow :. \underline{U \rightarrow V \dotplus V \rightarrow U} := \cdot U \neq V.$$

此可視爲十式之總攝式。

由此總攝式，若以U′代

$$U \rightarrow V.$$

以V′代

$$U \rightarrow V \dotplus V \rightarrow U := \cdot U \neq V$$

則該總攝式即變爲：

$$U' \rightarrow V' \cdot$$

此與"U→V"的形式同。故由 U′→V′ 又可推演出一如第一冪之十式。此十式即爲第二冪之十式。再從第二冪之十式的整個函義以觀，又可構成一個新的推演形式：

$$U'\rightarrow V'.\rightarrow:.U'\rightarrow V'\div V'\rightarrow U':=\cdot U'\mp V'$$

若以U''代

$$U'\rightarrow V',$$

以V''代

$$U'\rightarrow V'\div V'\rightarrow U':=\cdot U'\mp V',$$

則適所構成之形式卽爲

$$U''\rightarrow V''.$$

由此又可推出一如第一冪之十式。此十式卽爲第三冪之十式。再從此第三冪之十式之整個函義以觀，又可構成一個新的推演形式，卽新的總攝式。繼是以往，十式一冪，冪冪層進，可至無窮。十位轉進之無窮系列卽因之而構成。此爲無窮連續之形式。

一、六一　此無窮連續亦可視爲純理之開展。由此開展所顯示之無窮連續卽是一無窮的步位序列。此卽是全部數學所由形成之基礎。數學中一切基本概念，如數，序，連續，無窮，等，皆由此明。

一、六二　此步位序列無定義，它只是純理開展之所示。

一、六三　純理是定然而終極之事實。無定義。

一、六四　純理開展之步位亦爲定然而終極之事實。無定義。

一、六五　凡不可界定者皆只能被展示。全部數學只是一「展示」。

（此義，維特根什坦雅言之。見本章附錄。）

第二節　純理步位之外在化

二、〇一　數是不可符之純理申展之步位之符號。

二、〇二　步位自身不可符。步位外在化始爲可符者。

二、〇三　符非符一物，即此外在化之步位自身誌之以符，即爲符。此名曰步位符。

二、〇四　每一步位符是一數：數是步位之外在化而誌之以符。

二、〇五　數之「序」是不可符之步位序之外在化。但數之序自身雖爲步位之外在化而亦不可符。數可符，而序不可符。可符之數即在序中。其序或爲基數之序，或爲序數之序。

二、〇六　數是序中之數，序是數之序。

二、〇七　步位序亦爲定然而終極之事實，無定義。數之序即是此步位序之外在化，無他言辭可說。

二、〇八　序爲數學中之基本概念。無序，步位符之數之運算不可能。故純理自身之申展之步位序必首先外在化而爲數之序，藉以運籌數。（序與連續下文詳述之）。

二、〇九 可符之數是運籌之資具。運籌此數名曰數學。

二、一〇 基數是步位符之自自相。

二、二〇 序數是步位符之自他相。

二、三〇 基數1是不可符之元始步位之外在化而爲可符者之自自相。

二、三一 基數2是不可符之次於元始步位而亦兼攝元始步位於自身之步位之外在化而爲可符者之自自相。其他依此定。

二、三二 基數是自立之綜體。綜體義依自自相而規定。

二、四〇 序數1是不可符之元始步位之外在化而爲可符者之自他相。（羅素數理以爲1不能爲序數，是其道之窮。）

二、四一 序數2是不可符之次於元始步位而不兼攝元始步位（或其前之步位）於自身之步位之外在化而爲可符者之自他相。其他依此定。

二、四二 序數是依他之單體。單體義依自他相而規定。

二、五〇 零是步位之相抵銷，亦即一步位之肯定而又否定之。此是「非有」。即以「零」表「非有」。【凡數皆爲「有」。】

二、五一　凡數皆爲「有」。凡「有」皆爲一限定，故凡數皆有限。

二、五二　零非數。零爲座標。

二、五三　零是虛，是定常。虛有妙用，虛能應實。故零無往不適。

二、五四　零有主觀之用，而無客觀之實。故巴門里第謂「非有」存於思想中，而無存在之實性。

二、五九　思想中步位之肯定而又否定之「非有」是不可符者。外在化而空懸之，則可符，此即是「〇」。

二、五六　普通所謂所得之數爲零，實則無所得，故零實非數。

二、五七　零是一極。其他一極爲無窮。兩者皆非數。

二、六〇　正數是以零爲準之前進步位符。

二、六一　負數是以零爲準之後退步位符。

二、六二　前進或後退之步位自身不可符，必外在化始可符。

二、六三　正負數皆有自他相。依自他相，吾人亦可言其爲關係數。以「自他」即是一關係故。然吾人不必如羅素依據其關係邏輯而定之。如序數亦爲關係數。然如吾所定之序數即足以明之。不必自外面造一套理論依據關係邏輯而定之，始足以明。

二、六四　正數有正序數與正基數。負數亦然。正負數之序數爲自他相之自他相。正負數之基數爲自他相之自自相。

二、六五　正負數皆爲數，故皆爲「有」。（此指數學中之「有」言，非言外界之「有」。）

二、七〇　數學是步位符（卽數）之播弄（卽運籌）。

二、七一　數學是不可符之純理自身播弄其自身之步位之外在化而可符者。純理自身播弄其外在化之步位符，卽等於說其播弄此步位符是純理地播弄之，亦卽等於純邏輯地播弄之。

二、七二　加減乘除是其播弄之手術，亦卽其播弄之方式。

二、七三　加減乘除亦卽是步位符之組和分離等關係。組和分離等關係爲純邏輯者，爲定然者。無外面之意義，無經驗之成分。亦無假然之成分。

二、七四　每一次播弄之手術或方式形成一步位符之模式，此卽是數學式。每一數學式名曰數學命題。每一數學式是步位符分離組和之間架。

二、七五　數學卽是一套一套間架之套合。言套合卽言間架之成系統，卽間架間必然連結之系統。

二、七六　純邏輯地播弄之，是數學之邏輯性。而其「可以」如此播弄之以成步位符組和分離之間架，則在「序」。序是步位序之外在化。步位在序中。當其外在化而爲步位符，步位符亦是在序中：此序卽不可符之步位序之外在化：序雖外在化，然仍不可符。數學之播弄步位符卽依此序而爲純理地播弄之：此卽是數學之純理性。

二、七七　序是純理中展之步位序之外在化，數是步位之外在化。純理依序而播弄步位符，即無異於播弄其自己，或至少來自其自己者。

二、七八　數學爲純理播弄其來自其自己者，非播弄其不來自其自己者，即非播弄其本已外在者。（如時間單位即非來自其自己者）。

二、八〇　數學之邏輯性是因理性自己處於其播弄其來自其自己者之過程中。

二、八一　邏輯惟顯純理自己。不可符之純理自己如欲表於可符之符號系統中，須有所附隸，此即是命題。播弄命題而唯顯示其自己曰邏輯。數學則播弄步位符，而非唯顯純理之自己，因而成數學。

二、八二　播弄命題，則不注意命題，（以命題爲工具非目的故），而唯觀純理，故是邏輯。播弄步位符，因步位符即是數，則步位符即目的，故目光注於此，因而爲數學。命題爲工具，故爲外來者，無必然，可變換，特偶然之寄客，故以理爲主，因而爲邏輯。步位符即是數，自身爲目的，爲必然，爲定然，不可變，乃主而非客，故終於爲數學。

二、八三　講邏輯，千言萬語皆說純理自己；而有形邏輯千變萬化亦唯顯純理自己。講數學，則千言萬語只是數，而數學亦只是數之播弄成間架。

二、八四　然而數是步位之外在化，序是步位序之外在化。故終可云：數學實爲純理之外在化。此謂自內轉外之歷程。

二、八五　數學最逼近於純理，然而不卽是純理，但有純理性。

二、八六　純理爲不可符，數學爲可符。吾人須由可符之數學系統審識其中不可符之純理，藉以觀此可符之數學系統之邏輯性，必然性，乃至定然性。

二、八七　吾人由邏輯之符號系統而觀不可符之純理，吾人言可符者融解於不可符者。此言可符者爲筌蹄。故最後只有一純理。但於數學之符號系統而觀不可符之純理，則不能言融解。因此，吾只言於此而觀數學之邏輯性（卽純理性），必然性，乃至定然性。

二、八八　邏輯以理爲主，數學以步位符爲主。純理爲本，數學須基而依之。此謂基數學於邏輯。而邏輯無所依。

第三節　邏輯的構造與直覺的構造

三、〇一　純理是數學之客觀基礎。依純理而言邏輯原則。

三、〇二　直覺是數學之主觀基礎。依直覺而言直覺原則。

三、〇三　直覺原則爲不可符者，是一用。是虛位而非實位。

三、〇四　直覺原則是實現原則或構造原則。

三、〇五　直覺的構造原則不同於邏輯的構造原則。

三、一〇　純理是客觀是實位。步位符（即數）是純理遞衍步位之外在化。但純理步位自身並不能外在化。使其外在化者之運用爲直覺。故直覺原則即爲外在化而可符者之根據。

三、一一　直覺將純理步位外在化之。步位之外在化即步位符之實現，亦即步位符之構造。此即是一數。

三、一二　有一步直覺之用即有一步綜和。綜和即以直覺而規定，此即所謂綜和即直覺義。

三、一三　每一數是一直覺之綜和，甚至基數「1」序數「1」亦然。（讀者於此須領悟直覺與綜和之殊義。）

三、一四　每一數式如「A加B」等於「B加A」，或七加五等於十二，是一直覺之綜和。

三、一五　直覺之綜和是直覺之創生性，亦即其實現性或構造性。此即數學之主觀基礎。

三、一六　對於數學，直覺原則之使用，一在將純理步位外在化之而實現爲一數；二在既外在化之而實現爲一數，即於此而言直覺「印可」其爲一數，由數之擺弄而成數式，直覺亦「印可」其爲一數式。由第一義言直覺之外置性，由第二義言直覺之綜和性。

三、一七　外置性對其運用於純理步位言。純理步位爲客觀爲實位，內在而本有，逕庭而持體。然其本身既不可符，又客觀而內在，並不能自外而爲數學播弄之對象或單位（即數）。直覺之用即於此而彰著。直覺深入純理步位自內而拉出之以投置於外，此即是步位之外在化，亦是直覺之外置性。直覺有其利性與向性，它總有所對。當其自外而用於內之純理步位，純理步位是其所對。當其將內之步位拉出而投於外，此外在化者是其所對，此即是其利性與向性。直覺有此利性與向性，始能外在化內之本有者。

三、一八　將內之本有者外在化，此即是其創生性，實現性或構造性。非時間進化之謂。亦非邏輯構造之義。

三、一九　外置而實現數。即對其所外置者之自身而言之，名曰印可其所外置者。直覺於此有其「貞」性。貞即成也。利性外之，貞性成之。成之即印可之，亦曰通過直覺之滋潤。此亦即是實現，構造，或綜和。每一數式之印可亦然。「印可」亦曰直覺之相應，如其所「如」而應之。

三、二〇　數學之客觀基礎是純理。徒有直覺並不足以明數學。直覺爲虛位，是一用。只是一印可。除此印可外，無有其他責任可負者。然印可必有所印可。所印可者，一爲其所外在化之步位符，二爲其所外在化之步位序。純理依此序而純理地播弄步位符以成數學式，亦爲其所印可。步位符、序，以至數學式，此皆數學本身之所在，亦是客觀者，而此客觀者又皆來自純理也。此純理爲數學之客觀基礎之義一。而其爲數學之客觀基礎之最顯明者，則在「爲純理地播弄之」之一語。此卽數學之邏輯性，必然性，乃至定然性。數學播弄步位符，必須純理地播弄之。步位符之組合分離亦必須是純理者。步位符之組合分離所成之數學間架間之連結，亦必須是純理者。數學之成立實卽純理之骨幹支持之：外此無可言骨幹，無此骨幹亦不足以成數學。是自數學本身言，而不必連及直覺之印可，則此純理之骨幹實爲數學之必要而又充足之條件。此卽謂純理爲數學之客觀基礎之義二。

三、二二 吾人欲說明數學自身之意義，卽就其客觀而明其自身，吾人須依據邏輯原則而明之。吾人言數學之客觀基礎是純理，支持數學之骨幹是純理。吾人爲此說明，卽是依據邏輯原則而說明之。

三、二三 凡說明一物自身之體性，就其自性而言之，皆爲依據邏輯原則者。凡依據邏輯原則而言者，其說明爲先驗而非經驗者，爲固具而非發生者。其所說明者亦必爲先驗存在者，或本來卽有者，或爲終極而不可論證者。故亦必爲必然而定然。

三、二四 凡依邏輯原則說明一物事，其所說出之命題皆爲分解命題。是卽皆爲必然者。

三、二五 凡對於邏輯原則說明之物事，吾人皆須以直覺與之遇。卽皆須以直覺印可之，如其所如而應之。

三、二七　直覺能印可之，而不能說之。是以依邏輯原則有命題，依直覺原則無命題。

三、二七　依邏輯原則說數學是邏輯者，則其邏輯性必然性定然性，亦須以直覺與之遇。卽依邏輯原則指出此客觀而必然者，依直覺原則印可此客觀而必然者。

三、三〇　直覺與純理兩流並行而凝一。此謂「凝一之成爲」（此語是邏輯地說）。每一步「成爲」是一數或數式。每一數或數式，自直覺言之，爲綜和爲印可；自純理言之，爲分解爲論證。

三、三一　一綜和印可之流實卽一文理密察之流。每一綜和之數或數式，皆可鬆散而分解之而論證之，因而成一必然之純理推演歷程。譬如A加B等於B加A是一綜和之數式，或二加二等於四亦然，皆可一步一步分解之論證之，成爲一推演歷程。【或曰數式固如此，一數何以亦如此？此疑實因一數爲一綜持之單一自立體。然須知每一數是直覺之投置與印可，而其所投置印可而成數者原爲純理開展之步位，自此而言每一數又實是在一分解之流中而呈現。是以於數亦可言爲兩流凝一之成爲，既是直覺者又是純理者。如自一己外在化之單位按照一定之規律而產生數亦復如此。】

三、三二　直覺之流是同質一色之直線，純理之流是委曲宛轉之起伏線。如隨此委曲之純理流而如其步驟而印可之，則直覺流卽散而爲每步同質之印可。

三、三三　直覺是虛位，是主觀，是用；純理是實位，是客觀，是體。

三、三四　直覺原則與邏輯原則此處應用於數學之說明。本書以後將隨時應用之。

三、四〇　直覺爲理智之直覺，或純直覺，非經驗者，非知識者，與現實之事實皆無關。超脫乎事實之外，而爲純智之活動，對於超脫事實而空懸之純理步位，作純理智之印可。

三、四一　依是，直覺亦與時間無關。非康德之純直覺。康德之純直覺指時間形式言。吾言直覺不牽連及時間，亦不沾附於時間。

三、四二　直覺非實現時間單位而成數，乃實現純理步位之外在化而成數。非齊同之時間單位之綜和而成數，乃理性步位之外在化之綜和而成數。直覺不依附於時間，而依附於純理。

三、四五　由邏輯原則而認識數學之客觀基礎是純理，此卽是數學歸於邏輯。數學歸於邏輯爲羅素所倡導，然彼不能得其義。然其對於吾，實是一刺激。吾欲極成此主題，吾必須先有純理之認識。依此必須翻轉羅素之邏輯觀與數學論。

三、四六　依此，論數學，必先認識不可符之純理及步位，次則須認識步位之外在化而建立直覺原則。此理決定，不容或疑。

第四節　序與連續

四、〇一　序是先在者，是不可符者。

四、〇二　連續是先在者，是不可符者。

四、〇三　序只是純理開展之步位序之外在化。故只能直覺地構造之（印可之），而不能如羅素那樣邏輯地構造之。故亦無定義（如羅素之所作）。

四、〇四　連續由純理開展之無底止而顯示。此開展之無底止外在化卽爲數學中之連續。此亦只爲直覺地構造之，而不能邏輯地構造之。故亦無定義。

四、〇五　關於序與連續之說明皆只就其先在者而申述其特性，而非以另一系統而定之，如羅素所作者。故申述其特性之命題皆爲分解者。

四、〇六　序與連續皆客觀皆實位，然而不可符。

四、一〇　序非物之序，非時空之序。序是不可符之純理步位序之所顯。

四、一一　數學中之序只是不可符之純理步位序之外在化。故只是此序。非附着於外物之序，亦不自外物而見此序或明此序，故不能由外物之關係以定之。

四、一二　序自是一種關係，但不是附於外物之關係。故不能由外物之關係以識之。

四、一三　序是不可定者。定之卽己用之。

四、一四　序由反顯純理開展之步位序而得。由直覺進入純理步位序中拉出之而外在化之，故爲先驗者。物之序，物之時空之序，由經驗而呈現。

四、一五　序無形，非是一體，而又爲先在，故不可構造。構造是直覺地構造之卽印可之，亦非由物之關係而構造卽非邏輯地構造之。

四、一六　序是一種關係，乃至是什麼關係，凡此陳述皆爲對於先在之序之申明，申明其特性。凡此申明之陳述皆爲分解者，皆爲依邏輯原則而陳述其自己。非依據其他物事而定之。

四、二〇　序與系列自己（非具殊相之系列）是一。序是數之序，系列是數之系列。系列亦爲不可構造者。

四、二一　陳述系列之特性，如謂其爲連結爲差異爲傳遞，皆爲就先在之系列而分解其自性。如此分解之，而謂其固具此特性，或謂其固具此關係，而非由關係以定之或構之。

四、二二　此卽明數學不由命題所述之「類」定。

四、二三　羅素「數學原理」由知識命題入（或至少亦由有知識上之意義之命題入）。吾論數學由純理明。是以彼一切自外陳，吾則一切自內透。【自外陳者繁富而多疑，自內透者簡易而無可疑。彼之繁富而多疑者亦有其應在之位置，吾不能一筆抹殺也。見下。】

四、三〇　連續非物之連續，非時間之連續，非幾何線之連續。此等連續皆有所附隸，皆爲連續體之連續，是外面者。今言數學中之連續，不由此等附隸於外事之連續明。

四、三一　純理開展之步位序是連續者。序中見連續，連續中亦見序。步位序外在化而爲數之序，步位序之連續外在化而爲數之連續。

四、三二　既非連續體之連續，故連續有有止有無止。此則自開展之前程言連續。開展原爲純理之開展，非外事之開展。

四、三三　連續由純理開展之無底止而顯示，此亦即是產生數之無底止之連續。此爲無止之連續。有止者，即欲止則止矣，而理上可無止。有止無止皆見連續。

四、三四　按照一規律，對於一單位（數）之劈分之無止亦可見連續，此亦即是產生數之無底止之連續。無止地劈分下去，即爲無止地連續。

四、三五　無止連續乃放不下者，即不能放下而平鋪之爲一體。連續體之連續乃平鋪者：以其所附之體爲平鋪。今所言之連續非連續體之連續，故非平鋪者。

四、三六　非平鋪之連續只須自開展之前進而見之。一下繼之以二，二下繼之以三：如此無窮地連下去。即由此無止地連下去而見連續，故非一平鋪之既成體。對於一單位之無止劈分亦如此。

四、三七　有止連續亦如此。當其止也，卽由連續而變爲不連續。然當其未止而連續，則仍由開展之前進而見之。如就其止而總持之，而投置於外，放下而平鋪，則卽不見有連續：此爲一回互之綜體，或只散立之單體。故無論有止無止，皆自開展之前進而見之。

四、三八　一線之連續，則隨線之爲一體而放下而平鋪。動之連續，時之連續，亦然。而數學中之連續，則只是連續。共故單言一數，爲一單位，無所謂連續。故連續由繼下去分下去而顯，而無所附隸。

四、四〇　羅素所論之連續乃有所附隸之連續，卽連續體之連續，故爲放下而平鋪。其論之也，亦放下平鋪而論之。故出之以分解，而又論之以構造。其構造也，乃由密接之無窮類以塡充之，此爲外陳者。可構造卽可定義。吾視連續非放下者，故不可構造，亦無定義。

四、四一　縱就連續體論連續，雖可將此連續體分解之，而是否可如羅素之分解後以之返而構連續，亦不無可疑者。

第五節　連續與無窮

五、〇一　無窮非是一數，故爲不可符者。

五、〇二　無窮由連續而顯，不由一堆物項而定。

五、〇三　數學中之無窮非是一體或綜體，故不可構造。

五、〇四　數學中之無窮非是指示世界或其中之物項之「廣度無窮」。故無窮非是一放下而平鋪之彌漫體。卽無窮表示一前程，不表示一綜體。

五、〇五　表示綜體之無窮爲名詞，此無窮爲積極意義之無窮，然吾人對之並無清淅之概念，吾人之理性亦不能把握之。數學中並不須此無窮，而數學亦不能過問此無窮。此無窮非是數學中之概念，乃知識上或元學上之概念。

五、〇六　表示前程之無窮是狀詞：言此前程是無窮者。此爲消極意義之無窮。吾人對之能有清淅之概念，吾人之理性亦能把握之。其故卽在此前程是無窮者，而此無窮之前程卽爲理性開展之無窮：其開展爲依附一單位或步位而按照一定之規律而開展：此開展，若自理性而言之，則爲理性自身之開展，若自其所依附之單位而言之，則爲此單位之開展爲純理者（爲純邏輯者）。凡純理之開展必爲無窮者，故此無窮可爲理性所把握，亦因之而有清淅之概念。

五、〇七　此前程之無窮不能完整而平鋪之，乃爲放不下者。故此無窮只服從軌約原則，不服從構造原則。吾人亦不能由之而渡至積極意義之無窮。積極意義之無窮，則爲服從構造原則者。

五、一〇　數之產生爲無窮者，即步位之「相繼而成」爲無窮。

五、一一　按照劈分律，對於一步位之劈分爲無窮。

五、一二　每一相繼而成者爲一數，但如此無窮相繼之無窮非一數。數由直覺之運用於步位而外在化之，故可符。而無窮則只表示一前程之無有止，非是一步位，故不能外在化，故亦不可符。

五、一三　對於一步位之劈分，每一所分出者爲一數，故可符。而如此無窮之劈分之無窮非一數，不可符。

五、一四　無窮不能完整，故不可符。

五、二〇　每一步位可以無窮分，而所分出之每一步位又可以無窮分。是以每一無窮之前程中又有無窮之前程。合而言之，仍是一無窮。

五、二一　無窮之前程無有止，是謂微分之無有止。微分無有止，積分亦無有止。

五、二二　每一步位之無窮微分是一無窮之前程，所分出之每一步位之無窮微分亦各是一無窮之前程。無窮之中有無窮，且有無窮之無窮。然而總是一無窮。一個無窮不見少，無窮之無窮不見多。是以於一無窮微分中隨便取出所分出之一步位或增加一步位，既不見多，亦不見少。依此而言反身性或軟圓性。

五、二三　此言反身性自前程之無窮言，不自綜體之無窮言。自綜體言，則言一堆中有無窮個項數，增之不見多，減之不見少。惟如此言，則於其如此措思此綜體須靠一假定，即假定其有某種標準或規律，吾人藉之可以如此措思之。否則，一外陳之無窮綜體，超乎吾人知識之範圍，吾決不能有任何之措思。但自無窮微分之前程言，則無須任何之假定。蓋此時無窮繫於分之連續之無窮，不指一漫無頭緒之綜體，故起始即在吾措思之範圍內。

五、三〇　無窮微分無有止，反而爲無窮積分亦無有止。故由一步位無窮分下去（不能止），反而將其所分出之所有步位列爲相加式或邏輯積式使其向原步位趨，亦永不能至於原步位。蓋其下分無有止，故上積亦無有止。如其有止，則下分亦必止；如下分止，即非無窮矣。是以由一步位分下去，永不能反而爲原步位。依此而言「不可返性」（或云不可逆或不可復）。

五、三一　不可返性由「無窮不能完整」而引出。

五、三二　不可返性表示無窮不能放下而平鋪。

五、三三　不可返性等於說：不能由服從軌約原則之無窮過渡到服從構造原則之無窮。

五、三四　不可返性亦等於說：對於服從構造原則之無窮亦即綜體式之無窮不能有清晰之概念。

五、三五　不可返性示無窮爲一微分之前程，非一外陳之綜體。如自外陳之綜體言無窮，則無窮爲可返。羅素「數學原理」由無窮個項數構成一無窮類，此卽視無窮爲外陳之綜體，故可返。可返者一無窮綜體中函有無窮之項數，復卽由此無窮項數反而構造此綜體，此卽所謂無窮類。又羅素以無窮的密接無窮類構連續，亦可返也。蓋其視連續爲連續體之連續，已外陳矣，復以爲此連續體中函無窮個無窮項數類，而該連續體又卽由此無窮個無窮項數類而構造，此又視無窮爲外陳之綜體而又可返也。吾則視數學中之連續非外陳連續體之連續，無所依附，故放不下，而無窮亦卽此連續之無窮，爲一前程，故亦放不下。連續不可構，無窮亦不可返，故亦不可構。蓋吾並不視無窮爲一外陳之既成體，故不能由之而構成什麼，是卽不可返。

五、三六　一物理量，自其爲經驗事實言，有大有小，譬如一尺與一寸。一尺之量大於一寸之量。然一旦數學化視爲一單位而成一數學量，施以無窮分，則一尺之無窮分爲無窮，一寸之無窮分亦無窮。其爲無窮皆相若：無大無窮與小無窮。亦無一尺之無窮與一寸之無窮。此時只有「一」（數學量），而無一尺與一寸（物理量）。而亦不能言此無窮構成一尺量，彼無窮構成一寸量。此決不可返。而羅素則視之爲可返。彼分析運動之連續，亦如一線之連續，以爲其中包含一窮的密接無窮類，而復卽以此無窮的密接無窮類反而構此連續之運動。吾以爲運動固非一堆無窮類，且亦不可如此分析之。運動之解析須遵守物理律，而不能以數學之分割律解析之。

五、三七　一運動量或物理量，汝何由知其函有無窮個無窮類？汝或則先驗肯斷其是如此，或則由無窮劈分而知之。如爲前者，則可反。但汝之視此爲堆聚而如此措思之，乃爲極隨便而無理由者。如爲後者，則不可返。蓋劈分無底止，不能放下而平鋪，是以不能由之而構造此運動，亦不能以爲此運動卽函有無窮個無窮類。是以既不能返，復不能反而構成如此如此之種種特殊量。羅素之以爲可返者，實由服從軌約原則之無窮過渡到服從構造原則之無窮，卽將不能放下者平鋪而放下，以爲已獲得積極意義之無窮。然此種過渡實謬誤而不可能者。

五、四〇　反身性與不可返性是數學中之無窮之特徵。以此二性代羅素之反身性與非歸納性。反身性義雖無大差而論法異。非歸納性則去之，以吾不視無窮爲綜體故。

五、四一　羅素視無窮爲外陳之綜體，故言其有非歸納性。歸納性爲有窮數所具。非歸納性爲無窮數所具。歸納性者，一特性零數具有之，其後繼之一切數亦具有之。後繼者起於零而以繼續加一之方法所達到之數也。有歸納性之數爲歸納數。一歸納數必爲有窮數。卽有歸納性之數必爲有窮數。若在無窮數（或無窮類），則吾不能知此一特性是否能貫穿至此無窮數中之個個分子。然縱數至至大至大之數具有之，而忽有一繼之而出者無此性，此亦是可能者。譬如在有歸納性之數，吾人知零不等於一，而某一定數不等於某一定數加一，而某一定數加一亦不等於某一定數加二。然在一無窮數，據其反身性而言之，則一無窮數又即等於該無窮數之加一。是即明無窮數不具歸納性，無窮數爲非歸納數。

五、四二　一數具有歸納性即服從數學歸納法之數。無窮數不服從數學歸納法。數學歸納法以前視爲一自明之原則。至羅素則視爲一定義，即有窮數之定義：有歸納性之數爲有窮數。非歸納者則爲無窮數。（歸納與非歸納爲定有窮無窮之一法，反身與非反身爲定之之另一法。）

五、四三　此視無窮爲一數，且爲一外陳之綜體，故可如此論。然吾視無窮爲一前程，不能放下而平鋪，故即非一數。故亦無所謂歸納不歸納。

五、四四　無窮爲一劈分之前程，由連續之無底止而顯示。設自劈分而言之，則開首即按照如此如此之規律而劈分，一直分下去，至無窮盡，可無變更。依此可斷言，此劈分之規律可貫穿至無窮盡：劈分無底止，此規律之貫穿亦無底止而隨之以俱下。依此亦可言：所劈分出之數依如此規律而分成，其後繼之一切如此而劈分出之數亦皆依如此規律而分成，此即言：一特性，如此劈分而成之數具有之，其一切如此分成之繼數亦具有之，且此中之

「一切」可隨分割之無窮而貫至於無窮。此卽歸納性。然此歸納性並非屬無窮。實屬無窮分割所分出之數，卽仍屬於有窮數。如無窮不是數，則卽云仍屬於數，不必有窮以限之。依此所謂歸納性，卽如此劈分之規律所貫穿之特性。設不限於劈分而普遍言之，則歸納性實卽產生數之規律也。

五、四五　依此，數學歸納法又可以不是一定義，而是一原則，且爲一自明之原則。以凡數必有窮，並無無窮數與之相對也。

五、五〇　依此，數是步位符，是純理步位之外在化。此爲產生數之基本義，亦可曰產生數之基本規律。

五、五一　每一步位符視爲一單位，每一單位可依劈分律而劈分之，此爲產生數之第二義，亦爲產生數之規律。

五、五二　依此，凡數必可符，必有窮。無窮不可符，非是數。無有旣是一數而又無窮者。數與無窮似是不相容，乃爲不能連於一起者。

五、五三　無窮是一不可完整之前程。於此無盡之前程中產生數。如是，數之產生無有限制。此爲數之「純理」性，亦卽其邏輯性。

五、五四　如此論無窮，乃爲數學中無窮之眞義。（此本亞里士多德，洛克與康德等而說成，見下

第三卷第一部第一章第三節。）至於外陳之綜體有窮無窮則爲知識對象之概念，非數學中之概念。此如世界有窮無窮同。數學不能過問此，亦無需於此。

五、五五 依此，吾並非謂羅素數學原理中之無窮全無義，乃只謂其對於數學無意義。其意義在知識。其在知識中之意義與其結果爲如何，下第三卷第二部第二章論之。

第六節 羅素之「以類論數」：實在論的數學論

六、〇一 羅素論數是由邏輯陳述之知識命題所表之「類」入。【邏輯陳述之知識命題言此命題至少有知識上之意義，雖爲邏輯之陳述，即雖爲外延，而實有內函。以此命題所表之類亦如此。此固爲羅素所鄭重聲明者。參看下第三卷第二部第二章。】

六、〇二 羅素論數一往自外陳之綜體明。

六、〇三 羅素論數注目於外面之對象，而作邏輯之討論，以主觀對付客觀，故曰邏輯之分析，又曰邏輯之構造。即如何施以邏輯之構造而造之。如此所造者爲類。以如此所造之類定數。依此遂有一串定義與夫「存在公理」之貫穿。

六、〇四 如此之構造必有如此構造之問題與假設。其問題與假設集中於三公理：一曰還原公理，二曰相乘公理，三曰無窮公理。此三公理卽所謂存在公理之貫穿，亦卽該存在公理之變換。

六、〇五　此一龐大之統系於知識有意義，於數學無意義。其儼若有意義者，是數學之應用，是數學之所指，是第二義之數學。

六、一〇　還原公理是以普遍命題或全稱命題表示「類」爲入路，且只以此爲入路時，所需之首先出現之假設。

六、一一　以命題表示類，是說不先假設「類之存在」。如先假設類之存在，還原公理卽不必要，或至少其重要性亦減小。是以還原公理之假定，其假設性比「類之存在」之假定爲小。寧取假設性小者，不取假設性大者。

六、一二　又唯自普遍命題入，而類又非旣成而固有，卽不預定旣成類在外存，須由普遍命題而表示，是則卽須由此一路而爲言，不須外乎此作肯定。還原公理卽在此自此唯一入路而爲言上而出現。

六、二〇　還原公理之假定雖隱示不假定類自身之存在，然由命題爲入路所表之類却有存在上（或知識上）之意義。

六、三〇　還原公理之作用兼遮表二義。遮者所以袪「一切」上所生之循環之矛盾，由此而上進類型說之成立。表者所以說明類之成就與平鋪，由此而下連「存在之涉及」。

六、四〇　還原公理說：任說一函值，必有一指謂函值與之相等值。而指謂函值即爲存在之函值，亦即謂此存在之指謂函值須假定其實有。

六、四一　還原公理等值於羅素近來所謂邏輯相應說中一邏輯命題所與相應之可能事實之存在之假定。【邏輯相應說與認識論之相應說相類比。邏輯相應說主一邏輯命題之眞須以與之相應之可能事實而規定。此可能事實須假定其存在。參看其「意義與眞理」一書。吾曾有專文評之。】

六、五〇　羅素以爲此公理對於類之構成乃爲必要者，且縱非自明者，然却有極堅强之歸納之根據。【一言歸納之根據，則此公理雖可以眞而不必眞，雖可以假而不必假。故表示此公理之命題爲經驗者，非必然者。】

六、五一　吾以爲此公理不必須。論據如下：佉免循環之矛盾，是否必因牽涉「存在之指謂函值」而可能？如必涉，則此公理必要；如不必涉，則此公理不必要。

六、五二　所謂必涉不必涉，必要不必要，自然單就純邏輯與純數學言。單言一全稱命題之循環及其解消，乃一純邏輯問題。降而單由普遍命題（亦即全稱者）爲入路以表示類，復藉類以定數，則是一純數學之問題。問題既只限於此二者，則必涉不必涉，必要不必要，亦自應單就此二者而爲言。

六、五三　起脚爲一屬於邏輯問題之全稱命題之循環，進而復單由此全稱命題爲入路以表示類，是則徹頭徹尾只爲邏輯一線者，而事實上亦實爲邏輯者，所謂「邏輯斯諦」者是也。

六、五四　如嚴格遵守邏輯一線之入路，則於循環矛盾之解免，亦可爲純邏輯地處理之，此應純爲一邏輯問題，故單應只是邏輯地處理之。如其如此，吾人卽不必牽涉指謂函值之存在。處理一只是邏輯之問題，只應只是邏輯地處理之，不應牽涉存在處理之。而且只是邏輯地處理之亦可能，故亦不必牽涉存在也。如其不必，則還原公理卽無必要。羅素於此未經考核，而遽然以爲須由牽涉存在處理之，吾則以爲此是無必之滑過也，卽輕輕滑到此耳。

六、五五　對純數學言，如嚴格遵守邏輯一線之入路，卽唯是由全稱命題入，則於一類之構成及關於此類之概念，亦可純爲邏輯者：卽可純邏輯地構成之，亦可純邏輯地設想之。如其如此，則類卽爲一純邏輯中之物事，其成就與出現，單可予以邏輯的規定，如此規定之，使其單有形式之特性與意義，而無實際之特性與意義。如是，卽不必有「指謂函值之存在」之涉及。如是，單自類之構造與成就言，亦不必有還原公理作保證。無理由必過到此始可以言類也。蓋吾人此時之言類，純自邏輯一線入，唯由全稱命題入，所作者亦純為只有形式義之數學類，即只為一「類之架子」之概念，所需者只是如何滿足邏輯手續之「邏輯之規定」。故此時之言類非是一有知識意義之存在類，而羅素所與以邏輯構造之類概念實為一有知識意義之存在類。如此說法所定之類於知識上可以為必須，於數學上不必須。其所以有意義亦是對知識言，不是對數學言。吾人可名此為邏輯構造之知識類，或知識類之邏輯地構造之（或規定之），而非為邏輯構造之數學類，或數學類之邏輯地構造之。兩者實無理由可以必然混一也。

六、五六　羅素的注意與眼孔總是盤旋於涉及於存在之關頭上而立言。故於發生於「一切」上之循環一問題，亦不自覺地或習慣地必輕輕滑度到「指謂函值之存在」而解免之。既由此而解免循環矣（此是遮義），則類之成就與平鋪亦作成（此是表義）。而如此所成之類即為一有知識意義之「存在類」（此非言類自身存在）。類之成就與平鋪即謂由一指謂函值存在之假定，關於類之循環或矛盾即解免，此而解免，即是類之可能：所謂類之成就與平鋪即類之可能也，即類之邏輯構造之可能也。此種邏輯構造之可能所需之手續或條件即是還原公理之假定，即指謂函值存在之假定。所謂關於類之循環或矛盾之解免實即同於一邏輯命題中「一切」上所發生之循環之解免。

六、五七　並非謂此種存在之涉及不足以免循環，不足以成就類，乃只謂於數學類不必須，於遵守邏輯一線者亦不須。而免循環與成就類亦可遵守邏輯一線而爲之，而即如此成就類亦非數學第一義，乃數學第二義。

六、五八　數學中不應有假設之成分，亦不應有經驗之成分。還原公理之假定不能滿足此制約，因而形成此門純理學問之缺陷。

（以上所述須參看下第三卷第二部第二章）

×　×　×　×

六、六〇　還原公理復函相乘公理。相乘公理即蔡曼諾選取公理。還原公理假定指謂函值之存在：有多少函値即有多少與之相應之指謂函値。一個函値系統可以無窮地申展，故指謂函値亦必須與之相應而爲無窮地申展。自函値系統而言之，純爲邏輯者，純爲內出者，可爲吾所能操縱之，然自指謂函値之系統而言之，則屬於存在者，非吾所能自由操縱矣，然吾人之進路又只爲自函値入，函値爲首出，而當吾說任一函値時，又必有一指謂函値與之相等値，而此外面之存在又非吾所能定，是則此種本自內而有涉於外，其對於外面之需求必純爲假定也。此假定爲與函値相應之指謂函値之存在之無限制之假定。而相乘公理則爲一指謂函値所定之存在類中之分子若無窮則必有一種「關係」存在於其中之假定。每一指謂函値定一類，而所謂類者又爲滿足此存在之函値之分子之聚和也。滿足此存在之謂詞之分子不必限有窮，亦可通無窮。當吾自指謂函值以定類言，則所言之每一指謂函值定一類，並未只限於有窮也。如其無窮，則該指謂函值既存在，自亦必貫穿於無窮分子中而有效。指謂函值存在，對其所定之類之無窮分子言，即爲一種關係之存在，若以分子爲首出而言之，是即明此堆無窮分子中實有一種關係存在也，此關係即使之成爲一類之指謂函值也。故自指謂函值以定類言，其所定之類無論爲有窮抑無窮，總有一關係於其中，而且此關係之存在實爲該指謂函值之存在所必函。如此關係之存在爲假定亦必隨指謂函值之存在爲假定而來也。然此所言，乃自指謂函值以定類言。由此而言之，相乘公理之假定實爲還原公理之假定之推演，即後者一定，則前者即不言而自明矣。然若以類爲首出，自類之分有窮無窮而言之，則對於無窮類，可視相乘公理爲一獨立之假定。此只立言分位之有殊，而其意義實相函。

六、六一

相乘公理言：凡類無論有窮或無窮，其中項數（個體數）皆可成選而成序。【此在有窮，不得視之爲假定，惟於無窮，始可言假定。即此公理但對無窮而言也。】

又言：如k是互相排斥之存在類所成之類，則「在所有k上必有一u類存在，而且如果a是k中之類，則在所有a上，u與a兩類之絜和必是一（即非零）」。【存在類言有項數之類即非空類，非言類自身存在。】

又言：互相排斥之存在類函於可乘之類中。

又言：在所有k上，如k是互相排斥之存在類所成之類，則k中之選取關係所成之類存在。

又言：在所有a上，a中之存在類之選取關係所成之類存在。

又言：如空類不屬於k，則在所有k上，k之選取關係所成之類存在。

又言：在所有k上，所謂空類不屬於k即等值於k之選取關係所成之類存在。

又言：在所有k上，空類屬於k即等值於k之選取關係所成之類爲空類，此又等於說「只有當乘數或被乘數有一爲零時，其乘積始爲零。」

六、六二　選取關係所成之類存在，即函選取關係存在。所謂選取關係存在，即言於一堆分子中有一可選之標準。

六、六三　凡非空類之類皆可選而成類，即皆有選取關係存在。而由此選取關係所成之類亦必爲存在類，即實有之類。反之，如爲空類，必不能成選而成類。

六、六四　選取關係是否存在，在有窮類易決定，而亦不須相乘公理之假定。如在無窮類，不易定。相乘公理即對無窮類而施設。

於無窮類，不能定知是否可選而成類，亦不能定知選取關係是否眞存在。然類既不限於有窮，無窮類亦須有，而若於無窮類亦欲有措思，則不能不假定其有某種選取關係之存在。相乘公理即對此而假定。

六、六五　相乘公理既爲假定，故其所述乃爲不能證明者。惟在羅素系統內，有此假定之需要。此公理雖爲不能證明者，然亦無邏輯理由足以否證之。而在有限範圍內（即經驗範圍內）則又時常爲有效，即時常有選取關係之存在，故不能謂其必是假。今即順有限範圍內之時常眞，推而擴之以至於無限範圍內。固知此種推擴未能保其必效也。然雖無邏輯理由，却有歸納理由。

六、六六　此公理之爲假定，若以無窮類爲首出而言之，（即吾人如何能思考此無窮類耶？）可爲一獨立之假定。然無窮類既亦是一個類，而當吾一說類，則必由全稱普遍命題而表示，而每一決定一類之命題函值又必有一指謂函值與之相對應，如指謂函值之存在已假定，則由之而定之無窮類之選取關係之存在自亦已函於該假定之中矣。由此而言之，相乘公理之爲假定實已函於還原公理之爲假定中。其無必然性同於還原公理之無必然性，其根據之爲歸納根據亦同於還原公理之根據之爲歸納根據。由此而言之，相乘公理實爲還原公理之變相。設一切類之類爲一無窮類，吾人對此無窮類亦可表之以命題函值，即以一命題函值規定此爲無窮類之類者，而規定此無窮類之函值又必有一存在之指謂函值與之相等值（相對應），是即明此無窮類實由存在之指謂函值而定也。定之之指謂函值既存在，則其中之選取關係自亦必存在。由此可明相乘公理實為還原公理之變相。

六、六七 相乘公理與還原公理皆表示羅素所論之類一、為有知識意義之存在類，二為表示一外陳而平鋪之綜體之概念，即為表示一平鋪之綜體者。惟如此而論類，始有假定之牽涉。

六、六八 一牽涉於假定，則原為邏輯一線者，以兼顧外面之涉及，遂成為兼賅雙線矣。此兼賅雙線之發展，以無窮公理而完成。

× × × ×

六、七〇 相乘公理復函無窮公理。相乘公理對一類其項數無窮時而施設。而此無窮非只暫時之縣擬，且欲按照需要之理由而肯定之，此即無窮公理之所說也。依此，無窮乃為一平鋪之綜體。即所謂廣度無窮也。

六、七一 無窮公理言：有無窮個項數存在，其項數無窮之無窮類亦存在。（即有存在性，非空類。）

無窮公理等值於：在所有a上，如a是歸納基數，則a存在。

又等值於，在所有a上，如a是歸納基數，則a不等於a加一。

又等值於：在所有a上，如a是歸納基數，則a加一存在。

又等值於：空類不屬於歸納基數。

六、七二　如無無窮公理，則不能證明「n加一」大於n。設n爲一歸納數，「n加一」亦爲一歸納數。n加一必大於n。任何歸納數必大於其所含之歸納數。但若項數有窮，則或許其項數已爲某數如n所盡，而n外之數如n加一便無項數而成空類，則n加一便不能大於n。

此猶自n之一定數而言之。設一般言之，吾人欲說任何大之「歸納數之數」皆必大於其所含之歸納數，而且欲說隨如何進，總是如此。此「總是如此」之保證，必在無窮之假定。

n加一大於n，根本言之，意即n不等於n加一。此兩情形之證明，皆依無窮存在之假定。

「在所有a上，如a是歸納基數，則a存在。」此一普遍命題亦須依靠無窮存在之假定而保證。譬如如適所言，n爲一歸納基數，n加一亦爲一歸納基數，而如項數有窮，譬如至n數而止，則n加一卽爲空類，不復爲存在矣。雖可名之曰歸納基數，而此歸納基數却不存在。是以欲使凡屬歸納基數皆有存在，則必假定無窮。故云無窮公理等值於：「在所有a上，如a是歸納基數，則a存在」。

六、七三　吾人已言任何大之「歸納數之數」皆必大於其所含之歸納數。又言此命題若普遍成立，必假定無窮。又設當吾總持而言「所有歸納數之數」必大於其所含之「所有歸納數」，而「所有歸納數」已窮盡歸納數而無遺，則大於此「所有歸納數」之「數」必爲「非歸納數」。此非歸納數即無窮數。所以「所有歸納數之數」總大於「所有歸納數」，此命題本身即爲「無窮」之導引。若不假定無窮存在，則所有歸納數之數即落空而不存在，亦即不必大於其所含之「所有歸納數」矣。故云無窮公理又等值於：在所有a上，如a是歸納基數，則a加一存在。

六、七四　如無無窮公理，則不能證明「無兩數同一繼數」一命題。設宇宙個體數爲九，由零起至九，此十個數爲實類非空類，而十後爲十一，十一爲空類，十一後爲十二，又爲空類。十雖不同於十一，十一又不同於十二，而十一與十二皆爲空類，皆爲零，是則十之後爲零，十一之後又爲零，是即兩數有同一繼數矣。爲免此不幸之結果，須假定無窮以濟其窮。此與「a不等於a加一」之有待於無窮同。

六、七五　羅素系統最後歸宿是「無窮」之假定。而其無窮實爲平鋪之無窮，宇宙個體數之無窮。其數論之路數有如此無窮之需要。選取關係既爲假定，無窮之假定尤爲不能證明者。

吾人似不應說：「數學原理」中一切命題皆基於無窮公理；而應說：無窮公理函蘊數學原理中一切命題。函蘊關係爲「如果則」關係。如果則關係表示前件雖假而後件仍可眞。此卽表示無窮公理縱假，而其所函之一切命題仍可眞。此亦表示：數學原理中一切命題在經驗有限範圍內（科學範圍內），皆可妥當有效。此亦表示無窮爲假定，而其所函之一切命題不必爲假定，而可以爲定然。

六、七六　羅素系統之數論，最後歸於邏輯原子論之信仰。無窮個體之假定卽爲原子多元論之信仰。是以其數論乃歸於原子論之元學，並未歸於邏輯也。

三公理之思想爲一貫者，不容支節有修改。此一貫之思想表示數學並未歸於邏輯，所表示者不過爲邏輯地討論之而已耳。卽以「邏輯地討論之」，遂名曰「邏輯斯諦」之數學論。然邏輯地討論之，非卽歸於邏輯也。此意下段詳述之。

此一貫之思想亦表示數學並無妥當而必然之基礎。其基礎全在「存在」上，此卽外涉而歧出。以歧出，遂落於非吾所能操縱之他線。邏輯斯諦之方法，非吾所能操縱之存在，以此而成爲兼賅雙線之駢行。

此兼賅雙線之統系對於數學無意義，而對於知識有意義。吾意數學必須只爲單線者。此意下第三卷第二部第二章詳論之。

此一系統，就數學言，應全改，須予以大翻轉。凡枝節修改者，皆未能透徹此系統之底蘊也。皆非羅素所能首肯而心服。

× × × ×

六、八〇　羅素於其個人獨著「數學原理」一九三八年第二版增寫一導言，其中有三段批評形式主義者之數學論，而特鄭重宣示存在公理之必要。茲譯如下。

形式主義者之解析數學並非全爲新之學說。但爲現在目的，吾人不必追問其古老之形式爲若何。只如希爾伯所表示，例如在數之範圍內，是置整數爲未規定者。但只主張只依照若干公理卽可使普通算學命題之推演爲可能。此卽是說，吾人不須給〇，1，2等符號以任何意義。卽，除其具有公理中所列舉若干一定特性外，不必給予以任何之意義。是以此等符號只是一些變項。當零一給予，則後來之整數卽可被規定；但是零却只是具有若干一定特性之某種物事。依此而言，〇，1，2等符號不能表象一一定之系列，但只表象任何進級系（無論是那一種）。形式主義者已忘記數目之需要不只爲綜計，且亦爲計數。例如「此處有十二棵樹」，或「倫敦有六百萬居民」，此等命題在形式主義之系統中卽不能得解析。蓋〇一符號可以視之爲意謂任何有限數（整數），而亦並不因此卽使希爾伯之任何一公理成爲假。依此，每一數目符將成爲十分糊塗者。形式主義者儼如一鐘表匠，只欣賞其所作之鐘表而忘記鐘表之目的乃在告吾人以時間。形式主義之主張還有另一種困難。此卽關於「存在」之問題。希爾伯以爲如果一組公理不至引至於矛盾，則必有某組物事可以滿足此公理。依此，希爾伯便不想建設「存在公理」，但致力於足以證明其公理之一致之方法。希氏以爲「存在」是一不必要之形上概念，吾人必須以不矛盾之準確概念代替之。在此，他又忘記數學有實際之用處。須知，對於所可發明不矛盾公理之系統，吾人並無一定範圍足以限制之。吾人對於足以引到普通算學之公理所以特別感興趣，其理由並不在算學內，乃在算學以外也。吾人以數學外之理由選擇公理，成就算學，而且欲使如此所論之算學中之數目能應用於經驗之實際。（案此句譯者稍有補充）。然此種應用之自身，在邏輯或數學中，却俱無地位也。數目之邏輯界說可以使數目與可計數對象之現實世界之連結成爲可理解，而形式主義則不能。

事實上大部數學不須預定任何物事之存在，此自是可能者。一切關於基本有限數及有理分數之數學都可不涉及存在而能被構造；但是一遇函有無限之數類，若不涉及存在，則便成爲不可能。不預定存在，實是遺漏（排除）實數及全部解析學。若將實數及全部解析學含在內，則需要「無窮公理」之假定。此公理說：如果 n 是一有限數，則至少亦有一類含有n項數。

六、八一　於上三段中，羅素所批評之形式主義，自形式主義正面所主張者而言之，形式主義固是有毛病，自羅素之批評而言之，其所評之形式主義困難之所在却不足服彼心，至少亦不是其毛病之根本點。形式主義使數學無頭腦無安頓，而羅素則欲於外面謀安頓，故必堅持存在公理之假定。其所注意之關鍵與差異只在此，因而遂只注意以數學之實際用處之能否說明爲判決。吾以爲此則倒見也。

六、八二　第一段批評是關於形式主義之「數」之觀念。希爾伯主張數只是一無意義之記號，除其所分得於公理所賦予之若干一定特性外，其本身不具任何之意義。希爾伯此主張自足以使每一數目符爲糊塗（太無眉目），不足以使之爲一確定之概念。此正面主張之缺陷，只在其無安頓。數爲一無意義之記號，此義自可說，蓋數實不能有任何「內的意義」也。然若「無意義」推至極浮泛，乃至於無安頓，則羅素之批評即不能謂之爲無理據。羅素由類之構造以定數，數有其確定之意義，且可以與現實世界相啣接。此儼若有安頓矣。（實則終究無安頓）。然此有安頓並不足藉以否決希爾伯之無安頓，而彼之「可以與現實相接觸」亦不足以爲判決希爾伯主張之是非之標準。此吾所以謂其所批評並非其毛病之根本點也。數學與其實際之應用，於數學之說明上，最不足形成一問題。吾人常言

：閉門造車，出門合轍。此在通常，最爲大忌。汝是否能合轍也？此則足以形成一問題。而此問題之所以成，大都限於實際問題而爲言：或對有內容之知識系統而發，或對「控制一特殊境況而期作一特殊決定」之機括而發。在此情形，卽可發是否合轍一問題。然而對於數學一機括，則是否合轍，卽非一問題。數學旣非一有內容之知識系統，其控制外界也亦不期作一特殊之決定，其決定也亦不能給予以特殊之知識。故無人論數學而問其是否合轍者。（無人問固不能說邏輯上不可以問，然於數學上實不須有此問。）吾言此義，在明「與現實相啣接」實不足形成一有決定性之問題。數目之需要固不只爲綜計，且亦爲計數，然卽於說明其計數之應用，亦不必歧出於外，自存在而前進以定數。希爾伯之缺陷只在其使數學成爲一無安頓無必然之遊魂。「零一符號可以視之爲意謂任何有限數，而亦並不因此卽使希爾伯之任一公理成爲假。」羅素此言，自有理據。而其所表示只在其對於數目全無確定之概念，卽所謂「十分糊塗者」。然由所謂「十分糊塗者」，只應自根上指出其使數學無必然無安頓一大病，不應指實際之計數而吹求也。誠得其必然與安頓，則其計數之應用乃爲決無問題者。誠得其必然與安頓，則雖如鐘表匠只欣賞其作品而忘其實際之用處亦無傷。然吾人批評希爾伯之無必然無安頓，却並不想使其向存在方面找安頓找必然，蓋如此終歸仍無必然無安頓也。

六、八三　希爾伯之數目觀所以爲糊塗，不確定，乃至於無必然，無安頓，乃在其根本點之公理法一主張之無必然無安頓。希爾伯對於數學，徹頭徹尾未能指出一必然性，未能爲之謀得一歸宿。（吾屢言其無必然性，並非謂其推演中之連結亦無必然也。此自不須說。）羅素第二段之批評卽指公理言。公理組可不一，而公理組之選擇亦無必然之理由。所必須之條件乃在公理組之不至於引至於矛盾，卽公理之一致。此種矛盾原則之使用全在一既成之系統中之內部施行之或表現之。此足以決定內部之每步連結爲必然，而不能決定此全套系統爲必然。公理足以引出此一套，儻若已決定此一套，然公理之選擇又無必然之理由，是則此一套之何以必如此，總無必然理由也。羅素言：「對於所可發明之不矛盾公理之系統實無一定範圍足以限制之。吾人對於足以引到普通算學之公理所以特別感興趣，其理由不在算學內，乃在算學外。」而算學外之理由又實無必然理由足以決定之。此實爲形式主義之大弊。希爾伯言：「如果一公理組不至引至於矛盾，則必有某組物事可以滿足此公理組。」按照希氏之說統，此言實無邏輯理由足以保證之。其公理之選擇無必然之理由，其數目之觀念無確定之規定，依此兩主張，其所作之系統焉知其必有某組物事足以滿足之耶？豈不可以成爲一烏何有之虛構而全無物事以滿足之耶？此其弊全在其無必然無歸宿，莽莽蕩蕩，飄流無定。不牽涉「存在」是一可取之思想，而「存在」亦實不必有牽涉。然其正面之主張則犯大忌。不牽涉存在，則必於他方予以必然之理由，理性之保證，方可成就數學之必然性與普遍性。否則直是莽蕩無歸宿也。希爾伯實際心目中固可意其系統並非不含普通數學之說明，然順其系統又實不必眞可以引至普通數學也。羅素則於此注意其應用於經驗實際之困難。困難誠爲困難。然吾對此之態度，已明之於上條。吾於此不自其是否能應用於實際而判決之，但自其足以使數學無必然而判決之。如不識此根本點，而徒以其不涉及存在忘記實際之用處而批評之，則或者不必眞爲缺陷也。羅素如此批評只在想驗證其「存在公理」之必要。然論數學一涉及於存在，則雖可以與現實相啣接，而數學之必然性仍未建立也。數學妥當不易之基礎又安在？如上所述之三公理即可明其數學論之無必然，無安頓，無歸宿。如涉及存在而竟歸於此，則斤斤於「存在公理」之建設亦可以休矣。希爾伯之擯棄「存在」一觀念，自消極而言之，未謂不是也。

六、八四

第三段羅素聲明「存在公理」之必要。其意以爲如只限於有限數及有理分數，自可不涉及存在，數學即能構造起。但當一遇函有無限之數類，若不有存在之涉及，即成爲不可能。實數及全部解析學亦必需要有存在之涉及，此即其所謂無窮公理也。順羅素對於「無窮」之看法以及其由類以定數之入路，自可如此說；然而對於無窮却不必只爲羅素之看法，而入路亦不必由類以定數。是以即將實數及全部解析學含在內，亦不必需要無窮公理也。討論實數及全部解析學之基本關鍵只在連續，極限，無窮小，無窮等觀念。吾不知論此何以必是羅素之無窮觀？

六、八五　不涉及存在，不必即爲希爾伯之主張；而羅素之存在公理以及由類定數之入路，則必須翻轉也。

第七節　先驗主義的數學論

七、〇一　不應自普遍命題所表示之類構造數（規定數）。

七、〇二　不應自個體之實有成立數，故數亦不因個體之空無而消滅。（依羅素個體空無即通爲零）。

七、〇三　數可以指示類（亦不只指示類），而不由類構。

七、〇四　成爲數與指示類之「數之應用」異。前者爲第一義，後者爲第二義。由數之應用所指示之類返而構造數，則爲第三義。

七、〇五　數可以指數個體，而不由個體成。（成者就成或極成。）數可以指數個體，有則指之；

亦不必指數個體，無之不指。指與不指皆不妨碍其爲數。（即數不因個體之實有而成就）。

七、〇六　數是先在非後得。

七、〇七　數之客觀基礎在純理，依此而言歸於邏輯。數之成在純理步位之外在化，依此而言直覺原則（構造原則或實現原則），此爲數之主觀基礎。

七、〇八　羅素「數理」歸於「邏輯的」而非歸於邏輯。羅素明數由類構，故後得；吾則由步位之外在化構，故先在。羅素由個體數之實有以成數，故外陳；吾則由步位之外在化以成數，故內透。羅素以類構，爲外陳，故有問題，有假定；吾則由步位之外在化構，爲內透，故無問題，無假定。

七、一〇　由命題所表示之類構造數，爲知識論之進路。故首先卽遇有知識意義之還原公理。雖爲邏輯之陳述，而有知識意義透其中。

七、一一　類爲知識中之概念，非數學中之概念。雖爲邏輯之陳述，亦有知識意義透其中。

七、一二　自類到數爲抽象之抽象，爲類之類。譬如四本書爲一四項類，四棵樹，四只桃，等亦皆各爲一四項類。此爲第一步之抽象。再由四項類而至所有四項類之類，此爲第二步之抽象。此卽謂抽象之抽象，類之類。至類之「類」卽爲羅素系統中之「類」。所有四項類之「類」即爲數目「四」。零爲所有空類之「類」，「一」爲所有單一類（其項數爲一）之「類」，「二」爲所有偶類（其項數爲雙）之「類」。其他依此推。是以數者類之「類」也。此雖爲邏輯之陳述，而實有知識意義透其中，亦實有抽象歷程隱其後。

七、一三　如此構數，數之概念已先在。當吾說空類，已有「零」之概念在；當吾說單一類，已有「一」之概念在；當吾說偶類，已有「二」之概念在。不過於名言不說出，藉以免循環論證耳。實則名言不說出，而實際已說出（已先在），終不免爲循環之論證。

七、一四　是以以類爲先在（自然是邏輯者），以數爲後起（亦是邏輯者），則必有兩可能：一，當吾說定數之類時，已有數之概念在；二，當吾說定數之類時，全無數之影子在。如爲後者，則數之概念必爲由經驗憑藉類而撰成，純爲心理習慣之產品。然此亦有兩可能。甲，數之概念與因果概念不相同。依此，自表面名言而言之，可類比於因果而謂其爲習慣之產品，而自其底蘊而言之，則數純爲屬量之單位，而非物理之關係，是以不能由習慣而撰成。乙，數之概念與因果概念爲相同。依此，則數即純爲經驗之造撰，心理之產品，而亦與因果同其爲主觀，同其無必然。依乙，全與數學之本性不相應。依甲，則數卽已爲先在。如其依乎甲，則第二可能卽已不可能，而必歸於第一可能矣。如歸於第一可能，則數卽先在。以類構造數卽不免以其自身造自身，斯之謂循環。

七、一五　謂之爲先在是對羅素之「以類造之」言爲先在。是卽明其不能向外面繞大圈藉外事以構之也。不能藉外事以構之之「先在」，非謂其卽不可界說也。其界說既不能由外面以作成，則必須返回來由其所依止之內部歸宿或安頓以界之。其所依止之內部歸宿或安頓必須由內透，此卽純理申展之步位也。此卽其所依止之內部歸宿或安頓。由其所依止之歸宿或安頓以界之，吾人卽界說數爲純理申展之步位之外在化。此則純由先在之純理而界之，故雖對類言爲先在，而仍可以界說也。雖仍可以界說也，而仍不碍其爲先在。以其純繫於其所依止之純理步位之故也。

七、一六　羅素之誤純在其向外面繞大圈。凡屬經驗之知識可以向外面繞大圈，而數學則決非經驗之知識，甚至亦並非是知識，不過爲知識之純理方面之形式條件，或純理方面之一套形式架子，是以決不可向外面繞大圈找界說也。

七、一七　如向外面繞圈之路一截斷，而如不得其必然之歸宿或安頓，則數之概念必莽蕩而糊塗，此卽陷於形式主義之困難。但如吾所言，已得其必然之歸宿或安頓，則形式主義之莽蕩卽可免。

七、一八　羅素言：講數學，只有邏輯常項尙不足。（邏輯常項卽句子之形式）。邏輯常項爲不可界說者。純數學除邏輯常項外無有不可界說者。而且除專討論邏輯常項及變項之命題外，亦無其他前提或不可證明之命題之可言。是則論數學必尙有外乎邏輯常項者，必尙有可以界說者。邏輯常項並非卽是數。是則卽此數卽是可以界說者，亦卽是外乎邏輯常項者。而羅素之界說此可界說者，則必向外面繞大圈，卽關於數學中之一切界說皆必以存在公理爲背據。此卽言只有邏輯常項尙不充足也。故羅素於其獨著之「數學原理」末章末句云：一串界說已作成，而存在公理之貫穿亦成功。（此條所述羅素意，參看其獨著「數學原理」第二版導言。）

七、一九　羅素言：「純數學可以定之爲一類『p函q』式之命題。此中p與q是命題，函有一個或多過一個之變項。兩命題所成之命題亦然。而且除邏輯常項外，無論p或q皆不函任何其他之常項。」（獨著數學原理首章首句。）此所言者是指數學推演系統中數學命題及命題與命題間之關係言。此不過言其推演系統之必然性與形式性，而當其界說數與數學命題乃至界說形成數學命題之演算法（如加減等），則又必以存在公理爲背據。是則此首句所言，雖足以明推演之必然性與形式性，而究不足以謂之已歸於邏輯也。

七、二〇　數不因個體之實有而成立，亦不因個體之空無而非數。以個體之實有而成立，此爲由計數個體而立數。計數實有之個體爲不空，因而成立數，曰一曰二，乃至其他。羅素所謂其邏輯說可以說明「倫敦有六百萬居民」一命題之謂也。加無個體可數，則爲空類，因而皆爲零，此卽除零以外無有數。然而吾之計數時已實有一二三四之數矣。然而依羅素，此時之數卽非數，滿盤皆是零。此誠大奇。

七、二一　如此成立數，實則數亦爲已先在。當吾計數個體時，吾已有數矣。然則數豈因有個體可數而成立耶？又豈因無個體可數而不成立耶？決不然矣。

七、二二　無個體可數卽非數，然而總是數。羅素於此不知重新考慮論數之入路，遂至無窮之假定。如是，數終因個體之實有而成立，且因無窮之假定而保證，可無非數之恐慌。

七、二三　吾則首先剝落實類規定數，空類規定零之入路。依此，數不因個體之有無而有無。有則有其可數，無則無其可數。而其爲「數」則自若。此爲亘萬古而常存，不以實事而興廢。依此，永不涉及宇宙有窮與無窮。

依此，無窮公理對數無意義。

七、二四　吾如論知識，吾須肯定有宇宙，肯定有個體。且須依據知識之發展而窺測此宇宙，而說明此個體。雖不能全知，而心嚮往之。但吾於數學，則全不涉及此。吾無涉及之必要。（此條須參看下第三卷第二部第二章。）

七、三〇　數表示類而其自身非類，亦不由類構。

數自身並非類。由類構，是類之類，故爲類。不由類構，而指示類，故非類。

七、三一　數之成（成爲數）不由類構，而由純理步位之外在化以構之。如此言構卽外在化義，實現義。故構爲直覺之構。由直覺深入純理步位，內攜而出之，而外在化，是謂直覺之構。構造原則，實現原則，直覺原則是一。

七、三二　依此，數爲直覺構造而非邏輯構造。邏輯構造之根據在散殊之個體。直覺構造之根據在純理之步位。前者爲外陳，後者爲內透。

七、三三　內透之直覺構造卽爲數之成（成爲數）。此爲數之基本義，或第一義。（本章所論者只限於第一義。）

七、三四　由數之成而至「數之應用」之指示「類」，則爲數之第二義。（此則論之於下第三卷第二部第二章。）

七、三五　由指示類而粘着於類，以爲可由類構，而視爲類之類，則爲數之第三義。此卽羅素之所持。

七、三六　杜威有兩段話甚動人。但與吾說根本上亦不同。玆譯如下。

「有人說數形成一無窮之集和。此觀念傾向於將『數』化爲存在物，而『集和』一詞則常應用於其上，且其中之單位又常是可以計數者。以『類』定數者，總歸於此。

「數（成爲數，此與一數異），是一運用之公式，藉以決定堆聚與集和，但其自身却非一有限或無限之集和。甚至於規定數目時，縱允許或先定一無窮之集和藉以爲成數之模式或路數，亦並不能卽謂數自身是堆聚或集和。

「因此，數不是一集和，而是一公式，藉以爲運用地決定一集和；而『一數』，如二或一七〇〇，則是一集和，是一滿足『定數』時所先定之條件之集和。但是，集和却非物或存在個體之集和，而是運用之集和。所謂運用，卽是依照抽象中數之規定（成爲數）藉以決定單位之運用。如是，『二』卽意謂構成『一』之運用爲兩次之完成。」（杜威「邏輯：研究論」。第三部，第十八章：「名或意義」，第五節：集和名。）

杜威此義，顯對羅素發。其反對以類定數，主數非是集和，與吾義同。吾道亦不孤。而其正而之所持，則又爲無本之論。故其根本義與吾亦不同。

杜威有「成爲數」與「一數」之區分。而俱自「運用」上以言之。成爲數是數之定義。成爲數等於「是一數」。是一數卽爲數之定義，與「是一人」之爲「人」之定義同。「是一人」須有是之之先在條件或模式，此卽所謂具有普遍性之共相是也。而依杜威意，所謂普遍性之共相只是觀念運用之機能，並非宿於殊相中之本體存在也。其意似謂只當從觀念之機能處看，始可言共相，而特殊之存在乃至特殊而具體之性質，則決非共相也

「是一人」。依此，「是一人」之「是之」之條件只是觀念之運用，即從運用上定其「是一數」亦然：從可能之運用上定其是一數。可能之運用即符號地施行之之運用，或運用而可以標識之以符號者。符號地施行之之運用與實際地作成之之運用，即實際之運用或「已作成的活動」之運用，異。後者為具體者，且直接涉及於存在而應用之於存在；前者為抽象者，不直接（當下）涉及於存在，而亦不應用於任何當下特殊之存在。由實際之運用而至可能之運用，吾人即獲得形式邏輯與數學之所在。此杜威觀念實驗論之說統也。數即自可能之運用上而說明。由可能之運用而定其是一數，即「是一數」之「是之」之條件單在可能運用中所表現之觀念之機能也。依此，杜威言：數是一運用之公式，又言：不是一集和，而是一公式。言運用之公式，則公式必繫屬於運用上（可能運用）。言公式，則對存在而言也，即繫屬於運用上之公式乃為對存在而言之公式，即藉以為決定存在之集和之公式，杜威所謂「藉以為運用地決定一集和」也。此為數之通論。至於言「一數」，則是「運用」之集和，如「2」即意謂構成1之運用為兩次之完成。此為數之各論。

運用論，自某方面而言之，並非無精義。但由此而明數，則在基本上為空泛無實之論。杜威反對以類定數，以為數並非一集和。此在破斥羅素之外陳論，頗具法眼。棒打而回之，亦見精彩。然其轉也，却只回向於運用論，落於可能之運用而止焉，此則極無力氣也。半途而止，未謂到家。迴向不至於極，仍是空頭無歸宿。自其回轉而觀之，立義似極清晰；自其正面之說明而體之，則未至乎理極。此中問題極複雜。此蓋與其全部邏輯理論有關。吾在此不暇詳辨。吾曾有「評述杜威論邏輯」一文，詳論其說之非是。

吾今如此說：說數爲一運用之公式，不如說：於對付外界上（於知識上），吾人運用數而成爲一公式以決定存在之數性或集和或關於存在之數學命題。如是，數已爲先在者。吾人須就其已爲先在處而明之，不應只視爲運用之公式爲已足。於思考（理解）之運用中，數固可視爲一運用之公式，卽繫於數之運用，但此時「數」已經爲首出。如數不首出，而但由運用之公式以定數，則運用之公式何以卽爲數？運用之集和何以必是爲「一數」？此誠不可解。思想中，觀念之運用，豈不可以永不能引至於數耶？其運用，無論如何言可能，如何言抽象，如何標之以符號，豈不可謂仍是觀念或概念之運用，雖爲一發展而仍爲同質耶？其將如何能躍出轉變而爲一「數」耶？其中必有分別矣。杜威於其新著「邏輯：研究論」中，運用（手術）一詞乃爲常用不已者。於知識之構成以及研究之歷程，思想之運用固爲不可少。有置定指導原則爲模式之運用（卽杜威所謂範疇），有取物質材料爲工具以誘導新事實之出現之運用。此皆思想中觀念運用之表現也。而杜威徹頭徹尾所言者，亦只是此思想，而由此思想之發展却決難保證其必轉至於數學，無邏輯理由以至之。豈不可終究爲一有知識意義之概念系統耶？吾人如何能以有知識意義之概念爲數耶？如數不首出，空言運用，則無理由必成數。觀念之運用，對知識之成就言，有其清澌之意義；而如數不首出，則由此運用以定數，說數爲一運用之公式，乃爲極不淸澌者。說數爲一運用之公式，如不爲一界說，則運用之公式爲不諦，運用之公式亦有不爲數，如是仍須單明數。如爲一界說，則運用之公式又不必卽是數，縱言可能之運用，而可能之運用亦不必卽是數。如是數仍爲未準確界明者。如言思想運用中有「數」之運用，則數爲首出。數是一運用之公式，數亦已爲首出。旣首出，必先在。如是吾人須就其先在而明之，運用不足以爲其依止處，必有其客觀而硬性之根據矣。吾言「成爲數」乃由純理步位之外在化而成數，其外在化而成數乃由直覺之運用。如此定數，數乃有本。杜威所言只應推進一步改爲如此說：運用數而成爲一公式以決定存在之數性或集和。此則數之成已先明，而杜威所注意之「運用之公式」亦因有所繫而有本。然所謂「運用數而成爲一公式」，仍爲「數之應用」之指示類，卽仍爲吾所說之數之第二義。再進一步，卽爲數之第一義。惜乎杜威不能也。

七、四〇　羅素聲言數學歸於邏輯，此儼若爲理性論，有客觀基礎矣。然實案之，又不然。其言歸

七、四一

於邏輯，實非邏輯，乃「邏輯的」。

羅素承佛列格之餘緒而極成邏輯說。既非康德之先驗綜和說，亦非米爾之經驗說。羅素述之曰：前乎佛氏，以爲不歸於心理，卽歸於物理。不以數學爲主觀（亦實非主觀），卽歸於物理與經驗。不以數學爲物理（亦實非物理），卽觀於主觀與心理。其所非者皆是，其所是者皆非。佛氏於此發一第三說，名曰邏輯說。既非心理，亦非物理。數學之對象固客觀。然非物理之客觀，亦非覺相之客觀。乃爲普遍化之共名，所謂抽象者。地軸，太陽系質量之中心，以及「人」，「物」等共名，皆客觀也，然非物理之現實。是以數者既非物理，亦非主觀，乃不可觸之客觀。羅素所述之佛列格既如此，而復擴而充之，發爲類說，由類以定數。羅素之邏輯說是否同於佛列格，尙不敢必。佛氏所說之不可觸之客觀之第三界有何函義，羅素是否亦承之，亦不敢必。然無論如何，此邏輯說或可列爲二可能：一則歸於唯實論，無論超越或內在；一則歸於唯名論。無論佛列格爲如何，而羅素之邏輯說則顯然漸近於唯名論。又無論爲唯名爲唯實，此邏輯說終不得謂爲歸數學於邏輯，亦誠不足以極數學之底蘊。且不論佛列格之歸趣爲如何。單論羅素之邏輯說所成就之類說。類卽共相所約束之一堆分子也。邏輯陳述之普遍命題之所表示也。然羅素在消極方面並不假定類之有存在，自亦不必假定其不存在；然在積極方面，則又視類爲不全符。個體爲全符，類卽爲不全符；爲全符者不因分析而歸無，不全符者可因分析而解消；爲全符者有獨立之意義，不全符者無獨立之意義，其意義在使用。是則成爲個體論，而於類則又採取不存在之態度矣。或曰類雖不必有存在，而決定一類之共相卽謂詞之所表者不必無存在，且羅素必假定其有存在，譬如還原公理之所述。曰此誠然。【讀者於此不可推得遠，蓋羅素所假定之指謂函值之存在不必卽同於唯實論者所論之共相也。】但此並非問題之要點。吾人所欲了解者乃其所謂歸數學於邏輯之邏輯說也。自吾觀之，其所謂邏輯說不過邏輯之陳述耳。其於類也，無論其所涉及之外而之存在爲如何，而所謂邏輯說則不過由邏輯陳述之普遍命題以入耳。卽邏輯地論之也。純表之以抽象而普遍之邏輯言詞以論類，無所涉於具體之殊事，此固非物理者，亦非心理者。然稱此卽爲歸數學於邏輯，則欺人之談也。邏輯之陳述非邏輯也。以陳述故，必有述及。述及個體則外矣，述及指謂函值之存在，則落於假定矣。是以邏輯之陳述必有外乎邏輯而非吾所能操縱者橫插於其間。如純爲邏輯之理，則誠爲邏輯說。如尙有外乎邏輯而非吾所能操縱者橫插於其間，則縱爲邏輯之陳述，亦不得爲邏輯說（此言邏輯說等於歸數學於邏輯）。天下之可以爲邏輯陳述者多矣。歸於邏輯之邏輯，只能爲名詞，不能爲狀詞。此名詞之邏輯方是數學之基礎。如爲狀詞，則數學決不在邏輯，而在其所狀者。如吾人言「美的花」，此非是言「美」也，乃言「花」也。如一物之可以歸於美，只能歸於美之自身，而不能歸於美的花。如歸於美的花，則雖有美以限之，吾人亦說歸於花，而不說歸於美。如言數學歸於邏輯，則必歸於邏輯自身，而不能歸於邏輯所狀之他物。如歸於邏輯自身，則言數學之基礎在邏輯。如歸於邏輯陳述所表之類，則數學基礎不在邏輯而在「類」。如以為凡以「邏輯斯諦」之方法討論之，即為歸於邏輯，則天下事可以邏輯地討論之者多矣。如此而言歸於邏輯，則成為徒然而無意義者。

七、四二 其所歸者為邏輯的，非邏輯也。因而數學非是建基於邏輯之理之單線，尚有非吾所能操縱自如之他物橫插於其間。然則其所歸者何耶？邏輯原子論之元學也。何以知其然耶？以三公理之故也。

七、四三 羅素何以推至於此耶？用邏輯而未能明乎邏輯也。其言邏輯亦屢矣，而未能熟審其意義。習焉而不察，雖雅言而無益。此一根底未能掃清，邏輯全成游魂，直是虛位。一成虛位，則沿門乞鉢，逐物而轉。一機回向，宛若本有。然不回頭，終不能得。

第八節　數學命題之綜和性與分解性

八、〇一 數學徹頭徹尾為定然，數學無有假然之公理。

八、〇二 數學之綜和爲定然之綜和，幾何則爲規律之綜和。

八、〇三 數學不需用公理法，幾何中之公理卽規律，而一切規律亦皆爲定然，而非假然。

八、一〇 數學基於純理，數爲純理步位之外在化，故數學徹頭徹尾爲定然。

八、一一 每一數是純理步位之外在化，由直覺綜和而構成。其綜和爲定然。其中並無經驗或假然之成分。

每一數學命題是一數之關係式，亦卽一數學公式，或一數學原則。每一數學原則是一定然之綜和。其中並無經驗或假然之成分。

八、一二 數之關係式依據數之運算而成立。數之運算有運算之方式，此如加減乘除等。此種運算方式純爲對於數所施之定然之結合與分離。其中並無經驗或假然之意義。而其所運算之數亦純爲純理步位外在化後而爲可符之步位符，此卽爲數量，而非物理量。

八、一三 運算而成之式爲一直覺之綜和。如一加二等於二加一，爲一直覺之綜和。又如a加b等於b加a，亦爲一直覺之綜和。前者爲一定之命題式，後者爲普遍之命題式。（直覺之綜和須依前面第三節所論之直覺原則而了解。）

八、一四 自一定或普遍之命題式言，固爲一綜和。然可分解爲步步連繫之邏輯推演，卽一步一步純理推演之必至。

依綜和而言直覺原則，依分解而言邏輯原則。

八、一五　數學之運算統系（或云由運算而成之推演統系）依兩原則而構成：一爲步步推演之連繫，此爲邏輯者，分解者；一爲同同相代而至普遍化，此爲直覺者，綜和者。數學是此兩原則互用而成之「數之公式」之統系，即數之間架之統系。

八、一六　康德不認數學命題爲分解者，而視之爲直覺之先驗綜和者。此其所主，雖在今日，仍不失爲究極歸實之談。茲引其言以明其意。

「數學判斷一切皆爲綜和者。此義爲歷來分析人類理性者所不曾識。數學家之結論一切皆依照矛盾律而成立。人見其如此也，遂以爲數學之基本原則亦須自矛盾律而認識之。然而此實大誤。蓋一綜和命題雖可依照矛盾律而領悟之，然此種領悟只能因預設該綜和命題所從出之另一綜和命題而可能，決不能在其自身而且因其自身即可如此領悟之。」（此段譯自「形上學前論」。）

「設以純粹數學爲限。譬如『七加五等於十二』一命題，人或以爲此只是一分析判斷，依照矛盾律，自七與五之和之概念即可獲得者。但實案之，『七加五』之和之概念，其所包含者只是此兩數之統一於一單一數，而並不知連結此兩數而爲一數者之特殊數究爲何。『十二』之概念決不能只因七與五之結和之思考即可獲得者。無論吾人如何分析此可能之和，吾人亦不能由此『和』之概念發見『十二』一數目。是以吾人必須於此等概念以外，再求助於某種具體之圖像即直覺，使其與七或五兩者之一相應稱，譬如取手之五指或五點，而將給予於直覺中或具體圖象中之五，一一加之於『七』概念上。設以數目七爲起點，而在五之概念上，吾人求助於直覺中手之五指，然後再將吾以前曾取之以形成數目五之單位一一加之於數目七，吾人以圖像『手』之助，『十二』一數遂得成立。五自必加之於七上，吾亦實早已思考乎『七加五』一和之概念，然如此所思之『和』之概念並不卽等於數目十二也。依此而言，數學命題必皆爲綜和者。如果數目較大，此理尤顯。蓋吾人無論如何轉圜吾之概念，若無直覺之助，而只分析之，吾人亦永不能發見該和數究爲何。」（純理批判導言，斯密士譯本。「形上學前論」中所述者與此大體相同。）

八、一七　說數學命題是分解者，當自其爲一推演系統之自身而言之，而此推演系統中之每步卽每一命題，又非有經驗內容於其中，故卽爲綜和（如吾所主）亦非對外之綜和。如此而觀其爲一客觀大流之推演系統，無法說其不是分解者。然如是而觀之，則必使數學有一妥當不移之客觀基礎，而且使之卽回向而落實於此客觀之基礎而後可。卽必使數學眞歸於邏輯或純理而後可。然康德前，論數學之爲分解者，則從未得其落實之基礎，亦不自其所回向而落實之推演流而言之。彼等所言之分解或所謂依照矛盾原則者，不過指既成之數學命題之必然成立，或必眞，或其矛盾方面不可能，而言之耳。是則只是對於一掛在空處之奇蹟（數學）加以謳歌贊嘆而已，而所謂依照矛盾原則者，亦只是視矛盾原則爲一衡量或考驗之標準或方法。邏輯原則之矛盾律成爲虛位或游魂，而何以能有如是奇蹟之數學之基本原則直未接觸到。邏輯成虛位，言分解者如是觀，康德亦如是觀。然則欲眞透到數學之基本原則，捨康德之綜和說無他途矣。蓋綜和說實可以使數學落實也。康德所謂綜和實已透至創生思考中之創生綜和矣。彼欲使數學命題即繫屬於此創生綜和上，而每一數學命題之形成即由此創生綜和而形成。康德言其爲綜和實自「成之」而言之。自「成之」而言之，則數學自落實，亦有本，且亦接觸到其基本原則矣，基本原則即綜和，康德有見於此，遂不謂之爲分解，而且斥主其爲分解者爲大誤。即稍存恕道，彼亦謂分解只是向一數學命題既成後之表面而想，而其底蘊實是綜和者。康德論幾何命題亦爲綜和時，有云：「吾人所以相信一必然判斷之謂詞早已函於吾人之概念中，而且因而遂謂此判斷即爲分解者，其故只是由於所用之言詞之『含混』。吾人固需要於思想中將一定之謂詞連結於一定之概念上，而且此連結之必然性即附着於該概念之自身上。然問題不在吾人『應當』於思想中連結一謂詞於一定概念上，而在吾人將一謂詞連同此概念而且在此概念中『實際地』思考之。此種『實際地』思考之，雖隱晦不彰，然亦實必如此。是以當一謂詞必然連結於一概念，其所以如此實因有賴於一直覺（此直覺必須加於該概念上），而並不能徒想該概念之自身卽可以如此也。」斯密士譯純理批判導言文如此。加露士譯「形上學前論」，則於適所譯者首句，不爲「言詞之含混」，而爲「表示之雙重性」。吾意此較顯明。至於末句，則如此說：「是以表面上謂詞固是必然繫屬於該概念上，但其所以如此必是間接地（而非直接地）外加之以直覺（或具體圖象）。」此義亦較顯。所謂雙重性卽既成之數學命題之表面固是分解者，然其底蘊實以綜和爲背據，此卽間接地外加之以直覺也。直覺之綜和實間接地自內透。着眼於此，卽是着眼於數學命題之形成，卽着眼於創生綜和之「成之」也。依康氏意，既成以後，此命題自是必然成立，亦自然可以依照矛盾原則而領悟之，而衡量之；然若以爲數學之基本原則卽可由此矛盾原則而說明，則大誤。是則所謂分解，所謂依照矛盾律，全成表面之文章；而每一命題實是一綜和命題，由創生之綜和而成之綜和命題。創生之綜和卽是數學之基本原則也。

主數學命題爲分解者，實未能極至數學之底蘊。以其言分解，言依照矛盾原則而進行，只是向既成後之表面討生活，此不啻說：必然不可疑之數學推演及命題卽是必然不可疑，而此實爲一同語反覆之廢話，如何能至數學之底蘊及其基本原則耶？然則，如康德之所述，實較進一步。蓋如此而後可以落實也。

然數學又實爲一必然之推演流，其中既無經驗又無假然之成分。即將其中每步之命題（即數學式）單提而出之，吾人亦謂其爲由邏輯推演與論證而至者，而且亦可謂其亦仍是一推演流，其中亦無經驗或假然之成分。吾人且謂只要數目一成立，有意義，則數學即爲起脚落脚皆定然，徹頭徹尾即是一定然之推演流。此定然之推演流實即數目或單位之播弄之表現而爲定然而必然者。是則吾人可說：此推演流中之每步或每一命題式實即此推演流之結注與展現。康德言：吾人由七加五之和之概念不能得十二。吾人所知者只是由其和而可以爲「一單一數」，然不能知此單一數究爲什麼特殊之單一數。吾人必須求助於直覺或具體圖像，將七或五表象之於直覺中。表象之於直覺中即是使之散開爲單位，然後再將此單位一一加之於一定數譬如七，吾人由此始可獲得一特殊數如十二。康德由此「表象之於直覺中」，說明其爲綜和，然吾人可由此正好說明其爲分解。設捨其統系中有特殊意義之直覺而不論，吾人亦不問「表象之於直覺中」一語在其系統中之殊義，吾人單就「散開而爲單位」一語而觀之，吾人以爲此散開之手續，即足以爲分解爲論證爲一推演流之說明，即此中實表示一必然而定然之推演流一函義，縱然自此一數學式之形成言，亦函有「綜和而成之」一函義，然彼「必然之推演流」一函義仍爲不可少，而且必爲實有者。本書主張數學爲分解卽着眼於此而爲言。康德不能知之，一般主張爲分解者亦不能知之。吾人必須承認此推演流所表示之客觀基礎卽理的基礎，而後數學乃可明。設康德不欲承認此客觀之基礎，則徒有創生之綜和亦爲無用者。康德明數學立兩成分：一爲創生之綜和，二爲時間之單位。求助於直覺或具體圖像一語，雙關此兩成分而爲一。依此而成立綜和說。綜和一義，並不可棄。設尅就康德而言之，綜和亦只是「用」，時間單位則只能使吾人成立數（基數），而不能成立數學，亦不能說明由此到彼之推演之必然性。其中並無足以代表「理之必然」一成分者。此客觀而硬性之成分，誠爲不可少。吾人不能隨便忽視之。否則，數學之推演必然性決難說明。康德言：數目愈大，其爲綜和（求助於直覺）益顯。蓋由兩相當大之數目兩概念，及此兩相當大數目之「和」之概念，吾人決難分析出其和之結果究爲何數也。然吾人之言其爲分解，並不常如此之短見與無用，單單死釘住此兩概念而存想其自身。吾人常視卽爲由「兩相當大之數目相加而成一數目」之數學命題亦爲由一必然之推演或一串必然之證明而至者，而且該數學命題亦實必然如此者。吾人卽由此一串之推演或證明而名之爲分解。且依此吾人卽謂此數學命題實已函於前一步推演中而由之卽可必然推出者，而此所謂「必然推出」卽明其並無任何經驗或假然之成分參與於其中，不僅此步如此，起脚落脚，每步皆然，是以吾人名此推演爲定然而必然之推演。吾人如此領悟之，而名之爲分解。康德所述之分析固依照其分析判斷之定義而來者，然其應用之於數學，而說明分析之無用，則未免太膠着。吾並非以分析排綜和。吾如此言只明「必然推演」一函義乃爲不可排斥者，吾人卽由此而明數學爲分解。復次，數學命題亦不皆爲單位之加和或堆聚。康德由數目愈大而證明直覺之綜和愈顯然。吾人反可由此而說：數目愈大，且不僅愈大，而且數學式愈複雜，其構成此複雜數學式之成分非是基數之加和或堆聚，而爲一種表示關係之單位所成之關係式，吾人以爲在此情形下，其爲邏輯之推演與論證愈顯然。如果只是「七加五等於十二」一類之命題，吾人尙可以說明求助於直覺或具體圖像之意義與可能，然當爲一種表示關係之單位所成之關係式，譬如函有$\sqrt{2}$之數學式，則求助於直覺而表象之於直覺中，卽頓失其意義與可能。言至此，吾人如此說：一、如只有綜和與時間單位，而無一客觀而必然之成分於其中，吾人決難說明數學之必然性。康德言若不求助於直覺，吾人不能知其所結和而成之一單一數究爲何，吾人亦可說，若無一客觀而必然之成分於其中，吾人亦不能說明何以必是此單一數，縱吾已有許多綜和命題矣，吾人亦不能知此許多綜和命題間何以必有如此之關係。二、如其一客觀而必然之成分爲不可少，而且以之爲數學所廻向而落實之客觀基礎之所在，而且吾人卽由此而說其爲分解，則吾人卽可捨棄時間對於數學之功用，卽不必以時間爲說明數學之所在。時間雖可用之以成單位以成數，然數之爲數實不必基於此而始然。吾人言亦可由之以成單位以成數，實因數之爲數最爲無色者，故由任何單位（不管是什麼，只要可以是單位），亦可以成之也。然如吾人一旦了解數之爲數最爲無色者，則基於時間以立數之直覺綜和說卽捨棄矣。三、數學之本性必日遠於康德所說之直覺或具體圖像之綜和，而且必然與之不相干，卽決不涉及乎此也。【求助於直覺，直覺一詞亦有譯爲具體圖像，或視覺影像，或視覺像，譬如康德所言之取五手指或五點，卽所謂具體圖像也。吾人於此自然決不問及其物理或質料方面之意義，而單注意其時空方面之表象。卽此便是所謂求助於直覺之意義。然須知卽此亦須擯棄也。】四、依此，如保留「創生綜和」一函義，則所謂綜和必歸於吾所規定之意義。見前第三節。

八、一八　康德所以至直覺綜和說以及其所駁斥之「主分解者」所以不能至數學之底蘊，其關鍵全在邏輯卽純理之未落實。邏輯未落實，數學之邏輯說卽不能成立，數學之爲分解，依康德卽爲表面者，依主分解者卽爲謳歌贊嘆。矛盾原則固可游魂於外以爲考驗或衡量既成數學命題之標準。然若邏輯已落實，純理爲實位，則思想三律吾已早申明其爲純理開展之自己昭示。依此，矛盾律固可游魂於外，亦實歸魂於內，而其游魂於外，實由純理開展之自己昭示所透出之影子。若單知在外之影子，而不知其由內透，則數學之邏輯說不成立，而謂其爲分解亦不能極至數學之底蘊。若邏輯歸位，純理亦站起，而知在外之影子實由內透，則數學之客觀基礎已獲得，數學歸於邏輯亦眞實不可移，而數學之邏輯說卽成立，而謂其爲分解亦實極至數學之底蘊。依此，所謂依照矛盾律實有二用：一歸魂於內而透純理以爲數學之客觀基礎，二游魂於外以爲考驗既成數學命題之標準。此二用實卽純理自身之二用：一在內爲基礎，二出外爲工具。吾人由此基礎之獲得，吾人乃將數學全迴向而歸實於此基礎，卽繫屬於純理。所謂迴向而繫屬於純理，意在卽由此而說明數學之底蘊，而發見成就數學之基本原則也。此基本原則爲何？卽「外在化原則」是。由外在化原則，卽函邏輯原則與直覺原則於其中。此兩原則之函於外在化原則中卽形成說明數學之基本原則也。

八、二〇

康德言數學不須有公理。此言甚諦。不須有公理卽言其徹頭徹尾爲定然，而其爲綜和亦爲定然之綜和。依此吾人否決希爾伯之形式論。論據見上「六、八」以下。

八、二一

公理之界說當爲既不能證之亦不能否證之之基本假設。傳統理性論常不視之爲假設，而視之爲「自明者」。今人則視之爲假設。

八、二二　現在就「數學原理」之討論言，吾人可分公理有爲在前者，有爲在後者。在後者是視之以爲進行數學推演之根據。【如就一推演統系言，根據必首出而在前，依此在後者亦可曰在前者。】在前者是在進行中逐漸引出之，而且進行至最後則完全引出之，以爲此整個統系所以有意義之保證。在前者譬如羅素之三公理，在後者譬如希爾伯之公理論。

八、二三　希爾伯將幾何中之公理法移之於數學，以爲數學推演所根據之先在前提亦可視之爲公理，而且後來之證明皆是依照所假定之先在公理而證明。由公理而造成推演系統即曰公理法。羅素則不採取公理法，而是所謂邏輯派卽「邏輯斯諦」者是。然亦有其在前之公理。

八、二四　在後之公理，依型式論，可變換，無必然。如不矛盾，吾人對之卽無所說矣。此就公理自身而言也。然此種公理論足以使數學莽蕩而落空，而數學實亦不與幾何同，不可以公理論，依是，吾人卽捨棄公理主義矣。在前之公理則似繫乎個人之理論，乃由一家之理論之發展而引出者。是則可以置喙矣。也許爲妄；卽無可言妄，也許可有可無；或與所論並不相干或不必須而可以去之。如如此而論之數學並未使數學獲得一必然而妥當之基礎，則吾人卽捨棄羅素之理論矣，在前之公理自不待言。

八、二五　康德言數學不須有公理，今之直覺論亦無前兩派之假定。是則較爲乾淨矣。然仍未能盡美也。

八、三〇　數學爲定然之綜和，幾何爲依據先驗規律而成之綜和。數學與幾何異。詳論見下章。

第二章附錄：

維特根什坦的數學論

（此文譯自文勃（I. R. Weinberg）：「邏輯實證論之考察」一書第二章）。

維氏的數學論依於兩個主要的主張。第一，數學不能從邏輯引申出。第二，數學是以「指示意義之內在關聯」而組成。（所謂意義之內在關聯不是套套邏輯之意）。

第一個主張是基於以下之主張：有兩種一般性：偶然的（事實的）及本質的。命題底一般性，如：「每一 x 是 ϕ」，「有一個 x 是 ϕ」，等，完全依於偶然的事件上。依是，$(x)\cdot\phi x$ 是 $\phi a, \phi b, \phi c, \ldots\ldots$ 之眞理函值，而 a，b，c，……，則一切皆是"ϕx"這一函值之值。要想寫出這樣一個函值，必須預定：a，b，c，……一切皆是被知的。依是，這是一種偶然的一般性。由此馬上可見：數目若定爲相似類之類，決不能不喪失那絕對的一般性，而此絕對一

般性却是數學之特徵。例如，如果我們說：2是一切對偶之類，即是說，

$$“2=\hat{a}\{(\exists x,y).x\neq y\cdot a=\iota'x\cup\iota'y\}\ Df”$$

是一正確的定義，則我們必須使「兩」這個概念依於含有兩個分子的些類之經驗的存在。可是，一個宇宙，在其中事物只在三中被排列是很可思議的，依是，在這樣一個宇宙中，兩或二依照剛才那個定義，必無意義。復次，如果關係底相似性，是如在「算理」中所規定的（在算理中，此定義之作成是依靠相關者之存在），則在一個宇宙中沒有成序的相關者，那個概念必無意義。

最後，再舉「算理」之極端實在論之另一例：如果相乘公理（此公理陳述：在存在類之每一類上有一乘積類），依於一選闕（A selector）之存在（所謂選闕即是一種關係，它在存在類之類中選取每一存在類中之一分子），則在其中無選闕存在之宇宙是很可思議的；在這樣一個宇宙中，相乘公理必是假的。

現在，數學的眞理不能依於偶然的事件上（自然，除非願意犧牲全部數學節目）。換言之，即是：數學決不含有以事實的存在來被解析的「存在公理」。「算理」（以及其他相似的作品）至少含有四個這樣的公理：一、至少有一個類存在，二、還原公理，三、相乘公理，四、無窮公理。依是，它不能認爲是邏輯地不可反對者。

有兩種辦法免掉這種困難。一種是：引出一些外延的函值，它是隨意地被規定的，如此規定之

，以達免去此種困難之目的（案：此卽形式主義）。在純粹數學的根據上，對於此種辨法，是沒有顯明地反對的。但它在數學之哲學基礎上却並不是適宜的，因爲此中所引出之新函值是並未以系統中之原始觀念來解析的。另一種辨法是反對「建立數學於邏輯上」這全部的企圖。此就是維特根什坦之辨法。

依是，數學必須依於第二種一般性上，此卽維氏所叫做的「本質的一般性」。此種一般性決不依於偶然事件上。二加二等於四，數是零之後繼，關涉於「直接前行」之關係中而言之後繼，等等，既不能爲世界之事實性所建立，亦不能爲其所反對。這些公式只依於概念間及表象概念的符號間之內在的關係。數學不能被主斷。它必須被展示。我想去指出維氏爲何相信數學是如此。但是，我將首先敘述維氏之批評羅素之「由邏輯引申數學」之方法。

依維氏，羅素犯了兩種主要的錯誤。第一，混本質的一般性及偶然的一般性而不分。第二，循環論證之謬誤。一個類是一個命題函值之外延，而一個命題函值則是一種指謂的形容，一、它指示若干事實之公共特徵，二、它要想傳達意義，它需要完整（此點本質上是伏列格的觀點）。

那就是說，一個函值決定一個「值底範圍」，此中每一個值可以使它成爲一個完整的命題，而此亦就是如此產生之一切命題之公共特徵。很顯然，一個命題函值底這種描述是循環的。如果它被定爲一個命題類底公共特徵，則它卽預定它所產生的類之存在。在另一方面，如果在假設上，它是某種不完整的東西，則它不能預定類。惟一免掉這種混雜的辦法是保持函值底兩個特徵，卽：它是一個一般的形式這事實，以及它是某種不完整的東西這事實。當此兩特徵弄得很分明時，它們卽不能在這種可憎的循環中互相依賴。換言之，函值底本質的一般性，以及函值底不完整性（此點是它的偶然的應用於事實上之基礎），必須弄分明。

但是，羅素却不如此作。舉例來說，試看「二」之定義。「二」是一切對偶之類。那就是說，它是相似類之類底一個特殊的例子。現在，在規定一個特定數爲相似類之類時，我們預定一一相應的基礎，依此一一相應，我們獲得所需的相似性。但是，這個基礎只能是在類所分得的公共特徵中。依是，數二之定義以及數一般之定義是循環的。

這同樣的道理亦可應用於「關係底相似性」，以及「先行的關係」（ancestral relation）之定義，尤其有趣的，亦同樣可應用於「相等」之定義。前兩種，我將在後討論。「相等」，「算理」規定如下：

$$x = y \cdot = (\phi)\,\phi!x = \phi!y. \quad \text{Df.} \qquad 【1】$$

那就是說，「x等於y」就等於說：「x底每一指謂特性（因此，因還原公理，亦卽每一特性），皆是y底一個指謂特性，反之亦然。」這個定義含有「特性底相等」之定義。依是，我們必得規定：

$$\Phi = \psi . = . (x)\, \Phi x \equiv \psi x \qquad 【2】$$

現在，雖然（1）及（2）是互相獨立的，可是“$\Phi x \equiv \Phi y$”底可能性，或“$\Phi x \equiv \psi x$”底可能性，皆含有一個隱藏的預設，即：在“Φy”及“Φx”中的Φ是同一的，而在“Φx”中的x亦是同於在“ψx”中的x。依是，性質底相等是預設在個體底相等之定義中，而個體底相等亦預設在性質底相等中，無論那一種相等底定義皆預定其他一種。依是，相等決不能沒有循環性而被規定。

維氏之免掉這一切困難只在不再想去規定數，相等，以及其他數學概念。數學底形式概念必須因顯示變項而被呈現，那就是說，必須因展示那落在該概念下的對象之形式而被呈現。它們無論如何，總不能被規定。

現在我將叙述維氏相信「數學概念必須被展示」之理由。一個命題之內在的特性就是單單那些對於其意義是「本質的」之特性。就是這些特性，它們將命題的圖象關聯到它的客觀事實上。命題因描述原子事實而展示實在之邏輯形式。這一種展示，由於命題具有這種邏輯形式（此形式組成此命題之內在的姿態）而被完成。現在，這種形式不能因任何命題而被表示於定義中或描述中，因爲它是邏輯上先於具有之之命題以及任何其他命題。這種邏輯的先在性是因以下事實而形成，即：摹狀實在之邏輯形式乃一切表象（摹狀、表示）之預設，所以不能無循環性而再轉過來被表象。

依是，依據剛才的分析，命題是事實之圖象這一理論，那是不可能的，去表象一個命題之邏輯形式。覺例來說，如果我們想去表象一個特定命題所有的與其對象方面公共的特性，卽，如果我們想去描述那命題之邏輯形式，我們必可見出我們自己是將這個邏輯形式再表象一次。依是，那個形式必是既不能被描述，亦不能被否決，但只是被顯示或展示。現在，所謂「展示」(Showing)，確乎既不是「規定」，亦不是描述（摹狀）。所以邏輯形式必不能被規定或被描述。

依是，只有去顯示命題之邏輯形式才是可能的，而一切想去造出一些邏輯文法之規律的，最後總歸於去顯示那形式，而此形式，如適所述之理由，是不能被描述的。依是，邏輯文法本質上只是在：因顯示邏輯的基型而指出命題之結構，那就是說，因指示若干命題所共有的形式而指出命題之結構。邏輯的文法卽如此作。很顯然，邏輯文法底重要規律不能被程式出來，但只是因淸楚地顯示邏輯形式而被展示。

一個命題有一形式特性，這點既不能被主斷，亦不能被否決，因爲一個形式特性不能被描述。所以它不是任何科學所討論的形式概念。卽在此意義，數學不是知識底一支。

現在我預備再說明維氏的數學論之積極的一面。

我們必須記住：當形式概念不能被描述時，數學底理論並不以「主斷」而形成，但只以「申明」而形成，那就是說，數學底理論只是一種展示那不能被說的方法。嚴格地說，一種申明是一種「重要的無意義」。所謂重要，是因爲它在幫助我們去理解數學中是有價值的，無意義是因爲它想去主斷那只能被展示的東西。縱然如此，要想去避免這種重要的無意義，却是十分困難。只要一旦知道，一種中明實在並不表示任何東西時，即使無意義，亦無傷。

一個無公共成分的命題所成之類底公共特徵就是所叫做的一個邏輯基型或一形式概念。在有表意的論辨中，形式概念，當落於其下的對象被表象時，它們也同時被表象。例如，茲取一命題系列：

$$aRb,\ (\exists x)\,aRx \cdot xRb,\ (\exists x,y)\,aRx \cdot xRy \cdot yRb$$

這個系列即表示：「b是a的一個後繼者」這個陳述所說的意義。我們不能規定這種關係性，但是我們能給出這個「形式系列底項」之形式概念。此給出形式概念之作成，是因先給出第一項（任何隨意的項），然後再因產生該隨意項之後繼者底運用，而作成。依是，在上面那情形，

$$[a, x, x\,Ry]$$

就是該系列（串）中的「一般項」。上面那個系列中之每一命題有表象在變項公式

$$[a, x, xRy]$$

中的公共特性。這一個「變項公式」就叫做「一個形式系列之一般項」（general term of a formal Series）。這樣一個系列常總是因其項間的內在關係而成序，因此，所以它必須因顯示那一般形式而被展示。但是，這個形式是早已被表象了的，當那個系列或系列中的任何部分被表象時。落在那

個形式概念下的對象卽含有或具有那個形式概念。所以，因它們自己而去設置這些變項，那只是一種便利的申明。

依是，在形式概念與「專稱概念」（proper concept）之間有一種區別。一個專稱概念是因一個函值而給予。依是，“ϕx”等於「x是紅的」，是一專稱概念，而$[a, x, \Omega' x]$則是一個形式概念。在「算理」中，以及在大部其他邏輯系統中，形式概念與函值是在同一層次上被討論。在他們此種辦法中，一個關係底「反相稱性」，共被視為該關係之一特性，恰如一個點位上之「紅性」之被視為那個點位之一特性。但是，依維氏的分析，這却是混擾事實底以及表象事實之命題底本質特性與偶然特性而不別。形式概念總是因變項而被表象。

此就是維氏的數學論之基礎。數學討論形式概念，如數目，後繼，以及與此相類者。維氏是想把數學命題之全部從施於形式概念上之運用中發展出。

數目是被規定為「運用之指數」。在第一章中，我們已知，眞理函值底一般形式就是

$[\bar{p}, \bar{\xi}, N(\bar{\xi})]$

這個公式。這個公式指示：「每一命題是“$N(\bar{\xi})$”（等於$\bar{\xi}$底每一值之否定）這個運用之繼續應用於基本命題上而作成」。如果這個運用重複兩次，它就有“$N^2(\bar{\xi})$”這個形式。一個特殊的數就是這種運用底特殊重複之表示。「數目一般」則是運用底重複之一般概念。

隨此概念，特殊的數規定如下：

$x=\Omega^{0}{}'x$ Df.　　$\Omega'x=\Omega^{1}{}'x$ Df.　　$\Omega'\Omega'x=\Omega^{1+1}{}'x=\Omega^{2}{}'x$ Df.

一般的形式，則如下：

$$\Omega'\Omega^{r}{}'x=\Omega^{r+1}{}'x \quad \text{Df.}$$

依是，零就是指示在一個項上無運用可作成的那個數，「一」則指示一個運用被作成但未重複被作成的那個數。一般言之，"r+1"則指示在一個項上一種運用被作成，而在此項上有r種運用被作成的那個數。這些定義能轉爲較簡單的符號如下：

$0+1=1$ Df.　$0+1+1=2$ Df.　$0+1+1+1=3$ Df.

依是，數底一般形式就是：

$$[0, x, x+1]$$

這也就是數目系列中之項。

在數學及哲學上俱有一種重要的後果從此種數論裏發生出。如果要想看出這後果的意義，將維氏的數論與羅素的數論對比一下，則可見出這重要的後果更爲清晰。在羅素（隨伏列格及坎脫爾而來），一個數是一個「相似類之類」。要想使一個特殊數可以存在，則事實上必有一個類具着至少與該數所需的分子同樣多的分子，這點便是必要的。現在，歸納的基數形成一個類。這個一切歸納基數所成之類，以$\aleph_0$來指示。$\aleph_0$要想有任何意義，則一個「現實地無限的個體類」存在是必要的。這點如果不是眞的，數學必自相矛盾。這是一個眞正的困難。因爲在實際上，我們之作成運用總只是有限數的，只要當我們的運用是顯明的，因而亦是確定的時。依是，縱然只是有限多的運用被作成，然而依羅素，我們必須預定「一個無限數的運用」之假設，而此無限數的運用，事實上，却從未存在。依是，關於超有限的算數學之全部發展似乎有點像變戲法的樣子，此似乎必須要改正。

這困難並不發生於維氏的數學說裏。數學的無限是指示：沒有本質的限制來標識數目歷程。因爲這個歷程底結構是因

$$[0, \xi, \xi+1]$$

這個一般項而給予。在此一般項中，對於「+1」這個運用之繼續的應用顯然並無限制出現。依是，無限只是一個有規則的規律，因着它，一個邏輯的程續可以前進而無限制。

這學說在哲學上之重要是直接地顯明的。有限及無限是本質上不同的運用種類之特徵。這並無坎脫爾義的「眞正無窮或固有的無窮」（genuine or proper infinite）。縱然這個眞實的世界是有限的，而對於這個世界的描述也是限於關於此世界的命題之有限數，然而這個世界却是在並沒有本質上的限制之意義上而是無限的。這個無限底概念復有某種特殊的應用，即應用於概然及歸納論

中。

我現在再轉到數學。

數學是以具着等式核算而形成。等式需要相等（同一）一觀念。現在，依維氏，相等不是事物間的一個原始關係。在數學中，相等符號之使用需要一種解說，卽去掉它的一切「本體論的意義」之解說。

相等不是事物間的一種關係。如果a及b是兩個名字，則如果這兩個名字是不同個體底名字時，說"a=b"便是自相矛盾的。在另一方面，"a=a"一式，對於叫做a的東西，也不能表示任何物事。同樣，它關於a這個名字，也一無表示。相等符號底唯一正確使用是當它發生在兩個符號間，而且表示這兩個符號底「意義」之相等（或同一）時。復次，意義之相等亦不能現實地被表示，因爲要想去理解一個「表示式」（或曰式子）之意義，那必須去了解在該式子中那本質地表示意義者。如果兩個式子之意義已被知道，則再說這些意義是相同或不同，必是多餘的。在符號語言中，凡是多餘的皆是「無意義」的。所以嚴格地說，相等底符號是無意義的。但是，它有一個合法的使用。如果在一種言語中，有過於累贅處，因而同一意義能合法地以不同的路數去表示，則相等底符號能被用來去把表示同一意義底不同樣式帶在一起。在一個圓滿（完整）的語言中，這種使用必是多餘的。在此圓滿語言中，意義底相等必以符號底相等來表示，但不以相等底符號來表示（案：卽不用等號來表示）。

數學中使用相等底符號（卽使用等號）是去指示：不同的數目式子有同一意義。依是，等式只是那些表示以此式代彼式之可代性的符號規律。

數學的證明本質上就是以「把不同形式底兩個式子歸到同一形式」底些式子而組成。依是，在證明"2+2=4"中，其證明之步驟，只是因代以等值的式子，而展示"2+2"這個符號與4這個符號，是可以因定義而還原到相同的符號。如下：

$$2+2=\Omega^{2}{}'\Omega^{8}{}'x$$

$$=(\Omega'\Omega)'(\Omega'\Omega)'x$$

$$=\Omega'\Omega'\Omega'\Omega'x$$

$$=\Omega^{1+1+1+1}{}'x$$

$$=4$$

此是隨上面所給的數之定義而來的。

數目是某種標識一個命題形式的東西。要看出兩個式子是數目地相等，那只須看出，在可允許的代替之下，它們有同一形式卽可。換言之，那必須因顯示形式而顯示數目，而且因顯示形式底同一（相等）而顯示數目底相等。這點，因應用定義，在數學的證明中已是如此。

這個數學說，在一切基本算數及代數上，很易見出其有效。不等性，初次見之，似乎有特殊的困難。但是，以下法論之，似乎也很顯然：

$$x < y . = x + z = y \quad Df.$$

$$x > y . = . x = y + z \quad Df.$$

同樣，比例可定如下：

$$\frac{m}{n} . = . mx = ny \quad Df.$$

比例串（系列）可以定為整數底雙重串。串之極限較為複雜。考夫曼（Felëx Kaufmann）依維氏的規劃，將此部分定為如下：

$\frac{r}{s}$ 是 $\frac{P_1}{Q_1}$，$\frac{P_2}{Q_2}$，$\frac{P_3}{Q_3}$，…$\frac{P_n}{Q_n}$ 底極限 $. \equiv . (k)(\exists z) : (n)\, n > z :$

$(\exists n)\, n ⁊, z :$

$Q_n \dot{r} > K \mid Q_n r —— P_n S \mid \quad Df.$

那就是說，「設有兩個自然數底串：

$P_1, P_2, P_3, \cdots. P_n \cdots\cdots,$

$Q_1, Q_2, Q_3, \cdots\cdots Q_n \cdots\cdots,$

r一s便是下式

$$\frac{P_1}{Q_1}, \frac{P_2}{Q_2}, \frac{P_3}{Q_3}, \ldots\ldots \frac{P_n}{Q_n}, \ldots\ldots$$

底極限值，如果，在每一自然數k上，一個自然數z能被發見，即在每一大於z的n上，$Q_n r > k$ $|Q_n r - P_n S|$能被得到時。」

要引到無理數底構造，須很多其他定義。此不暇及。辦法是相同的。一切數目概念是藉自然整數而被規定。

×　　×　　×　　×

如果這個辦法，最後地說來，是成功的，則很可以從自然數中發展出數學之全部。所謂自然數是以數之一般形式而決定，而且以上所給之特殊數之定義而決定。

在本文範圍內，不想去批評這個數學說。第一，因爲離本文主要目的太遠；第二，因爲此說尚未發展至詳細，尚不足以使我們看出它是否能對付數學之較爲有問題的若干方面。現在的目的，只須了解「數」不是一個「專稱概念」，即，它不是一個「事物之謂詞」。它只是描述事實的一定符號之姿態，因此，也只屬於符號底領域，而不屬於事實底領域。

在此我可綜括大意如下：

邏輯以套套邏輯而成，數學則以等式而成。一個套套邏輯是一個眞理函值，它之爲眞是與它的成分命題之眞理值之變化無關。它對於世界一無所說。因爲它含有它的成分之眞與假之一切可能，因此，它之爲眞是與這些成分所涉及的事實之存在或不存在亦無關。它不能經驗地被證實，因此，它是無經驗意義的（Without sense, sinnlos）。但它不是無意義的（Senseless, unsinnig）。因爲它展示同一東西的「不同的符號叢（複合式）」間的邏輯關係。套套邏輯之値是它的應用，此如符號之轉形規律然。

數學是以數目式子之「等式」而成。一個數是一命題形式之姿態。因爲一切形式必須被展示，所以數目底姿態也自然必須被展示。所以，數不能定爲函值或類，但必須爲一「變項式子」所呈現。（所謂變項式子就是一命題類之公共記號。命題分得「形式」，數目就是此形式底一個本質的姿態。）數目底相等含有「相等底符號」（即等號）。這個符號底唯一合法使用，當作一個指示看，即是兩個式子可以歸化於一個式子。

邏輯及數學展示一個符號言語底本質上是規則的特徵。依是，邏輯中的命題及數學中的等式，對於一個人，他若能夠在一十分複雜的言語中，把握每一符號之意義，必是不必要的。此即顯示：邏輯及數學不表示世界中的事實。（案：此義甚精。）

老邏輯底主要謬誤，是混本質的一般性及偶然的一般性。邏輯及數學之本質的一般性（此只能被展示）同時也卽是一些符號底一種內在的特徵，而普通一般命題之偶然的一般性則是關於事實的命題之一種顯明的眞理函值。這個差別使我們視「無窮」爲「一種運用之連續的應用於其自己之結果上」的概念，而不視之爲一「眞實地無限的綜體」之概念，成爲可能。因爲不能認識此種差別，所以引出許多似是而非的問題：數學中的連續問題及科學中的歸納問題，就是顯著的例子。

第三章　純理與幾何

第一節　純邏輯的「位區」之構造

假若吾人欲使幾何系統亦有先驗的（理性的）根據，則必須使其歸於純理，即亦由純理自身之開展而構造出。吾人已由「純理自身之開展所顯示之步位序列」而明數。但如何能由此而明幾何？純理自身之開展，顯示一步位系列，即十位旋進之無窮系列，但此系列仍爲一條綫，並不能架構成「圖形」之意義，即並不能構成一個位區之結構。是以欲論幾何，徒有步位序列尙爲不充分者，不，直與論幾何，可謂不相干。吾人不能直接由步位序列而轉出幾何概念來。依是，假如吾人由純理自身之開展而言幾何，則必須轉到純理自身之開展之另一種屬性。相應步位序列而言，吾人名曰理性自身之開展；相應幾何圖形而言，吾人名之曰「展布」。「開展」顯示「序列」，「展布」顯示

「位區」。以下是若干基本概念。

一、邏輯理性之運用是「方以直」（借易經語，改智爲直）。邏輯理性是屬於理解的。理解（或知性）即是方而且直者。因而顯示理性之運用爲方直。邏輯法則，如同一律矛盾律等，皆爲方直者。理解遵守之，成其爲理解，亦成其爲方直者。越乎理解之實踐理性所表示之「精神發展」則爲圓而神。今相應幾何言，則邏輯理性之爲方以直，須當自其最基本處而言之，不只同一律矛盾律等之爲方直而已也。此最基本處即是方直的邏輯理性之最初的「有向性」，如肯定否定等皆表示一「矢向」。此則不言其開展之序列，亦不言其所顯示之法則，乃言其「展布之矢向」。

二、理性之起用首先展示爲一「置定之向」，此則理性呈現其自己或客觀化其自己所必須通過者。此置定向，由肯定作用而來者，吾人名之曰P。吾人此時並不注意能肯之「活動」，與所肯之「對象」（或什麼東西）。吾人單注意此向之形式性，即，此「置定向」自身即爲一「型式」。此即是「矢向形式」。P即爲一正面之矢向形式。

三、但只有置定向，方直的理性之呈現其自己之根據尚不能充分表現出。若只是一置定，而無其他，則其方以直亦不顯。因而其「矢向性」亦不顯。然而方直的理性必是方直者。依是，一說置定，必代表一矢向。置定之必爲一矢向，即表示其本身必爲有限制者，因而必表示一種固定性，如是方可說爲一「矢向型式」。旣固定而爲一限制，則P向必反顯一個P̄向。P̄向即爲由否定作用而展示者。所謂由否定而展示一$\bar{P}$向，即是由P向自身之固定性限制性亦即函一排拒性而刺出者。故$\bar{P}$向是直接由P向之排拒性而邏輯地決定出，並非隨意安置者。吾人此時亦不注意否定之活動與所否定之對象。而單注意$\bar{P}$之矢向型式。吾人若單從「作用」方面想，則$\bar{P}$可以只是P之否定，只遮不表。如是，$\bar{P}$即不必表一向。若不表一向，則$\bar{P}$不是一邏輯式，而只是由遮而顯示之無限，負面之圓而神的無限，或只是一個無限的虛無。如是，則$\bar{P}$不與P爲相對，因而P之矢向性亦消失，而理性之方直性亦不顯。如保持P向爲一向，則$\bar{P}$亦必須爲一邏輯式，即必須亦代表一矢向。如是，即就否定作用言，此中之「否定」亦必須爲邏輯理性中者，而不能出離此範圍而有其他之指點或函義。如果否定爲邏輯理性中者，則否定不向圓而神方面呈其用，故否定自身亦爲與肯定相對而能「自己建立其自己」而爲一客觀之物事者。（向圓而神方面呈其用，則否定不能建立其自己，其自身亦須被打散，因而P向亦被打散矣。）否定能建立其自己，則理性之方直性即保持。然而能建立其自己之否定，若只視之爲作用，爲活動，則否定即不能成一邏輯式，雖可以是一個向，然而却是動用之向，而仍不能成一客觀呈現之邏輯型式，即負面之矢向形式。依是，如果P向爲一正面之矢向型式，則$\bar{P}$欲成其爲一負面之矢向型式，必須由P向之限制性與排拒性而客觀地被顯示。此$\bar{P}$向，雖是一虛的，由P向而反顯，然却亦是客觀的，形式的，而不只是一個作用。依是，邏輯理性中之否定作用，如要成一個邏輯的矢向型式，即是說，要客觀化而可以程式出來，則必須就P向之客觀的排拒性之所刺出而顯示其爲否定。卽是：P向在此，$\bar{P}$之爲對於P之否定，必須由P之排拒性之所刺出之反面而見其爲否定；卽是，否定必同時卽是一「反稱」。從能肯能否方面言，爲作用，此則「能否」不爲一反稱。從所肯所否方面言，爲對象，此則「所否」可爲一反稱，但非此處所言之矢向型式，亦非邏輯中所言者。此處所言之反稱，離能所兩端，單言矢向型式。故P爲一向，$\bar{P}$爲一向。

三・一、$\bar{P}$旣爲一矢向型式，則對P向言，卽爲能自己建立其爲一型式者。此種建立旣由P向之排拒性之所刺出而顯示，故$\bar{P}$向之建立其自己乃邏輯地必然者。故對P向言，$\bar{P}$向爲邏輯地決定者。但$\bar{P}$向含有種種可能。從此種種可能方面言，$\bar{P}$向之特殊型態又爲不決定者。如P向爲↓，則$\bar{P}$向必爲P之反。但其爲反，可有種種向，如↑，或→，或←等等。依是，此$\bar{P}$向卽有一般型態與特殊型態之別，須予分別考慮。但須知此時吾人只言矢向型式，並不自所肯所否方面言。依是，當只有一個P向與$\bar{P}$向之自身。就$\bar{P}$向言，並無$\bar{P}$之特殊化，卽並無$\bar{P}$之例子。依是，只有一般型態，而無特殊型態者，或可說：一般型態與特殊型態此時乃合一者。適所畫之種種矢向，儻若由此可明有種種特殊型態者，實則只是所畫之圖形之種種，而若自矢向自身言，實則只是一種也。故無論爲↑爲→或爲←，而總是一$\bar{P}$向。故此處並無一般特殊之別。落於經驗之應用，有特殊型態之可言。但此時並不言應用，故無一般特殊之別也。

四、P向與$\bar{P}$向是兩個端向。徒此兩個端向，理性尙不能客觀化其自己，即成就其自己之展布。但此兩個端向必將顯示一個構造。表示這個構造者，即爲P與$\bar{P}$之綜和。每一種綜和即是一個「位區」之實現或構造。及至「位區」之實現，理性始能初步客觀化其自己，完成其自己。如將兩「端向」畫出之，必爲如下方式：

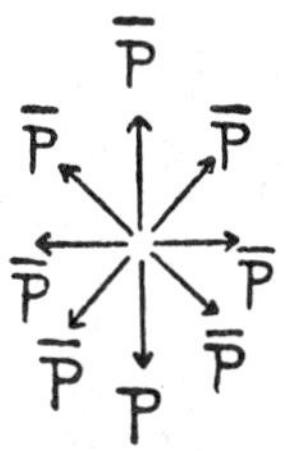

拆開觀之，每一P與$\bar{P}$即是一個可以成爲位區之間架。如

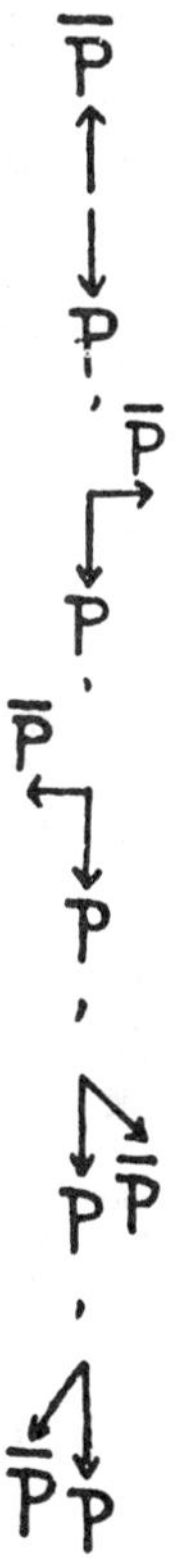

由此等等間架，連起來，即爲一位區。如下

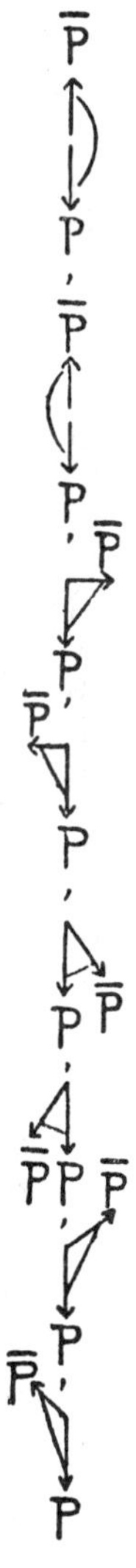

每一種兩端向間之連結即表示一種綜和。綜和是一個律則，是一個圓融。它表示一個「三」。但此

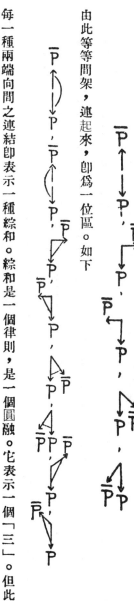

三却不與P之爲一，$\bar{P}$之爲二，爲同一層次。依此，它亦不是一個置定的矢向。因爲它既是$\bar{P}$，又是$\bar{P}$（‖P）。所以，它不是一個單純的向。它是"P∨$\bar{P}$"＝|△（|△表示一個圖形之全，即一個整個的位區。）所以「三」表示位區之實構，不表示「矢向」。

四・一、矢向，P或$\bar{P}$，表示一度。由三而成之圖形之全表示兩度。但是每一個「圖形之全」之實構即是一個有限而有定之整體。因爲它有限而有定，所以此形（即|△）之呈現即因其限定性之排拒而刺出一個相反之圖形，即—|△＝|△′。此相反之圖形與原來之圖形綜和起來，即爲一個立體，此爲圖形與圖形之綜和，非兩端向之綜和。因此，此步綜和表示三度。其式是：

|△ ∨ —（|△）＝|□

四・二、圖形與圖形間之綜和仍表示三。（三爲一原則）。但是立體（即|□）與立體之綜合仍是立體，只表示立體之擴大，不表示另一種度數之出現。故理性的展布而成位區，至立體始窮盡而圓足，亦即至此，始能充分圓滿其自己，成就其自己。由矢向型式到立體型式爲一發展，過此以往，則爲重複，非發展也。故位區至三度而盡。在矢向型式，即第一度，有可以成爲圖形之間架，但未實現地構造出，故就第一度本身言，乃爲殘缺而不成形者。在「圖形之全」之型式，即第二度，則爲偏面的單純位區，其趨勢仍爲敞開者，故仍爲虛缺不完者。必至立體型式，即第三度，然後其敞開者乃封閉。封閉者圓足之謂也。故過此以往，爲重複，不爲發展矣。

五、立體型式爲「位區」之最後的構造。每一步構造是一種綜和，是一種直覺的實現之綜和。然須知此種由綜和而成之位區是純邏輯的，即純爲純理的位區：不附着於任何有體的存在上，亦不是就空間而言者：此時，吾人未預定任何空間，所謂矢向型式，區面型式，立體型式，皆是純理的，不是空間的。故可不憑藉任何東西，而單自純理之展布即可構造出也。單自純理的三度位區之構造言（此步構造爲幾何系統之成之第一步）。吾人可指出位區之成，即幾何之肇始形態之成之一般形式。依上章附錄，維特根什坦的辨法，可將邏輯、數學、幾何之一般形式分別列於下：

邏輯：$[\bar{p}, \bar{\xi}, N(\bar{\xi})]$

數學：$[0, x, x+1]$

幾何：$[p, \bar{p}, p \vee \bar{p} = 1]$：

在此幾何之一般形式中，p或爲矢向，或爲區面，$\bar{p}$或爲矢向，或爲區面。1則或爲區面或爲立體。依是，邏輯之一般形式決定眞理函值，表示套套邏輯。數學之一般形式決定系列，即"$+1$"之無窮地連續。幾何之一般形式則決定「純理位區」之構造。

五‧一、一般形式雖如上列，但理論基礎則不同於維氏。蓋維氏仍爲形式主義，而未進至先驗主義也。依吾人之說法，純理開展所顯示之步位序列，經過「外在化」，即可以構成數。維氏所列之一般形式，即"$+1$"之無窮連續，亦必須經過此「外在化」始能成立。而「外在化」即是「直覺的構造或實現」。不經過「外在化」，則只是純理開展之推演系統，不足以成數也，而「直覺的構造」亦無可言之根據。在幾何亦是如此。純理展布之區位相，亦必須經過「外在化」始能實現地構造出「純理位區」。否則，亦只是純理之展布推演而已，不足以成幾何。故在「外在化」一關鍵上，吾人言直覺構造。在數學與幾何，直覺構造原則與邏輯構造原則皆爲必須者。而在先驗主義上，則又必須言直覺構造也（在形式主義則不須）。

第二節　對於純理位區之純邏輯的分解與純邏輯的決定

一、從矢向型式到區面型式，立體形式，雖是一個發展，然每一型式皆有其自性，而可各自獨立。其故卽因其每一個是一邏輯型式故。矢向型式爲一度，因而可以由之而引出「線」之概念，但線不必是歐氏線。區面型式爲二度，因而可以由之而引出「面」之概念，但面不必是歐氏面。立體型式爲三度，因而可以由之而引出「體」之概念，但體亦不必是歐氏體。依是，從三種純理型式而至線面體之引出，爲第一步決定。從線面體而至其或爲歐氏的或爲非歐氏的，則爲第二步決定。此兩步決定，吾人皆欲明其爲先驗主義中之純邏輯的決定（不是形式主義中者）。

一·一、矢向型式並不卽是一條線（此所謂線仍是純邏輯的「線之型式」）。從矢向型式轉出線型式仍須有一種直覺的構造。在建立矢向型式時，吾人由肯定否定之正反兩種置定而言。但由矢向而至線型式，吾人不能直接再由肯定否定而言。構成「線型式」所必須的一個概念為「點」概念。但「點」並不卽是肯定否定。如是，吾人須先建立點。如是形式主義者，吾可說：隨便自一處指出一個點，由之可以引出一條線。如此說卽足夠。如是邏輯主義者，吾可說：點是一個很複雜而並非原始的概念，須是一個很長的邏輯構造。但此兩者，吾皆不取。卽邏輯主義亦是一種形式主義（自其無根無本而言之）。依是，吾欲從形式主義而進至先驗主義（不則，非約定主義，卽下趨而預設經驗之根據或歸納之普遍化。純然之形式主義卽約定主義，邏輯主義皆預設歸納普遍化或抽延法為根據）。吾必須自理性上先驗地建立起點之概念。點雖不卽是肯定與否定，但吾人可由肯定與否定之置定處而建立點。置定可以展示一個矢向。但置定總是一種「着」：不必自其所着處言，亦不必自其能着處言，但客觀地而自「着本身」以言「着」。此「着本身」卽是一個「點」。「着」必然函着「向」。故吾人言矢向型式時，卽由此置定之着而為言。但吾人現在欲轉出「線型式」，故必須由「着本身」處先建立一個「點」。「着」是理性的肯定否定二種作用建立其自己之所示，並不是一種「幾何物項」（geometrical entity）。故由「着」而至「點」亦是一步外在化，一步直覺的構造，一步具形的構造。經過此種構造，着卽轉形為點。故點亦是一個純邏輯型式，吾人名之曰：「點型式」。它是一個模型，不是一個結聚（邏輯主義者視點為一個複雜的東西，為經由邏輯構造而成的一個趨於最簡單之結聚。此時，點即是一個「體」，不是一個「模型」）。它出乎部分與量度概念以外：它無所謂部分不部分，亦無所謂量度不量度。因爲它是型式故。【吾人必須將量度概念從點中剔除去，幾何始能先驗地建立起，而幾何中之一切困難亦可因此而免掉。而所以有困難，所以糾纏於量度，是因爲粘着於空間。所以現在吾人欲自純理上先驗地建立幾何，必須首先不粘着於空間。因此，即很易作到「點爲一型式」之概念，因而即出乎量度概念以外矣。】

一・二、吾人論矢向型式，並不注意能肯所肯，因此亦並不注意那個帶有點性的「着」。但矢向型式並不即是線。故吾人欲建立線，必須經過「由着而建立點」以建立之。依是，由點至線亦是一步直覺的構造。由點可以引出一條線，但並不能由點概念中分析出線概念來。是以由點以引生線，亦是一種直覺綜和的構造，或云直覺的具形之構造。但是，矢向雖不即是線，却有線的意義。故吾人本着矢向型式，經由直覺構造，即可外在化之而構造出點與線。線亦爲一純邏輯型式。吾人可名之曰：「線型式」。它亦是一個模型，而不是一段量度。吾人亦不說：線是由無窮數的點而構造成，因爲它是一個型式，不是一個堆聚。同樣，在此吾人亦不說：一條線可以分出無窮的點。因爲它是型式，不可分故。凡那些說法，皆是粘着於空間或量度上而產生的。【當然，吾人亦不能不接觸到空間與量度，但在此方面，吾人亦自有說。見下部第二章及第三卷第一部。】

一・三、吾人由「矢向型式」而構造出點與線，而正反兩矢向型式之綜和所成之純理位區，即區面，亦正可以視爲三個「線型式」所成之「幾何面」。蓋正矢向可以經由外在化而轉爲一個點及一條線，反矢向亦可以經由外在化而轉爲一個點及一條線。故由兩矢向之綜和所成之位區，亦可整個地經由其點線之構成，而直接地外在化，具形爲一個幾何面。故幾何面亦爲根據「純理區面」而成之直覺的具形構造。或曰：此有難。矢向雖可以有正反，但每一矢向縱可以有其着處之起點，而其前向却可以無限地開展，即其前途是敞開者。依是，其前向並無一逗住點。如正反兩矢向之前向俱無逗住點，則即無法將兩矢向所成之缺口連起來而成一位區。依是，由矢向而轉出之點與線，此線之前向亦爲無限的開展而不能逗住，故亦不能將其缺口連起來而成一幾何面。答曰：矢向爲一型式，無所謂敞開不敞開，逗住不逗住。又，吾人此時是就純理之展布，採取形構原則。假若有正反兩矢向，吾人即可依據「直覺的具形之構造」而綜和之，使之成一純理之位區（不依附於任何空間或量度）。兩矢向有可以成爲位區之間架。即依此純理位區，吾人即可構造之而爲一幾何面。幾何面亦是一個純邏輯型式，吾人可名之曰：「面型式」。它並不是一種量度。吾人亦不說：它是由線堆集成，或可以分出無窮數的線。因爲它是一個型式，不是一個堆聚，亦不是可分的。假若吾人有「矢向型式」，有「區面型式」，吾人即可依據之而轉出點與線，轉出幾何面。只要知道是依據矢向型式與區面型式而來，則說由點線構成面亦可，說由面分解出點與線亦可。及至此等概念各自形成，則自可拆開之而單獨地規定其種種幾何特性。及至可以單獨地規定其幾何特性，則一條線可以隨時延長，隨時停止，因而若干線亦可以隨意布置而成圖形。【當然「隨意」是有限制的，而所成之圖形亦必是可以形構者，即，亦必有其變化之規律上的範圍。】

一・四、正反兩區面之綜和，則成一立體位區。由此立體位區，吾人依據直覺的具形構造，即可轉形爲「幾何立體」。此亦爲純邏輯型式，吾人可名之曰「立體型式」。它亦非實有量度者。吾人亦不說：它由面而堆集成，或可以分出無窮數的面。

一・五、邏輯中的PV—P（或PV—P＝1）表示排中律，—PVP＝P⊃P表示函蘊關係，然皆表示純理自己，或純理意義自己。此處相應幾何而言，則PV—P＝1表示純理之展布相，即區位相，故幾何之一般形式實表示形構原則也（等於「一」即表示必可以形構，而P或—P必表示矢向或區面）。數學之一般形式則由純理開展之步位序列而成立。故邏輯表示純理自己，數學則表示純理之縱相，幾何則表示其橫相。方直的純理之開展，其「相」盡於縱橫，故先驗地由純理而建立之純型式系統（亦曰無體的系統）亦盡於數學與幾何也。

二、假若一條線爲一可以實構之形，即，必須經由直覺綜和之構造而成其爲一線，則一條線必爲一特殊系統中具有該系統所賦予之幾何特性之線，決無一「只是線」或「線一般」之線（線一般，若在一系統中，說所有的線，亦可用）。依是，吾人若由線而至一實構之線，則必須進至純邏輯的決定，特殊的決定。因爲「線」一概念並不必函其是歐氏線或非歐氏線，是直線或非直線。面與體亦然。是以，若想獲得一實構之線，必賴有特殊之決定。既賴一特殊之決定，則凡一實構之線皆是由直覺綜和之構造而形成，而凡表示線之命題皆是綜和命題。面與體亦然。

二•一、吾人以上是由純理位區以確定點線面體諸型式。設以線爲例，由所確定之線型式雖不函其究爲何種線，然本着純理的方以直之義，必可由純理位區中之矢向型式先構造出直線或歐氏線。因爲方以直的純理之置定所顯示之矢向，首先必可以使吾人有一「直」的概念，因而可以構造出直線來。然線型式既不函其是直線或歐氏線，故欲由一「直」的概念而想構造出歐氏線，則必須先有一種規律（或純粹概念）的設施。「規律」即是可以使吾人依據之而構成歐氏線者。依據規律去構造，即是依據規律去綜和。是以每一規律之運用即是一綜和之運用，因之而成一實形者。吾人可先依據一組足以成歐氏系統之規律而構造出歐氏線，歐氏面，歐氏體。然歐氏系統既由一組規律而形成，則即無由否決足以成非歐氏系統之規律。此爲純邏輯地可決定者。

二•二、然則這些足以成種種系統之規律，其先驗根據如何能講出？即，如何能自理性上純邏輯地決定出（或推演出）？吾人適說，由純理的方以直，吾人可以首先構造出歐氏系統來。然須知「方以直」的屬性並不函其是歐氏系統。依是，要想構造出歐氏系統，必不能不有待於規律之運用。然一說規律之運用就是一種「特殊決定」之活動。這些特殊決定並不能由純理位區中直接分析出。然則這些特殊決定之先驗根據何在？它們是隨意安置的呢？還是有必然的理由？自其「不能由純理位區中直接分析出」而言，它們誠然是自外設置者，卽，此時吾人是另起爐灶。然，雖云自外設置，却非無必然理由而隨意設置者。此必然理由將如何而發見？曰：線必是一實構之線，而不是「只是線」。依是，「一條線或爲直線或爲非直線」一命題乃一必然之命題，卽套套邏輯的必然之命題（此如：今天或下雨或不下雨）。若有一條線既非直，又非「非直」，此乃不可思議者，卽等於線自身之否定。「直線或爲歐氏的或爲非歐氏的」，「非直線或爲歐氏的或爲非歐氏的」，「兩點間或只有一條直線（最短的）或非只有一條直線」，「兩平行線或永不相交或非永不相交」，「面或爲歐氏的或爲非歐氏的」，「體或爲歐氏的或爲非歐氏的」，「三角形內三角之和或爲一八〇度，或爲非一八〇度」，等等，皆爲套套邏輯的必然命題。此種必然命題，吾人可自線型式概念起，依據「凡線必是一實構之線」之思想，將「線」決定其「或爲直線或爲非直線」之正反兩可能，由此以往，可連續地向下作。而「如此而作」之範圍不能超出線面體之概念（點在此不相干）。卽，所作之必然命題必是關於線面體者。（線爲一度，面爲二度，體爲三度。只能關於此三度者。至於所謂四度，吾人將於下文說明其意義究何在，所謂n度，吾人將於下文說明其不可能。）領導概念之範圍既定，則正反兩可能中，正可能不必說，「反可能」之範圍亦可得而定。

二・三、如果「反可能」之範圍可確定，則（一）正反兩可能之析取式（如線或爲直線或爲非直線）必爲套套邏輯之必然；（二）「反可能」中之內容或可能必皆可列舉，而且皆可實構；（三）

皆可列舉卽示不能無窮，皆可實構卽示有窮之可能無一而不合理（合理卽云：依規律而可構造出）；（四）如果「反可能」中所含之可能有許多（但非無窮），則每一可能亦可列爲正反兩可能，而此「反可能」中仍不能無窮。蓋若「線或爲直或爲非直」，則無論「直」與「非直」皆不能超出「線概念」以外。線概念有其一定之內容與外延，又因爲它是一個型式，直線非直線亦皆是型式，而不是「存在」，所以它的特性不能是無窮地複雜。因此，它是可以列舉盡者，而且皆可以實構者。此種可以列舉盡之可能（因之而成套套邏輯之必然），亦如邏輯中，一命題有眞假兩可能，對此兩可能復有四個眞理函值；兩命題有四個眞假可能，對此四可能復有十六個眞理函值。依次類推，皆可列舉。例如「三角形內三角之和或爲180°，或爲非180°」，此非180°中之可能只有二：不是大於180°，卽是小於180°。又如：設比較AB及CD兩線，吾人可說：或AB等於CD，或AB不等於CD。在此「不等」中，或是「大於」，或是「小於」，只此兩可能。如「等於」，則爲歐氏線；若「大於」，則是里曼氏線；若「小於」，則是羅氏線。若是歐氏線，則在線外一點，只可作一平行線；無限延長，永不相交。若是里曼氏線，則在線外一點，無平行線可作，一切線皆無限而有定長，皆爲封閉線。若是羅氏線，則在線外一點可作無窮數的平行線，皆爲無限延長，而不相交（此種線作成之圖形無相似者）。如是，吾人可說：「在線外一點或『只一平行而不相交』或非『只一平行而不相交』」。「只一平行而不相交」爲「只一平行」一概念與「不相交」一概念之絜和，對此之否定所顯示之反可能卽爲：一、只一平行而非「不相交」；二、非「只一平行」而不相交；三、非「只一平行」而又非「不相交」。依是，該必然命題正反兩項所含者只此四可能。吾人可攝之於歐氏及非歐氏範圍內。

二·四、在線面體領導概念下所作之正反兩可能，每一可能皆可實構。而每一可實構之可能皆是依據一概念（或規律）而去實構者。是以當吾人說正反兩可能由之以成必然命題時，卽已顯示出「規律之置定」。說正可能時，卽已預定一規律，因而可以構造「正可能」中所示者。反可能亦然。每一規律之運用卽是一直覺的綜和之構造。吾人可將此等規律分成組，如是，卽成各種幾何系統。但是正反兩可能中，必以正可能爲首出，爲標準。依是，歐氏系統必爲首出之標準系統。依此而進，規律雖可分爲多組，然皆依照套套邏輯之必然命題而邏輯地引生出，皆有必然之理由，理性之根據，無一而可隨意安置者。規律既皆必然，有先驗根據，各種幾何系統亦皆爲理性之必然，而有先驗根據。或謂一說先驗根據，必只是一個系統，此則非諦論。

二·五、「凡線必爲一實構之線」，在此原則下，吾人可說：一切幾何命題之形成皆以規律爲首出。吾人雖有點線面體之概念，然此等概念是由純理位區而構造出，並非在外界有一現成之點線面體爲吾人所取用。而線又不函其究是直線抑是「非直線」，面亦不函其究是歐氏面抑非歐氏面，體亦然。是以一直線之成，或一歐氏線之成，皆是經由規律之運用而形成。規律之運用產生線或其他。並非外界有一現成之線，具有如此這般之特性。若如此，則是以對象（或物項）爲首出，吾人即就此既成之線對象而分析其特性，即可成一關於線對象之命題。然線之爲直或爲曲實由規律之運用而形成。線爲一型式，並非一實際之對象。故在幾何中實以規律爲首出，不以對象爲首出。而在規律之運用中產生線對象（此時即線型式）。當夫線型式一形成，自具有如此這般之特性，而且必具此特性。然其所以必具此特性，即由規律所賦予。亦正因其爲規律所賦予，故必具。亦正因其必具，故其既成之後，就之而分析之，又皆爲必然者。其所有之特性皆爲規律所賦予，無一而不成於規律，亦無一而自外來者。規律之運用窮盡其本質，決無有些微特性遺漏於規律運用之外，而不爲其所產生，而仍爲此線型式所具者。線面體皆是型式，不是實際之存在，故其特性能窮盡於規律之運用而爲此運用所產生。若是存在，則必有遺漏於規律運用以外者，而此時言規律運用亦不能產生或賦予特性，至多能賦予某義之特性：蓋既爲存在，即不由規律運用而形成故也。故一爲存在，必爲無窮之複雜，此時即不能先驗地建立起。幾何之所以能先驗地建立起者，正因其爲非存在，爲型式；因此，亦必以規律爲首出，不以具有特性之既成對象爲首出；因此，一切皆由規律之運用而產生而形成也。

二・六、規律即是形成一實構之線型式（或其他）之規律。設線型式已形成，吾人即可由之以發見其所由成之規律。設每一幾何型式（如直線曲面等）皆爲依據規律而成之直覺綜和之構造，則吾人可說：每一直覺綜和之構造即展示一條規律。是故此中之規律並非由判斷型式所發見之若干純粹概念即可充當，如康德之所作者（康德之數量範疇對於幾何命題所由形成之規律可謂全不相干）。它乃必須相應幾何型式而顯示，而「規律爲首出」是一最基本之特質。正因規律爲首出，一切由規律之運用而賦予，始能先驗地建立起；而不以對象（存在的）爲首出，故一切規律皆是先驗的。所謂先驗又不只是邏輯的先，不只是形式主義的先，而乃是「理性的必然」之先，先驗主義的先。線雖不必然地函其是歐氏線，或非歐氏線，然「線或爲歐氏的或爲非歐氏的」是理性地必然的。而「或」中每一可能又皆可依據規律而實構，並不有藉於外來之物事，故所有規律皆是理性地必然的，皆是先驗的。只要見出吾人如何由「純理位區」一步一步說到此，再由此以返回純理位區，通其脈絡，則先驗主義即必然成立。【先驗主義成立之根據：一、以規律爲首出；二、規律之運用產生幾何型式；三、必然命題中正反兩項所函之可能皆可實構；四、一切規律皆自內出，內者理性之謂；五、凡依首出而內出之規律而可實構者皆實現。此最後一義乃先驗主義最後之完成。惟此一義，須待論「超越決定」時始能明，見第三卷第一部。形式主義則不能有此。此爲由比較而顯先驗主義之最顯明者。】

二•七、凡依據首出而內出之規律運用所成之幾何命題皆是先驗地綜和的，又是分析地必然的。「先驗地綜和的」是言規律運用產生此被實構之型式。「分析地必然的」是言此已構成之型式之種種特性皆是其本質，皆是定然而不可易者：如言其反面尙是可能的（卽可易），則必不在此規律運用之下，而已跳於另一規律之內矣。依此，規律運用與已形成之型式是同一的：此中並無「所綜之雜多」與「能綜之機能」（機能亦示形式）間之異質的差別，如康德所說以範疇綜和「經驗所與」者。因此種先驗綜和所成者只是一實構之幾何型式之自己，其中並無型式以外之實際或存在。因此，亦不能說此型式乃「存在」或「什麼有限物」之型式：此中並無「存在」與「本質」間之差別。卽，此中並無主詞。若說：線是直的或曲的，是歐氏的或非歐氏的，因此而謂「線」是主詞，此實只有文法上的意義，並無實際的意義。因此，並無實體性的主詞，或存在性的主詞（卽因無實體性的主詞，始能說以規律爲首出）。一切幾何型式皆只是純然型式之呈現。一切幾何命題，就已形成之型式而作出之分析地必然的命題言，亦皆是該型式之所呈現。套一句形容上帝的話說，已形成之型式，（依據規律運用而產生者），它就是它自己之本質，它就是它自己之「有」（存在）。此有卽爲型式自己之有，自己之實現。卽因此故，幾何系統乃爲無體者（無體亦可直由「無實體性的主詞」來了解）。凡是無體的純形式系統中之命題皆是旣爲先驗地綜和的又爲必然地分析的。嚴格言之，實亦並非命題，乃只是些型式或原則。邏輯，數學，幾何，皆然。亦只有此三者是如此。因其爲先驗地綜和的，故必須服從直覺構造之原則。因其爲分析地必然的，故又必須服從邏輯構造之原則。而直覺構造又必是依據首出而內出之規律運用而構造，故先驗地綜和的與分析地必然的是同一的。「綜和表示直覺，而先驗則顯示規律。型式之形成或實構表示直覺綜和，而分析地必然的則顯示規律。」康德只知其爲先驗綜和，爲純直覺，而「規律」不能透出，故於數學幾何終無善解。其論幾何命題之爲必然，必基於空間之爲純直覺。故其於幾何命題之說明，亦只能拈出直覺綜和，而不能透出規律之運用。是則總歸於一直覺了事矣。詳論見第三卷第一部第二章。吾今與彼不同者：一、不糾結於空間而言，二、透出規律之運用，三、先驗地綜和的與分析地必然的合一，四、直覺的構造與邏輯的構造合一。

第三節　四度之意義與N度之意義

自相對論出，有所謂四度空間之說，因而復有四度幾何，乃至n度幾何。實則空間只是三度，四度者加時間一度而已。時空合而爲四度，究非空間自身爲四度。而時空合一，在物理世界上，本可如此說。時空合一亦不必函此世界即爲非歐幾何的。決定此世界爲非歐幾何所應用，必須注意到曲率，而曲率非時間自身之所函，乃一物理的攝引之觀念。就「攝引場」而言，時空俱爲所決定，反之亦可云：時空合一之系統乃爲描述此「攝引場」者。然此並不能說有四度空間，四度幾何。吾人就幾何自身言，既不預定空間，亦不能有四度（只有三度）。可有歐氏與非歐氏的幾何系統，但皆爲長寬高之三度，而並無第四度。是以時空合一與物理中攝引場這兩方面爲一事，而歐氏與非歐氏幾何又爲一事。吾人只能說，歐氏幾何適用於直線空間（空間是描述或限定物理量的），非歐幾何則可適用於曲率世界，即言彎曲空間，空間亦是描述或限定物理攝引之狀態者。是以只言幾何，只有三度，並無四度。四度者非單純的幾何中之概念也。乃是一、說時空合一，二、又透過時空而說物理攝引也。然吾人論幾何自身，既不預定空間（時間更不必說），又不涉及物理攝引。而仍能從純理上推演出（而且是先驗地）種種幾何系統：歐氏幾何亦不預定某種空間（譬如說是歐氏的）爲其成立之根據或關鍵，非歐幾何亦不預定某種空間爲其成立之根據或關鍵。吾人必須知：幾何自身乃爲純理的，或云只是純邏輯型式，而時空則必附着於物理量，與物理世界糾結於一起。幾何自身既不預定時空爲其成立之根據，則時空自身亦不函其究爲何種幾何的。幾何，時空，物理，乃是一連串異質的事。其間的關係，下文稍言之。

所謂n度又不同於四度。四度尚就時空說，n度則又離乎時空而純爲數學的。說者云：既有四度，爲何不可有五度，乃至n度？此如邏輯，既有二值，即有三值。既有三值，爲何不可有n值？然此中，實不可如此類比。（實則今日於邏輯言多值，亦由幾何有多種系統而啓發。而因幾何之有非歐，故又由四度想至n度。）蓋因多值尚只由命題之值而演變成。命題之值，自外延觀點或自其證實之度上言之，實可於二值外言概然值之級數。於此言多值系統尚無不可。蓋依眞理圖表辨法，實可如此排列而構出也。然縱使如此，且爲不識邏輯自己者，惟附着於命題之證實方面的值之意義（此在邏輯自己本不應如此者），因而涉及於概然值，始可如此作。惟此尙仍是命題之值之同質地連續增加而成者，故可排列而構出也。然由四度而言n度幾何，則全離乎時空之意義，而進至於數目增加之意義。是亦卽全無幾何之意義，而只有數學之意義。縱使可演成數目式，然就幾何意義言，則決不能構造者。卽決不能由此構成幾何意義之型式也。縱使爲純邏輯地想像者，亦只有數學之意義，而無幾何之意義。吾人亦不就時空而言幾何，吾人亦是純邏輯地講之，故視爲純理型式，可先驗地建立起，然却決不由此而言四度乃至n度，而純理上亦決不能由此而可構出n度的幾何型式者。此所謂不能，並非時間上的不能，乃原則上不可能也。線型，面型，體型，以外，不能再有增益度數之圖形型式，而在線面體之型式中，無論如何曲折，總不能曲折出n度幾何來。（可以曲折出非歐幾何，而此亦爲有限者，決不能曲折出n度來。）除非離却幾何之意義，而全歸於數學之意義。數學之數目系列總可無窮地連續增加者。然此必爲同質的。亦如概然值之系列之爲同質地連續增加。然幾何之度數則不能有此方便。線不同於面，面不同於體，非只數目之遞加也。故n度幾何乃爲不可能者。此違背幾何之自性。n度亦不可能者，此違背幾何度數之自性，純歸於「數目串」之意義矣。

吾人旣由純理展布所構成之純理位區而先驗地建立起幾何系統，而毫未預定空間爲其成立之根據。然則空間可全與幾何無關涉耶？它無內在之關係，而有外存之牽連。既無內在之關係，則其成立之所以可能之根據不在空間，因此亦無假設形上的潛存之空間之必要，是則形上空間可剔除也。既有外在的牽連，則認識論的空間不能不建立。然此種建立，乃為備幾何用於物理世界之通路（即依此義，而說外在的牽連），而非為幾何所以成立之根據。依此，雖必建立認識論的空間，而以「空間為直覺形式」以保證「歐氏幾何之必然」，以論證「空間必為歐氏空間」之理論亦所不取。依是，空間縱為直覺之形式，（此即吾所謂認識論的空間），而其究為何種幾何特性，則是有待於被決定，而不是其自性已具有某種特性以為其本質因而可藉之以成立幾何者。若如是，則仍是「預定形上空間以為幾何之根據」之思路。不過論法不同而已。

空間之為「直覺之形式」（此義之論法不同於康德），以及「其自身並不具有何種幾何之特性」之主張，吾人將詳論於下部第一章以及第三卷第一部。此種建立之時空即為認識論之時空。它的幾何特性，必須由其附着於經驗現象而被決定。而決定之之模型即在純幾何型式之應用。時空附着於現象即是限定現象，而其限定現象之所表象者即為現象之廣度量與强度量，因而亦即為無向量與有向量。認識論之時空必於其限定現象而彰其用，因而亦必與量糾結於一起。時空之由限定現象而表象量，即為純數學與純幾何透過時空之限定而成之超越的決定。在此種超越的決定中，時空之幾何特性，亦即物理量之幾何特性，遂得而決定，而純幾何之應用或實現於現象界亦因之而決定。

在此種超越決定中，吾人對於附着於現象而限定之之時空以及由此限定而表象出之量，必須採取一種關係說，即由來布尼茲而開啓之關係說。吾人以爲此乃不可易者。其中種種特性，吾人將由一發展而完成之。

又，在此種超越決定中，由先驗主義之立場所先驗地建立之種種幾何系統一切皆實現。此爲形式主義所不能作到者。而先驗主義亦由此義而得其最後之完成。

以上諸義皆見下部第一章以及第三卷第一部。

第二部　論格度與範疇

第一章　時空格度由超越的想像而直覺地被建立

第一節　來布尼茲之轉客觀空間爲屬心的以及轉絕對的爲關係的。

當吾人由純理之外在化而明幾何時，吾人並未預定一具有某種特性之空間。時間自不必說。但吾人要表象經驗現象，時空乃是必不可少者。依是，客觀而外在之形上的時空可不必要，爲某種幾何系統而預定的數學時空可不必要，而認識論的時空則不可少。一言及認識論的時空，則時空必歸於是先驗而主觀的。依是，必歸於由認識的心而建立之，而視時空爲客觀而外在之形上的無限潛存體者自必被擯棄矣。

原子論者肯定宇宙的根本實在有二：一爲原子，一爲空間。原子在空間中活動，則空間必在原子背後而爲其活動之場所。視時空爲形上的無限自存體者，即由此而演變出。及來布尼茲出，以爲原子不合理，改主心子爲宇宙之實在，則已將時空從存在之背後翻上來而浮於存在之上面，復進而將時空繫屬於心子之知覺而謂其爲主觀的。此兩步翻轉是此問題之大轉關。今依羅素的解析疏解如後。（參看羅素「來布尼茲哲學之批評的解析」第九第十第十二第十四各章。）

一　關係說

有兩種空間說：一爲牛頓所表象者，一爲來布尼茲所表象者。假設取AB兩點，此兩點間一、有一距離，此距離只是該兩點間之一種關係；二、有一現實的長度，以許多空間而組成，而且從A申展到B。如果主前者爲空間之本性，則是關係說。A及B兩項，其距離是空間的，而此兩項自己，必須是非空間的，因爲它們不是關係。如果主後者爲空間之本性，即有一現實的間隔長度，則吾人將見此長度可以分爲無窮數的點，每一點皆如端點AB然。此是牛頓之絕對空間說。依此說，空間不是以可能的關係之聚合而形成，而是以無窮的現實的點之集和而形成。

來氏如何極成此種關係說？來氏有一基本觀念須注意：此即理想的與現實的區分。依來氏時間空間及數目俱是理想的東西。與其系統中之心子及其情態乃至心子之集和所成之現象俱不同。此後者皆爲現實的。在理想的東西方面，全體先於部分。（在現實的方面，部分先於全體。）數目「一」甚至其他整數，皆先於其分數。在空間與時間方面，亦如此（因關係說而得到如此之結果）。來氏很可以進一步說：數目與距離雖然可以較大或較小，然而它們俱無部分（在分數方面他實如此說）。數目是可以應用於「可能的集和」上的概念，但數目自身並不是「集和」。距離，時間的或空間的，皆是些「可能的關係」，且必須與廣延或久延區別開。（廣延卽是從距離之此端，擴展到彼端之謂。此與空間不同。）抽象的線不是組合成的。因爲線就是距離之關係，而此若只作關係看，便是不可分的。組合只存於具體的東西中，卽只存於質量中。抽象的線卽標誌這些質量之關係。空間是可能的距離關係之聚合。此等可能關係，只有當AB兩點爲現實的本體所佔有時，始能變爲現實的關係。距離可以較大或較小，但不能分成部分。因爲它們是關係。因爲空間是關係，故有距離的項其自身不能再是空間的或擴展的。項不是空間，因爲它不是關係；它不是擴展的（無廣延），因爲它不是現實的點，或有本體性的點。有距離的項或點只是一個數學點，卽A之地位不過就是A之性質，藉此性質，在任何瞬，A反映其他東西。此卽是數學點爲何是心子之「觀點」之故，亦卽是爲何數學點只是「程態」而不是空間之部分之故。此亦解析爲何整全不以其部分而組成之故。因爲一距離之部分只是較小的距離關係，而決不會爲較大的距離所預設。較大的距離是邏輯上獨立於較小者。距離關係不能分爲部分，此中關係與部分之區別卽是强度量與廣度量間之區別。廣度量須預設一切它們的構成成分，此成分之和即是廣度量。强度量不預設較小的强度量之存在。空間量及時間量既只是些可能的距離關係之聚合，所以是强度的。而廣延是一廣度量，且須預設現實的部分，它即依此現實的部分而擴展。【案：在絕對說，空間與廣延無異。笛卡爾亦是絕對說。亞里士多德視空間爲圍與被圍間之界限，亦當是關係說。凡關係說，皆視空間不同於廣延。依來氏，空間與廣延不同，廣延與擴展的不同。元物質，即心子之被動性，因其本性是抵阻，故有力。因有抵阻之力，故爲擴展的，而擴展的不是空間，因空間是理想的，關係的。而擴展的亦不是廣延，因廣延是重複故。由擴展的而有廣延（抽象），而廣延亦不是空間。因一、空間是關係，爲心所成，二、物質可以變更空間，而不能離其廣延。】依是，瞬不是時間之部分，數學點亦不是空間的連續之部分。空間的連續是一切可能的距離之聚合。數學點只是位置，即是說，只是距離關係上的些可能的項。依是，數學點與可能的距離不是同一序的。可能的距離作成空間之連續，而數學點則不是此連續中之部分。質言之，一距離，因其是一關係，實無部分可言。反之，在空間中擴展的東西，是具體的；此時，不只有距離，而且有距離藉之以成的項。此時之距離及項，皆是現實的。吾人可說，此現實的距離及項乃由可能的距離及數學點所決定出的或標誌成的。然而兩者決不可混。

來氏由此空間之本性復進而說連續。他說：重複，當其集和的部分是可以識別的，猶如數目中的部分然，則是間斷的。而當其部分是不決定的，並且能在無窮數的路數中被預定時，則它就是連續的。任何東西，若是現實的，而其連續又是此義之連續，則來氏卽反對之。因爲雖然凡是現實的東西可以有無窮數的部分，而這些部分却並非是不決定的，或隨意的，但完全是決定的。依是，亦必不是連續的。只有空間及時間是來氏義之連續的。而此兩種純是理想的。連續是理想的，因爲它包含不決定的部分；而在現實的東西中，則一切皆是決定的。」但來氏又主自然無罅隙，卽連續的。但此不是形上地必然的，只是爲「事物之秩序」所要求。此現實方面與此處所討論之問題無關。可不涉及。」上言，時間及空間只是關係，根本無部分可言。所以其爲連續的，積極地說，只是關係之整全之不可分，因而亦無間斷可言，消極地說，若連續與部分串有關，則時空根本不能有決定的部分，因而亦無部分串可言。而若有決定的部分串，卽不是連續的。依是，時空根本不是部分串，連續亦不可以部分串論。時空是連續的，而連續亦是理想的。此皆是極爲可取之精義。

二　主觀性

來氏說：「我有許多證明，可以駁倒那些以空間爲一本體或至少爲一絕對存在的人之幻想。」據羅素所述，其證明之基礎如下：「如果空間被承認爲其自身卽存在，而本體之主張又保留，則本體與本體所佔之空間間必有一種關係。但須知此種關係將不是主謂間之關係，因爲此關係之每一項皆有獨立之存在，卽其自身卽存在，而且經過變更後，那些項仍可以繼續其存在。物體與空間之部分俱不能歸爲虛無，卽當這一空間之部分爲此事物所撤離而爲他事物所佔據時，事物不能歸虛無，空間之部分亦不能歸虛無。依是，地位與佔此地位之本體間之關係是一個在傳統邏輯中無地位之關係。依是，地位之獨立存在是爲小心的哲學家所否決的，只有牛頓因不知其結果之如何始承認之。」

所謂在傳統邏輯中無地位，乃是說，本體與其所佔之空間間之關係，不可以主謂論，只是一種佔有關係。實則既不是主謂命題，亦不是普通之關係命題，在關係邏輯中亦並無地位也。它是一種特別之關係。在此種特別之關係中空間一項，只是主張原子論者爲原子之活動所預定之「虛的存在」。原子論者必至此虛的存在之肯定，但並不能因之卽說：此佔有關係在關係邏輯中卽有地位也。空間之自存只是多元論者之邏輯假定，並無眞實可能性。如果形上學的原子論（與科學不同）不可能，則卽無理由再執持此虛的存在之客觀實在性。（科學之發展亦並不助成之。吾將於下第二節稍論之。）羅素說：「本體之哲學必否證空間之實在性。一元論者必認空間爲一屬性。心子論者則認空間是關係之聚合。」此自爲羅素所不喜，然理之必至，亦無可挽也。

來氏復進一步以爲：如果空間是眞實的，則它或是主詞，或是謂詞。然而俱不是。空間，因其有部分，不能是上帝之屬性，而空的空間又不能是任何東西之屬性。反對其爲一本體或獨立存在，則來氏之得意論辨是從無異之同一性及充足理由律而引出（此亦應用於反對時間爲一獨立存在）。）空間是絕對地統式的（一律的），其中之一點皆恰似於另一點。依是，不只是點是無異的，而事物之種種排列亦必是無異的，譬如，現實的排列以及從任何角度而轉宇宙所成者亦必是無異的。復次，如果時間是眞實的，則世界之被造可以較早一點，然而在此時造而不在彼時造，是決無充足理由者。再一般地說，整個看的宇宙，在空時中，不能有不同的絕對位置，因爲這些位置必是無異的。依是皆必是同一的。

空間時間如果是眞實的，不能不以數學點而組成，然而它們決不能以數學點而組成。因爲數學點只是些極端。其中兩個極端點決不能大於一個極端點，亦恰如兩個完全黑暗不能比一個更黑暗。（數學點只是程態或心子之觀點，並無量可言。）在時間方面，除瞬外無存在。然而瞬就不是時間之恰當部分。依是，一個東西，如果沒有部分而存在，則它如何能存在？是以空時不能有眞實的存在，只是可能關係之聚合。

吾人可以說，空時只是可能關係之聚合，其意即爲：心子映照宇宙之虛架子或樣式，而端點亦只是心子映照之觀點。自始即是虛的。故距離之爲關係以及端點之爲數學點（程態），此整個所成之空間（或時間）就只是形式的，而此種「形式的」又必緊屬於心子之知覺：一、決不能離開心子之知覺而泛泛地從客觀現象方面說其爲關係的爲形式的；二、此種關係與形式必有其支持點以成爲如此之關係與形式，而此支持點即是心子之知覺。（來氏名心子爲形上的點，故此支持點亦即形上的點。）此兩義即表示空時之主觀性，或屬心性。此種由心子爲支持點而發出的時空之關係說，一方固不可普泛地落於客觀現象上說，一方亦不可視爲由心子與心子間的關係而顯示。依來氏，心子間根本無關係可言。每一心子映照全宇宙。心子與心子間只有預定之諧和，而此爲上帝所知所成。內在於心子本身方面說，心子雖爲多，而無關係可言。即就上帝處之預定諧和說，此所預定之諧和亦不爲空時關係之根據。依是，空時，在來氏系統內，永遠是偏面地繫屬於心子之映照，而不能客觀地或形上地從心子間或現象間的關係方面說。空時，雖由存在之背後翻上來而浮於存在之上面，然却不可卽就存在之關係而說之。故同時翻上來，卽同時繫屬於心。繫屬於心而明其爲關係，然後再決定其對於存在（卽現實的）之關係。

三　位置說

如果空時不是客觀的實在，則無有絕對的位置。位置單由事物之相互關係而抽象。但須知，此語並不可作爲說明空間之起點。位置是現實事物的位置，事物之相互關係亦是現實的。而事物之現實的相互關係必須追溯其原則性的根據於心子映照之觀點所成之空間。此當爲說明位置之關係的解析時所必須注意之前提。

來氏以關係解析位置如下：當一物體A對其他物體CDE等之位置關係有變更時，而CDE等之相互關係不變，則可以推斷變化之原因乃在A，而不在CDE等。現在，如果另一物體B對於C

DE等有與A對之所已有的關係準確地相似之位置關係，則此時吾人卽說B是在與A「同一的地位」。但是，在此兩種情形內，實無個體地相同者。因爲，在第一種情形，位置關係是A之結果，現在則是B之結果，而「同一個體」之「偶然事」不能在兩個不同的主詞中。依是，含在同一地位中的「同一性」是一幻像，實則只有準確地相似的位置關係。

但是，AB的準確相似之位置關係須有賴於CDE等之繼續不變。羅素說：「但是當他進而說這些其他存在物（卽CDE等）是被假設爲『從這些剎那之一到另一剎那而繼續固定』時，則他在關係說上，作了一個完全而絕對無意義的假設。卽因增加此點假設，遂表示出此說之弱點。依是，顯然，關於空間總有某種不是『關係』的東西，而那些想反對這點的人，總不能免於自相矛盾。」羅素此意以爲一假定CDE等繼續固定，卽是承認有絕對位置，而不能只是關係。案此難非是。此問題只是衡量位置關係之相似之標準問題。標準可以不必是絕對空間中之絕對位置。而在知識範圍內，相對標準亦可以衡量相似不相似（此時且不必說人之約定或心之抽象所成之簡單定位）。所謂固定CDE等使其在時間中繼續不變，並非說其時瞬與空點不變，乃是說其幾何的位置關係不變。依是，不變者是幾何的結構，此亦可曰空間圖形或型式。一切都在變，物體的位置，點式的位置，亦總不同。但位置關係可有恆常。依是，不說「同一地位」，而說相似的位置關係。位置之關係的解析，在來氏系統內，並無困難。亦不須假定某種不是關係的東西。問題似乎是：在心子所成的事物方面，如何能有一些相似的位置關係（如CDE等的關係）。此問題不屬於時空本身的問題。不管時空說如何，每一形上系統皆可發生此問題。此問題不難解答。在來氏系統內，預定諧和可以保證必有一些相似的位置關係。即在絕對空間說，亦不能單由絕對空間保證現實的事物必有一些相似的位置關係。此可不論。

在此，吾人只說：由只爲關係的空間標識事物之幾何的相互關係，藉以確定其位置：位置依空間而排列。

四　來氏是否有兩種空間說？

羅素說：「空間關係並不在心子間成立，而只在每一心子之知覺中所覺之同時生起之對象間而成立。依是，空間只是主觀的，如在康德。但縱然如此，而由於觀點之不同，所以不同的心子之知覺亦必不同。但是觀點只是數學點，而可能的觀點之聚合就是可能的位置之聚合。依是，來氏有兩種空間說：第一是主觀的，康德的；第二是給一客觀的格局，即心子之種種的觀點。困難是：客觀的格局不能只是在不同觀點中而組成，除非主觀的空間是純粹地主觀的。但如果是純粹地主觀的，則說不同觀點的根據即消滅，因而沒有理由相信現象有其基礎。」案：現象有基礎，而基礎是在眞實單一之本體（即心子），並不在客觀之空間。觀點之不同亦不因客觀之空間而始不同。羅素意似乎是：種種觀點之不同必因其所在之空間以區別之。觀點不離心子，觀點所在之空間即是心子所在之空間。由心子而在空間，自必引至客觀的空間，此如原子之在空間。依是，空間之浮於上面，而又翻在下面去矣。若不如此，則單從心子之觀點說空間，雖有許多心子許多觀點，而空間亦仍是屬心的而爲主觀的也。空間只能繫屬於心子之觀點上說，而不能由心子以及其觀點之所在以想之。

羅素又說：「當來氏青年期，依其唯物論之偏好，他確認靈魂佔有空間中的點。但後來，在其追求空間之不實在性以後，他漸漸努力着重空間之主觀性，而犧牲其客觀之格局。」又說：「在其較後期的作品中，關於靈魂的 ubeity，他避免任何清晰的陳述。他想，靈魂至少可以與物體有關係，即它們是在一定的體積中，雖不能在該體積中指給以任何特殊的點。靈魂之在體積中，名曰一定的 ubeity。在他的生命之最後一年，他更爲消極地表示之。他說：『上帝不因位置而呈現到事物上，但因其體性而呈現到事物上。他的呈現(存在)是因他的直接運用而表現。可是靈魂之呈現完全不同。說它融合於全物體，便是使它爲擴張的，可分的。說它，整個的它，在某一物體之每一部分中，是使其分裂其自己。把它固定於一點上，把它混融於好多點上，只是種族偶像這個可詛咒之表示。』……最確定的陳述，是在給馬克夫人的信中：『一個簡單本體是否在某處或無所在的問題只是表面的問題。因爲其本性不在廣延，但與它表現的廣延相關連。所以必須把靈魂置於物體中，此處是它的觀點，依此觀點它可以表象全宇宙。除此以外，若再多說，或把靈魂閫在量向（Dimensions

）中，便是想像靈魂如物體。』他似乎覺察到從廣延到本體之衆多性之辨論是含有一客觀的空間的。依此，他取消這個辨論。他說：『屬於廣延的必不要指給靈魂，亦不可從量謂詞引出靈魂之單一性或衆多性。但須從本體謂詞引出，卽不要從點，而須從根源的運用力以引出之。』此暗示從力學辨較根本於從廣延辨。但是，再細考察，又有無望之混擾。他想因關係於物體而給心子以位置。他說：心子雖不是擴展的，但必有一種一定的位置，卽必有一種對於其他東西的共在之有秩序的關係。『擴展的東西含有好多有位置的東西。但是單純的東西，雖無廣延，必在廣延中有位置，雖不能指給一定點，如在不完整的現象中所可作者。』他又說：「單純本體，雖無廣延，却有位置，此是廣延之基礎。因爲廣延不過就是位置之同時的連續的重複。」又以爲：因無窮數的點不能成廣延，故吾人必須設想位置存於一體積中，不存於一點中。在心子亦然。」羅素歸結說：「來氏總不能逃於一客觀的空間，此是先於每一心子之知覺中現象的而且主觀的空間者。因爲來氏說：空間不能如心子然，有許多空間，但只有一個空間，甚至在對一切可能世界說亦只一個空間。」

若從心子之佔有位置方面想，自必有一形而上的客觀空間。然此空間，在心子方面，並不如在原子方面之顯然。蓋因心子不以廣延爲性，故無量。依此很難說其所佔之空間。來氏首先發見「原子」爲非理性的，故改主心子。卽在此由物理的原子改爲精神的心子，遂使此客觀實在之空間成爲不顯明者。但又主心子之爲多，故又易啓客觀空間之假定。雖易啓也，而又不能顯明地肯定之。此非來氏之不自覺，實有理論上之困難。他晚年對於靈魂的所在極力避免清晰之陳述，實則並非措辭含糊，乃因心子本身即是不能確定其空間位置者。他說靈魂與物體有關係，是在一定體積中，或必須置於一物體中，但不能指給以任何特殊的點。此意等於給靈魂畫一個圈，而此爲多元的心子所必引出者。蓋心子之衆多性，無論由廣延辨或由力學辨，總爲個個物體所限，因而必有一個圈。然而此對於靈魂之空間性並未說什麽，因而與客觀空間之肯定亦無任何積極之關係。此中自必是模糊。此種模糊還可以進一步說。無論由廣延辨或由力學辨，心子之多元性皆爲有問題者（推理過程上有問題）。其爲多很可以與「心子爲物體所限必有一個圈」爲同意語，或相連而生。然此種多很可以是虛說而非實說，是假象而非眞實。月印萬川，實只一月，非萬月也。若心子之多有問題，則客觀空間更模糊矣。是以在來氏系統內，客觀空間一因改原子爲心子而模糊，二因心子之多有問題而模糊。故吾不能同意羅素「來氏總不能逃於一客觀空間」之斷語。想在心子背後置定一先在之客觀空間乃極困難者。而所以有此聯想，總因來氏之心子論帶有戲劇性，其爲形上學乃爲一未發展成熟之形上學。若發展成熟，則客觀空間之門必全塞住矣。關此方面，且不多說。因於此而言客觀空間本已模糊也。

最要者，不管心子或原子，此後面之客觀而實在之空間乃一虛的名詞，爲純非有，且爲對之不能有清晰概念者。爲純非有，希臘人已知之。吾於下第二節將順彼線而觀時空之地位。所謂對之不能有清晰概念者意謂：此客觀而實在之空間亦不必即是牛頓之絕對空間，亦不可以量度（即廣度量）論。普通一言及客觀空間以爲即是可以以量度論之絕對空間。實則不是。蓋彼爲純非有，本無量度故。其爲量度必須附着於物體之廣延，而以廣延量實之，如是始可言部分言點言量度。然彼「非有」自身（古人名曰空的空間或虛空）並非廣延。吾人亦不可即以廣延量爲空間。笛卡爾以空間等於廣延，而以宇宙爲充實，是即等於無空間，（若空間是客觀的，而又不等於廣延，則不能說充實，若等於廣延，而說充實，則即無空間。）或爲將空間弄成虛的影子，而提於不自覺之背後，而只着迹於眼前之廣延，遂以此實的廣延爲空間。是以以廣延爲空間，或者無空間，或者空間仍爲主觀的。此客觀空間（純非有），若能指謂其爲絕對空間，（此可以是一清晰概念），則必須通過廣延而量度化。牛頓之絕對空間，如其眞爲絕對的，有一清晰概念，可以說量度說點部分，則亦必須如此。通過廣延而量度化，再施之以抽象而投置於客觀之地位，遂視之爲一絕對空間有客觀之實在矣。然此種絕對空間之轉成與原來之虛的空間，現成之客觀空間，不同，亦不能由之而轉出。如果通過廣延而量度化，始成爲客觀之絕對空間，則其爲絕對亦非爲必然之解析，而當於廣延亦可標識之以空間關係時，則主觀而爲關係之空間亦許早已成立矣。如果不通過廣延而量度化，而只視之爲一現成之客觀空間，則既不能謂之爲絕對的，亦不能謂之爲關係的，是即對之不能有清晰概念也。此其所以爲純非有也。

依是，爲純非有之現成空間爲一層，通過廣延而抽成之絕對空間爲一層。凡此兩層皆不能極成客觀空間也。（愛因士坦之相對論，其本身雖不必定其是主觀的抑或客觀的，然予以哲學之解析，則必歸於主觀的。因彼既不須客觀而自存之絕對空間之假定，則彼之時空自不能歸於客觀的也。）

五　觀點與時空之關係說

如果空間不同於廣延（時間不同於久歷），則空間自必爲純形式。此純形式，如不是純非有之現成空間，則必須解爲只是一個關係。廣延有量，而此純形式無量。它不是現成之純非有，則必繫屬於心之觀點，依來氏，心映照現實宇宙之觀點。依此觀點而成爲如此之樣式。即此樣式，始可說爲純形式，因而可以關係解之。（此如照像然。在如此之布置下，一閃之樣式便可攝成。一閃之樣式是觀點，同時亦是形式。）在此，吾人對空間有清晰之概念。雖是無體的純形式，然而却可視爲一個關係（不以現實物體爲端點之關係）。其端點是觀點，數學點，爲程態，亦非爲有體的。此只有繫屬於心始可能。時間亦然。只有在前與在後，而前後之距離是一關係，亦不是一長度，亦不以時間點（瞬）而組成，亦不可分爲無限數的剎那。時間距離爲一整全之關係，（全先於分，亦有共自性。）此關係之端點亦爲程態，亦屬於心子之觀點。是則時間，吾人對之亦有一清晰之概念。來氏如此之精察，吾人名之爲對於時空本性之邏輯的解析。

但在此，須明心子爲何有觀點以及何以必須有時空之形式。心子（被造的）雖是靈魂，或精靈的，然不是純型純動純精靈（此只有上帝如此）。被造之心子必有原物質，此是心子本性之一部，不能去掉。心子是一個力，原物質是其被動的抵阻力，亦卽是其被動性（上帝爲純動，無被動性），或同於昏暗知覺，或同於限制（此只是一種昏墮氣）。原物質（昏墮氣），雖不擴展，亦不可分，却爲可分性之原則，亦爲廣延所預定。此是現象方面有限，衆多，及物質之源泉。心子因其以此原物質爲本性之一部，故其心力之表現必有限制，此亦卽是其所以有觀點。只有一個路數能清明地覺知世界，此卽上帝覺之之路數，卽如其所實是的而覺之。但亦有無窮數的昏暗地覺之之路數。此卽是被造的心子在觀點下覺世界。故上帝無觀點。有原物質之心子有觀點。依是，觀點是昏迷知覺之一部，亦是原物質之一部。因爲有觀點，所以才有時間與空間。（上帝總是如如地覺世界，故無觀點，亦無時空之形式。）依此，吾人可說：時空是有限存在之有限心，以有觀點故，所必具之形式，觀看世界之形式。後來康德幾乎全本此義而說時空爲吾人直覺表象之形式。

來氏復說：「如果心子只是精神，而無原物質，則這些精神必個個自足，決不須有連結，亦不須有時間與地位之秩序。此秩序要求有物質，運動，及其律則。」又說：「只有上帝在一切物質之上。被造物若自解於物質，必是逃避於一般的秩序，亦必離開普遍的聯鎖。」依是，若離開原物質，必無現實宇宙，亦無其一般之律則，而心子亦無觀點，亦無時間與空間。如是，原物質一方表現為現象方面之物質，運動及其律則，一方表現為心子之知覺必有觀點，必有時空之形式。

來氏所謂昏暗觀念或昏暗知覺即指經驗知識或科學知識言。他說：「分明的觀念是關於上帝底一種表象，昏暗觀念是宇宙底一種表象。」羅素解曰：「他事實上，是把那些一切皆預定廣延或空間外在性之觀念指示為感官觀念，雖然空間自身不是感官之觀念。」吾人今日卻即於來氏所謂昏暗觀念處言科學知識。（來氏於此確有精義，確有古典情調。因為他有表象上帝之境界。而吾人今日對於其所謂昏暗觀念不可隨便誤解也。）自康德出，始正面地建設科學知識（經驗知識）。而其建設之路，卻正大體本來氏來。

吾人今日本康德正面論知識（經驗的）之路、則亦必主：一、時空為屬心的；二、時空為表象世界的（不表象上帝）；三、時空為有限心之有觀點所必具之形式；四、進一步隨康德，時空必為先驗的，內發的（來氏名曰從心自己而來）；五、時空為關係的，為純形式。此皆為吾人所繼承於古人者。

吾人若順建立知識之認識心言（不取心子論，故亦不自心子言），則必說時空為「自直覺的統覺躍起之心覺」所建立，即為「超越的想像」所建立。想像之統覺為綜體的統覺，若為經驗的，則隨此經驗的綜體統覺而湧現時空之想像為超越的想像。如此而湧現之時空為一直地建立，故時空為一直覺，而非一概念，因而為一純形式。此純形式既為心隨想像之綜體的統覺而一直地被建立，故其原義亦爲無體者無量者，且爲一整個。康德於此名曰無限而獨一的。雖是獨一之整個，然若邏輯地解析之，則亦可說是關係，而非一量度（於空無點，於時無瞬）。當其爲超越的想像所湧現時，就只是一個形式；當其用於直覺的統覺而表象或限定生起事時，卽隨此限定而成爲種種時空（隨康德），此種種時空，吾人可予以邏輯的解析而說其爲「關係」。（因有此限定，始可說時間距離或空間距離故。）隨康德，種種時空始可說爲時空概念。惟概念始可以邏輯地解析之。依是，吾人對於時空當有四種解析：

1根源的解析：由超越的想像所建立。

2形上的解析：屬心的，先驗的，獨一之整個，爲純形式。

3邏輯的解析：關係的，非量度，端點爲程態。

4超越的解析：a、用於直覺的統覺而限定生起事；b、以數學之外在化爲型範通過時空之邏輯的解析而決定廣度量；c、以幾何之外在化爲型範而決定附着於存在上之空間之幾何特性。

此第四種解析，乃吾所不同於康德者。詳論見下第三卷第一部論超越決定。

第二節　時空與運動：客觀時空之剝落之另一路向

吾人覺現所及，有紛然雜陳之事象，此則可名曰「多」。而此紛然者又變化不居。變化之意，或爲地位之轉移，或爲情態之遷化。今自物理言之，可限於地位之轉移。而此轉移，則名「運動」。運動與多，豈非物理學中之基本概念乎？自存在言之，豈非自然現象之基本事實乎？設吾人據此而描述物理世界曰：「多」是基本事實，「動」是基本事實，此豈不足以寫盡自然宇宙乎？笛卡兒有言：給我物質與運動，吾可構造一宇宙。誠哉斯言。科學家就此基本事實而肯定之，從事於物理律則之發見。其任務在工作。然哲學家於此而問曰：多如何可能耶？運動又如何可能耶？此是一理論之問題。蓋動與多，自經驗上言之，本是一既成之事實。事實如此，如何可疑？事實已然，不惟可能，且已現實。然雖事實如此，而理論問題則須解析其如何而可能。此問題由來已久，自希臘而已然。論辨之結果，或則有解答，足以說明其依何事而可能；或則終於無解答，而仍歸於只是一事實。如其有解答，則必可以說明其如何而可能。如其有一物事爲其「可能」之所依據，則物理宇宙之基本事實即不只動與多。此爲「如何可能」一問題之有解答之所必函也。然在此復有一要義，吾人亦須謹記之。即物理學與其所描述之物理宇宙之自身並不必爲一事。今假定物理學爲一知識系統，而物理宇宙之自身則爲一事實系統。依是，所謂不只動與多，必有動多以外之事實，此以外之事實或則屬於事實系統，而亦爲一客觀之事實；或則並不屬於事實系統，而只爲知識系統中所需之概念。如其爲前者，吾人卽獲得一說明；如其爲後者，則問題卽轉矣。其結果究如何，看以下辨論之結果究如何而定之。凡此所云，就其有解答而言之。如其無解答，則歸於旣成之事實，一切追問卽停止，此問題從此亦消滅，然而此問題以前之追問中所引出之概念不必全消滅，或亦許轉屬於他矣。究竟如何，亦在論辨之結果中解答之。

先就有解答而言之。吾人必須知此問題之關鍵，自西方傳統言之，乃集中於空間（時間以後逐漸加上去）。是以本節之辨論亦限於此而言之。至若其他解答之可能，則不必問。蓋吾意在以此問題說時空，不在說此問題本身也。

吾人前言，如果「動多如何可能」一問題有解答，則必於動多以外預設一第三者爲其「可能」之標準或根據，是卽不啻云不只動多兩事實。希臘原子論者以及凡言運動與多者，皆意想此標準爲「空間」，彼等名之曰「空的空間」，或「虛空」。空間爲運動之場所，使「運動」爲可能；空間亦可以隔離物體，使「多」爲可能。多之物體（譬如說原子）之變動必預設一不動者爲條件。此不動者亦空間。是以原子論者肯定「原子」與「空間」爲基本之實在，爲客觀之實在。此思想一向爲物理學家所遵守，直至牛頓而不變，且復益之以時間，此卽所謂絕對時空之說也。

然稍前於原子論者之巴門里第卽盛斥空間之不可能，動與多之不可能，因而遂主張宇宙之實體爲「常」爲「一」。「常」者大常，不與「變」對，以無有變也。「一」者大一，不與「多」對，以無有多也。其論辨純爲理論者。一、理論上不能說明之，雖動多爲事實而終於爲幻象；二、無論經驗事實爲動爲多，而實體必爲常爲一，以吾理論上只能證明常一，不能證明動多也。其理甚辨，人以爲詭。而不知其辨之後甚有睿智也。蓋巴氏以其沈思之睿智，首先見到宇宙乃一「充實之有」。總此「充實之有」，名曰「大有」。大有是一切，大有以外無「非有」。有而非有是矛盾，非有而有亦是矛盾。此義卽函蘊「空間」（虛空）之非有。空間既是虛空，虛空卽非有，非有而又定其「有」，是卽爲矛盾。故「空間之存在」一語其本身卽矛盾。巴氏首先剔除「非有」之觀念，「空間」之觀念，實由其一眼見到宇宙乃一充實之瀰漫體。此實爲巴氏心中所閃爍之密義。（雖其辨論多不當人意，而亦正由其此種辨論中可窺此密義。如果此密義爲不謬，則其辨論雖多乖，而亦可以疏通而解也。而況如果眞識此密義，則其辨論亦無多乖處。）如果宇宙是一充實瀰漫體（連續體），而此瀰漫體又卽是其心中所意謂之實體，則此實體爲常爲一乃顯然者，不能有動，不能有多，亦顯然者。「大有」是一切，巴氏由此進行其辨論：

一、實體不動：實體如動必在空間動。然而空間是有是非有？如是「有」，則亦卽實體，因大有是一切。如是，實體在空間內而動，卽等於實體在實體內而動，是卽終於無有動。如果是「非有」，則仍無有動，因動必預設空間故。

二、實體是一連續體，不可分之全體。此即示充實瀰漫，無有空隙。今設有一空隙，充實連續體中確有間隔足以分成各部。如是，此空隙，亦即間隔，爲有爲非有？如是有，則亦即實體，實有連實有而爲一整實有，而未將實有間隔而爲各部分。如果是「非有」，則即不存在，更不能間隔此實有。依此，實體是充實連續體。既無空隙，即不能言間隔；既無間隔，即不能言部分；既無部分，即不能言多，言原子，乃至言彼此。依此，實體是無眉目之連續而自足之絕對體。依此，實體是常是一。

三、實體無變化：不能變成有，也不能變成無，更也不能變爲別的物。有既不動，故無所謂變成「有」。有只是有，故也不能變成「無」。「有」無彼此，故亦無所謂別的物。變成「有」之有，如從「有」來，仍是一連續有：如從「非有」來，「非有」不能變爲「有」。依是，「有」是一切，無是「非有」。一有永久有，一無永久無。故不能有變化。

巴氏之辨論，須依照其所見之宇宙之一相而領悟之。如不越其所見之一相，則其辨論皆可無差謬。蓋其辨論本就其慧眼之所見而立故。而其所見之一相，則又實可成立也。雖不周遍，要可成立。蓋吾人之觀宇宙實可有此一義也。惟巴氏之見此義，其觀點爲靜態，其領悟爲總持。靜態而總持以觀之，故其所見爲一「大有」，爲「有即一切」，爲「唯一之全」，爲「爲一大一」，爲一「圓滿球體」。充實連續，不動不變，皆由此出。此一初步之認識實有所窺…而巴氏之所以如此認識，又實依據其師芝諾芬尼之一神論（亦即汎神論）而來也。絕對之神變而爲絕對之有：神是實體，「有」亦實體。神即一切，無有變易；有即一切，無有變易。巴氏之悟此「體」，大似由海漚之飛花濺浪而窺進其底層之充實瀰漫連綿整全而不可分也。自飛花濺浪而觀之，則點點滴滴，眉目分明，然而大海則實連綿而不可分而存於點點滴滴之後也。巴氏有見此充實瀰漫，連綿而不可分，且以此爲實體，則點點滴滴之飛花濺浪，所謂變化，所謂波動，所謂海漚繽紛，自必只是幻象，何嘗是實？謂其所見不備可，謂其所見之一相爲非是則不可。

吾所以縷述至此者，乃欲深明此辨論之究極唯是剝落「空間」之一事。巴氏是西方哲學史上，首先認識到雜多背後是一充實的有圓滿而爲一的哲學家。不從多元（或元素，或種子，或原子）想宇宙實體，而從整一想宇宙實體。此充塞宇宙之整一之有，在其辨論上，雖不能指其是心或物，因而只是一個邏輯的赤裸的存在，然而由此可以將空間翻上來而爲表象現象之形式，則却顯然。在此，空間不能爲一現成之客觀之實在，爲一虛的自存體。此即由宇宙實體爲充塞之整一而塞住客觀空間之門也。此充塞宇宙之整一，無有在其外者，故不能言其界限，亦不能言其在空間內，因而虛的客觀空間不能於此立。而此整一之內部無間隙，因而亦不能於此安立虛的客觀空間。原子論必引至客觀空間之假定，甚至來布尼茲之心子論亦易使人想至此。然而自充塞宇宙之整一想實體者，則必塞仵客觀空間之假立。假定客觀空間（再加上時間）必然被剝落，則將如何論時空？此一哲學之理路，必可獨自引至一哲學上之時空論。然西方哲學之科學的一面，常不遵循此哲學之理路。亦不能把握此哲學理路之貫徹處。如是，隨你哲學如何想，而科學或追隨科學之哲學家，則總是尊從第孟克里圖之原子論之形式想時空。原子與空間，此兩概念至牛頓而得一確定之意義或形式，即上所謂絕對空間，直維持至愛因士坦而始變。此即明：科學史與哲學史未能得一協調之融攝：科學獨自其發展；哲學或隨科學後而立言，或獨自發展而未圓足。哲學家必剝落外在之時空，而科學家又必堅決設置之：兩者各行其是，足徵至理尚未至也。惟至愛因士坦之時空論，則庶幾始可以相協調。設作如下之陳述：

一、哲學上：客觀而外在，外在而實有之時空，必然被剝落（此在哲人大都皆能契此）。

二、外在實有之時空已剝落，而此世界，無論自形上或形下言，皆可以無問題，即不至影響到知識之可能。

三、假定相對論之時空可以解爲與第一條之義相一致，則原子論者所設置之虛的空間，乃至牛頓之絕對時空，即在科學上亦已被剝落。

四、外在實有之空間已剝落，而相對論以後之物理學中之原子，近人亦大都有新解析。量子論即論此。無論歸結爲如何，要非以往之舊形式。此即原子論者所設置之「原子」已打破。惟此對於本節似無直接之關係。然間接言之，則關係亦甚大。蓋必外在實有之空間，舊形式之原子，皆剝落，而後科學與哲學始可協調也。

假定上述四義爲眞，將如何論時空？時空之義用將何在？吾意，由充塞宇宙之整一想實體，時空必從存在背後翻上來。然且不止此。且必至：時空之立乃對理解言，不對存在言。此爲一總原則，亦爲一大轉變。對理解言，時空只爲隨直覺的統覺之把住而爲心所立之先行條件：有事於知，無事於事，故於外界無實性，卽言不能有客觀存在也。蓋如上所述，時空之外在必然被剝落，而又不能不有需於時空，則追溯其原，必繫屬於心覺也。希臘原子論者以及以牛頓爲中心之物理學，其所意想之時空皆對存在言，故爲客觀之設定，於外界有實性，且爲一自足之常體：此儼若動多必依賴此時空之客觀設定而後可能者。依是，假若動與多爲一客觀存在之事實，則時空亦必爲一客觀存在之事實。是以於動多以外復需一第三者，卽等於說於動多存在外復需一存在。然此所需之第三者之存在，既非經驗之事實，亦非理論所能證明其必有（如因理論而設置時），而今日之物理學又不必設置此存在，是則此存在全爲無根者，實可以剝而去之也。如其如此，則對存在而言之時空必須廢棄矣。既不能對存在言，而如有時空，則必對理解言。如存在理解兩不對，則時空卽泯迹。如必對理解始可言時空，則時空泯迹之時，必卽理解不起之時也。吾於本節首段言：時空或則屬於事實系統而亦爲一客觀之事實，或則並不屬於事實系統而只爲知識系統中所須之形式（或條件）。對存在言時空，屬於事實系統；對理解言時空，則不屬於事實系統而只爲知識系統中所須之條件。該處又言：如屬事實系統，則動多卽因時空之客觀設置而獲得其「如何可能」之說明。如不屬事實系統，其外在實性被剝落，則動多之事實至少在時空方面不能得解答（卽不能求解答於時空）。至在其他方面如何說明之，則非本節所能問。依是，在本節問題範圍內，吾人承認動多爲一既成之經驗事實，卽暫時對之不必有追問，亦不必有說明。依是則時空之討論必轉向，卽由事實系統轉至知識系統也。對存在言轉而爲對理解言。

歸於知識系統，對理解而言之，吾人作以下之說明：

時空但爲詮表（理解進行時）之條件，不爲存在之條件；爲「說存在」之條件，不爲「存在本身」之條件；爲表象存在之符號或資具，而非「存在自身」所自具之常德。是卽吾所謂對理解而言也。依是，吾人說：時空爲理解所必須，不爲「存在」所必須。其限定事象之義用全在「成」理解，不在「成」事象。依是，其對現象只有限定義，而無構造義。如爲構造義，則對存在爲必須。然吾人賦予事象以時空之限定，並非卽構造此事象。時空並不能爲成就事象之條件，但可爲成就「說此事象」之條件。因限定而賦予事象以時性與空性，亦不能卽說此事象因此時性與空性之賦予而後可能也。經驗現象之所以爲現象可從兩方面說：一、從理由方面說，二、從現實之然方面說。然此兩方面皆不能說時空，卽其所以爲現象不能說因時空始可爲現象也。時空既不是其理由，亦不是其

「現實之然」之構造成分。復次，凡現象自必在時空中，然不能說：惟因在時空始可爲現象。吾人以時空表象現象，吾人可說：如不如此表象，則理解即不能進行其工作，是即「時空爲理解所必須」義。但不能說：如不如此表象，即不能成爲吾人認識之對象。現象之爲對象總是對象。吾人但可說：如不如此表象，即不能在理解之認識方式下而爲理解之對象。但它不在此方式下爲對象，它可以在智照方式下爲對象。（此智照方式下之對象仍可即是此現象，而不必是康德所說之物自身。）

或曰：如不在時空之表象中，現象即無其特殊性，而經驗現象之爲特殊的，即因時空故。曰：此亦不然。時空性固可標識現象之特別，即兩個現象至少時不同空不同，然現象之特殊性却不盡在時空之不同。亦有其內在之差別。來布尼茲之無異同一性原則即不就時空而言也。沒有兩滴水完全相同，此並不言其時空之不同也。時空之不同只是外部的，現象之特殊性並不自此言。或又曰：現象之無窮複雜（特殊性亦因此），是因其存在而然，而存在必在時空中。曰：存在可表之以時空，然不因時空而存在。是以，特殊性總不賴時空也。故只可說：如不在時空之表象中，現象總不能在時空方式或理解之其他條件下被認識，因而總不能成科學知識也。依此，時空總對理解爲必須，不對存在爲必須。有事於知，無事於事。其所以有事於事，乃因其有事於知而被牽帶出。蓋在理解之現實的認知關係上總不能離開時空也，而時空又必用於直覺的統覺所及之現象上而限定之。故必被牽連而涉於事象也。只要知其爲限定義，非構造義，即可。

時空之義用爲限定義，非構造義，爲理解所必須，不爲存在所必須。依此推言，時空終於只是表示事象之符號。起於內而着於外，然而於外並無實性。過去、現在、未來、一瞬、片時、等時間關係字，此處、彼處、間距、左右、上下、等空間關係字，皆爲不能獨存之符號，由時空格度之着於事而成者，故可解爲關係也。相對論說「時空合一」亦是符號義，爲表示具體事象之具體關係之符號。牛頓於關涉事象之相對時空外，尙承認一不關涉任何外在事物之絕對時空。相對論則無此假定。依是，相對論說時空必只尅就具體事象而言之。每一具體事象之生起，有其特殊之空間，有其特殊之時間，而且時空兩者決不能分離而獨立，故必合一以狀此具體事象之關係。絕對時空之置定乃全爲無用者。故不言絕對時空，而只言種種時空系。須知種種時空系必就具體事象言始可能。相對論雅言時空曲度，此曲度亦必就具體事象言始可能。否則豈有離開事象超然自存之時空曲度自身乎？依此而言，時空必相對，而且必合一，而且終於必只爲表示事象之符號。相對論一切言論皆是經由此符號而說事象也。科學家只是利用時空而說明時空，於其所利用處而昭示之，未能追究其原也。然而吾人如淸晰考論之，則必歸於符號義而無可疑。由符號義再追論之，則必歸於吾之時空論，此亦無可疑。

時空之限定義及符號義卽函「事象之實在論」。每一直覺的統覺所現爲一「事象」，每一事象爲一緣起事，是以每一事象爲一生起歷程，中函因果關係。此一緣起事乃直呈於直覺的統覺前，故每一緣起事爲一「呈現」。法爾如此，心覺卽如其「如」而覺之。心覺之覺此「事」只有直覺之關係，而無構成之關係。故吾云：心覺與呈現爲外在關係，而非內在關係。依是，每一緣起事法爾如此呈現，卽法爾如此實在。時空只有隨直覺的統覺之把住而起立，亦只有隨直覺的統覺之呈現而着於事。然其立也實爲心之執，其着於事也實對理解爲必須。着於事卽限定之，符號之。故時空雖起於內而着於外，然其所着之外事本爲外在法爾如此之事實；時空雖虛而無實，然其所着之外事則本「實而非虛」。是以時空格度可爲吾心所建立，而外事則不能由吾心而造成。此卽言：時空爲主觀者，而時空所着之事則非主觀者。如言外事必在時空之形式下始可以成外事，則外事卽成主觀者，卽爲吾心所造成。是以時空之限定義與符號義必函事象之實在論。時空之虛而無實與事象之實而非虛相融而不悖也。

時空之限定義與符號義不但函事象之實在論，且函「事象之生成論」。每一事象爲緣起歷程卽函云每一事象爲一生成歷程。吾於第一卷第一章，曾有事象之强度性之提出。每一生成歷程實是一「終始歷程」。時空卽依此區以別而着於事以成功對於現象之限定。是以時空之限定非是理智之分割。若徒爲淸一色之連綿，而無終始之生成，則限定卽分割。今則不爾，故非分割。此義所函甚多，今不俱述。玆畧述亞里士多德之時空論以爲此義進一解。亞氏以爲空間並非卽是質料，並非卽是擴延。蓋空間不離擴延，實非卽擴延。亞氏復以爲空間亦非一物之「形式」。蓋形式只指共相，常德或理地言，此爲一物之形成之所必具，然空間則非一物之「常德」，與一物之構成並無關。故非「形式」也。空間亦非分離物體之空隙。空隙卽虛空，此乃爲「非有」。非有而有，則爲不可能。原子論者設定虛空以明運動。依亞氏，運動並不需乎此。亞氏以爲運動只是不同物體地位之轉移。關此且不深解。亞氏以爲空間只是一種界限，存於包圍物與被包圍物之間，又存於內容物與容受器之間。然界限並非是一空隙。此義實函「事象之生成論」，亦函「事象必遵守終始律」。包圍物是一終始完整體，被包圍物亦然。兩者之間並無空隙，是謂不斷，然而各是一終始體，因而區以別。亞氏卽在此區以別處言界限，因而言空間。依是，此義復亦函時空之關係說。若再探其原，則必說：空間爲吾心所建立。內出而外着，而界限說卽函其中矣。蓋包圍物與被包圍物之差異，所謂區以別，並非卽空間，然於此區以別而復說一空間之界限，因而說空間是界限，則可知空間乃至此空間之界限必無實性者，必非自存之實有，故必爲吾心所建立，內出而外着，因而於區別處說空間之界限，乃至以界限爲空間。否則，該界限旣非一空隙，又非一實物，將如何說之耶？亞氏旣認空間是界限，故空間必就各物之間說。而運動亦只能就各物之間說。至若宇宙自己，則旣無包之者，故亦無界限，亦不能限之於某一處。是卽於宇宙自己不能說空間，因而亦不能說運動。此亦極精要。其函義有二：一空間並非卽宇宙，二空間必隨心覺而呈用。至於亞氏論時間亦與吾義通。亞氏以爲時間是運動之尺度，因而亦爲一數目。而數目只對計算之人言，方能有存在。故在時間上，須假定有「

靈魂」。如無計算之靈魂，時間即不能有存在。此粗畧之論謂實具極精之函義：一、時間必隨直覺的統覺所現而呈用；二、時間必繫於心之存在而存在；三、時間可以破除；四、時間虛而無實，只是計算之符號（數目）。依是，亞氏之時空論，會而通之，亦必歸於吾說始能得一貫通之成立。要義如下：

一、時空爲吾心隨統覺之把住而爲超越想像所建立。起於內而着於外。

二、時空之義用爲限定義，符號義。

三、時空對理解爲必須，不對存在爲必須：時空虛而無實。

四、時空之虛而無實函事象之實在論與生成論。

五、時空無實性，可以破除。（如何可以破除之，又如何得以永遠維繫之，此處不必言。）

六、時空之呈用必限於經驗之事實。

七、時空之呈用又必限於有限範圍內：蓋既必限於經驗之事實，而經驗之事實即是一有限之事實，凡經驗者或可經驗者總是有限者或部分者，是以時空之呈用又必限於有限範圍內。至越乎經驗或有限，則根本即無覺，故亦無所謂時空也；既無所謂時空，故亦無所謂呈用。此義即函：時空必係主觀者（爲吾心所立），必是虛而無實者（於外界無實性）。

八、越乎「有限」是如何，頗不易說。今假定是「無限」，而「無限」又指「宇宙」（全一）

之無界言，則在此即不能說時空，此爲亞里士多德所已辨明者。蓋依亞氏，宇宙（無限）既無外之者，即不能說界限，既無界限，即無所謂空間也；又爲不動者，既不動，亦無所謂時間也。

九、第八條所述者，乃爲古典（希臘）之觀點：自總持之觀點而說整個之宇宙，所謂「無限」亦即指此「整個之宇宙」，兩者爲同一詞，除此以外，別無所說。今假定不取此觀點，而欲對宇宙有猜想，猜想其爲有限、或無限，而又表示之以時空，猜想其在時間方面爲有限或無限，在空間方面爲有限或無限，復進而表示說：宇宙爲有限或無限即是時空之有限或無限：如是，則時空豈不又可以越乎經驗之有限事實而呈用耶？對此，吾作如是答：第一，猜想宇宙爲有限或無限，是直指宇宙而爲言，然此對於宇宙之猜想乃爲不能確定者。蓋此處所猜想之謂詞有限或無限乃爲特殊之規定，因而有特殊之意義，而與古典之態度只就整全宇宙而說爲無界者之無限異。只說爲無界者，依其觀點，只爲一分析之命題，此時所想之宇宙只爲就「整全」一詞而言其爲圓滿之球體，至於如何圓滿，並無特殊之規定；而有特殊規定者之說其爲有限或無限則是一綜和之命題，此爲無根據可以確定者。第二、既直指宇宙而爲言，則所謂表示之以時空，只不過以時空爲表示之資具（符號），使其脫離認識主體而移之於其所猜想之宇宙。然其所猜想之宇宙如何如何既不確定，則時空之移置於此而呈用亦不能確定者，蓋對象既不確定，則時空或亦空無所用也。此或即康德所說之「時空之超越理想性」（觀念性）。第三、即假定不以時空爲表示之符號，而視爲外在之實有，與宇宙融於一，進而表示說：宇宙有限或無限即是時空之有限或無限，然即便如此，亦不可能。蓋宇宙如何如何旣不確定，時空如何如何亦不確定。如果宇宙無所謂如何如何，則時空亦無所謂如何如何：甚至根本無所謂時空矣，雖不能說根本無所謂「宇宙」（如第八條所述）。

第二章　理解三格度由理解中之純理之外在化而發見

第一節　思解之曲屈性與發見格度之線索

直覺的統覺（有時或單言覺或統覺）呈現事象，理解則詮表事象。覺之覺所，爲直而無曲；思之思所，爲曲而能達。思以解別詮表爲相，故曰思解，實卽理解。

覺無曲屈，思有曲屈。覺爲一有限而無界之同質流，思爲一有限而有界之異質流。解別詮表卽示其有曲，亦示其有限而有界。每一思解運行，有起有落，有層次，有步驟，是卽其曲也，亦卽其有限而有界。然則何以謂異質流？異質對覺之爲同質言。直而無曲爲同質，曲而有序卽異質。是以單其起落之曲屈，卽異質也。若深言之，思旣爲一曲屈之活動，而又爲遵守秩序之活動，是其中旣有活動，又有秩序也。秩序可指全部邏輯言，卽吾所謂理性之自自相與自他相之全體大用也。理性之全體大用旣宿於思解而顯於思解，則卽不能與思解之活動須臾離。依是，思解自身爲動，而動中有理，此卽謂異質。動言其爲一流，而動中有理，則卽示其爲一異質流。然此不可須臾離之理卽由思解活動之屈曲性而顯示，卽在屈曲中而顯示理性之自自相與自他相。反之，亦可言：理性之全體大用卽形成思解之屈曲活動也。依是，吾人仍言：思解之曲而有序，卽爲異質；其起落之步驟流，卽爲異質流。是以曲而有序，卽曲而能達也。

思解之曲而有序，卽爲思解格度之出生地。然吾人不能以理性之全體大用爲格度，亦卽不能以全部邏輯爲格度。吾人必須自形成純邏輯系統之基本概念發見之。純邏輯系統顯示純理之自自相，卽純理之自己。形成此顯示純理自己之純邏輯系統之基本概念卽爲思解格度之所在。吾人欲就此線索而發見思解格度之所在及其何所是，須有兩方相向之考察：一、由唯表純理之純邏輯系統之形成考察純粹無雜染之基本概念之何所是；二、所顯之純理旣宿於思解而顯於思解，則純理本在內由思解活動而顯示，依是，吾人卽須考察純理於思解活動中自內轉外將依若何之物事彰其用而示其相，卽考察純理隨思解活動而外轉，將依若何之相狀而顯示其自己，此若何之相狀卽基本概念之所在。吾人兩方相向看此基本概念是否爲同一。如其爲同一，卽吾人所欲發見之「思解格度」之所在。

吾人於「邏輯與純理」章，說明純邏輯系統之形成所依之邏輯句法以及成此句法之邏輯概念。邏輯句法依基本之邏輯概念而造成。邏輯句法並非邏輯，成此句法之邏輯概念亦非邏輯。此不過爲形成邏輯之工具。若指有形邏輯言，則純粹而形式之推演系統爲邏輯，而句法與成此句法之概念皆爲形成此推演系統之工具。若自無形邏輯言，則純粹而形式之推演系統所顯之純理自己爲邏輯。依是，有形之純邏輯系統，唯在顯純理。既唯顯純理自己，則此邏輯系統之形成必亦純粹無雜染。依是，造成「純粹無雜染之邏輯系統」之句法及成此句法之概念亦必純粹無雜染。句法純粹無雜染，名曰邏輯句法。成此句法之概念純粹無雜染，名曰邏輯概念。此概念既純粹無雜染，必無經驗內容於其中，必非一代表知識之概念。依羅素，此概念曰邏輯字，而非物象字。吾人所欲以之以成邏輯句法之概念必爲邏輯字，而非物象字。邏輯字所成之句法亦必無經驗內容於其中，亦必非以代表知識之概念而形成，所以必爲邏輯句法，亦必純粹無雜染。吾人以此爲標準鑒別邏輯系統之純不純。吾人已知傳統邏輯所用之句法爲主謂句法。吾人對此主謂句法可解爲一邏輯句法。既爲一邏輯句法，吾人即可發見成此句法之邏輯字。此邏輯字皆爲邏輯概念，即非物象字，非知識概念。依此，成就主謂句法之邏輯概念有二組：一爲肯定否定之質的概念，二爲全稱偏稱之量的概念。肯定否定爲思想之二向或二用，附於句即爲句之質。全稱之「凡」，偏稱之「有一」，亦爲邏輯概念，非物象字，附於句即爲句之量。依此兩組概念即形成主謂句法。傳統邏輯系統之成立即此兩組邏輯概念間之關係之推演（憑藉句法而推演）。無論對於亞氏之主謂如何解，而此兩組概念總爲邏輯概念則無疑。譬如自量概念言，在亞氏，則視爲定言之全稱與偏稱，在現代邏輯中，則視爲假言命題中表示變項之範圍。若自質之概念言，在亞氏，則視爲命題之質，而在現代邏輯中，則變爲眞假二値以成爲眞理値之系統。在亞氏邏輯中，吾人名此兩組概念爲形成主謂句法之構造原則。即就主謂句法言，吾人欲想作成主謂句法間純粹無雜染之推演關係，其中並不假借於經驗，亦不假借特殊之內容，則此兩組基本概念即爲不可少之邏輯概念。對亞氏邏輯言，此兩組概念既充足又必要而又爲最後者。

惟在現代邏輯中，則可以變質概念爲眞假二値以成直理値之系統。對此系統言，質概念所變之眞假二値既必要又充足而又爲最後者。即純由眞假二値之變衍即可形成一純粹無雜染之推演系統也。

惟二用雖可變爲二値系統而獨行，然當邏輯說及普遍化命題時（或曰分解了的命題）則又不能不取用量概念，此即現代邏輯中指示變項變化之範圍者是也。量概念爲邏輯概念，雖由外傾而顯示，而仍爲純粹無雜染，由之以成命題，所成者仍爲一命題架子，是以亦仍純粹無雜染。吾人由外傾而顯之邏輯概念（成句之邏輯字），對純粹邏輯言，只有此爲足够爲必要。亦只有此爲純粹無雜染。

在亞氏邏輯中，質與量合而爲構成主謂命題之兩原則。每一命題有質有量。當其由如此構成之命題作三段推理時，只須於SP外，補以M，即可以構成三命題間之關係，此即是一推理。是以三段推理中，只須看大小前提中由質量兩構成原則所限制之SMP之間之關係爲如何卽可決定一結論命題之成立或不成立。此卽表示亞氏邏輯中尙未論及足以使吾人從此命題到另一命題所以可能之推斷關係或推斷原則。但在現代邏輯中，邏輯成爲一直線之推演系統，質與量又分開而獨行，不似亞氏邏輯中之使用，所以當由其基本概念而造推演系統時，首先所及者卽在建立一能使吾人推演之關係或原則。此推演所以成之關係或原則卽是一橋梁，必須首先單獨建立之或規定之。此在傳統邏輯與邏輯代數中並未意識及。而實則凡有推理無不有此關係或原則於其中，否則卽無足以生連繫。然而在現代邏輯中，則必須顯明提出而規定之，因而遂成爲一極顯豁極扼要之概念。此概念卽「函蘊關係」是。此關係卽爲推演所以可能之橋樑。自函蘊言，吾人名之爲「關係」。自其爲「如果則」言，吾人謂其爲一普遍之「原則」。此關係或原則必須首先建立起，而後可以使命題生關係，連結於一起而成爲一系統。吾人欲由P推Q，必須補之以「P函Q」。此關係或原則，自爲一形式關係或邏輯者，卽純爲思想所建立，而非得之於經驗。此關係或原則，如在眞理値系統中，而以眞假關係規定之（如定爲或P假或Q眞），或以眞理圖案表示之。如在嚴格函蘊系統中，則使用程態概念以規定之，如定爲：P眞而Q假是不可能的。然無論如何定，要講推理，此概念必須出現。

以上吾人自純邏輯系統之考察而發見其所由以形成之基本邏輯概念有三：一曰肯定否定之質，二曰全稱偏稱之量，三曰「如果則」之函蘊關係。此三組爲領導概念。吾在「邏輯與純理」章中，已明此三組領導概念爲第一序之構造概念。尙有一組則爲第二序之軌約概念，此卽可能，不可能，必然，等程態概念也。此雖亦足以成邏輯系統，如路易士之所作，然相應本章之問題言，則此組可不涉及。（康德由判斷形式以發見範疇，則除上三組外，此組亦在內。然彼已知此第四組之特殊性。故本章言思解格度之發見，此組可不在內。）形成邏輯系統之基本邏輯概念，如不能在主體中有歸宿或着落，則亦無邏輯理由何以必是此等概念。縱然事實上不出乎此，而總無邏輯理由何以必如此。設不得一歸宿或着落，設不明此等基本邏輯概念之必然性，則關於此等概念任何些微之變化，皆可視爲並列者。旣並列矣，卽不能必是此而不是彼。旣不能必是此，則不但可以有些微之變化，而亦可以隨意援引其他之概念作巨大之變化。此或在事實上不必爲可能，而吾之隨意亦不必無限制，然理論上之如此之可能總可說。對於「函蘊」如有不同之界說，卽可以有不同之函蘊，因而亦可以有不同之概念。對於量概念有不同之引用，卽有不同之句法；對於肯定否定之引用如不同，亦可有不同之規定，因而亦有不同之句法。在此種種不同中，卽函有種種不同概念之變化。設汝以此爲基本概念，彼豈不可以彼爲基本概念耶？此在邏輯內部之把戲中，誠無邏輯理由何以必是此而不是彼也。縱然事實上其不同甚細微，其變化甚微小，而其大體範圍亦並不變，然而尋不得一歸宿或必然性，皆並列而視之，則些微之變化卽足以否決「必是此」之必然性，而基本概念終於無必然。亦終歸於事實是如此而已矣。然則此等基本概念究有必然性無有耶？如無必然性，則此等概念卽與思解格度之發見全無關。吾人作邏輯內部之把戲觀之而已矣。如有之，則將如何而可能？吾人必須給此等概念（乃至全部有形邏輯）以歸宿與着落，亦卽必須與以必然性。設將邏輯視爲外面之把戲，則卽無有歸宿與着落，而此等概念亦無必然性。此等概念之必然性，必在邏輯之落實。邏輯一落實，卽有歸宿與着落。此卽超越解析中所謂「顯於理解而歸於理解」也。有形邏輯必融化而爲無形邏輯，純邏輯系統必唯是顯純理之自己。如邏輯一經如吾所述之落實，則此等邏輯概念之必然性卽可獲得矣。如一獲得其必然性，則純邏輯之基本概念不能外乎此乃有必然性；而其變化之不能外乎此範圍亦有必然性；而且無論如何變化總隸屬於此基本之概念而不能與之爲並列，亦有必然性。凡此俱見「邏輯與純理」章。

如此等概念之必然性，可因邏輯之落實而獲得，則卽可以作爲發見格度之線索。然此只爲線索也。吾人尙須自邏輯之落實而認識其必然性。如自此而得其必然性，吾人卽獲得思解格度之何所在何所是乃至其必然性與窮盡性。依是，吾人卽須進而作「純理之自內轉外」之考察。此卽上文所謂兩方相向之考察之第二方向也。

第二節　純理之「自內轉外」保證格度之必然性與窮盡性

純理既不空懸，必顯於理解而歸於理解。顯於理解卽明其必隨思解活動而顯示，卽本在思解中。歸於理解卽仍還之於思解而就思解之活動以見之。思解自是一活動，然非是空頭之活動，亦非憑空而活動。其活動必爲直覺的統覺所引起，且爲其所限制。是以思解之「所」卽直覺的統覺之「所」。是卽明思解之活動必有外向也。（思之函義可有多方面之規定，然現在論知識，則特言思解，且必言其爲直覺的統覺所限制。然無論如何，思有「所」，且因有所而外向，則必然也。）純理非是一空懸體，卽在思解中。亦非一孤立體。純理必由思解活動而顯示。如說純理不能由外而指陳，則卽謂其必由思解活動而內透。然而思解必有向而外用，故純理亦必自內而轉外，隨思解之外用而轉外，轉外而顯示其自己。所謂轉外者，卽隨思解之外傾活動中而顯示，仍在此活動中而表露其自己，此卽爲外矣，非可以出離此活動而投置於外也。純理隨思解而外轉，必有足以顯示其自己之內在之程續方面之憑藉。此卽言純理雖現成而本有，且爲必然而普遍，然吾人如無措手處，則純理卽無由以赤裸裸而跑出。是以其顯露，必有所憑藉。然純理卽在思解活動中而顯示，並不能離開思解而別有可以獨自顯示處。依此，純理顯露之憑藉，亦必在思解活動中。此「內在之程續方面之憑藉」必卽是思解活動所憑藉以成就其活動者。然此可以爲憑藉之物事必不能取之於外而置於思解之活動上，必卽發見之於思解之自身，故曰「內在之程續方面之憑藉」。吾人已知思解爲有曲屈之活動。有曲屈卽有起落有層次有步驟，此卽其活動之相狀，卽是其曲屈。而成就此曲屈，必有其程續方面之憑藉。程續有起落，有層次，有步驟。是卽程續之發起，其自身必處於一方式或架子中而成就其爲程續。成就其爲程續卽成就思解之曲屈。思解必憑藉某種方式或架子以成就其曲屈之活動。此方式或架子決不是自外而隨意揀取以置於思解之活動上，必爲思解於其曲屈性之活動中所自發。有曲屈性之思解必處於表現此曲屈性之方式或架子中。吾人言思解曲而能達，又言思解曲而有序。然須知必處於一方式或架子中其曲方能達，其曲方有序。所謂不成章不達者是也。思解在方式或架子中，卽是思解自願受限制，否則卽不成其爲思解。吾人言思可有多方之規定。設不在架子中而可能，其思必非此處所言之知識上之思解，卽決非吾人所言之理解。思解自願在架子中受限制，卽在其本性根本爲有曲屈者，爲有程續之序者。是以必須處於架子中以成就其曲屈。此架子固爲虛，然無虛不足以成就「思」之實。（譬如戰場之上目的在一擊。而成就此一擊，當有多少虛架子？）若自分解而言之，吾人謂思解憑藉此架子而進行其曲屈之活動。若就此活動之整個言，此架子卽在此有曲屈性之活動中，卽爲此曲屈之活動所自具且由之而顯示。今仍自分解而言之。思解憑此架子以成就其活動，而卽於此活動中，同時卽顯露純理於此處，此卽言純理卽藉此曲屈之活動而顯露其自己。是以於此吾作如此之置斷：純理所憑藉以顯露其自己之方式或架子同時卽是思解之曲屈活動所憑藉以成就其自己之方式或架子。對純理言，吾人說：純理所憑藉以顯露其自己之方式或架子卽是純理自內轉外所必須示現者。對思解言，吾人說：思解之曲屈活動所憑藉以成就其自己之方式或架子即是思解自身所自發之「格度」，此即名曰「思解格度」。

思解爲心所發用，且爲直覺的統覺所限制。即當直覺的統覺給吾人以現象時，心即發爲思解而就此現象以解之。惟思既必須解，故當進行其活動時，首先必轉直覺的統覺之「如如覺」而爲一「非如如覺」之解別。「如如覺」既直而無曲，「非如如覺」之解別即必須曲而能達。此有曲之思解，對於呈現作「非如如覺」之解別，無非綜和分析以表示其內容，以暴露其內部之關聯。此綜和分析之活動歷程，首先必對當下之呈現立一解別之「原則」。此原則對當下之呈現必有其當機性或相應性，而且對「非當下」（時間空間兩方面）亦必有其預測性與函蓋性。是以思解一與直覺的統覺相遇，即能發一超越「當下」之原則以爲其進行解別之起處或標準。此原則須表之以「如果則」之命題，而「如果則」是一架子，是以吾人必於「如果則」之架子中表示一「原則」。「如果」所引之概念，吾人名之曰「根據」或「因故」；「則」所引之概念，吾人名之曰「歸結」。於「根據歸結」之架子中，吾人表示一普遍之原則。

其次，「根據歸結」之架子所表示之原則爲一假然性之原則，有絕對普遍性，而此絕對普遍之假然原則，如放下來而成爲定然之陳述，即變爲一全稱命題。此全稱之「全」實已函於該假然之普遍原則之爲普遍性中，即其變項並無限制，在所有之變項上皆滿足此原則。而「所有」，在定然陳述中，即「全」也。然徒此「全」並不足以成思解。「全」必函有「偏」以順成之或否定之。即在此偏與全之相順成相否定之異質上，思解進行其曲屈之活動。而偏與全又是一架子。吾人不問所偏者是何事，所全者是何事，而偏與全之本身總非一物象字，吾人早已知其爲一邏輯概念矣。故「偏與全」之自身亦爲一架子。此偏與全，順嚴復譯，亦曰「曲與全」。

最後，徒說偏與全亦不能成就思解之曲屈。在實際之思解活動中，偏與全本身卽函有一順成或否定之連繫。在邏輯關係中，一「否定之偏」卽可以否決一「肯定之全」，一「肯定之偏」亦可以否決一「否定之全」。同時，一「肯定之全」之否定卽函有一「否定之偏」之肯定，一「否定之全」之否定卽函有一「肯定之偏」之肯定。在思解活動中，不惟肯定之全與否定之偏，否定之全與肯定之偏，相否定，而且肯定之全與偏或否定之全與偏可以相順成（肯定）。是以在思解活動中，不惟曲全是架子，而曲全架子之使用中，其本身復函有一「肯定否定」之架子。肯定否定是純理展現之二用，而對思解之曲屈活動言，卽是思解所必依照之架子藉以成就其曲屈。

自「根據歸結」建立原則，經過曲與全，終於肯定否定之重重疊疊之發展，卽是思解之曲屈活動之起落，層次與步驟，亦卽其圓滿而無漏之程續。於此「整個程續」中，吾人卽有此三套架子以爲思解活動所依照之「格度」，以成就其曲屈之活動。此卽謂思解之曲而能達，曲而有序。此三套架子既成就思解之圓滿而無漏之全部程續，是以此三套架子卽不增不減，亦窮盡而無漏。而於此三套架子所成就之思解活動中，純理卽於此表露其自己。是以對純理言，吾人謂：此三套架子卽爲純理所必須示現者，即爲純理表露其自己所必憑藉者。對思解言，吾人謂：此三套架子即思解所必依照以成就其曲屈之活動者，此即是其格度。是以綜陳之則曰：此三套架子即爲純理顯露所憑藉，同時即爲思解之曲屈活動所憑藉。

當吾人考察純邏輯系統時，吾人已知唯表純理之邏輯系統所依據以成其爲有形系統之基本概念有三組：一曰質之二用，二曰量之二稱，三曰原則（如果則）或關係（函蘊）。是以吾人可知成就邏輯系統之基本概念即是思解活動之格度。兩者相應和而同一，而皆爲純理之外在化，即純理之示現。依是，唯表純理之邏輯系統中之基本邏輯概念，於實際之思解活動中，即變而爲思解之先在格度。然設邏輯不落實，吾人即不能說明該基本邏輯概念之必然性。然今邏輯已因唯表純理而落實，而純理隨思解活動而外轉又必須憑藉三套架子而顯露其自己，而且只須憑藉此三套架子即已足，而此三套架子即是邏輯系統中之基本邏輯概念，兩者相應和，今三套架子既窮盡而無漏，則該基本概念即得其必然性矣。吾人說：思解格度，對純理言，爲純理轉外所必憑藉。換言之，思解格度爲純理自內轉外所轉出，藉之以顯露其自己。純理外轉必憑藉此三套架子，此義即保證唯表純理之邏輯系統中之基本概念之必然性。依此，吾人可以邏輯系統中之基本概念之考察作爲發見思解格度之線索，而純理外轉即保證思解格度之必然。依此，吾人可列以下三原則：

一、思解之曲屈性即爲思解格度之出生地。

二、邏輯系統中基本概念之考察可以為發見思解格度之線索。

三、純理之自內轉外卽保證思解格度之必然性與窮盡性。【兼保證邏輯系統中之基本概念為必然，且保證「邏輯系統為唯表純理自己」之一義為必然。】

依是，吾人說：心於直覺的統覺之直而無曲處，由超越的想像建立時空格度，於思解之曲而能達處建立思解三格度。合而言之，格度有四，列表於下：

Ⅰ時空　Ⅱ因故（根據歸結）　Ⅲ曲全（全稱偏稱）　Ⅳ二用（肯定否定）

第三節　綜論四格度之大義

此四格度自不同類，而其所以不同則以屬思屬覺分。時空為心發為直覺的統覺時由超越的想像而建立，餘三為心發為思解時所建立。心由超越的想像建立時空以限定直覺的統覺之所現。對思解言，此種時空之限定，為思解之先行條件，且為思解運用之場所。思解所解為覺之所現（凡言覺或統覺皆指直覺的統覺言），凡其解此呈現必在時空中行。越此呈現及時空之限制，思解卽成空頭，望風捕影，無有對象，只有理而無故，此即不成其爲思解。時空亦必隨覺之所現而彰其用：離開呈現，時空即無適用處；無有統覺，時空亦隨之俱泯。是以時空亦必限於實際之統覺及統覺所現之具體事而爲言，此即言時空亦須受統覺之限制。思解復受統覺及時空限定之限制，此即所謂爲思解活動之場所也。除此場所之限制外，思解復須受其自身之格度之限制。此大較也。其詳細函義以及此四格度所引生之其他物事，皆須於下章關於思解三格度之說明及後第三卷關於四格度之推述中說明之。

此格度表與康德範疇表有類比處，而名稱及函義俱大異。此爲兩系統根本不同之所在。康德之範疇表有其建立之入路，吾之格度表亦有其建立之入路。吾之入路，本章可以說明之，讀者自可知其顯然有進於康德處。至吾之所以如此立，自有其理據與其不得已處，而康德之入路之困難亦正有其毛病在。凡此雙方之委曲，皆望於本章附錄表明之。所謂與康德範疇表有類比處，可如此說：時空，康德不視之爲格度，今亦列於格度內；至於一言屬直覺，一言屬思解，固大體有類似；至所以名格度以及大不同於康德處，於下卷第一部明之。因故格度類比於其關係之範疇（即因果）。曲全格度類比於其量之範疇。二用格度類比於其質之範疇。吾人將見若由邏輯爲發見範疇之線索，只能到吾所言之格度，而不能到康德所言之範疇。在吾之系統中，除格度外，復有範疇之設立，而其義自與康德無關矣。其設立即在因故格度中。

茲再對思與覺及思之格度與覺之格度作一總持之說明。覺直而無曲。於直而無曲上，心只能建立時空格度以限定覺之所現。時空既必適於事而限定之，則卽必着於事。覺之覺所既只爲如如地覺之，不起思議，不起籌度，是以其格度之隨其所覺或所現而限定之，似只「着而不執」。實則着卽執。蓋心之建立時空卽表示統覺之把住或固定，此卽是心之執。其執正在其建立時空處。故自時空言，雖若着而不執，實則着卽執矣。

思曲而能達。思解有思議有籌度，且有起落步驟之曲屈，且必依照思解格度以成就其曲屈，是則其執亦其矣。然思解格度既只成就其曲屈之活動，並不能外出而外陳，外陳以成事，是則儼若「執而不着」矣。卽格度只表示思之執而並不着於事。然實則執卽着。蓋「着」與「成」異。卽在時空，吾亦只謂其着於事而限定事，並不謂其爲成就「存在」之形式。（此義所關甚大，以後將詳細說明之。）依是，思解格度之着於事，亦須有特殊之認識。思解依其自身之格度而解事，而其所解之事亦必爲格度之虛影所籠罩。此虛影籠罩其所解，此卽格度之「着」也。並非謂格度可以平鋪於實事。如其平鋪於實事，則爲成就事，而非着於事。「着」之爲言，指外來者之粘縛，並非言其本身所固有。譬如塵土之沾身，並非此身本有此塵土。既只粘縛非本有，雖着而可去。時空之着於事，亦是心之執。時空自身並非是一物，只是心之執着所立之觀念，只是一符號。藉此符號以限定具體之實事，藉此符號爲工具以說事之時相與空相。實則時相與空相，亦非事之所本有，只是符號之應用而予之以時相與空相。蓋時空本爲吾心所立也。是以時空之着於事，並非眞有一物着於事，如塵土之沾身，蓋亦虛架子（並非實在之架子）之虛用耳。思解格度之着於事，亦非此格度自身出而着於事，亦只其虛映之籠罩，即依此義而言着。如此言着，即與時空之着無以異。此只言着也，至其着之結果固不同，而時空格度與思解格度亦不同。時空，吾謂其爲符號；而思解格度，則因即在思解活動中而顯出，則不可以言符號，其在思解中固是實法也。然其內出雖不同，而其外着之皆虛固相同。依是，思解格度，雖儼若執而不着，實則執即着矣。其間顯然之差別，只在：時空之立，本欲其適於事，是以其着也爲較顯，以此而言「超越的決定」；而思解格度則本在成思解，本未欲其外出而適於事，故其着也不顯，是以只依虛映之籠罩而謂之着，依此而言「超越的運用」。實則兩者之着皆虛也。思解格度以不外出而只爲虛映，故其着也爲虛；時空格度以其並非實物（只是一符號），故雖適於事，而其着也亦虛。

着而不執，着即執矣。執而不着，執即着矣。合而觀之，總是執着。是以此四格度，對外事言，以「虛而無實」爲第一義。此即言，時空並非客觀存在之實在，思解格度不能外陳，亦非客觀存在之實在。以虛而無實，故只爲成就知識之內在之虛架子。是以格度有事於知，無事於事。其儼若有事於事者，只在其「着即執」，「執即着」。以故其用只在知解，不在存在。

統覺直而無曲，其覺爲綜攝。思解曲而能達，儼若其性爲分解（辨解即曲屈）。然統覺爲心之之隨生理感而發用，統覺爲顯於外之一態，而心則固總持之用也。心之義卽可定爲「覺」，是以總持之心卽函一總持之覺。既可云統覺之心，思解之心，亦可云統覺之覺，思解之覺。是以總持之心覺發爲統覺爲一態，發爲思解爲一態。只言統覺，則爲純統覺；只言思解，則爲純思解。純統覺以直爲綜攝，純思解以曲爲分解。然總持之心既行於統覺，亦行於思解。當其行於思解，則自其爲一曲屈之歷程言，爲分解，然自心之行其中，發爲格度，以成就其曲屈，使其曲而能達，曲而有序，則卽爲綜和之分解。凡一格度之立而表現其作用時，對外事皆爲一綜和之控制。然此綜和之控制決無孤行者，必在一曲屈之歷程中。一曲屈之歷程爲一完整之手續歷程，綜此手續歷程而爲一圓滿之整體，則卽爲一整個之「綜和之控制」。此整個之「綜和之控制」統馭一歷程，卽爲綜和中之分解，亦曰「直中曲」。是以雖分解而亦有綜和。自曲屈歷程言，爲分解；自曲而有序言，爲綜和。分解以綜和而形成，吾人名之曰「曲中直」。當成爲「曲中直」，「直中曲」，吾人只有一整個之思解之活動，單獨而孤行之統覺卽不在，只遺留一呈現而爲思解之對象，而其自身則返而融於總持之心覺而參於思解中，以成爲曲中直，直中曲。是以思行於覺（總持之心覺），覺以運思（分解之思解），而成一整個之綜和之控制。由一整個之綜和之控制，吾人卽成功一「最後之判斷」。凡判斷皆爲最後者，皆表示一手續歷程之結束。此一手續歷程，吾人可名之曰「綜和中之解析歷程」。此歷程圓整而結束於一判斷。是以凡判斷不但爲最後，且爲一獨體（凡判斷皆爲獨一者）。此「綜和中之解析歷程」，自綜和言，即爲「總持之心」之創進，自解析言，即爲曲屈思解之分解。合而言之，亦可曰：「創造之解析歷程」，此則不同於康德之「創造之構造歷程」。吾言綜和，必自一有曲屈之完整歷程言，而康德之綜和則無有此歷程，是以其綜和即爲就當下以其所謂規律將雜多結合於一起，是一直向雜多處用力也。步步如此綜和，即步步如此構造，故康德之綜和爲一「創造之構造歷程」也。而吾自一有曲屈之完整歷程言綜和，則即不是在當下一直向雜多處以規律施結合，而是在一曲屈歷程中言綜和，而曲屈歷程即爲一解析歷程，綜和即所以成就此解析之歷程，並不外出而以規律構事象，是以吾之綜和爲一「創造之解析歷程」也。此是一總分界，詳細說明將在後。

第二章附錄：

傳統邏輯與康德的範疇

第一節　解證思考與創發思考

康德「純理批判」「概念之分析」一部，中含二章。第一章題目曰：「理解之一切純粹概念之發見之線索」，第二章則曰：「理解之純粹概念之推述」。第一章之題目實即等於「理解範疇之發見之線索」。純粹概念卽範疇。依照一線索而發見範疇之工作名曰「範疇之形上學的推述」。所謂形上學的推述，吾意可解爲「有之推述」。卽關於範疇之成立或出現之推述。此推述已，卽進入第二章。是以第二章所言之「純粹概念之推述」，實卽爲純粹概念之超越推述。而「超越推述」，吾意卽「認識論之推述」，亦卽範疇如何能有客觀應用之推述。本文所論只限於「關於範疇之有之推述」。康德此章問題甚大。決定本書系統與康德系統之不同。吾人若能取得一決定性之批抉，則縱然康德立言之精神與方法可保留，而其哲學則徹頭徹尾須改變。

所謂「依照一線索而發見範疇」，此中之「線索」，粗略言之，卽是傳統邏輯中之判斷。依照此邏輯中之判斷發見理解中之範疇。此是粗略言之。若再深入而言，則一般邏輯亦可攝入「理解」而言之。依此，一般邏輯所表現之思考是解證之思考，而一般邏輯中之判斷亦曰分解判斷。此種解證之思考及分解判斷若攝入理解以理解爲準而言之，則曰「理解之邏輯使用」（此言邏輯是指一般邏輯言）。此種「邏輯使用」發爲思考爲解證思考，發爲判斷爲分解判斷。此義足示康德將一般邏輯歸宿於理解而言之：理解之解證的思考卽表現爲一般的形式邏輯中之物事如判斷如推理之所示。今以一般邏輯爲線索而發見範疇是單指其中之判斷言。每一分解判斷具有一種形式，卽其中各成分如何關聯所呈現之形式。吾人出此「形式」，再推進一步，尋其歸宿，可以發見理解之範疇，卽理解之純粹概念。然至此步，則於解證思考外，須得承認一種「創發思考」。理解之解證思考是分解的，理解之創發思考則當是綜和的。康德要作「範疇之形上學推述」，實當先有此區別以爲綱領。然彼又未意識及此。是以述義不顯，常滋誤會。須知此兩種思考之區別，在康德思想中，實隨處表現。茲引士密斯語以代吾之說明：

在康德，超越邏輯與一般邏輯之區別實是理解使用之差別。一種使用是：理解，依其創發之綜和活動，從所與之雜多中，產生感官經驗之複雜對象。理解在其如此工作中，即經由發於其自身之概念以解析雜多而且組織雜多。另一種使用，則是：理解分化而且比較感官經驗之內容，並且因而就此已經分化而比較之感官經驗之內容以引申出傳統邏輯中之種類概念。康德於本節中（案即第一節：理解之邏輯使用），其意似在申辨此兩種活動之公性，即：如果在此兩種活動中，關於概念之起源之差異置而不論，又如果吾人只注意此兩種活動之一般通性，則吾人必可見出此兩種活動將在一基本之姿態上而得契合，此即言：此兩種活動皆表示「統一之機能」。每一種活動皆基於思想之自動性，即：此一方面基於綜和解析（詮表）之自動性，另一方面則基於分化與比較之自動性。此公共於此兩種活動之一基本姿態，可以進而定爲「活動之統一」，因此活動之統一，雜多性可以在一單一表象下而被綜攝。在「每一金屬是一物體」一判斷中，金屬之變化性是經由「物體」一概念而歸化於「統一」。同理，綜和的理解則經由譬如「本體與屬性」一類之「統一之形式」以組織直覺所與之雜多。即此「本體與屬性」一範疇

始居於上列判斷之下，而且即此範疇始使該整個判斷之「特殊統一」成爲可能。（純理批判解頁一七六——一七七）

此兩種思考皆表示一種「統一」。屬於解證思考者，吾人可名曰「分解之統一」。此分解之統一乃由分化比較而成者。由感官經驗之內容施以分化比較，使其內容之脈絡關係或結構全部明朗，然後自此明朗之內容引出一種類概念，即以此種類概念而總攝之，此即曰分解之統一。譬如「每一金屬是一物體」，吾人由金屬之雜多性或變化性，即具體之個個金屬，施以分化與比較，而發見其中之公性，名之曰「物體」，如是，即以此「物體」一概念綜攝該雜多之金屬而使之成爲一「統一」之表象。須知此「物體」一概念所表示者即是將該雜多之脈絡關係或結構全部明朗後（因分化比較而明朗）而成者。每一概念皆代表一種關係所成之理型或共相。「物體」一概念只代表其全部關係之一相而已。故「物體」一概念亦實是由對於「雜多」之內容施以比較與分化而抽成者。此即所謂傳統邏輯中之概念也。「所有物體皆可分割」亦復如是。物體之變化性雜多性經由「可分割」一概念而得「統一」。此種「統一」即曰「分解之統一」，乃屬於解證之思考者。「分解之統一」中所藉賴以統一雜多之概念皆是爲一可能判斷之謂詞者。故康德云：

吾可將一切理解之活動歸於判斷，依此「理解」即可說爲「判斷之能」。因如上所述，理解是思想之能。而所謂思想則是因概念而得知識之謂。但是，概念，作一可能判斷之謂詞看，是涉及一尚未決定之對象之某種表象。依是，物體一概念可以意謂某物，如金屬，而金屬則只有因該概念而被知。依是，其爲概念只是因其能綜攝其他表象而爲概念，而且即因其能綜攝其他表象，所以此概念始能關聯到對象上。依是，此概念即是一可能判斷之謂詞，譬如說：「每一金屬是一物體」。依是而言，如果將判斷中「統一之功能」（即關係之形式）吾人能予以窮盡無漏之陳述，則「理解之功能」（即理解之先驗概念）即可完全發見出。（純理批判，「理解之一切純粹概念之發見之線索」章，第一節理解之邏輯使用。）

此段文字即明分解之統一。每一分解判斷皆表示一「統一之功能」，而此「統一之功能」實即分解之統一。此分解之統一表示一「關係之形式」。此「關係之形式」即是分解判斷所具之形式。吾人由此關係之形式，即可推進一步，將理解之功能（即理解之先驗範疇）完全發見出。此即所引康德文末句所陳之義。然當吾人進而發見「理解之功能」時，吾人即已進入創發之綜和思考矣。

創發之綜和思考亦表示一種「活動之統一」。此種「統一」，吾人名曰「綜和之統一」，此則屬於創發之思考。與屬於解證思考之「分解之統一」絕然殊途。此「綜和之統一」中所賴以總攝「直覺之雜多」之「概念」，吾人名曰先驗範疇，此非由分化比較而成之抽象概念。誠如上引士密斯文中所云：「範疇居於該判斷（如「每一金屬是一物體」一判斷）之下，使該整個判斷之特殊統一「成爲可能」。士密斯又云：「如『所有物體皆可分割』，『每一金屬是一物體』等命題，須知使此類命題能構成爲一種單一而獨特之判斷者並非謂詞之性質，但是『本體屬性』一範疇，因此範疇該謂詞始能關聯到主詞。卽因此範疇，此等命題始獲得其『特殊之形式』。而且此範疇所表示之『統一之功能』，乃解證之理解所決不論及者」。（純理批判解，頁一七八）。然則論此「統一之功能」者爲誰？曰超越邏輯也。此「綜和統一」所發之範疇卽超越邏輯之所究。「分解統一」所成之種類概念及分解判斷等乃一般邏輯之所及。依康德，每一「分解之統一」背後必有一「綜和之統一」爲其根據而成就其爲如是這般之形式，卽所謂「特殊之形式」。是以每一分解判斷必有一綜和判斷居其下，而使該分解判斷之「特殊統一」爲可能。依是，每一表現出之成文判斷皆有「雙重性」：自此判斷之已成言，自是分解者，自可以解證思考而比較分化之，而且其眞假値亦自可首先以矛盾與否爲其衡量之形式標準；然若自此判斷之形成之歷程言，卽自去成就此判斷言，要非解證思考所能明，卽要非分解者，而是綜和者。惟此綜和始能使此主詞與謂詞有如此之關係，而且能爲經驗事實上如此之關聯。卽此綜和統一方能使該已形成之判斷爲一接觸到經驗所與之判斷，因而能使其表象一經驗事實而不落空。依是，一分解判斷不但可以矛盾律爲其不假之形式條件，而且有經驗對象爲其積極的眞之條件，此則必須依據「綜和之統一」而爲言，是以判斷之不矛盾並不能爲一判斷成立之說明之原則，而唯有綜和之統一始能爲其成立之說明之原則。此雙重性，康德於論數學判斷之爲綜和的時，卽已指明之。此義自可應用於此處所論之知識判斷而不悖。是以士密斯云：使一判斷之爲一具有單一而獨特型式之判斷者並不在其謂詞之特性，而在一「範疇」。

此兩種「活動之統一」中皆有概念出現。惟在分解之統一中，概念爲表象內容之種類概念，對知識言，此種概念卽爲知識之內容，而在綜和之統一中，概念爲發自於理解自身之範疇，此只有形式義，而無內容義，它亦不爲一表象內容之概念，因而亦不爲一抽成之種類概念，它只是內容所因以被詮表（解析）之條件，是以對知識言，此種概念不爲知識之內容，而單爲知識之形式條件。是以士密斯云：「一種類概念或抽象概念表示一羣複雜內容中每一內容之公性。其自身卽是一內容。然而一範疇則是一『統一之機能』，內容可以因之而解析。它不是一內容，而是組織內容之形式。範疇只能在整個之判斷活動中而得表示，並不在任何解證概念這類成分中而得表示。」（純理批判解頁一七八）此兩種概念旣不相同，吾人亦不能以抽象概念作爲發見範疇之線索。蓋表象內容之種類概念旣隨經驗內容之變化與繁富而如是其變化與不定，何能作爲發見範疇之線索耶？然而發見範疇之線索要必向解證思考所成之分解判斷求。此將如何成爲可理解？

欲答此問，復有一義尙須申明。此兩種思考雖皆表示一「活動之統一」，然而此兩種思考要非並行而獨立不相依屬者。依前面之解析，每一分解判斷背後有一綜和判斷所具之綜和形式卽範疇爲其根據。此當爲康德之正義。依此義而言，則解證思考與創發思考並非並行，而是隸屬。然此義，康德於作範疇之形上推述一章中之三節中，並未申明淸楚。且常有令人誤會之語。如康德有云：

依據分析，吾人將不同之表象歸於一個概念之下，此卽是一般邏輯所論者。另一方面，超越邏輯則告訴吾人如何將「表象之純粹綜和」（非謂「表象」乃表象之純粹綜和），統攝於概念。自一切對象之先驗知識而言之，首先所給與者乃是純直覺之「雜多」；其中所含之第二因素則是因想像而成之關於此雜多之「綜和」。但是卽此尚不能給吾人以知識。概念給此純粹綜和以「統一」，而且此等概念亦只存於此必然的綜和統一之表象中。此等概念卽是關於一個對象之知識所需要之第三成分。而此第三成分（卽概念）卽處於理解自身中。

此段並無誤會。然而續此段之下段又云：

給「一判斷中種種表象」以統一之同一功能（或運用）同時亦給「一直覺中種種表象之綜和」以統一；而卽此「統一」，自共最一般之表示而言之，吾人卽名之曰理解之純粹概念。此同一理解，經由同一運用，依照分解之統一，它（卽此同一之理解）在概念中可以產生一判斷之邏輯形式，而同時若依據一般直覺中之雜多之綜和統一，它又可以在概念中引出一超越之物事入其表象中。（純理批判，「理解之一切純粹概念之發見之線索」章，第三節「理解之純粹概念卽範疇」。）

此段卽有誤會，而誤會卽在「同一理解」，「同一運用或機能」中「同一」二字。士密斯對此頗有疏解。茲引共語如下：

康德此種解析極端令人誤會。如其後文所示，此處所說者決非其眞意。吾人將見康德並不能證明，而且最後亦實未曾證明：此是「同一理解」，此是「同一運用」，卽未曾證明：作用於解證思考及創發思考中者是「同一理解」，「同一運用。」……康德之辨論實並未基於「因自覺地比較內容而形成之概念」與「發自於理解自身之概念」間之任何類比上而進行。此兩者固皆表示「統一之功能」，然依康德自己之主張，此兩者間實無些微相似處。（純理批判解頁一七七——一七八）

士密斯於本段繼言種類概念與範疇之不同及其關係，此在上文已經徵引。復續此義，又言解證思考與創發思考兩者並非並行而獨立。其言曰：「依是，康德所引出之兩者間之類比雖廢棄，而其辨論却又在一新的而又極不同之方式中進行。此辨論不再基於並行而獨立之解證思考與創發思考間之任何設想之相似性上而進行。其辨論是在想證明解證思考必預設創發思考而且必爲創發思考所制約。假定吾人對於理解在其表現爲解證之程序方面作一番研究以後，吾人可希望發見出些綜和的形式，依此綜和形式，理解可以進行其前邏輯之活動。當吾人已決定分解判斷之種種形式時，含在綜和思考中之範疇卽顯示其自己於吾人之自覺意識中。』（與上文同段，頁一七八）。士密斯復引康德「序論」中文以明此義。此義自爲康德所執持。是以士密斯又云：

依是，解證概念與先驗概念間之類比瞬時引出之，又瞬時置棄不問矣。雖然種類概念亦基於統一之功能，又雖然只能在整個的判斷活動中作爲成分或分子而存在（此義稍後卽論之），然而此等概念與範疇間决無些微之相似性。發見範疇之線索並不在解證思考之內在特性中獲得，亦不在其特殊成果卽其所成之概念中而獲得，但只在經過一切抽象後，離開創造思考所創造之成果外，仍有所保留，卽在此中而獲得發見範疇之線索。每一種分解判斷經過檢查後，將見其必含有某種特殊運用形式之存在，依此特殊運用形式，概念的成分或分子卽與該分解判斷中其他成分相關聯相統一。此種統一之功能或運用形式，在每一判斷之情形中，卽是理解之先驗範疇。此卽康德所謂：「如果能將判斷中統一之功能（卽關係之形式）予以窮盡無漏之陳述，則理解之運用形式（卽理解之先驗概念）卽能完全發見出」，一主題之義也。

如其如此，則所謂：「因同一活動，理解解證地形成抽象概念而創造地組織感覺之雜多」一主斷，必須舍棄。「比較及抽象之歷程」與「綜和的解析之歷程」，此兩者間决無眞實之同一，甚至亦無任何之類比。「比較與抽象之歷程」只是反省的；而「綜和的解析之歷程」則是眞正創造的。解證活動是自覺的歷程，且在吾人之控制下；而綜和歷程則是非自覺的，只有其已經完成之成果始出現於意識範圍內。但是，此是預測一結論，康德自己最後所欲實現之結論。此卽說：「此兩種活動歸於同一源泉」一義是無有證明者。如康德最後所欲執持者，乃謂綜和活動是由於「想像之能」。（以上兩段，純理批判解頁一七九）

士密斯以為「同一理解」，「同一活動」，此中「同一」二字甚有誤會。吾則以為此並無若何誤會。「同一」二字不必看得太死煞。因為無論解證或創發，自表面言之，本可同名曰理解。雖同名曰理解，然實又分為截然不同之兩姿態。即此兩姿態之區分，遂不至有若何之誤會。若牽涉到其源泉，或論到其自覺不自覺，則為另一事。即顧到此問題亦並不因言「同一」二字，即不能謂此兩姿態之屬於不同源泉也。言「同一」並不函此兩姿態之同一性或相似性，因明謂兩不同之姿態也。吾以為此是士密斯之過敏。至說到兩者間之「類比」，則亦未嘗不可說。蓋類比者，指此兩行相對而言也。表面觀之，實是平行之兩行：一方為範疇，一方為種類概念；一方為創發思考，一方為解證思考；一方為分解之統一，一方為綜和之統一。此如何不可相關類比而言之？至此兩者為若何之關係，則為進一步之問題。何以一言類比，即謂其有相似性或同一性？即謂其是並列而獨立？讀書可如是固執乎？惟康德於「範疇之形上推述」一問題，陳辭實不嚴整，亦不明朗。士密斯如此疏導而釐清之，自能增加其顯豁性。故其疏解，可無容議。吾在此如此說：

一、種類概念與範疇不同：吾人並不自種類概念而作為發見範疇之線索。

二、解證思考隸屬於創發思考：然亦不能即謂自解證思考而發見範疇。解證思考是一活動歷程，此活動歷程所遵守之法則即是一般邏輯中之形式法則，而此形式並非範疇，亦不能由之以發見康德所嚮往之範疇。是以發見範疇之線索不在此。

三、解證思考形成分解判斷，而每一分解判斷具有一種「分解之統一」。分解之統一，如自表現於判斷中而言之，即爲分解判斷所具之「關係之形式」，亦即每一分解判斷之「特殊形式」，譬如定然判斷即具有主謂之形式。康德以爲即此分解判斷之「特殊形式」始可以作爲發見範疇之線索。

試看吾人如何能由此而發見範疇。此中委曲萬端，非可輕易滑過。以上所述可只爲此正面問題之討論之預備。

第二節　發見範疇之線索及原則

每一既成分解判斷之形式，即是發見範疇之線索。每一既成判斷之雙重性即是發見範疇之原則。再引士密斯文以明此義：

範疇可以構成一概念之統一性，並且足以制約解證思考之歷程。此等範疇在複雜內容中得實現，複雜內容即是解證思考之起點。「解證的比較與抽象」之歷程無論引至何境地，必仍有一範疇持續於其中，持續於其中而決定分解判斷所持有之形式。例如：定然判斷只因「主體屬性」一先驗概念而形成其自己，假然判斷則只因「原因結果」一純粹概念而形成其自己。其他皆然。依是，有多少分解判斷之形式，即有多少範疇。此卽當恰當地討論超越推述之較深而且較後的結果時，形上推述之原則何以須先解析之故也。自解證判斷之模式推出理解之形式，在此，康德以爲分解判斷所含之問題同於綜和型之判斷。但是，根本上言之，範疇之所以能自解證判斷中而推出只因範疇是解證判斷所經由之而成爲可能之條件。

但是，康德雖然在此節以及「分析部」之中心意義似已至此結論之盡頭，然而却從未顯明引出之。吾人將見（稍後卽論），吾人必須進一步承認卽：範疇表之完整性並無絕對之保證，而欲决定範疇間之內部關係亦無令人滿意之方法。卽以此故，最後，一般邏輯遂與超越邏輯脫節而孤離。「批判硏究」之形成儼若只討論彼顯然爲綜和之判斷者。依此，形上推述之原則，爲康德本人所陳述者，並未依上段所述之意義而陳述。是以吾人仍須去决定康德在形上推述中所採用之原則實際上究竟爲何一困難之問題。

康德對於形上推述之原則有兩層要求。第一，它必須能使吾人發見範疇；第二，發見後，也必須能使吾人見出如此所發見之範疇可以形成一有系統之整全，因而有其完整性，而此完整性之保證决不只經驗之考量所能擔負。此原則有時述爲廣義，有時述爲狹義，卽在一較特殊之形式中被陳述。因爲在此點康德仍無十分决定之語氣。此原則之較廣之形式是如此：一切理解之活動是斷判，因此，理解之可能的最後的先驗形式卽同於判斷之可能的最後的形式。其較特殊而正確之形式則如下：對於分解判斷之每一形式，必有一理解之純粹概念與之相應。該較廣之形式顯然不恰當。因爲它只是判斷問題（非概念問題）之重述。如果需要原則以保證先驗概念表之完整，亦同樣需要一原則以保證判斷表之完整。此較廣之形式，卽使如「序論」中之所述，比較顯明，因「序論」中定判斷爲理解之活動，而此活動可以包括理解的一切其他活動，卽使是如此，亦不能使吾人去保證任何判斷形式表之完整，或去決定此等判斷之系統的相關性。依是，吾人須歸到第二觀點，卽較狹之形式。但此較狹之形式又引吾人遭遇進一步之問題，卽：有何原則可以保證分解判斷表之完整？對此問題，康德絕無答覆。讀者之種種疑問，因康德之堅決相信傳統邏輯所作成之分類之恰當性與最後性，而歸於無效。（純理批判解頁一八二—一八四）

以上三段，大體甚是。是以士密斯歸結云：「理解之邏輯使用」一節中之一切混亂及隱晦皆可追溯到康德對於形式邏輯之態度。康德固亦知傳統邏輯中之種種缺點，「然彼總以爲此只是小節，而總承認其成就爲完整爲最後。」康德之超越邏輯固於一般邏輯外指出一新方面，此則作傳統邏輯所不能作。然無論如何，「最後，康德總視一般邏輯爲一獨立之訓練，而其流行之形式亦爲最適當之形式。他復不知分解判斷之要求超越的證實（或安立）並不亞於綜和判斷」。「依據康德自己之認可，超越邏輯並不能保證整個『純理批判』所十分予以重視之『完整性』，卽範疇表之完整性。一般邏輯則已許其有一獨立之立場，足以護持其權威性；而所預設以保證範疇表之完整之『原則』，在其形成中並不含有『解證思考依於綜和思考』之昭示。康德必以為形式邏輯自能為『判斷之最後形式之分類』提供一標準，而其所以能提供此標準正因其工作乃為相當之簡單，而且獨立於一切認識論之觀點，如思想歷程之本性，範圍，及條件等問題。因為形式邏輯是一完整而圓滿之先驗科學，已經二千年之考驗，而實際上至今亦未變更，故其成果可被認為是最後的，而且能在一切進一步之研究中毫無疑問地被採用。分解思考既已科學地論之於一般邏輯中，則『純理批判』只須論綜和判斷之可能及條件即足矣。依此，分解判斷表可以提供一完整而絕對有保證之『理解範疇』表。」（士密斯書頁一八四——一八五）

士密斯最後綜結云：「……超越推述之結果迫使吾人對於形上推述之全部辨論要求一完全之重述。當此步工作作訖，將見不再有任何根據使吾人設想範疇之數目可以在一先驗根據上而決定。依據康德自己對於一切先驗原則之綜和性因而亦只是事實性之基本主張，吾人將見範疇之必然性只有因涉及現實經驗之偶然事實而可被證明。可能的概念形式是與偶然的感覺材料中之現實而基本之差異相關對；而即因此相關對，所以範疇始不能在純粹先驗根據上而得系統化。此點，康德自己亦承認，不過由此而來之重要後果，渠未有全幅覺識而已。康德在純理批判第二版所增加之一段文中有以下之語句：『理解只因範疇，而且只因如此之範疇而又如此多之範疇，以產生統覺之先驗統一性，此一特殊性是再不能有進一步之解析，亦恰如爲何只有此等判斷之形式而無其他，或爲何空間時間是可能直覺之唯一形式，此亦不能再有進一步之解析。」（第二版理解之純粹概念之超越推述，第二節，廿一段最後一句。士密斯譯本一六一頁。）」（士密斯「純理批判解」頁一八五——一八六。）

吾人可以先釐淸士密斯之疏解。士密斯之申明康德對於傳統形式邏輯之態度是根據「純理批判」第二版序言第二段中所說而寫成。其申明無曲解，讀者可參看。傳統邏輯，無論以何成分而構成，總是一般之形式邏輯，因而亦總可爲一獨立之訓練，它有其獨立之領域，吾人之治邏輯亦總可處於此獨立之領域內而如此邏輯之自身而如如地研究之。此是邏輯家之態度。然須知傳統邏輯中所含之概念論及判斷論大都與認識論及文法學混融於一起，因而其論之也，亦總牽連及認識論之觀點及文法學之觀點，而依此兩觀點而討論又總歸於經驗之考量，因而亦只是歸納之態度。卽以判斷之歸類而言之，雖其結集極人工技巧之能事，而總無必然如此之先驗理由或邏輯理由。吾人亦無一純邏輯之原則，卽所謂純粹先驗根據，以安頓此技巧之結集。吾人如不能從純理上建立其根據，此技巧之結集卽不能有必然性。然而康德於作範疇之形上推述時，却欲取此以爲發見範疇之線索。此中有兩大問題：

（一）此判斷形式之分類表，其完整性與必然性有保證否？因而由之而發見之範疇表之完整性與必然性有保證否？

（二）根據判斷之形式以發見範疇，其「原則」究如何陳述？究有可能否？

此兩大問題皆為士密斯所注意。據上文所述，第一問題，士密斯以為無論判斷表或範疇表，其完整性與必然性俱無保證。而因為自判斷以發見範疇，故範疇表之完整性無保證實因判斷表之完整性無保證。然此尚不過否認其完整性或必然性而已。無完整性是說不必如此之多或如此之少：也許可以再多，也許可以再少。無必然性是說不必為如此之判斷與範疇：也許可以代替之以新發見，也許可以有淘汰，或全淘汰。無論如何，此只表示此「表」不必如此，判斷或範疇亦不必是「此」。然吾人尚可如此說：無論是否完整或必然，如其有判斷，吾人即可根據此判斷之形式而發見一與之相應而為其根據之「範疇」。依是，判斷表及範疇表之完整性雖無保證，而判斷總要有，因而範疇亦總要有，範疇之數目雖無必，而範疇之先驗性與綜和性總保留。依是，「由判斷以發見範疇」之線索或原則總有效。蓋保證其完整性之原則與發見範疇之原則不必為一事。於前者雖無原則以保證之，並不妨礙後者之原則之成立。士密斯所疏解者似只歸結於無原則以保證其完整性，即只否認其完整性。而於此兩種原則之須分別論似並未注意及。其往復申明者，似只在辨明：一、康德並未予傳統邏輯中之分解判斷以超越之安頓；二、康德只根據二千年歷史之考驗以認取判斷分類之完整性；三、傳統邏輯與超越邏輯彼此孤離而成為外在之關係（然若彼此孤離，則如何能由傳統邏輯以發見範疇實是難事）；四、依是，康德並未依照「範疇爲分解判斷之所以可能以及所以具有此形式之條件」一原則而推出範疇，然而形上推述之原則無論爲廣義或狹義，似均含有「由此原則以推範疇」之意義，然而士密斯之批評此原則之兩種陳述，其着眼點却又馬上滑入「無保證」一問題。自此第四點而言之，可知士密斯於吾所指出之兩種原則並未分別論。渠似以爲若依第四點中之原則而推範疇，儻若範疇表即可得保證。然若眞依該原則推範疇，範疇表亦未必眞能得保證。是卽可見發見範疇之原則與保證範疇表之完整性之原則不必爲一事：此原則足以發見範疇矣，然不必亦能保證其必然性。康德歸於一原則，而對此同一原則復有雙重之要求，吾以爲並未能實現。此要求自是合理者，然在康德之系統內，則不能實現此要求。其所以不能實現，卽在分解判斷表之不能得保證。是以士密斯總歸於「無保證」一疑難非誤也。然範疇表之不能得保證卽衝破康德對於形上推述之原則所作之雙重要求。若此雙重要求已衝破，吾人卽謂形上推述之原則倒塌乎？如其然，則範疇卽無得而發見。是以爲避免此不幸之結果，故指出：範疇表雖無保證，而發見範疇之原則仍有效。依是吾人可以先列兩原則：

（一）發見範疇之原則；

（二）保證範疇表之完整性之原則。

由分解判斷至範疇不過是線索。而由此線索以實現發見範疇之目的則須根據一原則。此原則卽爲形上推述之原則。然此原則在康德系統內決難滿足康德雙重之要求。如不能滿足此要求，則暫時卽可以列爲兩原則。如是，此兩原則在康德系統內乃爲不能融化於一起者，而實際上亦未能使之俱成立。此一問題決定吾人之事業。現在吾人對康德則如此說：吾人若予以同情之理解，而會通其精義，則結果只能承認其「發見範疇之原則」，而不能承認其範疇表之完整性之有保證。發見範疇之線索可如下述：

「由分解判斷之特殊形式可以引吾人至範疇之發見」。

而發見範疇之原則，則如下述：

「每一分解判斷所以具有此特殊形式實因有一與之相應之範疇在其後而爲其所以可能之先驗的形式條件」。

簡言之，則如此說：

「每一判斷之雙重性卽是發見範疇之原則」。

依據此原則，只能發見範疇之存在，但不能決定範疇之數目。吾人亦無一先驗根據以保證範疇表之完整。此卽士密斯最後之歸結。所謂「範疇之必然性只有因涉及現實經驗中之偶然事實而可被證明」之義也。吾於此可同意。但疏解康德至於此，則將有極重要之結果出現。範疇之理論必將全部改變。未知士密斯亦曾意識及之否耶？此義下文明之。

然卽使承認其「發見範疇之原則」，吾人之疑問尙不能止於此。以上所論不出士密斯之範圍。吾之問題不止此。吾人且不問：如何由分解判斷發見範疇，當先問：由邏輯中之判斷是否能發見康德所指謂之範疇。如不能，則由之可以引出者爲何事？先作如是簡要之疑問。下文詳細推明之。

第三節　邏輯中判斷分類表有必然之保證否

以範疇爲專題而研究之，且予以列表分類，自以往哲學史上言之，大體可集中於二人。一爲亞里士多德，一爲康德。亞氏前無有用「範疇」一詞者，卽其師柏拉圖亦未曾用。範疇，無論在亞氏或康德，俱與命題或判斷有討論上之連結。亞氏首用此詞，而其列表分類卽與其「謂詞論」相關聯。（當然，亞氏與康德以外，脫離邏輯學而純自形上學或本體論以論範疇者並不乏人，處處泛用，更成慣例。但此俱與本論題不相干。自邏輯學以論範疇，較有法度，吾人可名此曰傳統之觀點。至由此而引出之範疇之義用，則是另一問題。）與命題或判斷有討論上之連結，遂引導康德由判斷表以發見範疇表。在亞氏則與其「謂詞論」相關聯。吾人可說亞氏是由「謂詞之模式」以發見範疇之分類。依亞氏，每一命題有一主詞與一謂詞。主詞指示一最眞實而獨立不依之存在，卽本體。謂詞則是隸屬於該本體的一切事，包有綱，目，質，量，等等。由此等謂詞樣式之研究，吾人可有一「

謂詞模式」之分類。在此分類中，每一類若用一總持之概念表示之，卽爲一範疇。依是，結果撰爲十範疇。此十範疇卽爲一組「通孔之格式」。任一特定謂詞皆可指給此「通孔格」中之某一格，而且只是一個格。依是，範疇之分類卽表示「謂詞模式」之分類。每一範疇指示一「謂詞之模式」。如果以範疇爲準（已經分列出後），吾人可說：依照範疇，吾人可決定謂詞模式之爲何。在此，範疇表示最抽象之種類概念。設取一主詞，如「孔子」，若將關於孔子所能作成之一切主斷程式出，卽可達到此種「謂詞之模式」。孔子是「人」，是「動物」，此等謂詞屬於「本體」一範疇。孔子是「黃色人」，此是屬於「質」範疇。孔子身長「八尺」，此是屬於「量」範疇。孔子畏於「匡」此是「地方」一範疇。孔是「春秋時人」，此是屬於「時」。其他皆可依此明。此等謂詞表示不同種類之物事，而且表示不同種類之物事在不同之模式中關聯於主詞。依此，吾人可說：範疇復能表示一切依照其存在之模式而存在之東西之分類。範疇是最後之類，不可還原之類。此等綱類，汝若將「此是什麼」一問題推到家，卽可獲得之。如：孔子是什麼？曰人。人是什麼？曰動物。動物是什麼？曰「本體」。在此，吾人達到一最後之物體類。又如：此是什麼？曰紅。紅是什麼？曰顏色。顏色是什麼？曰「性質」。吾人又達到一最後類。其餘類推。

依是，一、範疇表示謂詞模式分類，同時亦表示一切存在之分類。每一範疇表示一類存在，同時亦表示一種「謂詞模式」。依是，有多少存在類或謂詞模式類，卽有多少範疇，依是可作成範疇之分類。二、若以任一命題中之「謂詞模式」爲首出，而使其可理解，吾人可說：每一謂詞模式其所以爲此特殊之模式皆因有一範疇使之然。三、然此十範疇只是種類概念：是存在之種類，而非存在之構成元素；是表示眞實存在之種類，而其自身非「眞實存在」。又表示謂詞模式之種類，而其自身非謂詞。依是，它既非本體論上之構造成分，形式或質料，亦非認識論上理解中之構造的形式條件，如康德之所謂。四、依是，它與謂詞對言，或與存在對言，吾人難說誰是決定，誰是被決定，誰是主，誰是從。它只是吾人向外究討所歸納成之種類概念。依此，康德批評亞氏之範疇表只爲由歸納而成者，並無一定之邏輯原則。五、它表示「謂詞模式」之分類，但並不能表示「命題形式」之分類。命題形式之分類是另一步工作。因爲，顯然，謂詞只是構成命題之一部分，而不是命題之全體。是以一整個命題之形式必不同於謂詞之模式。依是，命題形式之分類須有待於依另一原則而進行。既不能表示命題形式之分類，所以亞氏雖依謂詞之模式而達到十範疇，然與康德依分解命題（或判斷）之形式而發見理解之範疇全異趣。康德所依據以發見範疇之線索乃命題形式之分類，非謂詞模式之分類。康德所作者意在發見一構造之成分，而亞氏則只達到表示事物或謂詞之分類之種類概念，此等種類概念對於存在之構造成分並無所擔負。依是，亞氏之論範疇雖與謂詞，泛言之，與命題或判斷相連結而論之，而於命題之分類及構造知識及存在之成分兩無所獲。六、然而所達到之範疇實是表示「存在」之概念，雖其本身並非構造存在之原素，如四因，或四大，或原子。所謂表示「存在」之概念，實是表示事物分類之概念，自此而言，它已出乎純粹邏輯範圍之外。然而它又實是表示存在之概念，表示謂詞之模式。康德自命題形式發見構造知識及知識對象之形式條件，然則吾人豈不可依據康德立言之精神，再自謂詞之模式以發見此形式條件耶？亞氏實未發見出。然若吾人今日用心不同，用亞氏所未用之心，因而立言大義亦不同，豈不可再由謂詞模式一途徑以發見函義及作用全異之範疇耶？此是一新方向，將來能作至何地，吾人尙不知。然在此至少可提出此途徑，依是，與康德並而爲二：一是由命題形式以發見範疇；一是由謂詞模式以發見範疇（其義用須與亞氏全異）。

以下論康德建立範疇所取之途徑。

康德順邏輯中命題或判斷之形式以發見範疇。根據此線索，再依據一原則，即可獲得理解之範疇。依此，要保證範疇表之完整或必然必須首先保證邏輯中之判斷表之完整或必然。此義前文已提出。今再列兩大問題如下：

（一）邏輯中之判斷表之完整性或必然性是否決定有，即其保證是否爲可能，如可能，將因何而可能？如不可能，將因何而不可能？吾意，此將牽涉到命題形式之構造論。

（二）由邏輯中之命題或判斷，無論其有否完整性，即有之，亦無論是否有保證，總之，由此種命題或判斷之形式是否能引吾人發見康德所意謂之理解之範疇。如不能由之以發見康德所意謂之範疇，則將是否能由之以發見出某種物事；如能之，則此某種物事究爲何事。

茲先論第一大問題，邏輯中之命題或判斷表，在傳統邏輯中決無絕對之保證，而且順其論法，亦絕不能發見出一絕對之保證。不但傳統邏輯是如此，卽在現代邏輯中，所作之命題形式之分類亦無邏輯理由以保證其必然，而且順時下一般邏輯家之論法，亦永不能發見出一必然如此之保證。然傳統邏輯之論命題形式是原於言語或文法學，而且雖有二千年之歷史，其論之也仍未脫此巢臼。現代邏輯則有進一步之覺醒：其論命題形式在理論上可以脫離言語或文法學之羈絆，而且自覺地提出「邏輯句法」一名詞，此名詞卽函有吾人可以邏輯地討論而且構造一命題形式之啓示，此卽示已跳出言語或文法學之巢臼。須知卽此一步覺醒，對於吾人有大便利，至少對於吾，可以誘發出一種命題形式之構造論，依此構造論，吾可以引出一理由或原則以保證邏輯中之命題形式之必然性。此步工作或能實現士密斯所謂「分解判斷之需要一超越之安立並不亞於綜和判斷」一語之要求。（士密斯說此語時，所謂分解判斷自指邏輯中分解判斷之形式乃至此形式之分類表言。每一判斷之雙重性固已指出分解判斷之超越安立。然此義與此處士密斯所說之語異，須善會。否則，與此處所說不相應矣。）吾想，吾已作到此步矣。然一作到此，則命題形式之理論乃至由之所可發見之物事必全變。此暫置之。現在且說，現代邏輯有此步覺醒，對於吾有此大便利，然而傳統邏輯之命題或判斷論却並無此便利。惟吾人可以引順之至於此便利，而使命題形式之構造論歸於一。然在既成之傳統邏輯中之論法，則無由以至乎此。是以康德所結集之判斷分類表並無必然如此之保證，亦無先驗理由以明之。

茲復有應申明者，卽傳統邏輯中命題或判斷，此兩名本指同一事。或曰命題，或曰判斷，皆無不可。大抵有哲學趣味者皆喜曰判斷，而純粹邏輯家則只曰命題。然無論如何，在純粹邏輯範圍內，則總是此事實。尤其當論及「命題形式」之分類時，無論曰判斷曰命題，總是此一套物事之追究。命題與判斷，若在邏輯學範圍外，譬如自認識論而言之，也許有分別。而且「判斷」一詞也許更有其特殊之函義，譬如，每一判斷總函一「能斷之主體，卽理解之活動，而能斷必函所斷，依是必有一所斷之對象，此卽此判斷之內容。此如許函義，也許非「命題」一詞所能函。然在邏輯範圍內，則此諸函義可全不顧及，因其所究者只是此命題或判斷之形式故，譬如為全稱者，抑為單稱者，為定然者，抑為假然者，此皆命題之形式，不管名之曰命題或判斷，其所研究者總是此形式。是以名稱之差異不生若何影響也。又因只研究此形式以及其分類，而不追求命題所表象之對象或有外面涉及之認識上的意義或形而上的意義，如亞里士多德認每一命題之主謂詞皆有本體論上之根據，或如鮑桑奎及布拉得賴所分析之判斷之形上學的意義等，則無論取何名亦皆不生關係。又研究此命題之形式以及其分類，與言分解判斷與綜和判斷之不同者異。此邏輯中之命題形式，若平鋪之而為一實際之命題或判斷，則自邏輯學之立場或所謂解證思考之觀點而言之，則此等命題皆可說為是分解的。然當一說分解與綜和，吾人所論者乃是一知識之命題，論此命題之知識上的意義，而非論此命題之形式。最後，吾人所謂論命題之形式以及其分類，是單指邏輯中之命題或判斷言，既不是泛論判斷分爲分解的與綜和的兩種，亦非就各種學問而言各種學問之命題之特殊性質，因而命題之分類亦即形成學問之分類。此非此處之問題，不應混擾。依是，康德由判斷表以發見範疇，其所謂判斷表正單是邏輯學中之判斷分類表。此義務須認清。

以上申明數義，皆極重要。如果康德所依據之判斷表只是邏輯學中之判斷形式之分類表，則吾人可說，此種判斷形式之分類，依照以往之論法，是絕無必然性，亦無一邏輯之原則，所謂先驗根據，決定其必爲如此之形式，而且決定其必爲如此「多」之形式，而且決定其必爲質量關係程態四綱領所成之四種類。亞氏邏輯學中固已論及命題。然其論命題似是單就推理，無論直接的或間接的，而論之，並未空頭專論命題之分類。其「命題篇」之論命題是以說明命題間之相反，矛盾，乃至AEIO四種命題間之對待關係爲主要目的。（參看吾「邏輯典範」第一卷第六章）而此種論法顯然是就命題間之關係或對待推理而爲言。彼由此再進而論三段式之間接推理仍以AEIO四種命題爲根據。AEIO爲四種定然命題式，此就推理而言之。後人逐漸增加析取推理與假然推理，因而引出析取命題之形式與假然命題之形式，此仍就推理而言命題。再逐漸增加雙支推理。然此不過爲假然推理之變形。卽照其構造之成分言，除假然命題之形式，至多復含有析取命題之形式。依是，就亞氏個人言，其論命題是就推理而言。即就全部傳統邏輯，自其推理系統而言之，亦不過定然之AEIO四種命題形式以及析取命題之形式與假然命題之形式三種而已，而此仍皆就推理而爲言。亞氏本人未空頭作命題形式之分類。後人演其緒，除增加推理形式外，復闢一門專論命題形式之分類。乃漸離「就推理而論命題」之密義。其論「命題形式」本身之構造，並未自邏輯上指出其依何邏輯律則或概念而構成。此步透不出，對於命題形式之構造，雖有總持之理論。其論命題形式之分類亦未能作到依何邏輯根據而如此分。此步作不到，其分類亦難有必然之理由。其論命題形式之形成，言語之句子形式是其根據；其論分類，文法學是其底本。皆不能離於言語句式之窠臼。此無本之論。蓋因言語文法皆歷史社會之產物，有約定性，無邏輯性。此其一。即除言語文法之根據外，再尋其他理由以明命題之形式及其分類，則亦不過就一有意義之命題所表象之事實之姿態或關係而言之而分之，因而明其爲如是之形式，明其爲如是之分類。其起爭執而以爲不如是者，其論之根據仍如故。然事實之姿態或關係，其多何限，其變何限。依此而明命題之形式自無必然。此其二。即就康德所結集之判斷表而言之，亦是如此。

譬如，自量的判斷言，不過因吾人有時可以說一表示一件事或一個體之句子，如「一婦人哭而哀」，「孔子憑軾而聽之」等，或有時說一表示某一件事或若干件事之句子，或有時說一表示所有的事或一切個體之句子。此就此命題所表示之量言，其量是數目之量。而對於此表示「數目量」之概念，如「一個」，「某個」，「一切」，若不能自「內」而找出一邏輯根據或尋出所以能發出此概念之先驗理由，則只有從吾人對外面事實之姿態而說此一句話上以表示其爲如此之量之判斷，此是從描述事實而表示句子之形式。然如其如此，則理由在外，乃爲隨偶然之尋伺而成功此句子之形式。如其如此，則何以必只是此形式耶？卽從此量之概念自身方面言，先不說此命題之量之形式因何理由而解析而成立，則亦不必只此三概念。吾人豈不尙有「任何」，「每一」等概念？然則量之判斷何以必是三？又何以其三必是此？此皆無理由者。卽使汝從事實上，將凡類乎此之量概念（此表示量概念尙有其他表示法，此言類乎此之量概念只是數目之量概念），皆予以無漏之盡舉，而如果不能自內將此一切概念之先驗根據或邏輯理由透出之，而徒自吾人表示「外面事實之姿態或關係」之句子上而明句子之形式，則雖事實上將類乎此之量概念盡舉之而無漏，汝亦不能有邏輯理由保其必無漏或保其必如此。此卽表示說：邏輯學中命題形式之分類，如不能自內找其邏輯根據，而徒自表象事實之姿態方面表明句子之形式，則其分類乃永不能一定者，除其爲偶然尋伺由歸納而成之結集外，無其他理由可以說必如此。量之判斷是如此，質之判斷亦如此。肯定形式者，不過表示吾人對外面事實可以說一以「是」爲連繫之句子，如「雪之色是白的」；否定形式者，則對外面事實可以說一以「不是」爲連繫之句子，如「運動不是靜止」。如不能自內將「肯定」「否定」之邏輯根據建立起，而自「表示事實」上以明命題之形式，則亦不必只是此兩者。吾豈不可以說「許是」，「將是」，「或不是」，「將不是」…　等等形式耶？汝有何標準將此等概念排除去而視被不能構成命題之形式？至於「無定」一形式，譬如：「此是『非紅』」，「靈魂是『非變滅的』」一等，則尤爲涉及外面事實而成者，因而亦有種種之考慮。如果肯定否定尚可以自內找出其邏輯根據時，則此「無定」一概念却未見可能。而且如眞能自內找出肯定否定之根據以明命題之形式，而且只就有此種先驗根據者以說命題之形式，則吾人將見「此是非紅」一命題，自「賓詞之意義」而說其爲無定，然而自此「整個之命題」之形式言，實是肯定形式之命題。吾人言命題之形式，非言「賓詞之意義」。何得以此而決定命題形式耶？認取命題形式之標準究何在？此可亂乎？復此，關係之判斷亦如此論。定然命題式，自言語方面說，不過因文法學中有直述句子式，而自說話方面講，則又因吾人可以說一句表象「眼前現實事象」之命題，或不必就現在事象言，而一般地說一句「肯斷如此」之命題或有「直呈意義」之命題，如「眼見水能滅火」，或「物體皆可分」，因此遂說此等命題之形式爲定然形式。假然命題式，則又不過就眼前未曾實現之未來事象而說一句有「虛擬意義」或「假定如此」之命題；或就眼前已現之事而不確知其原因，因而虛擬一理由以爲此事實之解析，因而亦成功一「假然如此」之命題；或根據以往之經驗，對於一人提出一警告，或對於一事提出一預測，因而亦可成功一「假然如此」之命題：此如，「如果仍有太陽，則太陽明天將自東出」，「如果有力，則有運動」，「如你吃砒霜，則將會死」，「如雨繼續如此下降，則物價將上漲」。此皆因涉及外面事象之姿態或關係，或因涉及吾人表示事象之態度，而表明此命題爲如此之形式。析取命題式，如「世界或因盲目之機遇而存在，或因內部之必然而存在，或因一外在之原因而存在」，「孔子或是春秋時人，或是戰國時人」，「一在無窮之羣中或有一律則，或無一律則」，「今天或下雨或不下雨」等，此一方可以表示吾人對於一事象無確定之知識，或另一方表示對於一對象分爲互相排斥而又互相共在之若干部，因而形成一析取之綜體，藉此可以決定一完全之知識，或對於一對象將其可能之解析全列出之，以成功一可能解析之全部領域，然而不決定其究是何種，因而成功一析取之命題。凡此，無論是何意義，總是外涉事象而表明此命題爲析取之形式。如此三種命題形式皆自表象「外面事象之姿態或關係」或自吾人「表示事象」之態度而表明之，而不能自內找出決定此形式之概念之先驗根據，則卽無理由說必是而且只是此三種。命題之關係形式甚多。如今日數學邏輯家所分析者，如大於，小於，等於，間於，傳遞，對稱，不傳遞，不對稱，等等，皆是關係式。吾有何理由而說此等不是關係命題耶？總之，邏輯學中之命題，如果構成其爲此命題形式之先驗根據不能自內而獲得，則凡一切分類皆是偶然的，隨意的，而無必然之理由。卽再加上今日邏輯家所指出者，吾亦如此說。最後，關於程態之命題式，如或無，實然，必然，其以往之論法，亦是自涉及外事之姿態或關係，或因吾人表示「外事」之態度，而表明之。此尤與說話者之態度有關。此是否能爲邏輯中之命題，尙有問題。其特殊性，康德已知之。康德以爲「彼於判斷之內容無增益。蓋除量，質，關係外，無有能構成判斷之內容者。其所表示者只是繫詞之價值。」此且不論。吾意：此三概念或用以表示一知識命題之價值，或用以表示一形式命題，如邏輯或數學中者，之價值。彼是否能有先驗根據由之以形成邏輯中之命題形式，亦不無可疑。此有關於邏輯自身之認識，此可不論。然無論如何，如自言語句式以及自表示外事上而表明命題形式，其分類總無必然性。吾人並非否認其爲一命題形式，但只表示：依此論法，其分類是否必然？構成此「形式」之概念是否有先驗根據？依以上所論，傳統邏輯中之判斷分類表皆不能說有必然，而於此第二問題，彼輩亦根本未注意及。

由以上之討論，吾人可列以下幾個重要陳述：

（一）討論邏輯中命題形式之分類有二途徑：一、自文法學中之言語句式以及自表示外事之姿態或關係方面表明命題形式之分類；二、自內而找出構成此「形式」之概念之先驗根據或邏輯理由以決定命題之形式乃至其分類。〔案：此爲討論命題形式之途徑之大分類。傳統邏輯中之論判斷俱採第一途徑，依此其分類表之完整性無保證。第二途徑中所謂「自內」中之「內」究竟是何「內」？內在何處？吾人此時尚不明白，雖是總可明白。暫時只對第一途徑中之「外」而姑言「內」。上文屢言「自內」，意亦如此。〕

（二）認取命題之「形式」，固須自整個命題而觀之，然所謂「形式」（命題的）要必確有所指。一命題有變項，有常項，如「A是B」，A與B是變項，「是」是常項：有關係字，有名項字，如「如A則B」，「如則」是關係字，A與B是名項字；有實變項，有虛變項，如「凡A是B」，「有A是B」，A與B是實變項，「凡」與「有」是虛變項，古言所謂全稱偏稱是也。認取命題之「形式」須自常項，關係字，虛變項等處認取，不可自變項，名項字，實變項處認取。外此，又不可自命題所表示之內容或其所涉之外事而討論或認識命題之形式。一整個命題，如有內容或表外事，則自有其意義，但整個命題之「形式」亦有表意。吾人如就一命題之意義而認取此命題爲何形式，則不當就命題之內容意義定，而當就命題之「形式」所示之表意定。此卽示：一命題除其內容意義外，尙有其形式意義在，吾人決定命題形式之先驗根據，卽決定形成此「形式」之概念之先驗根據。（案：康德論判斷形式之標準極不確定，而且大抵就內容意義言。此固由其自表外事以明判斷形式所必函者。然吾人却必須嚴有簡別，此蓋爲不可疑者。）

（三）欲定邏輯中之命題形式以及其分類，而且欲使其有必然有保證，須滿足以下四條件：A，首先須取（一）條中第二途徑而論之；B，論邏輯中之命題形式須對純邏輯中之推理言，不可空頭而泛論；C，須簡別邏輯中之命題與其他殊學中之命題之不同；D，邏輯中之命題爲無向命題，其形式之構成所依據之概念須純自「內」出，（此「內」亦尙不明，姑先如此說」，因而其「形式」之決定非漫無標準。

（四）邏輯中之命題形式之先驗根據即是「形成此形式」之概念之先驗根據。惟合乎（三）條中四條件之邏輯中之命題形式始能言其先驗根據或云予以超越之安立。不合乎該四條件之命題形式無法言其先驗根據（譬如以往之論法）。任一有「內容意義」之知識命題不能言先驗根據，亦無超越之安立。（案：康德言每一分析判斷背後皆有一綜和判斷爲其形成之根據，此義與本條所說者異，亦爲不同之問題。不可混。）

（五）邏輯中之命題形式須純邏輯地構造之，不依文法學而言之，亦不自外面事實而表明之。唯此始可言分類之必然性，始可言其邏輯之根據。

第四節　由邏輯中判斷之形式是否能發見出範疇

吾人再論第二大問題。即由邏輯中判斷之形式是否能引出康德所意謂之範疇。吾以爲不能。表明邏輯中判斷之形式，如上文第（四）條所述，皆確有所指。吾人就此確指而認取判斷之形式，則知此「形式」之成皆有一概念使之然，此即言一判斷之形式皆指示一「概念」。由判斷之形式，固有所認取，亦固可引出一概念，然由之而引出之概念要不即是康德所意謂之純粹概念（即範疇）。由此所引出之概念，就事論事，實只是一邏輯概念，而不必是一存在概念。康德所意謂之範疇，除程態一類外（因康德亦知此須分別論），皆是存在學上之概念，即皆對於存在有擔負，故吾人可名之曰「存在概念」。此等存在概念，雖可以是邏輯的，然只是邏輯的，却不必是「存在的」，因此，只是邏輯概念，不必是存在概念。吾人以爲由邏輯中判斷之形式只能引出邏輯概念，而不能引出存在概念。此是一大關鍵。由此關鍵。決定康德範疇之落空，決定其所說之「範疇之出生」之無着落。試就其所列之十二判斷，一一考核之即可知。

屬量形式之判斷有三：曰單稱，曰偏稱，曰全稱。此三種判斷，注意其量，故其形式爲量。而決定其爲量之概念則在表示數目量數之「一」，「有些」，及「所有」（或「一切」）等邏輯字。此「一」有二義：或爲一不定之「一」，因而爲任「一」，或爲一有定之「一」，因而專指一可以「名子」指示之個體，如「孔子是人」。如爲前者，則量數之「一」一概念顯明於命題中；如爲後者，則不顯明於命題中。如不顯明於命題中，則數目「一」爲一定之一個而消融於以專名指示之主詞。此時之「一」不爲虛變詞而爲實變詞。因此，吾人由此判斷可以引出一數目，或吾人先已有數目而以數目「一」指謂之，然而却並不能由此以引出一「邏輯概念」。如顯明於命題中而爲一不定之「一」即任「一」，則「任一」之「一」不消融於主詞，因而爲一虛變詞，而非一實變詞。而此虛變詞之所示即是一邏輯概念。此邏輯概念爲由理解自身所獨發而非外在者。因此，由單稱判斷中之不定之「一」，吾人可以引出一邏輯概念之「任一」。同理，「有些」，「一切」，皆爲虛變詞，因而亦皆爲由理解自身所獨發之邏輯概念，其自身並無存在上之自體。吾人由量形式之斷判只能引出此等邏輯概念，反之，因此等概念遂形成判斷之量形式。吾人試檢查此等屬於量數之邏輯概念其自身却非一定之數量，如八個，或八尺長，或六寸寬等。此等量數概念只是泛稱，故今人名曰虛變詞，而虛變詞自身無自體，因而可化除，故此等虛變詞實只是虛概念，故曰邏輯概念也。此等虛的邏輯概念只爲理解自身所創發之虛架子。因此虛架子，形成判斷之量形式。此等虛架子，因其爲理解自身所創發，而非由外來，亦非外在而有自體，故皆可謂爲先驗的內在的，自其形成該判斷之量形式言，又可謂爲超越的。然既爲虛的邏輯概念，卽不能作爲存在學上之存在概念。只能爲吾人「思考存在」之方式，而非「存在」之形式或條件。吾人卽使由此等邏輯概念再引出「單一」，「衆多」，「綜體」，三概念，而此三概念亦必仍然密切指示該邏輯概念而不能逾越：「單一」一概念卽指示邏輯概念之「任一」，「衆多」一概念卽指示邏輯概念之「有些」，「綜體」一概念卽指示邏輯概念之「一切」。因此，仍然只是些虛變詞，而不能作爲軌範「存在」之範疇。它只能作爲軌範思考存在之範疇（或架子），而不能作爲軌範「存在」之範疇。一多同異之爲形上學中之概念由來久矣，蓋自希臘而已然。然彼時之爭論此問題乃對伊里亞派之反對「多」而只承認「一」，反對「異」而只承認「同」一困難而發生。如存在只是一而無多，只是同而無異，吾人知識卽不可能。因此，必須承認存在有一有多有同有異。因此，同異一多乃屬於存在之概念。然屬於存在之概念，或屬於形上學所討論之概念或問題，並不能表明其即爲構造存在或條理存在之形式或範疇。此種概念或只爲吾人論謂存在所使用之工具，而吾人之所以能使用此等概念以說存在，則必其所說之存在不只是伊里亞派所意謂之全一或大一。而存在不只是全一或大一必有其所以不是之故，而此所以不是之故乃眞是存在自身之問題，而一多同異勿寧只是一種表示詞。個個特殊具體物或存在物是實法，構造此特殊存在物之原素或成分亦是實法，而一多同異以及大有（存在）則只是論謂之概念，乃名言上之虛架子，因而只是虛法，而非實法。關此，後將專章論之。由此觀之，即使歷來屬於形上學之概念或問題，吾人猶謂其不爲構造存在之實法（範疇），而況今自判斷形式以認取邏輯概念，則此等邏輯概念尤不能擔負存在之構造也。且由此等邏輯概念更亦不能轉出存在之概念。此爲必須確認者。即如康德由之以引出一多綜三存在上之量範疇，其如何使用（康德「以範疇綜和存在」意之使用）於存在，以及於存在上如何表現其義用，乃十分不顯明者。量質兩類範疇，康德固云其乃是屬於數學者。其使用或客觀有效性之表明見於「原則之分析」中「直覺公理」及「知覺預測」兩原則。然即在此，其如何使用以及如何表現其義用亦極爲不顯明不切當。固不若關係範疇之義用之顯豁也。關此，本文不深論（此與全部「超越感性論」及全部數學理論有關）。吾在此只說：由判斷之形式只能引出邏輯概念而不能引出存在概念，此蓋爲不可移者。

屬質形式之判斷亦有三：曰肯定，曰否定，曰無定。判斷之肯定形式由「是」表示，其否定形式則由「不是」表示。而「無定」，若嚴格言之，只爲賓詞之形式，而非命題之形式。若自命題形式言之，此仍只爲肯定之形式，卽其命題之質（非賓詞之質），仍爲肯定形式也。康德之認取判斷形式本無顯明一定之標準。卽就「無定」判斷言，則顯然又自賓詞或自賓詞所表示之對象而指明判斷之形式。如「靈魂是非變滅者」，此命題若自其命題形式言，顯只爲肯定之命題；而賓詞「非變滅者」一詞之所示，其範圍不定，故自此而言「無定」，則此「無定」顯自賓詞之性質言。依是吾人可說其賓詞之性質爲無定，而其命題之形式則爲肯定。若說此判斷形式爲無定，則何以說明其爲肯定？依是，若吾人對於判斷形式之認取，有一確定之標準，則於質形式之判斷只有肯定否定兩種而已。（認取判斷形式之標準已明之於上節，須覆看。）吾人由表示肯定形式之「是」，逆溯於理解，亦可見出一概念，理解自身所創發之概念。此概念可卽名之曰「肯定」，而「肯定」是一作用，故此概念可名曰「肯定之用」。由表示否定形式之「不是」，逆溯於理解，亦可見出一理解自身所創發之概念。此概念可卽名之曰「否定」，而否定亦是一作用，故此概念可名曰「否定之用」。此兩概念既表示一「機能」，又表示一「形式」。機能卽示其爲理解自身所自發之作用，形式則示其發此作用之方式（卽路數）。機能則單示一「用」，而形式則示其「屈曲」。吾人依據此兩概念可以形成判斷之質形式。是以自此質判斷之形式固可引出一理解自身所創發之概念，然此概念仍爲邏輯概念，而非存在概念。吾人決不能由之以引出存在學上之「實在」，「虛無」等有存在擔負之範疇。由判斷形式逆溯於理解，向內找其歸宿或着落，以謀此形式之超越安立，吾人只能獲得一邏輯概念。此等邏輯概念既爲理解自身所創發，故即表示理解自身之屈曲。理解總是有屈曲者。此屈曲即是理解自身之架子或條件。是以吾人只能由判斷形式以發見理解自身之屈曲，而不能發見存在之屈曲，即存在之概念或條件。當一判斷之表出，自其質形式言，由肯定方面，固可涉及一存在爲如何，由否定方面，亦固可涉及一存在爲如何，然吾人乃是由判斷之形式向內以發見理解自身之條件，而非向外以說存在。若是向外以說存在，則其所發見之概念究屬內抑屬外實大成問題，何能遽斷其爲內？復次，肯定固可表示一「存在」，因之而引出「實有」一範疇，然「否定」固不必即能引出「虛無」一範疇，因其不必即否定一物之存在，因而亦不必即是虛無。如「運動不是靜止」，此「不是」既不否定運動之存在，亦不否定靜止之存在，但只表示兩者之不同而已（此例見柏拉圖辯士篇）。何以必引出「虛無」一範疇？然無論如何，吾人總是由判斷形式向內以發見，不是向外以發見。此是大界限。如果吾人向內（即理解自身）只能發見邏輯概念，除此以外，不能再有增益，則康德所見之概念實只是向外發見出而安置於理解自身者。此實康德所不自覺之路數。然不可掩矣。

屬關係形式之判斷亦有三：曰定然，曰假然，曰析取。由定然判斷之形式，康德引出「本體屬性」一範疇；由假然判斷之形式，則引出「因果」一範疇；由析取判斷之形式，則引出「並在」（或交互）一範疇。這三種判斷之形式皆表示一種關係，或云因一種關係概念而成功命題之形式。譬如定然判斷，則表示一種主謂間之論謂關係，即以共相論謂殊相之關係，或表示一種主謂間之類屬關係，即以主詞所表示之「體」隸屬於謂詞所表示之類概念而爲其一分子。假然判斷則表示前件與後件間的一種函蘊關係，或云「如果則」之關係。析取判斷則表示兩端或兩命題間的選替關係，或云「或」之關係。此三種關係構成該三種判斷之形式。康德由此三種關係引出存在學上之三種範疇以期其擔負現象（存在）之構造而爲其規律。康德範疇之義用及其客觀有效性之表明莫顯豁於此者。其全部「範疇之超越推述」蓋即意向此關係範疇爲中心而爲言，而於此關係三範疇中尤以「因果」爲中心。其全部範疇論實全力傾注於因果問題而解答之。是以其十二範疇若加以淘汰，或指出其所屬之問題之不同，因而應予以分別論，（如程態範疇實即不是範疇，質與量兩類則屬於數學），則結果只有關係範疇，因而實即只有其中之「因果」一範疇，始有康德心目中所意謂之「範疇之義用」之積極意義。其他皆陪襯，或因發見範疇之路數而連帶而起者。關此且不論，吾人現在只說：由此判斷之關係形式是否能引出有存在擔負之存在範疇？吾則以爲決然不能。試先就假然形式而言之（以此爲比較顯明故）。假然形式，吾人謂其爲前件與後件間之函蘊關係，或「如果則」之關係。「如果」所引者，吾人名之曰「根據」；「則」所引者，吾人名之曰「歸結」。是以「如果則」之關係，即爲「根據與歸結」間之關係。此兩者若分言之，「如果則」爲一邏輯形式，而「根據與歸結」則為在此「形式」中兩概念之連結。兩概念，惟因其落於「如果則」之形式中，始得名為根據與歸結之連結。「如果則」為理解自身解物時所自發之「假設」之邏輯形式。在此自發之「假設」之邏輯形式中，兩概念之連結亦為邏輯之連結。是以「根據」與「歸結」亦只為邏輯之概念。隨理解自身所發之「假設」中之「設定」而名為「根據」，復因在「假設」一整全形式中，故隨此根據而來之歸結，亦為必然而來者。根據實為一「理由」或「因故」。因如此之理由，故必有如此之歸結。是以此兩者之連結實為一邏輯之連結，因而有其邏輯之必然性。「如果則」之形式與根據歸結間之連結，若合言之，實即為一「因故」之連結（因故為一個概念，同於「理由」一詞）。「因故」者「以說出故」之「故」也。故純為邏輯者。此邏輯之概念為理解自身解物時所創發以形成其自身之屈曲。吾人言理解自身總是有屈曲者。此屈曲即是其自身所具之架子或條件。吾人由判斷之假然形式，逆溯於理解，只能發見出此「因故」連結之邏輯概念，而此「因故」連結却並非「因與果」之連結之屬事之存在概念。因故連結乃屬於「義」（即概念）者，而「因果」則屬於「事」。屬義者為邏輯連結，無時間性，有必然性；屬事者為現象之連結，有時間性，無必然性。此兩者大有區別。吾人固不能以因故連結即視同因果法則也。蓋純為隨理解自身所設定之「假設形式」而形成之邏輯連結，何能知其可以充當理解自身以外之「存在」之法則耶？此蓋絕不能外出者。是以吾人由假然形式，向內而歸宿於理解，只能發見一為理解自身之屈曲者之「因故連結」，而決不能發見出一爲存在之屈曲之因果法則，以吾人根本未觸及「存在」故。復次，吾人所發見之因故連結亦不能即視之爲「因果」一範疇，蓋吾人未透至存在，何以能定其爲屬於存在之因果法則耶？又何以知「存在」必即以此爲其因果法則耶？吾人之發見此因故連結，對外界言，可全爲封閉者，因而亦全爲本然盲目者。是以吾人不能轉出有存在擔負之「因果」一範疇。若謂一實際之假然判斷常可表示一現實之因果關係，或總有經驗事實之因果關係爲其例證，因而由此判斷之假然形式以發見因果範疇，則此發見是因向外而發見，不因向內而發見。如不因向內，則吾人不能知其所發見者必是內在於理解之自身。如果吾人向內只能見出因故連結是理解自身所自發，外此不能再有增益，則所謂因果法則是理解自身所自給之範疇，必只是外襲而取之而安置於內者，決非眞內也。此實爲康德所不自覺之發見範疇之路數。依此，吾人現在只知因故連結是理解自身所創發，眞爲內在，而非外襲而取者。至於因果範疇，則雖尙不知其究在何處，然至少已知其決非理解自身所能發，是以亦決非內在於理解之自身。

再就命題之析取形式而觀之。析取形式亦曰選替形式或「或」之形式。項之選替如「A或B」，命題之選替如「A是B或C是D」，「A或是B或是C」。吾人由此命題之「析取」形式亦可引出一概念，此概念即可名之曰「析取」。「析取」亦是一種關係，此關係是邏輯的關係。吾人可以純邏輯地規定之。如就項之析取言，吾人可說：此兩項若是同有，或一有一無，或一無一有，有此三可能者卽可規定此兩項爲析取之關係。此種規定之析取自爲相容之析取。凡析取之本義，若無其他作用或限制，皆只是相容之析取。此種邏輯關係，由命題之形式而昭示，若由此而逆溯於理解，向理解自身以找其歸宿或着落，吾人自能發見一概念。此概念仍以「析取」名之，它旣表示一「機能」，復表示一「形式」。機能言其是理解自身所發之作用；形式言其作用爲有如此形式之作用，亦由理解自身所創發。此機能與形式合而爲一「析取」一概念。然此概念，正因其爲理解自身所創發，故只仍爲邏輯概念，因之以成功理解自身之屈曲或其形式條件。除其爲邏輯概念外，形成理解自身之屈曲外，吾人再不能增益一毫而謂其有擔負存在之義用而爲一存在之概念，因而形成存在之屈曲。是以吾人再不能由此進一步而轉出一爲存在概念之「交互」或「共在」一範疇。是以由命題之析取形式，向內歸宿於理解，只能發見一邏輯概念，而不能發見一存在概念。由「析取」一邏輯概念（爲理解所創發）亦不能轉出「交互」或「共在」一存在之範疇。蓋「析取」只爲理解作用（功能）之方式，虛而不能爲實，思之運用而不能爲平鋪之存在，故總不能外出者。復次，爲理解作用之方式之「析取」亦並不表示「與動」與「反動」間之「交互」，亦並不表示若干成分之「共在」。蓋只爲交替之選取作用，何所謂共在？何所謂與動與反動？復次，若由一現實之析取命題，向外而指點「交互」或「共在」之存在，而不向內考察理解自身所創發之屈曲，則何以知「交互」或「共在」一範疇必屬於內耶？必爲理解自身所自給耶？吾人單由邏輯中命題之形式向內以考察理解自身之屈曲，此時吾人可全不觸及存在，純爲邏輯的自足者，依此，對外可謂爲盲然者，亦可謂爲封閉者。依是，吾人顯只能引出邏輯概念，以成功理解自身之屈曲，而決不能引出其所盲然無觸及之存在概念，以成功存在之屈曲。

試再一言命題之「定然形式」爲如何。嚴格言之，定然命題不表示命題之形式，而表示命題之種類，即命題有屬於定然類者，有屬於假然類者。而假然類之命題，其形式依據「如果則」一概念而形成；如是，定然類之命題，其形式則根據全偏之量概念及肯定否定之質概念而形成。依是，定然命題之形式即是或爲全稱形式，或爲偏稱形式，或爲肯定形式，或爲否定形式。所謂AEIO是也。惟此始能說爲命題之形式。定然命題則只是此四種形式之命題之簡稱而約束爲一類：定然自身並不表示一命題之形式。從構造邏輯命題之形式方面言，吾人亦並無一概念足以構成「定然」之形式。是以定然形式乃虛而無實之語。如謂其有「實」義，則必是向外想，向此命題所表示之意義或內容方面想。向此方面說，則只注意此命題所表示者爲一確定之關係，即平鋪而放得下之關係。譬如：吾人說其爲一主謂命題，即主詞謂詞間有一定之平鋪關係。而主謂命題亦表示一種命題之類名，而構成此類命題之形式，則有種種概念，如質的量的是。而構成主謂命題之概念，則即是主詞與謂詞，而主詞與謂詞則是實變項，而非虛變項，此則不能由理解自身而得其歸宿。即以是故，說及主謂，吾人必向外想。由向外想，吾人或謂此主謂間之平鋪關係是以共相確定論謂殊相之關係，或謂其是類屬之關係，或謂其是本體與屬性之關係。而此種種關係，皆爲確定而平鋪者，且是此命題所表示之內容之平鋪關係。依此，吾人只有向外面而獲得此命題之定然形式之實義。而一說及本體與屬性，則即可以引導康德由此定然形式發見出「本體屬性」一範疇。然而如其如此發見，則顯然向外而見，非向內而見。依是，吾人即不能知此範疇必是屬於內，爲而理解自身所自給。依是，吾人由定然命題之形式，尙可向內發見邏輯概念，如上各段所述，而由定然形式則向內直無所發見。依是，由定然形式而發見「本體屬性」一範疇，其爲由外而見乃更顯然。即使主謂命題，如因明學之所解，視主詞爲「體」，視謂詞爲「義」，因而成功體與義間之關係；而依因明義，此中體義並無固宜，只要居於前陳，即爲主爲體（此體即個體或殊相義，因明謂其運挺持「體」，故曰「體」），只要居於後陳，即爲謂爲義。依是，體義純爲邏輯之概念，並無存在上之意義，因而亦非存在之概念。然即使如此作解，此體義雖爲邏輯之概念，而仍不能謂其即是理解自身所創發之屈曲。因自大界限上總持言之，此仍爲實變項，而非虛變項。是以雖是邏輯概念，而仍爲由外而起者。復次，主謂關係，如亞里士多德所解，可以視爲綱目之類屬關係。而依亞氏，綱目之關係，以及綱目之爲「關係項」，皆非實際存在之實在關係，乃爲就思考或論謂而有者：關係就思考或論謂而有，關係項亦然。（關此，可參看古譯「名理探」論關係一範疇。古譯關係爲「互」，範疇爲「倫」。此書該處言「互」有實互，有思互。綱與目之互即思互也。思互即因思考或論謂而成之「互」。）依是，綱目之關係亦並無固宜，亦可謂爲邏輯之概念。然即使如此，綱目概念以及此概念所成之平鋪之關係，亦不能謂其由理解自身所自發。是以，吾人無論由定然命題所得者爲存在之概念如「本體屬性」一範疇，或只爲邏輯之概念如體與義，綱與目，吾人似皆不能將其歸宿於理解之自身。依是，吾人由此命題之形式，向內直無所獲。

以上關於量質關係三類判斷之形式以及與之相應之概念，已加辨明。至由程態判斷而引出之程態範疇，即可能，現實，及必然，康德已知其與首三類不同，嚴格言之，實非其所謂綜和現象意義之範疇，乃實是說明上之範疇。此可不論。

茲可綜結以上之論辨，作如下之陳述。

（一）吾人由邏輯中判斷之形式，向內而歸宿於理解，並不能發見出康德所意謂之範疇，只能發見出一些邏輯概念，爲理解自身所創發，以形成理解自身之屈曲，對於存在之形成或屈曲並無所擔負。

（二）吾人若認眞反身體察理解自身之活動，將見其亦只能創發此等邏輯概念，於此等邏輯概念之意義須如其本性而意謂之，外此再不能絲毫有增益。此即言決不能由此再轉出存在概念以擔負存在之構造以形成存在之屈曲。稍有所增益，便不能如其性，必橫軼而歧出，因而必參與外面之意義。

（三）康德由判斷形式以發見其所意謂之範疇，實不是向內而考察理解自身之活動而發見，而是順判斷之意義或內容向外而發見而安置於內者。是以其所發見者皆爲存在之概念。然而一說到存在之概念，即非理解自身所能提供。

（四）吾人若眞由邏輯中判斷之形式，向內歸宿於理解，則吾人對於外界可全爲封閉者，可全不涉及於存在，即對判斷之形式亦全不必觸及外面之意義而即可考論之，認取之。但即由此種全爲封閉之路數，吾人即可發見理解自身所獨發之邏輯概念，而且亦只能發見此等邏輯之概念。若一旦牽涉存在概念，則對外即不能全爲封閉者。如不能全爲封閉，則其所發見是否內出實是問題。今康德所發見之範疇，正是存在概念，是以知其發見對外不能全爲封閉，因而其所發見亦不必眞正是內出。而且若知封閉後只能發見出此等邏輯概念，外此無所有，則不封閉而發見之存在概念可定知其必非內出。吾人原是掃淸外面之牽連，而單考察理解自身之所提供，康德亦原是此意，故吾人只能有此等邏輯概念，而不能有存在概念，而康德所說者却正是存在概念，是以知其必謬。

（五）判斷表既不能保其必然與完整，而又不能由此以發見康德之範疇，則其所謂範疇非外襲而置於內而何？判斷表與範疇表或有必然之連結，或無必然之連結。如暫放棄其必然之連結，則判斷表雖無必然，雖可更替或修改，而其範疇內出論，仍可不礙其爲眞。此自爲一可能而且同情之態度。然吾人即使單獨考量其範疇論，吾人亦無理由知其必是內出。吾人由判斷之形式，引不出此等範疇；吾人考察理解自身之活動，亦發見不出此等範疇。

（六）康德主範疇內出之根據可列爲二：甲、此等純粹概念（即其所謂範疇）不能由感覺獲得；乙、此等純粹概念爲理解所必須。然此兩根據，無一可證成範疇必內出。由甲、不能由感覺獲得，不必即是內出。由乙、爲理解所必須亦不函其爲內出。至康德系統內之其他可能理由或論辨，亦皆不能證明其必內出。此可不必深追。

（七）上面第二節中所引士密斯最後綜結語有云：「依據康德自己對於一切先驗原則之綜和性因而亦只是事實性之基本主張，吾人將見範疇之必然性只有因涉及現實經驗中之偶然事實而可被證明。可能的概念形式是與偶然的感覺材料中之現實而基本之差異相關對；而即因此相關對，所以範疇始不能在純粹先驗根據上而得系統化。」士密斯此文只表示範疇之數目及系統化不能在一先驗根據上而獲得而決定。此因判斷表之無必然無保證而來者。判斷表之無保證只是消極之理由。積極之理由則是此段引文中所說之兩層。士密斯此義即表示仍可承認範疇之內出及其內在於理解自身之先驗性。此即上第五條中所說判斷表與範疇表無必然之連結，判斷表雖無必然，而其範疇論仍不礙其爲眞，之義也。士密斯尚未進而考察康德所舉之範疇是否眞爲內出，是否眞能內在。若如吾所考察，則此等範疇決然不是內出，不能內在。「範疇必然性只有因涉及經驗事實而可被證明」，此語即函「範疇不能必內出而內在」。「可能的概念形式是與感覺材料中之現實而基本之差異相關對」

，此語不但函「範疇不能在純粹先驗根據上而得系統化」，亦函範疇不必是內出，不必眞有內在於理解自身之先驗性。如眞是內出，而且眞有此先驗性，則卽可在純粹先驗根據上而決定之，何待於涉及經驗之事實？何待於與感覺材料中之差異相關對？士密斯之說此義，固根據「一切先驗原則之綜和性因而亦只是事實性之基本主張」而來者。此基本主張卽是「範疇之超越推述」所表示者。此超越推述所成之基本主張固不表示範疇之不內出，然亦不能作爲「證明必內出」之根據。蓋吾人已知其必爲內出之先驗概念，所以始須一超越推述也。士密斯之措辭，對康德系統言，固不妥貼，然無論如何，吾可單獨考量此等範疇是否內在。超越推述必須否，及如何講說，則固以後之事也。【在康德系統，則爲必須。如不必內出，則不必須。如不內出，而仍爲超越之純理智概念，亦卽可以說是先驗概念，則仍必須，然不必是康德之講法。】

（八）關於純粹理智之存在概念大體可分四種講法。第一、可先說亞里士多德之講法，此卽其範疇分類表，如上第三節所述。第二是康德之講法，此亦成功康德之範疇分類表。康德批評亞氏之範疇表而謂其並無一公共邏輯原則，並謂其徒由茫然向外尋伺依據歸納而成者。其精巧之歸納固可佩，然並未依一先驗根據而自一公共原則而推出。康德自以爲其所發見之範疇表有先驗之根據，此卽「爲理解自身所提供」是，並有一公共之原則，此卽「皆發自理解之能」是。然此原則及根據固可說，然若無一線索，而茫然單考察理解之自身，則何以知其必是如此之範疇，而且又必是如此多之範疇？此則決不是隨意揀取而安置於理解者。依是，邏輯中之判斷表乃成一最佳之線索。然判斷表之形成亦仍無先驗之根據及必然之原則，其爲由茫然尋伺依據歸納而成，與亞氏之範疇分類表無二致。康德實是依據此種無必然性之判斷表以發見其自以爲窮盡爲漏而有必然之範疇表。然判斷表既無必然，範疇表自亦無必然。而判斷表又爲一必有之線索，否則，其發見範疇，更茫然無頭緒，無根據；而且又爲一最恰當之線索，蓋判斷直接繫屬於理解，除此再無有比此更直接者。然，雖是如此，而判斷表，如以往甚至康德之論法，決無必然性，是以由之而引出之範疇亦決無必然性。判斷表縱無必然性，假設由之歸宿於理解而可以有所獲，則若考察此所獲，而又不是康德之存在概念之範疇，即由之只能引出邏輯概念，而不能引出存在概念，則康德之範疇表不但無必然，而且雖說其內在於理解，實是外襲而置之於理解。依是，既無一有必然有保證之線索，而理解自身又不能提供之，則欲謂其「不是隨意揀擇外襲而安置於理解」不可得也。所差者，康德知其所謂範疇之建立必須一先驗之根據，而且知此根據必在其「內在於理解之能」上說，此即其優於亞氏處。然經過細密之考察，康德並不能實現此根據，或將永不能實現此根據（此自指康德之存在概念之範疇言）。

第三是順柏拉圖理型說而起之講法。順理型說之講法以及理型之建構而成一邏輯系統，吾人可至柏拉圖辨士篇所謂最廣最要之理型。以上二人俱名其所獲者爲範疇。柏拉圖並未名其最廣最要之理型爲範疇，亞氏列範疇時，亦不取此最廣最要之概念。然無論如何，柏氏所謂最廣最要之理型要是一些存在之概念，而且亦是純粹理智者。如有（存在），一，多，自同，他異，等是。柏拉圖之所以引出此等理型，自其本身系統言，是起自於理型之系統的建構；自其對伊利亞派及辨士派言，則以爲必須有一多同異等理型，知識始可能。然則此等最廣最要之存在概念要是因知識上之必然需求而必然成立。然此等理型雖是最廣最要，而最廣最要者不必只是此，所以其數目亦無一定，亦無一內在之先驗根據及一共通之原則而建立之。此一系統與本文所討論之主題相距亦遠。姑且置之。（吾將專文論柏拉圖理型之系統建構及一多同異等理型之意義）。第四是黑格爾之講法。黑氏自形上學之立場，依據辨證之發展，將諸般存在概念（渠亦名之曰範疇），俱行衍出，而且明其有機之發展，成一有機之系統。此可補救柏拉圖之缺點；而且黑格爾卽根據此義以評康德範疇之散立。然康德自理解上說，爲知識論之立場。康德想自「理解之能」上將範疇系統化，黑格爾則自「存在之辨證演化」上將範疇系統化。此爲兩大骨幹。

（九）依此，範疇或自存在上講，或自理解上講。柏氏、亞氏、及黑格爾皆自存在方面說。康德則自理解方面說。於此，吾可作如下之陳述：A．凡存在概念，自形上學上依據存在而爲言，則較易系統化，此卽黑氏爲此之所以較成功處。B．凡存在概念，自知識論上，依據「理解之能」而爲言，則決無先驗根據可以使之系統化，而且亦決無一根據足以決定其必內在於理解。此卽康德爲此之所以失敗處。C．存在概念屬於存在，屬存在者歸給存在。邏輯概念屬於理解，屬理解者歸給理解。本文順康德之骨幹，考察屬於理解者究何事。下節略抒己義。D．如自「理解之能」上決不能發見出存在概念，則諸般純粹理智之存在概念，即所謂範疇，必須予以妥貼如實之釐清及安立。此為一極複雜之問題。本文將不論及。

第五節　證成己義

本節證成己義。重要關鍵及陳述如下：

一、自理解自身之活動只能發見純粹邏輯概念，不能發見有存在擔負之純粹存在概念。此為吾人之大前提。

二、理解自身之活動之「自發之能」即是純邏輯概念之出生地。由此自發之能而見純邏輯概念，藉此認識理解之活動為有屈曲者。理解為思考活動，非直覺活動，總是有屈曲者。此純邏輯概念即表示理解活動之屈曲。依是，理解活動之屈曲為發見理解自身之純邏輯概念之原則。

三、然由理解活動之屈曲而至純邏輯概念，依第二條所述，此種「決定有純邏輯概念」之知識乃純為分解者，即由屈曲性之活動可必然而推知者。然此種推知，對於屈曲性並無所增益，除知必有純邏輯概念外，並無其他進一步之知識。依是，A．此為一普泛之決定；B．不知能有何種邏輯概念，即有所知，亦是猜測者，隨意者，並無必然之決定；C．即有所知而幸中，亦是不完整不窮盡無漏者，即列舉而近於完整，亦無必然之根據，因而亦無必然之保證。依是，D．吾人必須有一引至此邏輯概念之線索及一保證其完整性及窮盡性之爲必然之原則。

四、邏輯中之命題之形式是發見此等純邏輯概念之必然線索，離此，再無其他可能之線索。然即此「線索」─（命題之形式）亦復須有邏輯之安立及一超越之安立。對於邏輯之安立，吾人須有以下之認識：A．邏輯中之命題與其他種種有內容之命題須嚴格分別，此即吾所謂有向命題與無向命題之分是。B．邏輯中之命題須對推理而爲言，不能空頭以泛論。C．邏輯中命題之使用須能以形成純邏輯即邏輯自己爲標準，依是，吾人對於純邏輯必須有嚴格之鑒別，表示純邏輯之有形系統必皆是無所說之套套邏輯系統。D、構造邏輯中命題之形式，亦即命題形式，或邏輯句法，必須離開言語或文法學而純邏輯地構造之。E、此種純邏輯地構造之，必須依據純邏輯概念而構造之。F、純邏輯概念之認取必須以能形成純邏輯中之無向命題爲標準。凡稍有內容或經驗成分於其中之概念皆非純邏輯概念，皆須剔除。依是，形成純邏輯中之邏輯句法或無向命題所依據以構成之純邏輯概念，其最基本者必只是肯定，否定（質的），凡，有（量的），如果則，析取等（關係的）之屬於第一序之三類，以及屬於第二序之程態概念，如眞，假，可能，必然，不可能等。此四類基本概念及由之而構成之種種句法，可因其所形成之套套邏輯系統而得保証其爲必然，爲窮盡而無漏。此大範圍既得保証，則由之而成之句法，無論如何變換，不能出此範圍，亦可知其窮盡無漏而有邏輯完整性。吾人作至此，即是此「線索」之邏輯安立。

五、然，雖有邏輯安立，尙仍不能保證其超越的必然，卽邏輯自己何以必須如此，仍不得一超越之保證。依此，吾人復須一超越之安立。此超越之安立，卽是將此邏輯自己以及形成之之四類基本概念與種種句法一起向內歸宿於理解而明其先驗之根據。吾人欲作至此，須有以下之認識：A、有形邏輯與無形邏輯必須予以分別。此卽吾所謂可符系統與不可符系統。B、有形系統雖可多（不能無限多），而皆是唯表純理自己，此卽是不可符之無形系統之爲一。C、有形系統因「純理自己」而有意義，而可能。然而此「純理自己」是無形者，是見之於理解自身之活動，亦卽見之於純理性思考之自身。此則起自內而透於外。當其爲該「可符之有形系統」所表示，並反而使該「可符之有形系統」有意義而可能，則卽說爲此「可符之有形系統」之超越安立。因此超越安立，遂獲得此四類基本概念及由之而成之句法之超越安立。D、因此超越之安立，吾人對此四類基本概念及由之而成之句法之必然性及窮盡性，遂獲得一超越之保證及先驗之根據。

六、然以上所述，猶指純邏輯而爲言。純理欲表現其自己，因而成功唯表純理自己之各種有形系統，必須有賴於該四類基本概念及由之而成之句法。然此純理自己既見之於理解自身之活動，則在此活動中而表現純理自己，理解自身亦必獨發此四類基本概念，藉以形成純理展現之充分而必要之條件。吾人由邏輯句法爲線索想發見理解自身所獨發之純邏輯概念，藉以形成理解自身之屈曲。吾人此時不想說邏輯自己，而是想說如此發見之純邏輯概念在具體之理解活動中居何地位，有何功用，將可字之以何種名稱。吾人此時，不再名之以構造邏輯句法之邏輯概念，而將名之曰「理解之格度」。此格度爲理解自身所獨發，以爲理解活動之條件，藉以形成理解自身之屈曲，即曲而能達之屈曲。此即理解自身之虛架子。

七、此爲虛架子之格度有三：一曰因故，二曰曲全，三曰二用。此只屬於四類基本概念之前三類，即屬於第一序者。至屬於第二序之程態概念，則不須取爲理解之格度。隨康德，第一序爲構造的，第二序爲軌約的。就理解活動之成知識言，只取構造的爲已足，故只有三也。第二序之程態概念，若在「理解活動之成知識」上使用，則只衡量知識領域之本性與界限，故爲軌約的，不可取爲理解自身之格度也。

八、依是，形成邏輯自己之基本概念及由之而成之句法即爲吾人發見理解格度之必要而充分之線索。如純理自己已保證此基本概念及由之而成之句法爲必然（此即純邏輯之超越安立），則亦必保證如此而且如此多之理解格度爲必然。此爲理解格度之超越安立及先驗根據。依是，A・吾人有一有保證之發見格度之線索，此如本條首句所述。B・保證此所發見之理解格度有必然性之原則即爲在理解之具體活動中純理之外轉。C・理解活動之屈曲爲發見理解格度之原則。（此原則與B項之原則異）。

關於如此發見之格度，其重要函義如下：

（一）此種格度屬理解，因而形成理解自身之屈曲，不屬存在，因而亦不能形成存在（即使是現象）之屈曲。

（二）此種格度對理解自身之活動言爲構造，對存在言爲軌約。此即言：只能軌約存在，而不能構造存在；只能誘導存在之條理，而不能作爲存在之條理。

因此二函義，故吾不名之爲理解自身所提供之範疇，而名之爲理解自身所自具之格度。因有此格度，理解始能進行，始能成就其爲理解，而理解始能爲理性的。理性的理解，自消極方面說，一不是直覺的領納，二不是神秘的冥證。自積極方面說，它總是有屈曲。成就此屈曲者，一是脈絡，二是界畫。脈絡可以單指邏輯之理則言；界畫可以單指格度言。依是，理性的理解即是依理（兼攝理則與格度）而解。然而其所依之「理」只能成就理解之屈曲，而不能成就存在之屈曲。而吾人之發見其所依之理，又可純不涉及存在而反顯之，即所謂對外全爲封閉者。縱使無此現實的宇宙，吾人亦可依純邏輯之形成而向內發見理解之格度：此理性的理解其自身本總是如此者。然如此所發見者，既與存在無關涉，則只能明理解依此而進行而成就。然理解總是現實而具體之活動。在其具體之活動中，其自身雖總依此而進行而成就，然而其所解之存在亦總必有可以能使其依此而進行而成就者，此義卽函：存在總有可解者。假使存在全無可解，卽全無意義或條理，則其具體之活動卽不能進行下去，卽不能依其格度而進行而成就其爲具體之活動。在此，此格度仍歸於形成純邏輯之基本概念，依是，其所能形成者仍只是純邏輯或純理自己，而不是具體之活動。依是，吾人發見此格度雖可以全爲封閉者，而使此格度歸於具體之理解以成就其具體之活動，則不能全爲封閉者，卽不能全不關涉於存在。然而吾人所發見者又只是理解之格度而與存在無關涉，然則吾人對於存在將何求？關此問題之解答，可有兩種態度：一、只有訴諸經驗。假使經驗事實全無條理，雖有理性的理解亦無可用；假使經驗事實稍有可解，則理性的理解卽可照常進行而成就其具體之活動。此解答函：對於經驗事實有較多之承認，理性的理解稍爲謙虛。二、提出若干純粹理智的存在概念以爲理解所以可能之條件。吾意，康德哲學之形成，其最初一念靈光之閃爍卽屬此種態度。此一念既成，然後再由邏輯中判斷之形式以爲發見此等存在概念之線索，再進而主張此等存在概念卽內在於理解之自身。然既是純粹理智之概念將何以能應用於現實之經驗？於是，又有超越推述之理論以及原則之分析諸理論。理解誠有需於若干形式條件，此亦卽是其所預先根據之脈絡及界畫。然康德想此脈絡及界畫却是從「存在概念」方面想。而又將存在概念納於理解之自身。最後又主張：知識可能之條件卽知識對象可能之條件。存在誠亦需有相當界畫與脈絡，理解方可能。然既云存在概念，則若無經驗爲指導，吾將茫然取何存在概念充當存在之脈絡及界畫？判斷之形式給康德以最佳之線索。此一解答函：對於經驗事實所承認者少，在理性的理解所擔負者又過多。然若判斷之形式並不能保證範疇（存在概念）之數目，而由判斷之形式向內又不能發見出此等存在概念，則此解答即歸倒塌。

或可有一第三解答，即：縱使理解自身之活動不能發出存在概念，即康德所謂範疇，只能發出邏輯概念，即吾所謂格度，然格度既不能接觸存在，而存在又不能不有相當脈絡與界畫，然則吾豈不可類比於理解之格度，再提出一一與之相應之純粹理智之存在概念，以充當存在之脈絡與界畫，以使現實而具體之理解爲可能？依此解答，存在概念亦可謂其爲理解所必須之條件，或亦可謂爲理解所提供所設置，但却不能謂其爲理解自身之活動所發出。是以雖爲理解所必須之條件，然其爲條件却非內在於理解自身之活動，非爲湧於內而爲條件，乃爲陳於外而爲條件。依是，雖爲理解所提供所設置，亦非爲湧於內之提供或設置，而是陳於外之提供或設置。此義與康德義有類似處。若不予以愼審之區別，而順此線說下去，則可以處處有似於康德，甚至所用之言詞亦直可全同於康德。若欲修改康德。或彌縫康德，大可順此路而嘗試。然吾以爲此恐非康氏義。關此且不必問。無論如何，若是此第三解答，實不若第一解答之直接而簡易。因爲此等存在概念雖與格度一一相應，格度有定數有必然，此等存在概念亦必有定數有必然，然而既不是內在於理解自身之活動，由此活動所湧現，而徒爲理解所必須，因而相應格度而純理智地設置之，則實不若直接面對經驗而說話。此等存在概念仍純理智地自外面而設置，吾之理性的理解既與存在爲異質之相對，而不能干涉於存在，因而亦不能使存在必屈伏於自己而順從自己所擬之概念，則即因此異質之對待性，此等存在概念遂只有假然性，而並無定然性。雖與格度相應亦無助，蓋格度只繫屬於理解，爲定然，然存在旣與理解爲異質之對待，則越乎理解自身而擬者即只有假然，不爲定然。若云：誠然爲假然，然可以求例證於經驗。然如其如此，則即不若面對經驗而陳辭之爲直接而簡易，假設性亦小也。求例證於經驗，即是求決於經驗。如經驗不能例證之，則奈何？豈非雖虛擬之而亦無用耶？經驗如能例證之，則直訴諸經驗而已矣，何必繞大圈？是以此第三態度，一經細審，總當歸於第一態度。

須知康德之態度是以理性的理解爲構造的綜和歷程，故其存在概念不越乎理解而擬之。依是，理解即攜此等存在概念爲形式條件以構造地綜和現象，而現象亦必服從此等形式條件而接受其構造。此義，在理解上即將現象統屬於「我」，故其存在概念可爲定然也。然依第一義，理性的理解不爲構造的綜和歷程，而與存在（縱使是現象）爲異質之對待，依是只爲一詮表之綜和歷程。如與存在爲異質之對待，則第三義即不能孑然以自立，總當歸於吾所持之第一義。而若再經細查，則康德之構造的綜和歷程在理解上乃爲不能成立者，依是理解與存在爲異質之對待乃爲不可免者。若爲不可免，則即有順此不可免之對待而來之說統，此即本書所欲作者。依是，依第一種解答，則順上列二重要函義之序，可再增以下之要義：

（三）理性的理解與存在爲異質之對待。

（四）理性的理解對於存在爲詮表之綜和歷程。

（五）對於經驗事實有較多而且最低之承認。（較多是對他人言，譬如休謨與康德。最低是說只有此點承認卽足夠。此項函義全在對於感覺現象之說明。見第一卷，此不及論。）

若云依以上五函義，自然之齊一性及因果之必然性不能得必然或理性之保證，則吾卽云：在理解一層上，吾人坦然接受此事實。命運注定其如此，則亦無可奈何者。然吾在此可說：雖無齊一性及必然性，然亦要不如休謨之所說。感覺現象總有相當之關係性，總稍有可解者。吾人如能作至此，卽足夠，卽所謂最低之承認。吾人若再進而要求必然或理性之保證，則決非理解所能擔負。吾人欲作至此步，必須超出理解之範圍，必須將此擔負歸給形上學。吾人在理解一層上，減少理性的理解之擔負，見出現象以及現界之一切皆無歸宿，無着落，此卽所以加重形上學之擔負，加重形上實體之意義。吾人如能作至此，則形上學全幅實現，現象之歸宿及安頓亦全幅成立。此卽道德形上學之責任，亦卽意志因果或目的性判斷之責任。依是，

（六）吾人只承認一「先驗綜和判斷」是康德義，此卽「目的性判斷」是。亦卽意志因果之綜和爲一構造的綜和歷程，而此亦是先驗綜和者。一切主宰義，支配義，統馭義，皆匯於此。除此以外，無絕對之主宰或統馭。

在理解上，理解之格度不能接觸存在，然理解總是一詮表歷程。順詮表歷程中因故格度之使用

處，吾人可設立「範疇」，藉以觸及存在。在理解之詮表中，每一判斷之成是經由一歷程而成之「獨體」。每一判斷皆是一獨一之個體，依此，凡言判斷只是一種，並無多種。當判斷成立時，吾人所予以論謂之「謂詞」卽實現。當在詮表歷程之始，隨因故格度處而起論謂，此論謂時所設立之未實現之謂詞卽代表一假然之原則，此原則吾人名之曰範疇。判斷中之謂詞並非憑空加上去。自理解之詮表歷程言，此歷程必有「始」。「始」卽因故格度之使用處，因而亦卽範疇之成立處，此卽判斷中謂詞之根據。吾人於前文第三節，曾言及順謂詞之模式而言與亞氏義全異之範疇，卽此義也。關此本文不能深論。且置之。

第三章　思解三格度之說明

第一節　因故格度

時空爲理解詮表外物之始點。吾須根據時空格度先定事物之時間相與空間相乃至時間系與空間系。時空之使用必涉於直接呈現之實事。此實事呈現於當下，爲生理感中心中之特體。生理感現發之，統覺起而綜攝之，故亦曰統覺所現。（此言統覺指直覺的統覺言。下倣此。）心隨統覺之綜攝起而設立時空格度以定其時相與空相。故時空格度之使用必限於直接呈現之全體實事，囿於當下之直呈而不能横軼。亦卽唯涉於所已暴露者而限定之。未暴露者，無此事，自亦無時空，而時空格度自亦無所用。時空格度不能超越經驗事實而横軼而獨存。因此而成功兩置斷：凡統覺所現必爲現實之事實，凡此等現實之事實必有時空相。然而時空自身之爲格度，却是心所自給。

時空格度惟涉於當下之實事而不能橫軼，然吾人之理解決非囿於當下直呈之審識。理解欲超越當下之拘囚而有所推斷，卽根據當下之實事而推斷未來所可有之結論。理解不是統覺之直覺，而是思考之解析。前言統覺所現之實事有其自身之關係或結構，並亦有其生發之歷程。統覺應其關係之全體或生發之歷程而綜攝之。綜攝之必有所攝。此卽所云：統覺能自足地直接給吾人以意義。此意義由覺現實事之關係性與歷程性而表示。統覺之覺，直而無曲：無有分解，無有籌度。故其覺一爲具體，二爲整全，三爲關係與歷程融於一而覺之。然若止於此，雖能給吾以意義，而不能給吾以知識。知識之成在乎理解。理解曲而非直，故其解物一爲抽象，二爲分解，三爲視覺現之關係性爲一型相自具體歷程中提出而單獨思考之。此型相爲統覺獨有意義之所在，亦爲理解解物之所據。統覺融此型相於具體歷程中而覺之，理解則自具體歷程中提出而思之。理解以全體歷程之具體方面之殊事爲其所解，而以其關係方面之型相爲其能解。卽云以此型相詮表彼爲一全體歷程之殊事而成一判斷也。判斷成，卽知識成。是以知識之成全賴理解之運行。

理解運行有理性之全體大用以爲其支柱或綱紀而曲成之。理性之全體大用卽理性之自自相與自他相而顯露於理解中者。惟此全體大用乃純理自身之流衍，乃理性自己之自見。純乎其純，而無經驗內容於其中。理性之自自相固爲純理之自見，卽遂理解而外涉之自他相亦是純理之外現，仍爲純理之純乎其爲理，而未曾凝固於事象以殊化。此自純邏輯立場而言也。然此純理自自相自他相之全體大用必顯於理解，亦必歸於理解。當其顯於理解時，吾人是立在純邏輯範圍內而顯示純理之自己。當其歸於理解時，吾人是立在知識範圍內而考察此純理在理解中之作用。是以自歸於理解而言之，理性之全體大用必用於理解。然理解必有存在（即事象）之關涉，而理性之呈用亦必有所憑藉。理性之彰發其用，乃所以條理理解而統系之。然其用之現發固非憑空而起：必有所附着，必有所憑藉。其所憑藉，自根本上言之，自爲理解之外涉，外涉而及於存在。不及於存在，自無理解。然及於存在即已成理解乎？理性起用所憑藉者即此普泛之「及於存在」乎？止於此，其所憑藉仍未得明。涉及存在，必顯思想之機能。由思想之機能，始能成理解。思想之機能何？即對統覺所現而起概念之詮表也。理性起用必附着於「概念之詮表」而進行。是即理性起用之所憑藉。然「概念之詮表」猶嫌普泛。思想如何運用其概念之詮表？是必有其所參照之格度。此格度亦可曰規範，或曰模型。思想參照其自給之規範而進行其理解（即概念之詮表），理性即憑此而起用，宿於其中而條理之。理性起用而條理之，見之於隨乎規範而來之推斷之統系。是則思想必藉一軌範而運用其概念之詮表，而理性亦必憑藉此軌範而見其條理之用。

思解所憑藉之軌範，首先是假然命題所表示之「根據與歸結」之必然連結。此種必然連結即「如果則」之連結。「如果」即根據之所在，「則」即歸結之所在。根據亦得曰「因故」，即「理由」義。以此因故爲理由，而後有「則」處所表示之歸結。故根據歸結之必然連結，吾人即名之曰「

因故格度」，單取前件而爲名也。然「如果」處所表示之根據，在理解外涉之運用中，總是一概念，有內容，而「則」處所表示之歸結亦是一概念，有內容。關於此種概念之意義，吾人暫可不論。吾人此時單就根據歸結間之必然連結而名之曰格度。此則純是一虛架子，非概念，無內容。此虛架子乃純理歸於理解隨理解之外涉而「外在化」時之所表現。純理外在化時表現之，同時即憑藉之。所謂外在化即純理隨理解之運用而展現其自己也。純理外在化而展現其自己因而表現此格度，此義若切實言之，即是在純邏輯中藉以成推演統系以唯表純理之「函蘊」一邏輯關係，隨理解運用中純理之外在化而亦外在化，因而表現爲此格度。是以因故格度即是「函蘊」一邏輯關係之外在化。當吾人說函蘊，吾人是論純邏輯以見純理；當吾人說因故格度，吾人是論理解以彰純理之起用。在純邏輯中，純理藉什麼基本邏輯概念以表現其自己，在理解中純理即憑藉什麼格度以表現其自己。理解中之格度與純邏輯中之基本邏輯概念一一相應。自純理方面言，吾人說純理憑藉格度以展現其自己；自格度方面言，吾人說格度乃是純理外在化之所表現。格度一方成就純理之展現，一方成就理解之進行。格度成功理解之曲屈。然格度同時亦成就純理之展現，故雖已成功理解之曲，實亦成功其曲而能達。

理解必關涉於存在，亦即必有其所論謂。統覺所綜攝之事象呈於前；理解起而詮表之，必有其自身之程序以爲其着手之形態，即着手之成始而成終之形態。此即根據歸結之軌範。據此軌範，而後理解之舉足落足皆成條理。故理解自定之格度實爲理解進行所以可能之條件。有此格度，而後理解始能將統覺所攝之意義（或將吾心所見於事象者），納於一詮表之系統，以成吾所見或所向者之知識。故根據歸結之必然連結所成之格度乃對理解而言也。顯其義用於理解，使理解爲可能，亦所以使知識爲可能也。亦卽使吾所見於事者，能納之於先後次序之排列中：先後次序之排列卽系統。理解卽將所見於事者納之於系統。系統成卽知識成。然此系統既非覺現事象所呈現，故必爲概念之詮表所撰成，而概念之詮表又必據一軌範而後撰成之。此軌範卽理解自身所自給之格度也。

此因故格度既爲根據歸結之必然連結所形成，故又貌似因果之法則。然亦只貌似而實異。吾於「認識論之前題」中，論直覺的統覺時，承認覺現事象有其因果之倫係，有其終始之歷程，有其自身之結構。是故因果倫係乃事象生發歷程所自具，屬於存在者也。此事實吾由生理感所引起之統覺而證實之。然由生理感而起統覺所證實之因果倫係乃囿於生理感中心中之特體事之範圍內，而凡生理感中心中之特體事又皆爲一件一件之現實事。每一件現實事是一生起之歷程，是以每一因果倫係皆是曲成一現實事之因果線：有一件一件之現實事，卽有一條一條之因果線。此一條一條之因果線隨一件一件之現實事之生起而呈現。此一條一條因果線與屬於思解而爲理解之格度之「根據歸結」爲異質。卽因果關係與因故格度爲異質。玆以三端明其爲異質之所以異：一者，因果爲事連，因故爲義連；二者，事連者爲存在之秩序，有時相有空相，義連者爲邏輯之秩序，無時相無空相；三者，義連者有必，事連者無必。（事之如何連雖無「必」，而事「必」有連。）此異質之兩流，吾人承認其並存而非不相容。設以思考歷程爲標準，吾人必承認有一異質之流即統覺所給者橫插於其中，而爲其所必忍受而無可如何者。既云異質，它必有其自己之特性。如有其自己之特性，則因果關係即不同於因故格度。如因果倫係爲屬事而爲統覺所呈現，則因果即不能爲先驗之概念爲理解之範疇，而因故格度亦不能充當因果範疇，因故只是因故，非因果也。康德以爲由「因故」一邏輯概念可以轉出「因果」一範疇。此疇範爲理解之純粹概念，因此必須藉「規模」爲媒介，而後始能安置於直覺現象上因而成功現象之必然連結。此義視理解爲構造之綜和歷程，吾所不取。依本書之系統，理解是一解析之綜和歷程。此則必須承認兩異質流之並存。茲依據此兩流之並存義，而考論因果關係與因故格度之關係，以及此兩者各對於理解之關係爲若何。

第一，因果關係與因故格度之關係爲雙彰之關係，即兩者相得而彰者。自因果關係方面言，一件一件之現實事中之一條一條因果線可因因故格度中根據歸結之運用而彰著而釐清。此言因果關係之「彰著」可以「釐清」而界定。因故格度中之根據歸結爲一邏輯概念，而覺現事中之因果關係可因此邏輯概念之運用而凸出，此即所謂彰著或釐清。康德說：因經驗事實而釐清之先驗概念，人却視之即爲經驗之概念。然吾今亦可如此說：因先驗概念（根據歸結即先驗概念）而釐清之經驗事實，康德却視之爲先驗概念。自因故格度方面言，因故格度之可以繼續有效，即「如果則」之可以繼續使用，乃因生理感中心中之每一件現實事皆必具有一條因果線。現實事與因果線爲等價之關係：如其有現實事，卽有因故格度之表現，卽有「如果則」之使用。若一旦無統覺，無生理感之現實事，自亦無所謂因果線，則因故格度卽不能彰其用，卽不能繼續而有效。此言因故格度因因果線而彰著，卽言因因果線而可以繼續有效或表現。依是，吾人卽以繼續有效或表現而界定「彰著」之意義。本因因果線而可以繼續有效之因故格度，康德却視之爲一切直覺現象所依之以爲一客觀現象之因果法則。

第二、因果關係對於理解之關係爲間接助成之關係。今假定生理感中心中之現實事無因果關係。依是，則「如果則」之使用卽不能連下去。此運用不能連下去，理解卽不能成其用，因而卽不能有現實之理解。現實之理解既不能有，則因故格度卽泯而不彰，不復爲理解之格度。因之，理解之格度乃歸爲函蘊關係，因而徒成一純粹推演之系統，唯藉以表純理而一無所說。依是，欲使現實之理解爲可能，則必須承認生理感中心中之現實事具有因果線。否則，理解只是一純形式之推演系統而無內容於其中：只是同質之分解，而非異質之綜和；結果只成套套邏輯，而不能成知識。然所謂因果線使現實理解爲可能，此所謂使之爲可能乃是間接之助成，而非理解自身之本質條件。理解自身之本質條件卽曲成理解自身之格度。此格度對理解自身言爲構造者。以其爲構造者，故其使現實理解爲可能，此所謂使乃是直接之構成。此依其本質而爲言，非自其外緣而爲言也。間接之助成是其外緣，直接之構成是其內因（本質）。依是，如果吾人單自考察其內因而明其自身所以可能之條件，則儘可單言其曲成其自身者卽已足，而不必越乎此藩籬以牽涉存在也。依是吾人可以論因故格度對於理解之關係。

第三、因故格度對於理解之關係爲直接構成之關係。依據此關係，吾將說：無論事象方面爲如何，吾之理解總有其自身所以可能之條件；吾總可置事象方面於不問，而單考察曲成理解自身之條件爲如何。由此復可說：有理解自身之條件，不必卽否認現實事之因果關係；承認現實事之因果關係，亦不必無理解自身所以可能之條件；而理解自身所以可能之條件，亦不函其必外出而爲成事之法則：總之，此本兩事也。蓋吾人當反身明知時，只就理解自身而表露其所以可能之條件，未曾措意乎事象。吾明理解之條件時，亦非必據乎「雜多之事象必在此形式條件之構造綜和中」而明理解之條件以期其於事象有擔負。事象之或有序或無序，吾作此步工作時可暫置而不問。彼之凌亂也亦無關，彼之整然也亦無關。卽事象之如何或不如何，對於吾明理解之條件之工作，可暫尊守邏輯上不相干之原則。此時，吾之工作可全爲封閉者。（當康德作範疇之形上推述時，自先驗根據上以明理解之先驗範疇，其工作之態度亦似全爲封閉者，而且理論上亦必爲封閉者。否則何得云先驗根據？）彼卽凌亂，吾所表露之成知之條件，未必卽可以出而構造之，使其爲整然。設眞凌亂，造化注定其爲凌亂，吾且奈之何哉？彼若整然，吾仍可表露成知之條件；吾所表露之條件，亦非必重叠而無用。蓋吾明知之條件時，一、單就理解自身而考察曲成理解自身之條件，二、此種考察乃全爲封閉者。是以吾明知之條件所以成知，不函其外出而爲成知之對象之條件也。設所表露成知之條件果眞卽成知之對象之條件，卽任其同亦何傷。設不卽成知之對象之條件，則只爲知之條件而已矣。而其或卽或不卽，則總爲別一事：知之條件不函其必爲知之對象之條件也。旣不相函而爲別一事，則康德認其卽，而吾亦可認其爲不卽，而亦實爲「不卽」也。此「不卽」之關係，由以下兩主旨而極成：一、統覺流與思想流爲異質；二、自先驗根據上發見理解之條件皆是邏輯概念，非存在概念，由純理隨理解之外涉而外在化而形成。（此兩主旨由以前之複雜之理論而證成）。然康德可問：汝何以能知其爲「不卽」？汝所以說其爲不卽者，乃因汝視知之對象爲物自身。然物自身吾人不能知其爲如何或不如何，吾又焉能知其形成之條件與吾所發見之先驗範疇爲卽爲不卽耶？是以吾說其爲「卽」者，乃因吾知之對象乃現象，非物自身也。如其爲現象，則必服從吾所發見之範疇而莫能逃。關此。吾可如此答：吾卽因吾知之對象爲現象非物自身，故吾說其爲「不卽」。所謂現象卽是生理感中心中之現實事而爲統覺所綜攝者：此皆受因生理感而引起之統覺經驗之限制：凡現象皆受此限制。因在此限制中，始能說卽或不卽。若跳出此限制而說此限制以外之物事，吾不能知其爲卽或不卽。若不受此限制，而對於世界作邏輯的泛說，或作邏輯的可能之擬議，譬如設想世界爲凌亂，或設想有一魔鬼作無窮之搗亂等，此皆作邏輯之遊戲，無眞實之意義，於此而說卽或不卽，亦了無意義。是以說卽或不卽，必限於現象，必受統覺經驗之限制。在此限制中，康德認其卽，吾則認其爲不卽。蓋一言現象，何以卽必服從範疇之構造耶？此並不能作爲證明「卽」之根據。現象之爲現象亦並不必卽因範疇之構造。是以在此吾作稍爲謙遜之陳述曰：生理感中心中之現實事皆必有其生發之歷程，皆自有其因果之關係，此爲生理感而引起之統覺所可直接證實者。一、統覺直而無曲，其自身自足地給吾人以意義。若此現實事無因果之倫係，則卽不能有統覺，因而亦無生理感中心中之現實事。二、此因果倫係只應就生理感中心中之現實事而言之。若離開此限制而妄想以外之物事而謂其如何或不如何，則全是幻想之遊戲，必毫無根據。然在此限制中，則因果倫係之實有卽有直覺之確定性：生發之歷程與因果之倫係是直覺之統覺及此統覺所攝之現實事之基本而必要之條件，無之必不然，故有直覺之確定性。如果現實事之因果倫係爲有直覺之確定性，爲統覺自足地所證實，則卽與理解之思考爲異質，因此凡理解之條件皆不卽成此現實事之條件。惟在此所應注意者：理解之條件雖不卽成此現實事之條件，然若現實事無因果之倫係，則理解雖有其自身之條件亦無用，亦不能使之成爲現實之理解。故云：因果關係對於現實之理解有間接助成之用。如前「第二」所述。

生理感中心中之現實事之因果關係可因因故格度之運用而彰著而釐清，然而發之於理性思考自身之因故格度既不能構造現實事使之有因果，亦不能於其自有者保證其何以必如此。此義卽言邏輯理性並不能保證事實之因果性。此所謂不能保證事實之因果性等於說不能保證「如此之生理器官何以必有如此之生理感因而何以必有如此生理感中心中之現實事」。此亦卽等於說：生理感中心中之現實事卽所謂現象世界者不能得安頓不能有歸宿，而其安頓與歸宿亦不能由邏輯理性來供給。此義引吾人必至一超越之形上學。所謂保證其必如此之「必」是自現實事之開頭上說。此開頭上所說之「必」，邏輯理性不能保證之，必須有一超越形上學擔任之。如果超越形上學能實現，則開頭上之「必」得保證，而由此而來之現實事所具之因果關係亦得有保證。然當超越形上學未作成前，此開頭之「必」卽不能說。而現實事之因果關係亦無理性上之保證。吾人只能說：如其有生理感，如其有統覺，則生理感中心中之現實事卽「必」具有因果之關係。此「必」與前「必」，其義不同：此必是順承現實事之生起而來者。現實事之因果性實可由「現實事之生起」一詞分析而得，故此「必」實爲一由「現實事之生起」而成之分析命題之「必」。然此整個分析命題之本身並無必。然雖無此必，而不妨碍其「有」因果，而且此有爲必有。此卽適所謂由現實事之生起而成之分析命題之「必」也。此「必有」之「必」可因統覺而證明之，故云「有直覺確定性」。「凡生理感中心中之現實事皆必有因果關係」，此一全稱定然命題只有依統覺而證明之，而且具有直覺確定性，故雖爲全稱，然並非歸納者。此命題既不能由邏輯理性以保證之，而在超越形上學未作成前，亦不能由形上實體以保證之，故只有以統覺而保證。統覺保證其「直覺的確定性」。統覺給吾以現實事，而統覺乃直而無曲者；故現實事爲一件一件者，統覺亦必爲一個一個者：每一統覺之成卽函每一現實事之有，每一現實事之有即函每一因果線之有：一個統覺如此函攝一切統覺如此，是以該全稱命題實爲「一成一切成」之陳述：故雖爲全稱，而非歸納者，故有直覺確定性。此全稱命題之直覺確定性即等於一個統覺所證之一條因果線之直覺確定性。蓋統覺是散的，故該全稱命題亦可化爲散的；而一成一切成，故一個統覺所證之因果線之直覺確定性即等於一切統覺所證之因果線之直覺確定性。

【凡此所言應覆案首卷第一章所論。】

又於因故格度之運用中，「根據」是一概念有內容，「歸結」亦然。此兩概念合而爲一整概念，吾人名之曰「範疇」或「原則」。此爲概念之詮表中所首先當機而立者。本書依因故格度之運用而立範疇，範疇即由因故格度之運用中而湧現。此義當於後專章論之。今爲下文曲全格度之說明，故首提於此以爲下文立言之根據。

第二節　曲全格度

思解格度之二爲曲全格度。理性的思解，於其外用，首表現而爲一「如果則」之因故格度。然在「如果則」一格度中，因思解之外用，必對當下之經驗事實湧出一「原則」。此原則即在「因故」處表現其自己：乃爲於因故格度之運用中所首先當機而立者。根據歸結之連繫，如在純邏輯，則為一函蘊關係，此只內向，而不外傾。然當在思解運用中，則因思解之外向（外涉），故因故格度亦必外向。因故格度之外向卽必湧現一當機而立之原則。此原則以當機而立，故有殊義與殊用。吾人已知，此當機而立之原則卽是一範疇。然徒有因故格度與其中所湧現之範疇仍不足以表示思解運用之歷程，亦卽仍不足以表示一知識之成立。思解於其於「如果則」中湧現原則時，必須繼續而前進。此繼續之前進卽表現而為一歷程。然此歷程必不只是形式者，卽決非一只是形式之推演。如只是形式者，則吾人只有隨「如果則」而來之假然推理之歷程，此只是一邏輯之推演，而對於外事無所解。復次，若廣言之，如只是形式者，則吾人只有一純邏輯之系統（不拘其系統為如何），而無一詮表外事之系統，是以亦只為一純邏輯之推演歷程，而非一思解外用之詮表歷程，是卽等於無「現實之理解」。是以思解於湧現原則時，必待繼續前進，而此繼續前進必表現而為一詮表歷程。欲表現此詮表歷程，則於思解湧現原則而待繼續前進上，必須於因故格度外，再需有一格度。此格度卽吾人所說之曲全格度。

於因故格度湧現「原則」時，曲全格度卽直承此「原則」之繼續表現其作用而出現。吾人說每一原則是一範疇，而範疇之出現却在因故格度中之「如果則」上而湧現。是以當其湧現時，只有假然性，而無定然性。然具有假然性之範疇又必欲要求其自身為定然性。此定然性卽是此範疇之實現。從範疇之假然性過渡至其定然性，曲全格度卽出現。此卽所謂直承「原則之繼續表現其作用」而出現也。原則之要求定然性即是原則之繼續表現其作用。於此「繼續」上曲全格度即出現。曲全格度成就此繼續，同時亦即成就思解爲一詮表歷程也。

假然性之範疇欲變爲定然，必待有具體事例滿足之。如果一範疇於其所指謂之事例全部皆有效，則其所函蓋之事例即全部滿足之。如全部滿足之，此假然性之範疇即變爲定然性之範疇，此即此範疇之滿證。如一部分滿足之，且尙未發見相反之事例以否證之，吾人即名爲此範疇之曲證。一範疇之要求實現而或爲滿證，或爲曲證，即於此「滿」或「曲」上，建立曲全格度。每一範疇自身無所謂曲或全，是以曲或全並不直承範疇自身而建立，但直承範疇之要求實現上而建立。曲全不對範疇自身說，而對滿足範疇之事例說。每一範疇是一原則，其自身有絕對普遍性。但此絕對普遍性亦可以自其內向言之，亦可以自其外攝言之。自其內向言之，是說此普遍性內蘊於此原則本身而爲此原則之本性。自其外攝言之，是說內蘊於此原則中之普遍性可以函蓋其所應函蓋之一切事例而毫不受限制。然當此原則只是作一原則看，其函攝性雖足以將此原則之普遍性由內向而轉爲外攝，由外攝而使此原則放出千條萬緒（此即是其所函蓋之事例），然此千條萬緒之函攝性仍只爲該原則所應有之固具特性。此固具特性窮盡該原則之普遍性之「外攝相」之一切，再無其他之屈曲。是以此放千條萬緒之函攝性，即所謂普遍性之外攝相，因放出千條萬緒故，因千條萬緒爲散殊故，雖可以使吾人於此而立「全」（一切）之一概念，然亦只是「全」之一概念，再無其他之可言。因此「全」之一概念由函攝性直接引出故，而由函攝性亦只能分出此概念，此即所謂「窮盡該原則之普遍性之外攝相之一切」也。依是，曲全格度尙不能依此而建立。然當一原則，在現實理解中，自其要求實現看，即作一要求實現之原則看，則其函攝性亦隨原則之要求實現而要求實現。即在此要求實現上，其函攝性遂有屈曲，此屈曲即所謂或滿或曲也。依此或滿或曲之屈曲建立曲全格度。

曲全格度由思解自身於範疇之要求實現時所發之曲全兩邏輯概念而成立。由「全」一概念，當其外用時，即當其於範疇之要求實現之歷程中，可以表現而爲一知識上之全稱命題；由「曲」一概念，則在同一情況下，可以表現而爲一知識上之特稱命題。然曲全格度却非即全稱命題與偏稱命題，不過後者却可由曲全格度而套出：曲全格度之於此等命題猶如因故格度之於範疇或原則，關此稍後再論。今只說：曲與全是思解自身所獨發之兩邏輯概念，其自身圓滿而自足。全固自足，曲亦自足：思解自身所獨發者固自如是也。其自身雖圓滿而自足，却於外事無所應。故羅素名之曰邏輯字，而非物象字。此即邏輯概念，而非存在概念也。即依此義，名曰思解格度。復次，原則要求滿證，全部事例皆滿足之；然事實上實從未有實現之滿證，吾人亦並未歷盡一切事例，而一切事例亦從未成一現實之呈現，盡呈現於眼前，然因故格度中所湧現之原則，其自身之普遍性之外攝相固必須函蓋其所指謂之一切。每一原則其自身皆有其絕對普遍性與圓滿性：不只特於眼前一事例而有效，其自身之本性並無此限制，是以亦期於其所函蓋者皆有效。是以每一原則隨其自身之普遍性之外攝相，而對其所函攝者，亦有窮盡性。當吾人說「如甲則乙」時，此中所表示之原則並不單限於一定之事例。是以此原則自身即爲無有限制者。因其爲無有限制而爲絕對普遍之原則，故當在現實理解中而要求實現時，思解自身即湧現一「全」之概念，而在外事方面則相應此全之概念而指陳原則所函蓋之全部事例皆能滿足之，因而投射成一全稱之命題。然思解自身之湧現「全」，乃直而無曲者，是以其所湧現之「全」亦如「原則」之爲圓滿而圓滿，爲自足而自足。故爲一邏輯概念。此在思解方面之湧現「全」固如是。然於外事方面，原則雖要求其所函蓋之全部事例滿足之，然吾人已知此全部事例却從未作全部之呈現，亦即從未有實現之滿證，吾人亦未能盡歷全部事例而知其盡滿足之。是以此原則之絕對普遍性之外攝相，當在現實理解中，其於外事方面雖希求窮盡，而永不能窮盡，是即明其對外事而有漏，外事對照之，足以揭穿其圓滿性。不但足以揭穿原則之圓滿性，而且對思解所發之「全」亦足以揭穿其圓滿性，是即明思解所發之「全」乃永不能相應者。然隨原則之要求實現，思解自身對外事固又必須投射一「全」之概念。全，因其隨原則之絕對普遍性而來，故其出現乃有必然性；因其爲思解所獨發，而外事與之一對照，又足以揭穿其圓滿性，故又不相應。「必然有」而又「不相應」，吾人遂名之曰思解格度。「全」爲一獨發之概念，「曲」亦爲一獨發之概念。原則於外事要求全，而因經驗之層出不窮，故其要求全而不必全，即在此「求而不必」上，思解湧現一「曲」之概念。實則，當說外事足以揭穿「全」之圓滿性時，即已必然函有「曲」之概念在。曲全爲一思解格度，由此格度之運用，足以表現思解爲一詮表歷程。

曲全兩概念，因其爲思解自身所獨發之格度，故爲不相應。不相應可有二義：一、自全方面言，卽所已言之其所指陳之外事不能全部呈現；自曲方面言，於外事，吾人只有一定事，却無所謂「某」。依此而言不相應。二、曲全旣爲思解自身所獨發之邏輯概念，而自其爲概念自身言，曲全皆爲一獨一而自足之概念，而其所指陳者却爲散殊之事實，是以其爲概念雖獨一，而却無一與之相應之獨一事爲之體：其體非獨一，乃散殊。是卽明此兩概念乃爲無體者。以其自身爲無體，故其所指之散殊事若眞能全部呈現，此概念卽消解。卽使不呈現，或無論呈現不呈現，而理上言之，一自身無體而以散殊爲體之獨一概念總可化解之而歸於無。此在邏輯名曰「虛變項」，或曰「不全符」，依此而言不相應。不相應義以此爲重。然雖不相應，而思解之詮表歷程却又非用之不爲功。此卽思解自身所具備之內在之手續方面之形式條件，純理藉以表現其自己於現實之思解歷程中者。凡格度皆不相應，以不相應，故爲虛架子，簡名曰虛法。凡虛法皆在某範圍內爲必須，而在另一範圍內又不必須。是卽明於某另一範圍內可以撥而去之也。所謂在某範圍內爲必須，此某範圍卽指理解知識言。在理解知識內需要此等格度，一因理解自身有屈曲，不能不有其自身進行之手續；二因理解知識須受經驗之限制，對於其所知須層層達到，不能一攝盡攝，一成全成；三因理解雖受限制，而理解之活動，以是理性思考故，則其所發之概念又必盡整齊圓滿之能事，而期超越此限制，如是方能形成理性的詮表歷程。依此三故，格度遂成必須。否則不能成有系統之知識，亦卽不能成理解之知識。若一旦吾人有一種認識能超越此理解之認識，對於現實之宇宙能一攝盡攝，一成全成，則此等格度卽不必要。此卽所謂於某另一範圍可以撥而去之也。【譬如說在「理智的直覺」卽不必要。】關此暫不深論。

原則，如陳之爲命題，則爲一假然命題。此卽所謂原則之假然性。原則，於其要求實現時，相應曲全兩概念而陳之以命題，則爲定然命題。相應「全」者，爲全稱定然命題，肯定或否定；相應曲者，爲偏稱定然命題，肯定或否定。若一旦至乎肯定或否定之定然命題，吾人名之爲「原則之現實性或否決性」。曲全格度之運用指示原則之趨於實現或歸於否決。譬如，在原則，爲「如甲則乙」；相應曲全格度，則爲「凡甲是乙」，或「有甲是乙」，「凡甲非乙」，或「有甲非乙」。「凡甲是乙」不必眞得滿證，然相應「全」之概念而成此，則此命題總是一定然命題，而此定然命題亦總表示該「原則」之現實性。「有甲是乙」雖爲偏稱命題，亦表該「原則」之漸趨於實現，是亦卽表示該「原則」之現實性。如相應曲全格度而爲否定之定然命題，則卽表示該「原則」之否決，此卽其失效性。相應曲全格度而成之四種定然命題，其交相爲用，遂形成思解運用之全幅歷程。交相爲用卽肯定否定間之發展關係，此須於二用格度中說明之。

曲全兩概念，在純邏輯中，只爲形成邏輯句法之規律。其自身全無外而之涉及，是以其所成之四種定然命題即ＡＥＩＯ，亦全爲無向命題（所謂邏輯句法），因而其所成之推演亦只爲一純形式之系統。然當其爲現實理解中之格度，因其隨原則之要求實現而呈用，故曲全兩概念之運用須有外面之涉及，而相應之而成之四種定然命題亦爲有向命題，故總爲知識中之命題，不得視爲純邏輯中之邏輯句法。蓋曲全兩概念承續「原則」而外用，而原則必當機，故其外用所成之定然命題必爲知識命題，亦即必指陳經驗事實而不能懸空也。曲全格度投射四種定然命題亦如因故格度之投射一假然命題（即原則）。原則必當機，定然命題必切實，而因故曲全兩格度之先驗根據即是純理自己在現實理解中之外在化。是以因故格度湧現一原則，曲全格度投射四種定然命題，團於經驗中，交相爲用，以成就思解運用之全幅歷程，藉以顯示實在之條理，而內在之純理亦藉以表現其自己於現實之理解中。

曲全格度誘導「原則」成一定然命題，藉以規定類。四種定然命題交互爲用，其總目的在成一全稱定然命題。及至成一全稱定然命題，則其所規定者爲滿類。由此吾人將批評羅素與懷悌海二人合著之「數學原理」中之數論，而衡量其所論者爲何事。復次，每一滿類表示一「原則」之滿證，然滿證究能獲得否，頗是一疑問。又將如何能獲得，亦是一問題。吾以爲此問題乃在：於邏輯思解中如何能透出直覺之認識。此而可能，方得言「原則」之滿證。凡此吾人將詳論之於下卷第二部「曲全格度之所函攝」中。

第三節　二用格度

吾人說曲全格度順承「原則」之要求實現發爲四種定然命題。此四種定然命題交相爲用，遂形成思解運用之全幅歷程。所謂交相爲用，即肯定否定遞用之發展。依肯定否定之遞用而立二用格度。

二用格度與因故曲全兩格度之義用稍不同。因故格度之運用中湧現一「原則」，曲全格度之運用中則引吾人措置四種定然命題。二用格度則對於外事之詮表無所湧現，惟內處於因故曲全兩格度所湧現之原則及四種定然命題中而聯貫之，使其爲一有機之發展，因而形成思解爲一曲而能達有始有終之詮表歷程。二用格度中之二用表現脈絡不表現物事。是即明二用格度外無所立而唯有內用也。

吾人論純理時，曾謂二用爲「純理自見之自用」。是亦明二用唯有內用，而無外立。以唯有內用，故云爲純理自見之自用，純理如是自見、即如是自用。而如是自用，其所顯者亦唯如是之純理。是以二用遞用而成套，其所示者，即純理自己也。故云二用與三律爲純理之純理根據。然此爲脫離現實理解而單言純理自己。故其所成爲純邏輯。然當時吾人又云：純理自己無所謂動。故純理自見之自用並非謂其自己善動而發此用。動者思解。是以其自見之自用，實藉思解之動而成此用。第以旨在論純理，須脫離實際思解而爲言，故云其爲純理自見之自用，自用云者乃邏輯地如此言之也。實則純理既不空掛，必處於思解中而顯示其自己，故終須歸於思解，就思解而言之。就實際思解而言之，則因思解必解物，而思解又爲理性之思解，故即明純理在實際思解中而表露其自己。然其表露必有憑藉。其所憑藉者即當論純理時純理表現其自己所憑藉之基本概念也。然當論純理時，其所憑藉以表現其自己者，吾人名之曰成句之規律即基本之邏輯概念，而在實際思解中表露其自己，則其所憑藉者爲格度，而此格度必與該成句之規律爲同一。以純理在純邏輯中如此而表現，在實際思解中亦必如此而表露也。假若在純邏輯中不藉此而表現，不得謂純邏輯；在實際思解中不藉此而表現，亦不得謂理性之思解。以是之故，兩者必同一。以同一，故云思解中之格度由純理之外在化而發見。所謂外在化者即於實際思解中而表露其自己也。在實際思解中表露其自己，故成就「純理自見」之基本概念即外在化而爲思解之格度，純理藉之以表露其自己於實際思解中。此即言：基本概念隨純理之外在化而外在化：純理之外在化即純理之呈用於現實理解中，基本概念之外在化即純理呈用於現實理解中所憑藉之格度。格度一方爲純理呈用之憑藉，一方却亦就是思解之軌範。

純理外在化而表露其自己藉以曲成此思解，必有賴於三格度。因故，曲全，已如上述。然徒有因故曲全，則雖有外立，而仍爲分離而孤持，必待二用格度始能將彼二格度所外立者而聯貫之，成一有機之系統，因而遂使純理全幅表露於實際思解中。表露於實際思解中，同時亦即曲成此實際之思解，而使之成爲一有機之詮表歷程。因故與曲全是純理表露之預備，而二用格度之參與，方是全幅表露之實現。二用之義用只是如此也。故云二用格度外無所立，而唯有內用。然此「內用」不同於純邏輯中唯表純理自己之內用。此「內用」以其是現實理解之格度，故一方使純理得以全幅表露，一方却也卽使現實理解爲一詮表歷程。實際思解有始有終，曲而能達。而其所以爲曲而能達，正以二用參與因故曲全之中而使之成一有機之系統故也。

三格度，在實際思解中，相隨而生，極其聯貫。先有因故格度，從中湧現一原則。承續原則之設立，卽有曲全格度。何以故？因原則自身有絕對普遍性，且要求實現故。承續曲全格度所措置之四種定然命題，卽有二用格度。何以故？以四種定然命題，交相爲用，必成一有機之發展故。此在純邏輯，尙不見有如此之聯貫。蓋因全分，二用，爲成句之概念（非規律），而函蘊又只是一關係，（縱然亦可視爲成句之概念）。雖是任一純邏輯系統，無論其以何句法爲工具，皆含有此三組概念，然尙不能如在實際思解中三者有一定之秩序。在純邏輯中，此三組概念，任取一組爲準，必可推出其他二組概念。譬如以二用爲準，參之以析取，吾人卽可規定一函蘊關係。是二用變爲二値之眞假關係時，卽函蘊一「函蘊」關係也。而函蘊爲一可以使吾人構成一推理式之邏輯關係。由此函蘊之勾連，吾人成一推理式。而每一推理式皆爲一絕對普遍之命題（原則）。譬如：如果P函Q而且Q函R，則P函R。此爲一三段推理之原則。而此原則卽爲絕對普遍者。每一邏輯推理式皆是如此。其所以爲絕對普遍，卽在該推理式中「如果則」處見。依維素，凡在一推理式中，其函蘊讀爲「

如果則」者，即表示形式函蘊；凡讀「函」者，如P函Q，Q函R等，即表示眞值函蘊。而每一形式函蘊是一組「眞值函蘊」所成之類。依是，形式函蘊卽表示一普遍之原則，而其普遍性之外攝相卽含有一「全」之概念，由「全」可以引「曲」。復次，不必自一推理式處說始如此，卽在「如果則」一函蘊關係處說已是如此。是卽明三組概念，以二用爲準，而相生也。若以眞假値所定之「函蘊」爲準，則亦可以推生其他。較困難者，是以曲全爲準。吾人不能自曲全中引出二用。然須知曲全單獨自身並不能構成一句法，必參之以二用而始可。是以凡用曲全構造邏輯句法以成邏輯系統者，必兼用二用。由此兩組概念造句法以成推理，則函蘊卽函於其中。依是，舉一賅三，任一皆然。然雖舉一賅三，可以相生，而總不如在實際思解中其爲格度之有一定之排列，合而成一有機之發展。其故卽在：純邏輯唯顯純理，無所陳說，而在思解，則必爲一有始有終，曲而能達之詮表歷程，故三格度必有一定之排列秩序，因而成一終始歷程也。復次，因純邏輯唯顯純理，無所陳說，則純邏輯中任何成文系統，如顯明地取何概念以造句法，卽可形成一形式系統而唯顯純理，是以形式系統雖多，而其所盡之責任則一。正以此故，雖云舉一賅三，而如果取二値造句法卽足形成一二値系統，則在此二値系統中，其顯明之概念而呈顯明之作用者究只爲二用，而非曲全：適所解析，由二値而成之函蘊以見曲全，此只不過云由「函蘊」（如果則）之普遍性可以引生此概念，然實則在此系統中，此概念究未顯明呈用也。又在亞氏三段推理系統中，曲全二用雖呈用，而函蘊只隱藏，究未顯明取用之。在假然推理中，函蘊雖呈用，而由全二用未顯明以呈用。是以此三組概念在純邏輯中任何系統雖皆函有之，而究因「任取一概念以造句法即可自足地成系統以唯顯純理」之故，此三組概念遂有隱顯之不同，呈用不呈用之不同，故總不如在實際思解中個個顯明呈用，而且成一有機之發展也。

二用格度中之二用內處於四種定然命題中而聯貫之，以使詮表歷程期一最後之結束而成一獨體之判斷。是以其交相爲用之聯貫，雖表示一歷程，亦表示一知識之完成。其交相爲用即肯定否定間之相違與夫肯定與肯定間或否定與否定間之相順之一整個之發展。當一原則之要求實現時，假定其始，只爲一偏稱肯定命題，則吾人期望其漸漸相順而成一全稱肯定命題。由肯定以順成此原則，同時卽須由否定以排除而確定此原則。排除之模式如下：設以全稱肯定爲準，如「凡S是P」，則吾人加以反面之排斥卽爲「凡不是P的不是S」。此卽由肯定以順成此原則，由否定以確定此原則。假定其始，爲一偏稱否定命題，吾人期望其漸漸相順而成一全稱否定命題以與該原則相違而擯棄之以期另立一原則。由肯定之相順而順成此原則以及由否定之相順而擯棄此原則，吾人卽得一發展之歷程。復次，假定由肯定之相順所成之全稱肯定爲準，如有一事爲例外，卽將該全稱肯定全部否決，此卽偏稱否定命題之否決全稱肯定命題也。假若以否定之相順所成之全稱否定爲準，如有一事爲例外，卽將該全稱否定全部否決，此卽偏稱肯定命題之否決全稱否定命題也。肯定與否定或否定與肯定間之相否決（即相違）即形成吾人知識歷程之「辯證的發展」（柏拉圖義）。肯定與肯定或否定與否定間之相順，即形成吾人知識歷程之「歸納的發展」（此是粗畧言之）。由歸納發展觀其成，由辯證發展觀其生。歸納發展服從繼續原則，辯證發展服從突發原則。知識歷程非是純形式之推演歷程，故必兼有此兩類發展型態也。

二用格度之使用有內在外在之別。內在者內處於詮表歷程中而呈用。以上所述，皆爲內在者。外在之使用，則爲跳出知識歷程而對知識作一肯定否定之辯證觀。在內在使用中，辯證發展與歸納發展交用不離，故其辯證發展仍以形成知識爲準的。今暫舍歸納發展而不論，單就辯證發展而言之，吾人在此二用格度之內在使用中，將顯示兩種辯證歷程：一、內處於四種定然命題中而聯貫之所成功之肯定否定間之相否決之發展。此種發展因經驗之限制及經驗之層出不窮而成功。以上所述者以此義爲主。二、經過歸納歷程以及適所述之辯證歷程後，吾人必獲得「形式之有」之知識，吾人此時即脫離經驗，將二用格度使用於此「形式之有」上以觀「形式之有」之離合而使之成功一邏輯之系統。此義是柏拉圖所定之辯證學之意義。此兩辯證歷程皆是內在而積極的。內在義如上所定。惟此第二種辯證義，似不處於詮表歷程中而呈用，乃處於詮表歷程之所成處而呈用。依是，若作廣義之規定則如下：內在者內處於知識中而呈用也。積極義則以「有所成」而規定：第一種辯證相助歸納而成知識；第二種則依據形式之推演而使「型式之有」成一邏輯之系統：此皆有所成也。此「

有所成」之辯證，無論爲柏拉圖所意謂者，或本節吾所意謂者，吾皆名之曰古典義之辯證學，或曰知識論之辯證學。

在外在使用中，吾人跳出知識而觀知識，其所形成之辯證發展不在形成知識，亦不在形成「型式之有」之系統，而在破除理解知識之限制與固執以期湧現一新境界，此即由理智而想望至超越理智之飛躍。此義之辯證爲外在而消極的。外在義如上所定。消極義則以「有所顯」而規定。此義之辯證爲黑格爾所表現之辯證。吾將名之曰形上學之辯證。惟吾此處所說之辯證是對破除知識之限制言，雖跳出知識而仍以知識爲焦點。吾人尙有另一方面之使用，仍可形成此形上學之辯證，此即在呈露本體而破除習氣時所成者。此兩種形上學之辯證皆是二用格度之知識外之使用。此中函義甚繁，俱非此處所能及。詳論見下卷「二用格度之所函攝」。依是，吾人有四種辯證，分成兩類，如：

甲、古典義者：知識論之辯證學：

A基於經驗之層出不窮而形成之肯定否定間之相否決之辯證。

B、基於「型式之有」而成功之辯證。

乙、黑氏義者：形上學之辯證學：

C、破除知識之限制而成功之辯證。

D、破除習氣之障蔽而成功之辯證。

第四章　範疇之設立

第一節　範疇之基本特性

吾心隨統覺之覺事發爲時空格度而直接附於事以限定之，因而形成統覺所現之實事之時空相。然人心之發爲時空格度以限定統覺所現之實事，並非對於此實事之詮表，乃只爲隨統覺之呈現而限定之：此限定之成果只賦予該實事以時空形式性。統覺之覺事直而無曲。吾心隨統覺發爲時空格度，其發也亦直而無曲。隨時空格度之內發而同時卽附於事以限定事，其附着而限定也亦爲直而無曲。以其直而無曲，故其所賦予實事者只爲時空形式性，因而此時吾人對於外事所知者亦只此形式性，而並無其他。是卽明吾人對於外事並無詮表也。是以徒有時空格度之運用，吾人不能及於外事之內部，思解三格度雖表示思解爲一詮表歷程，因其爲一詮表歷程，故已透過時空形式性而及於外事之內部，然三格度只爲成就思解爲一曲而能達之虛架子，其自身並不及物。是以其所以能充實或具體化此虛架子而使其成爲一現實理解中之具體運用，則必有一物在。此物事吾人名之曰「範疇」。範疇之運用，一方能成功思解爲一詮表歷程，因而思解三格度得以彰其用，一方能使思解透過時空形式性而進入外事之內部，因而成功對於外事之詮表。

範疇發於理解之運用。在理解之運用中，其將於何處，隨何路徑，而出現耶？曰必自因故格度處順因故格度之運用而出現。因故格度之運用必成功一假然之命題。由此假然命題必湧現一普遍之原則。此「原則」，吾人卽名之曰範疇。因故格度卽爲「根據歸結」間之連結所成之軌範。然此格度之具體運用（卽於現實理解中之運用），其根據與歸結在一假然命題中必特殊化。因其特殊化，故根據歸結之連結不只是一普泛之軌範，而是有特殊意義之根據，特殊意義之歸結。根據而特殊化，卽成一特殊之概念；歸結亦然。因此吾人相應根據歸結而有兩概念，此兩概念合而爲一整概念∴此一整概念卽爲因故格度之運用中所湧現之原則或範疇。（範疇是概念，格度非概念。）譬如：如P則Q，「如果則」爲一格度，PQ特殊化卽成兩特殊概念之連結。然，雖是兩特殊概念之連結，而其關係仍爲因故關係，卽P處之概念爲理由（根據），Q處之概念爲歸結也。此因故關係指導一因果關係，而非卽一因果關係。譬如：如是所作，卽是無常。此可以指導一現實緣起事之因果關係，而「所作無常」兩概念顯爲因故關係也。依此，在因故格度之運用中，每兩概念因「因故關係」而形成一整概念，此整概念即範疇。依是，每一範疇即以「因故關係」而示其相。

因故關係之範疇之指導一因果關係名為「範疇之當機性」。因果關係為一物理關係，而物理關係則是在時空格度之運用所限定成之時空形式性之下。範疇之運用能透過此時空形式性而進入實事之物理關係，此即其「當機性」。範疇之當機性依何而可能耶？時空格度之附於事雖只成功實事之時空形式性，然而統覺之直接綜攝事象卻不只此時空形式性。其所綜攝者是一物理事，又因其綜攝是直而無曲，故統覺自身能自足地直接給吾人以意義。此「意義」決不自時空形式性處言：一因時空格度隨統覺之綜攝而內發，當其內發而着於事以成功實事之時空形式性時，統覺已給吾以意義；二因統覺之自足地給吾以意義，其所給之意義決不因時空形式性而始有，蓋時空形式性是由內發之時空格度着於事而限定之而始然，其限定只是時空之限定，因而只成一時空相，而實事之為事決不只此時空相。依是，統覺所給之意義決不自時空形式性處言，而當自其所綜攝之物理事言。其所綜攝之物理事，既由之而可以給吾以意義，則每一物理事必非只是零碎之雜料，必非只是有待於吾心攜其法則以綜和之之雜多，其自身必具有一物理歷程，因而具有一物理關係。此物理歷程所具之物理關係即是統覺所給之意義之所在：統覺之綜攝直接覺識之。此為「意義」所在之「物理事」與其因時空限定而具有之「時空形式性」，此兩者乃為異質者。時空形式性固亦給吾以意義，但其所給之意義只是形式的，而且是時空形式的，而時空形式又是極普遍極無色，是以徒有此形式，吾人不能有統覺。復次，假定已有此形式，且亦承認有與此形式爲異質之物理事。然若視此物理事只爲零碎之雜料，則縱然時空形式性能給吾以形式之意義，然仍不足以成統覺：統覺仍不能自足地給吾以意義。蓋一盤互不相干之散沙，吾人亦能形成其時空關係也。然不能謂吾人對之有特殊之統覺。蓋此所成者只是形式知識，而非物理知識也。是以欲使吾人有統覺，則於時空形式性外，必須承認一具有物理關係之物理事，而且須認此兩者爲異質。此異質性甚爲重要。對時空形式性言，此另一異質之物理事能穿過此形式性而進入統覺之覺識中，因此，吾心發爲思解時，範疇之運用亦能透過時空形式性而進入實事之物理關係。依是，與時空形式性爲異質之物理事（具有物理關係）卽是範疇運用所當之機，亦卽範疇之當機性所以可能之根據。【吾論時空固與康德異。然最要者爲對於時空之擔負之看法。康德看時空之擔負過重。此問題全在康德之超越規模論。依康德，經驗直覺雖有與時空形式爲異質之與料，然彼視此與料只爲有待於吾心攝其法則以綜和之之雜多。依是，彼視直覺似不能自足地直接給吾人以意義。直覺究是否能自足地給吾人以意義，康德固無明文表示。然會其系統，似以不給爲是。而如其有之，首先卽是時空形式所成之時空關係。然時空關係並不能成爲物理知識。依是，繼之而來者，卽是「範疇之應用於直覺」所成之物理關係。然範疇自身又不能與純爲感性之直覺相接頭，是以又必須以超越規模爲媒介。而能盡此媒介之責者爲「時間」（兼攝空間亦可）。問題卽在：時間自身是否能擔任此重責。依康德，超越的想像綜和單就時間以形成超越規模，此卽種種「時間之超越決定」也。依是，問題又在：超越的想像綜和單就時間是否能自足而獨立不依於理解卽能形成與十二範疇相應之十二規模以備爲範疇應用之媒介乎？超越的想像綜和若自足而獨立不依於理解，則其單就時間之活動顯然不能形成如此而且如此多之規模，是卽明時間並不能實現如此多之規模，其所能實現者至多爲量之規模，卽超越的想像綜和所成之「時間之超越決定」至多爲廣度量，强度量（等級）且不易，而況關係規模乎？是以康德之規模論若能說得通，則超越的想像綜和必不能自足而獨立不依於理解。關此，康德無明文，其論之也似若自足而獨立。解者亦鮮注意及此，而亦似自足獨立而論之。卽善於體會之巴通（H.F.Paton）且於講完康德之規模論後而興種種無謂之疑問。若超越的想像綜和之就時間成規模須依理解範疇之決定爲背據，則經驗雜多之「意義」全賴理解範疇之構造，而康德之先驗綜和歷程實爲一構造之綜和歷程，此似爲不可疑者。本書系統異於此。故首先承認統覺能自足地給吾人以意義，因而亦首先承認一異質於時空關係之物理關係在，因而又有吾所言之範疇及其當機性，若在康德之系統則不需乎此矣。】

統覺所綜攝之物理實事中之物理關係卽因果關係有其直覺確定性，此卽統覺所以可能之根據，亦卽統覺所覺之意義之所在。思解起用，發爲因故格度。範疇卽於此因故格度之運用中而湧現。範疇之設立必當統覺所覺之「意義」而設立，設立之以成功概念之詮表。然範疇雖有機可當，而不必能實現。其故蓋在：統覺所給之意義是直攝之於當下一現之實事，而並無普遍性；其攝之也，亦並未參照以往而預測未來，故曰直攝；而其所攝之「意義」亦只囿於當下一現之實事而未能跨越。是以此「意義」於未來之應用性究如何，此時全不能知。雖是每一統覺皆直接給吾人以意義，而此意義應用之範圍卽其有效性，統覺全不能定。然而範疇之當此機而設立，以其於因故格度之運用中而湧現，故每一範疇又必爲一具有普遍性之原則。此原則旣有普遍性，而其普遍性之外攝相又爲函蓋一切者，是卽明此原則必跨越此當下一現之實事而亦期望函蓋與此當下一現之實事相似之一切實事。然此跨越之期望只是範疇之要求。雖有此要求而不必能實現。卽依此不必能實現，吾人說爲「範疇之假然性」。此假然性乃因範疇之普遍性與統覺之特殊性相對照而成立。

範疇有其假然性，並以「因故關係」而表示。其所當之機卽是其所欲誘導之因果關係。統覺所覺之因果關係因範疇之運用而彰著而確定。一因果關係，如因範疇之運用而彰著而確定，又獲得一與範疇之普遍性相應之普遍性，則說爲此範疇之「實現」。範疇之實現卽是其假然性變爲定然性，其主觀之運用性（發之於理解之運用）變爲客觀之存在性，因而其軌約性亦變爲構造性。然而一範疇之實現旣變爲構造性，則卽不名之曰「範疇」，而名之曰柏拉圖式之「理型」。每一條因果關係是一理型。每一理型是一「型式之有」。範疇之運用性與軌約性卽在誘導吾人獲得一「型式之有」。當型式之有一出現，吾人對於統覺所覺之外事卽有一定然之謂詞，因而卽有一獨體之判斷，因而對於外事之界說始可能。【古人講理型，講共相，注意一物之性德：其觀點是質的，因而亦是哲學的。近人則集中於因果之問題。因果觀念是量的，因而亦是科學的。兩者似絕異，而其實可融一。注意於因果，遂將個體物沖淡之而爲一羣事，而論事與事間之連結。注意事與事間之連結，遂可有種種破因果連結之論辨。如吾第一卷第一章中所述。破碎至最後，誠不知連結之何在。蓋皆成爲一件一件之孤立也。皆成零件，卽不見有一物（知識之對象）。是以康德之答覆休謨，實與柏拉圖之答覆辯士「知覺卽知識」之主張，異曲同工也，對於同一問題之不同答覆也。吾今亦將統覺所覺之對象沖淡爲一羣事，而明其爲種種歷程之複合，因而亦卽具有種種物理關係（因果關係）之複合。此種種關係將此事羣綜和之而爲一具體之個體物因而成爲一知識之對象（不只是主觀想像之遊戲）。依是，此關係性卽與理型或共相融於一，故云：每一條因果關係卽是一「型式之有」也。柏拉圖與康德之精神，本書願具備一系統以吸收之。】

每一經過範疇之運用而出現之理型，對一個體物言，是一定然之謂詞。此定然之謂詞與彼爲主詞之個體物所成之判斷是一綜和之判斷。如「此桌子是黃的」，謂詞「黃的」不能徒由主詞「桌子」而分析出，此顯爲兩絕異之概念而綜和於一起者。然此尚爲表面之理由。吾人謂一個體物可以沖淡爲一羣事，而亦實是一羣事之聚和。此一羣事之所以能聚和於一起實因此羣事自身所具之律則處其中而聯貫之，聯貫之卽綜括之。此律則卽是理型，在判斷中卽是吾所謂「定然之謂詞」。依此而言理型之綜合性。此綜和性是對一羣事言。理型綜和一羣事而成一個體，同時亦成功一「獨體之判斷」：此爲綜和判斷之切實義。然一羣事常不只一理型以綜和之。如前所舉之例，「黃」一概念所指示之理型只是桌子所代表之一羣事之綜和之一面相。一羣事常有許多不同之綜和面相。依是，表示一個綜和面相之理型雖亦能將該事羣綜括而聯貫之，然却不能綜和該事羣使之爲一個體物之所以爲一個體物。此義可由判斷表示之。有普通只是判斷之判斷，有作爲界說之判斷。只是判斷之判斷皆是表示爲一個綜和面相之理型，而界說之判斷方表示綜和一羣事爲一個體物之所以爲一個體物之理型。然無論爲表示一個綜和面相之理型，或爲表示一「個體物」之理型，其所成之判斷皆是綜和判斷。惟表示界說之綜和判斷，如「人者理性動物也」，能界須等於所界，是以當此界說一經成立，則能界中概念所代表之理型卽投入「人」一概念而爲其所自具，因而由此「人」一概念爲主詞再作一判斷而曰「人是理性動物」，則此時卽是分析判斷。凡從界說中抽引出之判斷皆是分析判斷；凡表示界說或不表示界說之判斷（如前文所說之表示一個綜和面相之理型），皆是綜和判斷。以界說爲界：界說以前及界說之成皆是綜和判斷，且對界說之成言，又必以綜和判斷爲根據；界說以後，皆是分析判斷。表示一界說之綜和判斷可含有許多表示一個綜和面相之綜和判斷，因而表示一個體物之理型（因界說而成者）可含有許多表示一個綜和面相之理型。此許多表示一個綜和面相之理型可因界說而提綱挈領結束於一起因而成一爲一個體物之所以爲一個體物之理型。若將此表示個體物之理型與該個體物融而爲一，以之爲主詞，則所抽引出者皆分析判斷，而所有之分析判斷中謂詞所代表之理型亦即是該「結束於一起而成一個體物之理型」之許多表示一個綜和面相之理型。是以分析判斷只是已有者之重複，並不能增益吾人之知識。【康德之問題惟對休謨之感覺原則而有效。假若休謨之感覺原則爲不可爭辨之原則，則如其無解答則已，如其有之，康德之解答，縱不爲必然成立之解答，亦爲一較可稱許之解答。如休謨之感覺原則尙非不可爭辨者，則卽容許另一種解答之可能。如其如此，則康德之「構造的綜和」之可稱許性卽較差。依是，柏拉圖駁覆辯士派「知覺卽知識」之主張，尙非可以視爲歷史之廢物。假若康德所問之「如何可能」而竟不可能，則在知識範圍內而欲對休謨之問題（兼攝辯士派）暫作一無先驗理性保證（康氏意）之臨時解答，柏拉圖之態度實有可以予以尊重之必要。此義旣函一超越形上學或道德形上學之責任之加重。如果此形上學可以實現而且得其理之必然，則在知識範圍內所作之不甚滿意之解答，亦可以欣然而有以自慰矣。吾人將安然承受此不甚滿意之解答。蓋此整個現象世界亦就是令人不滿意之世界。除一超越形上學外，單只是一邏輯理性如何而能保證此現象世界之條理性之必然乎？康德對此而致其斤斤之意，誠是一過分之奢望，而揆之體用之學之密義，則亦誠不免本末輕重之間有所不得其分焉。蓋康德於超越形上學並未能積極實現之也。著者於此，豈有好勝之心哉？】

有關於個體物之界說如「孔子」，有關於類名之界說如「人」。因而有表示個體物之理型，有表示類名之理型。前者之理型，有一個體滿足之；後者之理型，有許多個體滿足之。無論一理型滿足之之個體爲一爲多，皆可成一類。茲爲顯明起見，特就「滿足之之個體爲多」而言之。在此，吾人願表示：理型是約束許多個體而爲一類之標準或模型。理型是一定然之謂詞：凡合乎此謂詞者皆爲此謂詞所貫穿。理型非類，但只成類之模型；類則等於個體與理型之融合。理型爲一定然之謂詞，卽明每一理型皆爲一有存在性之實在。因此凡由之而成之類亦皆爲存在類。甚至可說：每一存在性之理型皆表示一存在類。因吾人所言之理型本限於現實之理解而言之（卽在知識中而言之），而理型之出現又必經由現實理解中範疇運用之誘導，是以每一理型之獲得卽是一存在類之獲得，同時亦卽一知識之成立也。然則範疇對於存在類之關係爲如何？曰：範疇之所以爲範疇以及其具有前文所述之種種性者，皆對存在類而言之。每一存在類皆是不鋪者，現實者。此類之成固由於以理型爲貫穿個體之模型，然理型之出現則由於範疇之運用。是以一類之成，卽以如此之理型而成功如此之類，皆必依據範疇之運用爲其指導之原則或模型。蓋統覺現象（卽現象宇宙）中並無如此如此之現成類，若無一個標準以爲指導吾人畫歸散殊爲一類之「原則」，則卽不能有「類」之出現。是以一個範疇是一指導之原則，吾人依照之可以鑒別或順列事象。蓋每一事象可有許多不同之方向：可以向甲處指，亦可以向乙處指。所指不同，所成亦不同。吾人若順列事象，向甲而不向乙，因而使其成某一特定存在類，則固必有可以使吾如此順列之指導原則。是以指導原則有括弧之作用。在此括弧所括之範圍之下，吾人約束散殊個體爲一類。理型有前文所述之綜和性，是一定然之謂詞，現實之模型；而範疇所具之普遍性之外攝相有括弧性與函蓋性，是一可能之模型。然須知此可能之模型並不爲理型之模型，蓋此可能者一實現即爲理型故。其爲模型乃爲「如何成類」之模型，乃爲此類整個之模型。理型爲貫穿散殊個體爲一類之定然模型，是以每一理型之出現即表示一存在類之成立。而範疇則爲指導吾人如何約束如此之散殊個體於此理型下之假然模型，是以範疇可以指導吾人成類而其本身不必眞能表示一存在類。

是以杜威有云：「範疇實與一態度同。其所示者乃一觀點，表式，計劃，首腦或方向，或一可能之論謂模型。如亞里士多德所云：範疇化即是賦與一論謂。城市法與犯罪法是種類，而所以爲城市法與犯罪法，則範疇。故範疇即觀點，因此觀點，某種行爲方式可因之而前進而約束。法律是審議所據之程式，足以決定某種行爲是否可爲，如已爲也，將如何處理之。而原則則範疇。原則非種類，而是形成種類之先定者。因此先定，遂可以規定一特殊行動或一串行爲是否屬於某一特殊種類。」（杜威「邏輯：研究論」，二七三頁。）該處復言：「此爲機械範疇內者，此語所示實不只此物含於機械種類內，蓋尙有其他之意義。其所示者乃在例證一原則，凡是機械者可以之而規定。」杜威此義，吾竊取之，而處於吾之系統內作如本章之所論謂。「杜威邏輯」一書實爲最近不可多得之佳作。惟其於「研究歷程」以明邏輯，尙非透宗之論，此其本源處差；然於研究歷程處以明邏輯中諸物事如原則命題概念等之作用，實有其冥符眞理處。本書下卷「因故格度之所函攝」中多有吸收其義而與以安頓之者。又杜威有範疇，類（此不常用），種類三詞。類爲一邏輯概念，種類爲一知識概念。本章處於現實理解而言類，故云每一類皆爲存在類。自其爲存在類而言之，實卽種類也。然彼亦具有類之邏輯形式，故此處只範疇與類對言，未予細分。詳論見下卷。又吾此處有範疇與理型之別，而杜威於此則不甚措意。此其理性主義之趣向較弱，而本書則較强也。又彼於本源處不徹，亦足決定其立言之趣向。）

莊子秋水篇云：「以道觀之，物無貴賤。以物觀之，自貴而相賤。」道與物卽範疇，或理由（因故），或原則。觀卽可表示一觀點或態度。下復言：「以差觀之，因其所大而大之，則萬物莫不大；因其所小而小之，則萬物莫不小。知天地之爲稊米也，知毫末之爲丘山也，則差數覩矣。」差亦爲一當機之範疇。「因其所大而大之」句中之「因」卽當機之謂也。以「差」爲理由或原則，則萬物大小之差數卽可決定。又言：「以功觀之，因其所有而有之，則萬物莫不有；因其所無而無之，則萬物莫不無。知東西之相反，而不可以相無，則功分定矣。以趣觀之，因其所然而然之，則萬物莫不然；因其所非而非之，則萬物莫不非。知堯桀之自然而相非，則趣操覩矣。」功與趣亦範疇也。莊子所言，甚可表示本書所言範疇之大義。範疇當機而立，並無固宜。然其立也，却是定之於我，此卽所謂發之於理解之運用。而其立也，對後至之「決定」言（如無貴賤，自貴而相賤，大小之差數，有無之功分，是非之趣操等皆根據原則而來之決定），則又爲先定之原則。此原則並非外給（雖是當機），實是內發。然雖內發，而又並無固宜，亦不可列舉其數，而又一旦理型出現，則範疇即廢棄：故範疇爲虛爲用，而理型爲實爲體也。綜之：範疇誘導一理型，而不即理型；範疇以因故關係示其相，故指導一因果關係，而不即是因果關係；因果關係可因之而彰著而確定，然彼不能即充當因果關係；範疇唯是發之於現實理解中因故格度之運用。

第二節　範疇與可能

統覺所及只現實而無可能。每一統覺綜攝，一方面是封閉的，一方面是敞開的。自其爲一終始歷程，因而有一因果關係即一型式的秩序以綜括之方面言，它是封閉的。每一封閉的統覺綜攝是一現實的直接呈現。亦即當下呈現。然自其爲一終始歷程之氣質的遷流方面言，則是敞開的。蓋因此氣質之流（亦云氣機之化），是前有承續，後有餘縷，而不知其來之何時何處，亦不知其達之何時何處。是以自此方面而言，統覺所攝之事，乃一敞開而無界限之連續。然須知此是就現實的統覺所攝分析而言之。分析之而單言其氣機之化一方面。而每一現實的統覺所攝是一具體之全體。就此具體之全體言，則每一統覺所攝是一終始歷程，因而亦有一型式之理以綜括之。此是最眞實之呈現。依是，每一現實之統覺是一封閉歷程。而其所以能爲封閉，單在其爲一終始歷程。而此終始之所以爲終始不在就時間上任意畫一起點與終點，因此種畫定既是任意，自無必然。是以此終始之所以爲終始，不在時空之形式的，而在物理之實際的。既爲物理之實際的，故其爲終始必在有一型式的理以綜括之而成其爲終始，此則不是任意者。依是，吾人若就現實的統覺言，吾人必說其爲一封閉者。封閉者終始之完整義。每一統覺是一具體之完整全體。每一完整之全體是一當下呈現之現實。【從氣機之化方面說雖是敞開的，然不是直線的一洩無餘。它當有廻環曲折處。就在此廻環曲折處見理，因而亦同時見爲一終始之歷程。惟此廻環曲折之說明當在超越形上學中言。本書處於認識論之立場，如本段所述已足够。】

然而現實的統覺，若如其爲如此之事實而論之，則事實上是層出不窮者。吾人固無理由知其何以必層出不窮，亦無理由知其將停止於何時，更無理由斷定其必層出而不窮。是以單就其爲如此之事實而論之，如事實上是層出不窮者，或事實上如其有統覺，而且不只一統覺，而且統覺可源源而來，則即每一統覺隨氣機之化引生另一統覺，而每一統覺自身亦實具有一氣機之化，氣機之化引生未已，是以統覺亦引生未已，而且亦不能離開統覺空頭單言氣機之化。因六合之外孰與知之故。離開統覺無現實故。是以一說氣機之化即已是現實之呈現：氣機之化必內在於統覺而得爲一現實之呈現。如果此內在於統覺而得爲現實之氣機之化引生未已，則統覺自身自亦引生未已。統覺未已，氣機之化未已，兩者相融而成此認識的現實宇宙。每一統覺是一現實之呈現。吾人已謂其爲封閉之完整。然吾人又謂若將現實之統覺分析而言之，單注意其氣機之化，則當爲敞開而不封閉者。然須知此是分析言之，又是單就當下之現實統覺而言未來或溯過往。實則彼氣機之化，如眞是現實者，則必須有統覺隨之而呈現之而後可。卽它必須內在於統覺中而始眞成其爲一現實之氣機之化。如眞爲一現實之氣機之化，則所謂就一統覺分析之而單言氣機之化因而謂該統覺爲敞開者，實則不應言敞開，而應言具備有一串之統覺以應之。依是，氣機之化如是現實者，卽是平鋪者；如是平鋪者，卽有一串現實而平鋪之統覺以應之。依是，一切皆是當下之現實統覺。卽使逆溯過往，預度未來，而如其爲現實，則亦應是當下之現實統覺以盡之。如其一切皆是當下現實統覺之平鋪，則一切皆是完整之封閉者。無論氣機之化引生至何極，亦必是完整之封閉者，否則該氣機之化不得爲現實，而亦不得爲氣機之化矣。如一切氣機之化皆是完整之封閉者，則一切氣機之化卽現實而平鋪，亦卽皆有型式之理以貫之。型式之理使其爲現實而平鋪。如是，則「凡存在卽被知」，「凡被知卽現實」，「凡現實卽如理」，三命題，吾人可在統覺中得其直覺之確定性。吾人如得此三命題之直覺確定性，吾人卽說：「凡統覺所攝只是現實而無可能」。而且除此「現實之存在」外，吾人對於外在世界不能提供任何其他「可能之存在」；而除條貫「現實存在」之「現實理型」外，吾人亦不能單從邏輯中之普遍命題以提供任何其他可能之「潛存的理型或共相」。在知識範圍內，吾人不能提供任何其他「可能之存在」與「潛存之共相」，亦無門徑可以使吾人作如此之決定。以下先破「可能之存在」，然後再破「潛存之共相」。

在統覺所攝之現實存在外，如尚可以有其他可能而不必現實之存在，則此種存在必不能自統覺而決定。然則除統覺外，必有一種門徑可以使吾人決定其可能。然吾適言決無門徑可以使吾人決定其他「可能的存在」之可能性。然則或有以爲可以有門徑者，吾人卽須問此種門徑究屬可能否。如不可能，則卽等於無門徑。來布尼茲之言「可能」有二方面：一屬於愛森士（本質、體性）者，一屬於「偶然存在」者。屬於愛森士者與分析而必然之命題相聯。關於愛森士之命題，來氏亦曰關於可能者。是「可能」卽指愛森士而言也。關於愛森士之命題必然爲分析者，因而亦爲必然者。其所以爲分析之必然亦由矛盾律而衡量。卽其反面乃自相矛盾而不可能是也。譬如「一等邊三角形是一三角形」，如若謂其不是一三角形，則卽與其主詞相矛盾而不可能。是則矛盾律乃就「愛森士」而內用以明此由愛森士而成之命題爲可能，爲可能卽爲必然也，而並不就愛森士而外指以明此由愛森士而成之命題以外之命題爲可能。關於此方面無問題。【當然關於愛森士而成之必然命題可從兩方面說：一是關於數學者，二是關於存在方面之普遍命題，卽關於型式或永恆眞理者。來氏於此兩方面，俱可以愛森士名之，而且大體皆集中於後一方面而言之。】但屬於「偶然存在」者，則與綜和而偶然之命題相聯。普通所言與「現實」相對之「可能」，或「可能」廣於「現實」之「可能」，大抵皆指此方面而言。從此方面言，可能不指愛森士說，乃指「偶然」說。故來氏有「現實的偶然」（卽現實的存在物），與「可能的偶然」之別。又所謂種種可能的世界，亦是就「可能的偶然」說。（當然在可能的偶然方面亦有關於永恆眞理之普遍命題。）凡關於統覺所及之現實的存在之命題，皆是綜和而偶然之命題。旣是綜和而偶然，故其反面爲不矛盾而可能。譬如「太陽從東出」，或「有人吃砒霜死」，皆是偶然之命題，其反面與主詞並不相矛盾，故亦爲可能。是則矛盾律乃就「現實的存在或可能」而外指一並不相矛盾的「可能的存在」（可能的可能）。來氏以爲「現實的偶然」與「可能的偶然」，俱須有充足理由以解之。通「可能的偶然」與「現實的偶然」而言之充足理由是上帝的意欲或作意，據羅素之疏解，此是心理義的意欲，亦曰廣義的充足理由，通可能的偶然與現實的偶然俱有效。然單對現實的偶然言，則此廣義之充足理由尙不夠，必須有一道德意義的充足理由以解之。此卽是說，上帝的意欲或作意，在實現現實的偶然上，必須爲「善」或「最好可能」之觀念所決定。上帝可以意欲任何可能之世界，而且其意欲便是其創造之之一充足理由。惟其於諸種可能世界中，意欲某某而使之爲現實的世界，則其意欲必爲至善所決定。依此義故，名曰道德意義之意欲，亦曰狹義之充足理由。吾人對於現實世界固須一充足理由以解之。此是整個超越形上學之所在。來氏依其邏輯之辨解，只是當然地提出之，而不知何以實現之。在此，吾人可不論列。吾人所欲問者，卽一、此種由矛盾律所決定出之「可能的偶然」是否眞有其可能性？二、此種可能的偶然是否眞可以爲一「可能的世界」而須一充足理由以解之？依吾觀之，俱答以否。試先就第一問題而言之。吾人就「現實的偶然命題」，援引矛盾律，以明其反面並不矛盾，此其積極之表示，不過明此命題爲偶然而不必然。以爲偶然，故不必然。以不必然，故不必如此，而亦可以如彼。但雖可以如彼，而如彼所示之種種可能，不必眞有對象之意義而可以爲一可能之世界。即其所示之種種可能不必眞有「可能性」。是以援引矛盾律以明不必如此而亦可以如彼所顯示之「可能」，其消極方面之表示，亦只是邏輯之表，而不是存在之表。即此種矛盾律所顯示之可能只是表示此偶然命題之「不必如此」而已。而由「不必如此」，直接可以顯示出一種邏輯上之其他可能性。但須知亦只是一種邏輯上的變樣，並無存在方面之意義。由「不必如此」，我們只可說「只遮不表」；而由之可以直接顯示出邏輯上之其他可能，實亦只是邏輯之表而非存在之表，故無存在方面之意義。是以單由矛盾律之援引於偶然命題所決定出之「可能」不必眞有可能性。此所謂不必眞有可能性，即說其並無存在方面之意義，是以不可視之爲儼若一對象以備將來之實現。既無存在之意義，自不可視爲可能之偶然，因而亦自不可成一可能之世界，故亦無須充足理由以解之。蓋此種可能之顯示純是邏輯的或形式的，實不必繫屬於心理意義之意欲以解之。此與主觀之意欲全不相關。故實不表示其爲一偶然物究爲上帝意欲或不意欲也。其爲可能只是一邏輯之表，其理由即在此，而不是一存在之表，故不須存在之理由以解之。充足理由但對存在言。可能的偶然實非一可能，亦非一對象，自不須充足理由以解之。其理由單只在援引矛盾律於偶然命題上而成之邏輯之表。此種邏輯之表只有消極意義，而無積極意義。積極意義只表示現實偶然命題之不必然，即只表示此現實經驗世界之非純理的邏輯世界或一無安頓之世界。然現實世界之不必然，並不因而即表示尚有其他可能的偶然世界也。有不有吾人固不得而知，但至少亦不能單由邏輯之表而知之。是以即在其消極意義上，吾人得拆穿「可能世界」之成立。視之為可能的偶然而須充足理由以解之者，實視之為不單邏輯之表，而且為存在之表。吾人只要否定此思想，可能世界即不成立。或曰：純邏輯之表固如此，但從上帝之自由意志處而言上帝可以意欲種種可能世界亦如此耶？曰：上帝之自由意志意欲種種可能世界，或由於對於上帝之意志自由所施之某種看法而然，或由於矛盾律之使用而然。西方自中世紀以來欲加重神意之自由及其偉大，總視神意可意欲創造種種可能世界，然卻單單實現一個最好者給吾人。上帝可意欲許多可能世界，但不實現而只實現一個最好者，吾意此種說法並非抬高神意之尊嚴，但只減低其尊嚴。神意神智，神之一切，必須是直而無曲。但此種說法，卻是引曲入神，大不應理。關此吾不欲詳論，俟於超越形上學中論之。智者當能契此。若其種種可能世界亦由於矛盾律之使用而謂然，則又只為邏輯之表。若經由邏輯之表而過渡到神意創造之諸般可能，則尤謬。是以「可能世界」之說乃是一種邏輯把戲，並無實義。

茲再進而論「潛存之共相」。

以上所評之可能世界是就可能的偶然而成立。近復有就普遍命題而言「潛存之共相」以為可能世界，卽從共相方面而言不必實現之潛存的共相。彼等以爲每一普遍命題是一種概念之連結，因而是所思（非所覺）之對象。每一概念之連結只要不矛盾，便是一所思物。如是，此所思物可有許多，而不必盡能實現。卽依此不必實現，而名之曰潛存之共相。譬如「布魯同殺凱撒」是已實現之結構，而「凱撒殺布魯同」則是未實現者。「秦始皇焚書坑儒」是實現者，而「漢武帝焚書坑儒」則是未實現者。然無論實現或不實現，俱是所思之共相，俱是可能者。依此，此可能世界儼若一垃圾堆，可納種種不相干之物事於其中。只要不矛盾，吾可隨意連結，每一連結皆可置於其中以爲一潛存之共相。吾以爲此實戲論，何所取義乎？試問此種普遍命題是純邏輯地論之乎？抑是當機於經驗卽認識論地論之乎？如是前者，則每一普遍命題是邏輯中之命題，它可以只是一種邏輯句法，而在此句法中所連結之項可只有符號義，而並無對象義。至構造此邏輯句法所依據之概念乃只是幾個邏輯概念或邏輯規律。憑藉如此而成之句法，吾人可作一推理系統。此卽吾所謂純邏輯也。此一推演系統，既是邏輯的，當然是可思的。但却並不是一個潛存之共相世界，而只是一個邏輯之理之呈現。復次，一個邏輯中之命題，其所連結者只有符號義。此卽明此命題之構造乃是邏輯地自足地構造之，從經驗方面說乃是封閉者。既是封閉於經驗，卽是不孕育。既不孕育，何以能於其中而投射出潛存之共相耶？近人皆知邏輯系統乃是根據幾個基本概念或規律而來之無所說之套套邏輯之系統，然而却又想於此無所說中而映射出一些有所說之共相，此實不思之甚也。如果說，此種普遍命題是當機於經驗卽認識論地論之，則不能隨意連結。每一種連結所成之普遍命題皆須當經驗之機，決不可隨意播弄以爲潛存之共相。吾人對於一統覺現象自可有種種之論謂。吾人亦可說每一論謂是一可能之共相。然此皆有所繫屬而言。決非空頭所可擺布者。而且此等可能之共相，以發於當機之論謂，故當其未至證實前，只有主觀軌約之意義，而並無客觀構成之意義。尤不可客觀化以爲潛存之世界以待實現而不必實現。若如此便是外在化之謬誤。是以就其發於當機之論謂言，只是可能與證實待言，而不是潛存與實現對言。吾人以下卽根據論謂之思想以明可能。故無論純邏輯地論之或認識論地論之，皆不能孕育出一潛存之世界。此是可斷言者。【關此杜威在其「邏輯：研究論」一書中「邏輯與自然科學」一章中，對此派思想之種種論據或形態皆有所破斥，讀者可取而參閱。吾在此不欲多說。復次，吾國金岳霖先生於其「論道」一書中，以析取連結可能而言「式」，亦爲無根之戲論，不可以爲法。讀者知之。】

× × × ×

可能，不可能，必然，有絕對之說法，有相對之說法。

一、絕對之說法名曰純邏輯之決定。依據同一原則及矛盾原則卽可決定之，此亦可曰純依邏輯分析而卽可得者。因而其所得者（卽其所成者）亦只內斂而爲純邏輯自己，亦卽純形式的邏輯原則自己。是以此種決定卽是純邏輯自身之內在地構造其自身。其自身卽能爲其自身構造一概念或形式

（每一概念或形式是一純邏輯之理則），而其所以能如此構造，卽在其活動乃因依據一絕對而普遍之形式（如矛盾原則）而內在地形成其自己。吾人卽就如此所形成者而說明可能，不可能，與必然。依是，在此內在地構造其自己中，凡自身一致或不矛盾者，名曰可能的。凡自身不一致，卽其自身一致之否定者，則曰不可能。凡其自身之假卽函其自身之眞者，卽其假是不可思議的，則曰必然。此爲純邏輯分析所決定，故決不能孕育一客觀而外在之可能世界。

二、相對之說法是就理解活動中一原則或一命題對「經驗所與」而言之。此則不能由純邏輯之分析而決定。對一原則或命題而欲決定其可能不可能與必然，必須相對於經驗而言之。依是，此種原則或命題並不能在其自身內在地構造其自己。它是有所待而不能自足者。依是，它的可能不可能與必然並不能單由分析而得，而須由綜和而得。卽不是邏輯一線所能決定，而是雙線交遇時才能決定。如是，從命題方面說，凡與「所與」一致，或與「所已知」之每一事物一致者，名曰可能的。凡不與「所與」一致，或不與「所已知者」一致，則名曰不可能的。凡爲「所與」或「所已知者」所嚴格函蘊者，則曰必然。若從原則方面說，則凡一原則若有一事例滿足之，此原則是當機的。凡當機的原則是可能的原則。無一事例滿足之，此原則是不可能的。所有事例滿足之，此原則是必然的，因而亦是現實的。【吾人亦可如此說：當機的原則是可能的原則；當機的原則經過歸納普遍化則是現實的；經過滿證則是必然的。滿證義見下卷第二部第二章。依是，亦可說：可能廣於現實，

現實廣於必然。】

本節論範疇與可能，則其所謂可能顯然須自「原則」方面說。吾人已知每一範疇是理解活動依據因故格度所獨發之一原則。每一如此之原則，雖爲理解所獨發，然而因其依據因故格度故，必當機。每一當機之原則是一可能之原則。在此當機之時，吾人可提出許多可能之原則。而且因函蘊關係與排斥關係，吾人可將此許多可能之原則組成一嚴格之形式系統。此嚴格之形式系統可作爲論謂所當之機之可能的概念系統。然而其中那一原則可以實現，則必須經過歸納歷程之選擇與淘汰而決定。而當未決定之時，皆有競選之權。此一可能之概念系統，當其中之一或此整個系統未實現之時，皆只有主觀之軌約作用，而不能有客觀之構造作用。依是，此時亦不能外在化而爲客觀之潛存的可能世界。如其客觀化之，則名曰「外在化之謬誤」。此種可能之概念系統，以其當機而觸發，故每一概念皆有特殊之意義或內容，亦卽皆是具有內在性德之法則。然此必須繫屬於理解活動所獨發之範疇處而爲言，而不能外在化而置定之。尤其不能無所繫屬而單自足於形式的矛盾原則，從不孕育中而孕育出一些可能，置之而爲一外在潛存之可能世界。

除絕對說法所決定之可能等以外，而如果要說相對說法所決定之可能，則必有所繫屬。而如其有繫屬，則必繫屬於理解。蓋因統覺所攝只有現實而無可能。卽此現實亦非指相對某某而謂某某（如原則）爲現實之現實。此蓋只指統覺所攝之實事之直接呈現言。統覺雖是如此，然而理解之活動則爲超越而自發之活動。以其爲超越，故必跨越當下統覺之所呈現而逆溯以往預測未來以使其活動中所提供之概念原則可以擴大其有效性。以其爲自發，故必有提供原則之能以成其有屈曲性之活動（卽曲而能達之理解）。每一如此而提供之概念原則，對當下之呈現言，皆有跨越之本性。理解一經活動卽是對統覺之跨越，其所提供之原則之跨越性卽隨其對統覺之跨越而跨越。以正因此跨越故，遂對其所提供之原則而有「可能性」之可言。然而每一原則必當機，是以對此原則所決定之可能性等必爲有所繫屬，而須依據相對說法以決定之。是以吾人不言可能則已，如其言之，則必須從其有所繫屬，而且對之已有所知之某物事（如命題或原則）以形容之。可能等只是對於所已知者之形容詞。吾人只說謂詞方面之可能，而不說主詞（存在）方面之可能。主詞方面之可能否，誰能知之，誰能定之？除却統覺，無有能知之，無有能定之。空頭單憑一形式的矛盾原則以爲卽可以決定主詞方面何者可能何者不可能，實是神蹟也。（吾此言主詞方面卽意指存在方面言，亦意指來氏之可能的偶然言。）蓋此種決定正是意向存在方面而懸擬某某可能某某不可能。此正是主詞（存在或對象）之決定。然而吾人已知，除却統覺及理解之活動，無有能決定一主詞之存在者。來氏想於無知中決定出一種主詞來，而名之曰可能的偶然。殊不知彼於此主詞旣毫無所知，何得遽加之以可能？彼欲決定此主詞之可能，必須先能依據一綜和原則而定主詞之「有」。（此云綜和原則正示單憑矛盾原則之不足。）現在此主詞之「有」旣無原則以定之，則所謂可能者已不可能矣。是以其所云

「可能」（同於東西或存在）亦正須一原則以決定其可能性而後可。可能還須增加一可能：如不能截然而終止，此種可能之增加將無已時。終止之道，惟在歸於統覺，唯在一綜和原則之提出。吾人現在先不作主詞方面之決定，即不從主詞方面言可能，而單就有所繫屬而且已有所知之「原則」在何種條件下而形容之以可能不可能及必然。

吾人如從主詞或存在方面言可能等，此時實是對於一知識對象而作一繫屬於理解活動之分解的說明。譬如每一範疇當其經過歸納歷程而有概然之實現時，即變爲一具有定然性及構造性之理型。如是，凡能納於一定然性之理型中者即是可能的。凡能爲統覺所攝之實事所具體化者即是現實的。凡既爲統覺所具體化而又合於一定然性之理型者即是必然的。此完全限於統覺與理解活動所對之現實世界而言之。此是對於此現實世界之分解的說明。在此說明中，可能等於現實，現實等於必然。（指範圍言）。此所說明之主詞，吾人名之曰知識中之決定的對象。而單爲統覺所攝者，則可暫名之曰未決定之對象。而經過理解之活動以透露出一理型，則未決定者即成爲決定者。由理解活動而成爲決定者，由此以明其可能等，便是依據一綜和原則而說明知識對象之可能等。所謂依據一綜和原則者，消極方面即明：單憑一矛盾原則並不能決定一個存在之對象究竟是否爲可能。蓋單憑一矛盾原則而決定，只是純爲分析或套套邏輯之決定：此或爲全無所說，而只內斂而爲純邏輯自己，或有所說（因在如此決定中，總提及一概念），而亦只爲對此已提及之概念而重複之，因而對其究有可能否毫不能有表示。（此種決定只在純邏輯中之命題或純算數學中之命題有效，在存在之對象方面決無效。）此是就同一原則與矛盾原則內在於一對象概念而言之。若就偶然命題而明不必如此亦可如彼，因而決定出一可能，則吾前已言之，此只是邏輯之表，而非存在之表。既非存在之表，則就其爲一存在對象言，根本不能決定其可能否。以上是消極方面之表示。若從積極方面則表示：凡一存在概念究可能否，則必須表示其在統覺及理解活動中是否可構造。依此，即不只是邏輯之一線，而是兼攝「統覺及理解活動」之雙線。蓋統覺給吾以實事之呈現，而理解活動則依其所獨發之範疇而誘導一理型。理型不能空頭言，必由範疇之誘導而透露出，而且亦必須經過界說而確定化。範疇是在理解之活動上當機而立，界說是在理解歷程中依綱目而行。理型之出現不能離開此兩步手續。依是，凡能納於一定然性之理型中者即是可能的，亦即一個存在對象必須看其是否能合於一定然性之理型而斷其可能否。凡爲統覺所具體化者即是現實的。譬如，合於「人」之理型者得名曰人，而爲統覺所具體化即是一具體的人。然一個理型既由界說而確定化，經過界說而表露，則凡合於此理型而又爲統覺所具體化者，自是必然的。蓋界說既從理型上規定其體性是如此，則順體性來，此物即不能不如此，否則即不成其爲此物也。依是言之，可能，現實，必然，其範圍自相等也。然必須繫屬於範疇與界說而言之，此即吾所謂依據一綜和原則而決定之也。此義甚重要。吾人固由此而可說凡合於一定然性之理型者曰可能，然而同時亦由之而可予理型以「認識論之推述」。否則，理型亦不必眞有客觀實在性。關此，詳論見下節。〔吾此處所言者，與康德之論法異。康德依其「知識可能之條件卽知識對象可能之條件」一主張而言知識對象之可能現實及必然。吾旣不取此主張，故論法亦不同。讀者須詳考而審辨之，以明其意義之何所是。〕

第三節　純理智概念之批判：理型之形上的推述及認識論之推述

每一當機而立之範疇誘導一理型。每一如此而誘導出之理型有其客觀實在性。如是，自存在或知識對象方面言，凡可以納於一理型下者卽是可能的。吾人如此說有二要義：一、關於可能之相對說法中從謂詞方面言者，凡可能必繫屬於範疇而言之；二、凡理型必繫屬於範疇之誘導作用中而言之。依此第二要義，理型皆有其客觀實在性。皆有其爲理解活動所顯示出之落實性。依此，理型不落空，不泛濫，不遊蕩。而從知識中存在之對象言，每一對象要成其爲對象，而不只爲主觀之幻像，想像之遊戲，或虛無之流逝，則必須因其合於一具有實在性之理型，此卽言凡合於一理型者皆是可能的。可能者此對象之爲對象可能也。反言之，理型可以構成一對象，使知識對象爲可能。是以一方面對象因理型而可能，而同時另一方面理型則卽因其使一對象而可能因而有其客觀實在性。此客觀實在性卽是吾人所賦與柏拉圖式的理型之認識論的推述也。依此推述，理型始可與經驗世界相接頭。柏拉圖之理型自有其他方面之意義與作用。然在知識中，吾人至少當與以如此之實在性。此種與經驗世界相接頭之實在性，自亞里士多德之以界說而顯露共相時，即已作出矣。此形下之歸本落實之要關也。【另一頭之歸本落實便是收攝於造物主而得其形上之歸宿與安頓】。然所云認識論之推述必預伏一形上之推述。形上之推述可以在形式上給吾以理型之「有」，而認識論之推述則給理型以限制因而亦給以客觀實在性。此認識論之推述之重要，全在其如無此推述，而單憑一形上之推述，則必有些「純理智概念」（亦曰理型）不得恰當之安頓，而吾人纏繞其中，常增迷惘，徒生誤引，因而眞正之形上問題或形上之實體，不得釐清，而吾人亦漸不知問題之關鍵究在何處矣。本節願藉「認識論之推述」一詞而釐清之，且希望予以恰當之安頓。一、將此等純理智概念釐清而安頓之；二、將現實的現象世界掃清而淨化之；三、將形上問題與形上實體釐清而確定之。

此等純理智概念，吾人可集中有（存在），一多，同異，五種柏拉圖所謂十分重要而廣泛之理型而論之。

「有一東西必有一東西之理型」。此是一極普泛之形式原則（但非套套邏輯）。由此極普泛之形式原則，吾人可就凡在名言上可說個個東西之處而引出與此個個東西相當之理型。根據此原則而作如是之引出，吾人名曰理型之形上的推述。但此種推述不能決定此所引出者必爲有客觀實在性之理型。其所引出者可以有效而不必有效。可以有效：因爲該極普泛之形式原則之實際運用總能撲着一個實際存在之東西如桌子，而該形式原則中之「東西」一詞亦可應用於桌子，而桌子亦是一實際存在之東西。如其如此，則如其桌子有理，該理即爲實在之理。故云可以有效。但不必有效：因爲該形式原則極普泛，它沒有指定其中之「東西」一詞必指桌子一類者而言之；它可以到處應用，它沒有說它專應用於實際存在之東西。依此，它不能禁止我說「圓的方」或龜毛或兎角。而此亦是東西。但此等東西却並無實際之存在，亦不能爲吾知識之對象。然則其所依照而成其爲「圓的方」之理型能有實在性乎？故云不必有效。即因不必有效，故須一認識論之推述。

柏拉圖之言理型，其方面極廣泛。如果吾人應用上所述引出理型之形式原則，則凡名言施行之處，皆可有理型出現。不問其是何種類，有實性否，而總是一理型。如果吾人順其所常討論者而推廣之，則大體可分以下五類：

甲、屬於個體及性質者：此如桌子，樹木，聲音，顏色，運動，靜止，等等。此當是屬於物理知識方面之理型。

乙、屬於普通所謂本體論或存在學者：此如有（存在），一多，同異。

丙、屬於數量或物量之關係者：此如大小，多少，輕重，倍半，等。

丁、屬於時間空間之關係者：此如左右，上下，前後，過去，現在，未來，等。

戊、屬於超越形上學者：此如善，美，偉大，等。

此五類可約爲四類，卽甲乙戊三類不動，丙丁兩類可歸爲一類。吾人如此歸約之，不是隨意的，而可依據一原則繫屬之於其所當屬之各方面。甲類吾人依照認識論之推述，將其屬於知識對象者，此爲存在對象之理型，亦名曰第一序之理型。乙類則依認識論之推述，而謂其屬於名言者，繫屬於論謂之範疇上而論之，亦名曰第二序之理型，如屬於範疇，亦是第二序之範疇。丙丁兩類則依認識論之推述，而謂其屬於時空之超越決定者：丙類屬於由時空之超越決定所決定之廣度量及強度量，丁類則屬於由時空之超越決定所決定之時空關係。由此超越決定，然後再依原則或標準而論大小倍半過現未等。此原則或標準卽大小倍半等之理型。此種理型亦當繫屬於範疇而論之。亦屬於名言之第二序。戊類則依認識心之批判而將其歸屬於超越形上學，此亦是實在者，亦可名之曰第一序，惟不屬於知識世界耳。本節以乙類之批判爲主。丙丁兩類則可類推。然必須知：先由時空之超越決定而決定出廣度量及強度量以及時空關係（此見下卷第一部），然後再依一原則或標準而決定大小多少輕重倍半以及過去未來與現在。此所依之原則或標準卽是說大小輕重等之「理型」也。此等理型純屬於隨時空之超越決定而來之形式知識或數量的知識。以其是虛層，故亦可曰第二序。而且亦必須繫屬於範疇而安頓之。戊類非本書所能及。

如果在對象方面有客觀實在性之理型只限於純覺現象或個體，則言「有一具體個體必有其所依據以成其爲個體之理型」一原則可以爲有實在性之理型之引出，亦可以決定如此而引出之理型可爲知識對象之體性。然雖可以引出之，而該原則仍爲一形式之原則；雖可以決定之，而亦是形式地決定之。吾人尙須一原則以實現此種形式原則之引出與決定。此原則必爲一認識論之原則。因現象或個體惟由經驗而得故。此實現之之原則必如此：「理型必須視爲經驗個體所以成之必要條件而後可」。惟依此原則，理型始有其客觀實在性，始可爲知識對象之體性。理型決非所謂潛存，亦非所謂可以實現而不必實現之邏輯的可能。由認識論之原則而至理型之客觀實在性名曰理型之認識論的推述。

認識論之原則還須進一步實現之。如果知覺是一虛無之流，其所給者是一串虛無之料，而並無個體可言，則理型仍不能應用於對象。因此時根本無對象故。如果感覺只是一串感料，而並無所謂個體，而理型又純是理智者，可思而不可感，則焉知理型能有現實之應用，即應用之，焉知感料能允許而承受之，認其爲足以「使其自身成爲個體」之理型。如不是主觀的思想硬將此理型加其上而構造之，如果感覺只是一串與料而無別的，理型即不能有現實之應用，而亦無所謂理型，更不能說某物某物之理型，因根本無某物故。如理型是客觀的實在，而又能有現實的應用，則必有一原則能實現上段所述之「認識論之原則」。此原則必須自感覺上言。然而感覺又只能給我虛無之料，而不能給我此串與料中之「脈絡」因而成個體。是以當說「理型必須視爲個體之必要條件」時，必須於一串與料中能見出其脈絡與關係。然而此關係不能以感覺遇。是以吾人必須有一器官能見出此關係或脈絡。如能作到此，吾人卽就此所作到之事實而立一原則以爲實現該「認識論之原則」之根據。吾人於此提出「統覺」，且提出一終始律：終始律保證一串與料不只是虛無之料，而且爲一全體之倫繫；統覺則直接綜攝此全體之倫繫。依是，吾人不言感覺，而言統覺。（感自亦含其中。凡此詳辨見首卷。）有此統覺與終始律，吾人始能有個體。有此個體，方能說理型爲成此個體之條件。理型爲其條件，卽理型組織之而使之成個體。理型是一種組織之綜和，將一串與料孤綜起來而使之成個體。依是，吾人說理型有客觀實在性，一串與料亦因而成個體。然須知統覺所攝之全體倫繫，此中之倫繫卽脈絡之所在，亦卽理型之所在。惟當單以統覺攝此脈絡時，個體之爲個尚未顯明而凸出。依此，吾人名此時之個體曰未決定之個體。由未決定之個體而言理型之客觀實在性，名曰理型之認識論的推述之客觀方面的推述。未決定之個體經過理解活動中範疇之運用，界說之確定，而成爲決定之個體。由決定之個體而言理型之客觀實存性，名曰理型之認識論的推述之主觀方面的推述。此已含於前節所言中。一切具有客觀實在性之理型，因而可以爲個體之體性之理型，吾人皆名之曰第一序之理型。然則柏拉圖所謂十分重要而廣泛之純理智概念當如何安頓之？此卽屬於名言者之第二序之理型。

關此，吾先取一多同異而論之。

一多同異是極普遍之概念，而又是純理智之概念。假定吾人不落於巴門里第之「大一」中，此兩對概念無處不可應用。是以伊里亞派欲維持其「宇宙實體爲絕對之一」之主張，必須破除一多同異乃至運動諸概念。而欲救住現象與知識者，則又必設法挽救此概念。假定宇宙實體爲絕對之一，吾人不能說一多同異，因而知識不可能。然則在何種條件下，吾人始能說一多同異？汝不可只簡單說：只要有一多同異諸概念，吾人即可有現象，即可有知識。亦不可只簡單說：只要有現象，一多同異即可能，知識即可能。蓋如只說現象，則現象之義，其首先呈於吾心者，乃是可變者。然如果只是變，則必須變到家。如其變到家而成爲至變，則現象必只是一變之流。變之流必成爲一虛無流。及其爲一虛無流，則一多同異根本無安足處，現象亦無所謂現象，而知識亦根本無有矣。【現象必有成之者】。如謂一多同異只是吾人就現象之流任意分別之而出生者，則一多同異即根本無實在之基礎，亦只是主觀之計執所產生，乃是假法，而無實性。如是，眞正知識仍不可得，眞實現象仍不可立。如謂一多同異乃是思想上之純概念，爲一純架子。此架子一成立，現象即成立，知識即可能。如其如此，則現實世界只是由思想架子之分析即可得。此不應理。蓋由思想單線之分析仍只是思想自身故。思想自身爲一同質者。只是同質者不能產生異質者。依此，現實世界仍不出現。現實世界既不出現，則只是思想之分解只予吾人以形式之知識，不予吾人以現實世界之知識。亦即仍無眞正之知識。而何況所謂一多同異乃是思想上之純概念，究竟思想自身何以必具備此等純概念，其具備也，有何先驗之根據，必然之理由，此亦不得而知者。汝固可曰：知識之可能有待於一多同異諸概念。然而知識有待於一多同異是一事，而思想自身是否必然具備之，則又是另一事。如思想自身之具備一多同異，無必然理由以保證之，無先驗根據以安頓之，則謂此等概念乃思想自身所具備之純架子，實是任意置定者。依是，一多同異之根據與夫其超越之安立仍不得而解。

從存在方面說，一多同異之應用必在與「絕對之一」相反之存在。設此相反之存在，吾人卽名之曰現象之存在。然吾人前言，現象之存在首先所函者乃變化義。如只是變化而無其他，則吾人不能有現象之存在，因而現象亦根本不可能：只是一虛無流。是以現象要成其爲現象，吾人對現象可以說存在，而不只是一虛無流，則現象除變化義，必復應有一「使現象可以爲現象可以爲存在」之一義。卽於變化外，須有一「有」義，或「在」義。指示「有」義一成分必是不變者。如可變者屬於氣質事，則此不變者卽應屬於「理」（型式或理型）。理型使現象成爲「有」（在），使現象成其爲現象。依是吾人謂一多同異之客觀基礎單在理型處。如氣質事之至變，旣不能對之說一多同異，則一多同異之應用於事物必單依於理型處。理型使現象成爲一單一體，依是吾可以對之而說「一」。理型使「此聚現象」所成之單一體不同於「他聚現象」所成之單一體，依是吾人可於諸多單一體中藉理型區以別，因而吾對之可以說「多」與說「異」。氣質之事之至變無相似。甚至無所謂相似不相似。惟依據理型始可言相似不相似。如成就「此聚現象之單一體」之理型同於彼，則吾卽說彼此同。氣質之事爲至變，不必言彼此無所謂同，卽其自身亦無所謂同，甚至亦無所謂彼此，亦無所謂其自身。是以一聚現象之成單一體惟在有理型。此單一體之可以言自同亦惟在有理型。依此吾可以說「自同」。自同他異與一多惟在靠一使現象可以爲「在」之理型。有一使現象可以爲「在」者，現象可能，知識可能。一多同異，無處不可應用。其普遍性可知。然而其可應用之根據要在一不變之理型。依是，具有客觀實在性之實法乃在理型，不在一多同異，而一多同異只是一指謂詞描述詞，彼於客觀實在無所增益也。如現象方面無可使吾人說一多同異者，則徒有一多同異無濟於事（如前段所明）。如現象方面有可以使吾人說一多同異者，則一多同異只是指謂詞或描述詞。

然則，一多同異究是否只爲描述詞或指謂詞？如其然，則可化除，至少亦無關重要矣。然問題尚不如此之簡單。吾人須再進而考察之。一多同異雖是指謂詞，而又純是理智概念。然其爲指謂詞，而外在世界却並無一現象而可以爲其所指謂，如「桌子」一名之指示桌子一對象。現象世界並無「一」物，「多」物，乃至「同」「異」物。吾前謂因有理型一成分，吾人可說一多同異。然而外在世界中之理型俱是某特定物之理型。而並無「一」物之理型，「多」物之理型，乃至「同」「異」物之理型。然而吾人又實可以說「一的」之理型，「多的」之理型，乃至「同的」「異的」之理型。此何意耶？吾人須知，當吾用一多同異以指謂外物時，吾所用者必附着於外在某物而謂之。如附着於某物而謂之，則所用者首先必只是一形容詞。例如甲自身是「自同的」，因而是「單一的」；甲對乙言是「他異的」，兩者合之因而是「多的」。如是，「同的」轉爲名詞卽是「同性」，「

異的」轉爲名詞卽是「異性」。一的多的，亦復如此。「同性」卽是「同的」之理型。「異性」卽是「異的」之理型。一性多性，亦復如此。外界既無「同」之物，自亦無「同之物」之理。然可以說「同的」，因而有「同的」之理。此「同的」之理將如何安頓之？此豈非只有名言之意耶？吾滋惑焉。玆再進而考察之。

如終於只是名言的，則不是實法，而吾人似亦無法予以超越之安立。若想予以超越之安立，則必須將其歸屬於理解活動之先驗成分上而後可。吾人可考察其於此先驗成分中是否有其安身處。理解活動中有「純理」。吾人已知純理之外在化卽爲純粹算數學。成就「純理自身之展現」的基本概念，其外在化便是理解活動所自具之「格度」。依據「因故格度」而獨發一解析上或論謂上之原則或模型，吾人名此曰「範疇」。吾人可審愼衡量以決定其究當屬於此先驗成分中之何成分。汝不可謂當隸屬於「純理」。純理之展現有成就純理之展現之概念，而此概念卻不是一多同異。於純理之展現上雖可說之以一多同異，然一多同異又何處不可說耶？汝亦不可謂其當隸屬於純算數學。於純算數學，雖可說之以一多同異，然一多同異又何處不可說耶？純算數學中所定者是數，是單位，是序次，純是數量者。既如此，則一多同異之應用自甚顯然。純算數學若不能容吾人說一多同異，則根本不成其爲算數學。然現實世界亦如此，何以必隸屬於純粹算數學耶？汝亦不可謂當隸屬於「格度」。因理解所憑藉以活動之格度只能由成就「純理之展現」之基本概念之外在化而顯示。而成就

「純理之展現」之基本概念却無一多同異於其中。依是言之，彼竟無安頓處。其到處可應用，遂使其若喪家狗，到處無容身。然到處可應用卽是其到處可落脚。然則，將隸屬之於何成分而可以說明其「到處可落脚」之結果？吾人將完全去之乎？抑予以安頓乎？吾意必將隸屬之於「範疇」一先驗成分矣。

彼旣爲純理智概念，自不能由經驗得。亦不爲一名物字可以指名一特殊之某物。它必是主觀思想活動中所發出的一些運用形式，亦卽虛形式。依此，吾人欲想予以安頓，必須看其與何者爲同質。一、它是主觀之運用形式；二、它無客觀之實在性。它有主觀之運用性，必函有可以使吾人決定某種物事之原則性或標準性。【無客觀實在性見下文卽明】。譬如吾人已說：由「同的」轉而爲「同性」。此「同性」卽「同的」之理。是以此「同性」卽有原則性或標準性也。由此原則性可以決定某種物事。然則所決定者何種物事耶？依同性，我可以決定某某是「同的」。然而吾人已知「同」概念之應用必有客觀根據足以使吾人說「同的」。吾人知此根據卽是存在對象之理型。吾人對之說同，於該存在對象之內具性德並無所增益。說之爲「同的」，並不足以明該存在對象之所以爲該存在對象者。然吾人對之究已說同矣，是以究竟亦加之以名言之論謂矣。由此名言之論謂，吾人究亦賦與以謂詞。此謂詞旣非該物之常德，吾人可看其是「何種之存在」。吾人適言，根據存在對象之理型，吾人可對之說同，賦以「同的」之謂詞。然此「同的」亦有其理型（卽同性）。吾人不可只簡單說：對於一存在對象之可以說其爲「同的」，單是由於它分享「同」。吾人當如此說：一存在對象因有成之之理型故，可以使吾人對之賦加以「同的」一謂詞，而吾人當賦加「同的」一謂詞時，吾人主觀思想活動中必有一運用之形式以爲此賦加之「同的」一謂詞之原則或標準，是以此原則或標準卽是該賦加之「同的」一謂詞之所以有意義處：此「同的」一謂詞本身之「意義」卽是其「同性」（同的之理）。依是，此「同的」之理卽成就此賦加之「同的」一謂詞，而不成就該存在之對象。「同的」之理卽是「同的」一謂詞所以成立之運用形式，原則或標準。依是，吾人說：由於「同性」而成就「同的」一謂詞，而不說：該存在對象之爲「同的」是由於其分享「同」，而只應說：該「同的」一謂詞之自身之所以爲「同的」是由於其分享「同」。依是，此賦加之「同的」一謂詞與該存在對象乃屬於不同之層次。存在對象是「實層」，此「同的」一謂詞是虛層。依是「同的」之理決定虛層「同的」一謂詞。由此「同的」一謂詞之決定，吾人可成一「同的」之類。此類中之分子卽是有此賦加之「同的」一謂詞之存在對象。由是，吾人由「同性」而決定「同的」一謂詞，由此「同的」一謂詞而成一「同的」之類。此「同的」之類亦是屬於虛層者。吾人可名之曰名言類，或進一步至多可名之曰邏輯類，藉此以別於物理知識中有實性之理型所成之存在類。依是，吾人，可說此「同的」之理實可畫於吾所說之「範疇」中。「異的」之理，乃至「一的」「多的」之理，皆同此論。皆是吾所說之範疇義。

成就物理知識之範疇為實層範疇，吾人名之曰第一序範疇。一多同異為虛層範疇，吾人名之曰第二序之範疇。此第二序範疇以及其所成者皆只有名言義，而無實在義。乃是吾人對於實層所加之種種論謂，是以只有主觀義，而無客觀義。然須知實層範疇誘導一理型，而不即理型。而虛層範疇其自身即理型。實層範疇，當其未證實而成理型前，只有主觀軌約義，而無客觀實在性。虛層範疇其自身即理型，但其所成者一往是名言之虛層，故亦一往說其無實義。然而其為範疇或理型之主觀運用性原則性則仍同於實層範疇也。故隸屬之於範疇一成分而予以安頓之。復次，實層範疇不可指名，不可舉數，而虛層範疇則可指名，雖不必舉數，而總可列舉。然而其究有多少，則無一定原則以為推演之根據。

吾人再看「有」或「存在」。此一純理智概念又不同於一多與同異。其不同處在：一多同異尚是一種關係項，可以在相對關係中而看之。然而「有」則只是如此如此而絕對不對他。單有內斂之對「自」，而不外向而對「他」。是以只是一光禿禿之「存在」。然而須知此「存在」亦是一賦加之虛層謂詞。對於一存在對象可以使吾人對之說其為「存在的」，亦在乎該存在對象有一不變之理型使該對象成其為對象因而可以「在」。否則，只是一虛無流，根本無對象，亦根本無可言「在」矣。是以存在對象之理型可以使吾人對一客觀對象說其為「存在的」。此是「存在的」一賦加謂詞之客觀基礎。「存在的」一賦加謂詞對於客觀對象無增益，亦不是該客觀對象之所以為該客觀對象之內具常德。吾人不可說：該客觀對象之爲「存在的」是由於該客觀對象分享「存在性」。只應說：該「存在的」一賦加謂詞之自身之所以爲「存在的」是由於其分享「存在性」。依是，「存在的」之理卽「存在性」亦是起於思想活動中之一「運用形式」，它是成就「存在的」一賦加謂詞之原則或標準。它決定「存在的」一謂詞賦加於客觀對象上。由此謂詞可以成一個「存在的」類。此類中之分子卽是有此賦加之「存在的」一謂詞之個個存在之對象。成就此類必依照一運用之形式以爲其原則。是以「存在性」亦是一範疇。其所決定之謂詞與類亦是名言的，至多可名之曰邏輯的。此亦是第二序之虛層範疇。假定吾人對此「有」施以邏輯之否定，吾人可得一「非有」。此「非有」亦是一虛層範疇。非有，非非有，將層出不窮。然而俱是名言的。吾人俱名之曰第二序之虛層範疇。（自然，若邏輯言之，可以說第二序乃至第n序。但在此不必要。）

關於一多同異及存在，普通謂之爲存在學上之基本概念。據以上之批判，吾人將謂之爲論謂存在之虛層範疇，而不眞是存在學或體性學所討論之對象。

關於前列丙丁兩類，卽關於數量的及時空關係的之形式知識，吾人說其當隸屬於「時空之超越決定」中而論之。然時空之超越決定所決定者，一方爲時空關係，一方爲廣度量與强度量。（此當詳言之於下卷第一部中。此處雖不甚明其所以，亦無緊要。）而此所決定者却不同於大小，輕重，倍半，以及左右，上下，過現未等。此皆是就超越決定所決定者而起之論謂。因此論謂而成一賦加之謂詞。又須知此等謂詞俱是關係詞。「大的」,「小的」,「倍的」,「半的」,等等,俱是關係詞。此等關係詞亦必依據一原則或標準而後可以說。此原則或標準亦是一運用之形式,亦即倍的半的等之理型也。此等理型亦許就是「關係性」。「倍的」一謂詞之爲關係詞(關係項)必依據「倍」一關係性而爲關係詞。說「關係性」一時無着落,說原則或準標(即理型)則頓時有安頓。是以凡此等賦加謂詞之理型亦皆屬於第二序之虛層範疇也。其所成之類亦然。【古「名理探」疏解亞氏論關係,古譯爲互,有思互實互之辨。思互亦曰就謂而互,繫於明悟。明悟即理解也。就謂而互即由吾人之理解而論謂之所成之關係也。古譯文太簡奧,不甚洞曉。然大意畧可窺。亦足見中世紀名家分析之精也。彼所謂思互或就謂而互實吾所言之名言之虛層也。故凡思互亦可攝於第二序範疇而論之。而此處所言之大小倍半等實亦即所謂思互也。彼舉綱目之互,本體與屬性之互,是思互,就謂而有。若在今日言之,就物理知識言,最基本之實互當是因果關係。吾人可說實互爲第一序,思互爲第二序。前言,第二序之範疇究有多少實無一定原則以爲推演之根據。若再就此處所舉之思互言,則又不可舉數矣。本節雖限於一、多、同、異、有、及屬於時空之超越決定者而言之,然推而下之,虛層範疇必多至不可勝數。故無一定原則可藉以推演也。然茲有可說者,即第二序範疇必是:一、到處可用者;二、時空所及者;三、言說所及者;四、知識所行之現界以內者。此可依認識之心所活動之範圍以確定其施行之有效性。名言亦可及於上帝,太極,良知等,然而第二序之範疇於此處施行卽無有效性。是以第二序雖屬虛層，亦必有其有效之範圍。大畧提示如此。詳加分析，便太瑣碎。又如第二序與第一序之關係，與本書所言之種種先驗成分之關係，吾意亦必有可得而論者。哲學之事在顯示宇宙人生知識行爲之本然根底，此皆所謂第一序之系統。卽實法是也。至於第二序之虛法似亦非當務之急矣。然好學之士，若能紹繼而起，以明此中之奧曲，則亦功德無量也。明天人，辨虛實，枝枝相對，葉葉相當，睿照所及，靡有或遺。此亦天地間之盛事也。】

茲復有義應當提出。柏拉圖並未用「範疇」一詞，而通名之曰理型。卽因此故，吾人以爲須有一推述。蓋所以防濫也。亞里士多德有十範疇之目，亦不列存在同異與一多。彼視十範疇爲十種「謂詞模式」，或論謂存在之十通孔。經由每一通孔，可給對象一謂詞。依此，因範疇之分類，遂亦形成存在之分類。彼所以不視存在同異一多等爲範疇，乃因其可以指謂每一東西，不能落於其十通孔中之任一個。柏拉圖亦謂：你可以說任何東西自同於其自己，而有異於其他物。卽因此故，亞氏不認其爲範疇。（關此，當參看英人考恩佛：「柏拉圖之知識論」一書，解辯士篇，頁二七五——二七九以至頁二八二——二八五。考恩佛所討論者自爲辯士篇本身所牽連之問題。）惟亞氏自己之範疇表乃由於其精巧之尋伺而歸成，並無一定之原則以保證其必然。此則康德已指明之。且彼於存在一多同異等，亦無安插。柏拉圖不名範疇，而通名曰理型。吾人爲防濫故，遂予以認識論之推述，而繫屬於本書所說之範疇義，且名之曰第二序之範疇。若不如此，實有碍於「內在形上學」與「

超越形上學」中之問題之明確。吾人藉認識論之推述而將此等概念釐清之，遂亦將形上學問題釐清矣。柏拉圖辯士篇曾論及理型之結構，卽理型之離合。彼欲藉其辨證學，依理型之有離有合，而將其組織一系統。然而步步離合必嚮往一最高之理型以擁攝之。柏拉圖以爲一切理型皆可與存在一多同異諸理型相融合：因此而組成一內容豐富而圓滿之理型結構。然而此中實有兩層問題：一，虛層理型與實層理型相混擾之問題。吾人本意言理型之結構是指實層中者言，是以言離合而成結構亦應只限於實層中者而言之，而今不問虛實，混爲一談，寧有當乎？二，如一切理型，不問虛實，而皆可融於存在同異與一多，然則皆融於此，卽可謂得一圓滿之綜和乎？若然，則衆理之理卽所謂最高善者又將何所用乎？吾人所以追求一超越形上學者卽所以圓滿此現實世界也。柏拉圖並未指明此種離合之結構是否能至一最後之圓滿，彼謂皆可與「存在」一理型相融，或許亦只是明離合擴大之一例，而彼亦實未自此言衆理之理。然存在一多同異，自某方面言之，又極廣普，而一切理又皆可與之融。此豈非最後之理型乎？然彼又不可充當衆理之理。又衆理之理只應是一，而此却有許多。卽使不言一多同異，而單言「存在」，因上帝亦可以是存在，衆理之理亦可以是存在，然則「存在」一理型可以作爲一最後之實體乎？此未免無賴矣。吾甚惑焉。以爲其中必有弊竇。幾經深思，遂有虛實之辨。以爲此名言之第二序虛層範疇之廣普決不可以充當實體也。蓋彼本無客觀實性故。虛實辨，而形上學問題釐清矣。【柏拉圖巴門里第篇言孤離之「一」不與任何理型相連結，而不孤離之

「一」，則又可以與一切理型相勾連，藉此以明純是理型而無物質之世界。吾以爲此實是一種討巧之邏輯把戲，而不能說明任何問題也。後來黑格爾繼承此路以推衍其大邏輯，亦實是一種弔詭之邏輯把戲。吾皆不取也。】

牟宗三著

修訂重版

認識心之批判

下

臺灣學生書局印行

第三卷

超越的決定與超越的運用

第三卷目錄

第一部　順時空格度而來之超越的決定

第一章　有向量與無向量……九
第一節　廣度量……九
第二節　強度量與終始律……一一
第三節　有向量與規約原則……一八
第四節　幾何第一義與超越決定及現象之數學……二七
第二章　時空與數學……三二
第一節　空間與歐氏空間及歐氏幾何……三二
第二節　時間與算數學……四五

第三節　數量範疇與「時間與算數學」以及與「空間與幾何學」之關係……六八

第二部　順思解三格度而來之超越的運用

第一章　因故格度之所函攝……八三
第一節　三支比量：設準形態……八四
第二節　觀定因果……九〇
第三節　歸納推斷……九七
第四節　原則命題之成系列與存在命題之成組……一〇二
第五節　概然公理……一一三
第二章　曲全格度之所函攝……一二二
第一節　滿類與滿證……一二二
第二節　循環原則與類型說……一二五

第三節　還原公理……一三一
第四節　羅素之說明……一三八
第五節　還原公理與類說……一四八
第六節　還原公理與循環原則……一五四
第七節　邏輯一線與數之第二義……一五九
第八節　兼賅雙線與知識……一六八
第九節　直覺原則與無窮……一七七
第三章　二用格度之所函攝……一九二
第一節　二用格度使用之意義……一九二
第二節　坎陷中辨解辯證之考察……一九八
第三節　理型之結構……二〇九
第四節　通觀辯證……二二八

第一部

順時空格度而來之超越的決定

第一章　有向量與無向量

吾人既知時空由超越的想像而直覺地被建立，建立之以應用於知覺現象而限定之。此種限定吾人名曰超越的決定。在此超越的決定中，吾人言以下四義：一、廣度量，二、強度量，三、有向量，四、現象之數學。

第一節　廣度量

超越的想像應「覺現歷程」而如此建立時空以爲理解之格度，卽於其如此建立也，復返而效用於知覺現象而限定其所現之歷程。此種限定，卽爲一般之限定。此一般之限定所成者，只表象此歷程爲一具有時空相之平板，亦卽可云此歷程表現而爲一空時之平板。吾人單注意此由空時限定而成之空時平板，而抽去其物理關係，或抽去其生成歷程之具體關係，則此平板卽爲一「廣度量」。依此，廣度量純由時空限定而成就，此爲先驗而定者，亦可先驗而知者。如是，吾人可說：每一知覺現象，因時空之超越決定，而有一廣度量。

此廣度量隨直覺的統覺所及之範圍而成就其範圍。每一知覺現象，因直覺的統覺之綜攝故，必爲一歷程之完整體。是以自某義而言之，每一覺現必爲無邊無界者，此卽一圓滿無漏體。廣度之量卽隨此無邊無界之圓滿無漏體而成就其爲一平鋪量。此平鋪量之界限卽以統覺之圓滿無漏爲其無界之界，無限之限。統覺覺至何處，時空卽隨而限至何處；限至何處，此廣度之量卽延展至何處。吾覺一花瓣之色面，吾不但有此色面之平板，吾且有此花瓣之全體之平板。無論色面之平板，或花瓣之全體之平板，此時皆視爲一平鋪量。此只爲隨時空之如此限定而成者，無有屈曲，故其限定爲一般之限定，而其所成者亦爲一廣度量。

廣度量有「有向」「無向」之別。吾人此時只言其無向義。知覺現象爲一歷程之完整體，吾人將以終始律而述之。一言終始律，則其歷程必有一最低度與一最高度，必有其肇始與終成，此卽言其爲「有向」。然時空之隨此歷程而直接限定之以成廣度量，則不注意此「向性」。而此終始之向性，此時只注意其爲一圓滿體，由之而決定廣度量與夫延展之範圍，如上所述者。是以當時空爲一般之限定而成廣度之量時，其直接所成者必只爲無向量，此只爲一如此如此之平板，無有屈曲迴互可言者。此無向量之廣度量名曰絕對量。有向量將名曰相對量，或關係量。

以上所言之限定，爲一般之限定。此隨時空之超越決定直接而來者。此一般之限定所成之廣度量，只爲一平板，亦必只爲一整全，對此整全量進一步再作特殊之限定，如此，方可說有部分，方可分割以及隨分割而來之無窮的部分，無最小的部分等觀念。但這種特殊的限定如何可能？曰：必須通過吾人由純理所已明之數學之外在化而可能。對此特殊限定言，純數學之外在化當即是純數學中之某些基本概念，如單一，基數等之外在化。此等基本概念，吾人名曰成就此特殊限定之超越決定之「型範」。時空格度，通過此型範而成爲特殊之超越決定。亦惟因此先驗的型範，故其決定亦得爲超越的決定。惟須知，此特殊的超越決定所成者仍是廣度量。又應知，由分割而成之無窮部分與無最小部分等觀念，只是對於一整全之邏輯的分解。對於一全量，當然可以無窮地分，因而有無窮的部分，因而亦當然無最小的部分。但却不可說，此全量即由此無窮部分而構成。此似只可以向下分，而却不能返回來即由此所分者以構成。一條線可以無窮地分，但却不能說由無窮的點而構成。此即爲不可逆原則。見下。

第二節　强度量與終始律

每一直覺的統覺所現之實事，或知覺現象，因時空之超越決定，其自身亦具一强度量。

強度之量亦名質量，或單言強度。強度云者，因時空着於事，表象事之現發爲一限定之生長歷程。此生長歷程，因時空之限定，表現而爲有彈性之終始歷程，即據此具有終始之彈性，名曰強度。據此終始而爲一歷程，名曰強度之量。

所謂「因時空之限定，表現而爲有彈性之終始歷程」，非言此歷程因時空限定而始有，乃言因時空限定而始豁然表現於吾心。此歷程本爲事之生發所自具，此乃客觀而實有。終始律所述者即每一覺現實事，其現發也，爲一終始之歷程。此一歷程，爲直覺的統覺所現，法爾如此，吾心（即覺）經由感覺而直接與之遇。時空以着於事而限定之。然須知此着於事而限定之之根據，即在此歷程之終始，非漫然而截斷之。其限定也，隨此歷程之終而終焉，隨此歷程之始而始焉。自事之自身言，只爲一終始歷程。此爲終始律所描述。此如其事之相而言也。今據此歷程而言量，則不能不注意時空之限定。吾如就事之自身而單言其爲歷程，則此歷程必只爲飄忽而過焉。然「知性」之固執必把住而留之。其把住也，必隨直覺的統覺所現之終始而亦爲一段終始而把住。吾已言：終始律之成立必基於「感覺亦爲統覺」。煞那感覺不足以知之。統覺即綜攝。自綜攝而認識此歷程，而知性即隨此綜攝而亦爲一段歷程而把住。其把注而使之爲一段，知性之固執也。而其所以如此固執，則在知性起用必附帶其自身所自立之條件。時空格度即條件之一也。把住而使之爲一段，即時空之限定也。因此把住與限定，吾人始可目此歷程爲一段。既爲一段矣，始可就此一段歷程而言量。此把住而限定之功效，即在使飄忽而過之歷程留而爲一平鋪之歷程。如飄忽而過之歷程爲動態，則此平鋪之歷程爲靜態。靜態亦曰「站態」。言可以停留而站住也。如只飄忽而過焉，吾不能有知識。如徒冥證此飄忽而過焉，吾亦不能有知識。吾之知識之可能，單基於此把住。把住而爲一站態，即飄忽之動態之象徵也。站態對動態，自現在所說之量言，爲一一相應之關係。

如吾單言因把住與限定而成之一段之自身，即爲廣度量。然此時吾言一段，就其爲一具有彈性之終始歷程而言之。此時吾不只注意其爲一段，且注意其爲一彈性歷程之一段。故不只爲廣度，且亦爲强度。言廣度，吾只注意時空平板之自身；言强度，吾則經由時空限定而注意一彈性之歷程。是則廣度指時空自身言，（着於事之時空自身）而强度則指時空限定所表現之實事之生發言。

此强度量之決定實爲先驗而定之，吾人之知之亦爲先驗而知之。單就直覺的統覺所現之事言，雖爲一歷程，然其生發也，飄忽而過焉，不得謂之爲一强度量，即吾知其爲一歷程，而不能知其爲一强度量。若自因感而知之「知」言，則此只爲一純經驗事之感知；所謂因感之經驗而知之，此所知者只爲一覺有（即因感而覺一事之有），而不能成一强度量。强度量之表現必因知性之把住而始然。知性之把住即以心覺自身所立之時空格度而限定之。故此限定得使歷程爲一段，實爲先驗之限定。因此限定而知强度量，亦爲先驗而知之。因感覺而給予以實事，此非可先驗而知者。所給之實事爲何實事？具有何種特殊物理質？此亦非可先驗而知者。惟因時空限定而得表現一強度量，則爲先驗而定，亦可先驗而知。其故卽在强度量必因把住與限定而後然。是以强度量雖所以言彈性之歷程，而言之標準必據時空之限定。康德名此爲知覺之預測：言强度量可因時空之先驗表象預測而知之也。此義吾亦承認之。

惟吾言强度量與康德所不同者有二事。第一、康德繼承休謨之煞那感覺而言之，吾則自直覺的統覺而言之。此爲兩兩不同之總前提。第二、自煞那感覺而言之，則强度量可以分爲一連續之級系，卽漸增或漸減之級系。其言曰：於經驗直覺中，與感覺相應者爲實有（眞實），與無感覺相應者（卽無感覺可應）爲虛無（零）。惟每一感覺可以減消，故因遞減而漸至於消滅。於現象領域中，實有與虛無間，有許多可能之居間感覺，而成一連續之級系。其間任何兩感覺間之差異總可較小於一定感覺與虛無（零）之間之差異。換言之，現象領域中之眞實，總有一量度。此承煞那感覺而言也。如是，每一强度量不但可以分爲無窮感覺之連續級系，且由此無窮感覺所成之連續級系而規定。然而此種數學之分割以成級系，於强度量之認識，不惟不必要，且亦有大碍。何以謂不必要？設吾聞一聲忽而生起，忽而消逝，吾之覺其爲一彈性歷程，爲一整全之呈現而覺之（無論言此覺爲統覺或感覺皆不妨）。知性起而把住以時空限定之，亦隨其爲一整全之呈現限定之而爲一整全之一段。吾卽由此整全之一段彈性歷程而認識其爲一强度量，吾不須分成連續級系始能認識之，故爲不必要。且卽分成連續之級系，亦未必卽能成此强度量。依此而言，不惟不必要，且亦不充分。如一觀念對於所欲認知之觀念，既不必要，亦不充分，卽爲無與於此觀念，吾人可置而不問也。聲如是，色亦然。何以言有大碍？無窮分割乃爲永無底止者，此只可用之於一數學量（視之爲一單位），而不能用之於物理之强度量。用之於强度量，吾已將此强度量抽離而空懸，已純爲抽象者，而不復有具體之意義。吾將其殺死之，而永不能復活者。吾無窮分割之，無有底止，此本不能放下者。卽平鋪而放下之，視爲一堆無窮數之分子，然亦不能復返而構成此具體之强度量。卽列之爲一連續之級系，而亦徒爲一數學之連續，此純爲邏輯者，而決不能成一實際量度之連續，此爲物理者。此其所以有大碍也。依此，依綜那感覺而言連續級系，決不足以明强度量。是以必須起自直覺的統覺也。自直覺的統覺而言之，吾由一具有彈性之終始歷程而明之。每一如此之歷程，皆須自其整全而識之。强度量之根據在「終始律」，不在連續之級系。吾之認識終始律所述之歷程，一如其一忽而頓起，故亦如一整全而直會。知性把住而限定之，卽爲一整全之强度量。此强度量之終始依該一忽而起之歷程之終始而爲終始。一忽而起之歷程爲一終始歷程。自歷程之終始處而言之，不但可分，且實已分，此謂分之際，簡名分際。此一忽而起之歷程爲一首尾完整之歷程，時空限定之而成一段强度量亦爲如其分際而爲一首尾完整之一段强度量。一忽而起之歷程，自其爲一歷程而言之，名曰生長歷程。電光一閃爲一生長歷程，鴻鵠起落爲一生長歷程。一葉之姿勢，一花瓣之形狀與色面，一聲之音節，皆爲一生長歷程。一棵樹爲生長歷程，根幹枝葉又各爲一生長歷程。自其爲歷程而言之，有其發育之階段：終始微盛，生長本末是也，漢易家所謂始壯究是也。自此階段而言之，則曰可分。可分而實未分。依其可分而分之，則曰生長之區分，簡名育分：言自其發育階段而區分之也。如其歷程已圓滿而爲一終始之完整體，則自其實分之分際而言之，曰形態學之區分，簡名形分：言其成形而有定，各立而有對也。或亦曰座標之區分，簡名向分（此向分之向與有向量之向義不同而不無相當之關係）：言其成形而完整，可以縱橫軸而標誌之也。强度量之可分不可分，依此而定之。大抵大而複雜之歷程，其育分較顯明，而小而簡單之歷程，如一葉一花瓣，則其育分即爲不必要。此猶從寬而言之，若嚴格衡之，則凡終始歷程，無論大或小，簡或複，皆可自育分向分（或形分）而識之。育分明其可分而未分，向分明其可分而實分。育分明其爲一歷程，向分明其爲一整體。每一强度量皆爲一彈性歷程之完整體。康德不明强度之理，於育分之可分而視爲已實分，分而爲無窮部分之連續系，則大謬。

以上二事辨訖。今復應言，强度量亦有有向無向之分。然自超越決定之直接所成者言，則爲無向，即此基本之强度量，當爲無向者。設如康德所言，强度量爲一流，由時間而表象，而時間之流近人復喜以矢頭表之，則强度之量又可說爲有向量。然有向量實自實事自身之爲動態而言之，即其一忽而過也，有其向前之流，有其所至之向，儼若一矢然。惟如是而觀之，謂其爲言量，不如謂其爲言變。變（動）固有其向也。然吾已言之，一忽而過之歷程必把住而限定之，始可謂一段强度量。吾人此時所注意者爲靜態之强度量，而非動態之變也。如康德之言流，由其成級系而爲連續，又曰之爲等速之動，而等速之動實卽不動，則固又自靜態而言之矣。吾人解康德嘗取此義。吾言此强度量爲無向量，亦必自靜態而言之。凡因把住而平鋪爲一段，則卽不注意其變動之向，而單注意其逕挺之自立。且因把住而挺立，則動相已不見，向性泯而爲無向。是以超越決定直接所成之强度量爲無向量也。譬如一弓，順其弧而觀之，則有屈曲之向，然自其爲一整體之自身而觀之，則其緊漲之强度量，逕挺自立，卽爲無向。一忽而過之終始歷程，其變之終始爲有向。而因把住而成之一段强度量之終始，藉以界限此一段，則卽爲一段之自呈，而爲無向量。有向無向，動態靜態之別也。吾藉時空之限定而把住此一段，吾只就其爲一段而目之，而所先驗而知者亦只此一段，吾此時不知亦不必問其對他之種種關係也。無關係之顧及，故爲無向量。

廣度量爲數學量，强度量爲物理量。此兩者之基本型態皆爲無向量。後來種種量（吾將名之曰有向量），皆以此基本型態爲底子，通過純數學純幾何之外在化而成立。見下。

今且合言廣度量與强度量。吾人已知廣度量只爲因時空限定而成之平板，此則偏就時空言，故云平板，實卽一段時空也。而强度量則爲因時空限定而把住之一段彈性歷程，此則偏就物理言。今觀「因時空限定而把住之一段彈性歷程」一語之所示，則知此言實爲廣度强度合一之陳述。於此整義中，單就「因時空限定而把住之一段」言，則爲廣度量；若就其爲「一段彈性歷程」言，則爲强度量。是以強度量之爲段與廣度量之爲段，必相凝而一致。蓋廣度量只爲時空限定而成就之平板。而限定也則依一歷程之終始而終始；而此終始間之一段彈性歷程，卽爲強度量。是以兩者必凝一。然而廣度量究只爲形式（空架），而強度量則爲一物理量。依廣度量之爲形式而言「公」。每一覺現歷程，自其生發言，爲私爲自，爲主爲己；言其隸屬於主觀，個個特殊，而又忽然而過。而其廣度之形式則使個個殊特，忽然而過之生發，因知性而把住，因時空而限定，遂爲貞靜而停留，是卽賦予以公性；故廣度之形式實表象一生發歷程之爲公爲客也。是卽爲超越決定所成之知覺現象之客觀化。公性賦加於私性，私性充滿於公性，而「強度之量」於以顯。是以強度者，生發歷程局緊於形式中之謂也。局緊之，卽規矩而綳緊之。形式規矩之，而生發之事處於形式中受其規矩，遂見綳緊之象。卽於此綳緊而言「強度」。強度量亦公共而客觀者也。此爲就假（時空爲假立故）以定眞，運虛（時空限定爲虛象故）以處實，而使知覺現象之客觀化爲可能者也。若夫超知性而起智照，冥觀生成之如如，終始之條理，則公與私又自不同。

第三節　有向量與規約原則

廣度量強度量因時空之超越決定而成立。玆再通過純數學或純幾何中某些基本概念之外在化而爲型範以言超越決定中之有向量，卽關係量。

每一事一忽而過，不容暫住。每一事極其殊特，個個不同。然每一事皆與他事發生關係。以關係故，事與事間，成一結構，此謂物理結構。理解起，將其一忽而過者把住之，時空往而限定之，遂依物理結構而成幾何格局。每一事單一不可分，然依其物理結構而可分。每一廣度量單一不可分，然依其幾何格局而可分。物理結構隨事生起而呈現，隨事消失而變滅。理解起而把住之，實未把住之。把住者留其影子之謂也。此如金蟬之脫殼。所留者卽其所脫之殼也。所脫之殼，自時空限定而成幾何格局言，曰形式，曰數量之關係；自其事之組織而成物理結構言，曰實際，曰物理之關係。幾何格局爲至變至殊之事之「數學之公性」，物理結構爲其「物理之公性」。依物理之公性而成物理律（自然律）。依數學之公性，物理律可表而爲數目式。然物理公性是通過數學公性而客觀化。而數學公性則是因時空之超越決定而始然。

今且就幾何格局而言有向量。有向量之處於幾何格局中，亦猶緣起事處於物理結構中。緣起事爲關係事，有向量爲關係量。有向量亦可隨廣度量與強度量分爲廣度有向量與強度有向量。屬物理結構者曰强度有向量，如質量，密度，運動，速率等。屬幾何格局者曰廣度有向量，如時距，空距，以及種種圖形（幾何者）等。然無論屬廣度屬強度，皆賦之以有向量，亦卽皆可目之爲關係量。是以每類有向量皆可分解爲向量系。依此而關係邏輯詳焉。一斤重不曰一斤，而曰正一斤，此卽言一質量甲對一質量乙之關係，其關係爲甲之過於乙爲一斤。是以所謂一斤者，吾意其爲某質量對於其質量爲零者有正一斤之關係（此例取之羅素）。一尺一寸亦如之。是以有向量之爲關係量，亦猶序數之爲關係數。孟子曰：謂一鈎金重者，豈謂重於一輿羽哉？輕重起於基於一定標準之比較。因而爲關係也。

數有基數有序數，量有無向量有關係量。無向量單名曰「量」，關係量可名「量度」。量度者度中之量也。表示度之基本關係曰大於，曰小於，曰等於。甲大於乙，乙小於甲，即謂甲之量度比乙大，乙之量度比甲小。甲等於乙，乙等於甲，則謂甲與乙有相同之量度。其量度之自自相，平鋪特立而觀之，曰「量」，或無向量。對他而比觀之，則謂「量」之自他相，此即曰量度。一標準尺之自身曰量，對此尺而曰甲有一尺長，則爲甲之量度。對此尺而曰乙有五寸長，則爲乙之量度。甲大於乙一倍，則曰甲之量度大於乙之量度一倍，而乙之量度小於甲之量度一半。是則量度必在關係中而顯示，而量則唯是逕庭自立也。量變而爲量度（關係量），則成爲可分解者。可分者，大於，小於，等於之量度可排成系列也。蓋一言大於，必依比較而顯，而大於非最後之大於，必有更大於者。小於亦無最後之小於，必有更小於者。等於之關係，雖不可如此說，而等於之關係爲傳遞，則「等於」關係中之量度仍爲關係量，是即仍爲可分也。是以可分者，關係量所固具之性德，即依其爲關係而言也。由此可分性而成者爲數學之向量系。若在一幾何格局中，每部有向量即表示此格局之可分，分而爲個個有向量。此個個有向量之關係卽組成此幾何之格局。而每一有向量處於一關係中，卽依其關係而有可分性。由此可分性而成者則爲幾何之向量系。此兩種屬於知覺現象之向量系，皆由通過數學或幾何中某些基本概念外在化而爲型範所成之時空之超越決定而成立。如大於，小於，等於，卽純數學中之基本概念也。此等基本概念外在化而爲型範，卽使形成向量系之超越決定爲可能。時空之超越決定直接所成者爲無向之廣度量與强度量。若成爲有向量，則必依據純數學中之基本概念以爲型範而後可。此爲時空通過「型範」所成之超越決定。

設「有向量」之分解爲行之於關係中之分解，則每一幾何格局中之各部不可分之無向量皆可爲有向關係之起點或終點（此各部不可分之無向量因此有向關係得以爲有向量）。是以每一幾何格局皆可分解爲一向量系。而此向量系中，又順各部無向量所發生之各類有向關係，而得以分解爲各類向量系：如大於小於系，在前在後系，封閉系，開啓系，直線系，曲線系，以及種種之幾何形系（卽空間關係系）。設自大於小於系而言之。設於一向量系中，特定任何兩點如X及A，又定一任何向量R（R是此向量系中之一分子），此時卽有R之某次方如R^n，而且如A有此R^n，則「A之R^n」卽大於X。此卽爲亞幾默德公理。言此向量系服從亞幾默德之公理。此公理又可如此述：於一向量系中，設起自任何特定點，吾人可將任何特定有向量，施以充分（足够）之有限重複數（重複一次又一次其次數須有限），卽可使我人獲得一有向量大於任何其他指定點所有之特定有向量。又：設於一向量系中，有一向量R，則此時卽有一向量S，而且如S之次數V不爲零且爲歸納數，則亦可有「S'等於R」之情形。此卽言：每一有向量可以分爲與之相等之有限部分量所成之有向量。此爲「可分公理」。亦言此向量系服從可分公理也。譬如一尺之量度可以分爲二乘五寸之量度，或一尺六寸之量度可以分爲四寸平方之量度。因可分公理而成之向量系可名曰副積系（副屬之乘積系）。此言可分亦行之於關係中之分解：蓋其所成之副積系仍爲向量系也。【服從亞幾默德公理及可分公理之向量系，如嚴格言之，自須有相當之條件爲限制。今只略言，不詳鋪陳。讀者須讀羅素數學原理第六部論量及其中B節論向量系。羅素之分解給吾人以規模。本原處及分解之方法，雖不必贊同，而其分解之規模要爲功不在小也。】

有向量之分解而爲向量系，所以備測量也。測量者數學中之比例及實數之應用於量度也。設有一向量系，如其中含有一單位T爲其分子，而且任何其他分子S對於T有一比例或實數之關係，則此向量系卽爲可測量。是以測量者施行於量度，非施行於量也。測量之時，吾人欲極其準確，且亦欲極其細微，故有向量系之分解。於此分解時，吾可施用邏輯之方法，隨順向量之種種形態，而列爲種種「極其可能」之系列。極其可能者，有邏輯之嚴格性，窮盡性，與圓滿性。每一系列當如其起而起焉，當如其止而止焉；當如其有始或無始而如之，當如其有終或無終而如之；當如其連續而爲連續，當如其不連續而爲不連續；當如其有窮而爲有窮，當如其無窮而爲無窮：當如其種種形極其可能而陳之。此種陳列即爲邏輯之陳列。因時空之超越決定而成之量度，皆爲相當疏濶，一般，而不能極其細微者。然而所貴於邏輯之陳列，即在於使疏濶者爲精確，使一般者極盡其曲折。而邏輯之所陳亦即爲實際量度測量之軌範。一遇實際，此邏輯之軌範不能不受限制，然而此邏輯之規範又實足以規約而籠罩之。是以吾人施用邏輯法，順向量之形態，而造爲種種邏輯陳列之向量系，皆只爲主觀之軌約形式（或系列），而非客觀之構造形式（或系列）。吾人所以造此規約形式，即在備數學之應用而成爲極其準確之測量。至其所測量者則固不必盡如此邏輯陳列所成之軌約形式也。純數學中之系列或序列，其觀念與形成極簡易，此則無與於實際之量度。至若就種種量度而成之向量系之系列，皆當視爲規約之形式。吾爲此言，蓋所以防閑無窮之假定與夫無窮之平鋪論（構造論）。吾人既不以「類」定數，故亦不以平鋪之無窮定無窮數。吾無此平鋪無窮之概念，亦無此假定之必要；吾亦不能界說而構造之，亦無界說之與構造之之必要。於數如此，於量度亦然。設某一向量系依邏輯之陳列，其系列可以無窮者，亦應如吾論數時所定之無窮向，而吾此時視此向量系之爲無窮系亦只視爲規約形式，而非構造形式。此即一系列之形式乃只爲吾邏輯分解之構造（或陳列），以爲測量而達準確之軌範，非謂某一量度自身即函此無窮之成分，復反而由此無窮之成分而構成此量度。譬如一條連續線，或一段連續運動，吾人亦可視之爲有向量，然吾人並不謂此連續線或運動即含有可思議可構造之無窮類，而復反而爲此無窮類所構成。如此而論，即不視邏輯陳列之系列爲執約形式，而已視爲構造形式。如爲構造形式，則必有無窮之假定與夫無窮之平鋪論。此爲吾之說統所必遮防者。遮防之原則卽爲視之爲規約形式而非構造形式。執約形式卽含「不可復原則」。卽一條線，雖可以無窮的分解，然不能再返回來卽由此無窮分解所成的無窮數的點而構成也。

執約形式旣遮防無窮之平鋪論（吾邏輯書中亦曰無窮之實在論），而復由產生無窮之原則爲規約原則（非構造原則）而獲得。凡依規約原則而言者，皆不視無窮爲有積極之存在（卽客觀而平鋪之存在）。規約原則之形式有三。一曰亞里士多德之形式，二曰洛克之形式，三曰康德之形式。亞氏之形式，吾曾述之於吾邏輯書中。約畧言之，亞氏之形式乃爲劈分無止之形式，卽其視無窮只顯示於無止劈分之連續中。此只爲一無窮之發展，而此發展乃不能停止而平鋪，平鋪而爲一完整體者。是以亞氏以爲吾人不能視無窮爲一客體而實現之或概想之。依此而言，產生無窮之原則只爲規約原則，而非構造原則。

此義於洛克之形式中，述之又較確。洛克有「空間底無限」與「無限的空間」之分。此老雖瑣碎而絜切，而論此則甚警策而精要。「空間底無限」爲「數底無限」所誘導。數底無限亦非言有「無限數」。數之繼續增加無有底止，數之劈分無有底止。「數底無限」之觀念，卽由此無底止之前程而規定。此爲吾心獲得「數底無限」之方法。對數而言之，吾只有此無限之觀念。吾不能有積極的「無限數」之觀念，如言「無限數」，則爲有一實際存在之客體名曰無限數，此爲不可概想者。

數如此，數所測量之時間空間亦如此，空間底無限，卽由數所測量之空間單位（有限空間）之繼續增加或擴大而導引。於一尺長之空間，可繼續反覆此一尺空間之觀念而爲二尺三尺，乃至千尺萬尺，無有窮極：吾不能有一點可爲反覆之終點。此卽謂「空間底無限」爲「數底無限」所誘導，亦爲一反覆發展之無有底止也。此種反覆之發展，可離物體之廣袤而自行申展，以至無窮。此時無窮只爲虛示詞，而非實指詞。吾有此虛示詞所示之無窮之觀念，並不因而卽有實指詞所指的積極的「無限空間」之觀念。洛克言：「心所由以獲得無限空間之觀念（實卽空間底無限之觀念）之方法大不同於吾心是否有一如此實際存在之無限空間之觀念之考察。蓋吾人之觀念常非事物存在之證據。」此言甚善。又言：「吾人無限之觀念，雖起於量之思考，及心於量上可以作成無盡之增大，然如討論或推究一無限量，例如一無限空間或一無限時間，則必陷吾人之思想於混亂。蓋吾人無限之觀念，如我所想，乃一無盡發展之觀念；然而心所有任何量之觀念，俱時必卽局限於該觀念而不能越。（因不論其若何大，總不能大於其自己。）故賦之以無限，實是使一定量適應一無盡之發展。故吾區別空間底無限與無限的空間，並非苛察繳繞也。空間底無限只爲吾心對於一定量之無盡反覆之前程。但如言吾心實有一無限空間之觀念，便是假定吾人對其反覆之一切空間觀念，已盡閱歷，且實經觀察。然而反覆無有底止，故此無盡反覆所反覆之一切空間觀念亦不能盡數現於心中。是以無限空間之觀念實爲一矛盾之觀念。」又言：「數之無限，已知其增加無有終點，卽其加之終點永不能爲吾人所接近。然數之無限之觀念，雖明晰，而一無限數之存在之觀念却甚荒唐。吾人心中所有任何空間時間或數之積極觀念，無論如何大，總爲有限者。……蓋因假使一人隨其所欲構成任何大之空間或數之觀念於心中，而心亦必終止於此觀念，而此觀念，無論如何大，却總與無限之觀念爲相反。是以吾以爲當吾人論證或推究無限空間或時間之時，卽爲最易陷於混亂之時。」（參看洛克人類理解論：無限章。）依此而言之，產生無限之原則亦只爲規約原則，而非構造原則。

規約原則與構造原則兩詞爲康德所用。今再略言康德之形式。康德此兩詞之建立，乃在對於背反之批判，渠以爲理論理性有隨理解條件之條件而追求無條件之條件之本性。然此追求永無已時。此追求而成之系列亦無止時，乃永不得完成者。吾人可因此追求而獲得超越之理念（如無條件之條件卽絕對之綜和或第一因或肯定世界有限或無限），然不能因此卽獲得一實在之對象。由此方法或原則只可以使吾人獲得超越之理念，故其爲原則亦只爲主觀之軌約原則；言如軌道然，可依之而獲得一觀念。却並不能由此獲得一實在。論者隨順理解，亟亟然以爲此世界是有限或無限，有第一因或無第一因，皆將只爲軌約原則者視爲構造原則也。視爲構造原則，卽將本不能放下之系列，却放下而平鋪，平鋪而外陳。此實爲系列之誤置。

吾人本以上規約原則之三形式，可免無窮之假定與夫無窮之平鋪；而吾人論數學亦必根本翻轉，使不涉及此。復擴而大之，視一切邏輯陳列之向量系之系列皆爲軌約形式，而非構造形式。

第四節　幾何第一義與超越決定及現象之數學

吾前於「純理與幾何」章，由「純理位區」而構造點線面體，視點線面體皆是模型，不是結聚。若就歐克里所定之點線面而言，吾人亦可再進一步說它們都是界限概念，而不是有體有量之存在。如此，即皆可視爲模型，而不可視爲結聚。歐克里定點爲無部分無量度，定線爲無寬，定面爲無厚。此明是一界限概念，爲一型式。然復謂由點以成線，由線以成面，由面以成體，此思想即爲自相矛盾者。蓋無部分無量度之點，何以能構成有長度之線，無寬之線何以能構成有寬之面，無厚之面何以能構成有厚之體，此皆不可解者。一條線若作量度看，當然可以分出無窮數的點。但既是無窮數的點，則即不能返而構成一定量度之線矣。一寸一尺之線皆可分爲無窮數的點。在無窮上是同同而一如的。何以此一堆無窮構成一寸，彼一堆無窮即構成一尺耶？此皆由於不知軌約原則及不可復原則之故也。所以吾人首先視點線面體爲一界限概念，爲一模型或型式。進一步，線面體若作量度看，則固可以作邏輯分解而成系，然必須知此無窮分解所成之系只是軌約形式，而不是構造形式。如是，則「由點以成線」中之不可解之矛盾，即解消矣。

軌約原則與不可復原則，無論在純幾何上（即由純理位區所解者，即幾何第一義），或透過時空之超越決定所成之量度上，皆可適用。

時空之超越決定，其直接所成者爲無向廣度量與無向强度量。若再通過純數學或純幾何中之某些基本概念之外在化以爲型範，則可以決定出有向量。無向量與有向量之經由時空之超越決定而成，即爲純數學與純幾何應用之通路。純數學與純幾何應用於外界，吾人可隨康德，名曰現象之數學。（此數學是廣義的，含有幾何在內。甚至在此卽可以幾何爲主，而名曰現象之幾何。）當吾人由時空之超越決定，能決定出有向量時，則現象之數學卽算成立。而有向量之決定，則必依純數學或純幾何中之某些基本概念之外在化以爲型範，始可能。依是，成就現象之數學底基本概念必卽同於成就純數學或純幾何之基本概念。吾人若籠統言之，則現象之數學必只是純數學或純幾何通過時空之超越決定而來之外在化。

現在且就幾何方面而言之，因爲算數學方面很簡單。幾何不只是歐氏幾何，可有好多系統。然則究竟那個系統可以應用，那個系統不可以應用？全應用乎？抑不能全應用乎？吾於「純理與幾何」章已明：幾何系統不能無限多。假若幾何系統中之命題是可以實構的，則幾何系統不能無限多。所謂 n 度幾何乃只是邏輯上的一個空名詞，實際上是不能實構的。依是，吾有如此之推言，卽：任何幾何系統，假若是可實構的，譬如歐氏的，或非歐氏的，則卽原則上都可應用，卽都能實現於現象上。

幾何究竟不能離空間形。縱使當吾由純理位區論幾何時，可不涉及空間，但實由純理位區以言空間形體之模型。此種空間形體之模型，以由純理位區而先驗地被構造，即函：幾何系統不能無限多，而每一系統皆可實構也。一個具體的事實可以無限的複雜，而單注意位區之形體乃至空間之形體，則不能無限複雜。表層的形式或形體之觀念，即是有限之觀念。假若在純理上是有限的，而且皆可實構的，則每一系統皆可應用，所以凡不矛盾的皆是可能的，而可能不必現實，故可能範圍大於現實，此只是一種空頭的邏輯言詞。若落在幾何上說，則由純理外在化之布置相而言純理位區，由之以構造幾何系統，則幾何系統不能無限多，而且所謂可能的，必須是可實構的，始可。不矛盾所決定之可能，自一般情形言之，必對一現實之物而言。如現實的龜無毛，兎無角，太陽從東出，而龜有毛，兎有角，太陽不從東出，都是不矛盾的。所以也都是可能的。而可能不一定現實。此種以矛盾律所決定的可能，只是形式的可能。若由純理位區以言幾何，則每一系統，不但是不矛盾，有形式的可能，而且須是可以實構，有眞實的可能。否則，不成一可作成之系統。即不得謂為一幾何系統。此即表示，以矛盾律決定可能實在須受範圍之限制，須看其落於何種範圍以定其意義。否則，只是一種空頭的邏輯言詞，並無眞實意義也。線不直是可能的，兩點間無最短線亦是可能的。但這些可能，如就其成系統言，必須是可以實構的。而不只是一種邏輯言詞，即可以決定出無定數多的幾何系統，由之以推言可能的不一定現實的(即不一定實現於外界物質現象上)。此種空頭的邏輯言詞並不負眞實的責任。眞實有二義：一、其本身可以實構，二、可以實現於外界。就幾何系統言，凡可以實構的，皆可實現（可應用）於外界。邏輯言詞常是一條鞭的邏輯思考之主觀方面的一種姿態。若以邏輯爲準，它實可以涵蓋籠罩一切，甚至上帝也在其內。譬如來布尼茲說上帝有種種可能的宇宙，而只實現一個最好的給我們。此卽以邏輯言詞中的可能與現實思考上帝也。將上帝的本性及行動也納在這種邏輯言詞的姿態中思量之。實則如眞了解上帝之本性及行動，則上帝並無可能。上帝只是如此，只是無限的呈現。它並無邏輯言詞所撐起的種種交替，種種間架，與夫種種曲折與跌宕。此義卽可使吾人明白由純理位區以言幾何系統之所以不能無限多，與夫其皆可以實構與皆可以應用。此卽明：除邏輯言詞以矛盾律決定可能一標準以外，還須顧及「存在學的有」一標準。純理卽體性學上之有也。純理外在化之布置相以及純理位區，皆體性學上之有也。純理外在化之布置相所成之純理位區與物質現象之「擴延外形」相應。是以每一可實構之幾何系統皆可透過時空之超越決定而實現或應用於外界。

一個存在的物質現象之具體內容可以無限的複雜，而其「擴延外形」則必有定然而不可移者。此定然而不可移者卽其「體性學上的有」之意義限之也。物質之所以爲物質，從其擴延外形上說，不能有無窮的複雜與變換。依是，由純理位區所構成之幾何系統（此亦有其體性學上的有之意義所限之定然而不可移者），必與物質現象之擴延外形一一相應而俱實現於外界。所謂實現是有層次的，或方面的。譬如自粗線條或靜態的觀點看物質現象之擴延外形，則歐氏幾何卽可適用。若至於致曲而自細微而動態之觀點看擴延外形，則非歐幾何卽可適用。譬如進到宇宙曲率或球形宇宙，則其擴延外形卽相應非歐幾何。物質之擴延外形本有此若干方面或層次，故能容納各種幾何系統，而不見其有矛盾。並非實現某系統，卽不能再實現其他系統也。但擴延外形雖有方面與層次，而其方面不能無限多，亦猶由純理位區所構造之幾何系統，不能無限多也。現象之數學必隨擴延外形走。擴延外形無論如何微而曲，然總是物質現象之擴延外形，依是，亦必總在時空之超越決定的範圍中。知性中純理之外在化而爲數學與幾何與物質現象之擴延外形是相應而爲同層者，故透過時空之超越決定而得以實現於外界之擴延外形上而成爲現象之數學。此現象數學之範圍，再加上具體的物理關係，卽成功吾所謂命題世界也。（見下第四卷第二章）。

然現象之數學可以經由超越的決定而形成，而具體的物理關係則必由經驗而發見，經由思解三格度之超越的運用而暴露。故於時空，則言超越的決定，以其只着眼於擴延外形故，而於思解三格度，則言超越的運用，不言決定也。此卽本卷下部之所論。

吾於時空之超越決定所言者大義只如此。但此一理路，若經過對於康德的時空與數學觀之疏導，更易見其顯豁。故以批評康德所論之時空與數學附錄於此，而爲第二章。

第二章　時空與數學

第一節　空間與歐氏空間及歐氏幾何

康德常以數學命題，（廣義的，至少內含三支：一幾何的，二算數的，三力學的。）尤其歐氏幾何命題之必然性之說明為其主張「時空為直覺之先驗形式」之理由。然吾以為此乃不可執持者。茲單就空間與歐氏幾何之關係而言之。康德云：

「一切幾何命題之必然確定，以及其先驗結構之可能性，即完全基於空間之先驗必然性。假定空間之表象是自經驗而來的一概念，或自外部一般經驗而引申出的一概念，則關於『數學決定』之許多第一原則必只是知覺。依是，此等原則亦必因而皆具有知覺之偶然性；而兩點間只有一直線亦必不是必然的，而只是經驗常常告知吾人是如此。凡從經驗而引申出者只能有比較的普遍性，卽，只是經由歸納而得到。依是，吾人只能說：依照現在所已觀察者，尚未見有空間能多過三度者。」（純理批判超越感性論空間第一版中第三條。）

又云：

「幾何命題，譬如一三角形兩邊之和大於第三邊，決不能從線與三角形等一般概念中而引申出，但只是從直覺而引申出，而此便是先驗者，且具有必然確定性。」（同上第二版第三條末句。）

依是，當有三事須說明：第一、歐氏空間是否是必然？依康德，a歐氏空間確有必然性；b而且一說空間卽必爲歐氏空間；c而且卽依此必然性與唯一性，始主空間必爲直覺之先驗形式，且其自身必爲純直覺，卽歐氏空間之必然性與唯一性作爲「空間爲先驗形式」之理由。關此，吾俱作相反之答覆：a歐氏空間並無必然性與唯一性；b空間與歐氏空間非一事，說空間不必卽是歐氏空間；c歐氏空間亦不能作爲主張「空間爲先驗形式」之理由，此兩者間並無必然之聯結，此是由b而來者。第二、歐氏幾何命題之必然確定性如何說明？依康德，一言空間必爲歐氏空間，此卽表示歐氏空間之必然性與唯一性（對人類言）。而此具有必然性與唯一性之歐氏空間必須是直覺者，必須爲感性之先驗形式，其本身必須爲一純直覺；而且如不是直覺者，卽不能說明歐氏空間之唯一性與先驗性。歐氏空間旣因直覺而具有必然性與唯一性，故歐氏幾何命題亦必具有必然確定性（此時唯一性自不須說），而此必然確定性亦復不能由概念分析而明之，而必須由直覺綜和而明之，此即言亦必須以直覺而明其必然確定性，即歐氏幾何命題之形成及其必然確定性亦必須是直覺者。依是，空間之爲直覺者等於歐氏空間之爲直覺者，而歐氏空間之爲直覺者即函歐氏幾何命題之爲直覺者：此兩直覺有必然之關聯：前一直覺保證歐氏空間之爲必然，後一直覺保證歐氏幾何命題之爲必然：兩者函義雖不同，而必須相關聯；然就此必須相關聯言，吾人亦實可謂其爲同一直覺也，蓋直覺旣保證歐氏空間實亦即保證歐氏幾何命題也。關此，吾作如下之陳述：（a）空間與歐氏空間非是一事，空間爲無色者，而歐氏空間則爲有色者。無色者爲一般之普遍形式，未特殊化；有色者則爲一決定之形式，已特殊化。（b）無色之普遍形式可爲直覺者，而有色之特殊形式則非直覺者（或至少亦不只是直覺者，即決不只是直覺所能明）。（c）直覺爲直而無曲，其所能證明者只是無色者。直覺以其直而無曲，故無概念之辨解，亦無屈曲於其中。其所證明之無色者，以其爲無色，故亦不含概念之決定，亦無屈曲於其中。（d）依是，凡以直覺明者，必爲無色（普遍之形式），必爲最後者。以其爲無色，故無特殊之決定；以其爲最後，故非一辨解之概念，以辨解必有根據，此即非最後。依是，以其爲無色而最後，吾人謂其爲直覺。直覺只能領納其如此，不能保證其如此。吾人似只能說：因其是如此，故吾必須直覺地領納之；而不能說：因其爲直覺，故必須是如此。直覺只是對於一對象之允可。（e）有色者必有足以使其爲有色者；旣有屈曲於其中，必有足以使其有屈曲於其中者；既爲特殊之決定，必有足以使其爲特殊之決定者。此使其爲如此如此者即是概念也。此則決非只是直覺所能辨。以直覺所能領納而允可者必須是無色者。依是，如空間是直覺者，必不函其即是歐氏之空間。直覺只能領納無色之空間，而不能證明其是何種之空間。依是，反之，歐氏空間亦不能作爲「空間爲直覺者」之理由。歐氏空間既爲有色者，即無唯一性。縱然即在理論上（不必事實上）只承認歐氏空間之存在，然既爲有色者，既有屈曲於其中，則亦非只直覺所能明所能盡，亦必有足以說明其爲屈曲者，其爲有色者。依是，亦不能使吾人即說：如不是直覺者，何以必是歐氏之空間？直覺不是「一事物如此」之理由，理由即在該事物自身中。如該事物爲最後者，則其所以如此之理由即在該物之自己。直覺只是如如相應而印可之。依是，歐氏空間以及歐氏幾何命題縱有須於直覺，亦必非只是直覺所能明。直覺只能擔負說明無色之空間，不能擔負說明有色之空間。（f）有色之空間，既有特殊之決定，既有屈曲於其中，則即有須於概念。概念之連結系統即形成其特殊之決定，即貫注於其中而形成其屈曲。此一概念之系統的連結，網狀的結構，即是該有色空間所以如此如此之理由。依此，此系統的連結，網狀的結構，即是客觀而實在之理。假定此理，在開始時，已決定空間爲某種有色空間，譬如歐氏空間，則凡隨此決定而來之一切屈曲，即是形成此有色空間之系統的連結，網狀的結構，亦即是屬於此有色空間之一切幾何命題。此一切幾何命題既即是該系統的連結，網狀的結構，故亦即是一理之貫注。既爲一理之貫注，因而成一系統的連結或網狀的結構，則該一切幾何命題即組成一分解之系統。依是，每一幾何命題是一「概念之屈曲」，是一客觀之理，是一分解者。連結或結構即是屈曲，即是客觀之理，即是分解。依是，每一幾何命題之必然確定性即是理之必然，概念連結之必然。然每一幾何命題皆必隨有色空間之決定而來者，是即皆必隸屬於某一有色之空間，故其「必然」必是某一有色空間內之必然，隸屬於一系統內之必然：理之必是此系統內之必。即使在理論上（不必事實上）只有此系統，其理之必亦是此系統內之「理之必」，以其爲有色故，以其因特殊之決定而然故。既爲系統內之「理之必」，即有所囿而無唯一性。此一事實必須由概念之決定而說明，直覺不能擔負此責任。依是，兩點間只有一直線，或兩點間之直線是一最短線，是隨概念之決定而來者，是一系統內之「理之必」。是一客觀之理之貫注而形成之屈曲或結構。徒從「兩點」之分析，固不能得出一「直線」，「直線」之概念全是增加者；徒從「兩點」與「直線」之分析固亦不能得出「最短線」，「最短線」一概念固亦是增加者。然無論如何「增加」，且因增加而形成此命題，要必有隨概念之決定而來之「理之必」，即：如此增加之而連結於一起，要必有一隨概念之決定而來之「理之根據」。如此增加決非隨便者，亦決非只是直覺所能明。直覺固可以明綜和（即連於一起），故云直覺綜和，而康德亦云：只有因直覺之助，綜和始可能。然所以如此綜和，則非直覺所能明。直覺只能擔負綜和（無色），而不能擔負「如此綜和」（有色）。依是，直覺既不能擔負歐氏空間之說明，亦不能擔負歐氏幾何命題之必然確定性之說明。直覺擔負無色空間之說明；於幾何命題，擔負「無色綜和」之說明。（g）依是，直覺綜和只是主觀之「用之流」，而概念之必然連結則是客觀之骨幹，即是剛骨之理之貫注。直覺綜和只是相應一「屈曲」而印可之，而實現之。此即所謂「直覺之構造」，此構造即實現義。直覺構造相應邏輯構造（此即剛骨之理）而印可之，而實現之。直覺直而無曲：乃爲同質之用：乃爲不孕者：只爲一通過之印可，而不能產生一物事。直覺所不能印可而實現者，理之構造亦無必。凡理之必然而可構造者，直覺綜和皆可印可而實現之。此即言直覺於「理之屈曲之形式」不能有擔負。康德之錯誤，不在其於幾何命題言直覺言綜和，而在其言直覺綜和之擔負，即在其言直覺綜和乃期望其能擔負歐氏空間之說明，乃至歐氏幾何命題之必然確定性之說明。誠如此，則直覺眞成一神祕之怪物。須知直覺與邏輯，對於幾何與算數學，無一而可廢，而邏輯一面爲尤重。言邏輯而不言直覺無大礙，徒言直覺而忽視邏輯則不可通。康德固云每一數學命題（無論幾何或算數學），皆有雙重性：一是分析的，一是綜和的。然彼以爲自一數學命題之已經形成言，則固可爲分析的，尊守矛盾律而不背，然此是自表面言，自已經形成言，要不能作爲說明數學命題之「原則」。是以自「形成之」之過程言，自背後之根據言，要必是綜和的，直覺的，此方是說明數學命題之「原則」。誠如此，則直覺是根本，而理之骨幹反由之而產生而出現：此乃不可極成者。吾之分疏，俱予承認，而異其用，而理之骨幹要爲客觀之實體，直覺之綜和只爲「主觀之用」：依是，直覺雖有其用，要不擔負「理之屈曲」之產生。此爲一大綱領，於幾何與算數學皆可用。（應用時之說明自有差異。）康德所言，實是過分，而今之斥康德者又多不究其實，故分疏弊竇所在如上。

第三、直覺與概念之關係爲如何？以上說明概念之重要。康德固亦知概念之重要，固亦知其爲不可少。然彼實是將概念隸屬於直覺，將分析隸屬於綜和：直覺綜和在概念分析之下而爲其底據，而使其爲可能。概念分析只是將直覺綜和所已形成者，呈列而明之而已耳。是以概念分析不能作爲說明數學命題之一原則。不特此也。直覺證明歐氏空間之先驗性必然性以及唯一性，而且證明歐氏幾何命題之必然確定性：此兩層俱由直覺而說明而保證。概念分析只能在直覺所已定者之下而進行。超越感性論所論之數學是從直覺到概念，概念不能越乎直覺所已確定者：超越分析論所論者是從概念到直覺，概念仍回歸於直覺所已確定者，不能離直覺之指導而獨有其他可能之決定。依是，直覺擔負歐氏空間之形成，以及擔負歐氏幾何命題之必然確定性之形成，而概念反而不能擔負之，只順直覺所確定者而呈列之而已耳。關此，吾義恰相反：直覺不能擔負之，擔負之者在概念。從空間決定爲歐氏空間需要概念；從歐氏空間之決定，因而形成歐氏幾何命題，亦全依原始概念之決定。直覺不能籠罩之，只能順概念之決定而實現之而印可之。概念可有多方之決定，因而可有多方之空間，可有多方之幾何。依是概念並非蜷伏於直覺所確定之唯一形式下而只作順承之呈列。概念有指導之作用，形成之作用，因而形成一「理之骨幹」。直覺從而印可之，實現之。吾如此說，純爲邏輯之辨解，而仍與既成事實相諧和；然卻並不開始即就既成事實而責斥康德，而成就己義，然而康德卻似單就當時既成事實而立義，是以其理論之辨解多有無根之滑過。關鍵只在過分看重直覺之擔負。故吾單從邏輯上即可指證其辨解之不如理。依吾義，空間爲吾心隨統覺之直而無曲之把住而建立，其建立非由理論之辨解而成立，非由經驗而抽撰，故就其自身言，吾人亦可謂其爲純是直覺者。然空間是直覺者，而歐氏空間不必是直覺者，故吾人從未以歐氏空間作爲「是直覺者」之理由，吾人亦從未以「直覺」說明歐氏空間之必然性與唯一性。邏輯上言之，無論歐氏空間是否爲唯一，而直覺要不能擔負之。復次，吾人說從空間決定爲歐氏空間須概念，而又知歐氏空間不能由直覺而擔負其說明，然則決定其爲歐氏空間之概念如何論？吾人不能說：歐氏空間不是直覺所能確定的，因而即謂歐氏空間是由經驗而得來，甚至因而即謂空間是由經驗而得來。空間固非自經驗來，歐氏空間亦不必即是自經驗來。設暫置「空間」一層而不論。歐氏空間不是直覺的，亦不必因而即是經驗的：此兩者間並無一矛盾之關係，因此兩者可以不相干，可以是兩會事。依此，就純粹幾何論，決定空間爲歐氏空間之概念，可以純是邏輯的，吾人之決定之，可以純是邏輯地決定之。依是，以上之辨論，可作如下之陳述：

1. 無色空間與有色空間須分別論。

2.無色空間是直覺的，有色空間則賴概念之決定。

3.凡幾何命題皆必隸屬於某一「有色空間」下，依是每一幾何命題皆是隨「原始概念決定」而來之必然連結或結構。依是皆有一系統內之「理之必」。

4.直覺綜和爲主觀之用，概念分解爲客觀之理（體）。

5.直覺不能擔負「有色空間」之說明，概念擔負之。直覺綜和不能說明隸屬於某一有色空間下之幾何命題之必然確定性，概念連結或結構之「理之必」說明之。

以下引士密斯語以資了解，且略予指正。

士密斯云：「康德固知其他有限存在所有之直覺形式不必與人類所有者同。但此卻並不函：康德卽因而主張其他空間形式之可能，卽非歐空間之可能。此兩者並非一事，然而人常誤解，以爲康氏之主張已函有多種空間之可能性。實則非也。康德早期思想（非批判期）曾將空間之三度性視爲引力之結果；但既經認識引力律自身並無必然性，所以他歸結說：上帝，以其建設不同之吸引關係，他可以予空間以不同之特性，不同之度數，卽不必是三度，亦不必是歐氏的。故云：『所有關於此等可能空間之科學，無疑必是極高度之工巧，卽有限存在之理解在幾何範圍內所作之工巧。』但是，及至一七七〇年，康德採取批判觀點時，視空間爲外感之普遍形式，他似乎又決定否認此一切可能性。空間，如其眞是空間，必須是歐氏的。空間之一致性是幾何科學之先驗確定性之預設。」

案：士密斯以上所云無問題。

「但是康德雖不認識其他空間之可能性，卻非卽是其主張之嚴重缺點。卽使承認其他空間，亦非重要之困難。卽，其他空間之承認與其基本主張相融洽並非困難。康氏承認：其他有限存在可以經由感性之非空間形式而行直覺；他亦很可承認：其他有限存在之直覺形式，雖不是歐氏的，而仍可以是空間。康氏主張之可以批評實不在此，而在另一方面。康氏相信：在直覺中所給予吾人之空間，其性質決定是歐氏的。他因此又函說：吾人之直覺及思維（當反省空間時）皆囿於歐氏空間之條件，且爲歐氏空間之條件所限制。卽在此正面之預設（不只是在其不承認其他空間之可能），康氏始與現代幾何之主張相衝突。因爲在作此正面假設時，康氏主張：吾人決知物理空間是三度；並主張：吾人不能從思想中依據概念之運用而更改之而說『平行公理不成立』。康德因而又函說：歐氏空間是作一『本有形式』而給予，一切概念構造不能變更之。如果視空間爲完全獨立於思想，而且定爲是完整的，則思想自不能有所事事於其上。但是現代幾何學家不願承認：直覺的空間，如離開其被攝取時所經由的概念，而能有任何自然上的一定性及準確性。是以彼等至少可以允許：當吾人概念釐淸時，空間可以見爲完全不同於其開始時所表現之形式。總之，概念之完整（圓滿），在其對象上，必有某種結果。現代幾何學家復進而說：卽使吾人之空間，經過分析及經驗之硏究，已決定證明其在性質上是歐氏的，然而其他可能性在玄想之思想上仍然可保留。因爲縱然直覺與料之本性迫使吾人經由此組概念以解析之，而不經由彼組概念以解析之，然而許多相競爭之概念組，亦將在現實所已實現之概念組之外，表現而爲眞正之可能性。」

案：士密斯此段所述大體亦甚是。尤其述康德正面之預設可證吾前文解析及辨論之不謬。此正面預設，如士密斯所述，可列爲五命題：一、直覺所給予吾人之空間，其性質決定是歐氏的；二、吾人之直覺及思維皆囿於歐氏空間之條件，且爲歐氏空間之條件所限制；三、吾人決知物理空間是三度；四、吾人不能從思想中依據概念之運用而更改之；五、歐氏空間是作一「本然形式」而給予，一切概念的構造不能變更之。此五命題與吾前文所述不相背。實則除此五命題外，尚須增加一命題。依是，六、概念之活動只能在直覺所確定之歐氏空間形式下進行之。士密斯所述雖甚是，然而未能在原則上依邏輯之辨論以批其謬，如吾前文所辨者。士氏未能辨清：一、直覺並不能擔負有色空間之說明；二、無色空間與有色空間須分別。復次，士密斯以爲唯此正面之預設始與現代幾何學之主張相衝突，而不在其否認其他種空間之可能。吾以爲此正面之主張與反面之否決並非不相干。如所謂「其他種可能」是指人類有限存在以外之有限存在言，或者可以不相干；但若仍限人類言，則其否決其他可能與主張歐氏空間爲唯一可能實必然相連結。此實一事也。依是，正面反面皆與現代相衝突。康氏所否決之其他可能實就人類感性言，至其他有限存在則康氏固不必否認之，然亦無從肯定之。即不否認之，亦不能成就多種空間之主張；卽全否認之，亦不能消滅多種空間之主張。是以其他有限存在感性之形式爲如何，與空間之一多問題可謂不相干。蓋今日之主張「多」實仍就人類而言也。是以若不加「其他有限存在」一限制，而謂「卽使承認其他種空間之可能，亦非困難之所在」，則卽不恰矣。蓋若在人類範圍內承認之，則正與康氏自己之主張相衝突，而自今日言之，康氏亦可無難矣。是卽明康氏終於視歐氏空間爲唯一空間也。歐氏空間既不可變，則一切概念活動只有在其下而進行，既不能更變之，復不能越過之。康氏並非不認識概念之重要，唯以爲必在直覺所確定之形式下而活動耳。是以若徒證明康氏逐漸認識概念之重要，卽謂其漸與時下之主張相一致，則仍爲不得要領也。從直覺到概念，從概念到直覺，康德已明言之，何嘗不識概念之作用？然而吾人又何能卽謂其與時下相一致？士密斯於此不了然矣。試看下文：

「依是，康德主張之缺點是在其將『感性中之先驗』孤離於『理解中之先驗』。因其如此視爲獨立不依於思想，故空間始認爲範圍而且限制吾人之思想，卽以其原來表象之不可更變之本性限制吾人之思想。不幸此個主張，康德始終執持而不舍。卽其後雖逐漸認識於種種數學科學中必有概念之運用，而此主張仍不變。……在『形上學序論』中，康德有以下富有意義之文字：『此等自然律本藏在空間內，吾人之理解只因努力將藏於空間中有結果之意義發見之，如此以研究之乎？抑或是附藏於理解內，而且附藏於理解「依照綜和統一之條件而決定空間」之方法（路數）內乎？（所謂綜和統一即是一切理解概念所指導而向往之的統一。）空間之爲物如此其一致，而關於其所具之一切特殊性又如此其不決定，所以吾人決不能自此空間內尋出此堆自然律。反之，將空間決定成爲圓圈之形式，或決定成爲圓錐或其他之圖形者，乃是理解。只要當理解函有關於此等構造底統一之根據，它即能決定此等形式或圖形。是以彼只爲直覺之普遍形式，所謂空間者，必須是「可決定爲特殊對象」之一切直覺之底子，而此等直覺之變化性及可能性之條件自然亦必須即含在此底子中。但是此等對象構造之統一只是爲理解所決定，而且亦實是依照恰當於理解本性之條件而決定之。……』（三十八節。）依此文觀之，康德顯然依其自己思考之自動發展漸趨於與時下主張較相一致之主張，而且亦完全改變其以前所形成之『感性與理解間之嚴格之區分』。就所引之文觀之，對於空間似已允許其有一可塑性，此即足以承認在概念過程中可有重要之變更。但是如吾上所已述，此並不能使康德捨棄其從其以前之主張而引出之結論。」（以上所引全文，參看純理批判解一一七頁至一二〇頁）。

案：士密斯此段之分疏不得要領。吾早已言之，康德並未否認概念之重要，感性與理解，在本性上雖有嚴格之區分，然在說明數學上，亦不妨礙兩者之交用，而康德亦實知其交互爲用之關係；又此兩者本性上之區分亦並不函「感性中之先驗」即孤離於「理解中之先驗」；此皆非康德之缺點，亦非其不一致。康德實是主張直覺所確定之空間形式籠罩理解之活動。理解中概念之決定只有順承直覺所確定者而活動。無論如何構造，不能越乎此範圍。卽士密斯所引「序論」中一段文，亦並不能證明「理解之決定」可以不受直覺所確定之空間形式之限制。惟其中有「直覺之普遍形式」，「底子」，及「特殊特性」，「特殊對象」，諸名詞。如作爲「普遍形式」或「底子」之空間是吾所謂「無色者」，則士密斯所謂「可塑性」可成立，而康德所謂「特殊特性」或「特殊對象」（指幾何的言）之決定則卽吾所謂有色者，因而亦卽函有多種空間之可能，亦可謂漸與時下之主張相一致。然依吾觀之，該段全文似全不能作此解。若謂其重視理解之決定，則康德本未否認理解之作用也。是以士密斯之疏解可謂全不得此中問題之要領。

第二節　時間與算數學

空間與幾何之關係甚淸楚，而時間與算數學之關係則不明。吾人須討論之。康德云：

「關於『時間之關係』或『時間一般』之公理之關係之必然原則之可能性亦必須基於此種先驗必然性。時間只有一度；不同時間並非共在，而是相續。（恰如不同空間並非相續，而是共在。）此等原則不能從經驗而引出，因經驗旣不能給吾人以嚴格普遍性，亦不能給吾人以必然確定性。吾人只能說：公共經驗告吾人是如此，但不能告吾人必如此。」（超越感性論，時間之形上解析，第三條。）

此並未說及算數學。又云：

「在此，我復進謂：變化之概念，以及與之相俱之運動之概念（地位之變更爲運動），只有經由而且在時間之表象中始可能。如此表象不是一先驗（內在）直覺，則無有概念（不論其是何概念），能使變化之可能性爲可理解，即能使兩『相矛盾地反對』之謂詞在同一對象中之結合爲可理解。（譬加：同一物在同一地位之「有」與「非有」即爲兩相矛盾地反對之謂詞。）只有在時間中，兩相矛盾地反對之謂詞能在同一對象中相遇合，即此在彼後。依是，時間之概念可以解析顯示於運動通論中之先驗綜和知識之可能。」（時間概念之超越解析。）

此亦未涉及算數學。依據適所引證之兩段文，時間所使爲可能者如下：

1. 時間只有一度；

2. 不同時間相續而非共在；

3. 時間使變化運動乃至兩「相矛盾地反對」之謂詞在同一對象中爲可能。

依此，士密斯云：「時間之超越解析說明二事：（a）只有經由時間之直覺，任何變之概念，及因之而有之運動之概念始可作成；（b）因爲時間之直覺是一先驗直覺，所以運動通論中之先驗綜和命題始可能。此兩點皆可轉而言之。關於（a），可如此反陳：設不涉及時間，運動之概念必自相矛盾。關於（b），在一七八六年，自然科學之形上的第一原則一書中，康德曾將『一般運動學』之基本原則發展出。於一七八七年，乘純理批判第二版之機會，他又重新如此陳述之。其函義是如此：運動論對於時間之關係恰如幾何對於空間之關係。（案：士密斯所述之函義不恰。蓋時間之超越解析使運動爲可能，並非卽謂運動學卽是時間之學，如幾何之爲空間之學然。）康德在時間之超越解析中如此說，或是答覆 Garve 對於純理批判第一版所作之反對，卽並無一種科學基於時間之直覺之反對。（萬與格如此暗示。）但有二理由可以衝破力學與時間及幾何與空間之類比：第一、運動概念是經驗的；第二、運動之預定空間與預定時間同。康德顯然在別處又捨棄『運動科學基於時間』之觀點。實則在自然科學之形上的第一原則中已如此表明出。在此書中，康氏曾指示：因時間只有一度，故數學不能應用於內感之現象。（案：此句不明。）就內感現象言，於所已述兩公理外（案：卽「時間只有一度」及「不同時間非共在而相續」兩公理），吾人至多能決定『一切變化是連續的』一律則，康德在其"Uber Philosophie überhaupt"一書（大約在一七八〇及一七九〇之間，很可能在一七八九。）曾有以下之語句：『時間通論，與純空間論（幾何）不同，並不能爲一整個科學供給充足之材料。』然則，在一七八七年純理批判第二版，康德何以又如此其不一致而遠離其自己之主張？關此，吾不能有答覆。」（純理批判解一二七頁至一二八頁。）

實則並無若何不一致。一、時間對於運動爲必要，但不必爲充足。二、時間使運動爲可能，並非謂運動學卽專論時間，或爲時間之學。三、運動學之基本原則從時間模式而推出並無可疑。四、須知康德對於時間之效用極廣泛極重視，整個之「原則之分析」幾全以時間爲論證之關鍵。關此無須多論。惟由以上所述觀之，時間之超越解析只使運動爲可能，並未涉及算數學。普通解康德者，皆謂算數學是時間之學，必基於時間而論之。力學與時間不能與「幾何與空間」相類比，而算數學與時間可以與之相類比。然康德本人於超越解析中又無一字提及算數學。然則時間眞不能形成任何科學乎？士密斯由以上所述之「時間不能形成運動學」，復進而剝落「時間對於算數學之關係」，以爲算數學決非時間之學，甚至亦並不甚於「時間之直覺」。此則頗須討論，未易遽斷。

康德於超越感性之範圍內，或感性之先驗形式卽時空上，論數學（廣義的），此爲不可疑之事實。卽其論理解範疇時，亦云量質兩類屬於數學者。此大頭腦，已經確定。然於上文所引關於時間之超越解析，只涉及純力學（運動通論），而未涉及算數學。卽當言時空爲先驗形式，爲純直覺，亦常以空間與幾何之關係爲例以證之，而從未舉及時間與算數學。試看下文：

「讓吾人先設定時間與空間自身是客觀的，而且是事物自身之可能性之條件。吾人須知，關於時空兩者，吾人有許多先驗必然而且綜和之命題。此點特別在空間上是如此。故吾人將注意於此而論之。因爲幾何命題是先驗的綜和的，並且已知其爲必然之確定，所以吾當問：汝於何時得到如此之命題？理解在其努力得到如此絕對必然之眞理，而且普遍有效之眞理，是依據在什麼物事上？依吾觀之，不過兩路：或經由概念，或經由直覺。而此亦復或爲先驗，或爲後驗。如是後驗，即作經驗概念看，以及自此等經驗概念所依據者言，再作經驗直覺看，則無論概念或直覺決不能給吾人以任何綜和之命題，除非也只是經驗者。（即所給者只是經驗命題，如是綜和，亦是經驗綜和。）而亦正因此故，所以亦不能有一切幾何命題所具有之必然性及絕對普遍性。如是先驗，即：在先驗樣式中，或經由概念，或經由直覺。依是，如是經由概念，須知自只是概念上，只有分析知識可以得到，而無綜和知識可以得到。譬如，『兩條直線不能圍一空間』，『若只有兩條直線，無有圖形是可能者』。此兩命題，汝想望自『直線』及數目『兩』之概念中而引申出。或如：『設有三直線，一圖形是可能者。』此命題，汝亦想自『直線』及數目『三』之概念中而引申出。然而汝之想望俱是徒勞。如是，汝必然要歸到直覺。你給你自己以直覺中之對象。但是，此種直覺是何直覺？是純粹先驗直覺，抑是經驗直覺？如是經驗直覺，無有『普遍地有效』之命題能從其中生出，必然命題亦同樣不能，因爲經驗從未有此。依是，你必須給你自己以直覺中之先驗對象，而汝之綜和命題即基於此。如果在你這主體中無先驗直覺力量之存在；如果主觀條件自其形式上說不能同時亦是普遍之先驗條件（只有在此條件下外部直覺之對象始可能）；如果對象（三角形）是某種在其自身之物事，對於你這主體無任何關係：則你如何能說：該必然存在於你這主體中而為構造一三角形之主觀條件者必須屬於該三角形自身乎？你決不能將任何新物事（圖形）加於你之概念上（三條直線之概念），而作為某種必須與該對象（三角形）相遇之物事；因為此個對象（依據此觀點），在汝之知識前即給予，而非因着知識始有之。依是，如果空間（時間亦然），不只是汝之直覺之形式，含有先驗之條件（而且只有在此先驗條件下，事物始能為汝之外面之對象，而且若無此主觀條件，外面對象在其自身必一無所有），則汝即不能對外面對象，在一先驗而綜和之樣式下，決定任何物事。依是，空間與時間，作一切外部及內部經驗之必要條件看，只是一切吾人直覺之主觀條件，而且在關連到此等條件中，一切對象因而只是現象，而非作為物自身而給予：此個思想不只是可能的或概然的，而且是不可爭辨地確定的。因此之故，當關於現象之形式能有許多事物可以先驗地說之時，則對於居於現象下之物自身即無任何可說者。」（超越感性之一般考察，第I段中文。）

此一大段，目的在明：時空若存於物自身，則純數學知識不能說明。但康德說：特別在空間上是如此，故此段單就空間與幾何之關係而論之。並未涉及算數學與時間之關係。幾何是空間之學，此為已定者。康德所以特別就空間論，以及所以一論及時空之超越推述或解析便喜以空間與幾何之關係為例證，蓋因空間與幾何之關係，對於其時空之主張之辨論比較為顯明。空間為歐氏空間，幾何為歐氏幾何，此皆爲有色者，爲有屈曲者，於說明空間之爲感性之先驗形式比較分明而豁朗。假若歐氏空間與歐氏幾何眞爲唯一者，則康氏之主張或可爲最可極成之主張，而其取此以證明空間爲先驗形式亦可謂爲有力之理由。關此吾人已辨之於上。然無論如何，如其康氏當時已認定「空間卽是歐氏空間」「幾何卽是歐氏幾何」，則由之以明空間爲感性之形式，爲純直覺，並由其爲感性之形式或純直覺以明歐氏幾何之必然確定性，卽甚豁朗而易爲據。然而時間與算數學之關係，則並無此豁朗性與便利性。時間之爲感性之先驗形式與“2+2=4”似乎並無顯明之關係，而“ +2=4”對於時間之爲感性之先驗形式似亦不能有根據上之助成。一算數學命題豈待時間之爲先驗形式而後然耶？時間之爲先驗形式又豈待一算數學命題之說明爲理由而極成其必然如此耶？吾人甚至尙可說：算數學與時間可謂全無關。旣全無關，又何暇顧及其爲先驗，抑爲後驗，其爲形式，或非形式？如兩者間無關係，卽有關係，而無必然之關係，則康德之「時間之超越解析或推述」，於算數學方面卽落空，或甚至可說全倒塌。（吾信是如此，且依吾之說，不但時間方面爲如此，空間方面亦如此。）時空儘可爲先驗形式，然不必能擔負數學知識之說明。然在實理上說，不能擔負，而不妨康德之哲學主張其能擔負。依是，時間與算數學無關係，或似乎無關係，而不妨康德以爲其有關係。縱於例證時空之爲先驗形式，算數學不及幾何之豁朗，因是康德常取幾何爲例，不取算數爲例，然此不過表示取例之有便與不便，並不能因而在邏輯上卽謂時間與算數學無關係，或卽謂算數學不就時間論，或謂算數學不基於時間之直覺。康德將全部純數學知識皆基於時間與空間之直覺上，而算數學是純數學之一支，其純亦並不亞於幾何，更不亞於力學，自當隸屬於此一定之範圍內而不能逃，而康德亦實未將其提出於此範圍外單獨而論之。而且康德雖於前所引之各段文字未涉及算數學與時間之關係，然而並非全無此種關係之表明。關此士密斯亦知之。以下吾願取士密斯之引證與討論爲根據以明此問題之究竟。

士密斯云：「在 Dissertation 中，又在純理批判論規模一章中，康德又提示另一觀點，卽：算數學亦論及時間之直覺。Dissertation 中有以下一段話：

純數學在幾何中論空間，在純力學中論時間。然對此復須加上一概念。此所需要增加之概念其自身純是理智者，然對其具體實現言，則又要求時間空間此等輔助之概念（卽連續增加中之時間及衆多之鄰接中之空間。）此所增加之概念卽是算數學中所論之數目。（A）

此個關於算數學之觀點，在兩版純理批判中皆可發見。算數學依於理解之綜和活動；概念之成分乃絕對重要者。純理批判則又有如下之語句：

吾人之計數是一種依照概念之綜和（此在較大之數尤顯然），因爲它是依照一種統一之公共根據而施行，譬如依照十進數。憑藉此種概念，雜多之綜和統一始成爲必然者。（理解之純粹概念或範疇。）（B）

一般感覺之一切對象之純圖像是時間。但是量範疇之純規模則是數。數是一種結合『齊同單位一一連續增加』之表象。依是，數目不過是一般齊同直覺中之雜多之綜和統一，——此統一即是由於吾在直覺之領納中產生時間自身一事實而成之統一。（規模章。）（C）

超越方法學中亦有相同之表示。不過吾可看出，此等文字中無有一段足以表示算數學是『時間之科學』，或甚至是基於『時間之直覺』。但是，在一七八三年，形上學序論中，康德又在極含混之字句中表示其自己，因其言辭函有幾何與算數間之平行論。其辭如下：

幾何是基於空間之純直覺。算數學則經由時間中單位之連續增加而產生其數目之概念；而純力學則又『特別』是只有因時間之表象始能產生其運動之概念。（§10。）（D）

此段話並不顯明。『特別』一詞在康德似乎指示『他所給予算數學之描述並不眞正滿意』。（案：此實深文周納，並無道理。）不幸，此種偶然不愼之陳述，雖然康德在其任何其他著述中未再重複，然而卻爲舒爾慈（Johann Schultz）在其康德教授純理批判略解一書中所發展：

因爲幾何有空間作其對象，算數學有計數作其對象（而計數只有因時間才可能），所以顯然可知幾何與算數學，即純數學，在何種樣式下才是可能的。

大體言之，自舒爾慈後，此個觀點變爲對於康德主張之通行之解析。算數學之本性，如此解析之，又爲叔本華所擴大。其辭如下：

在時間內，每一瞬皆爲其前者所制約。依是，存在之根據，如承續律，實最簡單。因爲時間只有一度，而且不能有關係之複多可能於其中。每一瞬皆爲其前者所制約；所以只有經由在前之瞬，始可以得到在後之瞬；只有因爲在前之瞬已逝或剛逝，在後之瞬始存在。一切計數是基於時間部分之此種結聚；計數之言詞只是用以標識該連續中簡單之步位。此即是算數學之全部。此門學問，除其計數上方法之簡約外，徹頭徹尾一無所說。每一數預定在其前之數爲其存在之根據；我只有因經由一切在前之數而達到之（即任何數），而且亦只有因見到其存在之根據，故當有十個數時，吾始知亦曾有八、六、四等數。

可是舒爾慈又即刻指出：此不眞是康氏義，而其所說之一段話，如上文所引者，乃是康德『數之規模』之界說。（案：此語有誤。康德只云量之規模是數，並未云數之規模。）……然則，在數目之領納中產生時間，康德此語究是何意？豈眞意謂：在計數歷程上時間乃必要者乎？計數是一歷程，經由此歷程，數目關係可以被發見。計數亦無疑要佔有時間。但是須知一切領納歷程皆是如此，在幾何之研究中亦是如此，不獨算數學爲然也。是以以上所述決非康氏意，甚至亦非舒爾慈所欲執持者（縱然其顯明之陳述似乎是如此），此事實可由一七八八年十一月康德給舒爾慈之信而表明。信中之表明，舒爾慈曾說及之：

時間，如你所說，在數之特性上並無影響（數目作純粹量之決定看）；它可以在量之變化之本性上有影響；此種量之變化只有與內感之特殊特性及內感之形式（卽時間）相連結始可能。縱然承續是每一量之構造所要求者，然而數之科學總是一純粹理智之綜和，此個綜和吾人在思想中表象給自己。但是，當量是數目地被決定，則卽必須在以下路數中而給予，卽：吾人能在承續之秩序中領納關於此等量之直覺，因而關於此等量之領納亦必附從於時間。……是以在算數學中，與在其他學問範圍內同，雖然吾人之領納歷程附從於時間，然而爲算數學所決定之量之關係卻是獨立不依於時間，而實是理智地被領納。」（以上參看士密斯純理批判解一二八頁至一三一頁）。

以上士密斯陳述康德於正面亦主張算數學與時間之關係。後則指出從時間論算數並非康德意。並云於所引康德各段文字中如A, B, C各段，無一足以證明算數學是「時間之科學」，或甚至基於「時間之直覺」。而D段（卽所引「序論」中之一段），則士密斯又謂其爲偶然不愼之陳述。關此，吾暫不作斷案，先作以下之分解：

1.所謂算數學是「時間之學」，不如說算數學「就時間論或立」。幾何學是空間之學，但不能說算數學是時間之學。第一、空間有屈曲，有內容；而時間無屈曲，無內容。第二、以空間有屈曲有內容，故可以研究之，而成一關於空間之學問；然而時間則既無屈曲之內容，吾人不能說研究時間而成一關於時間之學問，卽成一算數學。吾人固可研究時間，說明時間，譬如本章卽於空間外說明時間，研究時間，然不能說本章是算數學。雖不能說是時間之學，但可以說就時間論或立。就時間論或立即是說就純時間自己以定數或立數。數既經定訖或立訖，則算數學即是關於數之學問。是以就時間論或立，是「算數學原理或哲學」之事也。是以自邏輯上言之，研究算數學原理者，就時間以定數或立數乃一可能之理論，此恰如就「類」以定數或立數亦爲一可能之理論。如其康德謂算數學是時間之學，吾意當指此義言。以康德之明智當不至謂其爲研究時間也。

2. 吾人亦不當說純力學是研究時間之學。時間使運動之表象爲可能。時間爲先驗形式，故其超越解析，應用於實際經驗事實上，即首先可以使運動變化爲可能。運動可能，始能研究運動，因而成就關於運動之學問，是即是純力學。是以力學研究運動，而非研究時間。縱然時間爲運動之基本條件，因而形成運動之最基本之原則，而仍不能謂力學爲時間之學也。蓋運動需時間爲其條件，豈不亦需空間爲其必要條件乎？譬如希臘原子論者之論運動即以空間爲主也。吾人將見如其以力學爲時間之學，不如以算數學爲「時間之學」爲更切近而有義蘊也。蓋時間自身無屈曲之內容，而算數學除只是演算數之關係外，亦無其他可說者，是以如其一旦就時間以定數，則全部算數學即圓滿而成立，自足而無待。然而純力學則必須於時間外研究運動之屈曲，此運動之屈曲非只就時間自身所能定出者（縱然時間使運動爲可能）。復次算數學爲純粹先驗之學問，而力學，無論如何純，總不免有經驗之成分：以其總屬於物質之現象，而算數學則可以爲純形式之學問，而完全不涉實際之存在。依此而言，純就時間自身論算數學，可以滿足算數學之純先驗性及純形式性，然而徒有此卻不能成就力學也。吾人可如此說：時間之超越解析，就其自身之爲純形式而定數，因而成就算數學；就其應用於實際之現象，使運動變化爲可能，因而成就純力學。然而康德對於時間之超越解析，卻只提及運動與變化，而未提及算數學：此實是一漏洞。時間與運動變化之關係甚顯明，而與算數學不顯明。正以其不顯明，始需有解析。然而康德於此不顯明而又極重要之關頭，反默然無一言，此豈非一大漏洞乎？如不能說明之，豈不衝破其「以時空綜攝一切數學知識」之大前提？此實是一重要之關頭：將牽連康德關於時空之超越解析之全部。

3.依第一條，說算數學是時間之學，吾人已明其並非研究時間。現在吾人尚須指明：說算數學是時間之學，亦並非謂算數學中之數是在現實的時間中，數當然無時間性，數之關係即一算數學命題亦當然無時間性。復次，計數歷程固需時間歷程，然一切實際動作皆是如此，說算數學是時間之學豈是此意耶？決不然矣。即使康德眞主張算數學是時間之學，何至如此稚氣？實際計數「數」，並非說明「數」。算數學是時間之學並非指「計數『數』佔有時間」言。上引康德四段話中（即ABCD四段），無有表示此意者。康德於B段說「計數是一種依照概念之綜和」，此云計數實在說明「綜和」。譬如「七加五等於十二」，康德即明其是一種「直覺之綜和」，是綜和，而綜和必須求助於直覺圖像（或具體圖像或視覺圖像）。設七爲已定，吾人必須將五表象於具體圖像中（或五指或五點），然後將此表象於具體圖像中之五個單位一一連續加之於「七」上。此即康德所說求助於直覺之綜和，亦即所謂「計數是依照概念之綜和」中之「計數」。此旨在說明算數命題爲綜和者，非分析者。非在明吾人之計數佔有時間因而謂算數學是時間之學也。所謂具體圖像不必五個指或五個點，即指五個時間單位言，吾人亦非謂計數此五時間單位佔有時間歷程，因而謂算數學是時間之學也。如指五個時間單位言，吾人可明「算數學是時間之學」之眞義。時間爲先驗形式，爲純直覺，其中之純雜多即時間單位，吾人可就此以定數或立數，乃至就此以明算數命題即數之關係式。此即「時間之學」之確義，因而亦即等於「就時間論數或立數」。所謂「基於時間之直覺」亦當如此解。依是，舒爾慈所謂「算數學有計數作其對象，而計數只有因時間始可能」，此語實模糊而不清，至少亦非康氏義之確解。若如士密斯之說明，謂計數數或領納數佔有時間，則全成無謂矣。康氏義何至如此無聊耶？（所引叔本華一段文較妥貼。讀者細會便知。）

4.依是，「就時間論數或立數」與「數是理智的」，此兩義不相衝突。「是理智的」並不妨礙其「就時間論」，亦不能衝破其爲「時間之學」。此義甚重要。士密斯之辨論幾全以「算數學是理智的」爲其「提出算數學於時間之外」之理由。吾意其並無是處。

5.依是上引C段中「量範疇之規模是數，數是一種結合『齊同單位一一連續增加』之表象。數目不過是一般齊同直覺中之雜多之綜和統一」。以及D段中「算數學則經由時間中單位之連續增加而產生其數目之概念」。凡此，吾人皆可視之爲康德對於「數」所下之定義，而如此所定之數卻就是「就時間論或立」。然則，C段中末句卽：「此統一卽由於吾在直覺之領納中產生時間自身一事實而成之統一」一句如何解？此中「產生」一詞實卽「重現」義。時間爲先驗形式，吾人就時間中之純雜多卽時間單位綜和而成數，同時亦卽是重現一段時間之綜和。就時間自身言，此卽純直覺與純雜多之關係。明乎此，則該句無難矣。

6.上引康德文A段中：「數目自身純是理智者，然對其具體實現言，則又要求時間空間此等輔助之概念」。此語作何解？此亦是重要關鍵之所在。士密斯握住「純是理智者」之一義，而謂算數學非時間之學，甚至亦不基於時間之直覺。如果純是理智者之數目要求時間空間爲其具體實現之所在，則此語指兩層言。數目可以實現於時間甚至空間中，而數目卻不必就時間論。如是，成就或規定數目自身必屬於另一範圍，而既經成就再須時空爲其具體實現之所在，則又屬別一範圍。如是，時間（甚至空間），只是數目系列之具體表示，而並非成就或規定數目之所在。如是，算數學可以完全獨立不依於時間；依是，又必完全提出於超越感性之外：此則與康德所已確定之範圍全相違，吾人不能謂全部數學知識皆自超越感性上而論之：此將是對於康德系統之一嚴重之衝破。復次，成就或規定數屬於另一範圍，試問是何範圍？依何定之？如何成就之？謂其爲「理智的」並不能指示一「依何定之」之確實範圍，亦復不能視爲一定義。「理智的」不過是一特性，不能視爲一定義。

依是，此範圍尚是一空虛：康德未曾進於此而確定之，亦從未想另闢一範圍而明數；而士密斯亦從未意識及，如與時間無關，則在康德系統內，將如何而定數。依是，算數學成為一無歸宿無着落之游魂。吾固非主張算數學必就時間論。然在康德系統內，如不就此論，將依何而論之？汝試替康氏一思之。康德雖屢明空間與幾何之關係，而未細細表明時間與算數學之關係，然而亦常略有所道及（如上引康氏文CD兩段），亦曾決定以「超越感性論」籠罩一切數學之知識；然而卻無一語道及算數學可以屬於另一不同之範圍，亦從未想為算數學另闢一新範圍以明之。依是，兩者相權，吾仍主張康氏實以算數學屬於超越感性論（此是大範圍），亦實必視算數學為時間之學，就時間論，基於時間之直覺。縱然康德於此無甚顯明之說明，而吾人如此論（且可以代康德弄顯明），則可以使之與其系統相融洽。依是，數目雖是理智的，而與「就時間論或立」並不相衝突。而所謂「數目自身純是理智者，而對其具體實現言，則又要求時間空間此等輔助之概念」，此語吾人可不視之為兩層。「具體實現」，可視為就時間而成就之或規定之：實現之即是就時間而直覺地構造之。否則，何必要求時間與空間？如為兩層，則數目豈必實現於時間與空間？豈不可以實現於個體與類名？如康德說此語時不必眞如此，則吾人須知此段本是康德早期之文字。若以純理批判及序論為標準，則吾人可定康氏之主張必如此。

7.如果「純是理智者之數目」與其「要求時間空間為其具體之實現」為一層，則算數學既為時間之學卽就時間論，何以又必要求於空間？此豈非空間對於算數學之重要並不亞於時間耶？此實比較麻煩之問題，蓋因康德本人對於算數學與時間之關係卽無確切顯明之說明。正因其不確切不顯明，康德留下一漏洞，而此漏洞卻足以衝破其「超越感性論」之藩籬。關此吾人可作以下之說明：（a）雖亦需要空間，而時間仍爲必須；（b）卽使只是時間，亦並無不足處，卽只就時間論亦可以旣必須又充足；（c）因爲算數學只是數量之關係，而對於數量之決定與構成，時間雖可以旣必須又充足，而不必限之於時間；（d）然而無論或「時間或空間」，或「時間與空間」，要皆仍屬於超越感性之範圍：空間本與時間不必有嚴格之分離，而如將空間亦納之於其中，則吾人此時卽只注意空間之部分，因而成量度，而不注意其圖形，依是，權而言之，說算數學是時間之學仍無礙：總之，吾所注意者，如此而論之，可以不離超越感性之範圍（理智在此範圍中進行並無礙，從直覺到概念，從概念到直覺，康德固未偏廢也，然必定在同一範圍中），只是時間或帶空間，則固不相干也。（康德或卽是此態度，其所以不確切不顯明或亦正因其於此不必要確切，不必要顯明，然而大範圍則康德卻已確切而顯明，是以吾人不能因其是理智者，卽提出之於時空範圍外。）然而卽使如此解，亦不能保證康德關於時間之超越解析之應用於算數學之必然性。最後之問題只在此，決定吾之時空論，數學論，以及全部系統與康德不同者亦在此。依是，關此問題，康德實可陷於以下之二難：

A.如果純是理智者之數目與其具體實現爲同層，亦不能保證時間之「超越解析或推述」應用於算數學方面之必然。

B.如果純是理智者之數目與其具體實現爲異層，則不但不能保證，甚至整個推翻「時間之超越解析或推述」之應用於算數學。

康德無論取A端或B端，皆足以影響其「超越感性論」之眞確性。士密斯之疏解向B端趨，然彼未曾知此於康德之系統主張之影響尤其惡劣也。且引其言於下（直接上引士密斯文）：

「但是，如果以上關於康德主張之心理學解析不成立，則其主張將如何規定之？吾人必須謹記於心中，即康德在前批判期所發展之數學主張是如此：數學知識之不同於哲學知識是在其概念能有一具體的個體形式。在純理批判則表示此差別於以下之陳述：只有數學科學始能其自己構造其概念。而當數學是純粹數學科學時，此種構造須因空間及時間中之先驗雜多而成立。然而現在雖然康德對於其心目中所意謂之空間中幾何圖形之構造有十分確定之觀念，而對於算數學及代數之構造之本性，自其處處所表現之口氣而觀之，似乎從未想達到任何準確之觀點。從上面所已引 Dissertation 中之一段文而斷之，可知康德視空間對於數目之構造或直覺其必要並不亞於時間。理智之數目概念於其具體實現上要求時間與空間此兩副助之概念。與此相似之觀點又出現於純理批判A版一四〇＝B版一七九，及B版十五諸處。但是，因爲想與其規模論之一般需要相契合，康德遂於規定數目之規模時專涉及於時間；而且正因此規定，舒爾慈遂主算數學是計數之科學因而亦是時間之科學。吾人可以看出，此個規定至少指示康德已覺察及算數學與時間之間有某種連結之形式存在於其中。但是，即照此點言，康氏如此主張或許亦只是從其數學科學之本性之一般觀點，尤其是從其幾何之觀點（幾何是一切其他數學科學之佳例），而得來之一推論。數學科學，自其本性言之，是基於直覺，算數學是其一支，所以亦必基於直覺。但是，算數學所據以爲源泉之直覺之本性，康德從未想規定之。吾人予以同情之解析，可說：康德之陳述可以視爲暗示以下之事實即：算學是『系列』之研究，而系列可以於承續時間之秩序中尋得具體之表示。」

案：此末句所謂同情之解析，實含有危險。此屬於上列二難中之一端。士密斯復繼續引伽西爾（Cassirer）一段話，中有：

「……須知康德只是討論時間概念之超越的決定，依此決定，時間表現爲一有秩序的承續之典型。罕米爾頓曾採取康德之主張，規定代數爲『純時間或進級中之秩序之科學』。算學概念之整個內容能從『不破裂之發展中之秩序』一基本概念而得到，此事實完全爲羅素之解析所確定。是人當反對康德學說時，吾人必須注意以下之事實：並非時間直覺之『具體』形式形成數目概念之根據，反之，純粹邏輯之承續概念及秩序概念實早已隱藏於而且具形於該『具體形式』中。」

加西爾此解亦屬於上列二難中之B端。士密斯復有一綜結如下：

「茲綜結以上之討論。雖然康德在純理批判第一版已說及數學科學基於時間與空間之直覺，然而並未將任何分離之數學訓練單基於時間上。規模論章，所作之數目定義，可以認爲算學之概念性，而其與時間相連結則只在間接之樣式中。『序論』中之一段是康德著作中唯一的一段似乎主張算學與時間之關係恰如幾何對於空間之關係，然而其言詞亦極簡單而不確定。此種算學觀點，在純理批判第二版中，決找不出。時間之超越解析，第二版所增加者，只提及純力學，而未提及算數學。此足示康德『序論』中之陳述乃措辭之不愼。若再加反省，康氏可以見出其自己決不能如此論算學。……算數學是概念之科學；雖然在有秩序之承續中，可以尋得其直覺之質料，然而並不能因此卽規定算數學爲時間之科學。」（以上所引共三段，參看純理批判解一三一頁至一三四頁）。

士密斯與伽西爾俱想援引現代之數學思想以解康德。如以爲此是解析康德之思想，吾不同意此解析；如以爲此是批評康德之缺點，則此解析與康德之思想相剌謬。二人俱有以下之謬見：

1. 以爲一說算數學是時間之學，便以爲是計數歷程中有時間之流逝，便以爲是心理學之解析。須知此甚無謂，康德決不如此幼稚。

2. 復以爲因算數學是理智之科學，概念之科學，故非時間之學，因而與時間全不相干：其所以不相干乃因其不相容，其所以不相容乃因其視時間爲心理學之解析。然依吾而觀之，則以爲所謂時間之學乃是指自超越感性以明數學言，卽自時空之爲先驗形式以明數學言。復次，吾人復以爲「是理智之科學或概念之科學」與「就時間論數或立數」並不相衝突。康德亦並非不知其是理智者，是概念者。自超越感性與超越分析而言之，此是「從直覺到概念」與「從概念到直覺」之關係之問題。自直覺與概念而言之，此是綜和與分析之關係之問題。兩者何以必不相容耶？「是理智之科學」豈是以爲提出於時間以外之理由乎？超越感性以及其中之超越解析乃先驗而必然之數學知識之所以可能之原理，此必須注意者。然而士密斯等人不能記住此大頭腦。所以因此二謬見，遂以爲：

3.算數學是純粹邏輯之承續概念或秩序概念之學，而此只能實現於時間空間中，或只能於時間空間中找得具體之表示，而並非時間直覺之具體形式形成數目概念之根據。

吾人所注意者即此第三點，因其是最後關頭之所在。如誠如此，則算數學即不在超越感性中，而其中之超越解析或推述亦不能負責說明算數學知識之先驗而必然。此則與康德思想大相違。算數學只於時空中得到具體之表示，則算數學本身之成立必別有所在，必可以純理智地純邏輯地成立之。加西爾即已提及羅素矣。康德並未進至此，羅素特就此而興起。然則汝等欲使康德舍棄其自己之立場而歸於羅素乎？抑歸於希爾伯之形式主義乎？吾意決不可以如此也。

然而如歸於吾之解析，即上列二難中之A端，則誠可以維持康德之立場，然亦不能成就超越解析之必然性。吾人雖可以就時間論數或立數，然爲先驗形式之時間却似與算數命題之必然確定性並無若何之關係（不必說必然關係）。而算數命題之必然確定性之說明亦不必依賴時間必爲先驗之形式。依是，時間之超越解析，於算數學方面之應用，可謂全無着落者。是卽示算數學可謂全跳出超越解析所確定之範圍以外矣。時間太無色，算數學亦無色：雙方皆無色，乃不能建立若何之關係。康德所以只提及力學，而不提及算數學，或卽以此乎？其所以雅言幾何與空間，而不解算數與時間，亦或卽以此乎？吾人雖可以直覺之綜和明算學命題，然與先驗形式之時間無必然之關係也。其所綜和之數目雖可以就時間立，然不必就時間立，任何其他可以說量者皆可由之以立數。縱皆可由之以立數，而於算數命題之必然確定性又皆不能由之以說明：可以就時間立，而時間自身不能說明之；可以就任何他處立，而任何他處亦不能說明之。假若康德所說之直覺綜和足以說明之，而直覺綜和非時間，亦非任何其他處。而何況徒是直覺綜和亦未必能明之。如是，如此等任何處皆不能說明算數命題之必然，則必有可以說明者。如有可以說明者，則算數學卽不在此等任何處。雖可於此等任何處找得具體之表示，而儘可不必自此等任何處以明算數學。縱然自此等任何處可以成立數，則亦不過自此等任何處找得算數學所運算之符號；然如算數學不能由此等任何處以明之，則其所運算之符號亦不必自此等任何處而取得。如是，此等任何處只可視爲算數學之具體表示處，具體實現處，而算數學自身之成立與說明則必不能自其具體表示處而成立而說明：蓋一言具體表示，彼自身卽早已成立也。依是，康德超越感性論所畫之範圍，超越解析所負之責任，於算數學留一大漏洞。卽於算數學方面全倒塌。復次，康德雖雅言幾何與空間之關係，然如吾上文論空間與幾何時，已將康德所欲建立之關係全打斷，則其於空間方面之超越解析亦倒塌。如此而倒塌，則康德之全部超越感性論必改觀，而其中全部超越解析必廢棄。

吾前已言之，吾非謂算數學必就時間論，然在康德之系統則似乎必應就時間論。士密斯與伽西爾之觀點乃吾所欲極成者。然須知：此觀點與康德之立場相剌謬，是以決不應視爲此即是康德之立場，亦不應以此作爲對於康德之修補或圓滿，以根本遠離康德之立場故。復次，士密斯與伽西爾之觀點亦非輕易事，吾人必須對之有清晰之概念，必須切實作成之，決非說其是理智者即已足。康德本人未能進至此，而依照其超越感性論，他亦不能進至此：進至此便須破其超越感性論。康德如於此有憧憬，一經愼審思維，他必能另闢一新天地，而必不是超越感性所確定之範圍。然而康德仍是執持其超越感性論。所以他未能進至此。此是重要關頭。士密斯等人卻於此無所覺。士密斯等謂數目是理智者。而只於時間尋得具體之表示。吾意其對此並無確切之概念，亦未意識及此與康德思想不相容，更遑論其能切實作成之？意識及之，而又能切實作之者，爲羅素。康德留下一漏洞，因而天然留一工作給羅素。然羅素雖能意識及，而又能切實作成之，然未必能如理。「數學歸於邏輯」，即是康德所留給羅素之工作之標識。然此標識，羅素並未能眞正滿足之。算數學固不必就時間論，然亦不必就「類」而論之。如果算數學只能於時間尋得具體之表示，因而謂算數學本不就時間論，則亦可說算數學亦只是於類上尋得具體之表示，因而亦不必就類與關係而定之如羅素之所作。如果時間與類及關係（羅素系統中者）俱只是算數學之具體表示處，則卽表示算數學本身之成立決不在此等處，就此等處之任何處而論之皆無必然性，是卽明算數學決不能於其所具體表示處而論之。然而羅素却亦不能免乎此弊竇。是以吾云：「雖能切實作成之，而未必能如理」。依是，此正另須進一步之極成。康德天然留一工作給羅素，而羅素復天然留一工作給本書。此恰是一辯證之發展。「算數學是理智之科學」，此義如切實作成之，必須跳出超越感性之範圍而另闢一新天地。吾人已明康德在理論上並不能進至此。然而吾人若歸於其超越感性論，則以其於時間與算數學之關係處留下一漏洞，此卽函此漏洞本身必然衝破其超越感性論，依是又必歸於另一新天地。如必歸於一新天地，則超越感性論中關於時空之超越解析甚至關於時空之形上解析必全部要改觀。本書時空之主張卽應此改變而立也。時間之超越解析因算數學方面之漏洞而破壞；空間之超越解析，雖與幾何有明確之關係，然此關係並不能成立，卽以此故，空間之超越解析亦破壞。依是，康德所欲以時空之超越解析說明一切數學知識者，結果乃全不能說明之。依是，時空之超越解析乃至超越決定所能作成者是何事，吾人必須進一步確定之。

第三節　數量範疇與「時間與算數學」以及與「空間與幾何學」之關係

關此問題，吾人集中於「從直覺到概念」與「從概念到直覺」而論之。在純理批判中，超越感性論是「從直覺到概念」，超越分析論（可限於原則之分析卽純粹理解之原則），是「從概念到直覺」。康德依此兩歷程說明一切數學知識之全貌。惟吾人前曾表示，此說明數學之兩歷程並非指示兩個不同之範圍，實是同一範圍中之兩來往。至康德於陳述中之不確定，且有時形成不同範圍之誤引，亦不能衝破其於邏輯一貫上必爲同一範圍也。康德就感性之先驗形式（時間與空間）說明一切數學知識。設此範圍爲已定而不可移，吾人可由此先看「從直覺到概念」。

1. 時空俱爲感覺之先驗形式，爲純直覺。此言純直覺，指時空本身之先驗表象言。然時間無有屈曲之內容，而空間則有屈曲之內容，以康德言空間必爲歐氏空間故。是以於超越解析，時間則只提及使變化運動爲可能，而無法言及算數學，至於空間，則必謂其爲先驗形式，爲純直覺，而後始能明歐氏空間之必然性，以及隨歐氏空間而來之歐氏幾何命題之必然性。依是，自數學知識而言之，此言純直覺，亦於幾何方面有確定之關係，而於算數學，則不但無確定之關係，甚且根本無關係。此康德之所以常提幾何學，而不提算數學也。如果時間與算數學根本無關係（卽無超越解析所欲建立之關係），則決非「不便於舉例」而已也。然而康德却欲於「時空之爲先驗形式」上說明一切數學知識之必然性。

2. 數學命題是直覺者。此言直覺指「直覺之綜和」言。直覺之綜和明其並非概念之分解。此「直覺綜和」義，於算數學及幾何學皆應用。然幾何學既只爲歐氏幾何，故必通於唯一之歐氏空間，是則此「直覺綜和」，應用於幾何，必與空間發生必然之連結，然而應用於算數學，則却與時間無關係：吾人謂「七加五等於十二」是直覺綜和之命題，不必根據於時間而始謂其必如此。依是，自數學知識而言之，此直覺義亦指示空間與幾何之關係爲特顯，而於「時間與算數學」則又不能指示矣。

3.時空爲先驗形式，爲純直覺，非概念，而概念之時空，即種種不同時空，則經由限制之決定而成立。此言概念指時空部分言，此即康德所論之純雜多。此概念義通於時間與空間，亦無幾何與算數之差別。然此有二義必須注意：a.此種概念之時空必隸屬於純直覺之時空，即純雜多必隸屬於純直覺。b.此種概念之時空經由限制之決定而成立，若所謂決定必經由數量範疇而決定，則此概念之時空雖由數量範疇而來，然與數量範疇之爲概念却不同。

4.數學命題必依直覺綜和而說明，概念分解只就其已形成而陳列之，要不能作爲說明數學命題之原則。是以概念必隸屬於直覺，分析必隸屬於綜和。此言概念亦通幾何與算數，然與數量範疇之爲概念亦不同。且兩者亦無若何之關係，故與上條所述者亦有別。蓋上條言部分時空必經由「依照數量範疇而作決定」而始然。然此言概念分解則似與數量範疇並無若何關係也。

以上四義，依1與2，吾人可知：

一、從直覺到概念，超越感性中之超越解析，於數學知識，只適宜於幾何，不適宜於算數。

依3與4，則知：

二、從直覺到概念，此中之概念只於部分時空方面與數量範疇有關，而於幾何與算數命題之概念分解方面，則與數量範疇無關。

此兩結果甚重要。若「從概念到直覺」，則可得相反之情形。吾人暫列如下：

I.從概念到直覺，超越分析（原則之分析）中之超越決定（先驗決定），對於數學知識之說明，只適宜於算數，而不適宜於幾何。

II.從概念到直覺，以經由數量範疇而作超越決定（即決定廣度之量），此中之直覺，亦只於數量方面而與算數學有關，然不於「空間形」方面與幾何學有關。

此兩情形與上兩情形兩兩相反。若兩相對照，吾人可決定「時空之超越解析乃至超越決定所能作成者是何事」一問題。茲依「從概念到直覺」之歷程，說明如下。

康德云：「但復有若干純粹先驗原則，吾人並不能歸於純理解，因理解是『概念之能』故。此等原則雖為理解所媒介，然並不自純粹概念而引出，卻自純粹直覺而引出。此種原則即是數學中之原則。然雖自純直覺而引出，然當論及其應用於經驗，即論及其客觀有效性，甚至論及此種先驗綜和知識之可能性之推述，則吾人必須回至純理解。是以此處雖暫置數學原則而不論，然所論者卻是數學之可能性及先驗客觀有效性所根據於其上之『更根本之原則』。此等更根本之原則必須視為一切數學原則之基礎。此是從概念到直覺，而不是從直覺到概念。」（純理批判：純粹理解之一切綜和原則之系統表象：士密斯譯本頁一九五。）

此段中所言「從純直覺中而引出之數學原則」當即是「從直覺到概念」一方面所論者，亦即超越感性中之立場。然當回至純理解以論此等數學原則之應用於經驗以及其客觀有效性等，則即是「從概念到直覺」，亦即是超越分析中（原則之分析）之立場。此步工作即是康德所謂必須涉及「數學之可能性及先驗客觀有效性所根據於其上之更根本之原則」。「此等更根本之原則必須視爲一切數學原則之基礎」。所謂「從概念到直覺」既即是「超越分析」中之立場，則自大義言之，亦即是「原則之分析」，而原則之分析即在明綜和判斷之最高原則：此原則不外謂「知識可能之條件即知識對象可能之條件」，所謂「條件」即指理解範疇（或概念）言。是則由此最高之原則進而爲原則之分析，其主要目的即在明範疇如何應用於經驗或現象。範疇有四目，原則之分析亦隨此四目而爲四目，此爲原則之系統表象。是以「從概念到直覺」，切實言之，即爲由一原則以明時空之超越決定，由此決定而成量度，以備量範疇之應用，應用於現象。由此量度之決定，以及量範疇之應用（此皆概念中事，所謂必須回至純理解），吾人可進而形成數學中之命題，故曰從概念到直覺，又曰此處所論者是數學之更根本之原則，此更根本之原則又爲一切數學原則之基礎。關此吾人可只以相應於量範疇之直覺公理（其原則是：一切直覺皆有廣度之量）而明之。且引康德語如下：

「當部分量之表象使全體量之表象爲可能，而且先於全體量之表象，則吾名此量曰廣度之量。我不能將一條線，無論如何短，表象給自己而不在思想中引出之，此卽說：吾必須在思想中從一點起將其一切部分逐一產生之而成就此條線。（案此卽成一有限廣度量。）只有如此，直覺始能被得到。在一切時間上，無論如何小，亦是如此。在時間上，吾人只如此想：從一片時到另一片時之連續前進，藉此連續前進，經由時間之部分及其增加，則一決定時間量度卽可被產生。（案此亦是一有限之廣度量。）因爲在一切現象中，純直覺之原素或是空間或是時間，所以每一現象，自其爲一直覺而觀之，皆是一廣度量。只有在關於量之領納歷程中，經由從部分到部分之連續綜和，一個量度始能被決定。依是，一切現象是當作一集和而被直覺，當作已成之先在部分之複合而被直覺。此並非言每種量度皆是如此，但只是在廣度之樣式下而爲吾人所表象所領納之量度是如此。

「空間之數學（卽幾何）是基於在圖形之產生中創生想像之連續綜和上。此卽是公理之基礎。公理乃爲感觸的先驗直覺之條件。只有在此條件下，一關於外部現象之純粹概念之規模始能成立。譬如：兩點間只有一條直線爲可能，又如：兩條直線不能圍成一空間。凡此皆是公理，而此等公理，嚴格言之，只是關涉於量度之自己。

「……關於數目關係之命題誠是綜和者。然一般言之，却不似幾何中之命題，所以亦不能名之爲公理，但只是數目之公式。『七加五等於十二』不是一分析命題。因爲無論在七之表象中，或五之表象中，或七與五兩者之結合之表象中，皆不能使吾想及數十二。（兩數相加，自然必須得十二。但此並非此處之問題。因爲在分析命題中，問題只是：是否我能實際地想「謂詞卽在主詞之表象中」。）但是，雖然此命題是綜和者，却也只是單一者。吾人現在所論者只在齊同單位之綜和，而此綜和只能在唯一路數中發生，雖是此等數目之應用須是一般者。如果我主張：經由三條線，其中兩者相加大於第三線，因而能描畫成一個三角形，則我只是表示創生想像之機能，藉此創生之想像，該三線可以引畫爲較長或較短，因而能使其在任何及每一可能角度中相交遇。可是，另一方面，數目七只有在一條路而可能。數目十二，當其由七與五之綜和而產生時，亦是如此。所以此等命題必不可以名之爲公理，因爲如其如此，必有無窮數之公理，所以但只可以說是數目之公式。

「此種『現象之數學』之超越原則大能擴大吾人之先驗知識。因爲只有此等超越原則始能使純數學應用於經驗之對象。如無此等原則，此種應用必不能是自明者；而關於此方面實亦有許多思想上之混擾。現象不是物自身。經驗直覺只有因空間與時間之純直覺而可能。是以，凡幾何在純直覺方面所主斷者在經驗直覺方面亦必絕對爲有效。或反對說：感覺對象未見能與『空間中的構造』之規律，譬如線或角之無窮分割之規律，相契合。此皆無謂之反對，必須捨棄。否則，吾人必反對空間之客觀有效性，結果亦必否決一切數學之客觀有效性，而數學爲何以及如何能應用於現象亦必不可解。部分空間及時間之綜和，卽一切直覺之基要形式之綜和，卽是使現象之領納爲可能，因而結果亦使每一外部經驗及一切關於『此種外部經驗之對象』之知識爲可能。純粹數學在關於『領納之形式』之綜和方面所建立者在所領納之對象方面而亦必然爲有效……。」

對此段所述者，吾人再引別處一段以相發明：

「一個三角形之可能性似乎很可以單從其概念自身而知之（其概念亦確是不依於經驗），因爲事實上，吾人實能完全先驗地給予以對象，此即是說，能完全先驗地構造之。但是，因爲此概念只是一對象之形式，所以亦必只是一想像之成果，而關於此概念之對象之可能性，必仍是可疑者。欲決定其對象之可能性，某種其他物事乃爲必需者，此即是說：此種圖形必須在一切經驗對象所基於其上之條件中而想之，而且除此一切經驗對象所依之條件外，別無其他之條件。現在，空間是外部經驗之一『形式的先驗條件』，而吾人在想像中構造一三角形所經由之『形成的綜和』亦正恰是吾人在一現象之領納中所運用之綜和，即在爲吾人自己製造一個關於此個現象之經驗概念中所運用之綜和：凡此諸義始能使吾人將如此一物之可能性之表象與此物之概念相連結。同理，因爲連續量度之概念（實則一般量度之概念亦然），一切皆是綜和者，所以此等量度之可能性單從其概念自己亦決不能弄清楚，但只有當將此等概念視爲一般經驗中對象之決定之形式條件時始能弄清楚……。」（經驗思想之設準：論「可能」中文）。

以上所引五段，總持言之，不過說明三事：

1.廣度之量之形成。（第一段）

2.幾何有公理，算數學無公理。（第二第三兩段）

3.純數學與純數學之應用，此應用即「現象之數學」之形成。（第四第五兩段）

吾人已知言廣度之量之形成是從概念到直覺，由此吾人已可知言廣度之量之目的即在「現象之數學」之形成，而「現象之數學」之形成則在明純數學與現象數學之合一，亦即「從直覺到概念」與「從概念到直覺」兩歷程所成就者之合一。故云：「凡幾何在純直覺方面所主斷者在經驗直覺方面亦必絕對爲有效」。又云：「純粹數學在關於領納之形式之綜和方面所建立者在所領納之對象方面亦必然爲有效」。然吾人以爲康德所論之廣度之量，單就此量之本身言，無論由時間之超越決定而成，或由空間之超越決定而成，因其所決定者只是一廣度量，故其直接之效用只適宜於算數學，不適宜於幾何學。時間有時間之部分，由此部分之綜和而成一時間方面之廣度量；空間有空間之部分，由此部分之綜和而成一空間方面之廣度量；若再採取近代觀點而言之，則時空合一而爲一四度連續體，此四度連續體有其時空合一之部分，由此部分之綜和而成一時空合一之四度廣度量。其直接所決定者只是一個廣度量，所謂只是一「齊同單位之綜和」，而並無其他之屈曲在其中。然只是一個廣度量只能適宜於算數學之成立，而距幾何之成立則尚遠，雖於幾何學廣度量亦爲必須者，然只是廣度量要不足以成幾何。於數目及數目之關係（此即算數命題），只需要齊同單位即足夠，故只有廣度量亦足够，然於幾何學則爲不足够。縱如康德之所持，視歐氏空間爲直覺之先驗形式，故在純直覺方面爲歐氏幾何學，在直覺對象即現象（或經驗直覺）方面亦必爲歐氏幾何學，此爲從直覺到概念，空間之超越解析中所屢說明者。然此一關係之建立，決非從概念到直覺中之廣度量一概念所能盡其責。由廣度量至現象方面歐氏幾何之形成，必須增益其他之概念，然此所需要增益之概念決不函於「直覺公理」中。是以直覺公理中所明之廣度量只適於算數學，不適於幾何學。復次，由直覺公理以明廣度量，其目的在明量範疇之應用，即明其客觀有效性，而量範疇之三目却只爲一多綜。吾人就此層而言之，無論量範疇對於算數學恰當否，然要必近於算數學，而與幾何學可謂不相干。是以量範疇之客觀有效亦只切於算數學之形成之說明，而不切於幾何學之形成之說明。由是吾人可見，從概念到直覺，直覺公理中所明之現象之數學，與從直覺到概念，超越感性中關於時空之超越解析所明之純數學，兩方不接頭。前者適於算數學，後者單適於幾何學。然前者適於算數學，單是現象之算數學，而純算數學則於超越感性中又落空而不得解。然則純算數學將依何而論之？此實是康德系統中一漏洞。由此漏洞，吾人得以下之出路：

甲、吾人必有一領域足以明純粹算數學。

乙、時空之超越決定固能給吾人以廣度量，因而亦必能給吾人以現象之算數學，然而如果甲項得成立，則吾人只說時空所決定之廣度量只爲純算數學應用之通路；而就純算數學之應用言，則於其所應用處（卽廣度之量處）必有足以決定之之基本概念或關係以備其可應用，此基本概念或關係吾人名之曰決定廣度量之型範；此型範吾人將不說其爲一多綜，吾人將見此型範必須於成就純算數學之領域中發見之；依是，此型範於純算數學方面與其於純算數學之應用方面而必同一；依是，吾人將見決定廣度量之基本概念或關係必只是成就純算數學之基本概念或關係之外在化，外在化而決定廣度量所成之現象之算數學必只是純算數學之外在化，純算數學之應用卽是純算數學之外在化，其外在化之通路之一卽是時空所決定之廣度量，外此一通路則爲項與類。

此甲乙兩項爲本書系統所欲作成者。甲項吾人已成之於「純理與數學」。乙項甚繁複。於廣度量方面，吾已明之於「時空之超越決定」中。於「項與類」方面，則見下部「曲全格度之所函攝」章。

上言「後者單適宜於幾何學」，所謂單適宜於幾何學又只是超越感性中之純幾何，而於直覺公理中所明之「現象之數學」，吾人已明其只適於算數學，不適於幾何學，是則「現象之幾何學」於廣度之量中已落空。康德雖於直覺公理中已論及幾何學，如云：「凡幾何在純直覺方面所主斷者在經驗直覺方面亦必絕對爲有效」，然此中實有許多許多之預設，若單言廣度量，則固不足以成幾何，而量範疇亦與幾何無成就上之關係。純幾何與現象之幾何因兩者間之必然連結而成之圓融合一，在康德之系統中，固較算數學方面而爲顯明，其所以顯明乃因超越感性中空間之超越解析爲顯明。然此關係雖顯明，而直覺公理中所明之「現象之數學」則不能成就此顯明。此亦康德系統中之漏洞。由此漏洞，吾人復得以下之出路：

丙、空間之超越解析雖顯明，然吾人已明其不成立。依是，由空間而至歐氏空間乃至歐氏幾何，必需有其他之概念以決定之。然此種決定如純是邏輯者，則必有許多可能之決定，因而必有許多可能之幾何。於此，吾人記起康德所言之「幾何有公理，算數學無公理」之主張。吾人須知此主張甚有理據。然康德於「算數學無公理」之說明甚淸晰，而於「幾何之有公理」之說明，則甚不明顯。吾人願以理論極成之。吾人何以說廣度量之決定只適於算數，不適於幾何？只是廣度量，而不必有曲屈，此即是「算數學無公理」之根據。（此固自現象算數學方面言，純算數學方面亦如此。）然只是廣度量，而不能成幾何，是則於幾何必須有其他之增益。此其他之增益即是屈曲之所在，以有屈曲，故有公理。此即是「幾何有公理」之說明之基礎。（此固就廣度量即現象之幾何方面言，純幾何方面而亦如此。

丁、由空間而施以純邏輯之決定，因而成就許多可能之空間與幾何，若問此許多可能之空間與幾何誰能應用於現象且必然應用於現象，則吾於上章已明幾何系統不能無限多，凡可實構者皆適用。

第二部

順思解三格度而來之超越的運用

第一章　因故格度之所函攝

因故格度本身之意義，吾已說明於前。茲再進而言其所函攝。其所函攝之全部歷程即超越運用之全部歷程也。吾於時空格度，則言超越決定，以其只適用於物質現象之擴延外形，時空往而限定之，即平鋪於其上，而有構造義，故曰超越決定。至於思解三格度，則對於現象只有軌約義，而無構造義，故言超越運用也。

時空格度以只適用於物質現象之擴延外形，故其決定者只是外物之一般的形式特性，而此形式又只屬於時空者。倘不能接觸到物質現象之具體內容。依是超越決定所成之知識只是一般之形式知識，實亦即先驗知識。倘不能使吾人有經驗知識。吾欲接觸物質現象之實際內容，而成經驗知識，則必須經由思解三格度之超越的運用，穿過時空之超越決定，而透至物理現象之實際關係，始可能。時空格度以只適用於物質現象之擴延外形，故其對於知覺現象所成之客觀化只是形式的客觀化。而思解三格度之超越的運用所成之客觀化則是實際的客觀化。

思解三格度之超越的運用實即以因故格度爲主脈。曲全二用兩格度則是含於此主脈中而抽出，或含於此主脈中而是用，而見義。其自身不能獨立也。而因故格度之所以能成其爲超越的運用，又非其自身事，必藉「因故，歸結」中所藏之範疇始能見。由「因故歸結」中所藏之範疇起，至其所函之全部形式歷程止，即因故格度之所函攝。其步驟如：三支比量，歸納推理，演繹推理，以至於概然，全在其中。是以因故格度之超越運用的全幅歷程即一知識完成之歷程也。

吾人由邏輯以識純理，由純理之外在化以建立數學與幾何，此都可曰純理之自「自相」。順知性之外用而言思解格度之超越運用，則可曰純理之自他相。合自自相與自他相而觀之，則理性之全體大用豁。而此全體大用藉超越決定與超越運用以彰顯，亦無非完成一經驗知識也。

第一節　三支比量：設準形態

知性之了解外物，不惟有時空格度以限定之，且於因故格度處具範疇之運用以解別之。直覺的統覺顯露一實事，理解即當機而了別之。於當機而了別之，即當機而有範疇之運用。範疇爲一當機而立之概念。此概念具有原則性。運用者即携此原則性之概念而論謂當下實事也。是以論謂之，即概念化之，亦即範疇化之。此原則性之概念（即範疇），於理解之解別也，隨「如果則」之假然命題而俱起，亦卽由此假然命題而表示。此假然命題實爲一普遍之原則命題。以其爲普遍之原則命題，故範疇亦有其原則性，亦復有其假然性與運用性。設眼前有一緣起實事，吾論謂之曰：如是所作，卽是無常。一緣起實事只是生起流轉，直覺起而綜攝之而取其全。此生起流轉之事之爲事，無所謂「所作」、亦無所謂「無常」。惟理解欲詮表其義，始有所作無常兩義。義者概念也。所作爲一概念，用之以狀此事。無常亦一概念，用之以狀此事。惟只所作一義，與只無常一義，不足以爲範疇，卽不足以爲原則性之概念。所作無常必在一普遍命題之連繫中始見其爲範疇。如是所作，則爲無常。所作無常在此假然命題之必然連繫中，始得爲原則性之概念。是以所作與無常成一整體（實卽一整義），而後爲範疇。此爲吾理解之心所假立者，故有原則性。依此原則性之概念（卽範疇），吾可以詮表實事而歸類之。歸類者歸於範疇之下而成一義類也。

所作無常在必然連繫中。其連繫爲因故連繫。所作爲因故（卽根據），無常爲歸結。理解以說出故，卽出此因故也。因故爲理解之心當機而自立。亦卽爲理解之詮表而建立。依此因故必有此歸結。必有此歸結者，言因故歸結之連繫爲必然連繫也。必然連繫亦言其連繫爲義之連繫也，亦卽邏輯之連繫。此邏輯連繫所示之關係得名曰函蘊關係。以其爲函蘊關係，故有此因故必有此歸結，然無此因故，未必無此歸結。所作函無常，卽：如所作則無常。但如所作則無常，不函無所作卽無無常。是亦卽言所作可假，而無常不必假。亦卽云所作爲無常之充足因故，而非必須因故也。既只爲充足因故而非必須因故，故不只所作一義成無常、所作外者亦有足以成無常。旣爲人，必函其是動物，而動物不函其必是人。是人可以是動物，是牛是馬亦可以是動物。是所作者可以是無常、是緣生者、是勤勇發者、亦可以是無常。是以所作義必函無常義、而所作義實亦含於無常中。是人者必函其是動物，而是人者亦必含於動物中。故無常義爲綱義、所作義爲目義。綱寬於目，目狹於綱。然以目義爲因故，卽足以明隨此因故之歸結是綱義。故雖充足非必須，然有之卽然，旣有所作卽可函無常。所作亦得爲因（因故）也。充足亦因故，非必必須始得爲因故。假然命題中範疇之運用卽此充足因故之連繫也。有此連繫卽足以爲範疇，亦卽足以爲原則。每一範疇爲一原則。每一原則決定實事之成類。然自原則至成類，其間歷程，猶未可以一二言。正須詳細推明也。

以假然命題所立之範疇爲原則，論謂當前一實事。論謂之卽概念化之。然範疇之論謂，只爲正面之肯定。吾欲決定此實事必受此範疇之論謂，吾須予以反面之否定。肯定卽正面之論謂，論謂其屬於此範疇。否定卽反面之論謂，論謂其不屬於此範疇。肯定爲內含，否定爲排拒。內含爲順同（簡稱同），排拒爲別異（簡稱異）。如所作卽無常，此範疇運用中之正面肯定也。肯定者論謂當前實事使之屬於「所作無常」一範疇也。否定當爲範疇本身之否定，故範疇本身一經否定，卽是別異。別異者，言某實事異於當前實事，不落於所作無常一義中也。反落於所作無常之否定所遮顯之原則中。故別異之異乃由範疇本身之否定所遮顯。非空言某實事異於當前實事，卽爲異也。如其空言，不足成異。言其異，事事皆異。而此異非一邏輯排拒之異。卽非由一範疇本身之否定所顯之別異。故其異非有邏輯之必然。有邏輯必然之異，卽爲範疇本身之否定。而範疇本身之否定，如爲邏輯之否定，亦只有一途而無他。如是所作，卽是無常，吾欲對此爲一邏輯之否定，吾不能言：如非所作，卽非無常。如此言否定，其否定爲不盡，故亦非邏輯之否定。吾如爲圓滿窮盡之否定，須如此言：如非無常，卽非所作。此則否定已盡，故亦爲邏輯之否定。此卽範疇本身之否定，可以純邏輯形式而表之者。由此否定所顯之異，卽爲邏輯之排拒。由乎此範疇之論謂以及此範疇本身之否定之反論謂，吾可先驗決定當前實事屬於此範疇。是以當前實事，理解起而了別之，當機立範疇而論謂之，此當機而立之範疇乃先驗者。此先驗範疇本身之否定以顯別異，乃爲窮盡之否定，故其異亦爲邏輯之排拒，故此範疇本身之否定之反論謂亦爲先驗而定者。論謂與反論謂決定當前實事屬於此範疇，其決定亦爲先驗之決定。每一範疇皆有正反兩行。此由範疇之運用而顯者。譬言聲是無常，所作性故。此卽於一範疇析因故與歸結兩義而論謂聲一實事。先以無常爲歸結而論謂之，次以所作爲因故而論謂之。此根據一範疇之運用而施論謂也。然一範疇自身之否定卽衍爲順同別異之兩行。正反論謂，其式如下：如是所作，卽是無常，譬如瓶等。如非無常，卽非所作，喻如虛空。順同行之論謂承原範疇而仍表於「如果則」命題中。別異行之論謂，則由原範疇本身之否定而爲一負範疇，亦表之於「如果則」命題中。俱表之於如果則命題中，卽示其爲一普遍之通則。由其爲普遍之通則，於順同行，不只論謂聲，且可決定聲以外之實事與聲同歸於一類，即同隸於一範疇。於別異行，且可決定某一事屬於負範疇，而爲與正範疇相排拒之異類。與聲同類者，言其同屬於正範疇所定之原則也。同類爲同義類，非同體類，蓋聲與瓶不同體也。與聲異類者，言其不屬於正範疇所定之原則，而屬於負範疇所遮顯之反面原則。異類亦爲異義類。凡言同類異類，皆指義類言，不指體類言。同類異類，陳那因明名曰同品異品。正範疇之論謂與負範疇之論謂，陳那因明名曰同品喻異品喻。喻者對宗因而言也。聲是無常爲宗，所作性故爲因。故此爲喻。單指範疇之論謂衍爲兩行言，無論正負，陳那因明名曰喻體，喻體者喻所依據之本也。亦即喻之義理根據也。以其爲一普遍通則也。據一通則而後可徵事取譬。是以所徵之事，所取之譬，譬如瓶等，喻如虛空，皆事例也。而事之所以爲例，與其所以可徵可譬，皆據一通則而然也。而徵事取譬，陳那因明，名曰喻依。喻依者喻所依附之事也，即喻之事實根據也。因明欲證所作爲無常之因（因故），即所作之必致無常，故設同異例證以爲喻。於喻之構成，復有喻體喻依之分。實即自喻依之殊事（以殊事爲例證故）而言喻。喻依殊事，不可濫取。必據通則以範圍之，故有喻體之立。以通則爲喻體，據通則而徵事，實爲陳那之大貢獻。於以知陳那實具邏輯頭腦，如此思維，亦即邏輯之思維。後人鮮有知其義者。而多稱其改五支爲三支，實則邏輯義蘊不在此也。吾今自範疇之運用言，明其論謂當下一殊事，於喻依取譬無須多所注意。吾所明者每一範疇之論謂，以其自身邏輯之否定，遂顯爲順同別異之兩行，依此兩行而言範疇之正論謂與反論謂。由此正反兩論謂，先驗決定當前實事必屬於此範疇。先驗決定者超越運用中形式之決定，邏輯之決定也。此先驗決定之歷程，開而示之，恰爲因明之三支式：

聲是無常——宗。

所作性故——因。

如是所作，見彼無常（喩體），譬如瓶等（喩依）。——同品喩。

如非無常（或言如是其常），卽非所作（喩體），喩如虛空（喩依）。——異品喩。

此爲形式之決定。喩依取譬、隨手拈來而已。如由三支，再開爲五支，只須於同異論謂各加一三段式卽可。如下：

聲是無常——宗。

所作性故——因。

如是所作見彼無常，譬如瓶等——同喩。

聲亦如是（卽聲是所作）——合。

故聲無常——結。

如是其常見非所作、喩如虛空——異喩。

聲不如是（卽聲是所作）——合。

故聲無常——結。

同喻三段式爲第一格第一式（嚴格陳之即見），異喻三段式爲第二格第一式（嚴格陳之即見）。如此五支亦純邏輯之歷程，爲純邏輯之推演所決定。（與古因明五支式異，細讀因明者當能辨之。）然於正反兩行，固毫無增益也。開而爲五，徒爲形式之推演。自論謂言之，此邏輯之推演歷程乃純爲先驗而定者。依此歷程決定一實事，亦爲先驗之決定。其爲先驗乃由於範疇之運用而然也。吾對此實事，理解當機設立範疇而論謂之。範疇之設立爲先驗（詮表上之先在），故其正反兩行之論謂，以其爲邏輯之開展，亦爲先驗也。本段所言，明範疇之論謂。開而示之，與三支比量恰合無間。衍爲五支則與古大異。五支即三支之邏輯推演也。（參看吾「理則學」）。復次，吾如此解，雖藉因明三支比量以明範疇之論謂，亦實歸三支比量於理解，明其於全體解析歷程中之機能。此一形態，吾可名曰設準形態。每一設準形態，由其表示範疇之論謂，故亦即表示一「可能模型」。隨此模型而於喻依取譬，則即進於歸納型態矣。合結則爲演繹形態。合此三形態而完成範疇論謂之全幅歷程。此歷程之完成即範疇之證實，亦即一知識之完成。

第二節　觀定因果

範疇須待經驗而證實。證實者證吾所設之範疇是否有效也。範疇既有待於經驗之證實，故每一範疇爲一先驗（詮表上）之可能模型。依此而言範疇之假然性。設經驗實事可以證明其爲有效，而此可能模型亦實可解別此實事，則可能模型卽得而證實。依此而言範疇之定然性。依定然性，復言存在性。存在性者非言此範疇可以外置而爲一存在，乃言其可以表示存在也。此爲範疇對於當下一實事之存在性。然每一範疇既爲一原則，則不只解別當下一實事，且可解別其他事。不只爲一事之可能模型，亦且爲衆事之可能模型。自其可以統馭衆事言，每一範疇卽爲成類之模型。依此模型而觀衆事，則衆事歸於此模型而成類。其所成之類，雖前名曰義類，實卽亦可曰事類。蓋同義之事類也。每一範疇既爲成就事類之模型，是每一範疇卽具普遍性。普遍性與普遍化之命題不同。範疇之普遍性爲一原則，普遍化之命題，經過歸納而成者，則表一事類。以範疇爲模型，據以成事類，亦非先驗而可定，此亦有待於經驗。以其有待於經驗，故事類之成，屬歸納也。歸納者承可能模型考核衆事以成事類之謂也。事類一成，可能模型，卽得證實。依此卽曰範疇之定然性與存在性。範疇之初立，論謂一實事。據範疇而歸納，則範疇論謂許多事。論（卽論謂）一事，則設範疇而定之。吾所注意者在範疇。論多事，則據範疇而歸納，吾所注意者在實事。注意實事，觸類旁通，以成事類。然實事之可以類可以通，須有一邏輯根據爲準則。此準則卽範疇，所謂可能模型也。惟有經此準則而後始可觸類而旁通。亦猶惟據通則爲喻體而後始可徵事取譬以爲喻依也。設無邏輯之準則，觸類旁通卽無邏輯之根據。亦猶設無通則爲喻體，徵事取譬之喻依亦無邏輯之根據，今以範疇之運用爲類通之根據（邏輯的），則吾之類通也，須視事象之關聯，以及由此事象關聯所蒸成之性質之關聯。性質一詞爲普泛之通稱。今對範疇之運用言，吾於性質有取舍。吾所取者爲相干之性質，吾所舍者爲不相干之性質。而相干不相干之標準在乎範疇之運用。相干者爲成此事類之特徵，不相干者即非成此事類之特徵。凡特徵固皆爲性質，而性質不必盡皆爲特徵。性質之相干不相干，是對標準言。性質之特徵非特徵，是對事類言。範疇之運用乃界說而抒義，事類之成就則描述而指徵（指示特徵之性質）。如是所作即爲無常，此範疇之抒義也。然吾考諸事象之生起流轉，則吾不見有所作一義，亦不見有無常一義。吾所見者乃一聲音之隨動作而生起，復隨動作之停止而消滅，或一瓶盆之隨動作而成就，復隨動作而破壞。此種生滅成壞即事象關係所蒸成之質也。質由事象而蒸成，即以此質描述事。以特徵成事類，即以此質爲描述事類之特徵。然於事類之成也，描述事類之特徵必與範疇定界之抒義遙相應。範疇抒義爲一原則，即以此原則爲選取特徵之指導。順此原則之指導，察識事象之物理質。依範疇之義連爲標準，以明物理質之關聯。隨動作而生起之物理質與義連中「所作」一義遙相應。隨動作而破滅之物理質與義連中「無常」一義遙相應。所作與無常，於範疇之運用中，吾已明其爲必然之義連。今即依此必然之義連，察識物理質之事連。義連爲因故歸結，事連爲因果關係。因故與歸結可以指導因果，非即因果也。由此物理質之因果關聯，吾可以依隨動作而生起之物理質而定事連之因，復依隨動作而破滅之物理質而定事連之果。此其爲定，乃由經驗而定者。由經驗而定者注意乎事之生起流轉也。注意事象，而爲經驗之察識，以明物理質之因果事連，則可爲多方之考核。然所謂多方亦有一定之門徑。設以甲乙表因果事連中之物理質。甲乙物理質既在因果事連中，甲乙必相順而不相違。相順者甲連乙乙隨甲也。是謂相續之隨順。相違者甲不連乙乙不隨甲，是謂有無之違反。表相順者有二句：一曰有甲卽有乙，二曰無甲卽無乙。表相違者亦二句：一曰有甲卽無乙，二曰無甲卽有乙。茲就順違四句以觀甲乙之是否相順而不相違，四句復可開爲八句，是卽以八句觀因果，所謂多方也。茲列如下：

一、有甲卽有乙：觀曰：有甲是否必（此必字就事連言亦無邏輯意，必有卽總有）有乙？

1.曰必有乙：是卽：只要有甲卽有乙。

2.曰不必有乙：是卽：有時有甲而無乙。

二、無甲卽無乙：觀曰：無甲是否必無乙？

3.曰必無乙：是卽：只要無甲卽無乙。

4.曰不必無乙：是卽：有時無甲而有乙。

三、有甲卽無乙：觀曰：有甲是否必無乙？

5.曰必無乙：是卽：只要有甲卽無乙。

6.曰不必無乙：是卽：有時有甲而有乙。

四．無甲即有乙：觀曰：無甲是否必有乙？

7.曰必有乙：是即：只要無甲即有乙。

8.曰不必有乙：是即：有時無甲而無乙。

八句中，前四句以順爲準。由順而觀違。如於順中而不全順，乃至漸見違反，則甲不必爲乙因，而乙亦不必爲甲果。如是吾須修改因果觀念，或另行考察，必至無有違反出現，而歸於甲乙之全順。由違及其全順，而後因果乃定。是以前四句唯在汰除二四兩句，保留一三兩句。後四句以違爲準。由違而觀順。如於違中而不全違，乃至漸見隨順。復由漸順而推廣之，以至全順，仍可規定甲乙之因果。是以後四句唯在汰除五七兩句，漸廣六八兩句。歸納極致在於除違歸順。八句觀因果，以至全順，即歸納之門徑也，而米爾四術亦攝於其中矣。

八句觀因果，歸於一三五七四句，而至於全順。如此因果，何如因果耶？曰因爲唯一之因，果爲唯一之果。唯一之因，其因既充足又必須。如此之因即定唯一之果。故自因言之，有甲即有乙，無甲即無乙。自果言之，有乙即因有甲，無乙即因無甲。故因爲唯一之因，果爲唯一之果。有甲即有乙，甲爲乙之充足因。無甲即無乙，甲爲乙之必須因。自相違言之，如有甲即無乙，甲與乙爲排斥。如無甲即有乙，甲與乙爲窮盡。既排斥而窮盡，甲與乙爲全違。違者排斥而窮盡之謂也。觀因果歸於全順，則由排斥而至於不排斥，即自「如有甲即無乙」，而至於「有時有甲亦有乙」。由不排斥而至於依其少違以歸於不違，則「有時有甲亦有乙」，變爲「有甲卽有乙」，此卽全順之充足因矣。復次，由窮盡而至於不窮盡，則自「如無甲卽有乙」，而至於「有時無甲亦無乙」。由不窮盡而至於依其少違以歸於不違，則「有時無甲亦無乙」，變爲「無甲卽無乙」，此卽全順之必須因矣。由排斥而窮盡之全違而至於不排斥而不窮盡之少違，由少違而至於不違，復由不違而歸於既充足又必須之全順，則嚴格之因果定矣。此嚴格之因果卽一一相對之因果關係也。此由依其少違而歸於不違以至於全順之成因果也。同時，於順中而觀違以至於全違而否決因果，則由充足者而至於不充足，卽自「如有甲卽有乙」，而至於「有時有甲亦無乙」，復由不充足漸依其少順，而歸於全違，則「有時有甲亦無乙」，卽變爲「有甲卽無乙」矣。此爲排斥之相違而足以否決因果者。復次，由必須者而至於不必須，卽自「如無甲卽無乙」，而至於「有時無甲亦有乙」，復由不必須漸依其少順，而歸於全違，則「有時無甲亦有乙」，卽變爲「無甲卽有乙」矣。此爲窮盡之相違而足以否定因果者。

無論成就因果或否決因果，皆須如此觀定。此觀定過程實卽一歸納過程。譬如自成就因果言，由排斥而至於不排斥，只要有一事例在其上甲出現而乙亦出現，則「有甲卽無乙」一普遍原則（表示排斥關係）卽否決。此種否決卽是I命題之否決E命題。但是「有時有甲亦有乙」之I命題並不表示「有甲卽有乙」之A命題卽成立。故須順否決E命題之I命題，多觀事例，累積前進，以至於從無例外出現，則可普遍化而曰「有甲即有乙」矣。此即成立全順之充足因。此種多觀事例，累積前進，即歸納過程也。由窮盡而至於不窮盡，由不窮盡而漸至於全順之必須因，亦然。只要有一事例，在其上，甲不出現而乙亦不出現（此即「有時無甲亦無乙」），則「無甲即有乙」一普遍原則（表示窮盡關係）即否決。此種否決即反稱之O命題否決反稱之A命題。但是「有時無甲亦無乙」，並不表示「無甲即無乙」之成立。故須順否決反稱A命題之反稱O命題，多觀事例，累積前進，則可普遍化而曰「無甲即無乙」矣。此即成立全順之必須因。此種多觀事例，累積前進，亦歸納過程也。自否決因果方面而言亦然。譬如由充足而至於不充足，只要有一事例，在其上，甲出現而乙不出現（此即「有時有甲而無乙」），則「有甲即有乙」一普遍原則（表示充足）即否決。此即O命題之否決A命題。但「有時有甲而無乙」之O命題並不表示「有甲即無乙」之E命題即成立。故須順否決A命題之O命題，多觀事例，累積前進，則可普遍化而曰「有甲即無乙」矣。此即至於排斥之相違，而可斷定甲與乙間全無因果關係矣。由必須而至於不必須亦然。只要有一事例，在其上，甲不出現而乙出現（此即「有時無甲而有乙」），則「無甲即無乙」一普遍原則（表示必須）即否決。此即反稱之I命題否決反稱之E命題。但「有時無甲而有乙」並不表示「無甲即有乙」之成立。故須順否決反稱E命題之反稱I命題，多觀事例，累積前進，此即歸納過程，由此即可普遍化而曰「無甲即有乙」矣。此即至於窮盡之相違，而可斷定甲乙間全無因果關係矣。

以上無論自成就因果或否決因果方面言，皆是自否決普遍原則而觀歸納過程。否決排斥窮盡，足以成就因果。否決充足，必要，足以否決因果。若從否決事例命題而觀歸納過程亦然。否決不充足不必要，而至於充足必要，足以成就因果。否決不排斥不窮盡而至於排斥窮盡，足以否決因果。讀者可順而推之，不再詳列。惟有一點，須注意，即：自普遍原則之否決而觀歸納過程，則歸納過程是順反面普遍原則之否決所顯之正面事例而前進。而自事例命題之否決以觀歸納過程，則歸納過程是順反面事例命題之否決所顯之正面普遍原則以前進。

以上是八句觀因果，四句定因果。四句者，充足，必要，排斥，窮盡之謂也。定因果者定因果之有或無也。而歸納過程卽在此定因果中施行。而此定因果之歸納過程亦卽含於前所論之設準型態（卽可能模型）中，而卽由之以展開也。

第三節　歸納推斷

歸納者承可能模型（卽範疇之論謂所示之普遍原則）考核衆事以成事類之謂。事類者注意實事（隨範疇之指導而注意），由事象之關聯察識其所蒸成之性質關聯而歸約於一束之謂。一束卽爲一事類。衆事之可爲一束者，其爲事之關聯同爲一模式，其所蒸成之性質關聯亦同爲一模式。今設以物理質之關聯，兼攝事之關聯與其所蒸成之性質關聯而爲一，則物理質之關聯所具之模式卽與範疇論謂所立之可能模型遙相應。相應非相同，此非卽彼也。物理質之相關，屬於同一模式而爲一束。名曰事類。如此事類而以命題表之，名曰種類命題。（亦卽關於事類之命題，衍用杜威名詞。）種類名題爲描述而平鋪者，是卽亦爲存在之命題。表象存在之種類命題與範疇論謂處之假然普遍命題，雖相應而迥不同。後者爲前者之根據，前者爲後者之證實。根據者種類命題必以假然普遍命題爲標準（原則）而後可能也。證實者，卽於種類命題而見假然普遍命題之客觀有效也。於此而證實而有效，卽前所言範疇之實然性與存在性。於假然命題處言範疇，言定界，言立義。於種類命題處言事類，言描述，言徵象（卽爲特徵之性質）。自範疇至事類，自定界至描述，自立義至徵象，卽爲範疇之假然性變爲實然性，可能性變爲有效性（證實之謂有效），運用性變爲平鋪性，超越性變爲內在性。於此轉變歷程間，歸納卽爲其中之關鍵。從可能模型到種類命題之成立，卽超越運用之全幅歷程也。此超越運用之全幅歷程亦可總曰解析邏輯，而歸納卽爲其中之一形態。歸納處此歷程中有其可能之根據。歸納據其根據考核衆事，以成事類。歸納考核之歷程卽爲歸納推斷之歷程。歸納推斷卽爲據範疇之論謂施行自殊推殊之推斷。自殊推殊之推斷，雖云推斷，實有考核隨之。每一步考核，卽是一步推斷。考核據乎範疇爲準則而考核，故考核有邏輯之根據（卽有普遍原則爲根據）。推斷亦據乎普遍原則而推斷，故推斷亦有邏輯之根據。自殊推殊，如無普遍命題爲媒介，其推斷卽無邏輯之根據。譬如由範疇之論謂而定聲是所作爲無常。今復據此論謂考核聲之爲事生滅變動而不常住，與其論謂之模型適相應。復自聲而推瓶，此爲自殊事推殊事。即於此殊殊相推之中，見普遍命題之重要。吾如自聲推瓶，必經由普遍命題爲媒介，而後其推斷始有邏輯之根據，亦即合乎邏輯之程序。即必經由如是所作即是無常之普遍原則，而後可以自聲而推瓶，即由聲是所作是無常，推定瓶是所作亦是無常。否則，由聲之爲事之生滅變動而無常，吾無由以推斷瓶之爲事亦生滅變動而無常。聲與瓶無連繫之媒介，吾何以能由聲之如何如何越至瓶亦如何如何耶？即有越至，亦是聯想，而非推斷。即有時或可聯想其爲事亦生滅變動而無常，然亦可不聯想至此，而聯想及他義，此即無準則也，故不可爲推斷。是以由殊推殊必經由普遍命題爲媒介。以此爲媒介，吾可以從已知之殊事推斷未知之殊事。推斷一步即須考核一步。推斷之時乃據普遍命題以預測。自吾範疇所立之可能模型予已知未知之殊事以意義相同（即屬於同一義連之模型）之連繫，而爲其間立媒介（即以屬於同一可能模型爲媒介），然後吾可以自已知之殊事預斷未知之殊事。故云推斷之時爲據普遍命題以預測。考核之時，則爲此預測之證實，察此未知之殊事是否合於此可能之模型。如其合也，吾之預斷爲不謬。如其違也，吾之預斷爲可疑。或吾之考核爲可疑，或吾之模型爲可疑，或前此已知殊事之考核爲可疑。層層推進，携諸多可能模型所成之統系，考核屬於一可能模型之衆事。如此推進而綜結之，即爲從已知到未知之普遍化。普遍化非一心理之衝動傾向，乃一經由普遍命題爲媒介所成之累積推斷（即層層殊事相推之推斷）之綜結推斷。累積推斷爲層層歸納推斷。由層層歸納推斷而綜結之爲綜結歸納推斷。綜結歸納推斷卽爲普遍化，亦曰會通之普遍化。層層推斷非經由普遍命題爲媒介不可能，綜結推斷亦非經由普遍命題爲媒介不可能。普遍化之可能唯在有可能模型爲其根據。米爾自殊推殊，無有普遍命題爲媒介。是卽於層層推斷已不成其爲推斷，蓋推斷卽預斷，預斷必立一媒介之聯繫。今無媒介之聯繫，其推斷無由成，則只有親身接觸一一歷試之考核，是則只有亂雜之親試，而無統系之預測。是則尙何以言推斷？卽云推斷（其實不可云），其推斷又何以有價値？是以層層歸納推斷，米爾未能說明也。其言普遍化亦無普遍命題（可能模型）爲根據。徒基於其不足以爲推斷之以殊推殊之前進而言普遍化。其言普遍化實卽等於普遍化之自然傾向，亦卽只爲一心理之衝動。米爾以爲於由殊推殊之前進歷程中，普遍化之自然傾向卽宿於其中而不離。是則其以殊推殊之層層推斷，本無普遍命題爲媒介，徒以普遍化之自然傾向爲推動而前進，而其普遍化亦非以普遍命題爲根據，而徒爲心理之自然傾向。米爾言，吾人因普遍化傾向之衝動而至由已知推未知之結論。此實非推斷也。必謂之爲推斷，亦只羅素所謂生理之推斷，而非邏輯之推斷。以其毫無根據也。以無根據，故其結論亦無保證。（實則此亦不得言結論，與其不足以爲推斷同。）至其普遍化，以純爲心理之自然傾向，故亦無根據。普遍化之傾向是由殊推殊之層層推斷之心理原因，而非推斷之邏輯根據。心理之自然傾向是普遍化之心理衝動，而非普遍化之邏輯根據。是則米爾於層層歸納推斷不能說明，於綜結歸納推斷之普遍化，亦未能說明也。凡此兩端，皆不能明，是卽歸納之基礎不得立。以上之辨解，是由超越運用處之可能模型建立歸納所以可能之根據。此卽歸納之原則也。而如此所論之歸納可能之根據是從主體方面想，亦卽從歸納程序本身方面建立其邏輯根據也。故此根據卽得爲歸納之原則。至於從客體方面論歸納之根據者則注意因果律。此則吾已論之於首卷首章。而此種根據則不得曰歸納之原則。必須自歸納程序本身建立其所以可能之邏輯根據，方得曰歸納之原則。而因果律方面則是其體性學之根據，是歸納之存在方面的客觀有效之根據，不是其邏輯的客觀有效之根據。而論歸納之原則則必須自其邏輯根據方面而立言。至於客體方面如何如何，則非歸納本身事也。當然，客體方面如無因果關係，如休謨之所論，則歸納程序本身雖甚合法，亦不能獲得經驗之知識。此自不待言。

由層層歸納推斷而至綜結歸納推斷之普遍化，卽爲一種類命題之成立。種類命題表象一事類。種類命題雖由普遍化而成立，究非彼爲原則者之普遍命題。由層層推斷，至於普遍化，而綜結之曰：凡事之有所作之性（特性，徵象）者有無常之性，凡事之有人之性者有有死之性。此中「凡」字，雖屬全稱，但無邏輯之普遍義。何者？以其涉及存在，受存在之限制，爲普遍化非卽普遍也。杜威有云：此種全稱命題實卽一種類命題。表面雖爲普遍之全稱，實卽一特稱式之命題。蓋據此種類命題如凡人有死爲前提推一新事如孔子是人有死，亦如據一普遍命題爲媒介由一已知之殊事推一未知之殊事。如此推進一步，該種類命題卽擴大一步。如此推進一步，卽須考核一步。如此考核一步，該種類命題之擴大卽得其進一步之實然。普遍化不已，而其爲普遍化仍自若，仍不能卽爲邏輯之普遍。蓋涉及存在，永受存在之限制，限於經驗，永不越乎經驗之範圍。故終爲種類命題，而不能爲普遍命題也。此自歸納歷程以成事類言，故雖普遍化之全稱，而仍爲特稱式之種類命題。若自純邏輯言，邏輯爲必然連結之推演系統，則三段推理中之全稱命題不涉於存在，不限於經驗，故卽爲邏輯之普遍，其本身卽窮盡而無漏。此其立論，故不同於此處所言也。以上所言爲「解析邏輯」之全程，賅三支比量，歸納推理，演繹推理而爲一。

第四節　原則命題之成系列與存在命題之成組

每一範疇雖爲當機而立之模型，然於當機而立也，不必只立此範疇，亦不必唯立一範疇。一云範疇爲可能模型，卽於可能含有「多」義。卽言吾人可有許多可能模型。於此許多可能模型中，欲取此而不取彼，其邏輯之決定，卽爲將此許多可能模型組成一析取之統系。析取云者，或甲或乙之謂。「或甲或乙」卽函甲乙俱可，或甲可乙不可或甲不可乙可。但不能俱不可。此之謂析取。於此析取統系中，選甲選乙，遂有邏輯之決定。其選取之形式可依析取推理而行之。於「或甲或乙」析取命題中，甲乙兩項可依排斥與窮盡否而定甲乙之取舍。甲乙兩項如不排斥，則或甲或乙，今取甲未必不取乙，取乙亦未必不取甲。但若只有甲乙兩項，甲乙爲窮盡，則不取甲必取乙，不取乙必取甲。此窮盡而不排斥即析取本身之意義。亦曰相容之析取。甲乙兩項如排斥而又窮盡，則於其排斥也，或甲或乙，今取甲，故不取乙，今取乙，故不取甲，於其窮盡也，則或甲或乙，今不取甲，故取乙，今不取乙，故取甲。此爲矛盾之析取。以上俱爲析取統系中取舍甲乙之邏輯決定也。但邏輯決定純爲形式之決定。形式之決定，不必於實際爲有效。欲知其有效否，須待經驗以證之。然形式決定之義，即在表示於許多可能模型中須取其一如何可能。於許多可能模型中，吾不能漫然而皆取之，亦不能泛然而皆舍之。吾須取其一，或取此而不取彼。然如不將此許多可能模型組爲一析取之統系，吾即不能取其一或取此而不取彼（不能者邏輯上不能之意也）。析取統系將隨模型之簡單而簡單，繁富而繁富。是以每一範疇皆爲一析取統系中之分子，皆在析取統系中而相關。每一範疇，於此統系中，各有其競賽之權利。勝利者脫穎而出以盡其解析之職責。每一範疇使其處於一析取統系中，猶如椎之處囊中。毛遂曰：「使遂得早處囊中，乃脫穎而出，非特其末見而已。」毛遂能脫穎而出，即爲處於二十人之析取統系中，競賽之勝利者。如不得處此統系中，即毛遂自嘆之不得處囊中，不特不能脫穎而出，即其末亦不得見。如一範疇（或一原則命題），不爲一系統中之一分子，而爲獨一無二之寡頭物，則雖能引出與其所定之條件相契合之結論，而不能排斥此結論與其他範疇所定之條件相契合之可能。析取統系爲一橫面相關之統系。其相關也，依排斥不排斥，窮盡不窮盡，諸關係而成立。依此諸關係之相關，可以組成層層謹嚴之析取統系。於謹嚴之析取統系中，所解析之事項如契合此端範疇所定之條件，卽可推知其能或不能契合他端範疇所定之條件。如一析取系統全部廢棄，必因該析取系統之於解析事象時，其中諸端，各個解析事象之効力，皆互相矛盾衝突而無有相容處。此卽諸多可能模型，無一而可能也。如全部成立，則必因該析取統系之於解析事象時，其中諸端各個解析事象之効力，皆相容而一貫。此卽諸多可能模型盡皆可能也。全不可能，時或有之，而不常見。每一可能皆有其可能之効力，此則爲經常之事。盡皆可能，必其析取統系中之諸端皆爲相容之析取，而非不相容（排斥）之析取。相容之析取，於其解析事象時，各個範疇皆有相等之意義。以其意義皆相等，故析取統系中之如許範疇，實卽皆可歸於一範疇，亦卽以一綜攝性極高極廣之範疇解析衆多實事也。期於皆可能而綜攝於一可能，此爲理解之理想，亦爲知識之進步。此時只有一端，而無析取之兩端。此當所謂最高原則也。析取統系爲一橫面相關之統系。其相關之關係爲外在關係。然及乎盡皆可能而爲相容之析取，各個範疇意義皆相等，則本爲析取統系者，今爲函蘊統系，本爲橫面相關者，今爲縱線之相關。以其爲函蘊爲縱線，故本爲外在之相關者，今則爲內在之相關。由此，吾人由析取統系轉而論函蘊統系。

原則命題間之推演關係皆爲必然關係，亦卽皆爲函蘊關係所連結。函蘊關係所貫穿之命題統系，卽謂函蘊統系。函蘊統系之見於純邏輯中者爲一套套邏輯之推演系統，其中每一命題皆爲套套邏輯之必眞，而每一命題之出現或成立，亦皆爲表示套套邏輯之函蘊關係所連結。是以純邏輯之推演統系乃為無始無終推隱至顯之循環統系。其所表示者卽為純理自己。無所涉，無所說，卽其中無有「所」之成分，無有涉於經驗某物之假定。此卽無始之義，無始亦可云「無首」（用九群龍無首之無首）。所謂起始之原念，乃為姑如此定，此為表達之權變，亦為成文統系之成立所必須。吾欲說之表之，不能不有一說處與表處。然其所表之純理自己，則為定然而如是。純理無始，其自身卽是始。純理無終，其自身卽是終。於此成文統系中，每一命題是始，亦卽每一命題是終。此卽無始無終。於一成文統系，每一命題皆非有所假借之推出，實為隱於原有而明顯之。隱之則退藏於密，卽謂理性自己，放之則顯為長流，卽謂理性之開展。此卽推隱之顯。於一成文統系中，吾欲表證一命題以顯純理，吾又不能不依據此純理以表證，蓋欲顯此無始無終之純理自己，吾不能借外事以證之，故只以純理自己證純理自己。此卽邏輯之統系皆為循環之統系。今言範疇之函蘊統系，其為函蘊與此純邏輯統系之函蘊稍異，亦不如純邏輯統系緊密而完整，圓滿而無漏。何者，蓋每一範疇必當機而有論謂故也。以當機而有論謂，故亦有始而有終。亦非若純理之推隱以之顯，故亦非循環無端其若環。每一範疇自身，皆可演為一系列，此卽一函蘊之統系。來本尼茲云：當上帝之造一概念也，其所有之一切可能意義，皆已全函於中矣。此義卽為每一範疇可演為一系列之說明。譬如範疇之運用，抒義以成界說，藉所抒之義以成吾所欲界之概念，此概念卽函此諸義以為其本質。於此概念中，將其為本質之諸義，盡抽繹而出之，卽為一函蘊之系列，所謂對此概念施以窮盡無漏之邏輯分解者是也。即如「人」之一念，定爲理性動物。亞氏所謂以綱與差定目也。綱與差爲此目之本質。然綱與差又可分解爲若干性。綱德所具之若干德成一系列，差德所具之若干德亦成一系列。而此兩系列又皆爲目德所必函以成一綜和之系列。而由此綜和之系列又可推演出若干德以擴大此綜和之系列。此推演出之若干德，亞氏所謂撰也。當吾人定「人」之概念也，綱與差即已足，而無須及乎撰。然撰德亦爲綱差所定之概念所必函，故亦爲本質，特由推而出，故曰撰耳。此一廣大之系列即爲此概念成時所已全含之一切可能概念也。盡皆抽繹而出之，即爲一函蘊之統系。每一函蘊系統皆爲自一界說抽繹分解而成。是即此系統限於此界說之層次而不能逾越。每一範疇爲一可能模型，即每一範疇有其一定之層次。

界說即隨其所應之範疇之運用而與之爲同層。每一界說及其所函之系列皆爲同層者。如兩界說雖同爲有效，即兩者論謂同一事類，然以爲兩界說故，此兩界說亦不得爲同層。其各所函之系列亦不得爲同層。不爲同層，而又論謂同一事類，則諸此論謂即不爲等值。兩界說之論謂不等值，兩界說下所屬之系列之每步論謂亦不爲等值。等值者可以相代替。不等值者不能相代替。是以凡同一範疇同一層次中之諸論謂皆爲等值之論謂，而等值之論謂皆關於同一事類之論謂。雖然，凡同層而等值之諸論謂皆即同一事類之論謂，而關於同一事類之論謂要不皆爲同層。同層不同層決乎範疇與界說。同範疇者爲同層，否則非同層。同界說者爲同層，否則非同層。同範疇而同層者爲同界說中諸義之系列。今言不同範疇不同層者，其關係爲如何？卽兩範疇乃至多範疇，兩界說乃至多界說，其間關係爲如何？吾人已知其爲不等值矣。然則此不同之範疇，吾人將依據何種關係而使之成一統系耶？

設任取兩範疇而觀之，其取也爲偶然之檢取，則此兩範疇未必有若何之嚴格關係。其關係只爲析取統系中之外在相關。然吾人於此不論析取統系，而論函蘊統系。如爲函蘊統系，則範疇與範疇之關係，吾人不能於其散殊，平列而論之。須自其發展之縱線而論之。然一云發展之縱線，吾不能自範疇自身空頭而明其發展，孤離而衍爲縱線。每一範疇，若離其當機之運用，就其自身而觀之，乃爲無意義者，亦無產生性。吾言範疇亦不可斥名而列舉。範疇亦無條目可列舉。範疇之自身無獨立之自性，故其自身亦不能有獨立之發展。吾不能由一範疇爲起點，由其自身之變來變去，卽可演爲發展之統系也。而範疇之自身既無產生性，則其自身亦不能變演也。範疇自身既不能起變演而爲獨立之統系，則範疇之成統系必不能離其當機之運用。亦卽範疇之成統系須自經驗之創進與解析之統系而爲言。經驗之層出不已，亦卽解析之論謂日新。每一範疇之立，皆當經驗之機而論謂之。此卽範疇之所以爲多也。經驗有其時間之連續性，是卽範疇之於未來有適與不適。經驗復有其空間之範圍性，而其範圍復因經驗之所及而受限，是卽範疇之於更大範圍有適與不適。經驗不惟時間之連續性與空間之範圍性，且有論謂之精粗深淺否之深度性。時間之連續與空間之範圍，是經驗所及之廣度，而此廣度卽隨經驗之擴大而擴大。廣度之擴大，同時卽深度之深入。設廣度與深度分論之，同一廣度也，而論謂有精粗深淺層次之不同。是卽於同一廣度，而有各層之論謂。科學所解析同一宇宙也，而有各時代解析宇宙之架格之差異。同一時也，而各人之解析有精粗之不同。卽同一人也，亦有其本末精粗循順層次而深入。於本處如何說，於末處如何說，於精處如何說，於粗處如何說。當機論謂而道通爲一。此種差異，不同，與層次，皆所謂論謂之深度也。大抵由粗至精，以精貫粗。由淺至深，以深通淺。及夫至精且深，卽以至精且深者貫通粗淺而俱爲之解。及乎本末精粗無不運，則廣度卽深度，俱時並進，不可分離。（本末精粗貫而爲一，當指同時代之成就言。若在異時，則原始之粗淺原則亦有背謬而被擯棄者，淺者不得通於深，粗者不得貫於精矣。）本末精粗無不運，卽論謂統系無不貫。論謂統系有其廣度與深度，卽顯示經驗有其廣度與深度。經驗之廣與深者亦顯示論謂統系之廣深。

當夫一論謂統系而有一廣深之詮表，則此統系之一貫性必較大。今就此統系之一貫性而論之，則範疇之成統系必卽此解析統系之成統系。有解說粗象之粗範疇，有解說精象之精範疇。粗範疇函其必爲末，精範疇函其必爲本。由末者粗者層層深入而歸於本者精者，卽以此本者精者爲終極原則復返而貫通末者與粗者，而予末象與粗象以一貫之解析。唯由淺至深，由粗至精，乃爲層層深入，故亦有層次之不同。及乎精深者之一貫，則爲終極原則之普照。其足以解析知覺之粗末現象，非由其最高者層層而遞降。故由下至上，乃爲層層之深入；由上返下，則爲一理之所貫。由下至上，可謂一歷程；由上返下，非是一歷程。歷程與非歷程足以決定範疇統系之相貌。今自由下至上，層層深入之歷程言之，則此層之論謂（即範疇之論謂）與彼層（或高層）之論謂不必爲等値。此層之論謂可以誘導彼層之論謂，而不必與彼層論謂爲等値。不必者無嚴格之邏輯等値關係也。吾人經驗之累積，雖或盡有效而保留，然不能謂其必保留。當其盡有效而保留，則可謂各層之論謂皆息息而相關，此層之論謂眞，彼層之論謂亦眞，此層之論謂假，彼層之論謂亦假，彼層之論謂或眞或假，此層之論謂亦或眞或假。此則可謂等値矣。然吾人之經驗，常不必皆保留而有效。當吾由此層之論謂而進入彼層之論謂，則前層之論謂常因後層之深入而修改或改變或廢棄，此即不必爲等値矣。今自保留而不必全保留言之，則謂此層之論謂可以引導彼層之論謂，而不云兩層爲等値。其關係爲引導關係，故當其可以保留也，則下層之論謂隸屬於上層，上層之論謂函攝乎下層。當其無效而被廢棄也（雖被廢棄而當時之引導力仍不無），則上層之論謂即全然而一新，前層之論謂即廢然而成陳迹。當其爲有效，上下層之關係爲隸屬與函攝之關係。至乎上層之函攝，則前此之論謂，雖不能謂其假，然亦無須重提矣。此即所謂由上返下非歷程，乃爲一理之所貫也。吾人經驗常新而不已，吾人論謂亦層出而不窮。每層論謂皆有當機之效驗，亦即皆各預期一歸結或成就。如其當機之效眞有效，即其預期之果眞出現。然雖眞有效，眞出現，吾人之經驗亦不能止於此。不止於此，故必有前進之深入。故即眞有效亦必携其指導力而前進於深一層。若其無效，則預期之果不實，吾人即須變更吾人之論謂而進於深一層。變更者即進層之謂也。如此前進，無有已時。每層論謂皆指謂一事實，故亦皆受經驗之限制。永無最後之論謂，所謂最後實是暫時爲最後。此實爲範疇運用之一特性。

× × × ×

以上辨明原則命題之統系，茲復應言種類命題之表象存在。種類命題，以表象存在故，故其成序，須受存在關係之制約。原則命題之間爲函蘊，其關係爲必然（指同層者言）。此爲推理之統系。而存在命題間則無此種必然之推理。杜威言：「每一此種命題（即存在命題）之力量，第一因其獨立之主材而被測量（其獨立之主材因獨立之實驗運用而被決定）；第二因其與其他關於獨立主材之命題之絜和而被測量。存在命題之成序乃因其共涉及同一問題境況而被控制，且當其能引起此問題之解決而始然。（問題之解決即問題境況變爲一統一之境況，所謂獨體判斷是也。獨體判斷即爲最後之判斷，亦即一結束。爲此問題境況所控制之存在命題即供給最後判斷之主詞以內容。）然其成序非原則命題之成系列，而只能成一組。」又云：「於推理中，系列命題大似梯形中每階之排列。而關於事實之命題，則似互相交割之線，於其交割中，描述一有組織之區面。於梯形命題之系列，承續秩序爲其主徵。而規定事實之命題，則成序一義即非重要。」又云：「實驗觀察之運用，一、縷述相干之質料之場所，二、有效之交割向一統一表意力而輻湊，因此並向一統一結論而輻湊。」

又云：「普通所謂材料之相關，實卽表意中輻湊之事實，亦卽累積之證據力之事實。分而言之，此種存在命題，對其問題之性質及其可能之解決，皆有一指示力。當其輻湊時，則皆有一排拒力。指示力當其因排除其他可能之解決模式而被規定，卽變爲表意力。」個個存在命題皆有其獨立之指示，卽皆表象一獨立之事實。而其所表象之事實之相關或輻湊，卽其累積之證據力。此卽杜威所謂存在命題之獨立性與累積力。以此累積或輻湊，遂使存在命題而成組。（以上所引參看杜威邏輯第三部十六章成組命題與成系列命題。）其所以成組而不成系列者，以其受事實之函變關係之制約也。

受事實之函變關係之制約，卽所謂爲問題境況所控制。以爲問題境況所控制，故存在命題之眞假值（卽杜威所謂力量）亦須依據事實而測量。此卽言凡存在命題之值皆爲概然也。每一存在命題對其問題之性質及其可能之解決，皆有一指示力，此卽言其皆有一概然之值。當其指示力變爲表意力（如上引杜威所規定），則卽有一較高之概然值。當其共向一統一表意力而輻湊，因此並向一統一結論而輻湊，則卽爲一問題境況之解決（暫時的），此時存在命題卽有趨於準確之概然值，卽其概然值爲極高。諸存在命題於其縷述相干質料之場所，皆隨其指示力而有一概然值，當其爲有效之交割，向一統一表意力而輻湊，則卽隨此輻湊之前進或累積之層次而有概然之級系，卽其值漸成一級系。級系云者從零起至一（卽絕對）止，中間之可能分數也。概然云者下不能爲零，上不能爲絕對也。故概然級系卽零與一間之可能分數之級系也。概然級系存於存在命題指示力中之表意力之輻湊。其輻湊爲一趨向絕對之接近迹，此接近迹卽爲一系列。每一命題於問題之性質及其可能之解決皆有一指示力。然指示力必當其排拒其他可能之解決模式始變爲表意力。是命題表意力之成由於命題指示力中起一排拒之簡擇。所謂簡擇卽共向於可爲最後判斷之主詞之內容之命題之選取也。如此選取，卽爲輻湊，亦卽爲積累。因此輻湊或累積，一方使存在命題成一組序（非系列），一方亦成存在命題之概然級系。所謂存在命題之輻湊或累積，亦卽前所云之層層歸納推斷乃至最後（臨時的）普遍化之歸納推斷。層層歸納推斷卽爲諸多具有表意力之存在命題之成立。然層層歸納推斷必因一原則命題之先在而可能。是則存在命題之輻湊或累積乃至其表意力，亦必因一原則命題之先在而可能。原則命題爲一可能之模型。表意必因排拒其他可能模型而成立。排拒其他可能模型，卽隸屬於其所屬之可能模型。以其屬於其所屬之可能模型，遂有向一統一表意力而輻湊之可能，亦卽有向一統一結論而輻湊之可能。以此輻湊成累積，諸存在命題遂向往於可爲最後判斷之主詞之內容而結集。是諸存在命題之概然級系卽爲原則命題（卽先在之可能模型）逐步實現之級系。存在命題之概然値級系卽原則命題之概然値級系也。蓋每一原則命題爲一可能之模型。言其爲可能，卽言其不必眞。言其不必眞，卽言其不必能實現。而實現不實現，則有待於隸屬於其下之存在命題之累積或輻湊。輻湊力愈大，原則命題之可能性亦愈大，亦卽其概然値亦愈高。故存在命題之概然級系卽原則命題漸次實現之概然級系也。及乎由層層歸納推斷至於普遍化之歸納推斷（卽向一統一結論而輻湊），則由原則命題轉爲種類命題，種類命題（亦爲存在命題）之概然値爲極高，而原則命題亦爲暫時之實現，故其概然値亦極高。此時卽爲一最後判斷之成立。種類命題及其所覆攝之諸多特殊命題所表象之存在卽爲此最後判斷之主詞之內容，而原則命題則爲此最後判斷之謂詞之內容。此卽爲一可能模型之實現。實現云者，諸存在命題所指示之事實，輻湊而成一事類，足以滿足原則命題所定之可能模型，而可能模型復足以如實論謂此事類也。

第五節　概然公理

一原則命題，經過歸納推斷，普遍化而爲種類命題。譬如說：凡吃砒霜者都要死。此命題中雖有「凡」字，但此命題本身究是一種概括的普遍化，而非一絕對普遍性。唯原則命題始有內在的絕對普遍性，而原則命題又只是一假設，一可能模型，而尙未經過層層歸納推斷之證實。當其經過歸納推斷而成爲種類命題，卽只是一種概括的普遍化。種類命題雖云是原則命題之證實，而此證實亦只是概括的證實。卽經由層層歸納推斷或諸存在命題之輻湊而爲概括的證實。而在層層歸納推斷中所考核的存在命題是有限的。而種類命題中之「凡」字其概括却是無限的。所以在此概括中，「凡」字所指示的並沒全體呈現。而只呈現了一部卽所已考核到者，尙有無窮數的事例未呈現。而且在經驗過程中，亦永遠不能全體呈現，因「凡」字所指爲無限故。若是有限，則可以列舉，卽不成爲歸納推斷。是以由概括普遍化而成之種類命題，其値總是概然眞，而不是絕對眞。而其相應之原則命題之證實亦是概然的證實，而不是絕對的證實。種類命題總是一經驗綜和命題。其値所以爲概然者，總因事類中事象之因果關係非邏輯推理也。吾人雖已明經驗事實之因果關係有其「直覺確定性」，但彼旣非邏輯的推理關係，亦非純爲主觀的心理聯想，故得以使經驗綜和命題之値成其爲概然。卽依此基本事實，而列概然公理如下：

公理甲：凡經驗事象之因果關係只能爲實然之事實關係。不可增益，不可減損。

公理乙：凡經驗中每一事象之變現不能皆爲無窮種之不同。此卽鏗士變化有限原則。

而一切歸納推斷皆關於未來之推斷，於此復有一未來原則其辭曰：凡歸納推斷皆必涉及於未來。依未來原則，復立預測公理。其辭曰：

公理丙：依據過去對於未來所行之統計論謂不能全無效，因對於一特定過去無論其未來爲如何，而過去總有一未來。

此爲統計累積原則，爲路易士所設立者。今易名曰預測公理。

公理甲言凡經驗事象之因果關係只能爲實然之事實關係，不可增益，不可減損。增益，則視之爲邏輯關係之「理之必」。減損，則視之爲主觀之聯想。此皆須遮撥。此卽表示此公理對於覺現實事之關係予以正面之肯定。關於因果關係之函義，吾已言之於首卷第一章中。關於此公理之函義則如下：一、此公理並無邏輯之證明，卽其所肯定之因果關係並無邏輯根據也。蓋此本非邏輯事，故亦無邏輯之證明。若問覺現實事何以必有此因果關係，此誠無邏輯理由可答者。其唯一之答覆曰直覺確定性。汝若終不肯信，吾必曰汝必未曾有生物之生活，或終身處於眞空管中而不覺。故因果關係必爲覺知事，而非論證事。屬覺知者以覺知答覆之。事之可以經驗（覺知）答覆者並不定弱於以邏輯論證者。辯有不辯。可論證者且必依不可論證者爲根據。卽依此不可論證而名曰公理。二、所謂邏輯之證明卽企圖予以理性化。而最易爲吾人所易至之理性化卽予以形上學之根據。然形上學之根據則爲踰分者，至少亦爲別一事。說明因果關係之所以爲因果關係之形上理性實體尚須吾人之建立。至少吾人在知識或知覺範圍內尙不能有此理性實體之發見。此其所以爲別一事也。亦卽所以爲踰分也。然卽使形上實體已建立，而一落於事象之變化中，則亦不過明變化有理由，而不能謂此變化爲邏輯關係也。

公理乙言：凡經驗中每一事象之變現不能皆有無窮種之不同。此爲無限混亂之否定。此公理又可如此述：「經驗中每一實事與每一共他實事皆同同相聯合必假」。此爲路易士之說法。無限混亂爲無眉目，同同相聯合亦爲無眉目。玆先就原辭以明之。事象之變現卽事象之函變關係之變化。設甲乙兩事首次如此關聯，吾人固無理由斷其必如此，亦不能斷其必不可爲他種。然於經驗中其可能之變化須有限。設假定其爲無限，卽其變化有無窮，而於無窮之變化中又每種皆不同，卽不曾有無窮種之差異，則吾人對之卽不能有推斷，或卽有推斷亦必全無效。玆再擧例以明之。設一付紙牌，有魔搗亂之。吾人很難發見其有若何一定之關係。然只如此尚非全絕望。設其搗亂之變化爲有限，吾人之推斷不能全無效。是卽尙有望也。如其搗亂之變化爲無限，則吾卽不能有推斷。如有之，亦無效。蓋無限種之搗亂，無一相同，卽無一重複，吾人無由推斷也。然若其搗亂法爲有限，則若繼續，必有重複，吾人仍有踪迹可尋也。然此種無限混亂之否定並非指某一特定之事象言。乃指經驗中所有事象言。若指某一特定之事象言，則其變化盡可全無規律也。又不能有無窮種之不同，切不可誤爲事象無連續不已之變化。一草一木其生命儘可無已時。吾人之生命亦可無已時，宇宙亦不必有已時。已無已固非吾所能知。亦不須及乎此。此處所言亦與此義無關也。此處言不能有無窮種之不同只言其與其他事之函變關係不能有無窮種之不同變現。如其有之，實已不能謂其有函變關係矣。又無窮種之不同，復不可謂甲乙如此變，如因其某種條件變，而又如彼變，又因某種條件變而又有其他變乃至種種變。如解「無窮種」爲如此，則實已有關係可尋矣。故無窮種不可如此解。其義乃謂其變現乃全不能預測者。汝以爲因此而如彼者，彼偏不如彼。汝以爲因彼而可如此者，彼偏不如此。任汝如何解，總不能有相應。所謂無窮種之變現者義只如此。此所謂全無規律也，如此球向他球動，他球隨之動。此固無必然之理由，亦無邏輯之根據。其他之變化固自亦可能。他球亦可不隨之動，此球亦可從一直線而回轉，復可於任何方向而跳離另一球，兩球亦可停止而不動，乃至種種其他變現之可能。凡此種種，與「他球隨之動」一事實，並無邏輯之矛盾，故皆可設想而可能。然須知此種不同之變現不能有無窮種。如其有之，此兩球卽不能有關係，吾人對之亦不能有任何之推斷。此時吾於此兩球卽無任何之知識。如經驗中所有事象皆如此，吾卽無一知識而可言。知識一詞將不能見之於字典。甚至吾人將不能有生活，卽有之亦必非此世人類之生活。是以由公理乙復可推述曰：「於任何境況中（設其擴及之範圍爲足大），如有某些事項不能滿足公理乙，卽其聯絡爲混亂，則必有其他事象滿足公理乙，卽必有其他事象與其前者爲有系統之連結，或因其前者而可特殊化。」此亦爲路易士之說法。此義卽前言無窮混亂之否定並不指一定之事項言。乃指經驗中所有事項言。亦卽不能所有經驗事實皆有無窮種之不同變現也。公理乙另一陳述爲，「經驗中每一實事與每一其他實事皆同同相聯合必假」。此所否定者大類孔子所痛恨之軟圓之鄉原。吾嘗言，中庸是一，鄉原是零。鄉原之爲人卽在使自己之一擧一動與社會任何其他人之特殊擧動爲同同相聯合，故云非之無擧也，刺之無刺也。鄉原無自己故爲零。孔子斥其爲亂德而惡之，是則因社會不皆爲鄉原，故顯鄉原有特殊之標誌。是尙有可判斷之標準也。如社會上人人皆鄉原，卽孔子亦鄉原，所有之人其行動皆互相同同相聯合，則卽無有判斷之標準，吾卽不能有所斷。公理乙正可以此作譬喻。如經驗中所有事實互相間皆同同相聯合，某甲隨一切其他轉，其他一切隨某甲轉，而一切又皆互相轉，猶如無窮數之軌圓（亦曰反身性）與非歸納性，此時吾卽不能有推斷，自亦不能有知識。如經驗中某事如此而不盡如此，則卽可以有推斷，亦得言有經驗。猶如有鄉原而不盡爲鄉原，卽可以有判斷之標準，而區別亂德不亂德。

關於公理乙之函義則如下：一、此公理亦不能有邏輯之論證，此世界何以不能有無窮種之變現，何以不能皆爲同同相聯合，又何以不能有一界其中事象皆爲無窮種之變現，或皆爲同同相聯合，此無邏輯理由可答者。其唯一可答之理由曰經驗曰知覺曰事實。吾人之經驗事實不如此，吾人之知覺所現不如此。吾固可設想此一界。因其與現實經驗界並無邏輯之矛盾，亦猶太陽之不從東出，並無邏輯之矛盾。然吾人經驗不如此，吾人卽肯定此不如此之經驗界。如一旦吾人所處之世界爲如此，則亦無可如何而已矣，此公理自無效。然自今日觀之，此公理尚有效。吾人之於事實爲逆來順受者。卽依此逆來順受之態度，設立此公理。故此公理無邏輯之論證。二、依來本尼茲云上帝有許多可能之世界，而以最佳者賦吾人，卽吾人今日所處之現實世界也。設於未來際，上帝忽以其他不佳之世界予吾人，或吾人所處之世界忽全變而爲他，則此公理亦可變而爲無效。世界之前途有窮無窮，吾人皆不能知。是卽此公理於未來有效無效皆不能知也。故此公理終無邏輯之必然，唯有依據經驗而置定之，故爲公理也。

公理丙言：依據過去對於未來所行之統計論謂不能全無效，因對一特定過去無論其未來爲如何，而過去總有一未來。此中所述「依據過去對於未來所行之統計論謂」是何意耶？簡言之，由過去而論未來是何意耶？其意爲依過去已然之事，論謂未來未然之事。譬如兩球相擊，甲球向乙球動，乙球亦隨之動。設此爲已然之事例，卽已過去之事例。設將來復有兩球相擊之事例，吾人根據過去經驗，能謂於此未來事例中，甲球向乙球動，乙球亦必隨之而動耶？此固無必然。然此可能變化之論謂（卽預測）要亦不能全無效，卽此可能變化不能全爲不可能。何者？蓋當甲球實際發動時（此卽爲一「特定」過去），無論其所引起之可能變化爲如何，總有一可能變化也。換言之亦可如此述，無論何者將爲其未來，而此已然之特定過去（卽實際發動之甲球）總有一未來。固可如休謨云，乙球不必隨之動，千百種之其他變化亦爲可能者。然唯其如此，故亦可云總有一可能。千百種之其他變化固可否決此唯一可能（乙球隨之動一可能）之信念，然亦確立總有一可能之信念。此卽此公理後半句所謂對於一特定過去無論其未來如何，而過去總有一未來之意也。此所言特定過去卽可以引起可能變化之已發動之事也。如言甲球之動是。並非謂此「甲球動乙球隨之動」之已然之全事例也。卽非依據過去事例之經驗中之「過去」也。若指此過去而言，則已然之事例何以必有一未來，乃無謂之說矣。例如今日眼見「有水滅火」，何以將來亦有「有水滅火」之事耶？今年有「黑死病流行」，吾人能謂將來亦有黑死病流行耶？如作此解，則非對於未來施行論謂之意也。卽「有水滅火」與「黑死病流行」，自其爲一全事之本身言，無可謂總有一未來也。吾人固可推測某年月日時將可有日蝕，然此亦爲根據某某與日蝕有關之條件而推測，非謂因今年有日蝕，將來亦總有日蝕也。此則無謂矣。故過去總有一未來，但可如此云：今日「水滅火」爲已然，如未來復有水火之事，吾人可測度曰：此水亦將滅火也。此雖無必然，亦非不可能。蓋汝洒水向火時，無論其未來之變化爲如何，總有一變化也。而此總有之一變化，焉知非卽此「火滅」之變化耶？此卽對未來之統計論謂不能全無效也。統計論謂意云非必然論謂。依此統計論謂，未來事例或可與過去已然事例相契合。而此或然之契合，要以此公理後半句之所述爲根據。此後半句所述之意義卽謂每一實事之生起總有一發展之歷程，卽有其「溯自」與「展向」。吾人根據過去已然事例爲模型，論謂當下事例之展向。此卽此公理所揭示之要義也。

然則此公理能有邏輯證明乎？曰無。何以必有一未來之展向？此無邏輯理由可伸述。卽有未來之展向，而其展向如不滿足公理乙又如何？此亦無邏輯之保證。是以公理乙無必然，此公理自亦無必然。其唯一之根據曰經驗曰覺知曰事實。而此物理變化之事實亦卽覺知經驗之所顯露者。而覺知經驗之歷程其自身亦實爲生理物理變化之歷程。以手觸火而手痛，此生理覺也。亦卽生理物理之變化歷程也。如於未來復以手觸火，固不必痛，然如其觸之，總有其可能之展向則無疑。此無疑云者非邏輯理由之無疑，乃生物理事實之無疑。如其疑之，吾固不能有邏輯之反駁，然吾可云汝必未曾有生物之生活。此生物之生活乃無理由者，故此公理亦無理由者。卽以此故，名曰公理。一切可論證者必以此不可論證者爲根據（雖非唯一之根據）。人須承認之。讀者將見以上三公理實皆歸於首卷第一章所述之事實之承認。承認此等於承認彼，承認彼亦等於承認此。承認彼或此，吾人之知識已可能，而其如何可能之歷程則已解剖於上矣。

第二章　曲全格度之所函攝

第一節　滿類與滿證

疇範有其完全實現之要求，而種類命題所表象之存在關係亦實能使其爲概然之實現。由概然之實現，進而求定然之實現；而以經驗之層出不窮與夫理解之固執與限定，定然之實現終不可得。故定然實現之要求，實爲理想之要求。蓋囿於經驗與理解，終不得不爲概然也。自概然而望定然，故定然爲理想。

此定然實現之理想欲實現，卽有需於知識之滿證。滿證不能實現，滿證亦爲理想。範疇之論謂不但誘導經驗知識之完成，且亦誘導知識之滿證。言概然，有描述（或成就）概然之公理；言滿證，亦有指示滿證之公理。經驗知識終於爲概然。概然非滿證。概然公理皆自成就概然而言之。概然爲經驗知識之一既成之事實，故概然公理卽爲此既成事實之描述。描述之卽說明之，說明之卽成就之。故概然公理實爲說明原則，藉以說明既成之事實，非於既成事實以外有所增益也。設事實不如概然公理之所述（如混亂或必然），則亦無概然，亦無此公理。今既有概然之事實，故即有概然之公理。然概然終於爲概然，而非爲滿證。範疇之論謂既誘發知識之滿證，如知識得滿證，則概然變定然，而概然公理之所述即獲得其滿證，而不必有公理。概然公理言：一謂詞不保其必效於未來，而滿證則保證其必效。本節論滿證如何而可能。

範疇由一假然普遍命題而表示，此爲一抒義之原則。其自身爲絕對之普遍，爲圓滿而無漏。然此乃假然命題之所述也。吾人不能只有此假然。只有此假然，不能成知識。而假然命題所表示之原則之設立即爲獲得知識而先立，乃一先在之模型，故其假然性終必要求爲實現。其實現之歷程爲歸納之歷程。由歸納歷程而成一暫時之歸束曰「種類」。表示此種類之命題爲種類命題。種類命題，自形式言之，雖爲普遍之全稱，如「凡人有死」，而其實際實爲特殊之偏稱，如「有人有死」。此爲杜威所宣示，吾於此可首肯。故凡種類命題，以表象歸納而成之種類故，皆爲偏稱肯定之命題式（I命題式）。此言其囿於經驗與理解而終爲概然也。此亦示範疇論謂所定之原則乃爲永不能圓滿實現者。雖由歸納歷程而普遍化，而表之以全稱，然終爲普遍化，而非眞實普遍也。此即示普遍化之全稱實爲有漏而不得滿證之偏稱。此亦示全稱亦爲永不能圓滿實現者。其故亦在囿於經驗與理解而爲概然故。然偏稱終於爲偏稱，全稱終於爲全稱。吾人於命題式實有此分別，而其意義亦不同。理解之知識雖永不能至於「全」，而有此「全」之要求，亦需有「全」之表示。「全」實爲範疇所定之原則要求完全實現之表示，亦卽此原則要求「滿證」之表示。「全」與範疇遙相應。「全」之普遍性（非普遍化）卽範疇之普遍性之由假然變而爲定然。此定然之普遍性，自理解知識終爲概然言，則爲範疇之理想性。此卽言範疇亦誘發滿證也。依此，吾人有三種命題式：

一、假然普遍命題：表範疇。

二、概然種類命題：表事類。

三、定然全稱命題：表滿類。

由範疇至事類，言概然；由範疇經事類至滿類，言定然。滿類卽通常所稱之「類」。今對事類言曰滿類。滿者圓滿義，完整義，無漏義。以表事類之種類命題實際爲偏稱命題式，故事類爲有漏，不圓滿。對此而言，故曰滿類。每一滿類爲一無漏之綜體。以定然全稱命題中之「凡」字必涉散殊之個體故。以其爲綜體，故亦爲平鋪，與事類之爲平鋪同。惟事類爲有漏，而滿類則無漏。範疇爲原則，非平鋪。事類爲過渡，爲中間。滿類爲終極，爲目的。滿類爲定然全稱命題所表示，且反而表示範疇所要求之實現之滿證。以表示滿證故，故其自身曰滿類。然則此滿類如何證實耶？其所表示之滿證如何證實耶？

定然全稱命題亦爲普遍命題，或曰命題函值。羅素以命題函值表示類，以爲每一命題函值定一類。其所定之類，吾今名之曰滿類。以每一如此而定之類皆爲圓滿無漏故。如此之滿類，自理解知識言，亦仍爲不得圓滿實現者。卽其所表示之滿證仍爲不得滿證者。自此滿類之不得滿證言，吾人需有假定之必要。此假定名曰滿類公理。概然公理表示一謂詞不保其必效於未來，滿類公理則表示一謂詞亦必貫穿於未來（此在滿類則以「無限」代未來）。然此表示乃爲不得證明者，故名曰假定。滿類得滿證，則公理卽取消。但滿類何時而得滿證耶？其滿證如何可能耶？自理解知識言，永不能得滿證，亦無有滿證之可能。公理之所以爲公理卽據此而成立，而得名。設有滿證之可能，公理卽廢棄，假然變實然。故此公理或爲臨時，或爲永久，惟賴吾人之知識是否只爲理解之知識而決定。概然公理有三，滿類公理只有二。吾將藉羅素之三公理而論之。三公理一曰還原公理，二曰選取公理，三曰無窮公理。滿類公理表示滿類欲求滿證而又不得滿證之疑難。

第二節　循環原則與類型說

羅素公理雖三，而以還原公理爲討論滿類公理之關鍵。每一滿類不只有限，且通無限。有限無限皆指滿類所覆及之散殊個體言。有限言其所覆及之散殊個體爲有盡，無限言其所覆及之散殊個體爲無盡。此非數學之有限與無限，以對知識而言故。知識中每一定然普遍命題皆爲涉及散殊分子之陳述，故其所表示之滿類亦必覆及有限無限之個體。每一滿類通無限，故每一滿類皆爲圓滿無漏之綜體。圓滿言其完整，無漏言其無限。是以表示滿類之命題皆爲窮盡而充其量之命題。其表示也，出之以定然普遍命題，卽定然全稱命題，如「凡人有死」，如「項羽有爲一大將之一切特性」。「凡」字或「一切」卽爲表示圓滿而無漏之綜體之所在。此在亞氏，名曰「全稱」。全稱非共相也。「人」爲共相，「凡」非共相。「凡」者指陳隸屬於「人」共相下之所有分子也。故全稱所表爲一綜體。然降至近世，「凡」字大成問題。還原公理之引出卽由此入。此固羅素以類論數之所首立者。吾今自知識而論之，而其意義仍可得而言。

由「人有死」一函值，用普遍化之方法，可推出「凡人有死」，「有人有死」兩函值。用「凡」字所示者是指「人」之一切値而言，用「有」字所示者是指「人」之某一値而言。某一値之「某」，下而不能爲「零」，上而不能爲「全」。然吾人言「凡」或「有」皆爲自一定之層次上而涉及散殊之個體。是以凡言「凡」或「有」皆有所指，而非橫軼而無所指之漫言。有所指卽有所涉。所指卽外指，所涉卽外涉。外涉外指似爲限定層次之關鍵。外涉外指爲共相之主詞所指點，而全稱之「凡」或偏稱之「有」卽隨此主詞所指點之外指而附隸之，而受其限。受其限卽謂其層次之限定。是以凡有「凡」或「有」皆爲外指之「凡」或「有」，而非反而內涉其自身。卽「凡」或「有」所引之命題之自身並不在「凡」中，亦不在「有」中。此卽「凡」字「有」字之不漫，此似爲吾人言普遍化之命題無論自覺或不自覺之本義。然此粗淺之事實，人常忽之而罔覺。以其罔覺也，遂視某種普遍化之命題爲循環而矛盾。此卽問題之所由起。而發生問題之焦點在「凡」字，故又轉而問「凡」字是否有合法之使用。由此疑問，遂設立理論以成就其合法之使用，類型說與還原公理是也。並以爲如其不然（卽無此理論），「凡」字卽爲不合法者。是視「凡」爲根本不合法之觀念，而必須有某種理論以限之。此謂由誤引誤，遂視誤爲本誤，而復由外鑠之人工以限之，而忘其本不誤也，而不知所加之人工之限制爲本已如此也。如其本義卽如此，卽不復是問題，故亦不須理論以成之。此爲一本然之事實，吾人可說明此事實，而不能由理論造成此事實。如其不明此事實，心迷而混亂，吾人可提撕而告之，吾亦不能以心迷混亂，頭腦不清所糾繞者爲問題，而期由此以某種理論造成一事實。關此吾下文將復提及。茲且明「凡」字何以成問題而至於不合法。

「凡人有死」一命題大都不至視其含於「凡」字中。蓋此一命題實非「人」也。以其非人，故亦不含於附隸於「人」之「凡」字中，是卽言其並不隸屬於「人」共相之下也。然如「凡命題或是眞或是假」，「凡命題不能既是眞又是假」，則易想其含於「凡」字中而爲其一可能，蓋此兩陳述亦爲命題也。既爲命題，卽可含於附隸於「命題」之「凡」字中。此謂自己含自己之循環。唯此兩命題（表示排中律與矛盾律）雖循環，而不至有矛盾。若如「無一是命題」，「一切言語皆虛妄」，則不但可以引至於循環，且因其引至於循環而復引至於矛盾。如果「無一是命題」，其自身卽含在「無一是」中而為其一可能，「一切言語皆虛妄」，其自身亦含在「一切」中而為其一可能，則即為由循環而矛盾。試就「無一是命題」而言之。設其自身即含於「無一」中而為其一可能，則可問：「無一是命題」是否為命題？如其是命題，則即有一是命題，而不能云「無一是命題」，故汝云「無一是命題」妄。如不是命題，則汝之言「無一是命題」即為一廢話，或為一虛空，或為一無意義之聲音，此亦等於消滅其自己，而不能成為一肯斷。是以若其自身即含於「無一」中而為其一可能，則無論答是答否，「無一是命題」皆為自相矛盾而不能成立者。再就「一切言語皆虛妄」而言之。設其自身亦含於「一切」中而為其一可能，則可問：汝之「一切言語皆虛妄」之一言是否為虛妄？如其是虛妄，則汝此言眞虛妄即為不虛妄，是即有一不虛妄。如其不虛妄，則汝之此言為眞，即至少有汝之一言不虛妄，而汝之「一切言語皆虛妄」即假，亦不能有成立。是以若其自身含於「一切」中而為一可能，則無論答是答否，「一切言語皆虛妄」總為自相矛盾而不能自立者。然「無一是命題」，「一切言語皆虛妄」，固與「凡人有死」，「凡命題或是眞或是假」，為同一形式也。既為同一形式，自邏輯言之，即應為皆可成立之形式。然今竟有不能成立者。將因有循環而矛盾，吾人即不能言「凡」乎？即不能有全稱命題乎？抑歸於有時有，有時無，而謂循環而矛盾者乃不應有之言辭乎？然「凡」之概念為邏輯陳述所不可免。邏輯陳述之普遍性，大都由「凡」字而表示。然則全稱命題似不能隨便取消也。如歸於有時有，有時無，而謂循環而矛盾之言辭不應言，則亦衡破邏輯中之普遍性。蓋全稱命題既爲一命題式，其中之變項可以隨意代，而不能有限制。然則何以代之以「人」與「有死」即成立，代之以「言語」與「虛妄」即不成立乎？有時有，有時無，實爲注目於實際句子之內容，而爲臨時之誤引。臨時之誤引，不能爲成立有時有，有時無之理由。然如承認全稱命題式，又將何以避免循環與矛盾？如無全稱命題式，吾人不能表示類；如不能避免循環與矛盾，吾人不能成就類。羅素建立類型說與還原公理而答之。而吾以爲則應首先考核矛盾之何由來，如何成。「矛盾」是否即爲「凡」字本身所固具。今且述羅素之思想。

還原公理兼賅遮表二義。由類型說以避免循環與矛盾，此遮義也。由其自身而成就「類」，則表義也。

先說遮義。全稱命題之言「凡」，皆有一定之層次。實即吾人通常之言「凡」，大都爲對外之涉及。心意中並不含「凡」字所引命題之自身。此常爲不自覺而意許者。惟以不自覺，遇有循環而矛盾之情形，遂猝然不能有以應，而忘其爲混亂也。常情大都亦不了了之，其言全稱自若也。然邏輯家如羅素者，則對此頗費苦心。竊其意似以爲「凡」字根本不合法，而矛盾似爲「凡」字所固具，故須一理論以成就「凡」字合法之使用。渠對循環原則之注意太過分，儼若爲一客觀之問題，而不知其實爲混亂之結果。依類型說，「凡」爲一定層次中之「凡」，非漫然而無限制。故全稱命題皆爲自一定層次而爲對外之涉及，其所涉及者爲外陳之散殊之個體。是以凡發生循環而矛盾之命題皆爲對此命題施以層次混擾之結果。吾說「凡人有死」並不含此命題之自身，吾說「一切言語皆虛妄」亦不含此命題之自身。於「凡人有死」中，「人」爲實變項。於「一切言語皆虛妄」中，「言語」爲實變項。而「凡」或「一切」則爲虛變項（或似變項），言非眞變項也。「凡」或「一切」皆指實變項之值之範圍言。依此，「凡」或「一切」卽限制於實變項，而不能有漫越。限制於實變項卽爲吾此言之層次在此實變項。設名此爲第一層（或第一序）。如以虛變項爲變項而考論之，則爲另一層。設名此爲第二序。是以如不含其自身則已，如其含之，則必含於另一較高層，卽含於第二層，卽第二層含之，而非第一層卽含之，卽並不含其自身於第一層次中。依此而言，「一切言語皆虛妄」，在第一層中，並非一單獨之新命題，而實爲衆多命題之絜和，並爲因此絜和而成之簡稱。其自身並無獨立性。「凡人有死」卽等於「孔子孟子等等無窮散殊個體之有死之絜和式」，「有人有死」卽等於「孔子孟子等等無窮散殊個體之有死之析取式」。「一切言語皆虛妄」亦然。依此，虛變項卽拆散而消滅，盡歸於關於實變項之陳述，而並無關於虛變項之陳述。是以「凡人有死」一命題其自身並無獨立之實性，亦非一單獨之新命題。如爲一單獨新命題，則必在第二序言語中。今在第一序，則只有衆多關於實變項之陳述，而無關於虛變項之陳述。是卽其自己無由含於其中也。既不含有其自己，則無由發生循環而矛盾之情形。依此建立「凡」字合法之使用。是以凡言「凡」必爲第一序之「凡」，或第二序之「凡」，而無空頭之「凡」。依羅素，空頭之「凡」乃爲不合法者。吾人必須限定其層次。依此避免循環與矛盾。所謂遮義也。然如何轉至還原公理耶？

第三節　還原公理

於是吾人論表義。還原公理實卽類型說之變相。其成立卽根據類型說而成立。其焦點亦在避免「凡」字之循環與矛盾。然何以類型說無問題，而還原公理有問題，又名之曰公理耶？其機甚微，言者難之，多不測其奧也。實則卑之無高論。徒以羅素述之之言辭過簡約而又太形式，遂視爲玄奧不可解。還原公理言：

設定任何函值總有一指謂函值與之爲形式地相等價；或爲：指謂函值爲實有，設定任何函值必等值於一實有之指謂函值。等値卽兩者同眞同假之謂。

又言：

實有一第n序之函值（此處n是固定者），此函值形式地等價於任何一函值（此任何一函值是何序不必問）。

又言：

衆多謂詞（其數通無限）之絜和或析取等值於一簡單之謂詞。

此處當言何謂指謂函值。依羅素，指謂函值即由對於一個體之指謂所成之函值。指謂即謂詞義。一謂詞必指謂一個體或對象。如「孔子有死」，吾人暫時可說「孔子」是一個體，「有死」即一謂詞，此謂詞指謂孔子。「孔子」爲一定之個體，如以變項x代之，則爲「x有死」，此時吾可以任何個人代孔子。然x雖爲變項，而仍爲個體。故「有死」指謂x，亦即指謂個體。此時亦有變項故，故「x有死」即爲一指謂函值。依此，指謂函值必於對象有所涉及，其中之謂詞必指謂一對象。以其指謂一對象，故必表象具於該對象中之一特性。此爲根本義。又指謂函值乃爲無虛變項之函值：譬如「x有死」，x爲變項，然x爲個體；其中亦無表示「凡」或「有」之字者，故亦無虛變項。具虛變項之函值則由指謂函值而引出。此如「凡x有死」，「有x有死」，皆自「x有死」中而推出。依此，凡指謂函值皆爲一模型，一切其他函值皆由之而推出。此爲第二義。復次每一指謂函值皆有存在性，即其謂詞有存在性，其存在性依其論謂個體而始有。其存在性即以其涉及個體故，即以其有所指陳故。有涉有指即有限制，此爲固定類型之標準，故曰模型也。此爲第三義。

既有指謂函值，自亦有非指謂函值。非指謂函值由指謂函值而推出。前言「凡x有死」，「有x有死」，皆自「x有死」而推出。如是，「凡x有死」，「有x有死」，即爲非指謂函值。此在常情，似爲離奇。何以即爲非指謂耶？此亦有故。蓋「x有死」，x雖爲變項，而實隱目個體，故「有死」亦指謂個體，故爲指謂函值也。然在「凡x有死」或「有x有死」，「凡」字「有」字皆為虛變項，x可以指謂，而並無「凡x」或「有x」可以指謂也。如謂「凡x」或「有x」可化為個個x，然此時即為指謂者，而當其為「凡x」或「有x」時，即為不指謂者。依是，凡有「虛變項」之命題（函值）皆為非指謂之命題（函值）。如由指謂函值變為非指謂函值，亦只須將指謂函值中之實變項（或目數）變為虛變項即可。此亦即言由指謂函值推出非指謂函值也。然此時吾人須有層次之觀念。「x有死」，如x為個體，則即為指謂個體之指謂函值。設名此為第一序指謂函值。由此第一序指謂函值（以下亦稱模型）而推出之非指謂函值，則為第一序函值（即非指謂者）。依是「凡x有死」，「有x有死」，即為第一序之非指謂函值。以其目數同為x（即個體）也。（無論x為虛變或實變。）此即謂個體層，即以此個體層為第一序。此以符號表之較方便：

1. $\phi!\hat{x}$，$\phi!(\hat{x},\hat{y})$，$\psi!(\hat{x},\hat{y},\hat{z},\ldots)$　表指謂函值。
2. ϕx，$\phi(x,y)$，$\psi(x,y,z,\ldots)$　表指謂函值之任何值。
3. $(x)\cdot\phi x$，$(\exists x)\cdot\phi x$　表由指謂函值"$\phi!\hat{x}$"而推出之非指謂函值。此非指謂函

$(y)\cdot\phi(x,y)$，$(x)\cdot\phi(x,y)$，(x,y)　$\phi(x,y)$

$(\exists y)\cdot\phi(x,y)$，$(\exists x)\cdot\phi(x,y)$，$(\exists x,y)\cdot\phi(x,y)$

值，依下所述，名曰命題，以其中無有實變項故，實變項俱轉為虛變項故。

此為由指謂函值"$\phi!(\hat{x},\hat{y})$"而推出之非指謂函值。不過羅素於此又有分別。$(x,y)\cdot\phi($

X，Y），$(\exists X,Y).\phi(X,Y)$名爲命題。而其餘四則曰函值。以Y爲虛變項者，則其所成之函值即爲X之函值。其所以爲函值者以尚有X爲實變項也。以X爲虛變項者，則其所成之函值即爲Y之函值，而以Y爲實變項。至於命題，則將實變項XY盡轉爲虛變項。是以於指謂函值中之實變項轉其某一個或若干個（非一切）爲虛變項，即成爲函值；若轉其一切（非某一個）爲虛變項，則爲命題。任何實變項之指謂函值皆依此作。上所作者皆爲第一序。依是，吾人有第一序模型，第一序函值，第一序命題。第一序命題是第一序函值之「值」。

以第一序爲標準，可作第二序之模型，函值，及命題。第二序之模型須以第一序之模型或個體爲其目數（實變項）。第二序之函值自第二序之模型而推出，其推出之法乃由自第二序之模型中之目數轉其一或若干（非一切）以爲虛變項。如轉其一切（非若干）以爲虛變項，則爲第二序之命題。以符號表之如下：

1. 模型：$f!(\hat{\phi}!\hat{z}),\ g!(\hat{\phi}!\hat{z},\hat{\psi}!\hat{z}),\ F!(\hat{\phi}!\hat{z},\hat{x}),\ \ldots$

2. 函值：$(\phi).f(\phi!z),\ (\phi).g(\phi!z,\psi!z),\ (x).F(\phi!z,x),\ \ldots$

3. 命題：$(\phi,z).f(\phi!z),\ (\exists\phi,z).f(\phi!z);\ (\phi,\psi,x).g(\phi!z,\psi!z),\ (\exists\phi,\psi,x).g(\phi!z,\psi!z);\ (\phi,x).F(\phi!z,x),\ (\exists\phi,x).F(\phi!z,x);\ \ldots$

第三序之模型，函值，命題，亦依此作。依此類推，可至無窮。此言無窮，謂步步作去，可無限制。非謂一無窮序亦可以作。蓋因函值中之目數及虛變項其數必須有窮，故每一函值必爲一有限序中之函值。是以函值之序只可一步一步規定之，而無底止。無有一第無窮序之函值可出現。（目數及虛變項有限並非謂虛變項所定之範圍亦有限。）

總持言之，任何序之非指謂函值皆可由與之相當之任何序之指謂函值將其中之目數轉爲虛變項而推出。依是，第n序之非指謂函值則由第n序之指謂函值將其中之目數（此當爲n減一序）轉爲虛變項而作成。是以除第一序外，自此以往，吾人只須以指謂函值爲變項，而不能以其他非指謂者爲變項。是以一切推出之非指謂函值皆可視爲指謂函值之函值。是亦卽言不須以非指謂函值爲虛變項。蓋其實變項皆爲指謂函值也。依是，每一序中皆可分爲指謂函值與非指謂函值，而任說一函值，指謂或非指謂，皆必落於一定序中，無有漫無歸宿者。復次，當說任何非指謂函值，亦必爲一定序中之非指謂函值，而亦無有漫無限制者。依此，當說任何非指謂函值自亦必有一指謂函值與之相對應，且復由此指謂函值而推出。依此無有循環之弊。

還原公理言：設定任何函值必有一指謂函值與之爲形式地相等價。此言任何函值卽言任何非指謂函值。任何非指謂函值皆由任何指謂函值而推出。且其目數必相若。是以若「非指謂函值」爲眞，則指謂函值亦必眞，若「非指謂函值」爲假，指謂函值亦必假。此卽謂形式地相等價。等價者同眞同假之謂也。卽有相同之眞假値也。如「凡X有死」眞，「X有死」亦必眞；「凡X有死」假，「X有死」亦必假。「實有一指謂函値，而且任何函値（在其一切X上）必等値於該指謂函値」，其意亦同。然則何以爲公理（假定）耶？關鍵卽在「指謂函値」之實有或存在。卽問題不在「任何函値」，而在與之等値之指謂函値。羅素肯定此指謂函値爲實有，卽存在。試就指謂與非指謂函値而言之，如非指謂函値由指謂函値而引申出，則非指謂函値之等價於其指謂函値（在同序上）乃爲自明者。此爲由指謂到非指謂，指謂者爲旣定，則非指謂者之反而等値於指謂者，豈非自明之事乎？如其爲自明，則不得謂之爲公理，蓋此爲必然而非假然也。然旣謂之爲公理，則亦必有故。又，如其指謂函値之設置乃純爲邏輯者，不問其指謂之謂詞是否有存在，亦不問此謂詞所指謂之對象（個體）是否有存在，吾如此設置之卽是如此設置之；謂詞如吾所如此設置之而謂其爲謂詞，其所指謂之對象亦如吾所如此設置之而謂其爲對象。縱世無此物，吾如此設置之，卽有此被指謂之對象，亦有此能指謂之謂詞。此純爲邏輯之陳述。而指謂函値亦卽由此邏輯之陳述而造成，純在邏輯自由性之操縱中而不能有外面之意義，以外乎此邏輯之操縱。如其如此，指謂與非指謂之相等値亦爲邏輯者，自明者。吾爲避免循環計，吾有此方法上之構造：構造一指謂者以爲非指謂者之模型。指謂與非指謂兩者永遠並駕齊驅，且有邏輯之必然性。如其如此，兩者（在同序上）相等値，亦爲自明者，不得謂之爲公理。吾人前作第一序第二序乃至第n序等等，就此而言之，亦實可如是觀。然何以究爲假然之公理？其故蓋在羅素「存在」之思想。羅素對於指謂函值並不取上述之觀點（邏輯陳述之觀點）。其視指謂函值須有外界存在之意義。既有外界存在之意義，卽有經驗之意義或知識之意義。依此，卽非純爲邏輯者。尚有非邏輯所能自由操縱者。如有經驗之意義，則兩者相等值卽非邏輯者，亦非自明者，乃爲概然者。既爲概然者，則縱有一函值可有一指謂函值與之相等值，然不能說永遠必有一指謂函值與任何函值相等值。如其有一指謂函值與之相等值，則此時吾說還原公理可以眞；如其可有而不必有，因而無有一指謂函值與之相等值，則此時吾說還原公理可以假。既可眞可假，卽非必然。還原公理假定：任說一函值總有一指謂函值與之相等值。此假定其爲如此，非能證明其必如此。其所以不能證明其必如此，正因其有經驗之意義，而爲概然也。普通言，可能者之範圍大於現實者。吾人可取譬於此而明之。吾人說任何函值，此似有邏輯之自由性，故常爲可能者。可能者不必有現實者與之相對應。還原公理則提起現實者而擴大其範圍，使與可能者常相對：此卽言任何函值總有一指謂函值與之等值也。當吾人造函值之層次，由指謂引申非指謂，兩者並駕，層層前進，似不必提及指謂函值之存在。以於說明無必要也。然當想及一全稱命題可化爲散殊命題之絜和，而其自身並非一新命題，依此避免含其自身之循環，則又易想及指謂函值之存在。由想及其存在，復反而說任何函值總有一指謂函值與之相等值。既自外面而言指謂函值之存在，則自不能保其「必」存在，因而遂假定其「總」存在。此卽所以爲公理也。羅素對於指謂函值既不取邏輯陳述之觀點，遂有外面存在之思想。此蓋爲其思考問題之態度之慣例。以下引羅素之說明而申明之。

第四節　羅素之說明

「如一物（對象）之一謂詞可名曰一指謂函值，而此函值於該物爲眞，則一物之謂詞必只爲該物所具之特性中之一部。試取『項羽有爲一大將之一切特性』一命題爲例。此命題可解爲『項羽有爲一大將之一切謂詞』。在此有一謂詞是虛變項。如以"$f(\phi!\hat{z})$"代『$\phi!\hat{z}$是一大將所需有之謂詞』，則該命題可如下寫：

$$(\phi):f(\phi!\hat{z}).\supset.\phi!(\text{項羽}).$$

此命題涉及一『謂詞之綜體』，但此綜體自己却非項羽之一謂詞。但此並非說：無某一謂詞對諸大將既公通又特屬。事實上確有如此一謂詞。大將之數有限，每一大將必有某一謂詞不爲任何其他人所具有，此如其準確之生時。此種謂詞（如準確之生時）之析取式將組成一謂詞既共通於諸大將又特屬於諸大將。（如一組有限數之謂詞可以因現實列舉而獲得，則此組謂詞之析取式即是一謂詞，因在此析取中，並無謂詞出現而爲虛變項。）如名此既公通又特屬之謂詞爲"$\psi!\hat{z}$"，則關於項羽之陳述即等值於"$\psi!(\text{項羽})$"。如以任何人代項羽，則所謂等值仍有效。如是，吾人達到一謂詞，而此謂詞總等值於吾所歸給於項羽之特性。此卽言：此謂詞屬於有此特性之對象，而不屬於其他物。還原公理說：如此一謂詞總存在（卽實有），此卽言：一對象所具之任何特性卽屬於具有某一謂詞之一堆物象。」

羅素擧「準確之生時」一謂詞旣公通又特屬於諸大將。設大將之數爲五，卽有五個不同之生時。此五個不同之生時，組而成一析取式，卽成一謂詞，旣公通又特屬於五大將。公通者言此一謂詞只屬於此五人，而不屬於其他人。特屬者言此五人之生時又個個不同也。此例不甚恰。玆取「孔子有爲一大聖之一切特性」爲例。吾人可依羅素之分析而分析之。設以f代「大聖」，以φ代大聖所需之特性。特性可變爲「謂詞」。依是，f爲一謂詞代大聖，φ爲一謂詞代大聖所需有之特性。「孔子有爲一大聖之一切特性」，此中「一切特性」可變爲「一切謂詞」。而「一切謂詞」爲實變項φ之轉爲虛變項。吾人言此虛變項所示之綜體並不爲孔子之一謂詞。此綜體不過爲孔子所具爲一大聖之種種特性之絜和，而又可化而爲種種特性之陳述。此卽言「爲一大聖之一切特性」一語並非孔子一特性。爲一大聖所需之特性甚多。孟子言「大而化之之謂聖」。試取「大而化之」一特性爲謂詞。凡是大聖「者」皆具「大而化之」一謂詞。如代表大聖「者」之x爲無窮，則卽有無窮個體具有「大而化之」一謂詞。吾人將此謂詞隸屬於無窮個體而爲無窮數之絜和，則此謂詞旣共通於諸大聖者又特屬於諸大聖者。如代表大聖「者」之x爲有窮，則卽有有窮個體具有「大而化之」一謂詞。此謂詞隸屬於有窮個體而爲有窮數之絜和，亦旣共通於諸大聖者又特屬於諸大聖者。公通者所有X皆具有之，特屬者單一X亦須具有之。還原公理言此謂詞總存在，卽隸屬於有此特性之對象。然爲一大聖之謂詞不只「大而化之」，而且甚多。「孔子有爲一大聖之一切謂詞」，吾人可將「一切謂詞」化而爲無窮數謂詞之絜和，其中每一謂詞皆旣公通又特屬於諸大聖，孔子有之，亦通於孔子。又其中每一謂詞亦總存在，卽隸屬於有此特性之對象。每一存在之謂詞成一指謂函值，由此而推出之函值皆須與之相等值。反而言之，任說一函值亦總有一指謂函值（卽存在之謂詞）與之相等值。依是，爲一大聖之一切謂詞卽可化爲無窮數指謂函值之絜和式，或言具「一切謂詞」之虛變項之函值卽等值於無窮指謂函值之絜和。如是，「孔子有爲一大聖之一切謂詞」，可符式如下：

$$(\phi):.f(\phi!\hat{x}).\supset:\phi!(\text{孔子}).\supset.f!(\text{孔子})$$

而此式中之虛變項可化爲下式：

$$(\phi).f(\phi!\hat{x}).\equiv.f!\{(\phi!\hat{x})\cdot(\psi!\hat{x})\cdot(\lambda!\hat{x})\cdot\ldots\ldots\}$$

依此卽無虛變項。如言「所有X」有此一羣指函謂值，則X爲虛變項。吾人又可將X化爲無窮散殊個體之絜和，如下：

$$(x).f(\phi!\hat{x}).\equiv.f!\{(\phi!\hat{a})\cdot(\phi!\hat{b})\cdot(\phi\cdot\hat{c})\ldots\ldots\}$$

依此全無虛變項，盡化爲第一序之指謂函值。全式如下：

$(\phi,\chi)\cdot f(\phi!\hat{\chi})\cdot\equiv:(\phi!\hat{a})\cdot(\psi!\hat{b})\cdot(\lambda!\hat{c})\ldots\ldots\cdot\supset\cdot f!\chi$

$(\phi!\hat{a})\cdot(\psi!\hat{b})\cdot(\lambda!\hat{c})\ldots\ldots\chi$

如再言孔子有此一羣謂詞，孔子有f一謂詞，則如下：

$(\phi!\hat{a})\cdot(\psi!\hat{b})\cdot(\lambda!\hat{c})\ldots\ldots\cdot\supset\cdot f\chi(\phi!\hat{a})\cdot(\psi!\hat{b})\cdot(\lambda!\hat{c})$

$\ldots\ldots\chi:\supset:\phi,\psi,\lambda!$（孔子）$\cdot\supset\cdot f!$（孔子）

此一長式無一虛變項。簡言之，可說任何函值總有一指謂函值與之相等值。此卽還原公理：

$(\exists f):\phi\chi\cdot\equiv_x\cdot f!\chi$

此公理就此符式讀之，則爲：有一謂詞f存在：而且在所有X上，說X有φ卽等值於X實有f。此種拘謹讀法，縱不起誤會，亦頗難索解。此並非言兩不同謂詞相等。蓋兩不同謂詞各是其所是，並不相等也。亦非言「孔子是人」等值於「孔子是聖人」：人與聖人兩謂詞並不等值也。「是人」假，「是聖人」固假，然「是人」眞，「是聖人」未必眞也。亦不能云「孔子是聖人」等值於「孔子是人」：蓋當「是聖人」眞，「是人」亦眞，而「是聖人」假，「是人」未必假。是卽言此公理並不空言兩謂詞之關係。其文字之說法（非符號）謂：任說一函值總有一指謂函值與之相等值。此中有兩要素當注意：一爲「任說」（或「任何」），一爲「指謂」（或「存在」）。此其關係，寬泛言之，當爲名言與存在之關係（此自須加限制或說明）。如是，若寫爲下式，在某方面當較顯明，卽

$$(\exists f):fX\cdot\equiv_{x}\cdot f!X$$

：即任說一謂詞f，此謂詞f總存在，即此謂詞總屬於有此特性之對象。其義本如此。然如此寫，在某方面，又較狹。蓋出之以名言或符號，任說一函值有時不必和與之相等值之指謂函值相同。爲醒目起見，以別異出之，如原所寫。蓋寫φ而不寫f，重在「任何」也。φ代表任何函值也。依此，還原公理最根本而普遍之符式爲：

$$(\exists f):\phi X\cdot\equiv_{x}\cdot f!X \qquad (1)$$

如切實之，則爲：

$$(\exists f):fX\cdot\equiv_{x}\cdot f!X \qquad (2)$$

再切實之，則爲：

$$(X)\cdot\bar{\phi}X\cdot\equiv\cdot\bar{\phi}a\cdot\phi b\cdot\phi c\ldots\ldots \qquad (3)$$

$$\equiv\cdot\phi!X$$

或爲：

$$(\phi)\cdot f(\phi X)\cdot\equiv\cdot f!\{(\phi!X)\cdot(\psi!X)\cdot(\chi!X)\ldots\ldots\} \qquad (4)$$

$$\equiv\cdot f!(\phi!X)$$

如還原公理所述者爲名言與存在之關係，則凡陳於名言中之命題必皆有經驗之根據，即不能有假命題或無意義之命題。此卽上文所謂須加限制或說明之義。按之羅素思想，亦實如此。所謂有經驗之根據亦卽有歸納之根據，亦卽大部當屬科學之命題。此卽名言之限制。並非謂任說一假命題或無意義之命題亦須有一存在之謂詞與之等値也。羅素言承認還原公理之理由大部係歸納者正是此義。（見下）如有經驗之根據，則照上列第一第二兩式言，指謂函値之存在卽不可得而必。照第三第四兩式言，無窮數之陳述皆有存在義亦不可得而必。不可必，故假定。此卽假定其有也。言至此，此公理實與羅素論排中律時所需之形上之假定相類似，亦與其所需之邏輯相應說相關聯。蓋同一精神之所貫也。

依據上列第三第四兩式，羅素遂言：「還原公理等値於『謂詞之任何絜和或析取等値於一簡單謂詞』之假設。【此言絜和或析取是邏輯上總持之說法，而非列舉的說法。如爲列舉的說法，則無假設公理之必要。但如其如此，則所謂「謂詞之絜和或析取」中之謂詞之數目必須是有窮。】此卽言：如吾主x有一切謂詞皆滿足"$f(\phi!\hat{z})$"一函値，則亦總有某一謂詞，當吾之主斷爲眞，x將有之，當吾之主斷爲假，x卽無之。同理，如吾主x有某些謂詞滿足"$f(\phi!\hat{z})$"，則亦總有某一謂詞，當吾之主斷爲眞，x將有之，當吾之主斷爲假，x卽無之。藉此假定，非指謂函値所處之序，可以降而爲一序。依此，經過有限步數，將能自任何非指謂函値達到與之相等値之指謂函値。」凡此所言，須就第三第四兩式而領悟之。羅素續言：「但亦不能謂以上之假設，在符號之推演上，卽可代替還原公理。蓋以上假設之使用復需進一步之假設以爲其顯明之導引。所謂進一步之假設，卽上文所說因有限下降步數，可自任何函值到一指謂函值。然此假設，若無若干之發展或擴充卽不能極成之。而此若干之發展，若無爲之前者（卽在較早階段上），則又很少有可能。但依據以上所述，如以上之假定爲眞，還原公理亦眞。此似爲顯而易見者。反之，如還原公理眞，該假定自亦眞。依此完成兩者等値之證明。」凡此所言，卽示上列第一式爲最根本而普遍之假定。此段言：「而此若干之發展，若無爲之前者，則又很少有可能。」此卽吾所謂再切實之，則至第三第四兩式也。所謂「爲之前者」卽隱指第一式之還原公理言。依據此公理所肯定之謂詞之存在，始能言可化，卽由「非指謂」降而爲「指謂」。故云此假定不必卽可代替還原公理也。然此假定眞，則爲之前者固亦眞；而爲之前者眞，則此假定自亦眞。此卽兩者之等値。

羅素又爲較一般而複雜之陳述曰：「還原公理所能達之一切目的亦可爲以下之假定所達到，卽：如吾假定總有一第 n 序之函値，且形式地等値於 $\phi\hat{x}$，此假定亦能爲還原公理之所爲。（惟第 n 序之 n 則是固定者，而 $\phi\hat{x}$ 是何序則不必問，卽無論爲何序皆可，而 n 已固定，則兩者自然相關聯，而 $\phi\hat{x}$ 之爲何序，自亦得而定。）所謂一第 n 序之函値，吾意其爲與 $\phi\hat{x}$ 之目數相關聯之一第 n 序之函値。依是，如果 $\phi\hat{x}$ 之目數爲第 m 序，則將預定形式地等値於 $\phi\hat{x}$ 之函値之存在，而其絕對序爲「第 m 加 n 序」。吾前所預定還原公理之形式是使 n 等於一（卽第一序）。但此對於還原公理之使用並非必要者。在m之不同值上，n必爲同一者，此亦非必要。所必要者乃爲：當m爲定常，n亦必須爲定常。所需要者則是：當吾人論及一函值之外延函值時，吾人須能藉一特定類型（層次）中某一形式等價之函值，而可以討論任何a函值（以a爲目數之任何函值）。依此而可以達到吾人所欲獲得之結果。否則，此等結果必需有『一切a函值』此種不合法之觀念。但上文所謂一定類型是何類型，則不必問。惟將還原公理述爲如此較一般而又較複雜之形式，亦並不能使之更爲可稱許。」此段文中所言「一第n序之函值」亦指「指謂函值」言。

羅素復言承認還原公理之理由曰：「若謂還原公理是自明者，則很難執持。但事實上，自明並不比承認一公理之理由爲更堅强，且亦並非不可少。承認一公理之理由，與承認任何其他命題之理由同，大抵總是歸納者。此卽言：許多幾乎不可疑之命題能自此公理而推出，而且如此公理爲假，則亦無其他善法可以使此等命題爲眞，並且亦無『或者可假』之命題自此公理而推出。如此公理表面觀之是自明者，則其所謂自明實際不過謂：它是幾乎不可疑難者。徒言自明，並不比一理由更堅强。如許曾被認爲自明之物事，實可轉而爲假。如此公理自身幾乎不可疑，亦只謂加强其歸納之根據，而此歸納根據則是自『由之而推出之結論幾乎不可疑』一事實而引申出。所謂只加强其歸納之根據，卽言除此以外並不能提出一種根本不同之新證據。『不可錯誤性』乃永不能獲得者。所以對於每一公理以及其一切後果，皆可施以某種成分之懷疑。形式邏輯中可疑之成分比大部科學中爲較少，然並非不存在。譬如『自前提而來之詭論』一事實卽可引起對於前提之懷疑。然此種可以推至詭論之前提，當吾立之之時，却並不知其需要相當之限制，亦不知如何限制之。至於還原公理，則支持其成立之歸納根據，確很堅强。蓋其所允許之推理以及其所導引之結論，一切皆如其所表現之妥當而有效。但是，雖然此公理似乎不至於假（卽無假之可能性），却亦不能就說：再不能自某種其他更根本更有據之公理而推出。上文吾論類型之層級時，吾於循環原則，曾有說明。吾之使用此原則，或許太激烈（太過分）。如不太過分（太着重），還原公理之必要性或可能避免。然卽使不過分，亦不能使基於以上所解析之原則而來之主斷成爲假。此卽言：此種變動（卽不過分看重）亦只對於相同之原理可以提供一較易之證明而已。所以似乎並無重大之根據可以使吾人懼怕還原公理足以引吾人於錯誤。」

此段所言有二義當注意：一爲承認還原公理之理由在其有歸納之根據，而此歸納之根據則又自「由之而推出之結論幾乎不可疑」一事實而引申出。如「數學原理」中之命題皆爲知識中之命題，或至少爲有知識意義之命題，則每一命題必表象一事實或指示一事實。（事實較經驗所覺爲寬，卽不必限於覺相。）凡此指示事實之命題，在科學範圍內，其成立性皆爲幾乎不可疑。限於知識範圍內，所作之命題皆有一存在之謂詞與之相對應，此亦似爲不可爭辯者。如吾人所言之邏輯命題，排除一切無知識意義之命題，或直無意義之命題，則言任何函值總有一指謂函值與之相等值，雖爲無必之假定，然實有堅强之根據。其根據亦顯爲歸納者。而此歸納之根據，卽知識範圍內指示事實之如許命題也。此如許命題之指示事實旣幾乎不可疑，則還原公理之假定亦幾乎不可疑。此不過於旣成事實（卽如許命題）予以擴大之保證（卽公理之所假定）而已。如以此保證爲前提，反而觀如許幾乎不可疑之命題，自可謂「如許不可疑之命題能自此公理而推出」。所謂自此公理而推出，實卽由如許幾乎不可疑之命題爲根據而建立此公理，復由此公理重新肯定此旣成之事實而已耳。「如此公理爲假，亦無其他善法可以使此等命題爲眞」，此在反面，固可牽涉於使命題如何眞之種種理論，然無論理論如何，謂命題必指示一事實，此似爲無碍者，此旣無碍，則云「無其他善法」，亦自可許。故在正面，此公理之假定實亦只爲於已爲眞之命題（只就指示事實一點言）而復重新成就之。如其所成就者只爲順此指示事實而爲眞之命題，則由此公理之肯定，自無「或者可假」之命題能自此公理而推出。蓋此公理所假定實極爲無碍者，而且亦幾近乎爲無色。單就「總有一事實」之肯定而言之，固爲無碍者。然其中並非無問題。其問題不在自知識而爲言，乃在自邏輯而爲言。如此公理相通於羅素近來所謂邏輯相應說，或通於論排中律時所需之形上學之原則，則自邏輯而言之，大有弊竇。然如自知識而言之，則可無弊。關此吾下有詳說。

第五節　還原公理與類說

第二要義則爲對於循環原則太看重。吾對此已有此感覺，而羅素早已明言之，可謂衷契。然於說明此義前，吾須先引羅素之言以明還原公理與類說之關係：「還原公理於類說甚重要。第一須知如吾人假定類之存在，則還原公理卽可被證明。蓋旣如此，則設有任何函値 $\phi\hat{z}$，無論爲何序，卽有一a類，而以滿足 $\phi\hat{z}$ 之個體組成之。依此，ϕx 卽等於『x屬於a』。但是『x屬於a』是一無有虛變項之陳述，故此陳述乃爲 x 之一指謂函値也。依此，如假定類之存在，還原公理卽不必要。故還原公理之假定比『類之存在』之假定，其假定性爲較小。『類之存在』（卽有類）之假定，人皆視爲無容遲疑者。然自吾觀之，一則根據矛盾問題（此問題如其假定類則討論更麻煩），一則根據於證明吾人之命題上寧取小假設不取大假設之原理，吾遂偏取還原公理，而不取類之存在。」（以上所引羅素文共五段，俱譯自「數學原理」導言第二章第六節及第七節。）

還原公理何以與「類」有關係？此須仍自循環原則而明之。羅素以命題函値規定類。順此而進，當吾人言一類乃言爲命題函値 $\phi\hat{z}$ 所定之類。一類含有一聚分子，而此一聚分子乃爲滿足命題函値 $\phi\hat{z}$ 之分子，故言一類卽言滿足 $\phi\hat{z}$ 之目數所成之類，此卽言爲 $\phi\hat{z}$ 所定之類。當吾就滿足 $\phi\hat{z}$

之分子之成類而爲言，吾須言所有滿足$\phi\hat{z}$之分子而成類。每一類皆爲一滿類。故述其分子必爲一全稱。如爲全稱，則須避免關於「一切」之循環。當吾言所有x（分子）滿足$\phi\hat{z}$，吾並不含「所有」亦爲滿足$\phi\hat{z}$之一項。如含其自身而落於循環，吾即無可成立一命題，而關於「一切」之使用即無合法之規定。命題不能成其爲命題，類亦不能成其爲一類。以永遠循環而不能放下故。然類總須放下而爲一平鋪之綜體。還原公理可以使吾人避免循環而使類能放下而平鋪。避免循環是其遮義，使類放下而平鋪是其表義。即於此表義，而與類之成就有關鍵之關係。當吾說任一函值，總有一指謂函值與之相等值。吾人已知此指謂函值可名曰模型，而所說之任何函值則是由此模型而推出之外延函值。兩者相等值，且其目數須同型。如言一表示「類」之命題函值"$f\{\hat{z}(\phi z)\}$"，則亦須有一指謂函值"$f(\psi!\hat{z})$"與之相等值。即有一函值$\psi!\hat{z}$形式地等值於$\phi\hat{z}$，且亦滿足f。依是，該指謂函值爲模型，而表示「類」之函值則爲推出之外延函值。依此，設以$\phi\hat{z}$爲目數，則

$$f(\phi\hat{z}).\equiv.f(\psi!\hat{z})$$

且只當

$$(\exists\psi):\phi\hat{z}.\equiv.\psi!\hat{z}$$

時，則

$$f\{\hat{z}(\phi z)\}.\equiv.f(\psi!\hat{z}).$$

而且只當$\psi !$為實有，且與ϕ為等值，則即可說：

$$f\{\hat{z}(\phi z)\} \cdot \equiv \cdot f(\phi \hat{z})$$

此即以指謂函值之實有為背據所成之關於「類」之表示。是以當吾任說一表示「類」之命題函值時，吾必使其等值於一同為表示類之指謂函值，此即還原義。以此還原，類遂得放下而平鋪，免於循環而自成。"$f\{\hat{z}(\phi z)\}$"必以"$f(\psi ! \hat{z})$"為模型而固定之。於"$f\{\hat{z}(\phi z)\}$"中，"$\hat{z}(\phi z)$"即讀為「滿足$\phi \hat{z}$之目數所成之類」，或簡言之，即為「為$\phi \hat{z}$所定之類」。f則為如此所定之類有性質f，即滿足f。如是，為$\phi \hat{z}$所定之類滿足f，等於說：有一指謂函值$\psi ! \hat{z}$形式地等值於$\phi \hat{z}$，且亦滿足f，即"$f(\psi ! \hat{z})$"亦眞。為$\phi \hat{z}$所定之類有性質f實即為$\phi \hat{z}$之函值即"$f(\phi \hat{z})$"。但以符號表之，則寧寫為："$f\{\hat{z}(\phi z)\}$"。依是，為ϕz所定之類滿足f，可陳之以符式而界說如下：

$$f\{\hat{z}(\phi z)\} \cdot = : (\exists \psi) : \phi x \cdot \equiv_x \cdot \psi ! x : f\{\psi ! \hat{z}\} \quad \text{Df.}$$

如說x是$\phi \hat{z}$所定之類中之一分子，則如下寫

$$x \in \hat{z}(\phi z)$$

而x是$\phi \hat{z}$所定之類中之一分子，即等於說「x亦具ϕ」。依此，將有以下之界說：

$$x \in (\phi ! \hat{z}) \cdot = \cdot \phi ! x \cdot \text{Df.}$$

由此界說可主以下之命題，且給予以意義。

$$x \in \hat{z}(\phi z) \,.=.\, \phi x$$

設以 a 表示「類」，則類之界說如下：

$$類 = \hat{a}\{(\exists\phi)\,.\,a = \hat{z}(\phi ! z)\} \quad \text{Df.}$$

如是，藉還原公理，如$\phi\hat{z}$是任何函值，即有一指謂函值$\psi!\hat{z}$與之相等值，則"$\hat{z}(\phi z)$"所示之類即等於"$\hat{z}(\psi!z)$"所示之類。是以每一類皆為「指謂函值」所規定。依此，諸類所成之綜體，對之可說一特定項屬之或不屬之，此綜體是一合法之綜體，而諸函值所成之綜體，若對之亦說一特定項滿足或不滿足之，則即不是一合法之綜體。一特定項 a 所屬或不屬之諸類則為諸 a 函值所規定。諸 a 函值亦為諸指謂 a 函值，故諸類亦為諸指謂 a 函值所規定。可名此諸類曰諸 a 類。依是，諸 a 類形成一綜體，而由諸指謂 a 函值所成之綜體而引出。依此，許多普遍陳述皆依此而可能，其可能因還原公理而可能，否則，必落於循環之詭論，而引至於矛盾。依此，吾人藉還原公理，以命題函值為入手，遂使類由主觀之運用（即命題函值之構造），脫穎而出，變而為客觀，亦可放下而平鋪。

依此，吾人假定還原公理，不假定類之存在。一、自知識而言之，天下並無一既成類。二、類之存在或假定類自身為一客觀之常體而存在，或視為等於共相之外在，皆易起哲學之紛爭，亦無必然結論可得。羅素由命題函值之構造法而透出類，則對於類之存在或不存在，卽可不過問。此爲不必須，亦爲不相干。蓋由命題函值以定類，則由還原公理，任何命題函值皆有一指謂函值與之相對應（卽形式地相等值），故對其所定之類自可能作一眞命題，卽對此類所作之陳述亦必爲眞命題。類因指謂函值而有實在性（非言類自身存在），故對於此類亦必能作一眞命題。命題之眞因類之實在性而爲眞。故此言眞命題當有外面之意義。不必假定類之存在，而可以達到說類之目的。此亦足矣。羅素復言，所需之類當有以下五特性：

「一、每一命題函值必須規定一類。其所規定之類卽滿足該函值之一切目數所成之集和（卽一聚）。此原則對於爲無窮目數所滿足之函值以及爲有窮目數所滿足之函值皆適用。亦適於無目數滿足之之函值，卽『空類』之爲類亦與其他類之爲類同。【案：「每一函值必須規定一類」一語意函每一函值皆不空發，無有無意義之函值。依據還原公理，函值不能空發。故其所定之類必有存在性，眞實性。依此，對於此類，亦必有許多眞命題可作。】

「二、兩形式地等值之命題函值（卽任何目數如滿足此亦滿足彼），必規定同一類；此卽言一類之爲物必全爲其分子所決定，依此『無毛兩足動物』類必與『人』類等，『偶數』類亦必與『等於2之數』類等。

「三、反之，兩命題函值如規定同一類，亦必形式地相等值。換言之，當類爲一定，而分子亦已定，則可說：兩不同物象組不能爲同一類。

「四、依此亦可說：有許多類，或推之說：必有類之類。復次，單一類之類，偶類之類，亦絕對不可少。前者是數1，後者是數2。依是，如無類之類，數學必爲不可能。【案：類如自物理類而言之，雖可有許多類，而是否必有類之類，則亦無必然。卽此許多類是否能組成另一類，則不能無問題。實際知識上或許有，亦實可以有，但不能必然有，亦不能普遍有。然若進自數量類，則類之類總可以有。此蓋爲必然者。羅素卽由數量類而規定數。然吾則謂如此規定數，實爲數之第三義。吾將由數之第一義，自內轉外而指示類，名曰數之第二義。其所指示之類卽數量類。詳論見下。】

「五、設想一類等於其自己分子中之一分子，在任何情形下必皆爲無意義。只以一分子所成之類亦必不可說此類卽等於該分子。此爲絕對無意義，不只假而已也。」（數學原理，導言第三章，頁七十六至七十七。）

關於第一條，羅素解曰：「每一命題函值$\phi\hat{z}$定一類$\hat{z}(\phi z)$。設預定還原公理，則對於"$\hat{z}(\phi z)$"必有許多眞命題，卽必有許多"$f\{\hat{z}(\phi z)\}$"式之眞命題。蓋因$\phi\hat{z}$形式地等値於$\psi!\hat{z}$，如設$\psi!\hat{z}$滿足某一函值f，則$\hat{z}(\phi z)$亦必滿足函值f。依此，設定任何函值$\phi\hat{z}$，則必有許多"$f\{\hat{z}(\phi z)\}$"式之眞命題。卽以『爲$\phi\hat{z}$所定之類』爲主詞（文法上）之眞命題。」（同上七七至七八頁）。餘四條無問題，不再引。羅素以爲其所作類之界說於上列五條皆可合。

第六節　還原公理與循環原則

以上爲還原公理與類說之關係。言至此，吾須論循環原則與還原公理之關係。羅素言，「循環原則之使用太過分。如稍緩和，還原公理之必要性或可能避免。」此何意耶？羅素如此想，吾亦如此想。然羅素如此想，而終歸於「卽用之稍緩和，亦只對於相同之原理可以提供一較易之證明」之說法。是則羅素以爲根本上並不能免除此公理或與此公理類似之公理。然則在羅素還原公理之存廢並不在循環原則之過分與不過分也。決定還原公理之存廢，蓋必別有所在。且仍自循環原則而言之。吾之想循環原則太過分不與羅素同。吾之如此想，可以進而決定還原公理之存廢。第一、吾人不能過分看重循環原則（兼攝類型說）之意義，儼若於吾人所論之主題有若何重大之關係。試就「凡人有死」而論之。自其爲一邏輯陳述言，自爲一廣度（外延）之函値。吾人亦不問其經驗之根據，亦不問其如何證實之。純爲客觀者，只爲吾定然之設置。依亞里士多德，「人」爲共相，「凡」字給此命題以全稱，意指「人」共相下所覆及之一切散殊之分子。吾如此設置之，使「人」共相下之一切分子盡皆約束於「有死」一謂詞而成一綜體。由「有死」之約束此綜體成一類。此亦純爲客觀者。此命題之呈現卽決定一類名。由命題之陳述入，亦不須類之存在之假定。而此「凡人有死」一陳述，其中「凡」字亦無不視其指「人」言，亦無人能視「凡人有死」一陳述亦賅於「凡」字中。此甚顯明而決無誤會者。任何攪亂之思想家亦不能就此命題造詭論。而「凡人有死」一綜陳實亦可化爲無窮數個體命題之絜和，蓋「凡」示全稱，明指共相下之散殊分子而言也。依此而言，「凡」字並無甚問題，亦不必有循環，亦非定爲不合法。然羅素則視此爲大事。所謂使用之太猛也。吾前已言之，通常之言「凡」，大都爲對外之涉及，心意中並不含「凡」字所引命題之自身。卽如「凡人有死」一命題亦無人能想其亦含此命題之自身。此種對外之涉及卽隱藏有層次。層次可謂其固具之性德。類型說不過將自覺或不自覺之意許而予以自覺之說明，將其隱藏之層次而予以顯現之排列，因而造成一邏輯之理論。此種自覺之說明，誠爲佳事。然須知此只爲旣成事實之說明，並非謂此事實因此說明而始成。如此事實，因類型說而成立，無類型說，此事實不成立，則類型說卽有重大之關係，而「凡」字亦必爲根本不合法，須待類型說始合法。然自吾觀之，未見如此。蓋循環詭論，大都非該陳述本身所固具之性德，不過爲頭腦不清者所混擾，其中所包含之混亂意義極複雜。然總爲外鑠，而非本具；且爲偶然，而非普遍。吾人不應爲此而牽涉邏輯陳述之本身。「凡」字所引命題之自身無循環無矛盾，循環而矛盾，乃實際思維者之不淸醒。不應視頭腦不淸醒爲一邏輯問題而討論。「凡人有死」無人想其爲循環；惟於「凡言語皆虛妄」始有此不幸之遭遇。可見「凡」字並非根本不合法，循環亦非「凡」字所固具，亦非普遍之現象。然則其爲外鑠，其爲偶然，亦顯矣。羅素不曉此義，視「凡」字根本不合法，必待類型說始合法。第二、然縱曉此義，而不能嚴格遵守邏輯一線之立場，亦必不能免除還原公理或類乎此公理之公理。吾由循環原則之不必太重視，可以進而決定還原公理之存廢。吾如進而決定廢棄此公理，吾必須嚴格遵守邏輯一線之立場，此即言吾必須廢棄牽涉存在之思想。蓋即規定類型矣，亦不必牽涉存在始能規定之。兩者並不相函也，亦無邏輯之關係。全稱命題，如所指述者爲共相下之分子，吾人即應對此分子之存在意義有規定。依亞氏，雖謂全稱涉及共相下之分子，然一般之看法，皆謂亞氏邏輯有存在學（本體論）之根據。即「人」一共相與「有死」一共相皆必爲存在之特質而附隸於存在。如此義而信，羅素之觀點亦相類。然吾遵守邏輯一線之立場，則無論亞氏之本體論之根據，或羅素之肯定有存在，皆所必棄。全稱命題爲一邏輯之陳述，不必有本體論之根據，亦不必牽涉於存在。亦不必肯定有存在，或以存在之假設爲條件。乃直與存在不相干。吾人之說此命題也，自邏輯與數學而言之，並不顧及外面之存在。然全稱命題既涉及散殊之分子，則此散殊之分子似乎必存在。然吾可謂此存在實爲邏輯之置定。徒以全稱命題之本義涉及此分子，遂置定此分子。其存在義只繫屬於此命題之本義之如此涉及此分子，而對於外面之存在却不負責任。故其存在純爲邏輯者，純由內出而置定之，而不涉及外面本有之存在之外陳。吾名此爲遊戲存在論。此爲邏輯一線之觀點（吾邏輯典範中曾詳論之）。由此，吾人之避免循環亦只須邏輯地避免之，而不須參以其他事。吾人之類型亦只爲邏輯次序之所顯，亦不須參以其他事。吾遵守邏輯之一線，吾只須無有邏輯之過患，吾只須使其皆如邏輯之次序而呈現，吾不須一外面者而助之。依此，吾如出之以符式，在吾表現之方法上，亦可造一指謂函値爲模型。然此模型應純爲邏輯之設置，而不必有外面之意義。此純爲表現邏輯次序之邏輯設置。依此，吾亦可說，每一模型可引生許多外延函値，而此引生之函値亦必與之相等値，合而爲一以成某層中之物事。此純爲邏輯設置之固定，故其等値亦爲必然者，故亦非假設之公理。依此吾人可有以下諸式：

$$(x):\phi\hat{x}\ .\equiv.\ \psi!\hat{x} \qquad (1)$$

$$(x):\phi x\ .\equiv.\ \psi!\hat{x} \qquad (2)$$

$$(x):\phi\hat{x}\ .\equiv.\ \phi!\hat{x} \qquad (3)$$

$$(x).\phi x.\equiv:(\phi!\hat{a}).(\phi!\hat{b}).(\phi!\hat{c})\ldots.\equiv.\phi!\hat{x} \qquad (4)$$

$$(\exists x).\phi x.\equiv:(\phi!\hat{a})\vee(\phi!\hat{b})\vee(\phi!\hat{c})\vee\ldots.\equiv.\phi!\hat{x} \qquad (5)$$

$$(\phi,x).f(\phi x).\equiv:f!\{(\phi!\hat{a}).(\psi!\hat{b}).(\lambda!\hat{c}).(\chi!\hat{d}).\ldots\}$$
$$\equiv.f!\{\phi!\hat{x}\} \qquad (6)$$

$$(\exists\phi,x).f(\phi x).\equiv.f!\{(\phi!\hat{a})\vee(\psi!\hat{b})\vee(\lambda!\hat{c})\vee(\chi!c)\vee\ldots\}$$
$$\equiv.f!\{\phi!\hat{x}\} \qquad (7)$$

以上（1）（2）（3）三式言任何函值與模型之關係。（4）（5）兩式爲第一序之函值與第一序之模型相等值，（6）（7）兩式爲第二序之函值與第二序之模型相等值。如此前進，至任何序總是如此。模型之有，決非假設，以無外面意義故。且言任何函值必爲任何序之函值，卽必落於一層次中。其層次由與之等值之模型而定之。依是，在同一層次中，依據吾人之設置，模型與與之具有同一目數且由之而推出之函值，乃爲互相函蘊者。任何序皆如此，永遠並行不離。此爲根據邏輯之設置而定者，故有如此邏輯之關係。其關係爲自明而必然，故非一公理，以無外事參入其中故，亦無外面意義故。以相函故等值，如下：

$$(x):\phi x.\supset.\psi!x,\ (x):\psi!x.\supset.\phi x,\ \therefore(x):\phi x.\equiv.\psi!x$$

依是，吾人不寫（$\exists\psi$）之存在符，故非一公理。此爲邏輯之一線，而羅素則爲邏輯與存在之雙線。以雙線，故其外面之一線不能爲吾所操縱，故結果爲公理。羅素由循環原則想到類型，由類型想到存在，遂以存在之指謂函值爲模型而固定其類型以避免於循環。然吾以爲類型並不必照顧存在而始定，而類型之成立亦不函其必涉及於存在，兩者並無邏輯之關係。依是，還原公理之存廢不在循環原則之輕重，而實在「存在」思想之參入不參入。如參入，則須有公理；如不參入，則不須有公理。羅素「數學原理」之統系，徹頭徹尾兼賅雙線而爲言。凡欲修正羅素之統系，必須了解此思想。依是，只有兩可能：或唯是邏輯一線而全變之，或兼賅雙線而承認之。不容有支節之修改。凡作支節之修改，而不了其根本之思想，或不變其根本之思想，皆不能爲羅素所首肯，亦不能跳出其圈套，亦不能比原本更妥貼。

第七節　邏輯一線與數之第一義

依是，吾論兩問題：一、吾如何遵守邏輯一線而全變之？二、吾如何兼賅雙線而全取之？茲先論前者。

吾如遵守邏輯一線，則吾爲論數學與邏輯，而非知識論。論數學亦爲數學之第二義，而非其第一義。如是，吾先明邏輯而透純理。當吾明邏輯，吾亦有命題函値之句法。吾視之爲依據形成句法之規律或概念而作成之句法。吾之作句法，於其句法之表意上，亦自有邏輯之層次，而不能使其爲混亂。當吾就邏輯而言此，不但無有外而之意義，且亦不想及其成類。此時吾無論類之必要。故亦不必顧及其成類不成類。吾並不由類而明數。如是，吾之明邏輯，所顯者唯是一純理，如吾所述。純理既明，由之明數。吾視數爲純理之自外。此爲數與數學之第一義，如吾所述。當吾由命題函値以成類，則吾意在明數之第二義。言及數之第二義，須明自內轉外之歷程。純理與數只爲成知之條件，內在而先驗。純理隨思解之外用而貫穿之。其義用止於此。然思解之外用，固在成就物理之知識，亦到處不免數量之決定。數量之決定卽函有數量之知識。此種知識，思解外用，起脚落脚，皆必備具。既最初亦最後，既最低亦最高。此種知識，康德名曰先驗知識。實則並非知識。數量之決定不能給吾人以知識。眞正之知識乃在物理知識之成就。純理與數固爲成知之條件，卽此數量之決定，對物理知識之成就言，亦仍爲條件。起脚落脚皆必備具，卽明其爲條件義。吾由純理之自外而言數，當吾如此言數也，卽已函其必外用而作數量之決定。數雖內成，亦必外用。外用卽爲隨思解外用而對外事作數量之決定。外用必有其可以外用之通路或機關。其機關卽在類。每一數，當其外用，必指示一個類。此「類」名曰數量類。物理知識在成物理類。於成就物理類之歷程中，起脚落脚，皆須有數量類之決定。是以數之外用而作數量之決定，卽於物理類之成就中而顯現。是謂於一思解之成中之具體的功能之察識。於此具體的功能之察識中，吾人對外數量之決定有兩面：一爲隨時空格度而作幾何量之決定，此如前部首章之所述。一爲隨因故格度成就物理類中數量類之決定。物理類之成就如上章所述。此成就歷程中數量類之決定，卽爲數之由內轉外之外用。外用必指示一數量類。故此數量類卽爲其外用之通路。當吾由具體而機能之察識中，抽出此通路而作邏輯之陳述，卽成就數學之第二義。吾以數指示類爲數之第二義，而非由類以定數。羅素由類以定數，吾所不取。當其以類定數也，實已函有數之觀念於其中。是卽不啻云：數之爲數已成立。譬如以單一類定1，以偶類定2，其中數1之觀念已存在，數2之觀念已存在。是卽數已早成立矣。爲免此弊，故由數以指示類，而不由類以定數。吾將反羅素之道而言之。吾將不言單一類定數1，而言數1指示單一類；不言偶類定數2，而言數2指示偶之類。同理，不言關係類定序數，而言以序數指示關係類。（羅素不認有序數1是其道之窮）。

吾抽出此通路而作邏輯之陳述，吾將唯守邏輯一線而論之而作之。物理類表示一經驗知識之成就。物理類中之物理質藉以成就一種類（或事類卽物理類），須由經驗而獲得。譬如「凡人有死」，「有死」謂詞所指示之物理質，須待經驗而知之。「某甲有爲一人之一切特性」，「爲一人」及「其爲一人之一切特性」，亦須由經驗而考核。吾如成就一金屬類，則成就此類之特質亦須經驗之決定。然成就此物理類之物理質雖待經驗而決定，而充實此物理質以成類（種類）之個體數之爲數（如一個體二個體之一二），則不待經驗而決定。充實此物理質以成種類之個體。（吾此處言個體只爲說數量義。一人一馬一件事皆個體。）自須因經驗而知其有，其爲「有」必爲外面之存在，吾由經驗而知其「在」。此個體必先成其爲「有」，成其爲「在」。否則數卽不能有外用，亦不能有指示。吾以經驗而知其「在」，是卽引導數之外用之媒介。是以個體之「有」因經驗而知之。然因其「有」而指之以數，而對之可以有「數」之觀念，則非經驗者，亦不待經驗而始有。因經驗而知其「有」，俱時卽予以數量之決定。此種決定爲先驗之決定，故可云與經驗俱，而不由經驗來。蓋經驗並不能予吾人以一二三之此「數」之知識也。外在個體之若干量，如五個或六個，則須由經驗而決定，然吾能對之起之以「數」念，則非經驗者。對之而起之以數念，乃源原於數之第一義。數爲理性之自外，純爲先在而內在。以其爲先在而內在，故一當思解之外用，一與個體之存在相遭遇，卽附隸之而粘着於其上，以成就數量之決定，以成就吾人對外事之數量之觀念。故此數量之決定與觀念，實爲內出而外用。此爲數之自內轉外所成就，故決爲先在，而非經驗。數之自內轉外，與思解之外用相終始，永偕而不離。經驗給吾人以物理質與個體之存在，思解起範疇之運用而欲約束個體於物理質以成物理類。卽當其約束個體也，數卽自內轉外而附隸於個體；當其約束個體於物理質以成物理類，俱時數卽於其附隸於個體亦成數量類。物理類爲一複合之整體：有質有量。質爲個體之物理質，量爲個體之數理量。數量類實卽整體之物理類中之純爲廣度之一面。猶如無有强度之量充其中之幾何格局之爲廣度量。在整體之物理類中，吾人所注意者爲此表示知識之物理類，而數量類則卽寓於此物理類之爲「類」而示其相，是卽言數量卽寓於此物理類中而成就其爲「類」。數量卽表示物理類之爲「類」之一面。如自整體中單提而出之，則卽曰數量類。

數量類當其融於物理類，吾人注目於物理類，此時數量類卽消解而爲物理類所涉及之範圍，數量類變爲一泛稱量。泛稱量爲普遍命題所表示。在範疇，吾人陳之以假然普遍命題。此普遍命題函有絕對普遍性，圓滿性。其所以能如此，以其爲一先在之原則。然原則必當機，故其普遍性與圓滿性卽隱示涉及可以隸屬於此原則下之一切分子而無漏。「如是所作卽是無常」，此一原則之綜攝性並無殘缺與遺漏。此種綜攝性卽隱示一泛稱量。在種類或事類，吾人陳之以概然之種類命題（卽普遍化之命題而非眞普遍）。此種類命題經一歸納之歷程而爲普遍化，將範疇之運用所設立之原則而實現之於實事。實現於實事，吾人不注意其爲原則，而注意其所指點之事象關聯中所蒸發之物理質，並觀此物理質之貫穿性爲如何，此卽言將欲約束一群事象於此物理質以成一種類。此種類亦有其所涉及或應用之範圍。雖爲普遍化而非眞普遍，亦總有其概然之範圍。此概然之範圍亦表示一泛稱量。在滿類，吾人陳之以定然之普遍命題。此爲普遍化歸於定然之眞普遍，亦爲範疇運用中之原則之滿證。（關此暫如此說，下面詳論之。）以其爲滿證，故其所涉及之範圍亦圓滿而無漏，此如「一切」之所示。故其中亦表示一泛稱量。凡自物理類或對成就物理類而設立者（如原則）而觀之，吾人卽只有一泛稱量，而不想及數量類。以吾此時注重一知識故，物理類表示一知識故。然數量類卽由此泛稱量而排成。吾人單就此泛稱量而爲言，卽單注意此泛稱量而提出之。提出之吾人卽構成數量類。此時吾不注意其爲一表示知識之物理類。於其中之個體，吾不注意其爲一物理事或具體事，而單注意其爲數量之分子。然天下旣無旣成類。卽就數量類之構成言，吾亦須有一標準貫穿此分子。此標準卽函値Φ（此亦可代表一特性或物理質），故以命題函値表示類。命題函値表示類，其表示之形式旣通於物理類，亦通於數量類。今不自其趨於具體而言物理類，單自其趨於抽象而言數量類。以函値Φ爲標準而貫穿數量之分子，卽謂數量類。依是，凡只有一個體滿足此標準，卽爲單一類。凡有雙個體（一對）滿足此標準，卽爲對偶類。其他有限數之個體依此推。凡無有個體滿足此標準，卽爲空類。凡以有限個體滿足此標準，名曰有限類。凡以無限個體滿足此標準，則曰無限類。數1卽指示所有單一類。數2卽指示所有對偶類。零則指示所有之空類。任何有限數如十二，則指示任何所有有限類（如以十二個體所成之類）。但吾並不以所有單一類或所有對偶類所成之類而定數。又依數之第一義，吾無「無限數」，無限只是一無止之前程，而不能成一數。故吾亦不能有無限數其數者指示無限類。命題函值可以表示一無限類，但不能有一無限數指示一無限類。亦不能由所有無限類所成之類（亦無限）定一無限數。無限類可以有，無限數不能有。命題函值可以表示類，然命題函值並不表示數。數可以指示類，而數並非類。數與類並非一事也。依是，無限類亦將以數之第一義中所明之無窮而明之。是卽言無限類者其中分子層出不窮，無有底止，而不可以「數」盡也。凡已數者皆已有限矣。然而將有無窮之前程而永數不完。是以無限類可以放下而平鋪，平鋪而爲一綜體，然不能有一放下之無窮數。自數言，凡放下者皆爲數，凡爲數皆有窮。無窮永放不下，故無窮非一數。是卽言「無窮類」爲一廣場，爲一限制概念（對有窮類言），而數則只於此廣場中而指示有限類，此其遊戲之所能及。外此則非其所能達。吾於數之第一義，吾有一無窮之前程以爲構數之廣場；吾於數之第二義，亦有無窮類以爲數之遊戲之廣場。

吾自命題函值表示數量類。其表示也純自邏輯一線而爲言。純爲邏輯之陳述，而無外面之意義。雖云數之外用而指示類，須有個體之存在，然吾論數之第二義而作邏輯之陳述，則不必顧及存在而立言。世間縱無一個體，吾之「邏輯地」構造數量類亦自若。數量類中之分子似只爲數之外在化之設置，亦如純理步位之外在化而爲數。前節言邏輯之類型，吾言邏輯之設置（設置指謂函值）。依此免除還原公理之假定。今再言，吾依此前進構造數量類，吾亦不須相乘公理之假定。蓋吾以命題函值表示「類」，類由函值出，則凡類之成必在一標準中。此標準卽函值φ。函值φ可謂一規律。此規律卽爲命題函值自身所自具，藉以約束分子於一類。故凡類之成，無論有限與無限，只要一成就，卽在一規律中而成就。是以卽在無限類，此規律亦必貫穿之。否則，卽是未成類。是以凡兩無限類，自可重選而成類。不必假定其可以選，此蓋必然者。蓋成始成終，卽在規律中也。此自爲邏輯一線之所必至，亦爲由命題函值表示類之所必函。羅素兼賅雙線而爲言，還原公理之假定猶可說，而相乘公理之假定則又大背其以命題函值表示類之入路。儻若至此已不由命題函值而表示，儻若視類爲一外面之一大堆，而吾求如何處理之。此則顯然已脫離函值而純外陳矣。夫類固爲一外面之綜體，然既由函值入，則知其爲外面之綜體乃由函值之規律而約束成，未能脫離此規律而儻若不相識。明乎此，則相乘公理自爲不必要。又自邏輯之一線入，無窮公理之假定亦不須。吾人不由類以定數，亦無假定無窮之論證，如羅素所作者。世界有窮無窮不得知，吾亦不須必有無窮之論證。自數之第二義言，吾之命題函值陳之以有窮卽有窮，陳之以無窮卽無窮。蓋總爲邏輯者。總之，吾無此論證之必要。蓋吾唯是邏輯一線，而不涉及存在也。吾於數之第一義，論純理之自外而實現數乃無有底止者，一數之劈分而成數亦無有底止者，依此言無窮。無窮爲一前程，非是一綜體。吾不能放下而外陳視爲一綜體。但於數之第二義，以數指示類，類不能不爲一綜體。但此綜體既由函值定，則其成就亦只爲邏輯者，不就外面固有之物事撰成一綜體。是其爲綜體全無外面義。吾此時所作者純爲數之外用而爲之起一空架子，吾於此不能（亦不須）兼攝知識問題而答之而論之。是以如滿足函值Φ之個體爲有限卽爲有限類，如滿足函值Φ之個體爲無限卽爲無限類。吾不能由此牽涉外面存在而言之。吾之言無窮亦不意指此世界究是無窮抑有窮。數學非知識，則吾之論數學何能及乎此。卽就知識言，吾亦不能知世界究是有窮抑無窮，而何況數學非知識，根本不應觸及此。必欲觸及此，是知識論中之事也。觸及此而謂其爲有窮或無窮，是越乎知識之能力也。爲某種需要而肯定其應當是無窮或有窮（此卽所謂必有無窮之論證），是强上帝之所難也。强上帝之所難以成就其數論，其數論必有病。其病卽在賅攝雙線而論數。吾今唯守邏輯之一線，故無無窮公理之假定。

羅素言：「形式邏輯是否專論內容或外延，乃一古老之爭論。一般言之，有哲學訓練之邏輯家，則主其論內容，而有數學訓練之邏輯家，則主其論外延。而事實似乎則如此卽：數學邏輯需外延，而哲學邏輯則於內容外拒絕任何其他之補充。吾之類論，則融解此表面相反之事實，而如此說：任一外延（此卽同於類）是一不全符（卽不完全之符號），其使用常須由涉及內容而獲得其意義。

」（「數學原理」導言第三章頁七十二）。此段所言，即賅攝雙線之意也。

吾之義則以爲類有數量類與物理類。數量類是邏輯者。故可曰邏輯類。邏輯類即視之爲一不全符（實可如此看），亦無外面之意義。不全符者即其自身無自性，可以解而拆之也，拆散之而歸於個體也。個體符爲全符。依羅素，命題，描述辭，類與關係，皆爲不全符。此不深論。就邏輯類言，其分子即爲其內容。如視邏輯類爲不全符，則所謂其使用由涉及內容而獲得其意義，即等於言由涉及其分子而獲得其意義。然此邏輯類中之分子亦無外面之意義。故純爲邏輯一線者。物理類則須兼通兩線而觀之，故有外面之意義。此即羅素之思想。然吾以爲如兼賅雙線而爲言，則不是論數學，而是論知識（如此論數學即乖謬）。當吾由此而論知識也，吾須承認還原相乘兩公理。（無窮不是一公理，須另論，見下。）依此，羅素之三公理，唯對知識有意義，對數學無意義。羅素之敝，唯在自雙線論數學。是以既有知識之意義，而數論亦未臻妥貼。吾如全棄之，是吾由邏輯一線論數之第二義；吾如承認之，是吾攝之於知識論，而不視之爲數論。羅素陷於雙線之交叉中而不能自拔也。今須翻轉而予以大解脫。依是，吾進而論兼賅雙線一問題。吾如何兼賅雙線而承認之？此知識論問題也。此滿類之得滿證不得滿證問題也。下節論之。

又以上所論數之第二義，只爲原則與基本思想之說明。若組爲統系，則不在本書範圍內。

第八節　兼賅雙線與知識

命題函值不但決定數量類以爲數之外用之通路，以成數學第二義，且其形式亦通於物理類。如通於物理類，則卽兼賅雙線而爲言。如兼賅雙線而爲言，則不是論數學，而是論知識。當吾由邏輯一線而決定數量類，吾之決定也，並無外面之意義。其所決定者，只爲由命題函值所表示之數量類之形式。卽此時所言者，只爲一數量類，且其爲類也，只爲一邏輯決定之空架子，而且只爲一空架子卽足够，只爲一邏輯之決定亦足够。此於說明數學第二義，尅就數之外用而言之，乃爲必須如此者。是以決無「涉及存在」之思想，亦不能就「存在」而爲言。吾人只說，一數之外用必指示一數量類。一數1不只指示一只桃，一枝筆，凡是一個體，皆可以指示之。滿足Φ者只有一個體，此謂滿足Φ之個體所成之單一類；滿足Ψ者只有一個體，此謂滿足Ψ之個體所成之單一類；其他皆如此。凡此單一類，數1皆可以指示之而適用於其上。就知識言，也許並無此單一類，卽有之，亦不能不受經驗或知識之限制。然不因於知識上有問題，數1卽無普遍性，卽不能先驗而成立。數1之爲數，自數之第一義言，本非歸納者，本不就存在而撰成，乃爲理性之自外而由直覺以構之。是以世間縱無一物，其成立亦自若。數之第一義既如此，於其外用之第二義亦如此。數之指示數量類，其普遍性與先驗性，因數之爲數之普遍性與先驗性而固然。數之爲數不因於知識有問題而損其普遍性先驗性，數之指示類亦不因於知識有問題而損其普遍性先驗性。數之指示類旣有普遍性先驗性，故其所指示之數量類亦只須邏輯一線而定之，不必涉及存在而爲言。世間縱無有存在，亦不碍吾邏輯地定一數量類。蓋此時數量類中之分子亦實爲於數之外用而外在化，於其外在化設置一個體而附隸之，此卽謂數量類中之分子。數之於其外用而外在化以成數量類中之分子，亦猶如純理步位之外在化而爲數。故數量類之成立只須邏輯地成立之。就知識言，世間或有單一類，或無單一類，然於數之指示數量類而言單一類，則單一類之成就乃爲普遍者。就知識言，所成之類皆爲物理類。一切物理類或許皆爲多數分子所組成，無有只一分子之單一類。然數之爲數與數之指示數量類固確然成立者，卽無單一類，而於多數之分子類中之分子，數1之指示與使用亦在不可少。蓋吾並不由單一類成就1，而只言數1可以指示單一類。實有單一類固佳事，卽無單一類，數1之指示與使用仍無碍。人類並非單一類，而一個人兩個人之指示，仍須使用數1與數2。是以吾人不由類以定數，而由數之外用以指示類，則數之使用固有其隨機性而如此其寬鬆也。旣可以指示單一類（如有之），又何嘗不可以指示一個體。就知識言，單一類縱無，而單一個體總有。是單一類之概念較狹於單一個體也。故於數之外用而單言數量類卽足矣。是卽示：數量類之爲言猶權變之辭也，而數量類之構成又純爲邏輯決定也，邏輯決定卽數於其外用而外在化以成數量類中之分子也。

數量類雖爲邏輯之決定，而表示數量類之命題函値之形式亦通於物理類，即於物理類之成也，吾亦言一群個體滿足一物理質。吾言數量類雖爲邏輯之一線，而言物理類則不能不兼賅雙線而爲言。兼賅雙線而言之，即數量類之歸融於物理類。歸融於物理類，則以「涉及存在」爲主旨。而問題亦起於涉及於存在。而表示此問題之關鍵，則就其涉及於存在，須自物理類中之數量而言之。吾前言，每一物理類含有一泛稱量於其中。表示此問題之關鍵，即就此泛稱量而言之。泛稱量之排開而爲數量類，以不涉及於存在，且直爲數之外在化而成量，故無問題之可言。唯當涉及於存在而融於物理類，始有問題之可言。問題即在物理類必有一泛稱量而爲一滿類，因而即起滿類是否得滿證之疑問。是否得滿證之疑問，固因其涉及於存在而發生，而表示此疑問之關鍵，則在一「滿」字。如單涉存在，而不言滿類，即無此疑問。又當吾言數量類，以成數學第二義，吾所注意者單在一「量」字；又量字雖指示個體數，而吾言數量類，則不必苑就實在之個體以言量，故直言數量類中之數量直爲數之外在化而成量，此即表示不必涉及存在而爲言。然此所言只爲數學第二義中之空架子。此空架子必有實際之使用，而此空架子中之數量亦必有實際之指示。吾於數學第二義，遵守邏輯一線，決定空架子，固無須顧及其實際之使用與指示；然當轉至於知識，不能不有實際之指示與使用。其實際之使用與指示之媒介即爲物理類中之泛稱量。依此泛稱量之必宿於物理類，故數量類遂得而應用於實在。然亦即以其應用於實在，遂有問題之發生。此其一。言至此，不只數量類之處於物理類而指數個體爲應用於實在，卽知識上所撰之數學式，亦得曰數學之應用於實在。愛因士坦不云乎？「數學當其爲確定，不應用於存在；當其應用於存在，數學不確定。」此非數學自身不確定，乃吾之知識不確定。每一數學式亦爲一滿類。以如此如此之數目所表之如此如此之關係卽爲一函值φ。滿足φ之事例亦通有限與無限，故曰一滿類。以定常不移之公式，控馭萬變之事象，固知其不確定也。然此豈非知識之不得滿證乎？愛因士坦所謂數學之應用，卽指一知識上之數學式而言也。非謂數學自身中之數學式也。此其二。

以上兩點，其問題之意義，可如此說明之：關於第一點，每一命題函值所表之物理類爲滿類。每一滿類中之泛稱量通有限與無限。如有限，可知其證實不證實；如無限，無法知其是否能證實。如有限，數之外用可以指數之，指數之而有盡，可以知其是否能滿證。如無限，數之指數永不盡，不知其是否能滿證。關於第二點，以每一數學式亦爲一滿類，故其爲問題同於第一點。吾所以提及此，亦在明吾人決不應涉及存在而成就數學耳。愛氏之言足以示其心意中之數學必不同於羅素也。

當吾論數量類，則表示此類之命題函值並無眞假之可言，卽有之，亦無外面意義之眞假。但當論物理類，則以其涉及於存在，不能無外面之意義，故表示此類之命題函值亦不能無外面意義之眞假。此卽言吾此時當注意眞命題，或有眞假可言之命題，而不注意無意義之命題。有眞假可言之命題，卽有歸納根據之命題，亦卽知識中之命題。如是，吾應本範疇種類等而言物理類。由範疇至種類，是謂經由歸納歷程之普遍化。故一至種類命題之普遍化，其歸納根據必極强。由普遍化而歸於定然之普遍，是謂眞普遍，其所表之類爲滿類。滿類圓滿而無漏，種類殘缺而有漏。然滿類雖其形式爲眞普遍，而究不得一滿證。是仍爲由普遍化而作一如此定然普遍之陳述而已耳。或曰：歸納根據如充分，眞普遍卽得一滿證。曰：歸納根據永無充分時，由歸納永不能得滿證。如是滿類之如何得滿證，乃爲一新問題，不能期由歸納而得之。依是，滿類之眞普遍，對歸納知識言，亦仍爲假然者。定然其式，假然其實。吾如何使其假然之實變爲定然之實？此旣爲一新問題，不能期由歸納而得之，則反而亦知對歸納言，永爲一假定。吾於是將記取還原公理而明之。

依羅素，以其過受循環原則之威脅，遂歸於任說一函值必實有一存在之謂詞與之相對應。每一命題函值定一類，亦卽等值於每一存在之謂詞（指謂函值）定一類。如下：

$$\hat{z}(\phi z) . \equiv . \hat{z}(\psi ! z)$$

吾人於此特注意等號後之一項。依此，此一符號式，自還原公理而言之，有三義：一、此兩函值爲等值，故所定者爲同一類；二、此類以指謂函值之實有，故必爲存在類；三、指謂函值之實有爲經驗者，而非必然者，對還原公理言，第三義爲主義。然對吾現在所言者，將以第二義爲主義。吾現在所論者爲知識，自以有經驗對象之概念爲主題。指謂函值之實有爲經驗，吾卽以經驗之指謂函值爲對象。如此一轉，自失還原公理之意義。然吾於此並不自邏輯而論還原公理之自身；吾於此承認此公理亦非承認此公理之自身，而是承認其知識上之意義。言還原公理者，由循環之避免而肯定指謂函値之實有。由指謂函値之實有，故其所定之類亦必爲存在類。（此非言類自身存在，即非假定類。乃言類有存在或實際之意義。羅素言有分子者爲存在類，此對無分子之空類言。吾今言「爲存在類」，仍言無論爲空類或有類皆有存在之意義。其義寬。）然每一存在類爲滿類。是不管云由指謂函値之實有轉而爲滿類之實有。對還原公理言，只言此滿類之實有即足矣。汝若言假定，則固爲假定者；汝若言經驗，此固爲經驗者。然對還原公理所言之假定，吾人可轉而看滿類之自身，而言滿類之假定。還原公理之假定，則言滿類爲實有；而滿類之假定則進而謂此滿類已有矣，或謂已有種類爲其根基矣，然如何證實之？此兩假定固不同。其不同在：還原公理中之假定可全爲憑空安立者，或永不能得知者，或全不能證實者；而滿類之假定，則以其根據種類而爲言，可知其並非憑空安立者。此其故蓋在：一則自已有此謂詞而爲言；一則自邏輯命題入，而爲某種目的之需要，假定此謂詞之實有。既爲如此之假定，自可推之謂其爲憑空安立者。蓋自一全與事實不相謀之循環詭論（此純爲邏輯者）而說入，因逼迫而出此，固誠爲假定也。此所假定之謂詞之實有，蓋甚同於羅素邏輯相應說所假定之「可能事實」之存在。羅素言未經驗之命題，（即無有覺相證實之之命題），如非無意義之命題，則其眞假亦可得而定。其規定名曰邏輯之規定。邏輯規定所定之眞假則爲有一事實（不必經驗者）與之相應者爲眞，否則爲假。此謂「眞」之邏輯相應說。依邏輯相應說，一未經驗之命題吾人亦可說其或是眞或是假，然必須假定一與之對應之「事實」（比經驗事實寬）之存在。然此假定羅素名之曰形上之假定，且深以陷於此形上之困難爲憂慮。此形上之假定，羅素如此述：「如a與b爲同一邏輯型之個體字，且"f(a)"爲表示已驗事實之句子，則或者"f(b)"指示一事實，或者"非-f(b)"指示一事實。」讀者須知此「事實」之假定全爲無根者，吾曾有專文詳論之。還原公理所假定之謂詞之實有亦與此同爲一形上學之假定，亦全爲無根者。然羅素已言此公理之假定有堅强之歸納根據爲理由，何得云全爲無根據？曰此亦有故。蓋有根據無根據，乃有對而言也。如吾講邏輯中之命題（此是以邏輯自己爲對象），或以邏輯命題爲工具講數學，兩者之起脚落脚皆不必涉及於存在，亦不必預定有存在。此時之存在本不在考慮中，乃只由單純之邏輯一線而前進。共起脚本如此。吾人亦實可順此一線而達吾人之目的，亦爲理之至順者。此如吾之所作者即如此。然起脚既不會亦未須想念及存在，而忽以臨時之逼迫而假定有存在，以爲解答問題之根據，則雖於解答問題獲得一根據，而此根據却未獲得一根據。即此存在之假定，對此邏輯之入路（指羅素之講數學言），乃爲驀生者，乃爲猝然而遇者。既爲一假定，即爲無根據。即稍稍有根據，於經驗爲可遇，然可遇而不可求，亦無必然之根據。此爲空空而茫然之一線，忽感有不足，遂下凡而求偶於實事。然茫茫大地，將從何處而求耶？還原公理之假定有類此。若曰吾之邏輯中之命題以及吾講數學之入路中之邏輯命題皆爲有知識根據之命題，或皆爲有邏輯形式之知識命題，則當先有一段知識論於其前，或卽畧此段，而於起脚時，亦須先有此預定之聲明以爲一原念，如是，方可說還原公理有堅強之歸納根據爲理由。然此爲認識論之入路，而非羅素論數之邏輯之入路。須知邏輯之入路與認識論中一堆歸納之根據兩者乃不能相函者。邏輯入路中忽有此假定，固可轉出而觀之，謂其常常是如此，然亦卽在邏輯入路中，此假定又含一憑空安立，隨便設置之一義。蓋一邏輯命題之設置，亦卽其中變項之設置，乃有一極大之自由性與方便性，爲表此自由性與方便性，故總以符號指示之，卽此乃極爲隨便者。依此極爲隨便之設置，而謂必有一存在之事實與之相對應，此非憑空安立，隨便設置而何耶？故於邏輯入路中，施設一假定，雖含有兩義，而後者却爲其根本義，亦實爲其直接之所函，而前者則須轉出而觀之，則其非本義可知矣。如後者爲本義，則其堅強之根據又安在？是以知邏輯之入路與認識論中一堆歸納之根據並不相函也。此亦示邏輯與數學必不可如羅素之所論而須予以大翻轉。如遵守邏輯之入路，所謂邏輯斯蒂之數學論，則必斬斷涉及存在之思想。而羅素則以邏輯爲入路，而忽而引進一假定，涉及乎存在，遂陷於一順一逆之雙線交叉中而奮鬥其統系。何謂順？邏輯入路是順也。何謂逆？反而預定一歸納之根據，是逆也。一方向前進，一方向後退，是卽順逆雙線之交叉而進也。此爲一糾纏複雜之大集團，吾必須剖解而理之。如是，遵守邏輯之入路，翻轉羅素之邏輯與數學論。依是，三公理皆爲無意義。此謂純理之一面。永不涉及存在而爲言。其自身亦無何不足處，不須下凡求偶於存在。復次，將此純理之一面歸於理解中，而明知識之構成及限度，此謂雙線之駢行，而非順逆之交叉。然此雙線之駢行却爲一知識論，而非論邏輯，亦非論數學。依是，吸出還原公理知識上之意義，而變爲滿類之假定。每一滿類爲一存在類，此還原公理三義中之第二義，今可取而轉之以爲滿類之假定。滿類之假定方可言歸納之根據。自種類而言之，決無有滿類。然範疇之圓滿性導引此滿類，種類命題之普遍化亦向往此滿類，而具有普遍性之邏輯之陳述亦定然設置此滿類（此爲其固具之特性），而滿類之設置復亦有在前之種類爲根據，然則滿類乃信爲可有者。然自理解知識言，此滿類又永不能獲得滿證者。依此而言滿類爲假定。此假定即名曰滿類之假定，亦曰滿類公理甲。其辭曰：

「依據範疇與種類之導引，吾人必有一滿類之要求。」

「此要求而證實，即曰滿類之得滿證。於不得滿證時，滿類之『有』爲假定爲公理。已得滿證時，滿類之『有』非假定非公理。依此，滿類公理或爲臨時，或爲永久，但視其是否得滿證。」

由滿類公理甲，吾人可推出一滿類公理乙。此即爲相乘公理或選取公理之變形。其辭曰：

「於一滿類中，構成此滿類之『謂詞』（關係規律或標準）可以貫穿於此滿類中無限之分子。或：於一分子無限之滿類中，必有一『規律』可以貫穿此無限之分子。」

「此假定而證實，亦曰滿類之得滿證。於不得滿證時，此規律之『有』爲假定爲公理。已得滿證時，此規律之『有』非假定非公理。依此，此假定或爲臨時，或爲永久，但視滿類是否得滿證。」

此爲滿類兩公理。但無「無窮」一公理。世界有窮無窮不在吾之假定中，吾亦不須有此假定之論證，吾亦不能論證之。此義下節明之。

第九節　直覺原則與無窮

滿類公理固在成就一邏輯陳述之滿類，而亦引發此滿類之滿證。自知識而言之，每一邏輯概念或陳述（譬如滿類爲一有歸納根據之邏輯陳述），皆有引發滿證之企圖。亦卽每一有知識意義之邏輯概念之提出，皆有閃爍之靈光隨其後，以企圖此邏輯概念之滿證。邏輯概念爲圓滿而無漏之概念，卽依此圓滿而無漏之特性，遂有滿證之誘發。然囿於經驗與理解，此滿證乃爲永不能實現者。是以邏輯概念之圓滿與無漏亦仍只爲邏輯者，而非實際者，其對於實事仍爲有漏而殘缺。是卽一滿類之不能得滿證。復次，如限於經驗與理解，邏輯概念之提出，雖有靈光之閃爍隨其提出而閃爍於其後，然以囿於經驗與理解，其靈光之閃爍亦爲經驗所限制，理解所窒塞，而不得發其用，遂隱微而不彰。是以每一邏輯概念雖皆有引發滿證之企圖，而終於不得其滿證。

每一邏輯概念旣以其圓滿與無漏，而有引發滿證之企圖；然其所以實現此企圖，必非理解知識之奮力。理解知識無論如何奮力，亦不能實現之，以囿於經驗與理解故。理解知識之奮力可增加其概然値，而不能使之爲滿證，以概然値無論如何高，終爲概然故。然則此企圖之實現，將依何而可能？吾前言：每一邏輯概念之提出皆有靈光之閃爍隨其後，以每一邏輯概念，皆圓滿無漏故。靈光之閃爍必隨此圓滿與無漏以俱赴。是卽言靈光之閃爍必隨此圓滿與無漏而照射之。依此照射，遂使邏輯概念涉及於存在（此自指知識中之邏輯概念言）。其所涉及存在之範圍，依邏輯概念之圓滿而圓滿。依邏輯概念之無漏而無漏。（此處言涉及存在恰是此兩句之所言，此謂圓滿無漏之涉及。否則，一知識中之邏輯概念已涉及存在矣，已有存在之根據矣。何待靈光之照射始涉及存在耶？故此處依靈光照射而涉及存在爲圓滿無漏之涉及，與一概念限於理解而爲概然時之涉及異。）依此照射而爲圓滿之涉及，遂使滿證之企圖得有實現之可能。故滿證企圖之實現必依靈光之閃爍而爲言。是卽言靈光之閃爍實現此滿證。吾人知理解知識永不能實現此滿證，此卽示如有實現滿證之知識必非理解之知識。如只有理解之知識，吾人卽不必有滿證之要求。凡欲自理解知識而要求滿證者皆必妄。然則吾人尙有超理解之知識否？如其有之，則是何種？吾人言靈光之閃爍實現此滿證，然則靈光之閃爍是否代表一超理解之知識？如其然也，則其所代表之知識是何種？曰此卽直覺知識也。依此建立直覺原則。

然理解知識既不能有滿證，而每一邏輯概念之提出，雖皆有靈光之閃爍隨其後，而以囿於經驗與理解故，靈光之閃爍亦爲其所限制所窒塞，遂隱微而不彰，故吾人只覺有概然之證實，而無定然之滿證。然則靈光之閃爍如何得脫穎而出耶？欲答此問，應知靈光之閃爍因何而蒙蔽，隱微而不彰。每一邏輯概念之提出，皆有靈光隨其後。其所以隱微而不彰，端在囿於經驗與理解，端在自理解與經驗觀知識。以囿於經驗與理解，在在覺其有漏洞。以覺其有漏洞，遂覺無有滿證之可能。此謂囿於理解之蒙蔽。因有此蒙蔽，靈光遂隱微而不彰。靈光不顯，自覺不能有滿證，遂覺一切爲概然，復覺一切滿證爲假定。設知理解歸理解，靈光歸靈光，不以理解蒙靈光，但謂自理解而觀之，則一切爲概然，一切滿證爲假定，如自靈光而觀之，則一切爲必然，一切滿證爲定然，則靈光即脫穎而出矣。是以理解歸理解，靈光歸靈光，則靈光自不受其蔽。吾隨靈光之照射而審識其所照，即爲一邏輯概念之滿證。此時邏輯概念爲筌蹄，已相忘於道術（藉用語）；而理解與經驗之支離與破滅，已烟消而雲散，頓歸於無形。理解隱而不用，靈光乘權而起。理解處其下而靈光主其上：是之謂由理智而至超理智。超理智之根據與發見將依此而說明。

是以每一邏輯概念誘發一滿證。滿證之實現，在乎靈光之透露。靈光之根據在其與邏輯概念之提出而俱起。吾人承認靈光之照射，亦如承認理解有自發格度範疇之內能。靈光之照射，即爲直覺之所在。理解於自發格度範疇之時，即有直覺之妙用在其後。即，直覺即彰其用而實現此格度與範疇。此言「實現」，與直覺透入純理步位拉出而外在化之以實現數（卽構造數）之「實現」同。吾人已知格度與範疇爲先在者，爲不可論證者。其本身爲知識之條件，固非一知識。然卽就其爲條件而觀之，其自身之成立旣爲不可論證者，必根據直覺以成立，吾人亦必根據直覺而覺之。其自身固非一知識，故其自身並無外面之意義，亦不含因涉及存在而來之意義。故吾人根據直覺而覺之，亦非覺其外面之意義，亦非覺其因涉及存在而來之意義。然其自身雖無外面之意義（卽不是一知識概念），要不能謂其自身無意義。其自身之意義，卽其自身之爲條件。凡條件皆有形式義。時空，因故，範疇（原則），皆有形式義。其自身之意義卽其自身之爲形式。吾人根據直覺而覺之，卽覺其「爲形式」之意義。此「爲形式」之條件，自其自身而觀之，爲客體。凡形式或原則皆具客體義，卽其自身爲「理」（普泛詞非有殊義）而非「用」（亦無殊義）。此爲客體之形式旣不可以論證立，而又爲先在，故自主觀而言之，吾人謂其由直覺而成立。由直覺而成立，卽由直覺而實現。其自身爲客體，則實現之之直覺卽屬於主體而爲「用」。此言直覺爲純直覺，而此爲客體之形式旣非一知識，故此純直覺實現此客體亦非實現一知識，直覺此客體亦非直覺一知識。如直覺一知識，或全眞或全妄，卽有眞妄之可言。由直覺而成立，由直覺而實現，所成立所實現者，如爲一知識，則其成立或實現爲相對：雖成立而其成立不必眞，雖實現而其實現不必眞。然此客體旣非一知識，如其自身爲必然而先在，則由直覺而覺之，而成之，而實現之，實卽爲覺，成，實現此必然而先在者。

直覺於此客體無所增益，不過通過吾心之自覺而追認之而已矣。是以言由直覺而實現，由直覺而成立，此時直覺之運用並非一創造，徒爲予此客體以潤澤。故此直覺無有眞妄可言，亦不爲相對，而爲絕對者，故曰純直覺。此純直覺之絕對，因其所覺之客體之絕對而絕對，亦與其所覺之客體而凝一，此卽曰「實現之凝一」。凡對不可論證之客體，覺之之直覺皆爲純直覺。凡純直覺所覺者皆爲絕對者，亦無眞妄之可言。凡純直覺之「用」與彼客體之「實」，一經相遇，皆必爲「實現之凝一」。此「實現之凝一」爲純直覺與不可論證之客體之「呈現」，無事流之時間義，亦無進化義。覺形上之實體，覺純理，覺數，覺格度與範疇，覺因果，皆此義。此爲吾所建立之直覺原則之基本義。然凡此客體，皆非知識。現在須轉而論於表示知識之邏輯概念處見直覺，此爲由理智而至超理智如何可能之問題。亦爲本節之主旨。

吾人言理解於自發格度與範疇時，直覺卽彰其用而成之。是卽言無論立格度或範疇，皆有直覺之靈光隨其後。今欲於表示知識之邏輯概念處見直覺，吾人卽不論格度與範疇。（範疇雖當機，然亦非知識。）此時吾人當注意根據種類而成立之滿類。滿類爲表示一知識之邏輯概念。表示此滿類者則爲一定然之普遍命題。吾人可就此定然普遍命題之成就而見直覺之妙用。吾人由此直覺之妙用卽建立由理智而至超理智之根據。茲以「凡人有死」爲例。設定此爲一表示滿類之邏輯陳述之定然普遍命題。「凡」字所指爲一圓滿而無漏之整體。既爲邏輯之陳述，則此無漏之整體自爲概念之規定。（雖有種類爲根據）是以吾人亦當就其爲無漏而由概念之規定以解之，而了之。吾不能就經驗或理解而了之而解之。就經驗或理解而了之而解之，卽爲就經驗或理解而論證之。然此論證，乃永不能獲得其爲圓滿而無漏，以就經驗或理解而論證，總有殘缺故。依羅素之分析，第一，吾人不能解爲：「如我見一人，我將判斷其要死。」（此爲一預斷。）因「我將見一人」仍爲一實際之遭遇，而「我將見一人」藉以成立之諸多事件仍爲不能列舉者，其不能列舉亦與人類之不能列舉同。是以「如我見一人，我將判斷其要死」之解析不能說明此概念規定之圓滿性。其所以不能說明者，以限於實際之遭遇而囿於經驗故。第二，亦不能說：「如有一可能經驗組，關於集和綜體之陳述卽合法」。「可能經驗」固已函攝而無餘，可謂圓滿而無漏。然可能經驗對現實經驗而成立。因現實經驗而如此，遂亦假說於可能經驗亦如此。此仍爲就實際經驗而着想。且當吾於規定「可能經驗」時，吾又不能不陷於所欲避免之假然概念之領域。吾如何能知一經驗是否爲可能？此自須超越現實經驗之知識。然如其爲如此，吾人卽不能成就此陳述之圓滿無漏性。是以可能經驗亦不能解析之。第三，吾亦不能將「凡人有死」之「凡」限於過去之經驗。因如其如此，則必等於「已死之一切人有死」，而此爲廢話（套套邏輯）。第四，亦不能自實驗而解之。如謂汝懷疑是否「凡人有死」，汝可取一人而試之。然此仍爲受試者所限定，不能取「凡人」而試之。是以試驗之解析只爲一逃避，而非是一解析。且試驗只爲此陳述之逐步證明，（屑屑歸納），而非卽此陳述自身之說明；試驗而至歸納普遍化，亦只爲「證明」之普遍化，而非此陳述自身之定然普遍性。以上四點，皆爲自經驗與理解之證明而論之，是以皆不能說明「凡人有死」之普遍性。且如適所言，須知自經驗之證明而論之爲一事，而其自身之成立又爲別一事。自經驗之證明而論之，則爲「凡人有死」是否爲眞；而論其本身之成立，則爲「凡人有死」是否表意。吾今所問者，非此命題是否爲眞，但問其是否表意。以上四點之解析，大都混此兩者爲一事，而欲由其是否爲眞以說明其本身之成立（或意義）。然如此說明，皆爲不能成立者，即皆不能盡其說明之責任。其所以不能盡其說明之責任，乃在其由「是否爲眞」之觀點，囿於經驗或理解而論證之。囿於經驗或理解而論證之既不能明其本身之意義，是即示其本身之意義並不能由論證明，亦非論證事。然則其本身之意義如何而成立？此命題本身之成立如何而得明？依羅素意，當吾了解「人」與「有死」二字之意義，吾即了解「凡人有死」之意義。而此了解亦不需有待於每一個體之了知。然如其如此，則必有了解「一切」（凡）之一事，而此「一切」之了解實爲獨立不依於個體之列舉。了解「一切」之問題實爲了解「假然者」之問題。依此義言，了解「一切」之了解，是何了解耶？「一切」之了解不必有待於個體之了解。就此不必有待言，其成立也，外部言之，自爲邏輯之陳述，而對於其了解，亦自爲邏輯之了解，而非有待於個體之「經驗之了解」。此種無待之了解即爲靈光之直攝。「凡人有死」其本身之意義爲一邏輯之意義，由其爲一邏輯之陳述而獲得。此意義爲客觀者。而吾人對此意意之了解（無待之了解），則爲靈光之直攝。此直攝之了解爲覺爲用爲主觀者。依主觀而言直覺原則，依客觀而言邏輯原則。依此兩原則，此命題本身之成立，即可得而明。

是以言其意義，則注目於客觀者，而謂其爲一邏輯之陳述。依此吾言每一邏輯之陳述或概念（對知識言），其自身皆具圓滿性無漏性。言此意義之了解，則注目於主觀者，而謂其了解爲無待（靈光之直攝）。依此吾言每一邏輯陳述或概念之提出，皆有靈光之照射隨其後。邏輯陳述之圓滿性與無漏性，即函有此陳述之直覺性：正以其爲直覺而無待，始爲圓滿而無漏，此即邏輯之陳述；亦正以其圓滿而無漏，始爲直覺而無待，此即靈光之直攝。【直覺原則與邏輯原則將貫穿本書之全統系須審悟。】

「凡人有死」，如以假然命題而解之，則爲一原則，此即表示範疇者。此原則之成立爲一邏輯之陳述，故圓滿而無漏，而其意義之了解亦爲直覺而無待。（此即羅素所謂了解「假然者」。）如以定然命題而解之，則爲一滿類，根據種類之歸納普遍化，而爲定然普遍之陳述，以與範疇適相應。此定然普遍之陳述亦爲邏輯之陳述，故亦圓滿而無漏，遂成其爲滿類，而其意義之了解亦爲直覺而無待。如有待，則爲歸納普遍化，此由經驗而證明，故亦終爲普遍化，非即普遍性，故亦殘缺而有漏，非爲圓滿而無漏，故亦終於爲種類，而非一滿類。如無待，則爲定然普遍性，非由經驗而證明，故其成立爲一邏輯之陳述，而其意義之了解亦爲靈光之直攝。

然滿類爲根據種類而成立，而種類則爲由一歸納歷程所成之種類命題而表示，是卽言種類命題表示一知識，而其所表示之種類亦爲一知識上之成果。種類旣如此，根據種類而成之滿類亦必有知識之意義，亦必表象或涉及一組事象之存在。是以當吾子解表示滿類之定然普遍命題時，不但了解此定然普遍命題之本身，且視爲一涉及存在之知識而了解之。卽直覺一方覺此定然普遍命題本身之成立或意義，一方亦覺其所表示之滿類之存在性（卽隨滿類之表象存在之指示而亦直覺及存在）。一方覺此命題本身內部之意義，一方亦覺此命題外部之意義。覺其內部之意義，只顯直覺之用；覺其外部之意義，則直覺之用變而爲一直覺知識。由直覺知識，吾言由理智而至超理智。一至超理智之知識，則滿類公理甲與乙卽得其證實而不復爲公理。滿類公理甲指示滿類之存在。但當其爲公理，則只有此指示，而不能使之實。以此公理之提出對經驗而言故，而其意義（卽所以說爲公理處）亦囿於經驗而成立。設一旦靈光現發，直覺呈用，則其指示歸實，公理卽不復爲公理。是以公理爲臨時而不復爲永久。此時理解知識卽變而爲直覺知識。理解之有漏變而爲直覺之無漏。滿類公理乙指示滿類之同條而共貫。但當其爲公理，亦爲假定而非實，以囿於經驗故。然靈光起時，卽得滿證。旣得滿證，公理不復爲公理。是以此公理亦爲臨時非永久。對理解言，永久爲公理；設有超理解之知識，公理非永久。

公理不復爲公理，滿類得滿證。滿類得滿證，無復有滿類。此時無有滿類之概念，吾已順滿類之指示，超脫乎滿類，而直觀一體平鋪之實事：滿類已融解而為客觀之實事。於此客觀而平鋪之實事，一方為散殊，星羅棋布，一方為曲成，同條共貫。每一滿類軌約一組如此之實事。諸多滿類之系統（以在知識統系中成系統），亦軌約各組如此之實事而成一實事之統系（由此各組實事而組成）。是以靈光起處，不但每一滿類得滿證，每一滿類成融解，且許多滿類俱廢棄，其界限與封域俱消滅，而成為一整全之實事之統系，吾人即直觀此統系之平鋪。理解知識達至何境，此整全之統系即為何境之統系；理解知識中之部分複雜至何境，此整全之統系即為含有如其複雜之統系；理解知識之深度如何深，廣度如何廣，此整全之統系即為如何深如何廣之統系。理解知識其統系為多，而直覺知識永為一統系。直覺即靜觀此整全之實事統系之平鋪。

然直覺知識，於吾人之知識，一方無所增，一方有所增。無所增，言其不能有積極之增益；有所增，言其可以有消極之增益。理解根據經驗給吾之知識以積極之增進：今日不知者，明日知之：所謂為學日益也。然直覺不能有此之增益。然直覺之普照，將理解中之部分融而為一，將其部分間之界限封域消滅化除，此亦即知識之增益：此所增益者非成分，乃意義，非為量，乃為質：故與其謂增益，不如謂融化：然融化而變質，於意義有所增，亦不能不謂之增益也。如成分之增益為積極，則意義之增益為消極。消極之增益為安靜，為中和，為均停，為濁以靜之徐清，為安以久動之徐生：內智（智照之智）外境，朗潤分明；無幽不顯，無隱不彰。消極增益之時用大矣哉。消極之增益由積極之增益而誘發（其根據在直覺之透脫），兩者交用而前進：是以有奮發，有安頓：奮發為進，安頓為住（此言「安頓」只是智照之「住」）。理智與超理智決無一般所想之如此其水火也。兩者相違固不可，並存之而不知其所以偕，亦不能得其情。

滿類公理甲與乙，以直覺得滿證。滿類之指示通無窮，直覺之照射通無窮。依此當稍言「無窮」終此篇。此言無窮，隨滿類言。滿類為物理類，亦為知識類。數量類中之無窮無問題，以遵守邏輯一線故。吾作邏輯之陳述，其中之變項，吾無理由必限其為有窮，以邏輯之陳述，窮盡而無漏，無遠弗屆，其本性不能有限故，是以即通無限，亦無可議。如言2指示所有對偶類，或指示以所有對偶項所成之對偶類，此中「所有」之所涉，順邏輯陳述之本性，不能為有限，吾亦大可放之為無限。即為無限，亦無可議，以為邏輯設置故，以為吾所可自由操縱故。然當吾論物理類（滿類），則不能無問題。以其外於吾之操縱故，亦非邏輯設置故。至少滿類公理甲與乙是對無窮言。直覺起時，吾固可以得滿證，是以公理甲與乙至此無問題。然無窮本身有問題。物理類，自歸納知識言，亦必通無窮。否則，無概然之問題，亦無得滿證與否之問題。然此無窮是對經驗知識之有限而顯示出，亦可以說是由歸納概然而透示出。此種顯示或透示是消極的，即，吾不能積極地知世界究是無窮否也。故物理類之通無窮亦是消極的。然無窮尚可積極地論之，即正面肯定世界是無窮，肯定有無窮個個體。譬如羅素「數學原理」中之無窮公理，即為無窮類之實有故，而肯定無窮之存在。此是一形上學之肯定。但此肯定在知識範圍內是無根據的。故只是一形而上的假設。此當是一超越的理念，如康德超越辯證中之所批導。此皆是積極地論無窮，而視之爲一「積極的概念」。現在，在知識範圍內，對此無窮，吾不能有積極的論謂。只能順物理類之以歸納與概然故而必通無窮之消極的意義，以消極地論謂之。此消極的論謂卽是於滿類之以直覺照射而得滿證故而將物理類所通之無窮繫屬於直覺的照射而論謂之。此種論謂不是概念的論謂，而只是隨直覺的照射之圓滿無待以虛說其意義。此種無窮是由內出，不由外立，其爲眞實只有主觀的意義（直覺照射之主觀），而無客觀的意義。是卽言在滿類之要求滿證上而引出直覺照射所示之無窮。此既非一概念，亦非一理念，而乃爲靈光所照之至大無外，至小無內之圓滿無漏境。此爲表示滿類之邏輯陳述提出時，靈光隨之而照者。當吾提一邏輯陳述之滿類，靈光卽隨其圓滿與無漏而通至其所示之實事之圓滿與無漏。滿類所函之項數無有窮極，滿類所具之規律（謂詞）亦條貫此無窮極之項數。靈光照射卽證實如此之滿類：將滿類所指示之無窮實事，盡攝之於此規律下而統之，其統攝也，隨此實事之無極而無極，隨此滿類之圓滿而圓滿，隨此滿類之無漏而無漏。圓滿，無漏，無盡，無極，皆無窮義。而此全體呈現之無窮實爲靈光函攝中之無窮。吾人知識上所能言以及所能證實者亦只此無窮。是以「無窮」爲靈光所照射所函攝，爲內出而非可外陳以議擬之者。

靈光所照之無窮可兼三義：

一、滿類所示之實事之項數無窮無盡，靈光卽隨其無盡而直射之於無盡。

二、靈光之照射無邊無界，有邊有界，卽不得言靈光之照射，此卽圓滿無漏義。

三、滿類所示之實事之項數及條貫此項數之關係所函攝或所引發之關係無窮無盡（此在理解上爲不能定知者），直覺起時，靈光之照射承認其爲無窮無盡，且直照之，盡攝取之。

關於第一義，吾人不自外面先假定有一堆無窮項數之實事，不過以表示滿類之邏輯陳述圓滿而無漏，不能限於有窮，故靈光起用，卽隨其圓滿無漏而直照之於無窮。直覺所照，永爲無窮者。設吾人之宇宙至未來某時止，如其眞如此，則直覺之所照亦必爲無窮。蓋直覺照之，無對待故，無封域故，爲圓滿故。依此，第二義亦成立。靈光所照，無邊無界。今日之物理學猜測宇宙有限而無邊。此所謂有限實卽球形義。如起靈光之照射，雖有限而無邊，實亦必無限而無邊。無對待故，無封域故。此只爲一圓滿無漏體，何處言有限？第三義，爲喜言整全統一之理想主義者所雅言。然吾以爲亦必在直覺知識中而言之，否則無有任何證明或否證之答覆。華嚴言十玄門，因陀羅網，如不自靈光之照射而爲言，卽爲無意義。來布尼玆言每一心子皆反映全宇宙，此卽一攝一切，一切攝一義。然必在直覺知識上始能證實之。滿類所示之無窮數之實事爲一關係所條貫而成一完整體，而處於此一關係中之無窮數之實事，於靈光起照時，俱時亦處於無窮無盡之關係中。每一事實處於無窮無盡之關係中，而無窮無盡之關係亦攝於此一實事中。隨其關係之無窮無盡同時亦卽有無窮無盡之實事。靈光起照，俱收入一整全體中而盡取之。此非一矛盾體，而是一釐然分明之複雜體。羅素名此爲一無窮複雜之命題，其所示之全體（或整全）名曰無窮之統一體或諧一體。並謂哲學家大都喜談此種無窮之整全，而數學家，符號邏輯家所談之「無窮之整全」，則大都爲無窮項數之集和所成之整全，此整全即曰一「集和」，如其項數爲無窮，則爲「無窮之集和」。如此集和名曰「類」，則無窮複雜之命題所示之「無窮之整全」即非類，而曰統一體。羅素所論者，自取集和義，而統一體則以爲於彼不相干。按其系統，彼以爲必須承認「無窮集和」之實有（此即彼之無窮公理）。然無窮複雜之統一體是否爲可能，則彼不能有決定，是否爲實有，亦爲不決者。自理解知識而言之，誠如羅素之所云：「吾人於理解知識中實際所知者，所有命題皆爲有窮複雜性，」「亦無如此無窮複雜之統一體出現於理解知識之任何部門中。」然自直覺知識而言之，則吾認其有，且亦直照而攝之。此自爲羅素所不喜談者。然吾如限於理解之知識，吾必取羅素之態度。今直覺知識之可能，吾已說明之，故其所有之函義，吾亦承認之。【文中所引羅素義，當參看其獨著「數學原理」第十六章「整全與部分」及第十七章「無窮之整全」，頁一三七至一四八。】

關於無窮，依吾之系統，可如下陳：

一、數學第一義中之無窮：純理之自行申展，動而愈出，無有底止；每一數之分割而成數，無有底止。此言無窮爲一前程，無有問題。

二、數學第二義中之無窮：此自數量類言，相當於羅素所言之「無窮之集和」。然此「無窮之集和」，依吾義，則爲邏輯之設置，自邏輯一線而論之。類之項數，無論有窮無窮，皆爲第一義數之外在化而設置，無存在之意義，無外面之意義，故亦無問題，亦無「無窮公理」之假定。羅素兼賅雙線，雖其所論爲數量類（爲項數之集和），然有存在之意義，有外面之意義，故分解益繁，而問題滋多，遂終於爲假定。（其所假定者爲「無窮之集和」。）

三、物理類中之無窮：此爲由邏輯陳述之滿類直接所函而設置，由歸納與概然直接所透示，而其眞實呈現之意義，則繫屬於靈光之照射。依此言無窮，無窮無問題：無窮自內出，而不自外擬。

四、積極的無窮：此須形而上學地討論之。如此所論之無窮是一積極的概念，是一超越的理念。此種無窮實與「世界是否能無窮地連續下去」有直接的關聯。故吾人對於此種無窮是否有確定之論謂，單繫於形上學中的宇宙論之是否能成立。見下卷「宇宙論的構造」章。

第三章　二用格度之所函攝

第一節　二用格度使用之意義

肯定否定之二用，在理解（知性）範圍內，本發見之於純理之自見。此純理之自見處即是二用之唯一出生地。以其由此而出生，故有先驗之根據。但純理之自見必將落於現實之理解活動中而不空掛。當其落於現實之理解活動中，二用即外在化而爲理解之格度。一說其爲理解之格度，即有隨其爲格度而來之使用。使用即是二用格度之表現及作用。其所表現之作用即是辯證之作用。

辯證作用之第一次表現，亦即其直接之表現，即是表現於承曲全格度而來之四種定然命題：將此四種定然命題聯貫之而成一有機之發展，以表現理解之全幅歷程。此有機之發展正是辯證之表現。此種辯證之表現是二用格度之直接外用。外用者外用於經驗而成功經驗知識之發展也。經驗知識之發展同時亦即經驗知識之形成。成無終成，故有發展，而發展一步亦即形成一步也。二用格度之此步表現在說明理解之有限知識之形成，而此步表現所形成之辯證歷程却仍是主觀之運用。在此步表現中，肯定是表現於命題中而成爲肯定的命題，否定是表現於命題中而成爲否定的命題。此是一種主觀方面求知識之完成之作用，而客觀方面之對象則無所謂否定肯定也。是以凡嚴格義之辯證皆繫屬於肯定否定而爲言，而肯定否定則屬於主觀之思考者。純理自見中之肯定否定是屬於純思想之作用，由此作用而見純理。是以凡辯證中所言之肯定否定皆應不離此義而形成其辯證之作用。由此，吾人可決定辯證之義用及其使用之地位之何所在。現在，二用格度之第一次表現所成之辯證歷程在說明知識之完成。而知必有所知。從其所知方面而言，吾人有理型世界之邏輯的結構。

辯證作用之第二次表現即就理型之邏輯結構而言也。然既云爲邏輯結構，則此處所表現之辯證實已非適所言之嚴格辯證義。此時辯證已消融其動的姿態於客觀之靜的理型之結構中。嚴格之辯證歷程應有三義：一、動的表現，二、主觀之用，三、虛的作用。今注目於理型之結構，而理型是靜的，是客體，是實有：此是知識之所知，亦是知識形成之所顯。此客體之靜而實的有之結構是邏輯之結構，故亦爲靜的系統。此可平鋪而放得下者。指導此系統之形成之辯證是柏拉圖義之辯證，吾人可名之曰古典義之辯證。此古典義之辯證實非辯證，而應只是體性學。二用格度之表現於此處是靜的表現。其中之肯定不是表示主觀思想之用，而是表示理型間之相融，因此相融，吾可以作一關於理型之肯定命題。其中之否定亦不是主觀思想之用，而是理型間之相離（或相違），因此相離，吾可以作一關於理型之否定命題。是以肯定表示融攝，否定表示離異。而理型之融攝乃是依照該理型之爲事物之本性而永恒地或邏輯地相融攝，理型之離異，亦是依照其爲本性而永恒地或邏輯地相離異。故其所成者乃爲一靜的邏輯系統也。柏拉圖以爲此種辯證學實是指導吾人發見理型結構之指南針。吾人若對於理型有一認識論之推述，則所有知識中之理型皆內在於知識歷程中而由知識形成而顯露。如是，則辯證可無須消融於理型上，而仍可恢復其第一次表現之原來地位，而理型之邏輯系統即可內在於此辯證歷程中而孕育出而顯露出。依是，吾人可單言此說明知識之形成之辯證，而理型之結構則即爲此辯證歷程所攜帶而露出。依是，吾人可給柏拉圖所說之指航針（即其所謂辯證學）以認識論之安頓，而在理型之邏輯系統處即不說辯證矣。依是，辯證作用之第一次表現及此所謂第二次表現，吾人可合而爲一，而統名之曰第一次表現中之辯證，而且即隨承柏拉圖之使用而名此種辯證曰古典義之辯證。此種辯證不是黑格爾，布拉得賴，以及佛家破執顯性中所表現之辯證。此古典之辯證亦可曰「辨解之辯證」。

辯證作用之第三次表現，則轉第一第二次之自外用而爲自內用。第一次表現是二用格度之直接表現，而二用格度是理解之一格度，是以順此格度而直接表現，即是順此格度之外用而外用，因而順其外用而必有所成。所成者即成知識也。第二次表現是在所成之知識之所顯示之「靜的有」處而表現，已失辯證之原義而爲靜的理型系統之平鋪：辯證已消滅其自己而凝固於所顯示之「型式之有」上。失其主觀之虛的動用而歸於客觀之實的型式之有。此其「外用而有所成」所必至者。今第三次表現是將其「有所成之外用」轉回來而觀其「無所成之自內用」。「無所成」是單指其不順理解格度而成知識言。「自內用」是從發此二用格度之根源處而表現辯證之作用。是以此「自內用」之辯證表現實是跳出理解而自外觀理解，亦卽自理解之背後而觀推動此理解者所成之辯證歷程之何所是與何所至。吾人名此辯證歷程曰破除理解之限制與固執而起之「通觀之辯證」。此方可說是黑格爾，布拉得賴等所表現之辯證。亦卽吾人今日所常說之辯證法之本義也。吾人已知此二用格度是發自「創造之理解」。理解之根源實有其自發之創造性。惟因其限於經驗而發出格度，遂由創造性而陷落於辨解性。蓋無辨解，則不能成知識也。此理解之自發之創造性實是推動理解使其不安於辨解之陷落之根源。吾人又順上章末由直覺之湧現以攝無窮而知此創發之根源實是發出直覺照射之根源。直覺之照射隨普遍命題之要求成爲滿類而實現或證實此滿類。是以吾人由理解之陷於辨解性而引導出一直覺之創發性。此直覺之創發性發爲直覺之照射而證實一滿類，而照射至無窮，是以知此直覺之照射必在要跳出理解之辨解而破除其辨解性所成之限制或封域，將陷於辨解歷程之理解而提起之而且推動之。然而須知此提起此推動所成者不是理解之知識，因其由直覺之照射而提起而推動，故其所成者爲直覺之知識。吾人卽由直覺之照射而至直覺之知識所成之辯證歷程曰通觀辯證。此通觀辯證端在破除及順此破除而來之直接顯示。對成知識言，無所成，故爲消極的。然順其直接顯示言，它將有一積極之誘導。對理解知識言，它是消極的。若對另一種知識言，譬如對於關於絕對之知識，它將有積極之作用。吾人下文第四節將看此積極之作用將達至何境。

吾人若不限於理解之陷於辨解歷程中而觀理解，而跳出去觀理解之全幅相狀，則必然有以上所說之三種辯證歷程之表現。格度之成立是自理解之陷於辨解中而言之。理解陷於辨解中始能成知識，而陷於辨解中必有成就其辨解之格度。是以格度之立全就理解之坎陷一相而言之。此一坎陷是吾人全部知識之形成之關鍵，是以論知識者皆集中於此而立言，寖假遂視此為全部理解相狀之所在，而不復知其只為一坎陷之相狀。二用格度既為格度，自亦在理解之坎陷中而出現，而彰其用。順其外用而直接表現之有所成之辯證歷程，吾人名之曰坎陷中之辨解的辯證歷程。然既知坎陷只為理解之一相，則由此坎陷中之辯證必引吾人回頭再看理解之直覺創發性之一相狀。理解有其提起與陷落，此即其全幅之相狀。此全幅相狀之認取是在二用格度之表現為辯證歷程中而引起。蓋時空格度順直覺的統覺(感覺的)而為吾心所建立，建立之以着於事而定事之時空相：此理解坎陷其自己之第一步外用也。繼之理解自身復涌現一因故格度，承因故格度而立範疇之運用：此理解坎陷其自己之第二步外用也。繼之復涌現一曲全格度，順此格度，承範疇之運用，而措置四種定然命題：此理解坎陷其自己之第三步外用也。最後，復涌現一二用格度，而二用格度對外無所立，只內處於四種定然命題中而聯貫之使其成為一有機之發展。此有機之發展，吾人名之曰坎陷中之辨解的辯證發展。此理解坎陷其自己之第四步外用也。是以至二用格度所表現之辨解的辯證歷程，吾人始認取理解之坎陷一相之全部。認取此坎陷一相之全部，即了解一知識之完成。然當吾人了解理解之坎陷，同時亦必引吾人了解其提起。是以在二用格度之使用中，雖其直接表現爲順此格度而成功坎陷中之辨解的辯證，然坎陷至乎其極，則必有回頭之機。自理解本身言之，理解外用而坎陷其自己以成功知識，然其本身之根源處却是一自發之創造性：它坎陷其自己以成功坎陷中之辯證，同時由其根源處，它創生其自己而破除其坎陷，而從坎陷中提起。坎陷中之辯證順二用格度而表現，而由其創造性而破除其坎陷，則不順二用格度而表現，乃是順其直覺創造性而表現，是即明跳出坎陷而破除坎陷之辯證已不在辨解之理解中，而越乎其範圍矣。此個範圍由坎陷中之辯證直接導引出，由理解之直覺創發性直接證明之。是以本章雖言二用格度之推述，而却不只言坎陷中之辯證，將亦及此坎陷辯證直接所牽連及之通觀辯證，藉以觀二用格度之使用之究竟。

以上所言之辯證是在認識心範圍內，就認識心而言之。（坎陷之辨解與躍起之寂照俱是認識心。）尙有一種辯證，則爲超越形上學中之辯證，乃順承本心之呈露及習氣執着之破除而表現，此爲道德實踐中之辯證。此不在本書範圍內，將不論及。然其意義與表現，與通觀辯證同。

總言辯證義如下：

一、辯證作用必有承順而起。

二、辯證歷程是一種「破除而顯示」之歷程：破除是破除其虛（虛隨其所用處而異謂），顯示是顯示其實（實亦隨其所用處而異謂）。
三、辯證歷程是主觀的動用歷程，而非客觀之「靜有」之平鋪。
四、辯證歷程是主觀之虛的歷程，而非客觀之實的歷程。
五、辯證歷程雖破虛而顯實，然其自身亦是一主觀之虛的動用，即其自身亦是虛。此虛雖不可廢（有大用），而原則上有可廢之時。蓋既爲虛矣，則必非實法。蓋既顯實矣，則實顯而虛廢。
以上五義，大體只適用於非辨解的辯證，即通觀辯證與道德實踐的辯證。蓋辨解的辯證（古典義的辯證）非眞正之辯證法也。

第二節　坎陷中辨解辯證之考察

隨曲全格度之外用，且直接承續「原則」之要求實現，吾人措置四種定然命題，即AEIO是也。在因故格度處湧現一原則，此原則吾人名之曰範疇。範疇要求實現，遂誘導吾人措置四種定然命題。假若「如S則P」一普通原則表示一範疇，則於此範疇要求實現時，吾人經由一歸納之歷程而得一普遍化之陳述曰：「凡S是P」。「凡S是P」是「如S則P」之平鋪或實現。然此平鋪或實現，以經由歸納歷程而成就，故並無必然性與永恆性。假若「有一個S而不是P」，則將該平鋪之「凡S是P」推翻矣。「凡S是P」推翻，「如S則P」亦被否決，而須另湧現一原則。「有一個S而不是P」一情形之出現即是另湧現一原則所當之機。對應此機而起之原則曰：「如S則非P」。此原則亦要求實現。因而經由一歸納歷程而得一普遍化之陳述曰「凡S非P」：此亦「如S則非P」之平鋪也。然若「有一個S而是P」一情形出現，則該平鋪之命題又推翻矣。復次，「有一個S而是P」一情形出現，即是「如S則P」一原則所當之機。如此層轉，肯定否定，繼續不已，而成知識。

然須知，自所當之機言，有許多可當之機：「有一個S而是P」一機也，「有一個S而不是P」一機也，「有一個非S而是P」一機也，「有一個非S而不是P」亦一機也。此種種之機皆可引導吾人湧現一原則。「有一個S而是P」一機可以引導理解湧現「如S則P」一原則，它不能即肯定「凡S是P」一平鋪。同時，此機不出現亦不能即肯定「凡S非P」一平鋪，而只能由「有一個S而不是P」一機引導理解湧現「如S則非P」一原則。假定「有一個S而是P」一機，吾人表之以命題曰I；「有一個S而不是P」一機，吾人表之以命題曰O。依是吾人單知I命題出現可以否決「凡S非P」一平鋪，因而亦否決「如S則非P」一原則；O命題出現則否決「凡S是P」一平鋪，因而亦否決「如S則P」一原則。但不能由：I命題不出現，就肯定「凡S非P」一平鋪；亦不能由O命題不出現就肯定「凡S是P」一平鋪。但只能由O命題之假（即否定）可以預伏一I命題所表示之機，因而可以引導理解湧現一「如S則P」一原則；由I命題之假可以預伏一O命題所表示之機，因而可以引導理解湧現一「如S則非P」一原則。此義，若限於邏輯而言之，則即所謂由O假可以推知「如S則P」一絕對普遍之原則，在邏輯上，此同於「凡S是P」，由I假可以推知「如S則非P」一絕對普遍之原則，在邏輯上，此同於「凡S非P」。但在此處就當機論謂言，則由O假不能決定「凡S是P」（A）一定然命題之平鋪，而「凡S是P」亦不同於「如S則P」；由I假亦不能決定「凡S非P」（E）一定然命題之平鋪，而「凡S非P」亦不同於「如S則非P」。若從種種機自身方面言，亦許無所謂否定不否定，而只有消滅不消滅，呈現不呈現。依是I命題所示之機消滅即不呈現，吾人不能由之即知O命題所示之機即呈現：呈現不呈現，須待經驗來決定。同理，O命題所示之機不呈現，亦不能由之而知I命題所示之機必呈現：呈現不呈現亦有待於經驗來決定。此所以在理解歷程中，吾人說：若O命題所示之機不呈現，吾人不但不能決定「凡S是P」一平鋪，而且亦不能憑空即提出「如S則P」原則。蓋此原則之立必當機，今O命題所示之機不呈現不能即知I命題所示之機即呈現，故「如S則P」一原則很可以無機可當也。是以吾人只能說：由O命題所示之機不呈現，吾人只能經由一I命題所示之機而引導理解湧現一「如S則P」一原則：是以此原則之湧現必依靠其所當之機之實有也。同理，自I命題所示之機不呈現而湧現「如

S則非P」一原則之情形亦如此。然在邏輯方面，則不必如此複雜。設I與O各表示一機，Ha與He各表示一當機而立之原則，而A與E則各表示一定然平鋪之種類命題，則吾人即可說：O命題之否決A命題乃至Ha一原則而引導理解湧現另一原則He，以及I命題之否決E命題乃至He一原則，而引導理解湧現另一原則Ha。湧現另一原則之時是一種置定，原則之置定。由此原則之置定，吾人經由歸納歷程而至一與此原則相應之定然命題之平鋪。此定然命題之平鋪，即表示該原則之實現。因此吾人即肯定該原則，亦即肯定該定然命題。假定有一與此原則相反之機出現，則該一時實現之原則即被否決，而須另提一原則。如此置定乃至肯定否定相續不已，即吾人所叫做理解之坎陷於辨解性中以完成一知識之辨證歷程。

在此，吾人須注意：所謂置定是原則之置定，肯定是定然命題之肯定，而否定亦是該原則及定然命題之否定。肯定否定並不自對象方面說，乃自理解之求知方面說。對象方面之事機層層出現層層流逝。並無所謂肯定與否定。對象方面亦並無所謂一「原則」，亦無所謂一定然命題。「原則」只是吾人欲求完成一定之知識所預先畫定之模型。凡理解知識皆是一定概念之知識，要成功此有界限之一定概念之知識，就必須先預定一模型。模型之畫定表示吾人理解是向着一定方向而進行，亦表示所欲完成之一定概念之知識亦必在此一定方向之指導中而完成。此種方向之畫定，一方似乎可說是理解之固執（因超理解者不如此故），但一方亦可說對理解知識，即一定概念之知識言，此是必須有之固執。理解在此方向中齊力以求成一知識，期在必得一知識。是以此模型之畫定，實亦表示理解必欲完成一目的。因有如此之欲求，自不得不坎陷於一模型中。是以原則或模型之出現，實是理解自身於其求成一目的中所必然畫定者；而對象方面却並無此一定之原則或模型。依此，吾人說：所謂肯定否定不自對象方面言也。對象無所謂肯定，自亦無所謂否定。對象方面既無此一定之原則或模型，則此原則之立，雖有可當之機，而對象究亦可接受此模型，亦可不接受此模型。而且同一機也，亦可有種種許多可能之模型。對此許多可能之模型言，該同一機實即是許多種種不同之機。而且機之呈現又受經驗之限制，有其時間性與空間性，然而一當機之模型則有其固定性，而且必欲貫徹其固定性以求成一一定概念之知識。即以是故，一模型或原則隨時有被否決之可能。同一機實即是種種機，而一模型之固定性，則只當此同一機中之一機，是則此模型即有被此種種機中之任一機所否定之可能。至於機層出不窮，而模型之固定性欲超越當下經驗之限制而貫徹於未來，自亦可隨時被否決。是以原則或模型是理解之置定，而因機之新新不已，則理解亦準備隨時否決其所置定。置定否定皆言乎原則也。降此則言乎定然命題之平鋪。而在客觀之事象，則不可以說肯定與否定。

復此，每一模型之置定必當機，而機是直接之呈現，無有可假者。凡可當機而提出之模型，亦必無有全假者。每一機是經驗宇宙之一相。依此，所謂一模型之被否定，若嚴格言之，並非謂其全假。它既必當機，而機爲一「有」，是以它即被否定，亦並非即成爲絕對之「非有」。其自身總有其一定之內容或意義。是以其所謂被否定者，單就其固執之貫徹性言有意義。否定者，否定其貫徹性。而否定此原則之貫徹性，即函另一原則之提出。而所否定者又不能成爲「純非有」，則是所謂否定者，實即是消融，消融於另一原則中。其消融也，或是變質而失其原來之意義或相貌，或質不變而已融納於另一較高之原則中。是以否定即是破除原來原則之固定性及貫徹性。它欲維持其固定性，但其固定性限制住其綜攝性，則即必破除此固定性而將其消納於其他原則中。它欲維持其貫徹性，但其有盡定之貫徹性，亦終於限制住其貫徹，及至其貫徹性受限制，則又必破除此限制而消納於其他更大之貫徹性中。是以模型之固定性即函其綜攝性之限制，而綜攝性之限制即函其必然被否定被消納。同理，其固定之貫徹性即函其貫徹性之限制，而貫徹性之限制即函其必然被否決被貫徹。在理解之坎陷於辨解歷程中，其所置定之模型，爲欲求達一定之目的，則必有一定之方向，而此一定之方向即函其被否決被納入另一方向中。每一方向爲求達一定知識之完成而設。理解似必在方向中而進行。是以理解中之每一方向皆必有所成。以其必有所成，故必有所納，而及其被否決，則始有可被納。辨解中之辯證歷程即如此層層消納與被消納而成功理解之知識，而擴大理解之知識。而在此知識之成就與擴大中，所知方面之理型即漸漸擴大其系統，豐富其內容。涓滴不棄，皆歸大海。至大至何程度雖不定，然總不能得一絕對之圓滿。蓋每一原則總是一定之方向，而一定之方向即函其被否決而納於另一方向中。另一方向又如此，此其所以繼續不已而無絕對之圓滿也。

然須知理解立一固定之原則（方向），固在求成一固定之知識，而一固定之原則又隨時可以被否決，故又繼續貫徹另一固定之方向。它要求繼續以成圓滿，然而繼續又必衝破其最後圓滿之迷夢：理解於此將漸起恐慌矣。繼續是其所要求者，圓滿亦是其所要求者，坎陷於辨解中之理解，其成知之本性固必須有此兩要求。因爲它不是直覺之知識，故必有賴於繼續；因爲它必求達一固定知識之完成，故又要求一圓滿。步步有成，雖相對之圓滿，亦圓滿也。然而其相對之圓滿又必然被拆破。是以它必要求一最後之圓滿。然而因其一定方向故，它不能有絕對之圓滿。依是，它豈不要求一無窮之繼續以實現此圓滿乎？然而無窮之繼續即表示無有止，而無有止之本身即表示絕對圓滿之否定。是以一、它要求有無窮之繼續，而此無窮之繼續它能必然保證之乎？二、它要求一絕對之圓滿，而此絕對之圓滿能由無窮繼續以實現之乎？如果它不能獲得一無窮繼續之保證，它不能實現其最後之圓滿；如果它獲得一無窮繼續之保證，它仍不能實現其最後之圓滿。依是，坎陷於辨解中之理解將陷於進退之兩難。吾人試考察之看如何。

吾人已知坎陷中之辯證歷程，依理解之固定方向言，是無有止境者。然此時所說之無有止境是極籠統之說法。吾人試考察其所以無有止境之根據何所在。理解之成知識，雖有獨發格度範疇之「能」，發之以期達一定模型下之知識，然須知此種「能」不是絕對主宰萬有之能。它之此種能實是在被牽引中而發出。理解之本性是外向而不回頭者。其所以外向是因爲它要了解一個對象：依是，它被對象所吸住。它之自發格度範疇之能不過表示其非只被動的接受而已。被動之接受不能成一定概念之知識。要成一定概念之知識，不能不有其一定運用之方向，卽由此而見理解之能。它攜此能之運用以外向而永遠不回頭：依是，它永遠是被動地被牽引被吸住。其肯定否定其原則，亦是被牽引而如此。牽引之者何耶？曰經驗是也。其自身之活動須受一定時空中的經驗之限制，而經驗又是層出日新者。理解卽在此夾逼中而須有不已之否定。依是，其否定之不已者，實是經驗之逼迫而然也。經驗起於直覺之統覺：經驗之日新，卽是直覺之日新。如果直覺無停止之一日，卽無窮地繼續，則辨解中之辯證歷程，亦將無窮地繼續。理解似乎應當需要此個無窮的繼續：因爲如此可以滿足其企望絕對圓滿之奮力。如果直覺不能無窮地繼續，而一旦停止於某時，則固可以滿足其圓滿之企求，然而此種圓滿實是歷史之終止，因而亦是歷史之總結，而歷史之終止卽表示一切停止，理解自身亦停止，一切停止卽一切毀滅。依此，亦必無所謂圓滿，而圓滿亦毀滅。是以歷史之總結，不能充當所企求之圓滿。相對之歷史總結不能充當絕對之圓滿，而絕對之歷史總結亦無所謂圓滿，圓滿亦毀滅。是以爲滿足絕對圓滿之企求故，理解似必須要求一無窮之繼續：蓋絕對圓滿必以無限爲其本質也。然而直覺究竟無窮繼續否，理解自身不能知之。理解固要求之，然而理解此時旣是被動地被牽引，它不能主動地成就之，卽它自身不能保證此無窮的繼續之必然。它旣不能知之，亦不能保證之，它自身之追求必只是一茫然之努力而已：它單在如此之經驗流中，而如此茫然地發展之而已耳。它受命運之支配，而不能造命。一旦直覺停止，它亦無可奈何而完結。依此，吾人在辨解中之辯證發展上似必然要肯定經驗世界之無窮，亦卽現實世界之永恆性。然而此命題理解自身不能證明之，亦不能保證之。此是一超越命題，它依靠一主動地主宰此世界之「超越實體」來保證。

現在假定已有一無窮的繼續，理解知識亦不能獲得一最後之圓滿。蓋理解知識是一固定方向之知識，而在無窮繼續中，每一固定方向總必然被否定：依此前進，它永不能得最後之圓滿，絕對之圓滿。或者說，絕對之圓滿並不必須限於一個最後肯定而無否定之圓滿，在每一步否定其前而納入一新肯定中，卽是一內在自足之絕對圓滿：絕對皆自當下之每步肯定之自身看，最後之義亦是如此。曰：卽使如此，理解知識亦不能有。蓋其每步原則之實現須經由歸納歷程而實現，而經由歸納而來之實現實非眞實而圓滿之實現，卽非充分之實現。由歸納而來之實現皆是一種普遍化，而非眞正的普遍性，所以只是部分或概然的實現，而非全量而定然之實現。由原則經由歸納歷程而至定然命題之平鋪，此種平鋪實只是歸納之普遍化。譬如「凡人有死」，如經由歸納而普遍化其爲如此，則只表示部分而概然之實現，而非全體落實之絕對圓滿。譬如畫一圓圈，置於一支持點上，則其中心處可以落實，而其周圍很可以掛空，而只爲中心點之落實(因有一支持之者而落實)所帶起。一經由歸納而普遍化之平鋪亦復如此。是則此普遍化之命題卽未得滿證者。未得滿證卽未能全幅實現，而總是有缺漏。而且吾人於前章已知，理解知識永不能彌補此缺漏。是以理解之固定方向之實現，以及因此實現而所肯定平鋪者，其本身卽從未表示一絕對而最後之圓滿。其所否定者固已不圓滿，卽納此所否定而入於其所肯定中，此肯定亦非一全體落實之圓滿。吾人卽內在於此肯定之自身而觀之，它亦不能有內在自足之圓滿：蓋其本身不能得滿證，故總有缺漏也。吾人如果於每步之肯定而能說其內在自足之圓滿，則必須依據一直覺之照射，如上章所論者，而後可。若單只是辨解之理解，則尙不能說此也。是以坎陷於辨解中之理解，其於絕對圓滿蓋無分也。【知識之絕對圓滿名曰認識上之絕對眞理。此絕對眞理在認識之心上，只能由直覺的照射而把握。關此，上章已從理論上而辨明之。下第四節將從通觀辨證而考察之。】

依以上所述，辨解之理解只有被動地被經驗流所牽引而茫然地如是如是而前進。經驗的無窮繼續，它不能保證之，圓滿它亦不能獲得之。如果此是最後之眞理，吾人再不能進一步有所說，則理解知識之進行實不能有客觀而必然之根據，而現實世界之永恆存在，亦不能有必然之保證。理解知識縱不能得圓滿，然而其如是如是之進行吾人亦必須護持之。而護持之之根據總不能在理解自身而獲得。夫言知識之可能，有內在於知識自身而言之，有超越於知識以外而言之。本書以往所說之全部皆內在於知識自身而言之。自此範圍而言之，吾人所說之知識可能之客觀方面的根據，單在第一卷首章中所獲得之「因果之直覺確定性」。這個根據只有「內在」之意義，而無「外指」之意義。所謂內在者卽內處於直覺的統覺世界之謂也。理解之活動爲直覺之統覺世界所限，而不能跨越一步，它又被動地爲此世界所牽引，而不能主動地主宰此世界。「因果之直覺確定性」只保證有直覺之統覺之時之處卽有因果性：無直覺的統覺之時之處，則根本不能說，亦可弗論矣。是以因果性繫屬於直覺的統覺而言之，而因果所貫串之現象亦繫屬於直覺的統覺而言之。在繫屬於直覺的統覺之立場上，因果有其直覺確定性。但此因果之直覺確定性並無外指之意義或担負。所謂無「外指」者，卽內向於直覺的統覺世界內而內在地維繫其是如此，然而不能外處於此直覺之統覺世界，而必然地保證其是如此。既不能保證其是如此，則直覺的統覺何以必是如此而可能，乃至此因果性何以必然永遠有，乃全然不可解。要解答此疑難，吾人須超越於知識以外而言知識之可能。換言之，如無超越之根據，則此直覺的統覺世界之全部終在飄萍之境也。內在於直覺的統覺世界者，似若覺其有內在之秩序；然總括此世界而觀之，則左右前後皆無保障無安頓。譬如沙灘上之大樓，大樓自身有其內在之秩序，而外於此大樓自身之基礎卽沙灘者，則甚不穩矣。卽以此故，吾人說「因果之直覺確定性」只有內在之意義，而無外指之意義。理解自身並不能穩定此世界。吾人由此漸漸逼迫至超越形上學之必要。由坎陷中之辯證發展，吾人漸漸將由外向不回頭之理解倒轉而向內收束，而向後以觀。此個道理，自此以後將逐步顯明之。

兹且由理解知識所顯露之理型之結構而觀其趨勢爲若何。

第三節　理型之結構

當機的範疇之實現名曰理型。此繫屬於認識的心而言之。如此而言之的理型皆有認識論中之實在性。每一理型成就一件事或一個體。如鳥鳴是一件事，同時亦是一個體。個體之爲言取其廣義也。蓋不獨鳥爲一個體也。就其成就此件事或個體言，則理型不獨有認識論中之實在性，而且是此件事或個體之體性。依是凡有認識論中之實在性的理型皆是此認識世界之體性。因每一理型成就一事或一物，則此事此物離開此體性即不成其爲事爲物。是以就此事之爲事或物之爲物言，則成就此事此物之體性不能不是內在的。

理型內在，但何時始變爲超越而外在？曰：此認識世界中之理型之外在須先把握其二性。一是不變性，二是普遍性。每一爲體性之理型皆有此二性。因有此二性，始不受時空之限制，所謂不逐四時凋也。以不受時空之限制，故能越，越則外在矣。是以此越即離義，外在即掛義。而此離與掛又復依一可離性。可離性如何講？曰：生理感不給予以理型，而統覺之心用始攝取一理型。生理感引起一件事，而統覺即就此所引起之一件事攝取成就此事之理型。理型但自心攝，不由感得。心攝此理型，即表示就此事此物之整個而單取此理型。單取此理型即表示就此整個中而單提此理型。單提此理型即表示理型之可離性。依此可離性，再益之以不變性與普遍性，則理型即可超越而外在。是即所謂離而掛也。是以理型之離而掛實即認識之心之逆提。自理型之成就此事此物言，名曰理型之順成。順成即盈，逆提即離。譬如春雲似羅，春水文波。於雲於水而見文羅，是即順成之盈。但就此春雲春水之整個中而見文見羅，却是認識之心之領悟。認識之心領悟之，即可捨離雲水而單相應文羅。是即逆提之離。理型可心覺而不可物感，可心思而不可器觸。知識固在即物而取理。但理一旦爲心覺逆提而離，即可成一理世界而單爲心覺之所對。不可器觸，不可物感，即表示其單可爲心覺之所會也。依此心覺之所會而言理型世界之結構。

理型自身間之結構即是現實的認識世界之結構。理型世界表示現實的認識世界之秩序。既表示現實的認識世界之秩序，故理型自身間之關係（結構）所成之系統不能空頭而論之。亦不能當作一純邏輯系統看。純邏輯系統由純邏輯概念而造成，它表象理性自身之開展。而不必表示世界之秩序，如吾所論，亦決定不表示現實的認識世界之秩序。既不表示世界之秩序，故其形成也，對於現實世界可全是封閉者。然而理型系統却是表示現實世界之秩序，故一不能空頭而論之，二不能如形成純邏輯系統者而形成之。不能空頭而論之，即表示此系統中之分子（即個個理型）不能純邏輯地決定之，而必須自理解歷程中而規定之。出現一個理型以至證實一個理型，其全幅歷程甚爲複雜，如前此之所解剖皆是。此種理型之出現與證實即是此理型系統形成之根據。根據在此，故亦不如純邏輯系統之直應理性自身之開展而形成。故理型首先決是現實者，而不是可能者。此全部理型系統中之個個理型亦意指其皆是現實者，而無有一個可以掛空者。（掛空者或只可能而不現實，或只屬於第二序或名言者。）有人單依矛盾律之決定而形式地列出無窮盡之可能以備現實以爲世界之秩序，此則甚謬。既不知表象世界秩序之理型系統爲何事，亦復不知純邏輯系統爲何事。復次，此等之言可能亦非如來布尼茲之由上帝意志而言可能世界。故全是一套混雜也。吾人言理型系統以爲不能空頭而論者，意即在覺醒此謬誤也。

依柏拉圖，發見理型之結構須有一術以爲航程之指南。此即辯證學是也。辯證學是一種技術，因之而可以獲得系統之知識。辯證的論辯是哲學的托命處。是以此種技術亦即是哲學家之技術。它使吾人可以依照理型而區分「實在之結構」。分亦函合。是以辯證學所表示之方法即是分合法。依此方法，可以離合實在之結構，同時亦即形成實在之結構。此其所以爲指導吾人論辯之指南也。此實在之結構即是關於理型之結構。辯證的論辯完全關於理型。然辯證之分合法是說吾人辯論活動所遵守之程序，並非此種活動即可以產生或即是理型之結構。乃是由之而可以發見理型之結構。是以辯證學要可能，亦必須在客觀方面承認理型自身有離合。是以柏拉圖於辯士篇云：

> 吾人以爲不能將「存在」歸於運動及靜止，即不能以任何別的東西歸給別的東西，便視其互相間全不能有任何勾連或分享乎？抑或視之皆能互相連結乎？抑或將說某些可以連結某些不能

連結乎？此三可能將取何者？請告予。

考恩佛（Cornford）解云：「…在一正的陳述中，吾人說連結兩型式（卽理型）。吾人單說型式自己互相『參與』，互相勾連或不勾連；互相配入，諧和；互相承認，或接受；互相分享。結合之反面，便是分離，離析，或分開。……吾人可作一界說：兩個型式當其是在互相參與之關係中，而代表之之名字又能出現於一種『眞的肯定陳述』中，吾人卽說此兩型式相結合。例如，『運動存在』，卽意謂：『運動』一型式與『存在』一型式相勾連。一個『眞的否定陳述』，如『運動不靜止』，卽反映運動與靜止兩型式永遠不相容，卽拒絕相結合。還有一種眞的否定陳述，如『運動一型式不是存在一型式』，或『運動型式不是靜止型式』，此皆表示型式之差異。雖差異而不必皆不相容。如運動一型式雖不是存在一型式，但却與存在一型式相容。（運動與靜止不相容，但自差異觀之，該陳述仍是眞的否定陳述。）……吾人自能在一假的陳述中連結兩型式如『運動是靜止』。但所涉及之兩型式實不能相結合（故此陳述爲假）。結合與離析永遠存在於型式自身間。它們只能顯示於眞的陳述中（肯定或否定）。」又云：「……復次，型式間的分享關係（卽結合）是對稱的。譬如『存在』一型式分成兩型式（如動靜），則存在卽說爲分享共兩副屬之型式。依是，類型式之分享（或參與）種目型式並不是亞氏種目之分享類名。此意卽表示此關係並非主謂的，因主謂非對稱故。亞氏主詞謂詞繫詞決不能用之於柏氏心中所想者。」又云：「結合或不結合之項目是型式，此可以來客下文之語而明之。來客於下文云：吾人已同意種類（同於型式）其關係之爲互相參與諧和一如字母或音樂聲音之參與諧和。從型式自身間之結合或不結合，吾人可以決定關於具體物之陳述之眞或假。例如，如果運動一型式不能分享（或參與）存在一型式，則凡說『一動的物事或一特殊的動存在』皆不能是眞的。……」（參看考恩佛：「柏拉圖的知識論」頁二五五——二五七）

案：型式之離合有三可能。如屬全不結合，則吾人不能有「眞的肯定陳述」，甚至吾人不能說話。故此一可能不可能（辯論可參看原文）。此意是說：每一型式若皆恰是其自己，與一切其他皆無關，亦不能與其他相結合，則卽不能陳述之而無矛盾。但此並非說：型式與型式必在一主謂判斷之連結中始能有意義。但只說若型式間不能有其所謂結合或參與之關係，則卽無有關於任何型式之肯定陳述能是眞的。甚至連「每一型式皆恰如其自己而自立」一類話亦不能說。因爲這些字都有意義，而如非這些意義結合於一事實中以與該句陳述相應合，則該陳述不是假卽是無意義。此意考恩佛辨別甚好。參看其書頁二五九。復次，如屬全結合亦不可能。蓋如此，則不能有「眞的否定陳述」。而運動可以是靜止。依是只有「有結合有不結合」一可能爲眞。

有結合有不結合，此卽意謂：有些關於型式之肯定陳述及否定陳述爲眞。此等眞的陳述便組成哲學辯論之模型。卽是說：辯證的辯論完全是關於型式的。「辯論模型」一語基於柏拉圖所謂「一切辯論皆基於型式之交織。」爲何如此？柏拉圖曰：「使每一東西與每一其他東西孤離起來，便是破壞一切辯論。因爲任何辯論其存在皆是依於型式之交織。消滅辯論卽等於消滅哲學。」依此言之，型式之交織便是辯證的論辯之模型，便是辯證學所以可能之客觀基礎。辯士篇復云：

因爲有結合有不結合，在言語中之字母一情形亦可如此說。……高低之聲音亦如此。有認識聲音能否互相配入之術者曰音樂家（案字母之配合術曰文法學）。……吾人已同意型式可以互相配入。然則豈不亦需有一種學問以指導論辯之航程乎？如果一人眞能指出那些型式可以相諧和，那些互相不相容；並且能指出是否有某種型式滲透一切其他型式而連結之而使它們互相有配入，以及當實有分離時，亦能指出是否又有些型式橫割一切整體型式而使其中之部分相分離：如一人眞能作至此，豈不亦需一術（學問）以指導其辯論之航程乎？

考恩佛解云：「……論辯之航程一隱語使吾人憶起理想國中所使用之辯證名詞，它只是討論型式的。而在此處，其目的是在指出那些型式是相諧的，那些是不相容的。哲學論辯之全部模型，以關於型式之肯定陳述及否定陳述而組成。此等陳述須是很準確地很恰當地表象事物之本性中之永恆的結合或離析。……周布於論辯之模型中的某些型式能使型式互相勾連而配入。這些可以周布的型式顯然就是使用於肯定陳述中的某些字之意義。事實上，卽是『是』這個字之意義。復有一些型式它能『割離那些整全型式因而遂担負這些整全型式的分離之責任』。這些離析的型式卽是眞的否定陳述中『不是』這字之意義。它們與『整全之區分』相應。『割離整全』一語必須與『周布於一切』一語分別觀。『周布於一切』是用來表示『相結合之型式』。其意義是以『貫穿一切字母之母音』之描述而被決定。表現於『區分』中的『離析型式』（因而遂即担負該「區分」之責任）則被說爲『割離那些整全』。『整全』意謂：當作『可以分成部分或種目的複體』看的型式。離析型式與區分線相應。所謂區分線或是在這些複體與複體之間橫割這些複體而分離之的區分線，或是透入這些複體之中而分離其部分的區分線。」（同書頁二六一——二六二）

辯士篇復云：

依照種類（卽型式）而區分，不以同者混爲異，亦不以異者混爲同。此非辯證學之職責乎？吾人亦希望有一人，他能清淅地識別出：一個型式在任何處能擴展而透過許多型式，而此許多型式中之每一個皆互相分離而自立，並能識別出：此互不相同之許多型式能自外面而爲一個型式所擁攝。復進而再識別出：一個型式透過許多整全型式在一統一體中而被連結成，而且亦知許多型式又完全可以互相分離而自立。此卽意謂他能知道如何依照型式一個一個而區分；他亦能知道，在何種路數中，若干型式能結合或不能結合。此種人卽是善用辯證法之人也。而且亦只有此種人才是純粹而正當之愛智者。

考恩佛解云：「此段大意是淸楚的。熟練於辯證法者將能指導而且統制哲學論辯之進程。所謂進程卽依其知道如何依型式而區分，卽不使型式相混擾之知識，而成之哲學論辯之歷程也。他將很淸晰地察識型式之層級。此型式之層級即組成實在而且能形成實在之『關節的結構』。而哲學論辯之模型，如其能表示眞理時，即必須與此『關節的結構』相應和。其方法即是分合法。……最後，能很清楚地察識此結構就等於說：『他知道如何去鑒別在什麼路數中若干型式能結合或不能結合』。換言之，此門學問將給吾人以知識，足以引導吾人至『關於型式之眞的肯定陳述及否定陳述』。哲學論辯之全部模型必即以此等陳述而組成。」（同書頁二六三——二六四）

考恩佛又進而解析描述辯證法那長句之意義。該句之前半句云：「一人能淸晰地識別出：一個型式在任何處能擴展而透過許多型式，而此許多型式中之每一個皆互相分離而自立，並能識別出：許多型式，皆互相不同，能自外面而爲一個型式所攝攝。」

解云：「型式之結構可以視爲類與目之層級。類與目即服從分合法而成之類與目。此半句專涉及合之基本歷程。此歷程，在菲獨露篇，曾描述爲『對於廣大地分散的型式（即種目）取一綜和的觀察，並且把它們組成一個簡單的綱類型式。』所以在此首先亦必須有一定數目之若干型式，『每一個皆互相分離而自立』。此便是要集和的分散型式（種目）。善用辯證法者，先觀察這個集和。並且依其直覺很淸晰地察識出『擴展而透過』它們一切的那個公性（類性）。所以他先洞見到那個類型式，先見之以備其區分。這個類型式他看出是一個複雜的統一體，攝攝有若干數的不同型式。這些不同的型式，在後來的區分中，即形成特殊的差別或特殊的型式。」

該長句之後半句云：「並進而識別出：一個型式透過許多整全型式在一統一體中被連結成，而且亦知：許多型式又完全互相分離而自立。」

解云：「前半句描述集和之結果，此後半句卽描述繼起的區分之結果。許多型式，經過集和後，已被見出乃爲一單一的類型式所擁攝。現在則被看出『完全是分離而自立』。區分足以使區別它們的差別性全部明朗化。區分所藉以爲界點的那些不可分的種目型式則是『完全分離的』。所謂『完全分離』其意卽是互相排斥而不相容。『人』一型式不能與『牛』一型式相配入。它不能像『人』與『牛』兩型式之與『動物』一型式相配入，亦不能像『人』與『兩足的』一型式，『牛』與『四足的』一型式之相勾連而交與。『透過許多整全型式在一統一體中而被連結成』的那個型式卽與此許多型式相對照。『整全』一詞可以應用於許多特殊的型式。因爲它們被看出皆是些複體，它們已是完全被界定了的。每一個是一整全體，其中之部分是被列舉在界定之公式中。此例如：『人是理性的兩足動物』便是。最後，經過這一切副屬的整全體，如人、牛、馬，等等，那簡單的類型式『動物』卽被展布開。它與每一特殊型式相勾連而參與，但是在其自己之本性，它是經過它們一切而『在一統一體中被連結成』。」（以上同書頁二六七）

案：柏氏所謂辯證法純是理智的邏輯活動。其所分合之對象便是在界定中的類型式自型式。每一界定形成一個整全型式。其中函有若干部分的型式。在此，吾人實可說，每一整全型式實表示一個體之理型。此理型系統中之理型皆是經過界定而成立者。但是界定並非如近人所謂隨意者，而此理型系統亦非一純邏輯系統。是以此系統中之個個理型必須有一認識論之安立方有其實在性，而辯證法中之分合活動亦並非憑空自足地卽可盡其責。以上所引柏氏之思想只是形式的當然之說法，顯然還須一批判之說法。柏拉圖所說之理型自是關於存在者之理型。如果理型全不結合，吾人不能有有意義之陳述，甚至不能說話。此義當有所限制。理型如果是關於存在的，則此義實只說：如果存在者之理型不能有結合，則關於存在世界吾人不能有任何眞的肯定陳述。同理，若全結合，則關於存在世界亦不能有任何眞的否定陳述。此卽是說，對於外界不能有陳述，不能有知識。柏氏說理型之交織，其心目中實意指現實的存在世界而言之。故其辯證學實卽等於「體性學」。但理型之思想可以到處應用。有根本不表示存存的虛構系統，有屬於名言之理型。凡此，吾人皆可說話，然而却無存在之意義。依是，屬於「存在者」之理型，吾人可名之曰第一序之理型。屬於名言者，吾人可名之曰第二序之理型。柏拉圖之體性學自是意指第一序而言之。（根本不說什麼之純邏輯與純數學則又是別一事。非此體性學之所攝。）如其屬於第一序，則此中之個個理型固由界定而形成，然此界定一不是隨意者，二不是名言者，三不是純形式者。它必須受經驗內容之限制指導或啓發。因爲它是一個經驗的現實存在物之理型。如其如此，則理型間之離合，因而其所形成之「關節之結構」，亦不是純邏輯者，決非閉門造車可以決定出。如是，它們之或離或合而成關節之結構亦須受經驗內容之限制指導或啓發。吾人要發見其離合，決非只說直覺之洞見所能了事。那許多互相分離而自立之特殊理型，個個皆有其落實處，皆須自理解歷程而誘發之。若不有個認識論上之安頓處，則既不是一個純邏輯系統，則此許多散立之特殊理型其或離或合全無理由。人與牛爲何不能相勾連？牛與四足爲何便能相配入？此若憑空說之，脫離認識論之歸宿，乃全無理由者。依是，辯證學中之分合法其自身之運用固是純理智之活動（因其所對爲理型故），然而亦不能憑空運用之，它亦必繫屬於坎陷中之辯證歷程而始有其可能之根據。凡此所云，皆是理型結構之批判的考察。所謂批判的考察卽是予以認識論之安頓也。此謂從認識論中而透出關於理型之結構之體性學。

復次，爲何單言理型之結構，而不言個體物之結構，亦不言氣機之化之結構？知之所對單在理型。把握住理型便有了知識，亦把握了世界之秩序。吾人之現實世界，可自氣機之化方面看。自此方面看，全世界全相通攝，亦可以了不相干。便無所謂結合不結合。因而亦無所容聲矣。若世界只是此一面，則世界是個大黑暗，便無所謂知識不知識，亦無所謂條理不條理。若單欣趣此一面而默順以化，則便是無所容聲之神秘主義。在此神祕主義之情況下，亦無所謂眞的肯定陳述及否定陳述。是以不能自氣機之化言結構也。然吾人之知識世界起始卽不只是此一面。吾人在統覺起處便可攝取一件一件事一個一個物。可是既可以說件說個，則必有成此件此個之理。否則，不成件不成個；自亦無所攝。統覺攝取了此整體之一件，整體之一個，則必連此理一同攝進之。否則不能成其爲統覺。然統覺所攝是此件此個之整體：事與理一同進來，不是單進來理。旣是一同進來，則當吾心單注意其爲一件事爲一個物，此時卽不逆提而只順成。若只順成而觀其爲一件事爲一個物，則其理不經過吾心之逆提作用，卽不逼過吾心之自覺，此理卽只隱於該件該個中而不顯。理旣不顯，則雖有件有個，吾亦不能言件與件個與個之結構。若單自件或個而觀之，吾亦不能斷定其必是有結合有不結合。卽使有結合，亦是偶然的。豈不可以全不結合耶？豈不可以全結合耶？豈不可以根本無所謂結合不結合耶？休謨卽如是觀世界。水可以滅火，砒霜可以致死。但若自件而觀之，水之起與火之滅相碰頭，吃砒霜與死相碰頭。然亦只碰頭而已，並無內在之連結。如不能說內在之連結，則可以碰頭，亦可以不碰頭。依是，亦根本無所謂連結不連結矣。是以亦不能自件或個而言結構也。件或個之有結構必依成件成個之理之有結構而有結構。若不能有理，根本不能成件成個。若不能有理之結構，根本不能有件與件或個與個之結構。是以言結構必自理型而言也。理型自身之結構卽表示事物之結構，故亦卽表示現實世界之秩序。然若起始只有事之件物之個，而不能辨出成件成個之理，則卽根本不能言世界之秩序與夫件或個之結構。

單自件或個而觀之，雖不能言結構，然若言理之結構却必綰件綰個而言之。蓋一言件，必有成件之理。否則件不成其爲一件，個亦不成其爲一個。只爲一虛無之流而已。是以統覺之攝取一件事必連同成此一件事之理而攝取之。件與個是言理之象徵。若只爲一虛無流，則根本無所謂理矣。理成實（件或個𥚃實），所以有實卽有成此實之理也。無理卽無實，有實卽有理。理是成件之體性。單自件雖不能言結構，然自成此件之理處則可以言。此處可以言，則件之結構亦遂可以言。統覺攝取一件事，隨同成此件事之理而亦攝之。理解起，順因故格度當機立範疇而確定之，然後再承曲全格度二用格度所成之全幅知解歷程而證實之。證實之，便出現一知識中之理型。凡是理型必須經過此一全幅知解歷程方可爲一有實在性之理型，方可爲一眞實之呈露。種種面相之理型，經過知解歷程中之界說，相應一個體，便融於一而成一整全型式。每一整全型式是一個體之體性（理型）。依此體性，該個體始能爲「是」。是卽「成」卽「有」。個體之是之成之有因體性而爲是成有。譬如「三角形」是一整全型式，而「三邊平面形」這一公式便是一界說。此界說便是「三角形」一整全形式之複雜內容之顯明陳述。依是，「三邊平面形」亦是一複雜的整全形式而與「三角形」一整全型式爲等值。在界說中，種種而相之理型而融於一。融於一卽表示此許多理型相勾連相參與。界說隨知識之擴大而擴大。然無論如何擴大，總是在知解歷程之限制中，總是在綱目之層級中。是以每一界說必是一有限之限定。種種界說卽是種種有限之限定。此種種有限之限定卽表示理型之相融不相融，相連不相連。每一界說是一整全型式。凡在整全形式內之種種理型皆相連結，此譬如三邊平面形；凡整全型式與他整全型式皆不相勾連，此譬如人與牛不相與。不相連結者，在高級之綱目中可以相勾連。此譬如人與牛可以皆與「動物」相勾連。相勾連者形成眞的肯定陳述。不相勾連者形成眞的否定陳述。此兩種陳述便形成理型之結構網。

理型之相融不相融是邏輯地永恒的。其相融而成之勾連，有邏輯的必然性；其不相融而成之排拒，亦有邏輯之必然性。因爲理型是物之體性。它們之融與不融，實卽是隨着界說而來之體性上的融與不融。旣是體性上的，故是永恒的。融便永遠融，不融便永遠不融。依此，吾人可暫說「自然之齊一性」。此自然之齊一性，一如結構然，不能自件或個言，但當自理型言。旣於界說中由一整全型式而規定一物之是之成之有，則卽可說，只要有物，而物亦恰是此個物，則此個物便服從此理型。此卽是自然之齊一性。吾人之界說很可以不恰當，亦可以錯，但此不影響此理之成立。此個物很可以消逝了，被淘汰了，永不出現了，但此亦不影響此理之成立。一個物在現在服從此理型，將來亦可以不服從此理型。但旣不服從了，便是另一物，而不是服從該理型之一物矣。是以從體性上說，自然齊一性有其邏輯的必然性。此邏輯的必然性隨相融不相融之邏輯的永恒性而來。但相融不相融，在知解歷程中，亦只能說個邏輯的永恒性，而不能說形上的永恒性。其相融之勾連有邏輯的必然性，但亦不能說有形上的必然性。其不勾連亦然。此方面旣無形上必然性，故自然齊一性亦無形上的必然性。吾人在知解歷程之界說上，把握住此知識物之體性，然吾人尚不能說在此體性中諸理型之相連有道體上之根據。因爲此時尙未見有道體故。道體不立，卽無形上必然性。自然齊一性亦只根據相融不相融之邏輯永恒性而說個邏輯必然性，而亦不能根據道體而說形上必然性。自然，卽使一旦有了形上必然性，亦並非說知識世界中某一類特殊物便可永保其不斷絕（必永遠繼續出現）。自然齊一性不從某類事件之繼續出現否方面想，而單從某類事件所服從之理型方面想。如果吃砒霜與死兩型式相勾連，則不管「吃砒霜與死」這件事是否永遠出現，而若一旦出現，則亦必服從吃砒霜與死兩型式所勾連而成之整全型式：此卽自然齊一性。此齊一性有了形上必然性，只表示該整全型式有了形上的安頓，亦卽理型有了形上的安頓。是以齊一性之形上必然性亦只是從理型方面想，而增加其形上的實在性與根據性。卽是說予之以形上的保證，道體的統攝。至於一旦有形上必然性，則關於現實世界如何說，本書中將不討論此問題。

理型結構之擴大將嚮往此最後之統攝。因而亦必嚮往一最後之理型（卽究極之實體或道體）以統攝全部之理型。然而須知理型若必在知解歷程中之界說上始有其眞實之呈露，則全部理型之結構亦必受知解歷程之限制。此結構自可隨知解歷程之擴大而擴大，然却不能越乎知解歷程而憑空進行其結構。然知解歷程無論如何擴大，總是在有限範圍內。並不能攝盡至大無外之宇宙，是以亦不能透出經驗之外而把握一最後之理型。依是，理型之結構，若受知解歷程之限制，乃是永不能完整之系統。不能完整，卽表示無最後之理型以圓滿之。每一理型旣必在知解歷程中之界說上呈露，而界說必爲一綱目之限定。理型之結構是在有限定的綱目之層級中進行。綱目本身就是有限定之概念。在知解歷程之限制中，無最後的綱。而若是最後之實體，則亦不得謂之綱。因爲在界說中始有綱目差之關聯。而最後之實體必是不可界說的。要可界說便非最後。復次，最後之實體（理型）可以統攝全部與個體相應之散殊之理型，然而此最後之實體却無一個體與之相應。吾人亦不能用此最後之實體以爲綱以界說知識世界中散殊之個體。譬如吾人不能用上帝或太極或良知於界說一散殊個體之綱差中。依是，最後之實體必是一個超越體，必不可以綱言。然則在綱目層級中進行之理型之結構必不能引至一最後的理型（卽實體或衆理之理）。而如不能引至一最後之理，則理型之結構仍是散的而不得圓滿或完整。依是，此理型之系統乃是開敞之系統，而不得形上之安頓者。

或以爲一切理型皆與「存在」一理型相連結。此「存在」一理型卽是最後的綱，最後的理型。依是，此理型之結構所成之系統可以獲得其完整。曰，此恐不然。柏拉圖辯士篇曾提到存在，一多，同異，動靜，等十分廣泛而重要之理型。動與靜且不論。存在，一多，同異，五理型皆是十分廣泛的，但無一個是最廣泛。一切知解歷程中的散殊理型皆可與「存在」一理型相融，同時亦皆可與一多同異四理型相融。然則「存在」一理型可以是一個最後的綱，而不是唯一的最後的綱。可以是一個最後的理型，而不是唯一的最後的理型。既不是唯一的，首先便不是吾人所意向之最後之實體。現在吾人須考察此等最後的綱或理型，此所謂「最後」是何意義？此所謂理型是屬何種？吾在第二卷第二部第四章中曾指出此類理型實是名言的或論謂的，而名之曰屬於第二序。讀者可覆看，茲不重複。既是名言的，便不可以之充當一切理型之理型。吾人若以名言爲準，則如果上帝存在，則上帝亦必與「存在」一理型相融。然吾人却總以爲上帝是本體，而不能說「存在」是本體。從可知「存在」不是所謂綜攝一切理之理矣。吾人所嚮往統攝衆理之理乃是一個本體性的實體，而不只是一個名言的概念。柏拉圖亦不曰「存在」爲衆理之理。自然亦無人說「存在」是衆理之理。一說至此，人皆知其當爲「至善」或「神」。但順理型之結構易引人至一最後之理之嚮往，以爲由此可以達到一衆理之理。故須就此而拆穿之，以釐清問題之所在。就事論事而言之，明理型之層層相連，固可取存在，一多，同異，而觀其層層之相與。然須知此只可當作一種結構擴大之說明，而不可認眞以爲「存在」即是綜攝一切理之理也。就實言之，「存在」只是一個名言上的理，並非一個客觀之實體。一切理型皆可與之相諧實是一種假象，與「理性之與動物相諧」全非一事。第一序之理皆實。第二序之理皆虛。本來是實與實相連，到此乃成爲實與虛相連矣。今既拆穿，則「存在」一理型實不能担負完整理型之系統之責任。一切實理皆與存在一理型相諧實不表示「存在」一理型可以綜攝之。存在，一多，同異，諸理型與第一序之實理爲異層而異質，即乃是第二序之虛層中之虛理。吾人嚮往綜攝一切理之理亦須與第一序之實理爲異層而異質。然雖是異層而異質，却亦須是實理。惟以實者統實，不能以虛者統實。虛者爲名言層，此實者爲超越層。在知解歷程中所言之理型之結構皆是屬於同一層次，此可名曰內在層。內在層自身不能圓滿。然超越層者又不能至。是以理型之結構終於爲散的而無歸宿也。此可曰並無形上的完整性。

當柏拉圖談及善用辯證法之哲學家時，名之爲正當之愛智者。但亦指出他雖是愛智者却也難看的很清淅。惟其困難不同於辯士。辯士陷溺於「非有」之黑暗中。即此黑暗，使其難以覺察。而哲學家則經常住於實在之本性上。此則與辯士乃天淵之別也。其所以有困難乃因其領域太燦爛，俗魂之肉眼不能永保其注視於神性。吾讀至此，常低回悲歎而不能自已也。孟子曰：耳目之官不思而蔽於物，物交物則引之而已矣。柏氏啓吾人以理型之世界。光明燦爛俱在此矣。而吾人常不能淸明在躬，是以不能永保其注視於神性。理型之透露總在知解歷程中。而知解歷程則不能脫離五官之羈絆。吾人在此羈絆中畧窺光明，雖云幸矣，又何能安乎？柏氏立言常欲脫離官覺之羈絆而飛身於淸曠之理界。彼實於理型而窺到神性。彼既於此而言神性，彼自不能不嚮往此理型之歸宿。彼實攝衆理於造物主之中矣。吾人若能貫徹理之始終本末，即近神性不遠矣。若不得其歸宿，則亦不能言神性。若向其所歸宿而飛躍而憧憬，則雖不能徹其精蘊，亦似可云凡此衆理亦皆神性之表現（透露）。否則只可說其爲物性，不可說其爲神性。同一物也，何以轉眼爲神性，轉眼爲物性？豈不以其歸宿之有無而斷乎？大學云物有本末，事有終始，知所先後，則近道矣。夫本末始終之貫徹乃所以配神明之管鑰。來布尼茲不云乎？混暗知覺表象宇宙，淸明知覺表象上帝。來氏猶近古也。彼言混暗知覺，意與常途殊。凡與廣延或空間之外在化相連之知覺皆混暗之知覺。依此而言，則凡科學知識皆所謂混暗知覺也。故只表象宇宙，而不能表象上帝。本書所剖解之全幅知解歷程亦等是來氏所謂混唔知覺之範圍。此一大結集，來氏已指點之，而不能詳陳之。至康德之純理批判乃始專就此而發其蘊。余生末世，歷茲多艱。念斯學已墜，不可無述。遂步康氏之後塵，再細商量而條理之，故有斯冓之雛形。誠以此一結集不明，則神性亦不可得而明。知此結集之終限，則統攝衆理之理之嚮往卽不能自已也。此散漫無歸，飄萍無依之世界豈能一日安乎？吾人若靜夜一思，但覺飄忽蒼涼，悲感無已。宇宙人生固若是之茫乎？若只遊蕩無根，與物推移而莫知所止，則有不如無。安於知解歷程以爲可以自足，實非安也，乃墮性之累墜；非自足也，乃物化之頑梗。以爲知解歷程可以透露理型，既有理型，則物可解，是則何時不可停，而必嚮往其歸宿？吾實告汝，此知解歷程中之理型無一不是綱目層級中相對之限定。停於此限定中亦是物化之墮性。若自墮性而言之，則處處可停，時時可止。豈必停於理型？知識亦不必要。君不見木偶之戲乎？抽引之者，欲止則止，欲動則動。其本身隨時可止，隨時可動。而實則一枯木也。人朝夕求知而以爲隨時可停，則亦木偶之類也。其停非眞可停，乃實其自己之物化。吾人若不物化，生命常在奮發，必覺知解中無有可停止者。討個眞止處乃是生命之不容已。坎陷中之辯證歷程（卽知解歷程）固有所獲。然以爲可以停於此，則是坎陷中之坎陷，誠是沉淪之途。眞生命之奮發，其坎陷是不容已，而從坎陷中躍出，亦是不容已。此則引吾人至下節二用格度之第三次表現之考察。

第四節　通觀辯證

二用格度順承曲全格度發為四種定然命題，交互為用，遂形成一坎陷中之辯證歷程。在此辯證歷程中，吾人可獲得一知識。但是此所獲得之知識總是有限定者。限定之根本者可從兩方面表示之。一是經驗之限制；二受時空之限制（因每一經驗之起皆有時空性故）。由此兩方面之根本限制，再進而從理解自身方面而言，則理解要求成一知識，它必在一定方向中進行（此如第二節所述）。而此種一定之方向就是理解知識之限制。復次，理解必在一定方向中進行，就是理解自身必須坎陷其自己方能獲得一定之知識。而此種坎陷就是理解活動之本性，是以自理解自身之本性言，它本身就表示一種限制。依此，總持言之，理解活動之全幅歷程中之種種條件如格度如範疇，皆表示理解知識之限制。再總持言之，則所謂理解之活動是有屈曲性之活動，而此屈曲性就是一種限制。（雖是曲而能達，要必在曲中達。）此一切限制即表示理解知識之相對性與不圓滿性。吾人若顯明指出之，則可知此種不圓滿性總因理解活動之必須坎陷而始然。依是，若想獲得理解知識之圓滿性，亦即認識之心之絕對性，必不能在坎陷中求。而吾人又知坎陷是認識之心（即理解活動）之一相。如是，若欲求得圓滿性或絕對性，則必須自坎陷中跳出來，而從認識之心之非坎陷相方面以求之。此非坎陷相乃直接對坎陷相之否定而顯示。此非坎陷相，其相爲何？如答此問，必須了解坎陷相其相爲何。坎陷相，其相有二：一曰曲，二曰限制。（實即只是一個曲，限制由曲而引申出。）對此相之直接否定所成之非坎陷相，其相必亦是二：一曰非曲即直，二曰非限即無限。曲是認識之心之坎陷，則「非曲即直」必是認識之心由坎陷而躍出。坎陷與躍出是認識之心之二相，亦即是其全相。（直覺的統覺與理解俱是認識之心之坎陷。直覺的統覺雖直而無曲，却亦是坎陷中之直而無曲。與此躍出之非坎陷相之直而無曲異。讀完本節即可知之。）本節即是由此全相而觀認識之心之全部活動。此全部活動是一種辯證之活動，吾人名之曰通觀的辯證之活動。

從坎陷中躍出而成非坎陷相，試問將依何關鍵而成就此躍出所成之相？曰：即依「直覺」之湧現而建立。吾人於前「曲全格度之推述」中，於滿類之要求滿證上，說明直覺之出現。直覺之出現即表示認識之心之由坎陷中而躍出。認識之心之直覺相，實則從未泯滅。此實植根於理解活動之創發性（即認識之心之創發性）。理解自身之湧現格度，及順因故格度而湧現範疇（即一普遍之原則），實皆表示認識之心之直覺相。（此理詳見前第三推述中。）惟此是個起點。從此以往，吾人欲說明理解知識之形成，遂直接滑入坎陷中而觀理解知識所由成之全幅相貌，而對於創發理解之條件之直覺相遂忽而無所顧。此種忽畧，亦非無因。蓋此開始之直覺相只表示理解之創發性，期由之以說明理解條件之先驗性。此開始之直覺相只有此担負，尚無其他之責任，即只對於理解之條件有担負，而對於了知之價值（此如限制或無限制，圓滿或不圓滿等），並無參與也。此開始之直覺相是吾人考察理解活動之後面的截斷處。從此截斷處向前進，吾人但見認識之心之坎陷，而在此坎陷中，一切活動皆是曲。吾人即賴此坎陷中曲而能達之活動以得知識之完成。是以在此曲之活動中，吾人全不見認識之心之直相。而知識之成立單靠曲，是以認識之心之直相似於此而全無所用。此吾人所以名此時爲坎陷也。以在坎陷，故認識之心之直覺相遂泯滅而不見。實則非全泯也。亦只因曲心用事，故直心不彰也。實則曲心活動之中，直心即在背後熌爍而蠕動。一旦至乎曲心之所知爲在限定中，以及其實現範疇之努力總不能得滿證而覺在普遍化（非眞普遍性）之概然中，則隱而不彰之直心即由蠕動而湧現，由熌爍而明朗。此即吾人所謂由坎陷而躍出。此種認識之心之直覺相則對於了知之價值有担負，故得爲超理智之知識也。而在開始之直覺相則無此任務。然須知有此任務之直覺相實亦植根於開始之直覺相而由之而轉出。蓋同屬於認識之心之創發性也。認識之心欲坎陷其自己而成知識，則即隨此坎陷而創發理解自身之條件以成就此坎陷中理解之知識。及至此坎陷中理解之知識不能得到滿證之圓滿，則又順此坎陷中知識之缺陷而自其創發性發出直覺之照射以彌補此缺陷。缺陷是知識之限制性，概然性，不圓滿性。直覺之照射彌補此缺陷即是破除此限制性而趨於無限制性，否定此概然性而趨於定然性，消解此不圓滿性而歸於一個圓滿性。此即謂認識之心之由坎陷中而躍出。而此躍出則對於知識之價值或意義有担負。故値吾人一論之。

認識之心之躍出是其自身之滿足。即其獲得知識之絕對性時之滿足。所謂絕對性，是單指限制之破除言。因爲有限制，所以每一滿類皆不能獲得其所要求之滿證。因爲每一範疇即普遍原則（或可能模型），自其本性之普遍性言，當其外攝時，必要求成一滿類。然而在坎陷中之歸納歷程對於此滿類只能作分證，不能作滿證。是以就理解知識言，其每一原則之證實因而成知識，其知識或證實之程度單在分證之支持上而有客觀有效性。但是就其原則之涵蓋性或外攝性言，它不只要求分證之支持，而且要求滿證之支持。如其支持之者爲滿證，則此原則即全幅實現而平鋪，無有絲毫缺陷落空處。但坎陷中之理解活動決不能獲得此滿證之支持。是以每一原則，從支持之者方面言，有實處有空處。分證之支持即是實處，而無滿證之支持，則於實處外必有空處。這個空處之充滿決不能由坎陷中求得。既不能得，知識只有相對性，而無絕對性。在坎陷中，無論如何努力奮發，亦不能至此絕對性。蓋理解知識之本性然也。本性既如此，則欲獲得絕對性，必須在原則上立出一種非坎陷之知識而後可。直覺之照射即是由坎陷中躍出而担當此絕對性之獲得，即空處之充實。圖畫可以助一解：

圖一

圖二

中點是一個原則或滿類。在圖一，直線實圈是分證之支持。曲線虛圈是表示滿證支持之缺無。此坎陷中歸納之知識也。在圖二、直線實圈同於圖一，而曲線實圈則表示滿證之獲得。而此滿證之支持却必須由直覺而担負。此則非歸納知識，乃直覺知識也。知識之絕對性圓滿性皆在此直覺之照射上建立。是以絕對知識必是非歸納的，而是直覺的。認識之心單賴此直覺之照射而得其自身之滿足。

依是，每一知識有其相對性與絕對性。許多知識之交互諧和（即許多原則或滿類之交互諧和），亦是如此。其交互諧和也，自其內在處言之，固是諧和，然此諧和，以其在坎陷中，仍是相對的。因支持之者仍是分證故也。是以不能泛說互相消融諧和便是絕對。互相消融諧和是表示絕對之一原則。而絕對如何實現，則不能單如此說即可明。吾人在坎陷中，知識步步擴大，亦即步步互相消融諧和，但不能說此種諧和即是步步之絕對。一則雖是步步諧和，而仍是分證支持之諧和，故為相對不為絕對；二則此步步擴大無有止境，得不到一最後之圓滿（如上節言理型之結構時所示），故為相對而非絕對。知識之絕對一必在滿證上，二必在步步擴大之最後完整上。認識之心之絕對滿足，對此兩義皆須賴直覺之照射而獲得。對滿證言，認識之心憑歸納之分證湧現直覺之照射由坎陷中而躍出，直透至曲線之究極而圓滿之，是即謂窣處之充實，滿證之獲得。它在此滿證之獲得上，得到其絕對之滿足。但須知此種滿證之圓滿，既云是「證」，當是單指證實一原則或滿類之「事例」言。並非取得另一原則以圓滿之。此事例無論有窮無窮，皆必須是「一切」。此「一切」之涵蓋性乃由一原則之普遍性而來。一普遍原則，自其外攝之涵蓋性言，其本性必是窮盡而無漏者。故其成類亦必是一滿類。既是滿類，自須滿證。既須滿證，故於歸納歷程中，必須自其涵蓋性中取其所涵攝之窮盡而無漏之殊事以證之。然歸納歷程，既只是分證，故不能無漏。直覺之照射卽起而担負此窮盡而無漏之滿證。卽依此滿證而言該原則證實上之圓滿，亦卽一知識之絕對性。是以此圓滿絕對者，乃順一原則之涵蓋性所具之圓滿絕對性，而由證實上以全幅實現之也。此全幅實現之證實既不能由歸納以担負，故只是直覺之照射。直覺憑藉歸納之分證，順原則涵蓋性之窮盡無漏而窮盡無漏之，順原則之絕對性圓滿性而全幅呈露之。此卽是認識之心之絕對滿足。此認識之心之步步滿足必須自其從坎陷中躍出上而言之。一個原則之滿證是躍出，許多原則之交互諧和而需要之滿證，亦是一種躍出。交互諧和若是在坎陷中，則不得謂之絕對，認識之心亦不得言絕對滿足。其交互諧和必須從躍出上而獲得滿證所實現之諧和方是絕對知識，而認識之心方有絕對之滿足。坎陷中之交互諧和乃層層無止境者，吾人決得不到一最後之原則以完整之。是以在諧和中而言絕對，亦不是說直覺可以獲得一原則以完整許多知識而使之成一圓滿之系統。直覺之照射決不能担負此責任。是以直覺照射所得之絕對乃只是將坎陷中由分證所支持之交互諧和轉出來而爲由滿證所支持之交互諧和。認識之心在坎陷中步步擴大其分證之知識，同時亦在躍出中步步擴大其滿證之知識。然所謂擴大在坎陷中可以說，在躍出中可說而不可說。可說者自外而言之也。若自直覺照射而得絕對滿足時之自身言，則無所謂擴大不擴大，因而卽不可說矣。自此不可說處言，則認識之心在躍出中（亦唯在躍出中）步步滿證，步步絕對，步步滿足。在每步滿證中，認識之心將窮盡宇宙之一切，是以每一得滿證之知識是表象一全宇宙之知識。因爲它此時是一個無限制無封域者。旣無限制封域，故表示一窮盡無漏而自足之宇宙。它每一步滿證是如此之宇宙，故認識之心於每一步滿證卽獲得一絕對之自足。吾人可於此予來布尼茲反映全宇宙之思想以新說明。復次，認識之心，無論在坎陷中或耀出中，皆不能得到一最後之原則以完整知識之系統，故只能於耀出中，憑藉直覺之照射而獲得一絕對義，獲得其自身之滿足。若不在躍出中立此義，而在坎陷中之諧和上言絕對，則只是隋性之停止。此不可不辨。

認識之心在坎陷中，則須發出種種條件以成就其對於外物之知識。因種種條件故有限制。因限制故不得滿證。是以限制之破除，滿證之獲得，必函條件之解消。而此條件之解消必在躍出中。依是，直覺之照射所函之滿證之絕對性以及認識之心之絕對滿足皆在條件之解除上。此條件之解除名曰對於坎陷中種種條件之否定。條件之否定而顯出之認識之心名曰寂靜之照心。此卽直覺之照射。此寂照之心因條件之解除而顯示，故其照射必是通透宇宙全體之照射，亦就是通觀宇宙之全之照射。而一方就此寂照之心本身說，則因其不在條件之曲屈中，故雖照而亦寂。故曰寂靜之照心。寂靜之爲言單就曲屈之否定言。曲屈之否定卽爲直。是以寂靜之心卽直心。照只言其覺之明。故寂照名雖異，而所指者實一事。非言其內爲寂，其外爲照。此一寂照之心無所謂內外也。亦非言其體爲寂，其用爲照。此一寂照之心亦無所謂體用也。亦非言歸則爲寂，出則爲照。此亦無所謂歸或出也。

因此寂然之心通觀宇宙之全，故可說：全體宇宙皆在此心之函攝中，而此心亦必貫徹全宇宙。（認識的貫徹非實現的貫徹）。依此，吾人亦可說「存在卽被知」。此一置斷，在坎陷之曲心中，吾人已於首卷首章，明其只有認識論之證明，而無本體論之證明。現在從此躍出之直心中而說之，亦仍是認識論之證明。惟其意義則較更落實而無隱曲廻互。在此所謂「存在卽被知」者，卽言一原則之涵蓋性所涉及之一切殊事皆在直覺之照射中也。直覺照射之，卽在此照射中，而有其現實之存在。柏克萊之辯論，雖起自知覺，而實歸宿於神心以成立其主斷。此「存在卽被知」之主斷實是必依於神心之貫徹而始獲得其極成。彼實依一形上學之原則而言此主斷。然彼不知：若徒自知覺處而言之，則實有隱曲廻互也。其意義與自神心及寂照心言皆不同。自寂照心言，則全體現實存在皆在寂照心之認識的貫徹中，只此一呈現之全體，無外乎此者可言，以寂照心無封域故，無界限故，無對待故。故「存在卽被知」一主斷至此更爲落實而無隱曲迴互也。此主斷依一神心而爲最後之極成。若用中土之詞語言之，卽是依一道體之心或天心而爲最後之極成。此最後之極成卽爲本體論之證明也。曲心照心道心三步，義各有殊。是以「存在卽被知」一主斷，其極成之過程，卽是引導形上學極成之過程。

寂照之心由直覺之湧現破除坎陷中之條件而顯示。條件之破除即是四格度之解消。破除時空格度，故外事之時空相，即時空限制，即因之而破除。時空相破除，即示寂照心無時空之執，因而亦不受時空之限制。破除思解三格度，則內心之屈曲相，即思解之辨解相，即因之而破除。曲屈相破除，則認識之心即轉而爲直覺之寂照心，而亦無曲屈中一定條件一定方向一定範圍之限制。無此種種之限制，亦即無此種種方面之執着。是以條件之破除，總持言之，即是內破曲屈相，外破時空相。兩相破除，則認識之心即由坎陷中而解脫，故得淸靜而寂照。在此寂照中，世界無動相，因時空相破除故。此無動相因寂照心之無時空之執（無動相）而無動相，依是，世界雖動而我不起動覺，故無動相，因而世界亦無所謂動不動。在此寂照中，世界亦無封域相，因曲屈相（時空相自亦在內）破除故。此無封域相因寂照心之無曲屈之封域而無封域，依是，世界雖有理型之界別，而寂照心不着意於其上，則即無封域相。凡此皆繫於寂照心之不執不着而言也。復次，在此寂照中，世界呈現事理圓融之圓成實相，而不呈支解相，亦不呈虛空相，亦不呈破滅相。世界不只緣起事之一面，且亦復有成就緣起事之理之一面。在坎陷之理解中，事與理離。在直覺之照射中，則事與理盈。盈則即理之平鋪。從此理之平鋪之盈言，謂之「圓融」。從事與理之離言，謂之「支解」。今不離故盈，不支解故圓融。圓融與支解相翻。因理與事盈而圓融，故理即平鋪於事中而成就其爲事。即依此義而說「成」。成以理爲關鍵。若無「理」則不可言成。即圓且成，故可言「實」。「實」亦以理爲關鍵。若無理則不可言實。無理之一面，則事之緣起流卽是一虛無流。旣是一虛無流故可言空，而不可言實。佛家於緣生見空，徒以其不知「理」之一面耳。故彼所言之「圓成實性」實單指空性言，與此處所言之圓成實絕相翻。是以因「實」不見虛空相，因「成」不見破滅相。破滅與成相翻，虛空與實相翻。復次，此事理圓融之圓成實相復函一全體呈露相，此卽充實飽滿相。由此飽滿相，開爲兩主斷：「凡存在皆現實」，「凡現實皆如理」：此亦由寂照心之照射而證明。凡直覺照射所照之處，無有隱藏，此卽凡存在皆現實。現實卽呈露義，無隱義。凡其所照之處，亦無缺陷，卽無不有理以成之，此卽凡現實皆如理。如理卽充實飽滿義。此兩主斷，亦如「存在卽被知」一主斷，可於最終由道體之心而極成之，亦可由此認識之心之爲寂照心而極成之。若在坎陷中之曲心中，則其極成亦有隱曲迴互在，因曲心爲有漏而不窮盡故。無論道體之心或認識之心之爲寂照心，皆具有「無漏而窮盡」之一義，故可極成此三主斷。

復次，來布尼茲所言之「無異之同一性」與「無窮之複雜性」，亦皆可由此寂照之心而明之。坎陷中之曲屈心則不能證實之。亦因曲屈心爲有漏而不窮盡故。「無窮複雜性」吾在前章末已有論及。讀者可覆看。大體言：在知識中，羅素所需要之無窮以及來氏之「無窮複雜性」，在羅素只是邏輯要求上之假定，而不能證實之。而如若在認識之心上證實之，則必繫屬於直覺之照射以言之而後可。此卽言，無窮乃至無窮複雜性皆是直覺上之函義，而不能由理解知識以獲得。來布尼茲以爲

「無窮複雜性」爲「存在」一概念所必函。此只是理上說是如此。而直覺之照射則通其無窮無盡之內蘊以證實之。若問一存在，何以即有無窮複雜性，此似無邏輯必然性。蓋「存在」而不無窮複雜是可能的。依是，無窮複雜似必須有其形上學上之理由。無窮複雜性由於存在，而存在由於實現此存在之神心中的充足理由。但無窮複雜似不能單由充足理由以明之。吾意此當與氣質一成分有關，不能單從心理一面以說之。關此是形上學問題，在此，暫不討論。在此，且承認「存在」一觀念即函有無窮複雜性。而直覺之照射即通徹其無窮盡之內蘊而證實此無窮複雜性。

玆再畧言無異之同一性。此似爲無窮複雜性所必函。蓋一現實存在物既有無窮之複雜，則必無兩物可以完全同一者。是以每一個體之內蘊既有無窮之複雜，則似乎自不能是完全無異之同一。然無窮複雜性既無邏輯根據以論證之，只有繫於直覺照射而言之，則無異之同一性亦必無邏輯根據以證之，亦只有繫屬於寂照心而言之。來氏以爲自否定方面言，無異同一性有其形上必然性。因爲若兩物完成同一，則上帝決無理由單單如此排列而不如彼排列。是以完全同一之兩物乃與充足理由原則相違背。故自此方面言，不能有完全同一之兩物。此即否定方面之表示。來氏以爲自此否定方面言，無異同一性有形上必然性。然來氏以爲若自肯定方面言，則並無必然性。蓋兩物完全同一，在邏輯上說並非不可能。但只與理由原則相違耳。依是言之，則無異同一性並無邏輯必然性，單有形上必然性。吾人很希望其有形上必然性。但寂照心並不能提出形上之道體，故其形上必然性，在寂照之心上尙不能有極成。吾人將來願在道體之心上予以最終之極成，但現在則只有繫屬於直覺照射而言之。在此直覺照射中，吾人成就「畢同畢異」一主斷。此主斷卽函有「無異之同一性」一主斷。萬物畢同畢異，在道心上吾人予以最終之成就，在認識之心上吾人予以寂照之成就。而在坎陷之曲屈心，則不能說。是卽明「畢同畢異」與「無異同一性」皆不能由辨解知識以證之。在無窮複雜性中，吾人說「世界無窮無盡」，而盡在寂照心之函攝中。在無異同一性中，吾人說「世界畢同畢異」，而亦盡在寂照心之照射中。

復次，在寂照心之照射中，順無窮複雜性，吾人亦說：「一攝一切，一切攝一。」順「無異同一性」，吾人亦說：「個個各如其性，個個當體卽如。」順前者，則通爲一體。順後者，則了不相干。通爲一體則見「融」，了不相干則見「獨」。融與獨皆「如」也。此在道體之心上，當予以最終之極成。

以上所言，是寂照心之「實境」。論此「實境」之學，吾人名曰「智的具體體性學」。柏拉圖之言理型，則可曰「智的形式體性學」。認識之心皆是「智的」。此寂照之認識心所得之實境卽是智的具體體性學之主題。以下且言此智的具體體性學之限制。

寂照心不能空頭立，必有其所承續之根據。自坎陷中而躍出，坎陷卽是其所以立之根據，卽是其所從出之源泉。此根據此源泉同時亦卽形成其限制。坎陷中之知識必限制於經驗直覺，而此直覺卽是就當下說話者。在此所透露之理型亦是就當下之直覺而透露。是以坎陷中知識所接觸之事與理皆受經驗直覺之限制。吾人在此限制中而獲得外物之知識。知識如此前進如此擴大，而無論如何前進，如何擴大，總不能超越經驗直覺之限制。吾人在此限制中所得之一點知識便是一點根，便是窺測宇宙之一點頭緒。這個頭緒在知識中凸出於吾人之眼前。吾人尙不知這個頭緒將歸宿於何處，卽來自何方，去至何處，吾人全無所知。吾人但知在坎陷中，此個頭緒之凸出亦是藏頭露尾，略顯端倪。譬若一個理型之凸出亦只是在概然中畧得分證，不得滿證。在坎陷中，種種理型之凸出皆是如此。就在此處，而且恰在此處，認識之心有其躍進一步之根據。認識之心之由坎陷中躍出單只限於此凸出之不得滿證處。如是，它躍出而否定坎陷中之種種條件種種限制而成爲寂照心，而欲順凸出之一點端倪而全體呈露之。是以寂照心之照射必以此凸出之端倪爲根，它不能漫然泛照。它只能順此曙光一點而全體暴露。所以這個曙光一點是它的根亦是它的限制。它只能順一個凸出的理型而將其所函攝之全體絲縷一起照到，一齊現露。每一理型譬如一個綱，每一個綱統攝一面網。這些綱藏頭露尾凸出於知識中，而坎陷中之知識不能將其所牽連之全網統統提起。如是，寂照心起而振舉之，絲絲縷縷無毫髮隱藏。是眞雨絲風片，烟波畫船，蒼蒼茫茫，無不在春風化雨中也。然它亦只能順這些點點凸出之理型，而散布到其所牽連之絲絲縷縷之全面。其振舉全面，不能不順凸出之綱而振舉。然而每一個綱函其全面之網是邏輯上所已決定者，惟因坎陷中之知識不能盡露之，所以寂照心才起而照射之。是以此寂照心之振擧全面實不能增益吾人之知識。它不過使坎陷中之不能全體平鋪者，今則得而平鋪之。它因此而得到一暫時之滿足。其圖案俱在坎陷中擬就，它只能限於此圖案潤色而圓成之。從圖案之已擬就言，它不能有增益；但從潤色而圓成之言，它又有增益。假若吾人之知識是就圖案言，則此種潤色不能增益吾人之知識。是以潤色圓成，吾人只可名之曰消極之增益，消極之知識。但在知識上雖是消極，而在吾人之心上却是一步躍進。此一躍進，就認識之心說，是一步解放，故得寂靜而自在；就其所照之實境言，是一全體之呈露，故無纖細而靡張。（吾人不可輕視此種躍進所成之寂照心及實境。有許多宗派大抵是就此或類乎此之方向線索而發揮其玄談。如莊子及佛家便是。）然須知此種躍進必以坎陷爲根，照必以根爲憑，實境必以凸出之端緒爲據。如果在坎陷之知方面不能得到一歸宿，則在躍進之照方面亦不能增加一歸宿，不過只是一散的平面之展布。此散的平面之展布，只是直覺照射之推致與函攝。只因寂照心無曲屈相無時空相，故此散開之平面亦無窮無盡無限制，因而成一絕對之圓滿。須知此絕對之圓滿並非因另一「實體」之提出而形成，故云只因直覺之照射而云然。智的具體體性學充其極只能至乎此。此即所云限制也。

吾深深了解此智的具體體性學之限制，因而可以評定若干之思想。有若干宗派，從知識方面，或生活習氣方面，或兩方面兼顧，以爲其立教之入路，由此而轉至寂照心，遂以爲見道之終極。古之學術有在於是者。若莊周，若佛家，若斯頻諾薩，皆其選也。雖異曲而同工，無能越乎此宗趣之大端。彼自生活之解脫言，此坎陷中之種種條件種種限制，皆所以擾吾心者也。若一旦能轉而直接否定之，則其直接之結果便是無曲屈相，無時空相，因而解纜放船，縱横自在，任運而轉，無有涯岸。若言解脫，此已足矣。此爲最了當而易接近之思路。莊子和之以天君，休之以天倪。佛家只認識緣起流轉之一面，着了一點意思，便視之爲無常之苦海。無常之否定便是常。只是緣起流轉之一面，而無理以成之，亦只是一虛無流。於虛無流而見萬法性空，亦是必有之結論。是以無常之否定便是遮撥流轉而見「空性」。「空性」即所謂「常」也。於境之着眼雖異，而寂照心之由流轉苦海之否定而轉出，則同也。所謂轉識成智也。識即是生死流轉，智即是寂照心。所謂般若智，無論說之如何甚深微妙，亦不出乎寂照心之分限。是以彼之立言亦只是針對生死流轉而起否定，便撒手放船，一了百了。彼之所言自是生活習氣。實則吾人所言之知識以及知識宇宙，彼皆可從生活習氣即八識流轉而概括之。此是一刀兩面之看法。這一面純是識，否定識便是智。再無其他之問題。吾人所企求之歸宿以期統馭主宰此世界以及吾之生者，彼皆不曾措意及。故若順吾所說之知識言，則至乎寂照心之一照便了事。若順莊子所說之是非言，則至乎逍遙乘化之一齊便了事。若順佛之生死流轉言，則至乎眞如涅槃之一空便了事。若順斯頻諾薩之泛神論，則至乎理智之直覺（寂照心）之捨變趨常便了事。凡此諸家，於境雖異，而止於寂照心（認識之心之爲寂照心）則同。此其所以終不入於大宗也。此乃一往不回頭之見地，故不能生天生地成人成物。吾言智的體性學而明其充其極之所至，以了當其分位之所在，便是期於此而再轉進一步也。吾人於寂照心不能得宇宙人生之安頓，故只有以無曲屈相無時空相之解脫歸寂爲止處。吾人只可停於此，不可再出來。若是一出來，又是生死海。欲求宇宙人生之安頓者，則必不只停於寂照心。必再回頭覓得一「天心」以爲宇宙人生之主宰。此即所謂轉進一步也。必在此轉進一步上，方能歸於正統之大宗。大宗之極，以孔孟爲則。此大宗與非大宗之大界也。了此大界，則儒佛總有不可混之天淵在。吾今言寂照心以明智的具體性學之限制與分位，亦所以備將來言仁智合一之超越形上學也。

坎陷中之理解心既受當下經驗直覺之限制，躍出之寂照心亦必以理解心爲根據。此種坎陷躍出之辯證的發展，雖是由心之創發性而使然，然在認識之心上（無論爲坎陷爲躍出），則畢竟隨經驗直覺之連續而前進（彼似爲經驗直覺所托帶）。若一旦經驗直覺停止，則無論坎陷心或躍出心俱無從講，坎陷心隨經驗直覺之連續不斷，而極力擴大共知識系統，向最後之絕對的諧和趨，然此絕對之諧和彼終不可得。此所謂絕對諧和，或是它已得到一最後之理型以綜和其所已知之一切理型，或是於它所已知之理型皆得一交融之諧和而無衝突與矛盾。然而此兩者，坎陷心皆不能至：它既不能得到最後之理以圓融一切理，亦不能於其所已知之理證得一滿證之諧和。它必待躍出之寂照心以担負其所不能至之責任。然寂照心亦有限制。坎陷心不能得到一最後之理，寂照心於知識無增益，自亦不能得到一最後之理。它只能就坎陷心之不得滿證者而照射出一滿證。此其所担負坎陷心所不能至之責任只此而已。坎陷心與寂照心向前俱不能得到一最後之理以為終極，向後亦俱不能得到一最後之理以為歸宿。實則認識之心乃只向前而不向後者。以不向後，故始終囿於經驗直覺之範圍而不能越。以不能越，故經驗直覺之何以必繼續不斷，它必不能答覆。此問題不能答覆即函說此宇宙來無踪去無跡，一若浮萍之無根。此亦即表示，它永不能求得一宇宙之安頓。此問題，智的體性學無由解答。若止於寂照心，則即以此浮萍之無根為其發蒼凉之感之根據，而即以寂照心之呈現為終極。然以此為宗，則必不能積極肯定人生與宇宙。若想有積極的肯定，則必不能以停於寂照心為滿足。是以求一安頓與歸宿乃為不容已者。然此不容已之追求，智的體性學又終不能至。此等問題必須轉至智的體性學以外而得解答。

復次，認識之心從開始到最終即有其創發性。此似乎是生命之突進。它突進，發出成就坎陷心之條件以獲得知識，它復突進，發而為寂照心以成寂照之實境。然無論如何，此認識之心，對於外界，總是一平面的函攝，而不是一立體的統馭與主宰。吾人在寂照心上，固已極成「凡存在即被知」，「凡存在皆現實」，「凡現實皆如理」等置斷，然須知此只是認識之心之極成。尚不是道體之心之極成。吾人適說認識之心，不能得到一歸宿與安頓。現在則說它之平面的函攝並不是統馭與主宰。統馭與主宰依靠一安頓與歸宿。此問題一也。不過適所說者從知識之所知方面言，今則從認識之心之自己方面言。從此方面言，吾人若得到道體之心之統馭與主宰，則即成為一立體之統馭與函攝。依是宇宙人生卽有安頓與歸宿。然而認識之心終只於爲平面的函攝，不能担當此責任。由認識之心之創發性，吾人固可窺到生命之突進。然生命之突進並不表示一安頓與歸宿。此生命突進之本身，豈不亦就是來無踪去無跡之浮萍乎？它發出一種認識之心之銳利性。吾人以此銳利性爲象徵，但能窺到生命之向發性，並不能窺到生命之安頓性與主宰性。生命之安頓性與主宰性，亦靠一安頓生命者，能主宰生命者。然認識之心之銳利性決不能至乎此。依此，認識之心雖具有創發性，而但見其爲經驗直覺所托帶。並不能反而統馭主宰此直覺。吾人由認識之心之平面的函攝爲不足，而嚮往一立體之「統馭與函攝」（此與只函攝異）。然此立體之統馭與函攝，吾人順認識之心總不能至。吾人順其銳利性而能窺測到生命之向發性。由此向發性縱能窺測到生命之甚深處，然總不能獲得立體之統馭與函攝之根據與成就。立體之統馭以道體之心（卽天心）爲根據。依是，此問題之關鍵，必是在由認識之心如何能轉至道體之心卽天心。此亦非智的體性學所能答。

認識之心之成就如本書之所備。它反而省察其自己，它只能止於此。然只能止於此，卽函不只此。它知道其缺陷。它能安於此缺陷乎？如它只能止於此，則雖不安亦不可得。然而它未必如此安分也。它要盡極大之努力以彌補其缺陷。吾人於下卷卽考察其努力爲如何。此卽「認識之心之空幻性」一問題。

第四卷

認識心向超越方面之邏輯構造

第四卷目錄

第一章　本體論的構造……二五一
第一節　構造之路……二五一
第二節　本體內蘊之形式的推演……二五八
第三節　由邏輯要求而邏輯地所表之本體不能證明……二八八
第二章　宇宙論的構造……二九二
第一節　宇宙論的構造之担負……二九二
第二節　知識世界之宇宙論的形成……二九六
第三節　道德世界之宇宙論的形成……三〇七
第四節　美學世界之宇宙論的形成……三一四

第一章　本體論的構造

第一節　構造之路

認識心，當其順理解之活動要求一類之滿證，湧發而爲直覺之照射，遂至乎超「知性」（理解）之階段。此一階段之出現，是認識心之順理解而向前。認識心之限於理解中，有其眞實性；而直覺之照射必以理解之成果爲根據，故亦有眞實性。但認識心之表現爲理解與直覺是一往順經驗走。在其自身並未反省其如此活動之價值，而在其活動所了別之對象方面亦並未反省其如此所了別之世界是否有安頓。其在順理解而表現爲直覺之照射，在其自身方面固可得一絕對之滿足，而在客觀方面固亦可滲透至無窮無盡而補理解之缺陷。然其自身之滿足惟是在一靜態之觀照中。認識心之直覺照射固亦只能如此者，而其本身不能永停於此靜態之觀照中。蓋因其旣順經驗走而以理解爲根據，則除非經驗停止，此靜態之觀照即不能永恒存在，而若經驗一停止，則亦無所謂靜態之觀照。是則認識心之靜態觀照惟在對理解有意義。既惟在對理解有意義，則靜態之觀照只是在一「坎陷，躍出」之不息的歷程中而有其一時一時地呈現，而不能永呈現。既不能永呈現，故隨時有破裂之可能，而滿足者不滿足矣。依是之故，認識心所得之一時之滿足實不足以爲其自身之安頓。是則此一時之滿足卽函其不滿足。是以認識心在其順經驗向前，無論表現爲理解或超理解之直覺，彼皆不能得最後絕對之滿足。而其所以不能得最後絕對之滿足，關鍵亦繫於其所認識之對象之不圓滿。彼雖在客觀方面，因直覺之照射，而可透至無窮無盡，因而可以引出一圓滿無限義，然此無限繫屬於主觀之照射，由內出，不由外與，既不由外與，則此無限卽不得客觀之證實，吾人對之並無一客觀而確定之概念，是則只有主觀的直覺意義，而無客觀的理性意義。是卽表示其認識能力實未有把住世界之圓滿相無漏相。是則爲認識心所不能安者。蓋其所以不能把住世界之圓滿相無漏相，正因其認識活動必隨經驗走。而經驗之所給總是變化者，表面者。假若變化者表面者不能使吾人把握世界之圓滿相無漏相，則認識心必想追求一絕對不變者，絕對眞實者，以爲其把握圓滿無漏之根據。蓋惟絕對不變者方能使吾人安住不動，絕對眞實者方能使吾人落足其上。假定此而得到，卽雖千變萬化，可以不離其宗。既不離其宗，則一是皆在絕對不變者眞實者之貫徹中，則圓滿無漏相卽得其理性之根據。既有其理性之根據，則吾人對之卽可有把握之之理路，而其本身亦獲得一客觀的理性之意義。惟此絕對不變者眞實者，決非經驗所能給。是必在經驗以外者。認識心經過以上之反省，而必追求此經驗以外者，則必向超越方面運用其能力。此種運用，不是順經驗向前，而是逆經驗向後。在此向後之運用中，認識心不表現爲有眞實性之理解及直覺，而單表現爲理性之追求。此理性之追求乃在企圖把握一經驗以外者之絕對眞實。然旣在經驗以外，則其追求必脫離經驗而無經驗之限制。旣無經驗之限制，則其所追求者必落空。旣落空，吾人卽不能保其必有眞實之可能性或客觀有效性。旣不能保其必有，而若吾人卽時肯定其有，則認識心卽落於空幻性中而以假爲眞。假若吾人不卽時肯定其有，而單知其只爲理性之追求，則其如是如是之追求而成者，吾人名之曰認識心之向超越方面之邏輯的構造。吾人單知其爲邏輯之構造，而不知其是否能爲直覺之構造，則卽不曰認識心之空幻性，而曰認識心之邏輯性。吾人必須知：認識心此時單有一邏輯之構造，而不能轉出一直覺之構造。

然旣曰邏輯構造，則必有其構造之之根據，此根據卽是其進行之途徑。首先言其所不能根據者。

一、時空格度不能爲其所依據以進行之根據。蓋時空爲認識心隨經驗統覺之把住而建立，建立之以應用於經驗事而限定之而表象之。是則時空只適用於經驗統覺所及之緣起事：隨事之起處而起，隨事之止處而止。至其起止，在何時何處，則吾人全不能知，只有隨經驗統覺而爲斷。吾人若順時空而追求一時間上之起點，空間上之限制，則必不可得。蓋時空表象事。凡爲時空所表象之事，無一不在緣起流轉中。旣在緣起流轉中，卽無有一件旣是事而又無爲之前者。旣總有爲之前者，則卽不能有一時間上之絕對起點，空間上之一定範圍。此時吾人只有隨經驗統覺走。若離開經驗統覺，而自形上學之觀點，就事之爲事而追之，則事卽無有絕對之起處，因而亦無時空之絕對限制。而且事之緣起，雖可說總有爲之前者，自此而言，似可爲無限之申展（故亦不函時之起點，空之範圍）。然事旣爲事，其自身不能保證其必生生於未來，則事之不生起而斷滅亦是可能者。自此而言，則根本無時空之可言。若言時空至此已限制住，則吾人之宇宙在向後方面時空可無限，而在向前方面可有限。向後方面之無限不能保證向前方面亦無限。然無論有限無限，總是事之申展。向後之可無限是事之申展，向前之不必無限而可有限亦是事之申展。時空只負責表象事限定事：順事之申展仍爲事，順時空之申展仍爲時空。是以自時空方面而追溯以爲施行邏輯構造之根據乃爲不可能者。總因時空乃一無色而同質之形式條件，並非一有內容或特殊意義之概念，故吾人不能由之以爲邏輯構造之根據。縱或在向後方面可有時間之起點，而此起點旣爲時，而時之所表象仍爲事，則此起點亦不函其爲吾人所欲構造之絕對眞實。此絕對眞實，設吾人直名之曰本體，則時之始決不可混同於本體之爲元。而本體之爲元亦不函其必有時之始。是以縱使一旦獲得絕對之眞實而可以爲本體之元矣，而亦不能因此卽可斷定說，世界在事與時方面必有始。此爲絕對不同之問題，不能同日而語者。故吾人亦不由時空方面爲施行構造之根據。

二、思解三格度亦不能爲構造之根據。蓋思解三格度正是成就曲屈的理解之條件，在認識心的工作中而彰其用。它只在向前工作中出現。認識心停止工作卽隨而停止。它只是理解自身所自發之虛架子。其根源在理解之自身，其作用在成就曲屈之理解。凡虛架子俱不能爲構造之依據。此義亦適於時空。蓋吾人嚮往本體，並非爲安頓此等虛架子，乃爲安頓現實世界者。而此等虛架子爲理解自身所創發，是則已有其根源矣。吾人追溯其根源只能求之於理解，而不能求之於絕對眞實之本體。其根源在理解，是其安頓處亦卽在理解。絕對眞實之本體中並無時空之根芽，彼有理解否尙不得而知，縱有理解矣，必不同於吾人之理解，因而亦不必有理解之格度。（吾人所欲構造之本體，假若可以說理解，亦決不說它是曲屈的，因而亦決不說它有成就其曲屈之條件卽格度。）吾人理解之格度，其根源既在理解，而又爲隨理解活動而彰其用，則其自身卽爲自足者。其爲自足，單在其爲理解所創發，而有先驗性。若云理解，或擴大之，包括經驗統覺及智的直覺而總言認識心之自身，卽爲不自足者，亦須有形上之安頓者，則云理解或認識心乃實法非虛法，是則需要本體以安頓之者仍是實法，非虛架子也。因此，吾人亦只有根據實法而構造絕對本體，而並不能根據格度也。格度之用唯在理解之繼續不已，若理解不能繼續其活動，則格度之用卽停止。是則格度亦爲不能自足者。然此不自足乃在因理解之不自足，其不自足爲間接，而直接啓示吾人必欲嚮往本體者仍在現實之實法，不在起於理解自身之虛法也。故虛法之根源，唯說至理解之創發性爲已足。其根源既在此，故其本性卽爲自足也。復次，吾人說現實緣起事在時空中變化，因而不自足，而其反面之絕對本體則無時空性，不變化，因而爲自足。吾人由彼之不自足者而追求其反面之自足者，但不能由時空自身及理解格度自身而追求其反面。時空之反面爲時空之否定，格度之反面爲格度之否定。而此之否定卽等於「無」，不等於不在時空中之本體，亦不等於不在格度中之「本體之理解」也。依此，時空及理解三格度俱不能爲施行構造之根據。

三、純理亦不能爲所依之根據。蓋純理在理解中爲最後者，亦爲自足者。且只是一個理則。康德已知理性自身並不產生任何物事，但只順概念而產生。康德所言之概念卽範疇，乃實法也。純理固亦爲實法，但純理自身爲無內容者，純爲同質而形式的。其自身既爲最後而又自足，故不能由之以構造本體也。純理在現實理解中表現其作用。離開現實理解，它卽是邏輯自己。處於現實理解中，它成就理解之活動。理解能否活動下去，它毫不負責任。現實世界能否接受它的律則，它亦不能負責任。它既爲最後而自足，吾人亦不能由之而追求其反面。其反面卽等於其否定，而其否定不等於本體也。

依是，吾人只有依據實法卽現實世界而施行邏輯之構造。現實世界是經驗統覺所發見之世界，是理解所詮表之世界，是智的直覺所照射之世界。在此發見，詮表，照射中，吾人所知者卽是吾人逆而追求本體之根據。在經驗統覺中，吾人知緣起事及貫串於其中之脈絡。在理解中，吾人將此脈絡提煉出來而形成一屬於現實存在之邏輯系統。在智的直覺中，吾人將此邏輯之理的系統與緣起之事的系統融而爲一而直透至無窮無盡，使全部知識宇宙成爲在直覺照射中之全體呈現。但在經驗統覺中，由緣起事吾人有「變化無常」之概念；在理解中，吾人有「邏輯之理的系統不能得最後圓滿」之概念；在智的直覺中，吾人有「只是一主觀意義之無限」之概念。吾人卽由此三概念向後翻，翻至一與此三概念相反之一絕對眞實之本體概念。此一概念如能合法地建立，則吾人期望其担負一種責任，卽：一、於變化中見不變，於無常中見眞常；二、於邏輯之理的系統不能得最後之圓滿者而得最後之圓滿；三、於只是一主觀意義之無限者得一客觀意義之無限，卽保證現實宇宙之無限而不息。復次，吾人於經驗統覺，理解及智的直覺三階段皆可言「凡存在卽被知」（凡存在的是現實的）與「凡現實的是合理的」兩主斷。但在該三階段中，卽在認識心中，該兩主斷皆不能得最後而客觀之極成。如不能得最後而客觀之極成，則「凡存在卽被知」一主斷只有認識論之證明，主觀之意義，而不能有形上之證明，客觀之意義，而「凡現實的是合理的」一主斷亦只有認識論之意義，經驗的或隨時的之證明，而不能有形上的意義，先驗的或永恒的之證明。如是，吾人仍落於經驗主義或認識論之實在論，而永不能達到理想主義的理性論。是以爲欲達到此兩主斷之最後而客觀的極成，吾人亦必須向後翻，翻至一絕對眞實之本體概念。惟此兩主斷之極成是次要，亦是後果。假若前列三義能得證明，則此兩主斷卽必然得證明。是以吾人只根據前三概念卽可進行其關於絕對本體之邏輯構造。

第二節　本體內蘊之形式的推演

前說由現實世界之三概念向後翻，翻至一與該三概念相反之概念。此種向後翻之方式即是否定之方式。否定者即遮詮之謂。有時，否定只遮而不詮。現在既曰遮詮，則所謂否定必是既遮又詮。遮詮之否定即是否定現實世界之概念所示之相而反顯一與該概念所示之相相反之相。既反顯出一相反之相，則此相必姑定其有所隸屬之體。此體即吾人所嚮往之本體概念。此種否定方式，既是繫於理性之追求，必不能只遮不詮。否定「變化」一概念必預定「不變」一概念：變化的否定即是其反面之不變。有其反面之不變，即是有「不變者」之表。譬如：凡吃砒霜者皆死，對於死之否定便是其反面之「不死」，而「不死」一可能便是表。是以凡對於一有內容或意義之概念施否定，必有表。對於一有內容之命題亦然。設吾人根據矛盾律而施否定，譬如對一分析的必然命題施否定，則所顯者乃此命題之必然性，及其矛盾方面之不可能。其矛盾方面既不可能，則即無所表。而此種依據矛盾律而施否定，其所顯示者乃只是依據矛盾律純用邏輯分析所決定之可能不可能及必然。此所決定者皆邏輯而必然者。如：一命題自身一致（不矛盾）是可能的；一命題函其自身之否定（假），則是不可能的；一命題之否定（假）即函其自身之肯定（眞），則是必然的。此中之否定即無所表，其所示者只是矛盾律而已，而於存在方面無置定也。但此只對於一概念之矛盾不矛盾之形式的決定。吾人現在向後翻而預定一存在方面之概念，則無論所遮所表之概念固皆可衡之以矛盾律而決定其可能否，但吾人在此不作此步表示，而只對於一概念施否定足以引出一負項即足。吾人就現實世界中之三概念施否定引出一負面之概念即可反顯吾人所欲求之本體概念。譬如對變施否定，即引出一「不變」之概念。此不變之概念即是一負項，亦即是一種表。此種表乃最直接而邏輯者。至引用矛盾律而衡量其可能否因而作一形式之決定乃屬以後者。一概念固須先可能，然後可施否定而引出一負項。譬如「變」一概念必須先可能而可以爲所與，然後方可以施否定。此種作爲「所與」之概念，必須是事實上之所與。事實上之所與，吾人必須承認其爲一事實上可能之所與，即至少事實上暫時不違邏輯之律令。吾人固可對一事實概念如「關係」施一解析而謂其不可能（自相矛盾），然此種不可能乃根據一種解析之理論或觀點而言之，非事實上如其爲一事實而言之。吾人此時是如其爲一事實而言其可能，就其表面不違邏輯律令而即視之爲一所與，因而即據之而施否定。故此種否定乃最直接者。吾人非言純邏輯。在純邏輯中，無事實之所與，故其所顯示者只是純邏輯之自己。今不言純邏輯，則必有事實之所與。既必有事實之所與，則即可施之以否定。既施之以否定，則必有一負項之出現。此負項之出現即是表。吾人追求本體概念，只用此方式即足夠。即只就現實世界之事實所與施之以否定即可反顯出一本體之概念。此種反顯曰邏輯之反顯，其所表者曰邏輯之表。

邏輯之表即是吾人所說之對於本體概念之邏輯構造。蓋此種構造即是按照一種邏輯手續而只作形式的決定也。此種形式的決定所決定之本體概念是否能有眞實性或客觀妥實性，但視其後來是否能滿足直覺構造之條件。但至少此種邏輯構造可作爲決定本體之形式的線索。此種線索決不可少，是達到本體之理上的軌道。假若吾人能言本體，則本體必在吾人心思所及中。假若非心思所能及，則亦不必言矣。吾人旣已言之，則必有言之之軌道：邏輯構造與直覺構造是措思本體之雙軌。（本體或非吾人有限心所能盡其蘊，但不能盡其蘊，非云不在吾人心思所及中也。本體亦或可非概念言詮所能表示，然此亦非此處所云之非心思之所及。）

吾人順邏輯之表，當有以下之置斷：

一、〇〇　變之否定是「不變」：吾人預定「不變」一謂詞隸屬於「不變者」。此「不變者」即是具有不變一謂詞之本體。

一、一〇　無常之否定便是「常」：本體具有「常」一謂詞。

一、二〇　因「不變」故無時間性。變者有時間性，不變者無時間性。

一、三〇　變者爲緣起事，不變者非緣起事：本體非一件事。

一、三一　事有材質，總之曰物理的。本體非事，故無材質，非物理的。

一、三二　因無材質，故亦無潛能。潛能與永恒一概念相違。因爲潛能即是或者能在或者不能在之意。而或者能在或者不能在，便是有變化。變化便有時間性，便非永恆。所以由永恆亦可知本體無潛能性。本體是永在。

一、三三 因爲無潛能，所以無被動性。

一、三四 無潛能無被動而又永恆之本體必是純動純型純現純能。

一、三五 因此，本體必非物質的（或材質的）。非物質的，吾人此時預定其爲精神的，或神靈的。此「精神的」即以純動純型而規定。

一、四〇 本體既非材質，亦無潛能，故無任何組合。因爲組合之反面即是分解。凡緣起事可分解，凡有材質有潛能者可分解，而本體非緣起事，無材質，非潛能，故不可分解，因而亦不可組合。復次，每一東西若是組合者，則必含有潛能與現實。因此爲歧異之本故。一堆物體，若一切皆現實（或實現），則只能形成一堆，而不能形成一眞的統一體（組合體）。是以純型純現之概念根本是非組合的。凡言組合必有異質之歧，今純型純現只是一同質之同，獨個之獨，故不含有組合也。

一、四一 因此，本體必是單一的。

一、四二 因爲是單一的，故不含有外力以安置於其上之東西，或外於其自己之東西。因若如此，即表示本體是一組合。

一、四三　本體亦不是一物體，因爲每一物體含有部分，且是組合的。

一、四四　本體既不是一物體，故亦無空間性。空間性必預定有部分，部分必預定有組合。時間，空間，材質，變化，俱非本體所能有。

一、五〇　本體之體性就是其自己（它是它自己之體性）。任何事物若不是其自己之體性，則卽是組合的。如果一個東西若它不是其自己之體性，則外加於其上之某種東西必然被發見。此卽何以在一切組合物中，其體性不過是其組合之一部之故：此如人之體性之於人。

一、五一　因此，一切組合物是理與氣之合。假定理是此組合物之體性，則除此體性外必然有其他，而理不過是此組合物之一部。然本體並非組合物，它又無潛能無材質，依是本體必只是一個理，或純理，卽純型純現之謂。凡只是一純理純型者，其體性就是其自己，它就是它自己之體性。

一、五二　如果本體就是其自己之體性，則本體亦卽是其自己之有。（卽存在。）（本體之有卽是其自己。）凡一組合的材質物，它若有其存在，而其自己又不是其自己之存在，則其存在必因外於其自己之某物而始然。譬如人之性不含有人之存在，而人這一材質物若有其存在，必因外於其自己之某物而存在，而其自己決非其自己之有（存在）。本體是其自己之體性，如果它不是其自己之有，則必因別的而爲有，而不是因其體性而爲有。如

一、五三

是，它除其體性外，必有其他事，依此，它必爲組合物，亦不復是本體（元有）。但此爲悖理。故本體不惟是其自己之體性，且亦是其自己之有。

依此，在本體中不能區別其體性與其有（存在）。此兩者爲同一。它爲純理，同時亦即爲純有。而且其有亦就是其自己。【案：此條是關鍵。吾人不能以考慮有限物之態度而考量本體之存在或不存在。或曰：吾人不能區別本體之體性與其有，是就本體之本性而言之。但吾人仍可外於本體而問曰：如是如是之本體究有存在否，即究竟實有否？在西方，凡欲作上帝之證明者皆自此立場而言之。康德以爲凡有證明皆不可能，其立言亦是自此立場而言之。吾人下文將明上帝或本體之存在（非「不能區別其體性與其存在」中之存在）是不能證明的。其體性與其有爲同一，而此種之本體（即元有）究有否，吾人不能證明之。是以證明之之問題，吾人可轉之爲一直覺構造問題：即如是如是之本體究能直覺否？吾人現在只說邏輯之構造。即，自眼前邏輯之表言之，所得之如是如是之本體，其本性就是其體性與其有不能區別者。討論其證明問題，亦不是說其體性與其有即可區別，而不可區別亦並非即不可討論其證明問題，而其證明問題亦並非討論一其不是其自己之有者而如何使之有一問題。是以其證明之問題實是一如何能直覺之而使之成爲有實義之問題，並非證明也。由此一轉，吾人將不再討論其能證明否之問題，單討論其

如何能被直覺之問題。】

一、五四　如果本體卽是其自己之有，則本體中不含有任何偶起之事，卽在本體中不能有因偶然之路而增加於其體性之物事。因爲一個有，若因其自己而爲有，則不能自外而得一不從其體性中而引申出之任何物事。依此，本體中一切東西，卽本體之體性，一切皆定然而必然者。因本體之體性卽是其自己故。決無有偶然者忽然參共內而不自其體性中引申出。

【案：此條亦甚重要。如果如是如是之本體流注貫徹於一切現實緣起中，則此現實世界若自本體而觀之，則亦必一切皆必然而定然，而且亦必一了百了者。惟本體與現實世界之關係爲如何，尙未論及。故此諸函義，暫置不論。】

二、〇〇　本體既非材質，又無潛能，故本體必爲非物質的。此非物質的，吾人以上曾定其爲神靈的，或靈明的。此「靈明的」卽以純理純型純動純能而規定。純動言其非如物體之動，純能言其非以氣質之器官爲媒介而能。是以其動其能只是潛能或材質之剝落，從正面說，亦只是一個靈明之呈現，其動其能卽因靈明之全潤而爲言。

二、一〇　因其爲靈明的，故亦爲智的。本體之智，名曰神智。本體之神智等於其體性，是以其智卽等於其自己。本體是全幅之智，而此亦卽其全幅之體性。

二、一一　因神智故可言知。本體之知曰神知。知是一理智之有之活動。有時，一物之活動可以傳到另一物，外於其自己之另一物。如熱之活動可以傳到被熱之物。但知之活動只保留而內在於其主體。可知之物或可理解之物不因其被知而有變動，但理智却因此被知者而成功其活動與圓滿，即智因知之動而彰著。神智因神知而彰著。但神知之活動亦是保留而內在於其主體。內在於主體，故全幅是智，即全幅是知，亦即全幅是動能之靈明。故本體之知亦等於其體性。神知是如如地知。

二、一二 本體之智之知其自己是自知，亦即自明自了。自知者即其自己之徹底無漏之全幅透露，非其自身可破裂爲能所也。本體對其自知之知言，本體是可理解的。其爲可理解是在其自身而且因其自身而爲可理解。因一切東西之可理解性即是其非物質性（形式性）。本體爲純理純型，絕無物質性，故爲可理解，而其可理解即在其自身而且因其自身也。故本體之可理解性即同於其體性。本體之智之自知亦必如如地自知，圓滿無漏地自知。

二、一三 神智之知是如如地，而且亦必因而是直而無曲者。因其直而無曲，故其理解不同於吾人之理解，因而名之曰直覺的。

二、一四 神智不但自知，且知一切，其知一切也，基於本體之無不涵蓋，一切現實存在無不以本體爲之宰。假若有一物既是一具體存在而又不爲神智之所及，不爲本體之所宰，則此物即脫離本體而自立，而本體亦有所不能涵蓋者。假若本體有所不能涵蓋者，則本體不成其爲本體，因吾人之要求本體正爲一切現象故，正爲整個現實世界故。假若有可以脫離本體而自立之具體存在，則本體卽失其普遍性，無限性，因而亦不成其爲本體。是以本體之力量無不達，而凡有存在必在神智中。神智之知一切卽基於本體之力量之無不達。

二、一五　神智之知一切卽等於本體之力量之無不達，而如是如是之本體之力量卽等於其自己。依是，本體在其如如地自知中，亦必同時卽知每一其他東西。本體之知一切並非使其依於任何一有限物上。本體並不固定於某甲或某乙。本體在其自身中看自己，同時亦卽在其自身中看一切。並不在一切中看一切。

二、一六　以上由本體之自知分析出本體之知一切。然本體之知一切並不只是在一超然之距離上看一切。其在超然之距離上看一切，是認識論的知。但本體之知亦可以是本體論的知。本體論的知是神智之主宰性。此則內在於一切而潤澤之而主宰之。自本體論的神智之知言，則神智內在於一切而知之。雖內在於一切，然不破裂其獨一性。一切現實存在皆以神智爲之主，卽皆存於神智中。現實存在有各別散立之一切，而本體無一切。本體內在於一切而主之，並不因現實存在之散立而破裂。月印萬川，而月只一。是以物物一太極與統體一太極，一也。只措辭之觀點異耳。

二、一七　自本體論的知言之，本體之知是分別地知一切。自認識論的知言之，本體之知是總持地知一切。總持地知之是在其自身中看一切，分別地知之是在一切中主一切。看一切，是神智之光之超然地及；主一切，是神智之光之內在地及。其所以能超然地看一切，正因其內在地主一切。一切在本體中，即是一切在本體之神智中被發見。而一切在神智中，始爲可理解，是即一切在其可理解之形式下在神智中被發見。是以在本體，其認識論的知與本體論的知爲同一，而此亦即是其自己。惟分別言之，特性有殊。

二、一八

本體之智是實現原則或具體化原則。神智如水銀瀉地，無孔不入；如雨露然，萬有無不在其潤澤中。潤澤之即是貫注之，貫注之即是實現之。乾以易知，坤以簡能。此個簡易的知能就是實現原則，乃妙萬物而爲言，此其所以爲神智也。如果神智是實現原則，則無有既是現實存在而又脫離本體而自立者。脫離本體而自立即等於非現實非存在。依此而言「凡存在即被知」，「凡存在即現實」，兩置斷之極成。

二、二〇

因本體爲靈明的，故亦有意。本體之意爲神意。神智等於本體之自己，神意亦等於其自己。神智如如地自知知他，神意亦如如地自意意他。神智之認識論的知，無論自知或知他，皆是神智之光之照射或朗潤：自照而照他，自明而明他。神智之本體論的知，則隨神智之光之所照所潤者而即爲之主爲之體。神智之光必然照射，而且其照是如如地照。既必然而如如地照，則必然通於物爲之主爲之體而具體化之實現之使之爲一現實之呈現。神智之超然地看也，是如其所看之一切之必順神智之所看而看之；其內在地爲之主也，是如其所主之一切之必順神智之所主而爲如是如是之呈現而主之。是以其看其主，單就神智之作用言，是是其所是而看之，是其所是而主之。神智所及爲「是」。但在本體，是與應爲合一。是其所是必即是其所應是。是與應一，則眞與善一。是以神智所及之「實是」，卽是神意所及之「應是」。應是卽爲善。是爲智及，善爲意及。智及爲是，且爲應是，故智及同時亦卽意及。因意及而說神意。

二、二一　在本體，是與應爲一，故智與意爲一。本體之智卽是其自己，本體之意卽是其自己：智與意俱是本體之體性。本體卽是其自己之體性，所以亦卽是其自己之智與意。

二、二二　本體自知，故亦自意；本體知他，故亦意他。自意，故本體自身爲至善；意他，故其他一切亦至善。惟其他一切之善是因至善之本體之流注而爲善。本體是善自己，而其他一切則只是善的。

二、二三　神智與神意雖一，而分別言之，則神智之知是通徹事物之脈絡，曲盡其奧祕與繁賾，清晰之義勝，了別散開之義勝；而神意之意則獨成一物之爲一物，個體之義勝，攝聚之義勝。意之所及必爲殊物。意淵然有定向，存主於中而見獨。本體之自意，則本體之自存自主而爲獨；本體之意他，則本體之他存他主而使之爲一獨。

二、二四　本體自意卽意一切，此亦類比神智之超然地知而說。然其超然地意同於內在地意。本體爲一切現實存在之主，萬物皆在本體中而可理解。其所以在本體中而始爲可理解，卽因其形式性或非物質性（此卽其可理解性）之必因本體之流注而始然。是以萬物之可理解性卽因萬物之不能脫離本體而爲如是如是之呈現，故萬物之可理解性（形式性）卽全部函藏於神智中因而亦帶進於本體之體性中。故本體自知卽知一切，因而其自意亦意一切。超然地知正因內在地主，故超然地意亦因內在地意，而在本體，此兩種知一，故兩種意亦一。惟超然地知與超然地意是自本體總持地說，而內在地知與內在地意是自本體之爲萬物主而散開地說。而若本體爲實現原則，則兩種知，兩種意，必一也。

二、二五　神意自意是如如地意，其意他亦如如地意。如如地意卽必然而定然地如此意。在神意中無遷替，無可能。因如如卽遷替與可能之否定。如如地意卽本體之體性之不容已地放射其光輝，其放射其光輝乃從其體性中必然而定然地如此如此放，並無可以如此放亦可以不如此放之交替性與可能性。或以爲本體之意有絕對之自由。其自由卽寄託在神意之不必拘定如此之放射。它可以如此，而不必如此；它可以以如此如此之律則管轄吾人之世界，亦可以不用此套律則管轄吾人之世界；它可以創生吾人眼前如是如是之現實世界，亦可以不創生之：它有無限數之可能世界，它不服從任何必然律則而必然如此。假若不承認其有無限數之可能世界，它必服從一必然律則而必然如此。如果它服從一律則而爲其所逼迫，則神意必不自由而即非神意。欲顯神意之自由，故必承認其有交替性與可能性。吾人以爲如此論神意，殊不合理。如此論意，是謂「隨意的意」，非神意也。如果神意可以如此亦可以不如此因而謂其有絕對之自由，則神意乃是打旋轉而有隱曲者。如果神意有隱曲，則神意卽不能如其體性或盡其體性而窮盡無漏地放，不容已地無限制地放。是則雖因隱曲而顯示其自由，亦正因隱曲而顯示其不自由。如果神意有無限數之可能世界而不盡實現而單實現某一個，則神意亦爲有隱藏而不盡。不盡亦爲不如其體性不盡其體性。不如其體性，則其意之活動有在其體性以外者，是則必有外加於其體性而爲偶然者。然本體中不能有不如體性之偶然者。不盡其體性，則其體性爲有額外者，或有隱藏者。如有額外者，則其體性爲無用，爲非體性，因而卽爲非此本體也。如有隱藏者，則本體亦有曲。如有曲，則本體自由而不自由：何以旣爲神意之所欲而又不實現之耶？其單實現此而不實現彼豈不因一理由故而受此理由之限制耶？此理由如爲善或最好的可能，則神意中豈不亦有不善耶？如是則神意何以能爲全幅之至善？神意何以能爲卽是本體之體性？是以神意決無交替性，亦無可能性。並非言神意只許如此不許如彼，乃言神意自身，因其卽是本體之體性故，不能有如此如彼之交替與可能。它根本無彼此之別。它只有如如地如此如此，窮盡無漏地如此如此，不能有虛的外乎此。它至大無外，故只能如此，不能有彼。它是一無限的如如，故只能有此實，而不能有彼此之虛實。是以神意是如如地意，其自由亦是如如的自由，而不是交替或可能之自由。如如的自由是順其體性盡其體性而行動。順其體性而行動，則自由與理性合一。順其體性而動，並非依一外在之律則被迫而如此。只是順其體性如如地而如此。其爲必然而定然之如此，亦惟順其體性故。吾人之現實世界誠然創生不已，變化無窮，然不能因此而反定神意爲交替的自由。

二、二六

來布尼茲以爲有現實的偶然，有可能的偶然。而可能的偶然之被規定出，只因現實的偶然之反而不矛盾。如「吃砒霜死」爲一現實的偶然，則不死亦並不矛盾，因而亦並非不可能。既非不可能，則卽爲一可能矣。現實的偶然之所以爲現實，因有充足理由故。而使其爲現實之充足理由則以善或最好可能來規定。而可能的偶然，既爲一偶然，則亦有充足理由以明之。而此充足理由則只以心理意義之意欲來規定。凡是可能，皆爲主體所意欲。雖所意欲，而單實現此而不實現彼，則必以最好可能之充足理由而明之（此爲道德意義之充足理由）。在上帝方面亦如此說。上帝有許多可能之世界。每一可能世界皆爲其所意欲。其所以能意欲，正因其所意欲者不矛盾。於許多可能中，單實現此而不實現彼，正因此爲最好可能者。然不最好可能亦並非不可能。是以有許多可能世界也。現實的偶然世界，其充足理由爲善（最好可能）。而善本於上帝之善行。然上帝之善行並非必然者。蓋較差一點並非不可能。如不必然，則偶然之善行亦須充足理由以解之。其充足理由當卽是上帝之善性。但來布尼茲不願承認上帝之善性爲必然。蓋如其爲必然，則其善行亦必然，依此必落於斯頻諾薩之定命論。但如不必然，則其善性復須充足理由以解之，此犯無窮後退過，甚爲悖理。是以不得不承認上帝之善性爲必然。如其善性爲必然，則其善行亦必然。如其善行爲必然，則「可能的偶然」卽不可能。來布尼茲所以陷於悖理之困難，正因其以交替可能說神意之自由，而以矛盾律之方式表出之。夫可能的偶然之表出，只因就一現實偶然施否定所成之反面不矛盾。是以其表出，唯以矛盾律而衡量。此只是一種邏輯之決定。邏輯之決定，其理由只在矛盾律。如此所決定出者只在邏輯世界中有地位，而在存在世界中無地位。它只是邏輯域中之物事，而非存在域中之物事。其理由只在矛盾律，卽不須充足理由以解之。由邏輯決定而出者只須邏輯理由以解之，不須作爲存在理由之充足理由以解之。是以可能偶然只在吾人之邏輯思考中有之，而在上帝自身則無此交替之多端也。如以矛盾律之方式表出上帝有許多可能世界，則吾人亦說只有邏輯理由，而不須有充足理由以解之。蓋此許多可能，只在吾人分上援用矛盾律於上帝而決定出，而上帝自身不必眞有此許多可能也。如吾人眞引用矛盾律於上帝，則有如此如此之上帝，亦可有不如此如此而如彼如彼之上帝。蓋不如此如此之上帝亦並不矛盾也，因而亦爲一可能之上帝矣（是則上帝爲偶然）。此成何話說？是以來布尼茲之可能偶然說及上帝有許多可能世界說乃爲不可能者。如果上帝之一切皆如其性，則一切皆如如，卽無有「可能」之可言，而引用矛盾律以表可能亦不得施於上帝之上矣。蓋一切皆如如，卽皆必然而定然，則卽可一方說上帝無反面，一方亦可說其反面不可能，卽自相矛盾而上帝卽不是上帝也。如不自矛盾律之方式而表出，而自交替之自由以明上帝可意欲此世界亦可不意欲此世界，則如前駁。是以神意必爲如如地意，其自由亦必爲如如的自由。蓋唯如此，方可救住上帝之必然性，而遮撥其偶然性。（此雖言上帝，通於吾人言本體。）

二、二七

在中世紀，雖如聖多馬之理性主義，亦不能於上帝有善會。他以爲，上帝之意志並不服從任何必然性。神善是無限的完整的。全部創造不能增益其善性之一毫，卽使上帝不傳播其善於任何有，亦不減少其善性。是以被造之萬有不引進任何必然性於上帝之意中。上帝只必然地意其自己之善，而此善不因創造之存在而增加，亦不因其消滅而減少。他可以表現其善於現實的存在物及現實的秩序中，他亦可以表現在另一種被造物乃至其秩序。現實宇宙只是事實上存在的最好的，而不是唯一可能的最好的。降至頓・斯考塔司，以其過分重視意志自由，言之更離奇。神以其自由動作創造宇宙。他也可以不造。其意志不必服從較高之原理以必須造宇宙。其自身卽是神性動作之最高原理。宇宙存在決非必然之結果，乃是神的自由意志之自由結果。神所能造的決不只是他所已造的，他所已造的決非他所必須要造的。神並不將其所能造的全造了，他所造的只是其所希望實現之世界。但亦並非最好可能之世界。此輩神學家，欲抬高神之超越性偉大性，故賦予以極度之自由，而遮撥其任何拘束性。上帝自不受任何之拘束。然如彼等所言之神意之自由實足以減殺其尊嚴。此種極度之自由實只成隨意之自由。上帝何如此之不莊重，而隨意揮洒耶？此誠自由矣，然如太無聊何？隨意之自由適成以萬物爲芻狗之自由。此固自由矣，然與其善性必相違。多瑪亦知善天然傾向於傳播其自己而超越其自己。善之特性卽是傳播其自己於其他的有。至善之上帝亦如此。傳播其自己只是表示一無限的有之無限的豐富性。但既知善必傳播，則上帝爲至善，何能容已其傳播？至善之傳播必如其性必盡其性，何可言上帝可以傳可以不傳？上帝爲何一定創造此宇宙？若在外面觀上帝自可如此問。而上帝既是無限的，絕對自由的，自可不服從任何必然性。然而立於神智神意神善，總之神之體性上說，它超越理由不理由之外，它不接受爲何不爲何之問。上帝無有如此或不如此之交替性。吾人有之。自由選擇固可表示其自由，不服從任何必然性。然而上帝之自由不在交替中。人之選替，雖可表示自由，實則含有不自由。上帝之選替，即使不與人同，全是自由，然一說可如此可不如此，他即是有造作的。可如此可不如此，雖全自由，不妨其有理由。此理由若在外，上帝受逼，若在內，他自我分裂，分裂而爲可不可。上帝自身超越乎可與不可。他是他自己之有，自己之性，自己之智，自己之意，自己之善。他就是如如。而且只是如如。如是如如，他之傳播其善亦是如如。而且一放一切放，決無隱匿；他是全幅呈現，決無隱藏。他不是在那裏打旋轉的自由，而是只是如如的自由。他內無曲屈，外無限制（無論他限或自限）。所以他若是放了，他就是放了。你說：他是無盡，並非一洩無餘。我說：他是無盡的藏，他就是無盡的放。他自身的無盡藏是如，他自身的無盡放亦是如。既是如，他超越可不可，理由不理由，必然不必然：在他，自由與必然不相對，自由不因不必然而顯。他全幅是如如之智，如如之有，如如之性，如如之意，如如之善，如如之自由，如如之必然：是以他的必然亦不因不自由而顯。在他，一切皆是如如之呈現，所以他不能有可如此可不如此。亦不能說現實宇宙是事實上存在的最好的，而不是可能的最好的。因上帝無可能。若有可能，他內部有曲屈：他實現了一個，還可以藏着一個。他藏着一個，可以實現而未實現，他爲何不實現？他自由。他誠然是自由。然而他是如如的自由。如如自由中無曲屈，無可能。若說他可以實現而有自由不實現，是卽引進曲屈於如如中，依是，他卽不自用，不如其性也。在人看之此似乎已自由，然而須知有如如之自由。上帝是如如之自由。上帝是必然，其放射（傳播其善）亦必然：然而是如如的必然。他固然現成不增減，然而是如的現成，如的不增減。吾人不能說假若他不創造亦不減少：他沒有這個假若，並非說他可以減。他必然地造，然而是如的必然。此「如的必然」便是其善性之不容已。【案：以上所言是順西方言上帝而來者。彼雖言上帝，亦須改正，以不如理故。斯頻諾薩言上帝（本體）實有其善會處，雖不盡，然不犯此處所提諸人之弊。至西方言宗敎之上帝，其對世界之關係，必言創造。康德以後之哲學家，則已脫離此痕迹。在吾人系統內，本體與世界之關係究若何，此處暫不討論。然順吾人此處所表之本體，必可純邏輯地推得之。此邏輯地推得之，亦曰邏輯之表。見下。】

二、二八

神意與神智同，亦爲實現原則。神意與神智皆表示本體之非物質性。故能爲實現原則者必非物質的。非物質的，吾人前已定其爲精神的。故只有精神的始能爲實現原則。此來布尼玆必言心子，巴克萊必以上帝代物質之故也。此精神之本體，吾人名之曰心。此心以其爲本體故，名曰形上的心，或道體的心。惟此處所言，只是形式地如此言，蓋順邏輯之表而然也。至其切實義，必轉至直覺構造始能明。

二、三〇 此精神的本體亦卽是理。吾人已言本體無潛能，非材質（亦言物質），因而必爲純理純型。此純理純型卽此處所言之理。此理卽是本體自己。本體通體是個理。

二、三一 本體通體是理，亦通體是心。在本體心與理一。心理合一之理名曰神理。神理並非是一個乾枯的空架子。前言神智自知自明。其所以能自知自明是因其自身卽爲可理解的。其所以爲可理解，卽因其自身爲純型，爲非物質的。凡非物質的，在其自身而且因其自身卽爲可理解。一有限物之可理解性，單在其非物質之形式性，此就是此物之理，亦就是其意義。純物質自己無理，亦無意義。故亦不可理解。現在本體爲純理純型而無物質性，故在其自身而且因其自身卽爲可理解：理等於本體自己，可理解性亦等於本體自己。而理與可理解性亦同是本體之體性，因本體卽是其自己之體性故。神智自知自明卽是將作爲本體之體性之理全幅呈現，是以其自知自明必是如其性而圓滿地，窮盡無漏地知與明。然而神智神意俱是本體之體性，亦就是本體之自己，並非以一智來知一理，以一意來及一理，名言有分裂，而在本體無智與理之分裂，無意與理之分裂。是以本體之智之自知只是明本體之體性之朗潤與呈現，而體性之朗潤與呈現就是本體之爲理之呈現。故理與智滲透交融而爲一事，亦卽心與理爲一事也。心言其朗潤，而理言其韵節。

心理滲透交融而爲一事之理，不可以孤離而爲一只是理，卽不可以抽象而視之爲一抽象之共相。一有限物之謂詞可以抽象之而爲一共相，但本體之爲理不可視之爲抽象之共相。假若共相之意爲普遍者爲永恒者，則本體之爲理亦得爲普遍者永恒者，但此普遍而永恒爲具體之普遍而永恒，因而其爲共相亦只可說是具體的共相。抽象之共相有層級之別，層級愈高者愈普遍，愈普遍者愈貧乏，愈空洞。而具體之共相則無層級之別，因而亦無貧乏豐富之較。具體之共相只能從本體上說。抽象之共相則必須從萬物上說。後者須以辨解之理解（人心者）遇，前者則須直覺之冥契以通之。故具體共相，在本體上，都是滲透交融而不可孤離之抽象之以爲一定之概念者。神智神意神理神性皆具體之共相，故總爲一事。彼既爲具體之共相，無層級之別，無貧乏豐富之較，故說一時卽說一切，說一切時亦卽說一。說大，則充塞宇宙，彌綸六合；說小，則退藏於密，孤總於一：而在此，一卽是宇宙，宇宙卽是一；小卽是大，大卽是小；而本體不虛懸，蓋未有不充塞宇宙者，所謂退藏於密，孤總於一，亦姑妄言之耳：是故可說小卽是大，大卽是小也。

【若自工夫上說，譬如盡心知性知天，則具體共相可逐漸擴大，愈擴大愈豐富，直至與天合德，則其豐富卽充其量，而與本體爲合一，同爲充塞宇宙者。自此言之，似有層級之別，然亦與抽象共相之層級愈高則愈貧乏者不同。若自本體言之，則此擴大之層級亦

不可說。自工夫言之，固亦有卽工夫卽本體之義，但此自質上或內函上說如此，而工夫之擴大，人格之深遠，總不可謂無也。】

二、三三　神智自知卽知一切，神意自意卽意一切，故神理自呈卽呈一切。此自呈卽呈一切，亦爲超然地言之。適言本體不虛懸，則超然地函攝一切亦未有不內在地主宰一切也。本體之力量無不達，一切現實存在不離本體而自存，故智及意及，理亦及。神理亦爲實現原則。至乎理及，則「邏輯之理的系統不能得最後圓滿」者至此卽得其最後之圓滿。而邏輯之理的系統，因智及意及，至此亦轉化而爲道德之善的系統矣。而凡存在卽被知（觀念性），凡存在卽現實（現實性），凡現實卽合理（合理性），至此亦得其客觀而形上之極成。

二、三四　本體之爲理，大之則充塞宇宙，一呈一切呈，非言萬萬個體之所以爲個體之理盡在本體中，如桌子之理，樹木之理，等等，盡在本體中。蓋如此，卽破裂本體之單一性。神智自知卽知一切，亦非將桌子之理，樹木之理，等等，於自知知一切中，帶進本體之體性中。蓋如此，亦必破裂本體之單一性。本體之體性，所有具體共相旣盡滲透交融而不可離，則言神理中卽無樹木之理亦無不可。本體中旣無個別的個體之理，何以言一呈一切呈耶？何以言自知卽知一切耶？此蓋可如此說：卽，本體爲實現原則，是則一切現實存在皆不離本體之貫注與主宰，依此，本體之爲理必爲最基本而普遍之理：萬物皆在此理之條貫中而後可自足，而後可理解。然就此而言一呈一切呈，乃除本體自身及萬物必依本體之最普遍的意義外，別無所知。而萬物個體之爲個之理仍不得在本體中盡知也。於此，若進一步，則如此說：個之爲個之理雖不在神理中，而個之爲個之理，以及此個理中種種特殊之理，要能如是如是爲個之理，如是如是爲個理中種種特殊之理，亦必待神理之貫注而始然。然此所言仍是萬物必待於本體本體之爲條件義。是則一呈一切呈，自知知一切，所呈所知者仍是此最普遍之條件義也。若於此仍不滿意，則須進而如此說：神智知一切，神意意一切，而神意自意，則本體爲至善，至善之傳播放射乃不容已：萬物分殊，皆由至善之傳播，是則彼彼個體皆非現成置於此而待將其個理如何融於神理中，而是彼彼個體皆爲至善之放射，統於本體之創造中。至善必傳，則神意必意。神意淵然有定向，向之所在，智亦及之。智之知必有可理解性爲其所知，所知所在，神理赴之。意與善及之，智與理定之。猶如匠人之造器具，其心中靈感起處卽爲其所造物之理：個理之在匠人心中，只是其心中「妙用之方式」。而種種妙用之方式之在匠人心中，並不破裂匠人心靈之單一性，然而萬萬個理悉由此出。假若現實世界解之爲統於本體之創化中，則創生萬物之本體，其函藏萬萬個理亦猶妙用方式之在匠人心中也。惟在人心則有造作，而在神心則無造作，爲如如的。（雖如如的，但既爲心，總不免一動。此動爲神心之動，非人心之動也。鄧定宇云：畢竟天地也多動了一下。此語可助一解。）依是，萬萬個理，乃至個理中種種特殊之理，一是皆由神意神智神理之妙用而放出：是以自知知一切，自呈呈一切，而亦並不破裂本體之單一性也。惟其妙用方式一經落下而成個理，如樹木之理，則不復可言藏於本體中也。若知此萬物之本體論的根原，則自眼前認識心之所對而言，則凡已成之個體亦可說其皆模倣神理之妙用方式而成，其個理皆爲妙用方式之固定化。（若云：本體何以不憚煩，動出如許之方式，則曰：吾人解析現實宇宙必須推至本體，則自本體方面說，本體只是如是如是動，因其如是如是動，故有現實世界中如是如是之個體。此只可說到此。不必再問矣。）此種本體妙用而爲個物之理，可自王陽明良知之發爲意意之所在爲物（行爲）而明之。如此則不難索解矣。惟在此則只是邏輯地言之。如此而言，則必須善會至善之傳播性，萬物統於本體而在本體之創生中，本體之體性不只理而且亦是心，不只靜，而且亦是動（純動，靈動）。惟此單自本體方面言，只是從理上作形式的陳述。若落實際，尚須其他之根據。此當在「宇宙論的構造」中言之。

二、四〇　本體是靈明的，故可言心。以言心，故可言動。此動爲神動。以動，故可言能。此能爲神能。（易經言乾以易知，坤以簡能。乾坤分言，不免落於陰陽分上。或至少分成兩個不同的原則。順良知教，言乾坤知能，則未分成兩個對立之原則，只是一個天心之知能：知能合言，不分言也。此處亦合言。順此下去，所須順正者甚多。）以能，故可言氣，此氣爲神氣，亦曰心氣，或靈氣，非物氣也。前言材質的，或物質的，或潛能的，皆言物氣也。此處則言心氣。神能神氣，純以神動定。此動不與靜對，故亦不可孤離而抽象之爲代表一定概念之共相。神能神氣亦然。能只是本體的體性之全幅爲主動性。西人說上帝爲不動之動者，卽依此義而說神能。神氣則只是本體的體性之全幅的靈明之鼓舞與渾圓之韵節。易繫辭曰：鼓之舞之以盡神。卽依此義而說神氣。本體卽是其自己之能，其自己之氣。此能此氣亦不可孤離之而作抽象之共相。其與神智神意神理神動俱爲滲透交融而爲一事之「具體之共相」。此皆卽是本體之自己。

二、四一　此滲透交融而爲一事之「本體之體性」，若可以陰陽言，則心爲陽，理爲陰，意爲陰，智爲陽，知爲陽，能爲陰，動爲陽，氣爲陰：但皆可反之，陰卽是陽，陽卽是陰，而究不可以陰陽論，更不可陰陽分言也。以動靜言之，亦如此。總之，此是本體上事，非生滅中事也。

二、四二　言神氣正明本體非死體，亦明其爲具體。物氣有質碍，神氣無質碍。孟子言浩然之氣爲配義與道，至大至剛，集義所生，非義襲而取。此固指吾人之修養言，然其爲氣配義與道，至大至剛，則即氣與道融，即道即氣矣。在本體而言氣，亦如是。本體爲至善，善必傳播而放射。神氣即實現其傳者。神智與神意爲本體靈光之照射，爲實現原則，而神氣則成功其照射，成功其爲實現原則者。本體之理統貫一切，而神氣則將其統貫送達者。自本體本身言，神氣使本體爲具體者。此氣爲永恆而普遍之氣，與理智意同其爲永恆而普遍者。神氣周流潤徹於本體之體性中，則本體始爲眞實無妄之本體。然適已言之，此氣無質碍，實不可視之爲一抽象之共相。故此氣亦就是本體之自己。融於一而言之，則本體即如一瑩徹之露珠。因而肫肫其仁，浩浩其天，淵淵其淵，溥博而時出，故可達之彌六合。

二、四三

此氣與朱子言理氣之氣異，蓋此處所言之神氣只屬於本體本身而成就此本體者。亦與朱子承周濂溪而言太極有陰陽，太極動而生陽，靜而生陰，一動一靜，互爲其根，云云異。朱子由此而言至五行，純爲宇宙論的演化者。吾言本體之神氣，雖成功至善之傳播，乃至亦言溥博而時出，然皆屬本體自身者，不函宇宙之演化義。由太極而陰陽而五行，迤邐而化生萬化，此純爲流出之宇宙演化論。此義甚壞，吾所不取。吾義詳陳，見下宇宙論之構造。

三、〇〇　本體不但是單一不可分，而且是獨一無二的。因爲吾人順現實世界向後翻，只能翻出如是如是之本體。在所翻出之本體一方面不能有交替。其所以不能有交替，因吾人所認識之由之以翻之現實世界之特性，在認識心之接遇而控制下，只能是如此而不能是其他。現實世界可以完全變個樣，但正因其可以變，而吾人卽就此變而翻出一不變。現實世界在吾人感性知性之外，也許是另一個樣，但旣在吾人感性知性之外，吾人卽不能知其是什麼，因而亦不能說什麼。而不能說什麼之現實世界（此詞無意義）實不是吾人之現實世界，而與之相翻之本體（此詞亦無意義）亦不是吾人所要求之本體。依是，認識心及其所接遇之世界是吾人唯一之標準。而若吾人之世界繫屬於認識心之接遇，世界不能離認識心而妄言，則吾人卽以如是如是之認識心爲標準。而如是如是之認識心暫時卽是邏輯之必然的。所謂邏輯之必然，卽衡之以矛盾律，它不能不如此。如其不然，它便不是吾人之認識心。如是如是之認識心而不是如是如是之認識心是自相矛盾者。所謂暫時者，此種邏輯之必然須有一形上之必然以保證之，卽認識心自身並非形上的必然者。蓋知性感性亦是現實世界中之存在，它很可以不如此。在未說形上之必然前，吾人只說暫時的邏輯必然性。假若暫時的邏輯必然性一旦變而不必然，則吾人卽根據另一種知性感性向後翻。假若另一種知性感性不足以使吾人向後翻，則卽無根據可以翻而不翻。假若並無另一種知性感性出現，則根本不用說。然而無論如何變，吾人總有根據（除不用說）以判斷吾人之本體。眼前之認識心可以爲根據，足使吾人向後翻，則眼前之認識心即是唯一之標準。既是唯一之標準，則由是而翻出之本體不能有交替。依是，本體必一。

三、一〇

假若由此標準而翻出之本體有兩個，則可問曰：此兩本體有別無別？假若有別，必有一個不是本體。因吾人所翻出之本體，其特性皆窮盡無漏滲透交融而爲一者；假若有別，必爲一窮盡無漏，一不窮盡無漏，而彼不窮盡無漏者，如來布尼茲所說之上帝善性不必然，較差一點亦可能，則本體爲偶然而不復是本體。如爲偶然而非本體，則彼仍爲翻出本體之根據。是以本體不能有別而必是一。假若無別，而全相似，則既爲本體，吾人即無充足理由以安排此兩全相似之本體，而若有充足理由以安排之，則有更基本於彼者，而彼不復是本體。是以假若無別，則不能有二。二者只空名耳，並無實義。

三、一一

就無別言，此即來布尼茲「無異同一性原則」之應用。無異同一性，在本體方面，是邏輯地必然的，即邏輯上不能有兩個全相似之本體。假若有之，則本體不是本體而自相矛盾。根本乃在本體不能有二。

三、一二

無異同一性，在現實世界上，無邏輯必然性。根本乃在現實世界可以有兩滴水，兩個人。而兩滴水完全相似並不矛盾，因而很是可能的。但依來布尼茲，正面雖無邏輯必然性，而負面却有形上必然性。卽假若有兩滴水完全無異，則上帝無理由單如此安排之，而不如彼安排之。此意函說：兩滴水完全無異乃根本不能實現者。從現實存在方面說，現實地不能有兩滴水完全無異，雖邏輯地可以有。假若本體爲實現原則，則在本體所統馭之世界中，無異同一性是形上地必然的。然而人心之邏輯思考總可獨自馳騁其遊戲，而決定出一純爲非存在之邏輯域，以及此域中之邏輯可能。此邏輯域以及其中之可能，只繫屬於人心，不繫屬於本體。其所以繫屬於人心，單在人心所接遇之現實世界有綜和命題。其所以有綜和命題，則因現實世界不只有理，且有現實的事。理可以爲「非存在的」，無時間性，而現實的事則不能不有存在性及時間性。綜和命題去不掉，邏輯域亦去不掉，而無異同一性總無邏輯必然性。

三、一三　若自本體至善之傳播言，則現實世界之綜和命題正由於本體之創造性。依是，人心之邏輯域乃爲本體之創造性所啓示，或云：本體之創造性經由人心之曲折，遂倒映出一邏輯域。是以邏輯域乃本體之創造性經由人心所投射之影子。本體自身無此影子。而此影子亦終古不退。然彼決無實性。是以決不可爲此尋覓充足理由。來布尼茲於此名曰可能偶然，而與現實偶然等量齊觀，因而且就之以言其充足理由，誠爲謬誤。【關此，將詳言之於下宇宙論之構造中。】

三、二〇 本體是獨一無二的，所以亦是必然的。惟獨一無二有邏輯必然性，而其爲必然的，則隱指其形上必然性言。然順邏輯之表，則只有邏輯要求上的形上必然性，而尚無直覺構造中之「形上必然性」。所以此形上必然性，在認識心方面，只是邏輯地如此說。

三、二一 因爲獨一無二，又是邏輯地「形上的必然的」，故本體不是一「個體」。因爲不是一個體，故本體是無限的。

三、三〇 無限的本體是無體的。無體之「體」指物質的氣之「糾結」言。凡有限物皆有體。爲一切有體物之本體只是一虛靈的無限之本體，而此本體自身不能再有體。如其有體，它便爲一有方所之個體，而不足爲萬化之原。

三、三一 無體的本體，總上所述而爲一，只是一個「意義」。其自身既爲一實現原則，亦是一意義。萬有依他而有意義，而可理解，而其自身不復再依他，故其本身即是意義，即可理解。以其本身即是意義，故本體只是個理，與心合一之理。

三、三二 凡其自身爲理爲意義者，皆不能再依他理或他意義以說之。此即其自身如此如此，再無理由可說者。依此，本體是最後的。凡了悟最後的皆用直覺。即其自身爲「意義」，而吾人知其爲意義，此「知」是直覺的，非辨解的。譬如邏輯之理是自足而最後的，其自身即爲一意義，非如一知識命題因特殊內容而有意義。吾人之了解此理而知其爲如是如是之理，此知亦是直覺的。凡純形式知識，因其無體，無內容，起脚落脚只是一個理，皆須以直覺遇。依是，了悟本體亦如了悟邏輯之理數學之理。【案此言直覺尙非吾人所言之「本體之直覺構造」。不可混。本體之直覺構造本書將不涉及，此須一部道德形上學以明之。】

第三節　由邏輯要求而邏輯地所表之本體不能證明

以上只爲由邏輯要求而來之對於本體之邏輯構造。邏輯構造本身雖可以無邏輯之弊，而邏輯要求不等於證明。而且由要求而表之本體亦永不能有吾人通常所意謂之證明。經驗命題只有證實，而無所謂證明。本體並非一經驗命題，故亦無可能有經驗事實以證實之或徵驗之。形式命題如數學幾何或邏輯中者，有所謂證明，而本體亦非此類之形式命題。數學或邏輯系統中之命題皆爲步步推演而得。假若吾人想證明一該系統中可證明之命題，則只須將其所需之相當推理步驟塡滿卽可：逐步塡之，直塡至所欲證明之命題，而所欲證明之命題至此卽已被證明。此已被證明之命題，其構造性或形成性以及妥實性，與其所根據以被證明之先行之命題同，其眞理性並無差別，可謂純爲同質者。是以在一純形式系統中，凡所可能出現之命題，皆可由邏輯推理步步逼得之，而逼得之卽是證明之。是以凡此系統中已有或可有之命題皆爲同質者：並無何者較確定何者較不確定之別。但是此種證明，已有謂其只是一種申明，凡所可有者，無論如何遙遠，皆是已有者，皆已含藏於最基本之命題中：故吾有云卷之則退藏於密，放之則彌六合之喻。但吾人由現實世界以至本體，則無此種步步逼得之特性，因而亦不得謂之爲證明。蓋從現實世界到本體乃純是異質者。若順現實世界走，則步步必總是經驗命題，因而必須有經驗事實以證實之，因而必須爲經驗事實或經驗命題之同質的層叠，而永不能至異質之本體。然而本體必須爲異質者。依是，吾人有經驗命題之同質的層叠，此須步步證實，亦有形式命題之同質的層叠，此須步步證明。在吾人認識心範圍內，只有此兩串系，而並無一第三者。而由此兩串系皆不能達到本體，故對於此本體之證實（假若可以說某意之證實而不可以說證明），則必須有一第三者之串系。然而在第三串系未發見以前，由邏輯要求所得之本體是既不能證實亦不能證明者。

西哲所作之「上帝之本體論的證明」實不是證明，而只是套套邏輯之表示。此種表示實函二義：一、上帝（本體）不能證明；二、在套套邏輯之表示中實函有直接冥契之直接呈現。然而此直接冥契之直接呈現之根據西人從未弄明白，遂使此證明外在化而被視爲理論之徒然。因外在化而被視爲理論之徒然，故亦可進而積極地以概念與存在之分而駁斥之。實則本體論之證明不如此之無聊，言者實有一種精神生活上之虔誠爲根據而裝飾之以此本體論證明之外衣。然而其所根據之虔誠並未能在原則上建立起，故亦不能顯其用。

宇宙論之證明，則落於邏輯之要求，不可謂證明。凡順可理解性問題以要求本體者皆不得視爲證明。來布尼茲由預定諧和作證明亦只是其一往是邏輯的分析之哲學系統中之邏輯要求，亦不得視之爲證明。而且其邏輯要求又根據其特殊之心子理論而來，又不同於宇宙論證明之起於經驗，故雖爲要求，而由預定諧和之方式所成之要求則尤無必然性。斯頻諾薩之神（本體）亦只是內在地置定之而使世界成爲一可理解之理性系統。此只是滿足邏輯理性者，故一定一切定，因而亦只成功一同質而剷平之形式系統。此與宇宙論證明所顯示之邏輯要求不同，與吾所謂向後翻所成之邏輯要求亦異。它只是爲理解上之邏輯要求而內在地置定之，故不得謂證明。雖在其要求上有邏輯之必然性，而形上學究非只是一邏輯系統者。故斯氏之本體只是如是如是地需要之，如是如是地置定之，因而亦如是如是地根據之以推演。固不能認爲證明者。是以邏輯要求有二方式：一、順經驗而超越地要求之，二、徹頭徹尾自理上而內在地置定之。前者有經驗的限制，爲批判的；後者無此限制，爲獨斷的，這乃是康德所謂自物自身而邏輯地整個如是把握之。自康德以後，第一方式乃必然者。而由此亦可達到第二方式之所欲。

如只是邏輯要求，則無超越背反可言。因正題所陳，只是順可理解性問題而來之應有之要求，而不視之爲證明，則反題所陳，只是此要求之否定。其所以否定之，蓋以爲既不能證明，則卽不必要求之，世界之可理解不可理解訴諸經驗而已。如經驗事實終於不可理解，則亦安之而已。蓋反題方面並非遮撥其要求，但只遮撥其所要求者之證明。而若知其不可證明矣，則背反即不存在。依是，我要求我所應當要求者，而彼之不要求亦終於無形上學。固無矛盾可言也。

第二章　宇宙論的構造

第一節　宇宙論的構造之担負

由上章本體論之構造，吾人可推至純邏輯的宇宙論之構造。蓋本體不虛懸，必盡其責：一爲成就現象，一爲生化現象。在生化現象中，世界繼續不盡，無量無邊。在成就現象中，世界有條有理，範圍天地之化而不過，曲成萬物而不遺。依是，一、於變化無常中如何見貞常；二、於邏輯之理的系統不能得最後之圓滿者如何能得最後之圓滿；三、於只是一主觀意義之無限如何可得一客觀意義之無限：三問題，即由此宇宙論之構造而得解答。而凡存在即被知，凡被知的皆現實，凡現實的皆合理，三主斷亦因之而極成。而此三問題三主斷實繫於以下四超越的先驗綜和命題之建立：

1. 原因與結果之超越的先驗綜和。
2. 天爵與人爵之超越的先驗綜和。

3、世界的永恒繼續不滅性之超越的先驗綜和。

4.世界的存在性與價値性之超越的先驗綜和。

前二命題，吾人可名之曰第一序命題；後二命題，吾人可名之曰第二序命題。第一命題自自然因果方面說，第二命題自意志因果方面說。假若如此分開說，則自然因果是從被知之現實事實方面說，意志因果是從實踐理性方面說。假若自然因果之超越的先驗綜和須依本體而建立，而意志因果由吾人之實踐理性說，而實踐理性亦卽因本體而建立，亦卽本體之透露於人心而爲實踐理性，是則意志因果之超越的先驗綜和亦依本體而建立，如是，則兩種因果卽合一，同由一根而發出，表現於吾人之意志因果同時亦卽表現於自然之存在因果。首先表現於吾人之當然之理而平鋪者，同時亦卽表現於自然之當然之理而平鋪者，平鋪之而爲存在之理。意志因果與自然因果，自末上分開說之，爲兩不同之領域，然自本上說之，旣由同根而發，則本體處之超越的先驗綜和實亦卽是意志因果之肇始與最彰著處。是以自本體上言，自然因果之理性的根據實卽意志因果之超越的先驗綜和。自意志因果言，爲創發的，自自然因果言，爲平鋪的。而如果意志因果之創發性繫於本體之神意，則其創發卽是神善之傳播之不容已。如其不容已，則世界之永恒繼續不滅性之超越的先驗綜和命題卽得其先驗之建立。而不容已是神善之傳播之不容已，故世界之存在性與價値性之超越的先驗綜和亦得其先驗之建立。

此種先驗之建立，自本體上言，不自理解上言。故曰超越的先驗綜和命題。康德所說之先驗綜和命題，除數學外，都當轉而爲超越的先驗綜和命題：然後再問是否可能，如何可能。作此問時，即表示本體亦即超越形上學是否可能，如何可能。提此問時，不但對於本體只有一邏輯之構造，而且須有一直覺之構造，須是能眞實實現之。本書肯定超越形上學已可能，而且將明其如何而可能。如吾人不能作至此，則一切超越的先驗綜和命題無有解答之可能。

知識對象之可理解性以及價値對象之價値性乃至存在與價値之合一性，在中世紀甚至古希臘之哲學家視之，都當依靠一超越本體而可能，都當歸宿於超越形上學解答之。超越本體必須担當現象世界之支持者或主宰者。在西方，此本體爲上帝；在東方，此本體爲心性。依是，中世紀之態度實爲可取。惟一困難者，即在其將上帝擺在外面而假定之，從形而下推比以設定之，而不知如何能明其眞實可能性。故戲論百出，而無必然。而形上學之是否可能尙成問題，遑論其如何可能耶？然，雖如此，而彼等所認識之問題之解答處，却無可疑。康德欲以理解範疇保證物質不滅及有因必有果。吾人以爲此過也。其解答之範圍有錯置。首先吾人認爲此兩命題是綜和命題，但如果理解自身不能保證其必然，則其在知識範圍內，吾人只說其是經驗綜和，不說其是先驗綜和。然吾人對此經驗綜和之無保證總不能認爲滿意也，而其保證又實不能在理解自身乃至經驗中獲得，故必須轉出去在一超越本體中獲得之。吾人轉出去，從超越本體中獲得其保證，即意在將此經驗綜和命題轉而爲一先驗綜和命題。「先驗」一詞之提出，惟當此經驗綜和命題要求一必然的保證時始可能。必然保證可以自理解得，而不必自理解得。如理解自身不能負此責，則必須向超越本體中求得之。而向此求保證亦是使該經驗綜和爲先驗綜和者，惟此先驗繫於本體，不繫於理解。故曰超越的先驗綜和。因果關係實爲綜和關係，然既曰經驗綜和，則在經驗中必可覺知因果一事實，惟不能得其理之必而已。正因不能得其理之必，故要求一理性之根據以爲其必然之保證。若經驗中全無因果之事實，而只爲主觀之聯想，或分位之假法，則亦無需乎保證矣。保證之，實只是無中生有也，實只是製造也。休謨所首先提出者，只在明其無必然，故云：當事物偕其關係以呈現於感官前，吾人名此爲知覺，不名之爲推理。是則彼亦承認感覺中有關係，惟無與於思想之推理而已。所謂名之爲知覺，實只表示此關係只是事的，而非理的。因非理的，故無理之必然。是則其所遮撥者，只爲理之必然而已。然而後來予因果以正面之解釋時，始進而提出習慣之原則，純認爲主觀之聯想，儼若全無因果矣。若眞全無因果之可言，則理之必然之要求亦不可言。康德繼休謨之義，頓時即視因果爲先驗之範疇，由理解自身攜此範疇以成功構造之綜和，則必然誠得其理之必然矣，而由經驗綜和以要求理之保證之義亦全失。是以先驗一詞如必對一必然保證之要求言，則首先必須承認在經驗中可以覺知一因果之關係。如完全不能覺，則亦許只是主觀之假法，假法無保證之必要。如完全不能見，純出於範疇之構造，則亦無要求保證之可言。本書隨休謨只遮撥「理之必然」一義而要求其理性之根據，此不能自理解範疇之構造言，而理解自身實亦不能提供此根據。故其要求爲「先驗綜和」必須轉出去而自超越本體以言之。

吾人根據此義，將自本體方面而作宇宙論之構造。此步構造以說明以下四域而完成：

1. 知識世界或曰命題世界。

2. 道德世界或曰繼體世界。（繼卽繼之者善也之繼。）

3. 美學世界或曰圓成世界。（成卽「成於樂」之成。成於樂故曰圓成。）

4. 本體之彰著於人性，由之而開爲天心與識心，天心直繼本體，識心則天心之自己坎陷而攝取命題。由此自上而下之一串可以彰著人性。由彰著人性而尊人性。尊人性卽尊天道。盡心知性知天，因此可以逆自上而下之程序返而實現「本體之直覺構造」。此步實現名曰自下而上，所謂逆而反之也。自上而下是形式之陳述，仍爲邏輯之構造，此屬於此第四域之正文。自下而上則是工夫之逼進，遠離戲論，故屬直覺構造。此兩來往皆不屬本書範圍者。

第一節　知識世界之宇宙論的形成

吾人於認識心之限於經驗而有所知，卽對於經驗對象而作命題，卽表示吾人已顯露一知識世界矣。在構造本體並因之而作宇宙論之構造中，惟此世界爲吾人所已由認識而可清晰地把握者。惟此世界，吾人對之已有認識上之淸晰概念，故可以作爲構造本體之根據。今由本體之構造而說明此知識世界之宇宙論的形成，便只是對於認識心所已顯露之如是如是之世界而予以極成與安頓。是以此種說明對於如是如是之知識世界並無所增益，亦無所改變。而且此種說明必爲與此知識世界恰相對應者，因而必可以落實而無虛幻者。是以此步說明只是對於已知之所與而予以形上之完成。故此步說明乃有已知上之着落者（其他三域並無此便利）。然，雖有已知者爲其落實處，而本體之建立只是邏輯之構造，而由如是構造之本體以作宇宙論之構造，亦仍是邏輯者。如只是邏輯者，則由本體下降至已知之世界，卽此步過渡之構造，仍只有形式可能性，而無眞實可能性。是以其着落處雖已確定，而由本體過渡至其着落處，則無眞實之確定。但若本體之構造爲必然，則由此本體而來之過渡之構造，卽宇宙論之構造，亦必有必然。惟此必然爲形式的，卽吾人但知理當如此而已。此形式之必然，如欲得其眞實之可能性，則必有賴於直覺之構造以徹頭徹尾證實之。

此步過渡之構造，除上章所述之如是如是之本體外，在所已知之現實世界方面，吾人須提練出一概念而肯定之。此概念，吾人將名之曰「物質的氣」。此概念必須承認之，而不能追問其所自來。然首先必可從現實世界中抽繹出。因知識世界中現實之所以爲現實正因其爲有體，因而必有潛能必有物質之成分。吾人卽由此可以直接分析出此「物質的氣」。一言氣，則物質成分必不只是抽象的純物質，所謂絕對的料，因而此具體之物質其自身必含有物質的力，否則，現實世界不能有「變化」一事實之呈現。此物質的力卽由變化一具體事實而直接抽繹出，此並無形上之意味，亦不可視爲形上之假設。乃純爲物理事實也。物質而具之以力，吾人卽名曰「物質的氣」。此爲不能化歸者，亦不能由本體之神理神氣而演化出。蓋本體旣爲純理純型，而神理神智神意神氣是一事，自不能由非物質者而演出物質者。故「物質的氣」必須承認其爲一「所與」也。

吾人所以必須承認此概念，乃因其可以接受本體之純動純能神心神氣之感發，因而亦可以表示本體之創造。本體卽心卽理，因而至動亦至靜。神意必及，神智必徹，神善必傳，而神氣必達。然而此只是本體自身之流行。而本體自身之流行至寂至靜，亦至如如，因而亦無所謂流行，此則爲不流之流，不行之行，因而亦爲不動之動。是則徒由本體自身決不能演變出現實世界也。本體創生萬物，推動萬物，非云由本體自身中可以演變出萬物也。本體自身無物氣，亦不能由其自身漸演而成物氣，何能演變出現實萬物耶？卽黑格爾之辨證發展亦爲範疇之發展，或所以解析萬物之理之發展，而非言具體萬物之生成發展也。自希臘早期之自然哲學結束以後，卽由宇宙演化所以成之「物因」轉而爲解析上之「理由」。凡理由皆自本體論上由超越之分解而建立，非自宇宙演化上直接追溯「物因」如地水風火或種子或原子之類也。本體爲解析上最後之理由，非可直接由之以生出萬物也。是以物質之氣必須承認。物氣爲異質之駁雜，因而可以糾結爲萬物。而吾人旣必須有本體，則由本體以說萬物之宇宙論的形成，只須明物氣之如是糾結或如彼糾結必繫屬於本體之神動。本體之神動妙用指導之，推動之，扭轉之，因而使其從己。天下無一成不變之物，無一定不變之「糾結之局」。物氣自身含有物力，故必能變會變，而能變不必善變，會變不必如理。本體之宇宙論之作用只在就其能變者而使之爲善變，就其會變者而使其變之必如理。一切「糾結之局」（此卽爲一具體之物），其所以爲如是或如彼，究極言之，皆由於神動之妙用。神動不能產生物氣，而可以指導，鼓舞，扭轉，善續物氣。指導之卽爲神理之妙用，指導物氣而使之爲如是如是之糾結，其如是如是卽是此「糾結之局」之形相，亦卽所謂此物之理（曰物理）。此物之理卽由神理之妙用指導物氣之變而然。成爲物氣之如是變，卽成爲一物之如是相。在物只說相，而不可說理。說理，則必說其爲物理，而物理卽物相也。種種抽成之共相而可以名之以一定概念者皆物相也。物氣之糾結，脫離本體之指導，卽成死局或定局。物氣本身雖有力，而因其爲物力，故有物質之墮性。脫離本體，則物氣卽歸於墮性而不復能成變化，其所成之局爲死局，逐漸乾枯而歸於毀滅。故物氣之變必不可脫離本體，必賴本體神氣之鼓舞。鼓之舞之以盡神，雖是盡神，亦正所以成物氣之變也。自物理學言之，宇宙爲機械之定局，毀不毀全視熱力之窮否。一旦熱力散盡，則宇宙可以乾枯而毀滅。如眞可以毀滅也，則科學卽順機械之定局而無可如何也。然自本體而觀之，則宇宙有變而無毀，有潤而不枯。神氣之鼓舞物氣也，猶如酵母之發酵，提起其墮性而成變。故有神理之指導，神氣之鼓舞，然後可以扭轉物氣，善續物氣也。物氣之永恒善續，生生不已，由於神氣之永恒如如之不動之動不流之流。神氣無限保證物氣之無限。此之謂本體之創生萬物。

本體之創生萬物自理上說，不自時上說。本體為世界之元因亦不是時間的元。有本體之元不必有時間之元。所以世界起始問題，不能以時間為標準而論之。說世界在時間上有起點，在空間上有範圍，寔為不能成立之陳述。而由此以言本體之元則更謬。若自認識心範圍內而言之，則世界永恒存在或不永恒存在，俱不能說，而時間上有無起點亦不能說。但若自本體而言之，則世界必永恒存在，而在時間上則無始無終，在空間上亦無限制無範圍。蓋本體既永恒而無限，而其神善之傳播又不容已，則現實之物氣之變即不能說自何時起，至何時止。時間上無自止，空間上自亦無限制。現實世界隨本體之無限而無限，永恒而永恒。然時間空間俱表象物氣之變，不表象本體者。物氣之變既無限，則時空自身必亦無限。凡有物氣之變處，即有時空。凡時空所表之處，即知識所至之處。知識所至即有命題。依此而言知識世界或命題世界。命題世界亦無限。

西方中世紀諸正宗神學家，主上帝造世界。造者從「非有」到「有」之義。上帝從無到有創造世界。然此中之「從」並不表示其從一物質因而單加之以形式之創造，乃只表示一種承續：即承非有而為有。「從無而造」意即「不是從某物而造」。如從一先存之物質而造，則是從某物而造也。此則違反上帝之創造義。（柏拉圖之創造是預定一先存之物質，非基督教之創造義。）上帝之智知一切有，是故造一切有。質材他亦造，無有在其外而先存者。（從自無而有之創造以言上帝之偉大，固可籠統如是說。）然由此創造義而來之問題，即爲「世界是否永恒存在」之疑問。所謂永恒存在，即世界亦如上帝之無始無終。但世界既被造，是否能無始？如有始，不能說永恒存在。世界不是早已存在者。上帝意之造之，即固定一個起點，並指定其延續之範圍以及其空間之範圍。復次，如果上帝之造不是從無而有，而是利用已有者而造，則其造前，必已有一種存在矣。如有一種存在，則實是已有宇宙矣。由此，世界早已永恒存在。然上帝既是從無而造，不利用已有者，則「世界早已永恒存在」即被否決。依此，若言創造，則世界不能永恒存在，因而必有始。然而復有問題：世界不早已永恒存在，有時間中之起點否？此函說：上帝在何時造？在何時造，已函有時間矣。如是，必承認有一無窮的潛存的永恒時間。但上帝在此無窮的永恒時間中何時造是不能知者，而且如果在何時造，則世界必不能與無窮的時間相應一，如是，無世界亦可有時間。如是，時間必與上帝同爲無限之潛存體。時間不與世界相應一，而與上帝相應一。但上帝無時間性，不與時間爲同伴，只有世界與時間爲同伴。但世界既不能與時間相應一，則時間必爲一永恒之潛存體。此則爲不可能者。依此，不能說在何時造。既不能說在何時造，則世界之起點亦不能說。起點既不能說，則世界或者全爲非有，或者永恒存在。若上帝必造，則即「不永恒存在」，因而與「永恒存在」爲矛盾。此種困惑，使神學家對於上帝之創造不能有如理之說明。或者曰：上帝造世界，不函時間爲一無限之潛存體。上帝未造之前爲非有。非有，不但世界非有，時間亦非有。但卽在造時，世界自此始，時間亦自此始。世界之有卽是世界之起點，而時間自此始，則亦可說世界之時間上的起點矣。依是，世界仍不永恒存在，而無所謂矛盾也。但此亦不可通。蓋「不永恒存在」，或以時間爲標準，或不以時間爲標準。若以時間爲標準，則必可問在何時造，因而必函「時間爲一無限之潛存體」此不可通已如適說。若不以時間爲標準，則「不永恒存在」卽不能說，從無而造，不但遮撥「從利用已有者而造」，亦遮撥「不永恒存在」之義。是以雖言創造，不函「不永恒存在」之必成。「不永恒存在」之否決，固然不必卽爲永恒存在。但至少在此，「一言創造卽必函不永恒存在」一思想之否決，依是仍有「不永恒存在」一詞之自相矛盾。永恒存在可有二說，一、只爲「世界亦如上帝同爲無始無終」；二、在上帝以外永恒存在而不被造。神學家以言創造，故必否定此第二義之「永恒存在」。但否定此第二義之永恒存在，不必卽否定第一義之永恒存在。而上帝造世界亦不必因否定第二義而卽否定第一義。雖言創造，而世界仍可無始無終永恒存在。此則爲以往神學家所不能極成者。而吾人則可由本體而來之宇宙論之構造，純邏輯地推得之。【惟在吾人思想中，則承認物質之氣爲所與。】

吾人以爲，卽使上帝全造，從無而造，「有」只爲承「非有」而爲有，而非有不是一階段。此只是從理上說，不是從時間上說：此卽所謂必然隸屬於上帝之意志也。此是一邏輯關係，非時間關係。如非時間關係，則上帝雖自無而造，亦不以時間爲記錄之標準，亦不函在上帝以外而有永恆存在不被造者。如是，隨「自無而造」，吾人可說有一道體之始，卽形而上之元。但道體之始，只表示世界從上帝出，而世界與上帝既排斥又窮盡：上帝以外就是世界，世界以外就是上帝。今世界既由上帝造，則世界之起點（元）除上帝以外無起點。既以上帝爲始，自不以時間論。如以上帝爲元，則世界隨上帝之永恆而永恆，隨上帝之無限而無限。因爲世界必繫屬於神意神善，而神意必及，且爲如如地及，神善必傳，且爲如如地傳。此卽說上帝必然要造，而且爲如如的必然。既爲如如的必然，則上帝之創造無間歇。上帝之創造同其自身之無限而無限，同其自身之彌漫而彌漫。因此，世界不能不永恆。若不永恆，卽表示世界可以造，亦可以不造。若可以不造，則上帝之創造有間歇，而上帝可孤離，此則大違其神善與神意。世界若非無限，他畫一個範圍而圈定之，則上帝之善與意與智受限制，而且表示其有保留，有曲屈，此亦違反其體性。依此，世界必無限而永恆。其所造之世界可變。從其可變而言之，世界可以隨時完，然隨時完，依上帝的神善之擴張不已言，卽隨時有。人類可以完，太陽系可以完，而整個之宇宙不能完。其特定之面相可以變，而其全體則是一個不息之流也。時間空間是表象世界者。世界既以上帝爲元，時空以亦上帝爲元。時空亦無限，隨世界之無限而無限，永恆而永恆。上帝不已其傳播，故世界無有時之始空之限，因而時空自身亦不能有一定之範圍。時間本身無時間性，空間本身無空間性。

以上所述，是自上帝全造言。然在吾人則承認物質之氣爲所與。此亦不碍本體之創造性。吾人只順形式方面（包含神理神意神智等等）說明本體（乃至上帝亦然）之創造卽已足，不必再順物質方面（質材或材料）復言本體亦造物質，或言由本體演化出物質。言造物質，在言上帝者，似可說實不可說。似可說者，以言上帝偉大，造則俱造，不必言理由。然此必籠統無實義。不可說者，歸於實義，則只能就神之體性（如智意理善等）而言創造。神之創造函於其創造性中。其創造性亦就是其自己，亦卽同於其神理神智神意神善。是以不能外乎其體性而言神之創造。神之創造卽由其體性直接分析出。而若其體性一切皆如如，則其創造亦如如。其體性中無物質之成分，而物質成分之特性亦無助於其創造性之成立或理解，則言神之創造只有順形式方面卽順其體性方面而言之。此爲如如之必然。順此必然而言，則不復可言「亦造物質」。蓋凡其體性中所無者，而言其亦造之，則此造卽爲違反其體性，違反其如如之創造，因而不復是神造。是以言「神之創造是順其體性而造」，此爲分析命題，而若「亦造物質」，則卽賦予之以綜和命題，因而神之創造性爲偶然，而神亦偶然。是以神之創造只爲實現義，推動義，指導義，鼓舞義，扭轉義，善續義，而不能言其「亦造什麼」也。順此創造義而言，則現實世界中之形式方面者可以溯原於上帝，而物質之氣便不能溯原於上帝。故卽在言上帝者，亦實不可說造物質也。吾人言本體，則更不可說。至於由本體演化出物質，乃至世界，則在西方名曰流出說，此爲正宗神學家所不能承認者。吾人亦斷然擯棄之。【中國思想中，關於此方面，亦常含有流出說之義。然其言多渾圓，又多譬喻詞，故亦不能概念地決定其卽是如此也。然衡之儒家究竟義，可斷其決非如此，亦不應如此。】

本體如是所創造之現實世界卽是吾人認識心之知識世界或命題世界。每一在本體創造所呈現之「物質之氣」之變中所成之「糾結之局」卽是一命題，或一聚命題。認識心是以命題之態度看此現實世界，因而卽只見此命題世界，而此命題世界所由呈現之本體創造則不復見。命題世界亦曰科學世界。因此科學可定爲一組命題或一命題之系統。在命題世界中，概念都是決定之概念，因而亦是邏輯思考所行之世界，因而亦是可說之世界。此世界，吾人已知其爲永恆爲無限，然而吾人之認識心則不能一起把握之或綜攝之。假若吾人認識心所接觸及者名曰現實經驗，則此永恆而無限之全部命題世界卽可盡概之於「可能經驗」一詞下。現實可能只在人心有此分，而在本體之神心則無此分。在本體，則都是現實之呈現。本體神智之知此世界乃是直覺者，非辨解者。因而亦無吾人認識心之理解格度。因此，在神心方面，此永恆而無限之現實世界，亦不須有時空形式以表象之。時空形式亦只在認識心之了別此世界上說。時空格度之建立乃直接建立者。當其初次直接建立，卽康德所謂原始表象，雖是獨一而無限，因此名之曰直覺而非概念，然此獨一而無限之時空格度却不能自始卽客觀地平鋪之於該永恆而無限之現實世界上而與其等量齊流同爲客觀之存在。此永恆而無限之現實世界可以接受時空之記錄，但時空不能離開吾人認識心而獨在。本體神心旣無時空可言，則當其創造不息而呈現爲現實世界時，並不賦之以時空而與現實世界相粘着同爲永恒而無限之存在。現實世界永恒而無限，而吾人認識心不能一起把握之，故有「可能經驗」一詞之立。現實世界無限，可能經驗亦隨之而無限，依此，時空格度亦隨可能經驗之無限而爲無限的記錄。前云：時空亦無限，隨世界之無限而無限。此陳述，在此，當有限制：卽必繫屬於認識心之可能經驗上。可能經驗旣包括現實世界之全體，則邏輯地言之，凡在可能經驗中者，皆可表之以時空。可能經驗無限，則時空之表象自亦必無限也。然時空終無客觀實在義。此爲自來布尼茲將時空從存在背後翻上來而視爲關係，視爲程態，隸屬於心，經過康德將此屬心義予以充分發展後，所必至者。【然在康德，此無客觀實在義尙未能全部透出。本書則已作到。】

現實世界爲命題世界，本體爲非命題世界。吾人上章關於本體所說者皆不可作命題看。然本體雖非命題，而却爲成就命題世界者。命題世界中之命題得以形成，得以有意義，皆因非命題之本體使之然。從本體之創造性，經過一創造之活動，而呈現爲命題世界：此一全歷程之綜和名曰「超越的先驗綜和」。此綜和，假若可以名之曰命題，亦非命題世界中之命題，卽實非一命題，而乃一原理也。經由此原理爲根據，而後命題世界乃可能。【康德所說之一切先驗綜和判斷皆此類意義之原理。實不可視爲命題（判斷）也。】

第三節　道德世界之宇宙論的形成

命題世界是本體創造之下落。本體之創造活動，溥博源泉而時出之。此自創造之爲一整個而言之。而創造實只爲推動物質之氣之生成。此生成因爲物氣之生成，故亦爲物氣所限。每一物氣之生成卽爲一段物氣之糾結。而每一如是如是之糾結卽是一現實之存在。命題世界卽自此現實之存在而言。故命題世界卽表示此現實存在之原子性，因而亦卽表示本體創造之落下，亦卽平鋪下而爲原子的現實世界也。但道德世界則必直承本體之創造本身而言。本體之創造是如本體之創造性而爲創造。但在本體，創造性與創造是一，卽其體其用是一。是以「直承本體之創造本身而言」，卽是對就本體創造之純自動性而言。吾人已由本體神意之自意而明本體自身爲至善。但本體自身卽是純自動性，故此純自動性亦卽是至善。但此至善卽爲善之自己：衆善之源，萬善之標準。而此善之自己非是吾人所說之道德世界。道德世界由至善之賅括而成。而至善之賅括卽是至善之發用，此亦卽是至善之創造。但所創造而平鋪者爲命題世界。道德世界不自此所創造出之平鋪者言，而必自將此平鋪者提起而隸屬於創造之自身言。是以道德世界不是順本體之所創造者而置定之，而是逆此所創造者而觀本體之提起與扭轉。假若只有平鋪之置定，而無提起與扭轉，則世界卽脫離本體之創造而墮落而乾枯而斷滅。然本體之創造本時出不已。正因時出不已，故平鋪而不終於平鋪，置定而不終於置定。即依此義，而說提起與扭轉。依提起與扭轉而說道德世界。但提起與扭轉即是本體創造之不已，亦即至善傳播之不已。但若自本體自身言，則雖動用不息，而並不能顯出此處所言之道德世界，故必自「所創造處之提起與扭轉」所顯示之創造不已而言道德世界。

道德世界亦曰繼體世界。本體自身即動即靜，於穆不已，而無所謂繼不繼。惟自所創造者之提起否而言繼不繼。不提起而墮落而乾枯而斷滅，則不能顯本體之創造，亦即世界不能繼。不繼則不能見善之傳。故必有提起與扭轉，然後始能繼。世界相繼，然後善見其傳。故在繼之關節處而言道德世界。繼非繼本體：本體自身於穆不已，無所謂繼：世界與本體爲異質，無可言繼。繼者只世界不斷滅而永恆相生耳。是以繼只從所創造處言。但所創造處之所以能繼，不在其自身，而在本體之提起與扭轉。故繼體世界必是由「所創造處之不終於平鋪而攝所以從本體之能而反歸於本體之創造」而見。如此而言之道德世界，名曰道德世界之宇宙論的形成。此種形成是由本體之創造之提起其所創造者而顯示其創造不已而形成。故云道德世界必直承本體之創造本身而言也。

本體之創造之提起其所創造者名曰本體神意之如如的命令。由此如如的命令而見本體之神理。此神理名曰本體之如如的當然之理。此如如的當然之理名曰道德世界之內容。此如如的當然之理只是神智神意之無限的妙用，但對所創造者之下落或平鋪而提起扭轉之使其繼體不息言，名爲如如的命令，當然之理。此當然之理只是至善之必傳。因爲其必傳，故必提起其所創造者之平鋪而使之繼。但繼起者亦必爲物氣之變，而其變之成爲如是如是之糾結，卽是依照至善之傳所具之如如的當然之理而成爲如是如是之糾結。自其依照當然之理而爲繼起之變言，名曰接受如如之命令。因接受此命令而繼起，卽謂此命令所具之當然之理之引生物氣之變。故道德世界之內容胥由此繼起或引生而見。但此內容繫於本體之純自動性。依此純自動性，而言本體性分之自由。故此道德世界卽以此自由與其所發之當然之理或如如之命令而形成。是故命題世界爲下落，表示創造之所創造，而道德世界爲上昇，表示創造之能創造。前者，因物氣之異質故，故有種種確定的命題或自然之概念。後者，則因順承本體之能造言，故爲單純之同質，因而只爲一單一之當然之理。神智神意雖有無限之妙用，然而只是一諧一，並無橫撐豎架之雜多散立於其中。故妙用無限，而只是一令平鋪者繼起之當然之理。故道德世界之內容只爲一單純之理，並無多理。自此而言，則道德世界乃爲直承本體創造而建。

種種確定的命題或概念，固爲物氣順承神意之當然之理而糾結成，然當然之理之指導而一成爲物氣之糾結，則自此糾結所呈之形式言，卽不復爲當然之理，而爲自然之理，卽自然存在之相，命題或概念所表示者。種種特殊的自然律皆自然存在之相。依此而言，當然之理不卽存在之相。然存在之相所以爲如此如此，却由當然之理之運用而使然。是則當然之理正是存在之相所以存在之理。

每一存在之特殊之相卽是一特殊之物氣之變。而特殊之物氣之變皆依當然之理之指導而爲如是如是變。是以物氣之如是如是變，皆依當然之理而現實，卽成爲如是如是之現實者。吾人不言物氣之變實現理，單言當然之理實現物氣之如是如是變。蓋物質之氣，若離開創造之當然之理，卽只爲潛能之墮性，若終於離開創造之當然之理，則必乾枯而斷滅。只爲潛能之墮性，何足以實現理？若乾枯而斷滅，則亦無從而實現理。是以不能以物氣爲首出而言其實現理也。只能以當然之理爲首出，而言其實現物氣之如是如是變。物氣之如是如是變，不是實現一當然之理，而是當然之理實現之，使其所呈之存在之相足以爲當然之理之影子。是以每一存在之相皆爲當然之理之象徵。存在之相之生息不斷卽象徵本體之創造不已。吾人亦不言：理氣合而成存在之物。存在之物由物氣之糾結而成。有如是之糾結，必呈爲如是之相，而如是之相並非卽創造之當然之理。是以現實存在之物並非理與氣合，乃是相與氣合。而相與氣對創造之當然之理言，俱爲被動者。物氣爲被動，因本體創造活動之感發而發酵。發酵卽是順創造之當然之理之指導而爲如是如是變，因而有如是如是相，故存在之相亦爲被動者。惟如是如是之存在相可以溯其源於當然之理之指導，因有此指導，故成爲物氣變化之脈絡（卽存在之相）。人將當然之理凝縮之於物氣之變中而爲構成一存在之物之成分，遂以爲理與氣合而成物。實則創造之當然之理乃爲不能凝縮而爲存在之相者。當然之理乃爲不能固定化於任何特殊存在者。由存在之物可以分析出存在之相卽種種共相或確定之概念，亦可以分析出物質之氣，但不能分析出創造之當然之理。此當然之理爲一，實現任何物，而不固定於任何物以爲其構成之成分。朱子之理實當如此確定之，而只因其言有理有氣，遂使近人以爲物由理氣合，故由存在物所具之種種相以言理，而此種種共相之爲理不能一，亦無所謂善，更亦無創造義，故遂否決朱子所言之理之一切函義，而形上學亦不復可能矣。復次，吾人亦不言：未有天地以前，畢竟亦有是理。朱子此義，雖足以加重理之尊嚴與先在性，然而實不可如此說。蓋本體之創造不容已，實不容有此曲折也。故本體無限，世界無限。理必指導氣，引生氣，扭轉氣。唯如此而後極成「有理必有氣」。蓋神意所發之如如的當然之理與吾人心所發之當然之理不同，亦與由存在物而抽成之種種共相不同。故創造之當然之理必創生世界也。故雖理先（形上的先）而氣後，而有理必有氣。然吾人却不因此而即直接說：有氣必有理，亦不說：氣之曲折宛轉即是理。有物氣之變，必有其變所呈之相，而相不是理。氣之曲折宛轉是相不是理。相單表示氣變順理之指導而變，因而呈如是如是之順理而然之相。有氣必有理，虛說可，實說不可。理凝於氣變中爲實說，氣不斷因理而然爲虛說。

道德世界因自由與當然之理而形成，而此兩概念即表示由本體而發之「如如的目的性」，此即康德所謂「目的論判斷」也。此如如的目的性即是「宇宙秩序」之所由成。宇宙秩序自所造之存在言。命題世界爲一有秩序之世界，因而形成一命題之系統。所有命題皆表示物氣之變之糾結，而此糾結實爲一一相聯無始無終之系統，而此系統之爲現實的系統實由創造之如如目的性而使其爲如是之實現。自此糾結之爲此糾結言，固一一相聯，無始無終，此只表示因本體無限，故世界無限。然而自此糾結之所以然言，則每一步糾結皆有其超越之理由，因而隨時可以始，亦隨時可以終。自糾結相聯之串系言，一一相待，無有可以自足者，然自其超越之理由言，則每步皆自足。故其超越之理由，卽如如目的性，乃實現物氣之糾結而使之爲一系統者。一棵樹，一枝花，皆爲一糾結之系統，而如如目的性實現其爲如是之系統。自糾結串系之橫面言，只是如此聯結於一起，似無必然之理由，所謂偶然者卽依此而言也。然自超越理由之縱貫的引生言，則其如是如是之聯結於一起皆有形上之必然性。或者說：本體之創造不息，則世界之奇變無窮，依是未來之出現究爲何全不可預測，則因果律無效，知識因而不可能。故如言因果，卽不可言創造，今雖言超越之理由，而此理由爲本體之創造，則因果律卽不能自持，遂亦因之而無效。關此，則如此答：本體之創造之引生物氣之變也，非無中生有突然來臨之奇蹟，亦非本體自身之憑空變把戲，乃爲就物氣之變而引生，而亦唯由物氣之變之不斷而顯其創造性。物氣自身雖不能自動，然本體創造之引之動，亦必就物氣自身之潛能而成就其步步相聯之變化，因而使其變化成爲一現實之系統。如如的創造並不能逞其興會從物氣之變中忽然無中生有也。如如的創造只是一種鼓舞之引生，使潛能之物質之氣煥發其光彩，而成爲現實之萬有。依是，此花此樹很可不爲如是之糾結，砒霜與人身亦可不爲如是之糾結，而且在創造過程中，其可能之糾結可有無限之路數，然每一出現之可能糾結必不能與其所由承繼而來之物氣之變全脫節，此卽示：任何可能之糾結，其出現也，必於前此之物氣中有根據，而於本體之創造中有超越之理由。吾人卽以此超越之理由保證物氣之變之因果。而如此所保證之因果，爲創造過程中之因果，非機械因果也。是以雖言創造，不碍因果之有效。【機械因果只是物氣之變之平鋪，爲靜態之暫時的，非永久的。】

自本體之創造而言「道德世界之宇宙論的形成」，但在此宇宙論之構造中，並無罪惡世界之形成。根據本體之創造，對於罪惡並無正面之概念可給。罪惡只能從所造之存在方面說，而存在若在創造中，則亦無罪惡之可言。存在若離開本體之創造，則卽歸於墮性，乾枯，而斷滅。及至斷滅，則本體之創造卽不能顯，而至善之傳播卽中止，是卽等於阻碍至善之傳播，此則爲大惡。但離開本體創造之存在是假設之詞，事實上無有者。依是，罪惡是一消極之概念，而自宇宙論上言，則並不能正面提供罪惡之概念，因而形成罪惡之世界。復次，假若有一正面之存在，如撒旦，專以阻止至善之傳播爲能事，則罪惡卽是積極之概念。但撒旦實不存在者。依是，自宇宙論上言，實無罪惡世界之形成。人心可以陷溺日甚，而趨於墮落，乾枯，而毀滅其自己，是謂大惡。然自宇宙論上言，則無離開本體而自毀之存在。是以罪惡只可自人心上言，不可自天心上言。

第四節　美學世界之宇宙論的形成

命題世界是自所造方面之爲一現實存在言，道德世界則自本體之創造不已之帶現實存在之繼言。前者是自然，後者是自由。自由爲主，而實現自然。本體創造之如如的當然之理實現一切存在，爲一切存在所以然之性。此性非個體之定義之性。定義中之性實卽相。故如如的當然之理旣引生一切存在，又徧普於一切存在。其引生與徧普皆爲如如的。故此兩界本貫通而不隔。然分別言之，則有此積極之兩面。今自其貫通不隔而言和，是謂圓成世界。此圓成世界並非客觀地外置於外而有一定內容或曲屈之一特別界，乃只是自本體創造處之如如的綜觀或靜觀。此嚴格言之，當爲一種境界，而不可曰世界。道德世界與命題世界皆爲有向者。此所謂向，若特殊化之，卽是有一定之內容或曲屈。因爲有向，所以皆表示本體之凸出與岔裂，因而有界可言，本體本身無所謂凸出與岔裂，因爲如如故。但自其所成與外現言，則有此不平之邱壑。故道德命題兩界皆爲積極的也。今言圓成世界，則融有向於無向，卽將其向反而融之於本體之自身，而單自本體之如如處以言和。此和卽圓成。立於禮成於樂之謂也。萬物皆在理（當然之理）中立，皆在樂中成。成者圓成也。圓成以二義成。一、理徧普於一切存在，理與存在不離，不離則理爲充實之理，是謂理之充盈。存在皆因理而然，則存在不退脫，不退脫而盈於理中，則存在只是理，不是物，是謂物之瑩徹。

二、不但理與存在盈，存在瑩徹於理中，而且理是創生不息之理，存在是繼續不斷之存在。依此，理是具體的於穆不已之理流，卽靜卽動之如的非流之流，而存在亦是具體的雲蒸霞蔚之氣化的流，（言命題時是原子式的，此時是連續式的，）而氣化的流有理流徧徹於其中，則氣化之流是瑩徹之理流，理流有氣化之流以充實之，則理流是飽滿之氣流。依以上兩義，而言圓成。

但此圓成並不由本體放射出而孤離於本體，而乃將其所創造者反融於本體而言之。命題世界由本體之當然之理之創造而（理）凝固於存在中，表現爲自然律，是則命題世界卽表示本體之賦與存在以規律。道德世界則表示自然律其根源上皆有道德之函義，是卽表示本體賦予存在以意義。但是圓成世界則不表示對於存在之任何賦與，單只表示本體對於其所創造者之內在地欣趣或靜觀。依是，圓成之和並非由於一種物事如一定之律則將彼兩界綜和之而成就。蓋若如是，則本體必另有所湧現，另湧現一定之概念或律則以賦與於存在，依是必又別成一界，而不得謂最後之圓成。卽或不別成一與彼兩界分立之界，而謂依此一定之概念或律則足以綜和彼兩界，猶如甲與非甲之綜和於第三者，因而綜和於一較高者，則亦非最後之圓成。蓋旣有所湧現，則湧現之每一概念或律則皆爲固定者，因而皆有一定之範圍，是則邏輯言之，必有外或封域，而自其所綜和以成者而言之，雖爲較高者，亦仍有外而爲相對。是則非此處所言之圓成之和。是故圓成之和並非依一定之律則而成之綜和。

因爲非綜和，故其爲圓成可爲最後者。因其非綜和，故無所賦與也。或可問曰：然則彼兩界究需要綜和否？如須綜和，則須於圓成義外當復言綜和。曰：不需。蓋彼兩界實非「甲」與「非甲」之兩項，而需綜和之以成一整體。命題世界只是截斷其創造上之根源，而單靜態地就其爲一現實之存在而是其所是地而觀之。如是而觀之，吾人注意其「是什麼」，自無價值意義之可言，因而名之曰自然，此就是吾人知識之對象。然就本體之創造言，存在之創造上之根源實不可截斷。一切現實存在之如是如是「是」，實由於其在本體之創造中而然。一歸於本體之創造，則卽歸於如如的當然之理之流行，因而自然者亦卽是當然者。自本體之創造處言，此兩者是一。蓋本體創造之當然之理實無一刻空懸者，而無時不在成用中，亦卽無時不在成爲自然中。惟自本體以外之所創造，分別地而言之，則現實存在之是什麼爲命題世界，而是什麼之存在之歸於本體之創造中卽爲道德世界。此實是兩種意義之分觀，而在本體之創造處原本合一也。今反其向而融於本體之如如的創造中，則卽是一種最後的圓成之和。此圓成之和惟自本體之如如處言。本體之如如的創造，成自然，而自然同時亦卽是當然，是有向，同時亦卽是無向。有向內在於本體之自己而爲無向之向。是卽所謂圓成之和。是以圓成之和非綜和，而彼兩界亦不需言綜和。或又問曰：兩界有罅隙否？須溝通否？曰：自本體之創造處言，現實存在本爲當然之理之直貫，故無罅隙，亦無須溝通。圓成之和亦並非一第三者，藉以爲彼兩界之媒介。乃只是依據本體之如如的創造，融其向而歸於無向，所成之最後之境界。設自認識之能上，先由認識之心，譬如理解，依其特殊之限制與機能，而釐定一自然世界，復由道德之實踐，依康德所謂理性而釐定一表示自由之道德世界，而此兩界絕然異質，而吾人之認識之能又各止於其分，絕不相通，夫如此始顯出須有一第三者爲媒介而使其滯通爲可能。惟依本書之系統，卽在認識之能上，亦不如康德之所論。自認識之能上，由認識之心所見的命題世界，與由形上的心所見的道德世界，亦如自本體之創造處言，並非隔而不通者。吾人將視之爲形上的心（卽天心）之貫徹過程中之曲折，而一是皆由天心以貫之，此卻並無一媒介足以滯通之。滯通之者不是一第三者之媒介，而是**天心之貫徹**。若不自天心之本源處言其貫，卻向何處憑空尋一第三者以媒介之？若不自天心之下貫言，則所尋以滯通彼兩界之媒介，若非只有工巧之價值，亦必爲虛懸而不能實現者。吾之如此言，意在使康德所言之「自然之形式目的性原則」全部透出來而建基於天心上（自認識之能方面言）與本體上（自本體之創造方面言）。

康德在其「判斷性批判」一書中引論第四節末段云：

依是，「自然之目的性」是一個特殊的先驗概念，它只在反省判斷中有其根源。因爲我們不能將任何像「把自然牽涉到目的」這類東西歸給自然之成果，我們只能用這個概念（卽目的性概念）去反省自然之成果，所謂成果是在自然中的現象之結聚方面言，而此所謂結聚是依照經驗律則而定的。復次，這個概念完全不同於實踐的目的性，如在人類技術中或甚至道德中，雖然無疑它是隨此類比而被想。

此卽是說，在自然之成果上，吾人不能積極地爲之規定一目的而賦予之，但只能用目的性概念（主觀的或形式的）去反省自然。依是，此爲反省判斷而設的目的性概念是虛的。它不同於道德的目的，亦不根據於道德的目的。它着落在何處，尙未決定。而且依康德之系統將始終不能決定也。但是，它却要盡媒介之責。此如何而可能？如果在經驗律則之變化多端方面，不能全由普遍律則（爲理解所先驗供給者）來控制，還須要有一個目的性概念卽超越原則以諧和而統一此變化多端之經驗律則（在自然之結聚的成果方面說），則實是想立一最後的統一原則以諧和此自然，而此統一原則或在神，或在基於天心而顯之普遍的道德目的性。如果在此兩者，則此統一原則是有實指的，亦有其落實處，雖然時下只是邏輯地如此說。如果有實着落，則自然在客觀方面卽有其諧和之根據，而此統一原則亦不只是主觀的，雖然時下只是邏輯的要求，要求之以諧和此自然。卽在康德的系統說，反省判斷是要求此超越原則的。因爲反省判斷不能積極地規定之，故只在爲美的判斷之可能上而要求之。然康德偏不將此超越原則予以實着落。是以此原則如不基於神或道德的目的而建立，則自然之客觀方面的諧和便不可能。如不可能，則理解在自然中固不能有歸宿，而美學判斷亦無由獲得其具體而眞實之實現。或說：美的判斷之成，不在自對象之客觀方面說，而但在自對象之與主體中諸認識之能（想像與理解）之契合上說。因此，美的判斷只是主體方面自身之融洽以及其對於自然之無所規定無所立法之無間的幾應。但須知，順康德，此種無間之幾應，亦必須客觀方面已有諧和的統一，或已有此統一可能之根據，然後吾之無間的幾應始能安然洒然而成或可能成其爲具體而眞實之美的判斷。美的判斷雖於對象無所事事，而只欣趣，或只快感，然亦必須客觀方面有諧和的統一方可。（不惟客觀方面須有諧和的統一，即在主體方面亦須有足以實現美的判斷之眞實根據。而此兩方面說到最後實即是一事。然康德實未能作至此。現在暫只從客觀方面說。）諧和的統一雖不由於美的判斷而成，而必爲美的判斷所根據。不由之成，故它對於自然無所事事；爲其所根據，故它始能安然而欣趣。自此而言，康德實必歸於以一個有實着落之超越原則爲諧和統一之根據，然而他不如此作，他亦不能眞實地客觀地建立此原則。他是將美的判斷之本性上的無所事事，說成一個爲美的判斷所必假定的一個形式目的性。實則此形式的（主觀的）目的性只是美的判斷之無所事事，只是主體中諸認識之能之諧和以及其對於自然之無間的幾應。然而此只是美的判斷之本性。（此本性，展開言之，即爲康德所說之四義。）而不是它的一個超越原則。康德開始是想建立一個超越原則。但因他不能將此超越原則歸於道德目的或神，所以他又不能眞實地建立之。康德以爲道德目的基於自由之概念，而自由之概念是超感觸的，又爲理性所規定所供給，而康德心目中却要想這個超越原則只是反省的，不是決定的，因而只是爲美的判斷的，所以他說這個目的性不同於道德目的，因而他不能將此原則落於道德目的上。然而他不知美的判斷之原則若植根於道德的目的（以此爲根據），亦並不妨碍美的判斷之成立（實則不惟不妨碍其成立，而且其成立必因此而可能）。而道德目的之爲決定的，亦並不妨碍美的判斷之只爲無所事事的。蓋根據於道德目的而後有此諧和，而後可以成爲實現美的判斷之轉關，此是必然不可移者。道德目的自是決定的，但它在吾人主體方面具有扭轉超升之作用，假若此目的能頓時卽普而爲萬有之基，它的決定性卽是它的貫注性，生成性，因而可以利貞萬物之性命。經此扭轉與超升以及其利貞萬物之性命，則美的判斷之無所事事，以及其中之無有決定作用的目的性，卽可有具體而眞實之實現。此一轉關，對美的判斷言，乃不可少。然而康德不能作至此。康德之美的判斷之超越原則不能基於此而建立，所以此原則是虛的，不能負自然諧和之責，亦不能負美的判斷之實現之責。如不能負此責，則自然之諧和卽不可能，卽無根據，而美的判斷亦不得而實現。又因爲不基於此而建立，所以只將美的判斷之本性上的無所事事，投射出爲一超越原則而虛立之，在一種僞裝下而生出，因而其開始所想建立之超越原則亦終不得而建立。關此，康德是在以下之論辨中進行其推理：自然在其經驗律則之變化多端方面須有一個目的性原則以爲美的判斷之根據（卽超越原則）；而美的判斷是無所事事的，所以此目的性原理也只是形式的主觀的（無所事事的）。此推理，衡之以條件義，顯有漏洞。美的判斷本身無所事事，而其所根據之目的性原理不必無所事事。此以美的判斷之本性混爲其原則也。目的性之美的表象是主觀的，但目的性原理本身不必是主觀的（形式的）。由此而言，他是以目的性之美的表象混爲美的判斷之超越原則。（如若不然，則目的性原則既未眞實地建立起，何來此目的性之美的表象？）

或曰：若如上所言，美的判斷之超越原理必植根於道德的目的，則美的判斷必只是一種後果，而不足以爲溝通兩界之媒介，其自身亦不能獨爲一領域，自其自身含有一些先驗原則而成其爲一獨特之領域。然而康德則見到，除理解與理性外，判斷自身亦有先驗之原則。此則可獨立地而言之，卽單因考察判斷自身卽可發見美的判斷之超越原理。此則有二利：一、美學自身有其構造之原則（雖是對自然而言只爲軌約的）；二、美的判斷可獨立於一切實際目的或道德觀念，而欣趣之禪悅亦實如此。若必植根於道德目的，則美的判斷卽失其獨立性，而必限制於道德之善，而爲其委。康德論反省判斷之超越原理先不作此積極之肯定，而只就美的判斷本身之所須，以爲唯此主觀或形式目的性卽足夠。如此，似可保留彼二利處。曰：此雖可以如此說，而實不可以如此說。蓋依康德系統，美的判斷之超越原則實負溝通兩界之責。但若此原則只是主觀的，則不能盡此責，蓋其在對象方而無所事事故。（一個虛的原則何能盡媒介之責？假若自由之概念不能貫下來，則雖有此主觀或形式目的性，彼仍自若也：彼仍不能貫，而此亦不足以溝通之。）假若客觀方面已實成一諧和統一之系統，而與主體中諸認識之能絲絲入扣，妙合無間，因而引起吾人之快感，則所以能如此者必有其根據，而此根據却不在康德所立之主觀目的性。依此，主觀目的性既不能實現客觀方面之諧和的統一，亦不能實現美的判斷之爲具體而眞實之判斷，而所謂快感亦只虛說而不能實現也。假若此原則只爲對於自然之反省上如此立，而不必視之爲有客觀之決定，而美的判斷亦實表象一種諧和之快感，因而其所依之目的性原則卽可以使自由之概念轉到自然之概念，因而可以溝通兩界而爲一，則吾人如此說：卽此種虛的目的性原則，實是該本體上或道德上之實的目的性之投射，而美的判斷之實足以表象對象之與主體之妙合，亦實只是該實的目的性之下貫，因而有此無所事事之欣趣，而並非該美的判斷之超越原則卽主觀目的性足以溝通之。依是，康德所立之主觀目的性原則實只是自然之目的性之美的表象，或美的判斷之本性上的無所事事，而不可視爲一原則。否則，此主觀目的性旣不能實現自然之諧和的統一，亦不能實現美的判斷之必然爲實有；而美的判斷旣不能爲實有，則如何可以盡溝通之責耶？就不能實有之美的判斷而只邏輯地或形式地爲之虛擬一超越原則，則就美的判斷言，只說明其形式的可能性，不能說明其眞實的可能性，因而就兩界言，亦不能盡其溝通之責。此所謂不能盡溝通之責，非謂只是形式的，而不是眞實的，乃謂根本不能盡媒介之責也。依此，美的判斷或只是虛懸而不能實現，或必是一種依據一根據（卽眞實的目的性）而轉出之後果。依此，美的判斷必須從其媒介地位轉出去而爲一最後之圓成，因而其超越原則必須是一實的根據。而其無所事事之表象與其所以可能之原理並不可混爲一事。此則必賴實的根據之下貫。康德唯不能作到此直貫，故憑空別尋一第三者以溝通之，而以美的判斷爲居間之媒介。實則美的判斷並不可作媒介也。美的判斷誠可表示事理之圓盈，而又無所事事。但此與居間媒介義迥別。蓋此實乃最後之圓成也。若問康德何以不能識此直貫義，則總因其一、不能了然識心（認識的心）本心（道德的天心或形上的心）之義用，形上天心轉不出；二、其所說之自由概念中所含之道德目的性不能頓時即普而爲萬有之基，因而亦不能眞實而客觀地決定或建立此普遍的自然之目的性；三、未能認識最後之問題乃在超越形上學如何能全幅被實現之問題，因而不能知唯有自本體或天心處始可言美的判斷之眞實可能。

自由之概念雖是超感觸的，然此只是了解其本性，就對其本性之認識而云然，並不能因此卽謂其不下貫，不指導或主宰氣質之自然。吾人可全不從感觸經驗上論自由，論道德之天心，但亦不能因此卽謂其不下貫，不指導不扭轉感觸之自然。此譬如範疇亦爲純理智者，超感觸者，然並不碍其下貫而構造地綜和吾人之經驗。範疇可以下貫，何以自由及其特殊因果性不能下貫耶？或曰：範疇既爲純理智的，其自身本亦不下貫，故須有「規模」以通之。規模之溝通範疇與直覺，亦猶判斷之溝通理解與理性也。曰：規模之爲媒介實不同於判斷之爲媒介。而何況其專以時間爲論規模之關鍵亦不能盡媒介之責。實則只是範疇之直貫，而以超越的想像以具體化之而已。若徒自時間論，則實無如此多之屈曲，備於此而與範疇相應也（此義在此不能詳論）。判斷之爲媒介，又不若規模之爲媒介，是以更有難處也。（蓋規模尚可自實的超越想像而論之，因而規模亦可有實指。而美的判斷則不具備此特性，故爲虛的也。）如其道德天心能下貫，則美的判斷必轉出去而爲最後之圓成，而不可視爲溝通兩界之媒介。

美的判斷是具體而現實者。是以必就其爲可以實現而論之。依是，一、必須有實的根據；二、必須超越於諸認識之能之上而自一「依據本心而現」之心境以論之。依是，美的判斷終必轉出去而自道德的天心之圓成處以言之。一、既不可自其爲媒介而言之，二、又不可自主體中之諸認識之能之妙合而言之。諸認識之能是識心，而美的判斷則必須基於天心。大樂與天地同和，則亦莊亦美。吾之自圓成世界而言美，正爲此兩步超轉而設也。

美的判斷必須是能實現者。吾於本節所言之宇宙論之形成，亦不過只是邏輯地而言之。然亦足示其必轉出。若論其實現，則必須轉至天心之呈現（此步不在本書範圍內）。康德所以不能實現美的判斷，正因其不能使天心全部透露出（而彼亦實未見到「必須基於天心美的判斷始可能」一義）。天心是全部自然界之基體。而康德對此基體始終隔着一層簾幕，從此簾幕中隱隱約約畧露端倪。且也不是從那基體方面說其畧露端倪，而是從吾人主體中諸認識之能方面說約畧可以指點或逼近那個基體之端倪。其「判斷性批判」中引論第九節第二段文即表示此超感觸之基體由三方面而暗示，而皆未能使之全幅實現，即無一能使之成爲完全決定者。知性只決定自然爲現象（即只作爲現象被認識），雖可以暗示自然有一超感觸之基體，但完全不能使之成爲決定者。理性，因其實踐的律則，對此同一物事即超感觸之基體，因能先驗地給之以決定。（實則亦並不即是決定，只因自由概念為超感觸的，故使吾人更易接近該基體之函義，實則在康德系統中，實踐律則所提供之自由概念是否能頓時卽普而為萬有之基體，或卽具有普遍之涵蓋性而可為宇宙萬有之基體，亦大有問題，康德實未能作至此。）但其所提供之自由之概念以及由此而逼近或指點之基體並貫不下來，其自由之概念亦未能頓時卽普而為全部自然界之基體。（雖卽形式地如此建立彼亦未作到，假若此步能作到，則其立場必更積極而顯豁。）因此，理性因其實踐律則所提供之自由之概念及其特殊因果性並不卽等於目的論判斷所估量者，卽是說，並不能卽由之而可建立（雖是邏輯地或形式地）普遍之自然目的性，縱或由此可以接近而指點之，然亦不能使此普遍之自然目的性可以直貫下來而完全成為實現者，同時其本身之自由概念亦如此，是以尚須有待於其他第三者去迎接之，溝通之，而把它拉下來。由此可見，理性對此超感觸之基體，旣不能積極地建立之（縱然是邏輯地），亦不能完全滿證地實現之。最後，自然之目的性固亦有其邏輯的表象，卽目的論判斷所表象者。但「目的論判斷並不是一種特殊之能，但只是一般的反省判斷，依照概念而前進，其依照概念也，亦但是在關於自然底一定對象方面而依照概念以前進，並且隨從特殊的原則而前進，而所謂原則亦就是那『只是反省的而不能決定對象』的判斷之原則。」（判斷性批判，引論第八節末段中文。）依是，目的論判斷亦只是反省的，彼雖以知性及理性估量自然之目的性，但亦只是估量，而不是決定也。所以康德說：「在另一方面，作為目的論地使用之判斷則指定一些決定的條件，在此條件下，某種東西如有機體可以以其順從一個自然底目的之概念而被估計。但是從作為經驗底對象看的自然之概念中，並無原則可援引，援引之而賦予之（此之字代表目的論判斷）以權威，使其先驗地將『事物之涉及於目的』一義歸之於自然，或不然，亦只是不決定地預定此種目的，從現實經驗中不決定地預定之。所以如此之理由是：要想在一定對象中能够只是經驗地去認識客觀目的性，許多特殊經驗必須集合起來，而且須在其原則之統一下被觀看。」（同上）可見目的論判斷對於客觀的眞實的目的性亦並不能客觀地決定之，也只是一種虛擬，更不必言實現之。其自身亦不能自足地有使用目的一概念於自然之權利，而反因「自然的美」卽主觀目的性之表象，卽美的判斷所表象者，而逼出。卽，「在『判斷性批判』中，討論美學判斷的那部分在本質上是相干的。因為單只是它含有為判斷完全先驗地所引出的一個原則，以此原則作為它的對於自然之反省之基礎。此就是自然的形式目的性之原則，為我們的認識之能在其特殊的經驗律則方面所設的一個原則。此原則，若沒有它，知性便不能在自然中有歸宿：而同時為什麼自然必有客觀的目的，卽為什麼自然中的事物必是只有當作自然的目的看才是可能的，這並沒有理由是先驗地可指給的，當然亦不能有從當作經驗底一個對象看的自然之概念（無論在其普遍的方面或特殊的方面）而來的一個顯明理由之可能性。但在上面那個超越原則早已預備好知性去應用一個目的底概念於自然上（至少在形式方面之自然上）以後，只有判斷（其自身在此方面亦不曾先驗地有一原則），在現實地出現的事例上（屬於某種成果之事例），含有一個為使用目的概念（在理性底興趣中使用）之規律。」（同上第八節第三段）。依是，目的一概念之使用，其關鍵全在美的判斷中。由美的判斷所含之主觀目的性才引吾人去作目的論判斷之估量。然而美的判斷所依據之超越原則，又是虛的，因而美的判斷並不能成為眞實地實現的，由此可見美的判斷亦不能充分決定而實現該自然之目的性，卽超感觸之基體。是以康德承上所引文又說：「但是，那超越原則，（因此原則，自然之目的性，在其主觀的涉及於認識之能中，是被表象在事物之形式中而作為對於它的估計之原則，）對於以下之問題是全不能決定的，卽：在什麼地方，在什麼情形中，我們能估量對象是一種依照目的性原則而成的成果，而不把它看成只是依照自然底普遍律則而成的成果，此問題是完全不能被決定的。它把決定『這成果（在其形式方面）對於我們的認識之能之契合（作欣趣問題看）』這一工作歸給美學的判斷。」（同上第八節末段文開首）。但吾人已知，如果美的判斷之超越原則不能決定而且實現自然之目的性，則美的判斷自身亦不能獲得其眞實之實現。（此義稍後卽詳論之）。

由上所述，康德對此超感觸之基體，卽自然之客觀而眞實的目的性，是全在一套虛的交關中，卽虛虛相關所成的一套虛幕中，而窺測之。他並不能完全透露而實現之。感性之能及其成果是實的，知性之能及其成果是實的，理性之能及其成果亦是實的。凡此皆是限於吾人主體中諸認識之能一焦點上而言者。由此一小的焦點而窺測那個超感觸的宇宙萬有之基體，他乃把握不住矣。可是也奇怪，他既以主體爲中心，爲何把不住？（正因天心未透故。）若不以主體爲中心，他何以能窺測那個基體定是目的性的？他既由主體爲中心而窺測其定爲目的性，他何以不能全幅把握之？以主體爲中心是也。以主體爲中心而不能瑩徹於天心，此其所以不能把握之之故也。

我必須揭開這個虛幕而直透天心。夫如此而後能建立自然之眞實目的性，而後能實現美的判斷之具體的眞實性。我決不以美的判斷爲媒介。康德實欲以美的判斷彰著自由概念中之目的於自然中，此即其所謂媒介或溝通。但美的判斷既不能眞實實現，則所謂彰著亦落空。且問題又不在只是如此溝通而已，且須使自由概念中所函之實踐目的性頓時即普而爲萬有之基體，即目的論判斷所估量者。但康德並不正而求此步工作之實現，而徒斤斤然以溝通兩界爲事，則亦未能握住問題關鍵之所在。夫自由之領域尚未能與自然領域等量者，即等其外延者，而徒欲如此溝通之，則亦必參差而不能相應也。自然與普遍之目的性（目的論判斷所估量者），方是等量相應者。然康德對此目的性尚未邏輯地眞實建立起，而只爲依美的判斷之原則而引吾人去如此估量之，即依知性與理性而估量之，然則所謂溝通者，謂之實未溝通，亦無不可。是以問題可不在兩界之溝通，而在自由概念中所函之實踐的目的是否能頓時即普而爲萬有之基體，而爲整個自然所依以實現其爲如此之自然之眞實目的的性。此問題之解答，全賴對於基體之本體論的建立同時亦即是超越的建立。此則全賴天心之如何呈現。（康德如能於此着眼，則必不以美的判斷爲媒介。）而吾人現在自本體創造處言美的世界亦只是邏輯地如此說，其全幅實現必有待於直覺的構造。然就是此邏輯的構造亦足示美的欣趣之應當依何分位而言之，依何根據而可能。吾人先如此轉出來，亦足盡形式的批判之責任。形式的批判與邏輯的構造相應。除此以外，還當有眞實的批判，而此與直覺的構造相應。批判與構造永遠是相因而生的。

康德對於感性，知性，理性，三者之能與成果，俱已盡眞實的批判之責任，惟對美的欣趣則只遊蕩於形式的可能性中而措辭，不惟未至眞實的批判與直覺的構造，卽形式的批判與邏輯的構造亦未能自其恰當之分位而立言。其故卽在對於美的判斷之眞實根據未見到。此蓋爲西方人所難至者。儒者之學亦正於此而有其所獨闢之天地，而所關亦甚大。

康德因爲對於超感觸的基體，卽自然之眞實目的性，目的論判斷所估量者，不能眞實地建立起，故無法自本體處以言美的判斷，而彼亦未能細審美的判斷究當依何分位而言之，依何根據而可能。是以根本未想到美的判斷只有依據本體始可能。因未想至此，故亦不能轉至本體之眞實建立一問題。他不惟不依據本體而言美，反只因美的判斷而始能隱約地預定自然之目的性。但美的判斷究是具體而眞實的，它必須實現於眼前之眞實心境中，不只是一形式的概念而可以懸空形式地討論之。它旣不能依據於本體，它必有所依，必有其落實處。它的落實點，客觀方面，是對象之形式，卽自然成果之形式方面，主觀方面，則是主體中諸認識之能。徒此兩方面尙不足。且必須是「形式與諸認識之能之諧和」。此諧和就是當作對象之形式目的性而被表象者。依此，此諧和卽顯示一種只是主觀的或形式的目的性。「主觀的」者，卽對象之適應於諸認識之能，而單在主體中覺有此舒坦之諧和，遂覺自然儼若有此目的性。故此目的性只在主體方面有意義，決不能是對象底一個概念，故亦不能率爾卽加之於自然，故在客觀方面是否實是如此則不得而知也。因其只在主體方面有意義，故對自然言亦只是形式的，而不是眞實的。康德以爲只此形式的便足够，而且亦惟此才是反省判斷所能先驗地爲其自身而規定的一個超越原則。故惟美的判斷方是依照規律（不依照概念）而估量的一種特殊之能。現在，其落實點之「形式方面」且不說，（其主觀目的性原則之不能盡責已論之於前），單說諸認識之能之妙合而應是否可爲言美的判斷之具體的眞實根據。康德不能將美的判斷之根據置於本體或天心，故只好置於諸認識之能。因認識之能至少亦是具體而眞實的。但，一、認識之能是無色的：前向有取（決定判斷），後返無取（反省判斷），俱是識心。二、識心在普遍條件下是必然的機械的，在特殊的經驗律則下發見一種諧和統一，是巧遇（偶然的），是快慰，但此快慰是有待（雖然它不給自然以物事），而其巧遇無實據（雖然它由此可以預定一客觀目的性）。（特殊與普遍之分在康德系統內是否能成立尙不必說）。三、依是，它有待於外，而且待一不能落實之原則。（假定所待之原則落實，而卽以此落實之原則爲本以言快，則可無碍。但關此康德並未作到，彼亦不想自此說美說樂。）四、吾人自可以欣賞目的性爲美，但是對象方面不能各正性命，保合太和，卽目的性不能眞實實現，則客觀方面之美的對象卽落空，而識心亦不能變爲天心。依是，識心之快慰只是一種幸運，機遇之幸運，而不能說是一種美的判斷，亦不能說是一種樂。幸運的快慰並非卽美也。識心亦並不能因巧遇而卽變質。依是，五、當一個人偶然間遇着一種新奇幸運的事，如「偶然間錙塵京國，烏衣門第」，此自是可欣賞的，亦自可有一種無名之快慰，但納蘭性德並不以此爲美。可見此種美全無根據。識心不能變質，萬物不能利貞，美的欣趣是無必然性的，縱或有之，亦可轉爲一種蒼涼之感。（陶淵明之冲淡以及魏晉人之風流皆有美趣，而背後實是一種蒼涼空虛之感。以其無本故也。）無趣之趣，就「美的判斷」本身言，是如此，但不能處於識心而言之。六、如果識心不轉，性命不各正，則美的判斷之普遍性及必然性是沒有根據的。在識心中可以有類乎美的欣趣之例子，但不足以爲實現美的判斷之必然的根據。康德固有「主觀目的性原則」爲根據，但此原則是不能實現的，是虛的。因其是虛的，未能實現的，故識心亦不能轉。（康德所言兩種美，如只就美的判斷之是其所是而言之，則全對，但就主體中諸認識之能言，則不能使美的判斷有眞實的根據，而只是一種形式的論列。然美的判斷之形式構造與眞實構造不能分開。此其言心不足也。）七、康德所言美的判斷之普遍性並不極成。他以經驗判斷爲例，雖是經驗的，亦期其普遍有效。但在康德，經驗判斷之有效，乃因有普遍條件故。而美的判斷之爲經驗的，則因其超越原則並未實現，而識心亦並未轉。（此兩者吾將預定其爲一事，自一根而言之。）故亦無保證。此卽普遍性未能實現之故也。普遍性未能實現，則必然性，目的性，以及無趣之趣，亦因之俱不能實現。其關鍵皆在識心之未轉，性命之未各正。

普通爭論美的判斷究係主觀的抑係客觀的。主觀論者自是經驗的心理的，限於識心而言之，自無普遍之必然性。客觀論者則以爲美在客觀之形式，如柏拉圖卽就理型而言美。美的判斷固不離其所欣賞，但徒自客觀的形式言，並不足以說明美的判斷。此種爭論，如不能轉至天心而據之以言美的判斷，則萬世不得決，且亦無意義。康德由反省判斷而建立「判斷性」之超越原則（卽主觀目的性），由之以論欣趣之四性，固是高一籌。但因其超越原則爲虛擬，且亦有二混，（一混美的判斷之本性上的無所事事爲原則，二混對於目的性之美的表象爲原則。如前所述。）其所着落之歸宿卽主體爲識心，則其所論列之美的判斷之四性亦不能有眞實之實現。美的判斷之四性乃至其客觀性，必須依據於「識心之轉爲天心」以及「自然目的性之全幅實現」。欣趣判斷固不離其所欣趣，但所欣趣必在目的性之貫徹潤澤中。而貫徹潤澤「所欣趣者」之目的性同時卽是形上天心之所發。天心處於其自己中而如如地欣趣其所發，卽謂美的判斷。依是，其判斷也根於天心，其所判斷也卽此天心之如如地觀照。此爲徹裏徹外而爲一的卽寂卽照，此卽美的判斷之所呈現。依此，四性以及客觀性（此客不與主對）乃爲必然而不可移者，決無其他之變端可以出現。

依此，欣趣判斷，自主體言，只是天心之寂照（卽寂卽照），自客體言，則亦不必單割裂而言其形式方面，乃實是一事理圓融之圓成世界。如是，則亦莊亦美。（關此，本書不深論。）

須知目的性原理不但通於對象，且亦根於本心。惟本心呈露（透頂），則目的性原理頓時即普，而識心亦轉。如是方可言美的判斷。此豈媒介說之所能至乎？如是，則一、美的判斷必自媒介地位轉出去；二、本體必下貫。此爲吾書所必至者。孟子曰：「反身而誠，樂莫大焉。」又曰：「充實之謂美，充實而有光輝之謂大。」此皆自天心處而言美言樂也。易坤文言曰：「君子黃中通理，正位居體，美在其中，而暢於四支，發於事業，美之至也。」此亦據本而言美。陽明曰：「樂是心之本體」。二程語錄載：「昔受學於周茂叔，每令尋顏子仲尼樂處，所樂何事。」（不能定是明道語，抑伊川語。）又載云：「顏子簞瓢，非樂也，忘也。」（亦不定誰語）。又載云：「鮮于侁問伊川曰：顏子何以能不改其樂？正叔曰：顏子所樂者何事？侁對曰：樂道而已。伊川曰：使顏子而樂道，不足爲顏子矣。侁未達，以告鄒浩。浩曰：夫人所造如是之深，吾今日始識伊川面。」此實是一種禪悅，理境甚高，本不能作固定的答覆。故只云「所樂何事」。又云：「忘也」。又云：「使顏子而樂道，不足爲顏子矣。」此即是一種「即寂即照」之美的欣趣。詞亡慮喪，洒然自足。此例固可說其單就心境而言，而於對象方面之有無目的性可全不注意。但即使只就「心境」言，此心亦必融化諸認識之能而自諸認識之能中超轉而爲天心。隸屬於此天心之主體而洒然自足而無所事事，以成爲那名爲「欣趣判斷」之「通體是一眞之呈露」，此猶之乎由反省判斷而言對象之只涉及於主體中諸認識之能以成功康德所謂之美的判斷或自然目的性之美的表象。但此中有大不同者，前者所隸屬之主體是天心，即由此天心爲根據而成功欣趣判斷；後者所隸屬之主體是諸認識之能，而却並不能即以此爲根據而成功欣趣判斷，此所以康德不能實現欣趣判斷之故也。（彼只是形式地如此說而已）。隸屬於天心之主體，則以天心爲根，由之而顯而發，故欣趣判斷乃眞實而必然者。此將美的判斷由諸認識之能中自其媒介之地位轉出來而基於天心之說也，進一層矣。非是從外面牽回來而只成爲虛的之說也。既以天心爲據，若由此進一步而至形上之陳述，不只限於心境而言，而且由此可以將天心中所含之道德目的性頓時即普而建立爲萬有之基體，以成爲普遍之自然目的性，則於對象亦有所關涉矣。而此關涉，在欣趣判斷中，亦只是在「對象之涉及於天心主體而爲天心所如如地觀照」之方式下關涉之。欣趣判斷對於對象無所增益，自必極成。依此吾人亦可言此是自然目的性之美的表象。但呈現爲欣趣判斷之「天心之寂照」同時亦即爲貫徹潤澤而實現萬有者，此即是客觀而眞實之普遍的自然目的性之實現。依是，康德爲判斷而立之主觀目的性一超越原則，在吾人說統中，即廢棄矣。依是，吾人只有形上天心之如如地生化與如如地寂照。自如如地生化言，曰道德世界；自如如地寂照言，曰圓成世界。自如如地生化之「所生化者之現實的存在」言，曰命題世界。【關於圓成世界，本節所言只表示美的判斷之自媒介地位與諸認識之能之識心處而轉出。正面陳說將見他書。】

國家圖書館出版品預行編目資料

認識心之批判

牟宗三著. – 修訂重版. – 臺北市：臺灣學生，
1990 [民 79]
2 冊；21 公分

ISBN 957-15-0110-7 （平裝）

1. 知識論 I.牟宗三著

161/8724

認識心之批判（上下兩冊）

著作者：牟宗三
出版者：臺灣學生書局有限公司
發行人：盧保宏
發行所：臺灣學生書局有限公司
臺北市和平東路一段一九八號
郵政劃撥戶：〇〇〇二四六六八號
電話：（〇二）二三六三四一五六
傳真：（〇二）二三六三六三三四
E-mail: student.book@msa.hinet.net
http://www.studentbooks.com.tw

本書局登記證字號：行政院新聞局局版北市業字第玖捌壹號

印刷所：長欣彩色印刷公司
中和市永和路三六三巷四二號
電話：二二二六八八五三

定價：平裝新臺幣六二〇元

西元一九九〇年六月修訂重版
西元二〇〇五年六月修訂重版二刷

16102

ISBN 957-15-0110-7 (平裝)

牟宗三先生著作目錄

周易的自然哲學與道德函義（重印本）	台北文津出版社
邏輯典範	三十年商務版
認識心之批判（上下）	台灣學生書局
理則學	台北正中書局
道德的理想主義	台灣學生書局
歷史哲學	台灣學生書局
政道與治道	台灣學生書局
中國哲學的特質	台灣學生書局
名家與荀子	台灣學生書局
生命的學問	台北三民書局
五十自述	台北鵝湖出版社
時代與感受	台北鵝湖出版社
中國文化的省察（中英對照）	台北聯經出版公司

才性與玄理	台灣學生書局
佛性與般若（上下）	台灣學生書局
心體與性體（三冊）	台北正中書局
從陸象山到劉蕺山（心體與性體第四冊）	台灣學生書局
智的直覺與中國哲學	台灣商務印書館
現象與物自身	台灣學生書局
圓善論	台灣學生書局
名理論	台灣學生書局
康德的道德哲學	台灣學生書局
康德「純粹理性之批判」（上下）	台灣學生書局
康德「判斷力之批判」（上下）	台灣學生書局
中國哲學十九講	台灣學生書局
中西哲學之會通十四講	台灣學生書局
人文講習錄	台灣學生書局
牟宗三先生的哲學與著作（七十壽慶論文集）	台灣學生書局
牟宗三先生學思年譜	台灣學生書局